# ATLAS DES AVIONS DE LÉGENDE

Les plus grands avions militaires
de tous les temps

# ATLAS DES AVIONS DE LÉGENDE

Les plus grands avions militaires de tous les temps

EDITIONS ATLAS

Édité par :
Éditions Glénat


Services éditoriaux et commerciaux :
Éditions Glénat – 31-33, rue Ernest Renan
92130 Issy-les-Moulineaux

Cet ouvrage est une édition partielle de l'encyclopédie
*Toute l'aviation* éditée par les Éditions ATLAS

Maquette de couverture : Les Quatre Lunes

Crédits photographiques :
Toutes les photos sont reprises de l'encyclopédie *Toute l'aviation*
Photo de couverture : Mark Meyer
Dessins : Mike Badroke, Chris Davey, Keith Fretwell, Grant Race, Lain Wyllie
Profils et écorchés : Pilot Press, Aviagraphia, Wcal


Dépôt légal : octobre 2002
Imprimé et relié en CEE
Achevé d'imprimer : octobre 2002
ISBN : 2.7234.4069.9

# SOMMAIRE

# La monture du Baron rouge

*Le triplan Fokker Dr I fut l'un des avions de combat les plus maniables de tous les temps. Pilotés par des hommes comme Manfred von Richthofen, ces appareils, qui n'étaient en fait qu'une poignée, remportèrent de nombreuses victoires sur le front occidental. C'est aux commandes de l'un d'eux que von Richthofen, le légendaire Baron rouge, trouva la mort.*

LORSQU'ON évoque les combats aériens de la Première Guerre mondiale, une image vient aussitôt à l'esprit : celle du Baron Rouge, Manfred von Richthofen et de son triplan Fokker Dr I écarlate. Pourtant, c'est sur d'autres types d'appareils que Richthofen remporta la majeure partie de ses victoires, et, sur le triplan Fokker, Le Leutnant Werner Voss eut beaucoup plus de succès que lui. L'appareil, qui n'était d'ailleurs pas un avion de combat exceptionnellement brillant, ne fut engagé qu'en nombre relativement négligeable. Il ne fut réalisé que pour répondre à l'engagement sur le front du triplan Sopwith, dont il garda l'allure générale et dont l'entrée en service avait amené les Allemands à se demander si le triplan n'était pas la formule qui pouvait leur assurer la victoire dans le ciel.

Pendant la première moitié de la guerre, personne n'eut d'idée bien arrêtée au sujet de la conception des avions de combat. Nombreux étaient les partisans du moteur propulsif, qui semblait représenter la seule formule permettant le tir vers l'avant. C'est alors qu'apparut la possibilité de tirer à travers le champ de l'hélice, grâce à de simples déflecteurs montés sur les pales. Vinrent ensuite des dispositifs qui bloquaient l'hélice pendant le tir, puis qui en synchronisèrent la rotation avec le passage des balles ; un projectile ne traversait ainsi le champ de l'hélice que dans le laps de temps séparant le passage d'une pale et celui de l'autre. En 1916, les chasseurs les plus redoutés étaient les monoplans Fokker de série E, appareils capables de tirer vers l'avant et assez rapides pour intercepter la plupart des avions alliés. Mais les monoplans étaient encore relativement rares, et, au cours de l'hiver 1915-1916, les constructeurs consacrèrent leurs efforts non seulement à des biplans, mais aussi à des triplans et même à des quadriplans. Si aucun de ces derniers appareils ne donna satisfaction, le triplan Sopwith remporta quant à lui un grand succès.

***Une réplique moderne du Fokker Dr I, dont la décoration est loin d'être conforme à la réalité. Les couleurs arborées par cet appareil sont celles de l'avion piloté par Manfred von Richthofen, mais il convient de noter que le motif peint sur l'avant du moteur est celui de Werner Voss.***

Sorti du département d'essais Sopwith le 28 mai 1916, le premier triplan se présentait comme un avion de chasse aux lignes très pures, doté d'un fuselage et d'empennages à peu près identiques à ceux du Sopwith Pup. En outre, sa grande manœuvrabilité lui valut d'être très apprécié de ses pilotes. Diverses motivations poussèrent Sopwith à adapter une formule triplan. Tout d'abord, les trois ailes ayant une corde très inférieure à celle du biplan Pup, la surface portante était moindre que sur ce dernier bien que l'envergure reste inchangée. Avec un moteur de 130 ch au lieu des 80 ou 100 ch de celui du Pup, on obtenait un avion nettement plus rapide. Les ailes de moindre corde assuraient au pilote un vaste champ de vision, d'autant que l'aile médiane se trouvait au niveau de ses yeux. Il en résultait également une diminution du déplacement du centre de portance en évolutions brutales, ce qui, avec un fuselage court, contribuait à améliorer la maniabilité. Celle-ci était d'autant meilleure que l'envergure restait modeste.

## Naissance du triplan Fokker

Tous les Sopwith de ce type furent affectés au Royal Naval Air Service, et, grâce notamment à l'extraordinaire agressivité et à l'adresse de leurs pilotes, ils ne tardèrent pas à être redoutés des aviateurs allemands. C'est au cours de la bataille d'Arras, en avril 1917, qu'ils entrèrent en scène, et ils remportèrent de tels succès qu'un historien officiel a pu écrire : « A la vue d'une formation de triplans, les pilotes ennemis s'engageaient en piqué et fuyaient. »

Le jour où un triplan s'écrasa dans leurs lignes, l'épave fut examinée dans ses moindres détails par les Allemands. Le général von Höppner, commandant en chef de l'aviation impériale, vanta même publiquement les qualités du chasseur britannique. Au printemps 1917, la quasi-totalité des grandes firmes de construction aéronautique d'outre-Rhin – au moins quatorze d'entre elles – s'attaquaient fiévreusement à la réalisation de triplans de chasse, mais seul le Néerlandais Anthony Fokker devait aboutir. Si grand était son désir de faire mieux que ses concurrents que, non content d'étudier le Sopwith de près, au front, il fit venir l'épave tombée aux mains des Allemands dans son usine de Schwerin, pratique qui était parfaitement illégale.

A l'époque, le dernier prototype de chasse réalisé à Schwerin était le D VI, destiné à la Luftfahrttruppe austro-hongroise, un appareil qui en dépit de sa désignation d'usine ne doit pas être confondu avec le D VI produit par la suite. En juin 1917, le chef du bureau d'études, Reinold Platz, redessina d'urgence les plans, et le D VI fut, au début du mois suivant, le premier triplan allemand à prendre l'air (il fut aussitôt essayé par le Leutnant Werner Voss, qui avait déjà le titre d'as). Platz, qui avait auparavant conçu des biplans de chasse dotés d'ailes cantilever, appliqua cette technique de pointe à son nouvel avion. Des ailes dépourvues de haubans posaient relativement peu de problèmes sur un triplan, en raison de leur envergure réduite. Les plans inférieur et médian étaient attachés respectivement au fond et sur le dessus du fuselage, les seuls mâts de l'avion étant ceux qui formaient la cabane maintenant le plan supérieur au fuselage, et constituant deux V inversés en tubes d'acier. Seul le plan supérieur était muni d'ailerons, alors que sur le triplan Sopwith les trois plans étaient équipés d'ailerons solidaires entre eux d'un même côté. Pourvu d'un moteur rotatif Oberursel Ur.II de 110 ch, le D VI se comporta de manière parfaite. Toutefois, avant de l'envoyer en Hongrie, au mois d'août, on augmenta l'envergure de l'aile supérieure et des ailerons. Puis, dans le but d'éliminer les légères vibrations qui s'étaient manifestées dans la voilure, on réunit les ailes, non loin de leur extrémité, par un mât profilé en bois léger.

## Développements ultérieurs

Au D VI, souvent désigné de façon impropre V3, succéda le V4, premier appareil Fokker à recevoir une dénomination Versuchs (« expérimental »). Deux triplans V4 munis d'ailerons compensés par des masses placées à leur extrémité, en avant de l'axe de rotation, furent commandés le 11 juillet 1917. En août fut passée une nouvelle commande, concernant un certain nombre de triplans V7 équipés de moteurs plus puissants, tels que le Siemens-Halske Sh.III de 160 ch, le Ur.III de 160 ch aussi, le Le Rhône de 145 ch construit par Steyr et le Goebel Goe.III de 170 ch. La voilure était modifiée, l'envergure croissant en progression arithmétique du plan inférieur au plan supérieur. Le monomât reliant les trois plans était conservé, et les ailerons comme le gouvernail de profondeur étaient munis de masses d'équilibrage. Aucune donnée chiffrée concernant ces appareils n'est disponible aujourd'hui, mais ces prototypes de chasse étaient sans doute plus redoutables que le triplan qui allait être produit en série.

L'autre triplan expérimental réalisé, le D VII, portait lui aussi une désignation qui allait être reprise, six mois plus tard, par un chasseur entièrement différent. Fokker considérait que le propulseur convenant le mieux à un chasseur était le Mercedes D.III de 160 ch à six cylindres en ligne refroidi par liquide. Se croyant la cible des autres constructeurs allemands en raison des succès qu'il avait remportés et de sa nationalité néerlandaise (ce qui n'était peut-être pas faux), il alla jusqu'à se plaindre du fait que tous les moteurs D.III étaient livrés en exclusivité à la firme Albatros et qu'il ne pouvait compter que sur de vieux engins rotatifs moins fiables. En fait, ces derniers convenaient mieux au triplan, ainsi que devait le démontrer le D VII. Ce prototype unique, construit en juillet et août 1917, en même temps que les prototypes triplans à moteurs rotatifs, possédait un moteur D.III qui le rendait plus gros et plus lourd. L'avion ne se montra réussi à aucun égard. Le moteur refroidi par liquide se révélant très lourd, il fallut augmenter la profondeur du fuselage et reculer le poste de pilotage afin de conserver un centrage correct. La visibilité comme la maniabilité étant très médiocres, le triplan D VIII dut être abandonné.

## Le triplan en combat

En août 1917, le Leutnant Voss effectua plus de vingt heures d'essais sur les deux prototypes triplans V4, et à la fin du même mois, il devait s'en déclarer satisfait. Les deux avions avaient alors été engagés au front, où ils avaient notamment été pilotés par Fokker lui-même (il avait dû revêtir l'uniforme d'un officier allemand pour essayer en opérations son dispositif de synchronisation, lui qui était civil et néerlandais !). Le triplan fut aussitôt commandé à 318 exemplaires sous la dénomination de Dr I, le sigle Dr étant l'abréviation de Dreidecker (« triplan »). Les trois premiers exemplaires reçurent cependant l'appellation de F I.

C'est Voss qui effectua la première sortie opérationnelle à bord du Fok.103/17 (103^e^ avion fabriqué par Fokker en 1917), c'est-à-dire du second prototype V4, le 30 août 1917. Il remporta d'ailleurs une victoire à cette occasion, et deux jours plus tard von Richthofen, pilotant le premier V4 (102/17), obtint sa soixantième victoire. Employés par le Jagdgeschwader 1 (JG.1), que commandait von Richthofen, les deux prototypes accumulèrent succès sur succès. Voss fit du second (103/17) sa monture personnelle, et il s'adjugea ainsi vingt victoires confirmées en vingt-quatre jours, avant d'être lui-même abattu le 23 septembre au cours d'un combat contre 6 SE.5A britanniques appartenant au Squadron 56.

Les Dr I de série commencèrent à arriver au JG.1 le 12 octobre 1917, alors que leur réputation de maniabilité était déjà bien établie. Les

***L'une des meilleures photographies existant d'un Dr I d'origine. Cet appareil servit de base à la restauration du triplan N864DR qui, après une longue carrière, fut cédé à l'Australian War Memorial de Canberra. Nombreuses sont les répliques du Dr I qui n'ont pas de moteur rotatif et qui servent pour des figurations dans des spectacles ou au cinéma.***

pilotes, satisfaits de prendre enfin possession de leurs avions, ne tardèrent pas à déchanter. Les performances du Dr I étaient en effet médiocres, et sa conception s'avéra vite dépassée, de même que celle de tous les chasseurs à moteur rotatif.

Sur le plan de la construction, l'avion était un très bon représentant de la technique de Fokker et de Platz, une construction mixte d'une grande solidité. Les ailes étaient presque entièrement réalisées en bois, les seules pièces en acier étant les ferrures d'attache. Chaque plan était construit autour d'un longeron-caisson à âme et semelle en bois, avec des nervures en bois plus léger. Le bord de fuite était constitué par un fil auquel la tension de l'enduit donnait la forme de vagues, qu'on distingue nettement sur les photographies. Le fuselage et l'empennage étaient en tubes métalliques soudés et le revêtement du premier était en bois recouvert de toile.

Le train d'atterrissage principal, amorti par Sandow, était constitué de deux roues rendues solidaires par un essieu qu'enveloppait une petite surface portante, caractéristiques des chasseurs Fokker. Comme sur la plupart des avions de l'époque, la dérive était réduite au seul gouvernail de direction, de forme arrondie, dont les charnières étaient fixées sur l'étambot du fuselage. Le réservoir en tôle rivetée était placé juste derrière le moteur, sous les mitrailleuses. L'armement était en général constitué de deux mitrailleuses LMG 08/15, dites Spandau, dont toutes les bandes se trouvaient à l'intérieur du fuselage, derrière le réservoir, et dont les culasses étaient dans l'habitacle, en avant du pilote.

Le résultat était un avion de chasse simple, très maniable, de construction peu coûteuse. Avec un moteur de 110 ch, l'appareil montait plus vite et virait plus court que n'importe quel avion plus puissant, ce qui revêtait une singulière importance dans des combats qui étaient, pour l'essentiel, tournoyants. Mais la vitesse, à la fin de l'année 1917, était assez médiocre, et le rayon d'action comme l'autonomie laissaient à désirer. Seul un pilote expérimenté pouvait tenir l'air plus de 80 minutes à bord d'un Dr I, alors que tous les chasseurs alliés étaient capables de voler deux heures, et parfois trois. Fokker lui-même se montra déçu par son triplan, et il ne comprit pas très bien les raisons du succès de l'avion à une époque où les Alliés disposaient de chasseurs plus rapides et capables de voler plus longtemps. Platz ne manifesta pas plus d'enthousiasme ; ses préférences allaient à la construction de biplans, et même de monoplans cantilever. Pendant les années vingt, ses monoplans sans haubans allaient faire de Fokker le plus important constructeur d'avions de transport civil au monde.

## Le Cirque volant de von Richthofen

Malgré leur relative médiocrité, les deux prototypes et les 318 Fokker Dr I de série devaient, du mois d'octobre 1917 à la fin de la guerre, se tailler une réputation de premier ordre. Comme dans le cas du Sopwith, ce succès était principalement dû aux qualités des pilotes qui combattaient à bord de l'avion. L'unité la plus célèbre de l'histoire de l'aviation militaire est peut-être le JG.1, plus connu sous le surnom de « Cirque volant de von Richthofen », qui lui avait été attribué en raison des techniques de combat savamment réglées qu'il avait adoptées et de la décoration souvent très voyante des appareils. Notons toutefois que les 318 Dr I de série équipèrent, outre les quatre Jagdstaffeln du JG.1, plusieurs autres escadres, et notamment les JG.2 et JG.3.

La brillante carrière opérationnelle du Dr I fut entachée, pendant les premières semaines, par une série d'accidents, dus à un certain manque de soin au niveau de la fabrication à l'usine de Schwerin. Tous les Dr I furent alors interdits de vol, les voilures désentoilées et examinées. De nombreux longerons durent être remplacés, l'usine consacrant tout le mois de novembre 1917 à remettre en état les voilures des Dr I. Ce n'est donc qu'au début de décembre que ces appareils firent leur véritable entrée sur le théâtre d'opérations du front ouest, et il y a effectivement lieu de se demander comment une poignée d'avions d'une conception déjà dépassée put acquérir une telle renommée.

Cette renommée est de toute évidence liée à celle du Baron rouge lui-même, Manfred von Richthofen, aristocrate allemand qui devait devenir l'as des as de la Première Guerre mondiale, et peut-être le plus célèbre pilote de chasse de tous les temps. Bien qu'il ait remporté la plupart de ses victoires sur d'autres types de chasseurs, comme l'Albatros D III, Richthofen préférait le Dr I aux biplans plus rapides, et il continua à en utiliser un en combat pour la quasi-totalité des missions qu'il effectua en 1918. C'est aux commandes de l'un de ses deux Dr I qu'il trouva la mort le 21 avril 1918, abattu probablement par le capitaine Ray Brown, un Canadien appartenant au Squadron 209, vingt jours après la création de la RAF. L'as allemand fut tué

***Le premier des triplans mis au point par Fokker. Cet appareil est souvent désigné V3. En fait, sa véritable dénomination est D VI. Il était propulsé par un moteur rotatif Oberursel Ur.II lorsqu'il fut essayé en vol, vers le milieu de l'année 1917, par Werner Voss.***

*L'un des pilotes les plus brillants de la guerre de 1914-1918 fut le Leutnant Fritz Kempf du Jasta Oswald Boelcke. Son triplan, le Dr I 213/17, portait l'initiale de son nom en grands caractères. Sur l'extrados de l'aile supérieure, on pouvait lire l'inscription qui, traduite de l'allemand, signifie : « Tu me reconnais ? »*

## Ecorché du Fokker Dr I

1 Saumon droit du plan supérieur
2 Entoilage de l'aile
3 Mât de voilure
4 Câble de commande d'aileron
5 Hélice bipale en bois
6 Plan central droit
7 Partie inférieure du mât de voilure
8 Moyeu de l'hélice
9 Carénage de ventilation du moteur
10 Moteur rotatif à 9 cylindres Oberursel (Le Rhône) Ur.II
11 Cloison pare-feu
12 Bâti-moteur
13 Réducteur
14 Revêtement latéral en contreplaqué
15 Carburateur
16 Pédales de palonnier
17 Plancher d'habitacle
18 Compas
19 Manche à balai
20 Manette des gaz secondaire, montée sur le manche à balai
21 Câbles de commande de tir
22 Casiers à munitions
23 Réservoir d'essence (capacité, 91 l)
24 Longeron-caisson
25 Fixation du plan central au fuselage
26 Bouchon de réservoir
27 Mitrailleuses LMG 08/15 de calibre 7,92
28 Collimateur à réticule
29 Haubanage de cabane
30 Mâts de cabane en V
31 Câbles de commande d'aileron
32 Fixation des mâts de commande
33 Revêtement de bord d'attaque en contreplaqué
34 Longeron-caisson du plan supérieur
35 Nervures d'aile
36 Mât de voilure
37 Structure du saumon d'aile
38 Croisillonnage des nervures
39 Masse d'équilibrage de l'aileron
40 Structure en tubes soudés de l'aileron
41 Levier de commande d'aileron
42 Fil de bord de fuite
43 Structure du plan central
44 Fixation du mât de voilure
45 Découpe du plan central à l'emplanture du bord de fuite
46 Culasses des mitrailleuses
47 Bourrelet souple d'habitacle
48 Instruments de contrôle du moteur
49 Manette des gaz et robinets d'essence
50 Siège du pilote
51 Réglage de la position du siège
52 Structure en tubes soudés du fuselage
53 Pointe arrière du panneau de revêtement en contreplaqué
54 Revêtement supérieur en contreplaqué
55 Mât de voilure
56 Longeron supérieur gauche de fuselage
57 Barres transversales
58 Saumon inférieur gauche
59 Patin d'extrémité d'aile
60 Fixation du stabilisateur
61 Structure en tubes soudés du stabilisateur
62 Equilibrage de la gouverne de direction
63 Bord d'attaque en tubes d'acier
64 Masse d'équilibrage du gouvernail de profondeur
65 Structure en tubes d'acier du gouvernail de profondeur
66 Entoilage du gouvernail
67 Etambot
68 Levier de commande de direction
69 Levier de commande de profondeur
70 Articulation de la béquille
71 Béquille arrière
72 Amortisseur de la béquille
73 Montants verticaux de fuselage
74 Poignées de levage
75 Entoilage du fuselage
76 Croisillonnage latéral à deux fils
77 Câbles de commande de profondeur
78 Longeron inférieur du fuselage
79 Guide-câbles
80 Marchepied
81 Bâti support du siège
82 Cadre plein en toile
83 Plancher
84 Axe d'articulation du manche à balai
85 Longeron-caisson de plan inférieur
86 Fixation des jambes de train
87 Jambes en V du train principal
88 Roue
89 Entoilage de la roue
90 Rayons
91 Moyeu de la roue
92 Carénage de l'essieu de train
93 Longeron d'essieu
94 Amortisseurs élastiques
95 Roue
96 Accès à la valve du pneu
97 Patin d'extrémité d'aile

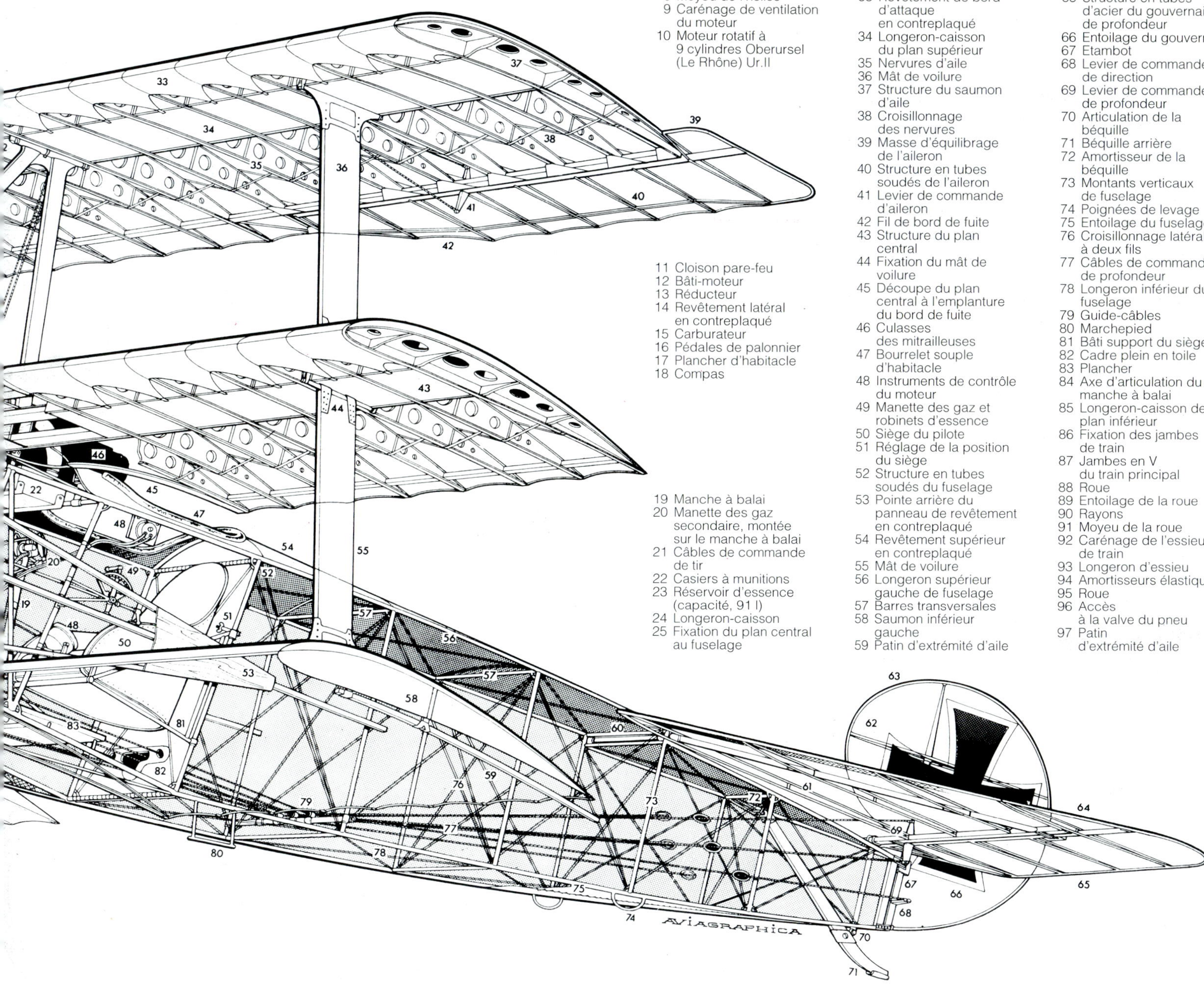

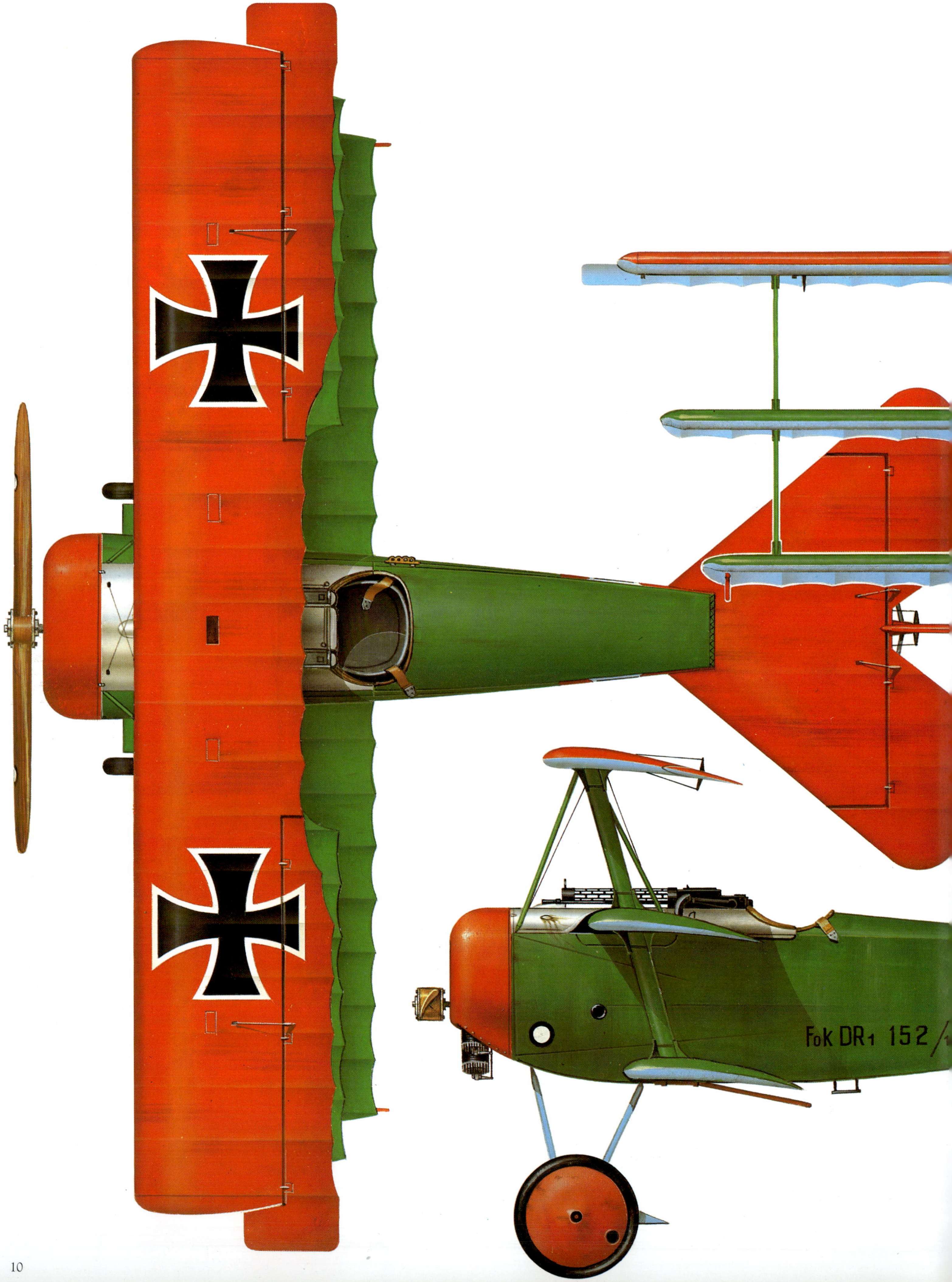
Fok DR1 152

## Versions du Fokker Dr I

**D VI :** premier prototype de triplan Fokker ; moteur rotatif à 9 cylindres Oberursel Ur.II de 110 ch ; envergure, vraisemblablement 6,20 m ; longueur, environ 5,75 m ; pas d'armement ; envergure du plan supérieur agrandie après les premiers essais (probablement portée à 7,20 m) ; armement finalement monté, 2 mitrailleuses LMG 08/15 de 7,92 mm
**V4 :** avions n[os] 102/17 et 103/17 de présérie ; données probablement identiques à celles du D VI
**Dr I :** version de série (318 exemplaires construits)

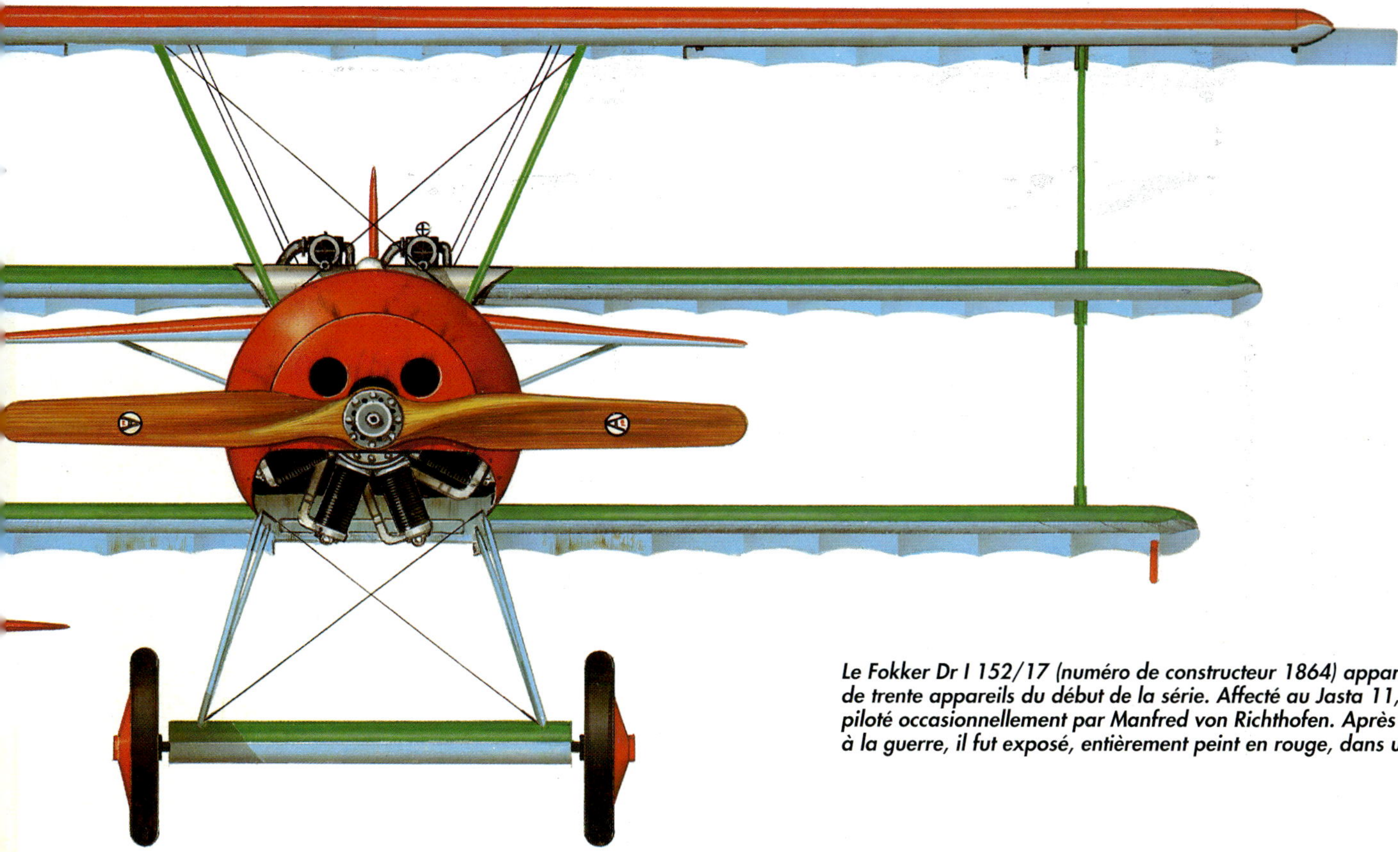

*Le Fokker Dr I 152/17 (numéro de constructeur 1864) appartient à un lot de trente appareils du début de la série. Affecté au Jasta 11, cet avion fut piloté occasionnellement par Manfred von Richthofen. Après avoir survécu à la guerre, il fut exposé, entièrement peint en rouge, dans un musée de Berlin.*

### Caractéristiques Fokker Dr I

**Type :** monoplace de chasse
**Moteur :** 1 Oberursel Ur.II rotatif à 9 cylindres de 110 ch
**Performances :** vitesse maximale au niveau de la mer, 185 km/h ; à 4 000 m, 165 km/h ; temps de montée à 1 000 m, 2 mn 55 s ; plafond pratique, 6 100 m ; rayon d'action, 300 km ; autonomie, 1 h 30 mn
**Masse :** à vide, 400 kg ; maximale au décollage, 590 kg
**Dimensions :** envergure du plan supérieur, 7,19 m ; plan central, 6,23 m ; plan inférieur, 5,70 m ; longueur, 5,77 m ; hauteur, 2,95 m ; surface alaire (sans compter le carénage porteur de l'essieu avant), 18,66 m$^2$
**Armement :** 2 mitrailleuses LMG 08/15 de 7,92 mm approvisionnées à 500 cartouches par arme

*Ce Dr I noir arbore des croix blanches sur le fuselage et les ailes, alors que les avions allemands peints en noir avaient des croix noires bordées de blanc. Il s'agit de l'appareil piloté par le Leutnant Josef Jacobs, appartenant au Jasta 7, titulaire de 41 victoires confirmées.*

*Ce chasseur, sans doute le plus célèbre de tous, est le 425/17, la dernière monture du Baron rouge, Manfred von Richthofen, qui, avec 80 victoires confirmées, est l'as des as de la Première Guerre mondiale. Il fut abattu le 21 avril 1918.*

*Ce Dr I du Jasta 26 laisse apparaître l'ancienne croix de Malte, remplacée en 1918 par une croix de forme simplifiée. Le même phénomène se produisit en 1944 quand la Luftwaffe procéda à une modification de ses marques de nationalité.*

*Utilisé par le Jasta 18 au cours de la dernière année de guerre, ce Dr I fut acheté et préservé par la France après l'armistice. Le mât de voilure relie les longerons des trois plans. Certains Dr I étaient dépourvus du patin d'extrémité d'aile que l'on voit ici.*

d'une balle qui le traversa de part en part en pénétrant à la place du cœur. Il fut enterré avec les honneurs militaires, les débris de son appareil furent rassemblés sur la base britannique de Valheureux et conservés avec soin. Son dernier avion (Fok.425/17), rouge vif avec les surfaces inférieures bleu pâle, avait été auparavant peint moitié en rouge, moitié en vert foncé. Il est à noter qu'on insiste sans doute trop sur la couleur rouge dans les répliques de cet appareil qui sont construites aujourd'hui.

Le dernier Dr I fut livré en mai 1918, au moment où le triplan était rapidement remplacé en unité par le Fokker D VII, qui lui était très supérieur. Il n'y eut jamais plus de 171 triplans simultanément en service, ce sommet étant atteint en mai 1918. A la mi-juin, il n'en restait plus que 125, et pendant l'été les survivants furent affectés dans des Jastas volant en territoire allemand.

De nombreux as continuèrent à piloter ce type de chasseur ; Josef Jacobs, du Jasta 7, conserva jusqu'en septembre 1918, pour son usage personnel, deux exemplaires peints en noir, le reste de l'unité volant sur D VII. Parmi les autres pilotes célèbres qui volèrent sur Dr I figurent Kurt Wolff (33 victoires), Werner Voss (48), Erich Löwenhardt (53), Ernst Udet (62) et bien sûr von Richthofen, dont le score s'élève à 80 victoires. Son frère Lothar était lui aussi un pilote de chasse célèbre ; il survécut à la guerre, mais fut tué dans un accident d'avion en 1922.

*Manœuvrable et bien armé, le Fokker Dr I triplan fut un avion des plus redoutables aux mains de pilotes éprouvés comme Manfred ou Lothar von Richthofen.*

# Camel : le chasseur des as

*Entré en service au sein du Royal Flying Corps trop tard pour empêcher les pertes que subirent les avions alliés au cours du terrible mois d'avril 1917, le Sopwith Camel n'était pas particulièrement facile à piloter. Mais, dès qu'un pilote l'avait bien en main, cet avion devenait un chasseur redoutable.*

Appareil à la fois docile et harmonieux, et pour cela très populaire auprès des pilotes qui le firent voler, le Sopwith Pup avait administré la preuve de son aptitude à se défendre contre les chasseurs allemands au cours du second semestre de 1916, même après l'apparition de l'Albatros D I armé de deux mitrailleuses. Comme il fallait s'attendre à voir rapidement entrer en service chez l'ennemi des machines plus puissantes encore, Herbert Smith, chef du bureau d'études de Sopwith, se mit, dès la fin de l'été 1916, au travail sur les plans d'un avion destiné à succéder au Pup et dont le premier prototype, baptisé Sopwith F.1, fut achevé le 22 décembre suivant.

Bien que sa filiation avec le Pup fût évidente, le F.1 Camel avait des lignes plus compactes et un fuselage plus large, dont le capotage supérieur présentait, en avant de l'habitacle, un renflement abritant les culasses de deux mitrailleuses synchronisées Vickers. Sa structure était de conception classique : le fuselage était constitué par un caisson en bois haubané par des câbles et doté d'un revêtement supérieur bombé ; en arrière du moteur, ce revêtement était en aluminium, puis en contreplaqué jusqu'à l'habitacle, le reste du fuselage étant entoilé. Smith avait tout d'abord songé à donner le même dièdre aux ailes supérieure et inférieure, mais l'ingénieur en chef Fred Sigrist préféra réaliser un plan supérieur plat, plus facile à construire d'une seule pièce. Plus tard, lorsque fut prise la décision de fabriquer le plan supérieur en trois parties, afin d'en rendre l'entretien et les réparations plus aisés, le dièdre nul subsista, le Camel conservant ses lignes caractéristiques.

Une des particularités essentielles de l'avion résultait de l'implantation, à l'avant du fuselage et sur une longueur à peine supérieure à 2 m, de l'hélice, du moteur, du réservoir de carburant, de l'armement et de l'habitacle. Une telle concentration des masses allait contribuer à donner au nouveau chasseur une maniabilité extraordinaire, mais aussi un comportement en virage quelque peu inhabituel. Le couple du moteur, la proximité de son centre de gravité par rapport à celui de l'avion et son moment gyroscopique important conféraient au Camel une grande souplesse en virage. Mais, selon que le pilote entreprenait de tourner vers la gauche ou vers la droite, l'avant se levait ou s'enfonçait, si bien qu'il fallait jouer très brutalement du gouvernail sous peine de partir en vrille.

Le constructeur réalisa sur ses propres fonds trois prototypes, désignés F.1, F.1/1 et F.1/3, et probablement un quatrième (F.1/2) dont l'existence n'a jamais été attestée de manière irréfutable. Le F.1/1 reçut une voilure effilée (et non plus rectangulaire en plan) et un mât unique de liaison entre les deux plans. Le F.1 était propulsé par un moteur rotatif Clerget 9Z de 110 ch, tandis que le F.1/3 disposait d'un Clerget 9B de 130 ch (le F.1/2 aurait été doté d'une échancrure semi-circulaire dans le plan supérieur, destinée à offrir au pilote un champ de vision plus étendu vers le haut).

C'est probablement à Brooklands que Harry Hawker fit voler pour la première fois le F.1, au début du mois de janvier 1917. Les autres prototypes qui entreprirent bientôt leurs essais furent suivis de deux exemplaires, immatriculés N517 et N518. Le F.1/3 fit l'objet au mois de mars d'une campagne d'évaluation à Martlesham Heath, à l'issue de laquelle l'avion fut commandé en série. Ce dernier prototype allait encore être essayé en mai et en juillet, respectivement avec un moteur Le Rhône 9J de 110 ch et un Clerget de 130 ch.

Le second exemplaire acquis par l'Amirauté volait alors à Martlesham, équipé d'un AR.1 (Admiralty Rotary) de 150 ch dont le créateur n'était autre que le Lieutenant W.O. Bentley, qui allait par la suite se tailler une réputation enviable dans l'industrie automobile. Ce moteur, le premier construit en série et doté de corps de cylindres refroidis par air, entra en production sous l'appellation de BR.1, la sortie des premiers exemplaires permettant d'en équiper les Camel de la marine, dont les livraisons par Sopwith débutèrent le 7 mai. Ces appareils, qui entrèrent en service au sein du Naval Squadron 4, menèrent leur premier combat le 4 juillet, lorsque 5 d'entre eux attaquèrent, au nord d'Ostende, une formation de 16 Gotha, dont 1 au moins fut détruit. Dès la fin du même mois, les Naval Squadrons 3, 4, 6, 8 et 9 avaient eux aussi pris en compte des Camel.

**Tout comme son contemporain le SE.5, le Sopwith Camel fut engagé avec un succès assez impressionnant au-dessus du front occidental. Les appareils représentés sur cette photographie appartiennent à une unité de l'aviation navale qui allait donner naissance au Squadron 208 de la Royal Air Force.**

*Construit par Sopwith, ce 2F.1 était l'avion de l'as canadien William Alexander, du Squadron 10 du RNAS. Basée à Treizennes, cette unité allait devenir le Squadron 210 de la RAF en 1918.*

Les premières commandes de Camel émanant du War Office furent passées le 22 mai et le 2 juin 1917 aux sociétés Ruston Proctor & Co., de Lincoln, et Portholme Aerodrome Ltd., de Huntingdon : elles portaient respectivement sur 250 et 50 avions. Les machines produites par Ruston Proctor devaient être pourvues de moteurs Le Rhône 9J, mais celles qui furent achetées à Sopwith le 7 juin purent être dotées soit de ce propulseur, soit du Clerget 9B.

## Champion dans sa catégorie

Entre le 4 juillet 1917 et le 11 novembre de l'année suivante, les Sopwith Camel détruisirent 1 294 avions ennemis, chiffre qui ne fut atteint par aucun autre type d'appareil durant toute la Première Guerre mondiale. Seul le triplan Fokker Dr I pouvait rivaliser avec le Camel sur le plan de la maniabilité.

La première unité du Royal Flying Corps équipée de F.1 fut le Squadron 70, qui réceptionna ses avions à Boisdinghem en juillet 1917, juste à temps pour que les nouveaux chasseurs puissent prendre part à la bataille d'Ypres, qui débuta le dernier jour du mois. C'est également en juillet que, en France, le Squadron 45, bientôt suivi du 43, perçut des Camel à moteur Clerget ; en octobre, le Squadron 28 traversa la Manche avec ses Camel, pour être désormais basé en France. Dès la fin du mois d'août, trois pilotes du Squadron 44 avaient attaqué, de nuit, des Gotha qui effectuaient des raids isolés, prouvant ainsi que le Camel pouvait être utilisé dans l'obscurité malgré les difficultés inhérentes à son pilotage. Cette utilisation nocturne représentait un avantage hautement appréciable pour l'époque.

Les squadrons mettant en œuvre des Camel jouèrent un rôle de premier plan lors de la grande bataille de Cambrai, en mars 1918, lançant au combat des machines conçues pour emporter quatre bombes Cooper de 9 kg. Les Squadrons 3 et 46 s'illustrèrent tout particulièrement dans des missions d'attaque au sol, notamment au bois de Bourlon, à Flesquières et à Lateau. Déjà, certains pilotes avaient acquis une grande réputation d'habileté en combat aérien. Tel fut le cas du Captain J.L. Trollope, affecté au Squadron 43, qui, dans la région de Cambrai, abattit 6 appareils ennemis au cours de la même journée. Le 12 avril 1918, onze jours seulement après la création de la Royal Air Force, le Captain H.W. Woollett, de la même unité, renouvela cet exploit.

C'est le 21 avril qu'un pilote canadien, le Captain A.R. Brown, du Squadron 209, descendit, aux commandes de son Camel à moteur Bentley, le baron Manfred von Richthofen, qui, ayant quatre-vingts victoires à son actif, semait littéralement la terreur sur le front. Bon nombre des pilotes les plus illustres du RFC et de la RAF volèrent sur Camel, dont le Lieutenant-Colonel R. Collishaw (60 victoires), le Major D.R. MacLaren (54 victoires) et le Major W.G. Barker (53 victoires).

L'avion connut une certaine évolution au fil de sa carrière, les 1 325 exemplaires construits en 1917 étant dotés de divers moteurs rotatifs, tantôt des Clerget, tantôt des Le Rhône, tantôt des Bentley. A la fin de l'année, le total des commandes s'élevait à 3 450 unités, mais l'entrée en guerre des Etats-Unis rendit ce nombre insuffisant. En conséquence, de nouveaux marchés furent passés avec des sociétés très diverses telles que Boulton Paul Ltd., British Caudron Co. Ltd., Clayton & Shuttleworth Ltd., Hooper & Co. Ltd., March, Jones & Cribb Ltd., Nieuport & General Aircraft Co. Ltd., Wm. Beardmore & Co. Ltd., Fairey Aviation Co. Ltd. et enfin Pegler & Co. Ltd.

Le nom de Camel, qui trouve son origine dans la bosse du fuselage située en avant du pare-brise et couvrant les culasses des mitrailleuses, ne constitua jamais une désignation officielle, même s'il fut adopté par tous les utilisateurs de l'appareil. Sur la version de chasse de nuit, qui servit au sein d'unités basées en Grande-Bretagne et qui fut dotée de deux mitrailleuses Lewis montées sur un affût double Foster au-dessus du plan supérieur, les techniciens durent décaler l'habitacle de 30 cm vers l'arrière afin que le pilote puisse utiliser ses armes. Les Camel de chasse de nuit étaient en outre équipés de feux de navigation et de

*Doté d'un moteur Gnome Monosoupape et dépourvu de mitrailleuses Vickers de capot, cet appareil, sans doute le B9278, construit par la société Boulton Paul, allait donner naissance au chasseur de tranchées TF.1, mis au point pour l'attaque des positions allemandes de première ligne.*

*Piloté par le Lieutenant J.A. Meyer, un officier qui appartenait à l'US Air Service, ce Sopwith Camel faisait partie d'un important lot de série construit par March, Jones & Cribb, une société installée à Leeds. Cet avion servait au sein du17th Aero Squadron, engagé sur le front occidental en 1918.*

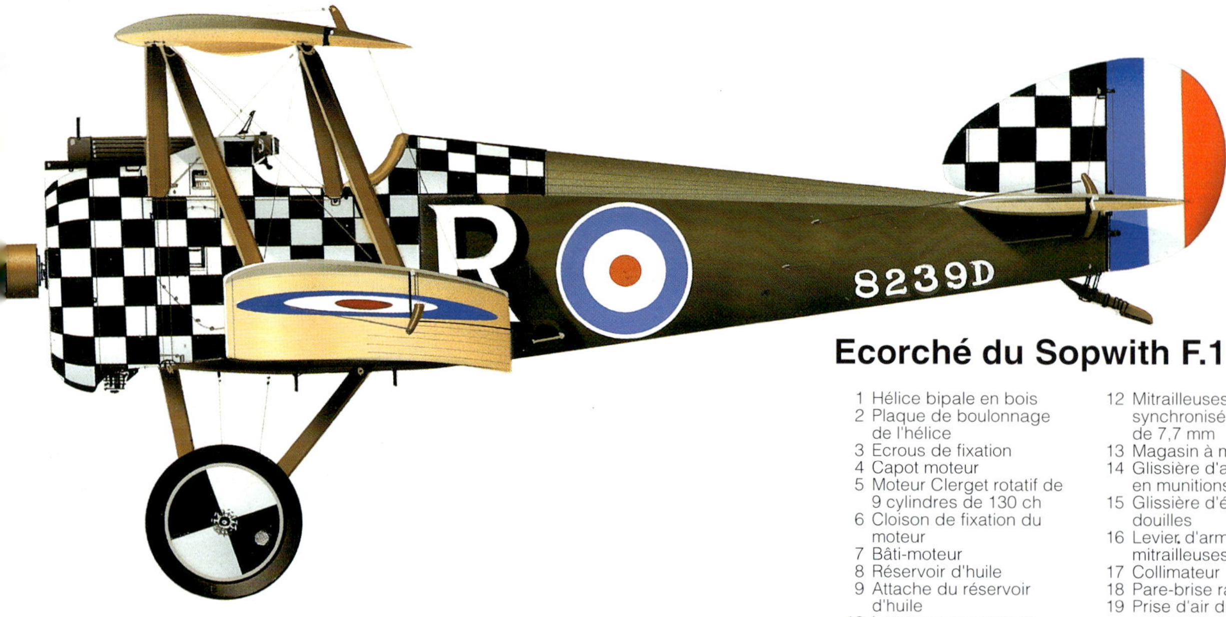


***Piloté par le Captain McEwen, ce Sopwith Camel numéro D8239, construit par la firme Boulton Paul, servait en Italie, où les Britanniques avaient engagé un corps expéditionnaire, au mois de janvier 1919.***

## Ecorché du Sopwith F.1 Camel

1 Hélice bipale en bois
2 Plaque de boulonnage de l'hélice
3 Ecrous de fixation
4 Capot moteur
5 Moteur Clerget rotatif de 9 cylindres de 130 ch
6 Cloison de fixation du moteur
7 Bâti-moteur
8 Réservoir d'huile
9 Attache du réservoir d'huile
10 Longeron transverse
11 Cadre de fuselage
12 Mitrailleuses synchronisées Vickers de 7,7 mm
13 Magasin à munitions
14 Glissière d'alimentation en munitions
15 Glissière d'éjection des douilles
16 Levier d'armement des mitrailleuses
17 Collimateur
18 Pare-brise rabattable
19 Prise d'air du carburateur
20 Mât de cabane arrière
21 Câbles de haubanage de la cabane
22 Mât de cabane arrière
23 Moulinet de mise en pression du réservoir
24 Pompe manuelle de carburant
25 Longeron avant
26 Raidisseurs de bord d'attaque
27 Nervure
28 Longeron arrière
29 Raccord de longeron
30 Nervures de plan supérieur

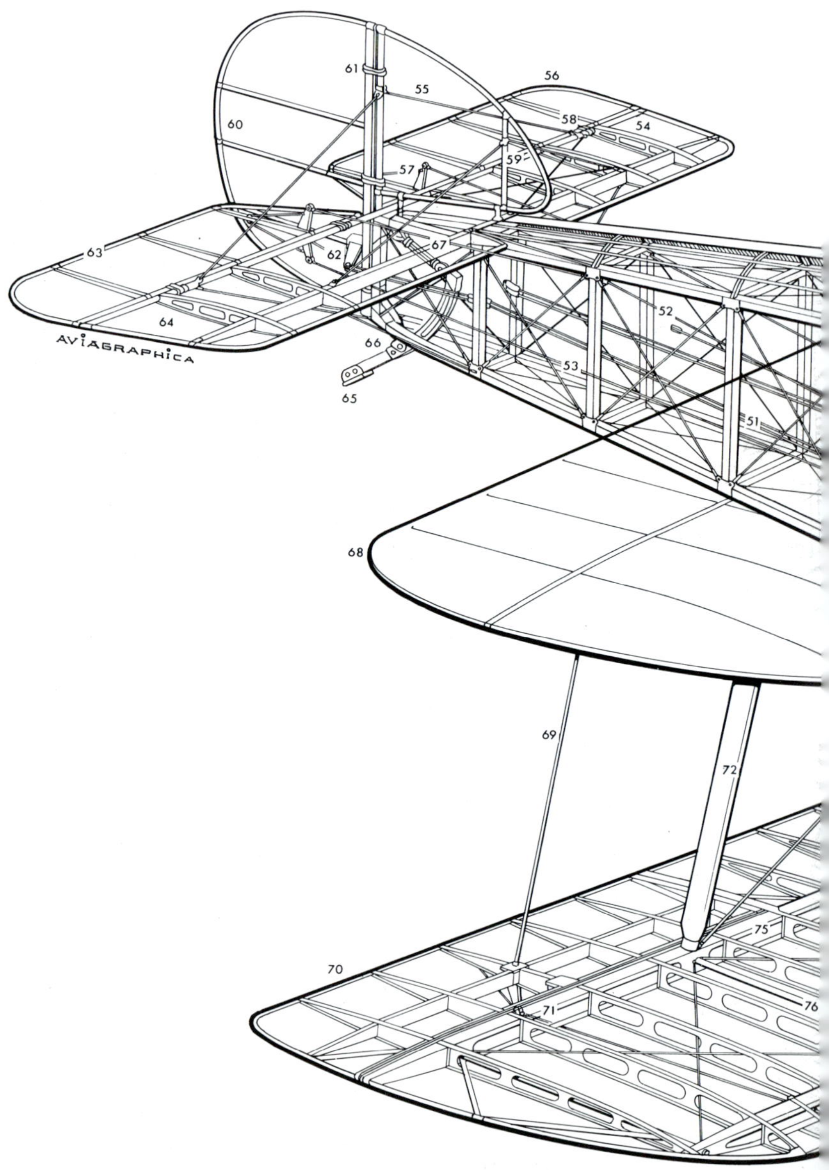


fusées éclairantes ; ces machines, malgré les différences qu'elles présentaient avec la première version de l'appareil, ne reçurent pas de dénomination spécifique.

## Des Camel marins

Deux versions se virent toutefois attribuer des appellations particulières. La première, conçue pour l'attaque des tranchées et armée de deux mitrailleuses Lewis tirant vers le bas ainsi que d'une troisième montée sur le plan supérieur, ne fut pas construite en série, mais ouvrit la voie au Sopwith TF.2 Salamander. La seconde, le 2F.1, avait été réalisée pour opérer à partir de navires, avec une envergure légèrement réduite et un train d'atterrissage dont le bâti, en tubes d'acier, pouvait être largué en vol (l'arrière du fuselage était démontable, ce qui permettait de réduire les problèmes d'encombrement). Des 2F.1 furent employés sur les porte-avions HMS *Furious* et *Pegasus*, d'autres étant lancés au moyen de catapultes montées sur les tourelles ou les gaillards avant de divers vaisseaux.

Ces Camel marins, qui prirent part aux opérations que lança la flotte britannique contre la baie d'Heligoland en 1918, remportèrent des victoires aux dépens d'hydravions allemands. Certains d'entre eux furent utilisés d'une manière très particulière, à partir de chalands remorqués. Le Commander C.R. Samson, un pilote de grand talent, joua un rôle

***Bien que les marques apposées sur ce Sopwith Camel préservé soient incorrectes, cette photographie permet d'apprécier la silhouette trapue de l'appareil et montre l'ouverture pratiquée dans le plan supérieur, destinée à améliorer la visibilité du pilote vers le haut.***

***Le N6616 était l'avion du Captain Claude Emery, détaché en 1919 au sein de l'aviation militaire estonienne. Cet appareil fut livré à l'Estonie avec d'autres machines britanniques de différents types.***

31 Aileron gauche
32 Guignol de commande d'aileron
33 Haubanage diagonal interne
34 Mât de voilure
35 Haubanage des mâts
36 Haubans doubles
37 Bourrelet de capitonnage de l'habitacle
38 Siège en osier
39 Support du siège
40 Réservoir principal de carburant
41 Réservoir auxiliaire
42 Bouchon de réservoir
43 Passage des timoneries de commandes sous le siège
44 Longeron supérieur de fuselage
45 Longeron inférieur de fuselage
46 Poutres verticales
47 Poutres transversales
48 Haubanage diagonal interne
49 Cadre support du revêtement supérieur de fuselage
50 Raidisseurs internes du revêtement
51 Câbles de commande de direction
52 Câble supérieur de commande de profondeur
53 Câble inférieur de commande de profondeur
54 Structure du stabilisateur gauche
55 Hauban supérieur du stabilisateur gauche
56 Gouverne de profondeur gauche
57 Guignol de commande de profondeur

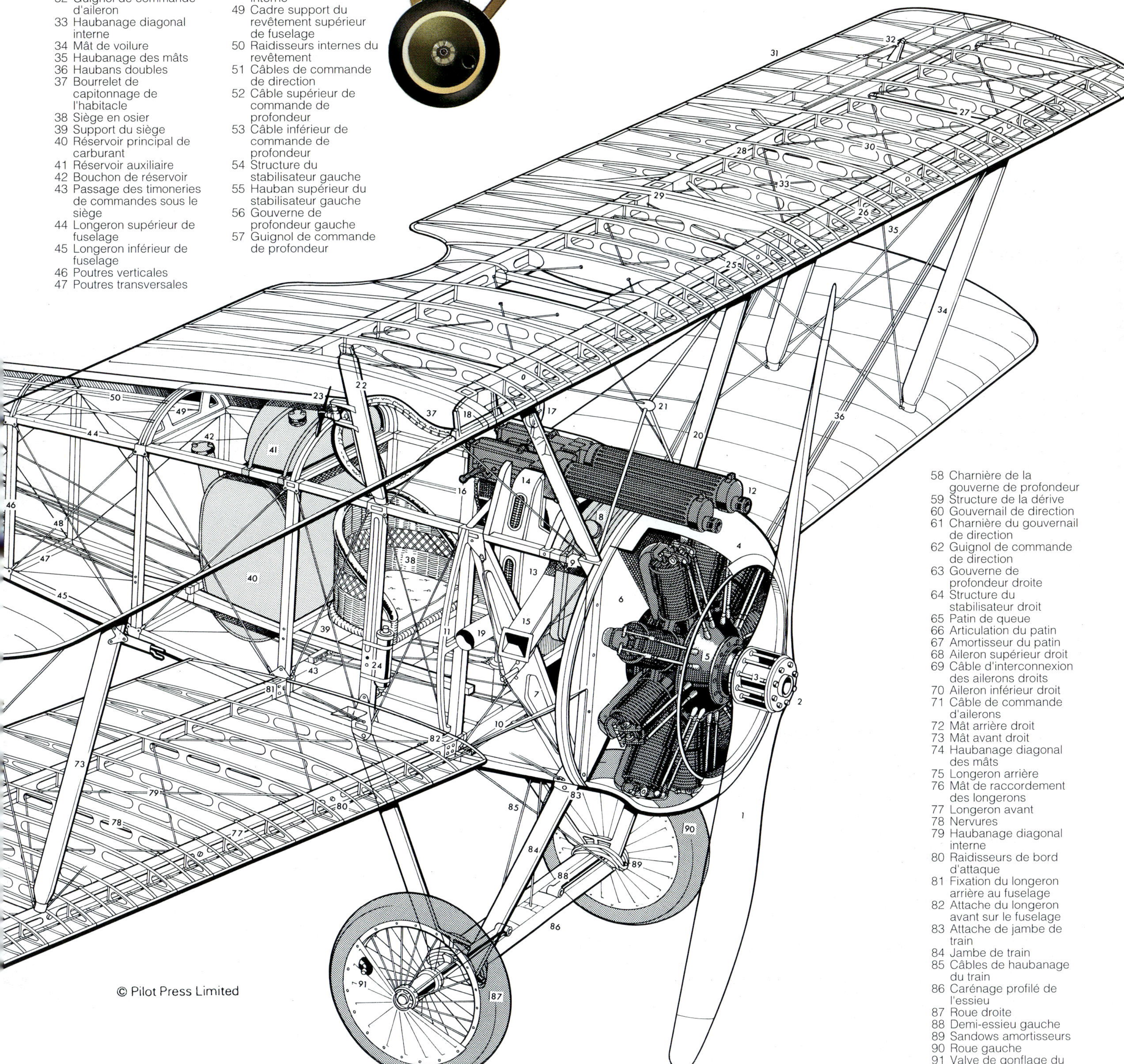

58 Charnière de la gouverne de profondeur
59 Structure de la dérive
60 Gouvernail de direction
61 Charnière du gouvernail de direction
62 Guignol de commande de direction
63 Gouverne de profondeur droite
64 Structure du stabilisateur droit
65 Patin de queue
66 Articulation du patin
67 Amortisseur du patin
68 Aileron supérieur droit
69 Câble d'interconnexion des ailerons droits
70 Aileron inférieur droit
71 Câble de commande d'ailerons
72 Mât arrière droit
73 Mât avant droit
74 Haubanage diagonal des mâts
75 Longeron arrière
76 Mât de raccordement des longerons
77 Longeron avant
78 Nervures
79 Haubanage diagonal interne
80 Raidisseurs de bord d'attaque
81 Fixation du longeron arrière au fuselage
82 Attache du longeron avant sur le fuselage
83 Attache de jambe de train
84 Jambe de train
85 Câbles de haubanage du train
86 Carénage profilé de l'essieu
87 Roue droite
88 Demi-essieu gauche
89 Sandows amortisseurs
90 Roue gauche
91 Valve de gonflage du pneu

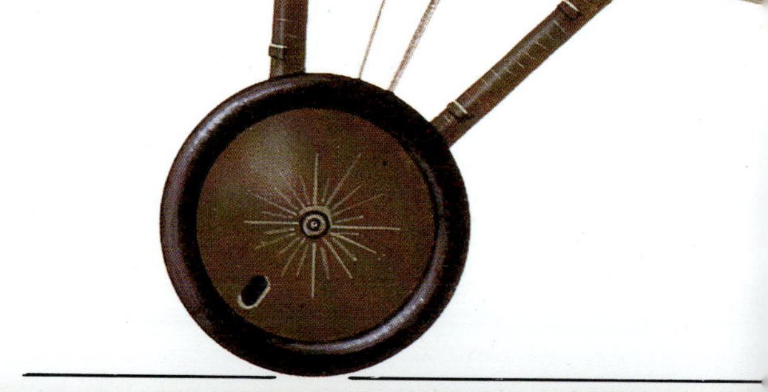

*Sopwith Camel appartenant au Squadron 210 de la Royal Air Force, engagé sur le front occidental en 1918. L'unité avait été formée en avril de cette année-là à partir du Squadron 10 du Royal Naval Air Service.*

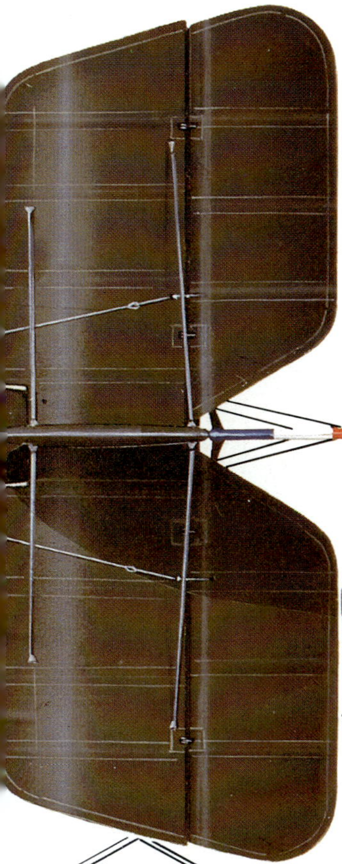

**Caractéristiques**
**Sopwith F.1 Camel à moteur Clerget**
**Type :** monoplace de chasse
**Moteur :** 1 Clerget rotatif de 9 cylindres de 130 ch (97 kW)
**Performances :** vitesse maximale au niveau de la mer, 188 km/h ; temps de montée à 3 050 m, 10 mn 35 s ; plafond pratique, 5 800 m ; autonomie, 2 h 30 mn
**Masse :** à vide, 420 kg ; maximale au décollage, 660 kg
**Dimensions :** envergure, 8,53 m ; longueur, 5,72 m ; hauteur, 2,60 m ; surface alaire, 21,46 $m^2$
**Armement :** 2 mitrailleuses synchronisées Vickers de 7,7 mm tirant à travers le champ de l'hélice ; possibilité d'accrocher 4 bombes de 11 kg sous le fuselage

## Versions du Sopwith Camel

**F.1 :** prototypes ; **F.1** avec moteur Clerget
**F.1/1 :** avec voilure effilée
**F.1/2 :** configuration exacte incertaine
**F.1/3 :** avec moteur Clerget 9B, Le Rhône 9J, puis Clerget de 130 ch
**F.1 :** prototypes pour l'Amirauté britannique (N517 et N518) ; moteurs rotatifs
**F.1 :** version de série, à moteur Clerget de 110 ou 130 ch, Le Rhône de 110 ch, BR.1 de 150 ch ou encore Gnome Monosoupape de 100 ch ; quelques exemplaires transformés en biplaces d'entraînement
**TF.1 :** chasseur de tranchée expérimental ; 1 exemplaire (C57) construit par Nieuport & General, armé de 3 mitrailleuses
**2F.1 :** chasseur embarqué produit en série ; le plus souvent doté du moteur rotatif BR.1, et armé de 1 mitrailleuse Lewis et de 1 Vickers ; quelques appareils équipés pour recevoir 2 bombes de 23 kg ; 2 exemplaires (N6622 et N6814) équipés pour essais à bord du dirigeable *R.23*

***Sopwith Camel arborant les marques de l'Eskadra Kosciuszkowska polonaise. Basés à Lvov, les vingt appareils de ce type livrés par la Grande-Bretagne à la Pologne furent engagés contre les bolcheviques en 1920.***

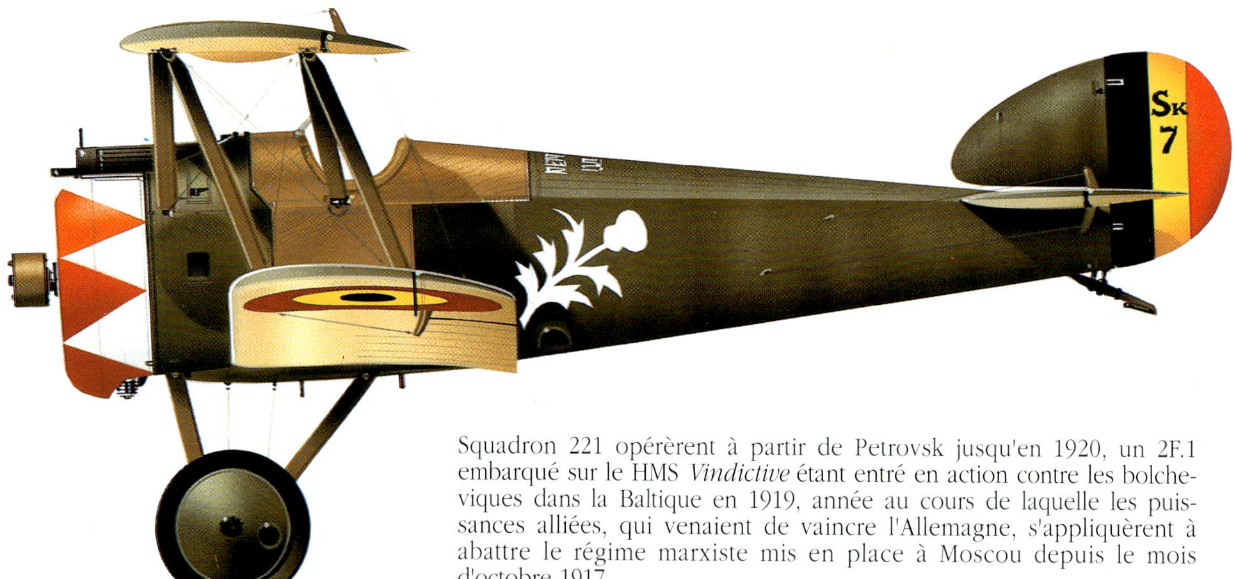


***Piloté par l'as belge Jan Olieslagers, titulaire de six victoires, ce Camel appartenait, peu avant la fin de la guerre, au groupe de chasse belge.***

décisif dans la mise au point de cette technique, mais le premier succès qu'elle permit d'obtenir revint au Lieutenant Stuart Culley, qui, ayant décollé le 11 août d'une plate-forme remorquée par le destroyer HMS *Redoubt*, parvint à abattre le dirigeable allemand *L.53*. Les Britanniques envisagèrent également d'utiliser le 2F.1 pour assurer la défense de leurs propres dirigeables. Des essais eurent ainsi lieu dans la région de Pulham avec un Camel accroché sous le *R.23*, le Lieutenant R.E. Keys, du Squadron 212, accomplissant le premier vol à partir de cet aérostat peu avant la signature de l'armistice.

Les quarante-huit squadrons britanniques qui furent dotés de Camel combattirent surtout en France, mais aussi en Italie, en mer Egée, en Macédoine, et Grèce, en Russie et jusqu'en Mésopotamie. Lorsque survint l'armistice, la RAF disposait de 2 519 exemplaires du F.1 et de 129 unités de la version 2F.1 ; sur cet ensemble, 802 machines se trouvaient sur le sol français. Le nombre total de Camel produits par l'industrie aéronautique britannique pendant la Première Guerre mondiale s'éleva à 5 490 exemplaires.

Le Camel fut employé par les aviations militaires de plusieurs pays engagés dans la guerre aux côtés du Royaume-Uni, 36 exemplaires étant livrés à la Belgique au cours de l'année 1918 (l'un d'eux est conservé au musée de l'Armée et d'Histoire militaire de Bruxelles). Six Camel grecs furent confiés à des pilotes appartenant à la marine royale de ce pays et prirent part aux hostilités, contre les Bulgares et les Turcs, pendant les derniers mois du conflit.

Au mois de juin 1918, 143 Camel à moteur Clerget furent affectés au corps expéditionnaire américain en France, équipant les 17th, 27th, 37th et 41st Aero Squadrons. Les aviateurs américains n'appréciant guère leurs caractéristiques de pilotage un peu particulières, ces avions ne participèrent que fort peu aux combats. En revanche, ils servirent à l'entraînement des pilotes fraîchement arrivés des Etats-Unis. Après la fin de la guerre, la plupart des Camel américains demeurèrent en France ou en Grande-Bretagne ; mais 6 d'entre eux, qui avaient été cédés à l'US Navy, furent expédiés en Amérique, où ils volèrent à titre expérimental à partir de plates-formes érigées sur les navires de guerre *Texas* et *Arkansas*.

Quelques Camel parvinrent en outre au Canada, une vingtaine d'exemplaires étant acquis par la Pologne, où ils servirent dans l'Eskadra Kosciuszkowska (basés à Lvov, ils combattirent les Soviétiques en 1920). En 1918, des Camel furent emmenés en Russie par le groupe d'aviation slavo-britannique, le Flight B du Squadron 47 de la RAF étant d'abord installé à Archangelsk, et l'année suivante à Beketovka. Les appareils du Squadron 221 opérèrent à partir de Petrovsk jusqu'en 1920, un 2F.1 embarqué sur le HMS *Vindictive* étant entré en action contre les bolcheviques dans la Baltique en 1919, année au cours de laquelle les puissances alliées, qui venaient de vaincre l'Allemagne, s'appliquèrent à abattre le régime marxiste mis en place à Moscou depuis le mois d'octobre 1917.

Si la guerre s'était prolongée de trois ou quatre mois, le Camel aurait certainement cédé la place, au sein des formations de la RAF, au Sopwith Snipe, un excellent avion de chasse qui ne présentait plus les défauts de pilotage de son prédécesseur. Quoi qu'il en fût, les qualités de ce chasseur à la puissance de feu et à la manœuvrabilité peu communes firent du Camel sans doute un des meilleurs avions de combat de la Première Guerre mondiale.

***Dans le cadre d'un programme visant à doter les dirigeables britanniques de leur moyens de défense propres, deux F.1 Camel (N6622 et N6814) subirent des modifications qui permirent au Squadron 212 d'effectuer des essais à partir du « R.23 ». Le premier largage fut accompli par le Lieutenant Keys.***

# Hurricane : le brillant second

*Bien qu'il n'ait jamais atteint une renommée comparable à celle du Spitfire, le Hurricane, œuvre de Sydney Camm, permit aux pilotes du Fighter Command de la RAF, nouvellement créé, de s'entraîner un an et demi avant le début de la Seconde Guerre mondiale. Il fut le premier chasseur britannique équipé de huit mitrailleuses, et le premier à atteindre 500 km/h.*

BIEN que le programme F.7/30, lancé en 1930, n'ait pas permis de réaliser des progrès techniques très remarquables, il se trouve tout de même à la source d'efforts visant à améliorer les performances des avions de chasse, efforts qui se traduisirent en 1933 par la création du Hawker Hurricane, monoplan dérivé d'un biplan très réussi, le Hawker Fury. Là se situe l'origine de ce véritable anachronisme qui allait faire du Hurricane un avion moins réussi que le Spitfire. Tandis que le créateur de ce dernier, Mitchell, se lançait à fond dans la construction monocoque, Sydney Camm s'en tenait aux structures entoilées. Il faut dire toutefois qu'en 1939 et 1940, quand les chasseurs de la RAF allaient devoir combattre dans des conditions particulièrement difficiles, le mode de construction du Hurricane devait se révéler intéressant puisqu'il permettait à l'avion d'encaisser des coups très durs et d'être ensuite remis facilement en état.

Le premier Hurricane (K5083) vola à Brooklands le 6 novembre 1935 piloté par le Group Captain P.W.S. Bulman, avec un Rolls-Royce Merlin C de 1 025 ch à douze cylindres refroidis par liquide, dérivé du PV-12 que le motoriste britannique avait réalisé sur ses propres fonds. Le prototype, qui pesait en charge 2 460 kg, avait une hélice bipale en bois Watts et sa vitesse maximale était de 507 km/h à 4 600 m d'altitude. Les 600 premiers Hurricane furent commandés en juin 1936, et la production était bien avancée en 1937 (en dépit d'un retard dû à l'abandon du moteur Merlin I en faveur du Merlin II), quand l'armement composé de huit mitrailleuses Browning montées dans la voilure fut définitivement retenu. Quelques améliorations mineures furent apportées à la cellule : carénage de radiateur plus efficace, verrière renforcée, mâts de haubanage des stabilisateurs supprimés.

Les premiers appareils furent livrés au Squadron 111, à Northolt, avant la fin de 1937, et dans le courant de l'année suivante les Squadrons 3 et 56 furent à leur tour rééquipés. Les premiers essais de vrille démontrèrent qu'il y aurait intérêt à augmenter la surface de quille : cette dernière opération fut réalisée grâce au montage d'un carénage en avant de la roulette de queue, et par un allongement de 76 mm vers le bas de la gouverne de direction.

En raison des limitations imposées par la structure de l'avion, comme de la nécessité d'accroître le rythme de la production dans un contexte international lourd de menaces, il ne fut pas possible d'améliorer beaucoup le Hurricane I avant l'entrée en guerre. Toutefois, l'hélice en bois à pas fixe fut remplacée par une hélice tripale métallique De Havilland à deux positions, et ultérieurement par une Rotol à vitesse constante qui augmenta la vitesse ascensionnelle et les performances en altitude. Ces transformations furent rendues possibles par l'apparition du moteur Merlin III (de 1 030 ch), dont l'arbre pouvait recevoir divers types d'hélices, les revêtements métalliques de voilure étant introduits au cours de l'année 1939.

Au mois de septembre 1939, 497 Hurricane I avaient été produits pour la RAF, qui avait ainsi pu en équiper dix-huit squadrons basés dans les îles Britanniques. Quelques marchés d'exportation avaient été consentis à des pays amis de l'Angleterre : la Yougoslavie (12 exemplaires achetés, d'autres devant être assemblés sous licence), l'Afrique du Sud (7), la Roumanie (12), le Canada (20), l'Iran (2), la Pologne (1) et la Belgique (20 avions et une licence de fabrication), enfin la Turquie (15). Une étude relative au lancement d'une seconde chaîne de montage, dans les usines de la Gloster Aircraft Company, était en cours, et la Canadian Car and Foundry, à Montréal, s'équipait pour construire cet

**Dans la poussière et le sable du désert africain, qui non seulement réduisaient la visibilité mais aussi accéléraient l'usure des moteurs, des Hurricane IID du Squadron 6 s'apprêtent à décoller de Sidi Bu Amud, en janvier 1943. Armés de canons antichars, ils contribuèrent à la déroute de l'Afrikakorps fin 1942.**

***Le prototype du Hurricane (K5083) entre les mains du pilote P.G. Lucas, en 1937, après la suppression des haubans des stabilisateurs et le montage d'un collimateur. Le carénage du radiateur a en outre été modifié, et les montants de la verrière ont été renforcés.***

appareil (1 451 devaient être réalisés au Canada pendant la durée du conflit). Au cours de l'année 1941, l'Austin Motor Company, installée à Longbridge, allait en outre en construire 300 exemplaires.

## Succès en opérations

En septembre 1939, quatre squadrons de Hurricane (le 1, le 73, le 85 et le 87) furent envoyés en France, et c'est un pilote du Squadron 1, le Pilot Officer P.W.O. Mould, qui abattit le premier avion allemand – un Dornier Do 17 – le 30 octobre. Le Hurricane montra qu'il pouvait opérer à partir des terrains de fortune du nord de la France, grâce notamment à son train d'atterrissage robuste et à large voie. Un squadron de Hurricane, le 46, fut déployé à Narvik pendant les derniers jours de la campagne de Norvège, mais tous ses avions furent perdus lorsque le porte-avions HMS *Glorious* fut coulé au cours du voyage de retour par les bombardiers et les chasseurs de la Luftwaffe. Au-dessus de Dunkerque, dans les derniers moments de la bataille des Flandres, les Hurricane furent constamment engagés contre les chasseurs et les bombardiers de la Luftwaffe, auxquels ils infligèrent de lourdes pertes. Les Hurricane de la force aérienne belge, eux, furent presque tous détruits.

Les Hurricane I constituèrent l'épine dorsale du Fighter Command lors de la bataille d'Angleterre : ils équipèrent en effet jusqu'à trente-deux squadrons, tandis que les Spitfire ne furent utilisés que par dix-huit autres, plus un en partie (à la date du 7 août 1940, 2 309 Hurricane avaient été livrés). Avec les hélices Rotol, ces avions atteignaient la vitesse de 528 km/h à 5 000 m d'altitude. Les Messerschmitt Bf 109E étant nettement plus rapides, les Hurricane allaient, dans la mesure du

## Ecorché du Hawker Sea Hurricane II

1 Structure de gouverne entoilée
2 Feu de navigation
3 Compensateur de direction
4 Compensateur de profondeur
5 Structure de la gouverne de profondeur entoilée
6 Masse d'équilibrage de la gouverne de profondeur
7 Structure du stabilisateur
15 Câble d'antenne
16 Bord d'attaque de la dérive en aluminium
17 Stabilisateur gauche
18 Poulies de renvoi de commandes
19 Panneaux d'accès aux timoneries de commandes (du côté gauche)
20 Quille
21 Roulette de queue
22 Amortisseur Dowty
23 Partie avant de la quille
30 Longeron supérieur
31 Cadres de fuselage en alliage d'aluminium
32 Structure tubulaire du fuselage, avec raccords boulonnés
33 Crosse d'appontage
34 Axe de rotation de la crosse d'appontage
35 Longeron inférieur
36 Amortisseur de la crosse d'appontage
37 Cadres supérieurs en bois
38 Mât d'antenne
39 Feu d'identification supérieur

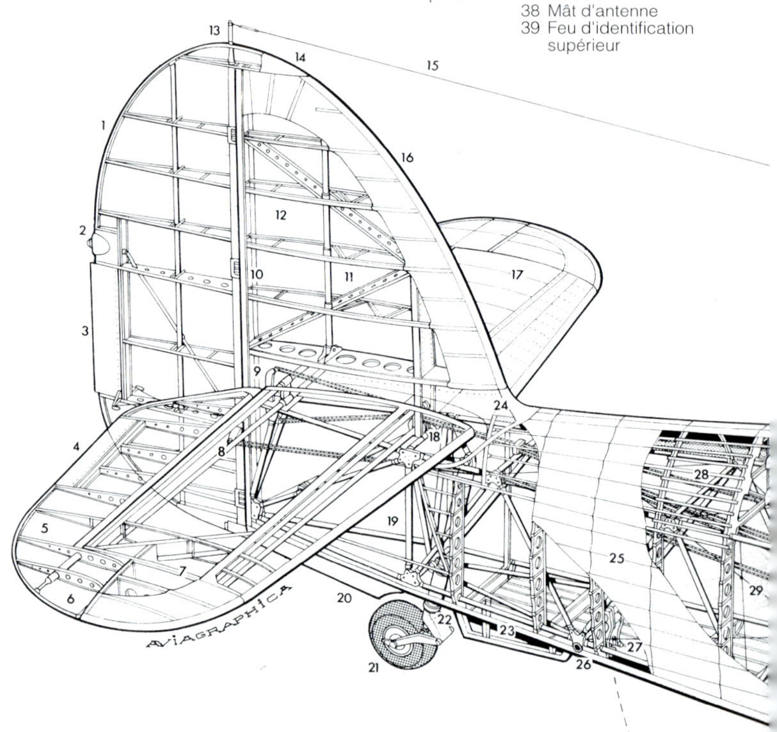


8 Guignol de commande de direction
9 Mécanisme de la gouverne de profondeur
10 Etambot
11 Structure de la dérive
12 Entoilage
13 Mât d'antenne radio
14 Masse d'équilibrage de la gouverne de direction
24 Raccord Karman d'empennages
25 Entoilage du fuselage
26 Orifice du tube de levage
27 Verrou de la crosse d'appontage
28 Lisses
29 Câbles de croisillonnage intérieur du fuselage
40 Tubes de lancement de fusées d'identification, vers le haut
41 Câbles de commande de profondeur
42 Panneau démontable
43 Lisses ventrales
44 Raccord Karman de bord de fuite
45 Feu d'identification inférieur
46 Râteliers de l'équipement radio
47 Equipement radio (R 3002 et R 3108)
48 Tubes de lancement de fusées éclairantes parachutées
49 Rails de guidage de la verrière
50 Structure du carénage arrière de l'habitacle
51 Mâts de pylône anticrash
52 Equipement radio (TR 1196 et R 1304)
53 Equipement radio (TR 1143 et TR 1133)
54 Batterie
55 Bouteille d'oxygène

***Le Sea Hurricane IB, obtenu par modification du Mk I de la RAF, disposait de ferrures de catapultage et d'une crosse d'appontage.***

56 Circuit hydraulique
57 Emplacement du canot pneumatique
58 Blindage dorsal du pilote
59 Blindage dorsal supérieur
60 Verrière coulissant vers l'arrière
61 Montants de verrière
62 Harnais de sécurité
63 Siège du pilote
64 Levier de réglage de la position du siège
65 Fixation du longeron de voilure au fuselage
66 Radiateur ventral d'huile et de liquide de refroidissement
67 Position du vérin hydraulique de volet (du côté gauche seulement)
68 Tuyauterie d'air de réchauffage des mitrailleuses
69 Logement du volet central
70 Nervures de bord de fuite
71 Attache de l'élément extérieur de voilure sur le longeron arrière
72 Panneaux d'accès aux culasses des canons
73 Culasses des canons
74 Volet d'intrados
75 Longeron arrière
76 Structure de l'aileron en aluminium
77 Aileron entoilé
78 Mécanisme de commande d'aileron
79 Structure du saumon d'aile
80 Feu de navigation
81 Longerons intermédiaires
82 Nervures d'aile en aluminium
83 Longeron avant
84 Nervures de bord d'attaque
85 Phare d'atterrissage
86 Lisses
87 Tambours d'alimentation en obus
88 Casiers à munitions (364 obus au total)
89 Contrefiche de train
90 Canon Hispano de 20 mm
91 Logement du canon extérieur
92 Enveloppe du tube de canon
93 Flasque solidaire de la jambe de train
94 Amortisseur oléopneumatique
95 Roue
96 Carénages des tubes de canons
97 Ressorts de recul
98 Bouches des canons
99 Axe de rotation de la jambe de train
100 Orifice de la cinémitrailleuse
101 Cinémitrailleuse
102 Attache de l'élément extérieur de voilure sur le longeron avant
103 Réservoir d'huile dans l'aile gauche seulement
104 Vérin hydraulique d'escamotage de train
105 Mécanisme de relevage du train
106 Bouchon de réservoir
107 Réservoir principal de voilure (capacité, 157 l)
108 Logement du train principal
109 Structure de la partie centrale de la voilure
110 Plancher de cabine
111 Repose-pieds
112 Réservoir de liquide de dégivrage
113 Pédales de palonnier
114 Tableau de bord
115 Manche à balai
116 Volant de commande de compensation en profondeur
117 Manette des gaz
118 Collimateur
119 Pare-brise blindé
120 Poignée de verrière
121 Rétroviseur
122 Volet extérieur
123 Aileron entoilé
124 Tube de Pitot
125 Mécanisme de commande d'aileron
126 Saumon
127 Feu de navigation
128 Revêtement de voilure en alliage d'aluminium
129 Phare d'atterrissage
130 Tubes des canons
131 Canon Hispano de 20 mm
132 Logement des canons
133 Casier à munitions
134 Tambours d'alimentation en obus
135 Bouchon de réservoir
136 Réserve d'essence (capacité, 127 l)
137 Pare-flammes
138 Filtre à huile
139 Cloison pare-feu
148 Réservoir de liquide de refroidissement
149 Magnéto
150 Bâti-moteur
151 Attache arrière du moteur
152 Prise de démarrage à la manivelle
153 Capotage inférieur du moteur
154 Pipes d'échappement
155 Moteur Rolls-Royce Merlin XX
156 Tuyauteries de refroidissement
157 Capotage supérieur du moteur
158 Bossettes de capot

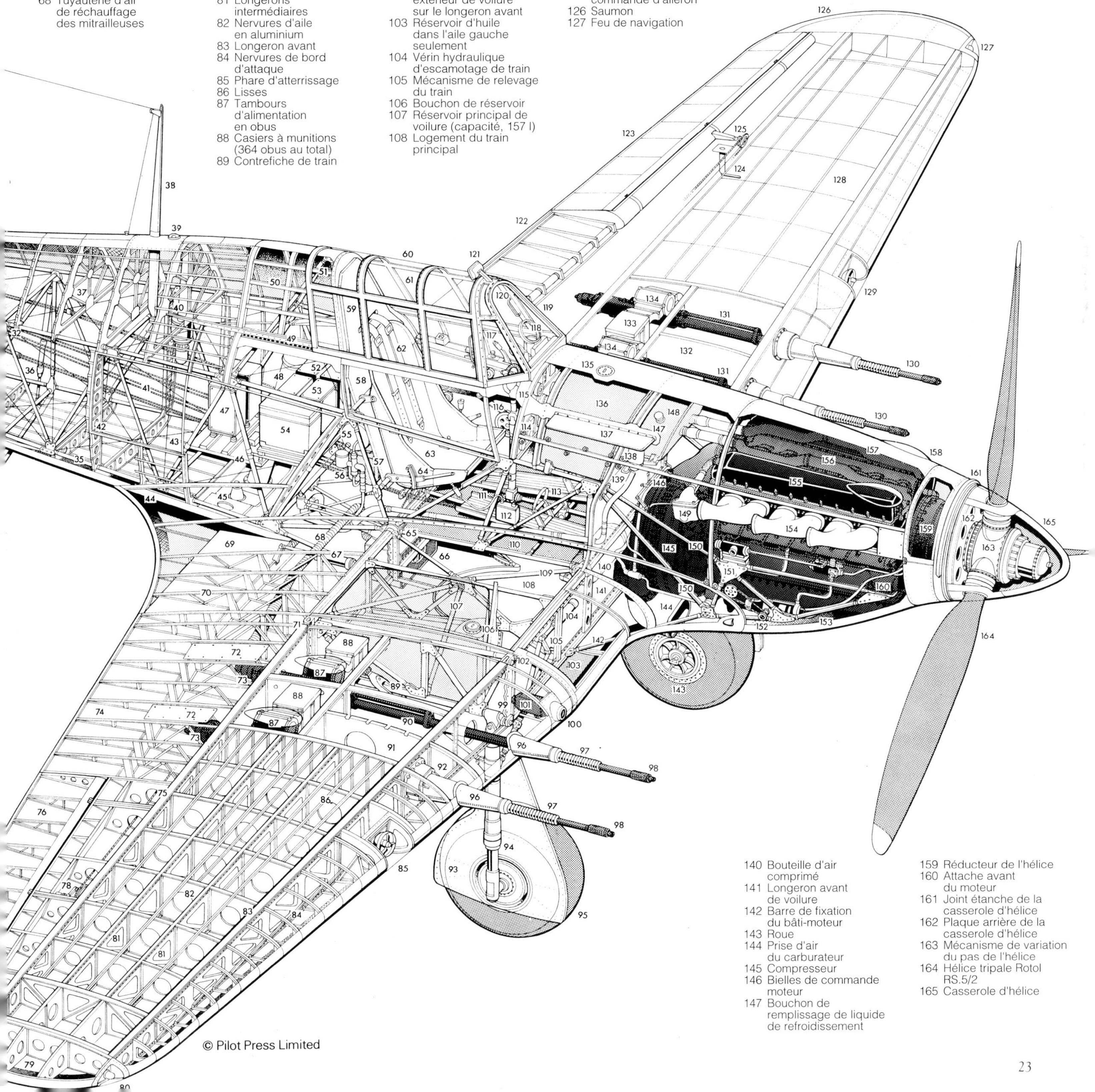



140 Bouteille d'air comprimé
141 Longeron avant de voilure
142 Barre de fixation du bâti-moteur
143 Roue
144 Prise d'air du carburateur
145 Compresseur
146 Bielles de commande moteur
147 Bouchon de remplissage de liquide de refroidissement
159 Réducteur de l'hélice
160 Attache avant du moteur
161 Joint étanche de la casserole d'hélice
162 Plaque arrière de la casserole d'hélice
163 Mécanisme de variation du pas de l'hélice
164 Hélice tripale Rotol RS.5/2
165 Casserole d'hélice

***Ce Hurricane I à hélice Rotol fut peut-être capturé par les Allemands à Merville, en France, en mai 1940. Il fit l'objet d'essais d'évaluation à Magdeburg. La Luftwaffe manifestait un certain dédain envers le Hurricane, qui devait pourtant, au cours des trente premiers mois de guerre, lui causer plus de dommages que le Spitfire.***

***Hurricane IIB (Z3768) du Squadron 134, appartenant au Wing 151, basé à Vaenga, dans le nord de l'Union soviétique, en septembre 1941. Cette unité fut mise sur pied en toute hâte en Grande-Bretagne et envoyée en Union soviétique équipée d'avions qui étaient à l'origine destinés à opérer en Afrique.***

possible, être engagés contre les bombardiers ennemis et non contre les chasseurs. Le Hurricane jouissait d'une grande popularité auprès des pilotes du Fighter Command, en raison de sa maniabilité, de sa remarquable stabilité en tant que plate-forme de tir et de son rayon de virage très réduit, qui faisait du chasseur lourd Messerschmitt Bf 110 une proie facile pour lui.

En septembre 1940, alors que la bataille d'Angleterre battait son plein, apparaissaient les premiers Hurricane Mk II, équipés d'un moteur Merlin XX de 1 185 ch, d'un compresseur à deux étages, d'une hélice Rotol et possédant un avant de fuselage légèrement rallongé. Le Hurricane Mk IIA Series 1 était encore armé de huit mitrailleuses Browning, et sa vitesse maximale était de 550 km/h. Le Mk IIA Series 2 avait une aile munie de points d'attache pour des réservoirs supplémentaires de 200 l, cette voilure, dite « universelle », ayant été conçue pour permettre le convoyage en vol des Hurricane vers le Moyen-Orient. Un terme fut cependant mis à cette entreprise en raison de la défaite de la France, à la fin du mois de juin, alors qu'une dizaine d'avions seulement avaient déjà entrepris le long voyage. Les Hurricane IIA, qui pouvaient également emporter sous les ailes deux bombes de 113 kg, furent employés lors d'attaques sur le continent au début de 1941.

C'est sur le Hurricane Mk IIB qu'apparut l'aile armée de douze mitrailleuses Browning, qui pouvait en outre recevoir deux bombes, cette version adoptant le surnom de Hurribomber. Quant au Mk IIC, son armement se composait de quatre canons de 20 mm Oerlikon/Hispano. Lorsqu'elle fit son apparition, au milieu de 1941, cette arme fut considérée comme extraordinairement puissante pour un avion monoplace, bien qu'un premier Hurricane ainsi équipé ait été utilisé à titre expérimental pendant la bataille d'Angleterre avec un succès mitigé. Les Hurricane Mk IIB et IIC, qui servirent de 1941 à 1944 dans pas moins de quatre-vingt-seize squadrons de la RAF, connurent un emploi ininterrompu au-dessus de l'Europe septentrionale, en Afrique du Nord et en Extrême-Orient, principalement comme avions d'attaque au sol. Ils jouèrent en outre un rôle important lors des campagnes de Grèce, d'Irak, de Syrie et de Malaisie.

***Un chasseur de nuit Hurricane IIC du Squadron 87, piloté par le Squadron Leader D.G. Smallwood, titulaire du Distinguished Service Order et de la Distinguished Flying Cross. Noter l'insigne de commandant d'unité, en arrière des cache-flammes. Le Squadron 87 fut équipé de Hurricane de 1941 à 1944.***

Le dernier modèle, doté du moteur Merlin XX, fut le Mk IID, apparu en 1942 et armé d'un canon antichar Vickers ou Rolls-Royce de 40 mm sous chaque aile. Bien qu'un nombre limité d'exemplaires de cette version soient demeurés en Grande-Bretagne, la plupart des Mk IID furent expédiés au Proche-Orient, où leur présence fut décisive dans la bataille de Bir Hakeim, et plus tard en Birmanie. La mise en œuvre du Hurricane dans les étendues désertiques du nord-est de l'Afrique avait montré que la poussière et le sable étaient très préjudiciables au bon fonctionnement des moteurs, ce qui explique que tous les appareils envoyés par la suite au Moyen-Orient et en Asie aient été pourvus de filtres à air Vokes montés sur les prises d'air des carburateurs.

Le Hurricane II demeura la principale version en service tout au long de la guerre, constituant en Extrême-Orient l'essentiel des moyens britanniques dans le domaine de l'attaque au sol. Au total, 2 952 Hurricane furent cédés à l'Union soviétique, dont 2 922 étaient des Mk II assemblés en Grande-Bretagne ou au Canada. La plupart furent acheminés sur le pont de navires, si bien que les pertes furent très élevées : d'autres parvinrent à destination par le Moyen-Orient. Une autre mission, la chasse de nuit, fut confiée aux Mk II. Dans ce rôle, ces appareils opérèrent aussi bien comme chasseurs de défense dans le ciel britannique que lors de raids nocturnes au-dessus des territoires français et belge. Après 1942, ils furent remplacés dans ce rôle par des Bristol Beaufighter et des De Havilland Mosquito.

La dernière version réalisée pour la RAF fut le Hurricane Mk IV (le Mk III, resté à l'état de projet, aurait dû recevoir un moteur Merlin 28 construit aux Etats-Unis par Packard). Cette version, qui fut à l'origine désignée Mk IIE, avait un Merlin 24 ou 27 de 1 280 ch et une nouvelle aile « universelle » capable d'emporter des canons antichars, des roquettes ou d'autres charges extérieures. En raison du nombre réduit de modifications nécessaires, de nombreux Mk II furent dotés de la nouvelle voilure et, pourvus de moteurs neufs, demeurèrent en service jusqu'après la guerre. Le dernier Hurricane mis au point pour la RAF, un Mk IIC (LF363), fut pris en compte en février 1944 par une unité composée de pilotes polonais, le Squadron 309. Le tout dernier Hurricane réalisé, également un Mk IIC (PZ865), fut racheté par le constructeur, et il existe encore de nos jours. Au total, la production de Hurricane atteignit le chiffre de 14 231 exemplaires (y compris les appareils assemblés au Canada). La vaste organisation de réparation mise sur pied dès 1939 permit la remise en service dans la RAF de 4 537 Hurricane endommagés. Deux unités des Forces aériennes françaises libres du Moyen-Orient, l'escadrille de chasse n° 1 en 1941, puis le groupe de chasse Alsace de 1941 à 1942, utilisèrent des Hurricane Mk I et Mk II contre l'aviation de l'Axe en Libye et en Egypte.

*Arborant, de façon non réglementaire, une décoration d'unité héritée de la période d'avant guerre, ce Hurricane IIB tropicalisé (BD930) était utilisé dans le désert de Libye par le Squadron 73 en 1942. Ce squadron, qui avait pris part à la campagne de France et à la bataille d'Angleterre, fut envoyé d'urgence en Afrique à la fin de 1940.*

*Hurricane IID du Squadron 6, armé de canons antichars de 40 mm, basé sur les terrains LG89 et LG91, dans le désert de Libye, en juillet 1942. Le Squadron 6, qui fut le premier à recevoir ce modèle de Hurricane, participa à la destruction d'un grand nombre de véhicules allemands au cours des mois qui précédèrent la seconde bataille d'El-Alamein.*

## Les Sea Hurricane

Lorsqu'en juin 1940 le littoral atlantique de la France tomba aux mains de l'Allemagne, il devint évident que les convois maritimes britanniques allaient être exposés aux attaques des bombardiers à long rayon d'action, comme le Heinkel He 111 et le Focke-Wulf Fw 200. Les responsables décidèrent alors de modifier des Hurricane I afin de pouvoir les utiliser en les catapultant depuis des navires marchands, auxquels ils apportaient ainsi une couverture aérienne. Le premier modèle mis au point fut le Sea Hurricane IA, obtenu par simple montage de ferrures de catapultage sur des Hurricane I provenant de la RAF. Ces appareils, qui firent leur apparition en 1941, ne connurent que des succès limités.

L'étape suivante consista à modifier des navires marchands en les dotant de petits ponts d'envol en vue de l'utilisation de Sea Hurricane Mk IB, équipés de crosses d'appontage. Une troisième version, le Sea Hurricane Mk IC, armée de quatre canons, conservait le moteur Merlin III. Puis vint un dérivé du Hurricane IIC, le Sea Hurricane IIC, pourvu d'un moteur Merlin XX, de quatre canons de voilure, de ferrures d'attache sous les ailes et d'un équipement radio adapté à son utilisation navale.

A la fin de 1942, la Fleet Air Arm disposait de plus de 600 Hurricane. L'une des actions les plus remarquables conduites sur ces appareils se déroula en août 1942, quand les Sea Hurricane des HMS *Indomitable*, *Eagle* et *Victorious*, protégeant un convoi en route vers l'île de Malte, repoussèrent les attaques de 600 appareils ennemis.

*Catapultage d'un Sea Hurricane du pont d'un navire marchand. Ce système fut adopté afin de doter les convois maritimes alliés d'un moyen de défense ponctuelle contre les avions ennemis. Les Sea Hurricane obtinrent des succès limités en 1941. Au terme d'une mission, le pilote était contraint de sauter en parachute ou de poser l'avion sur l'eau en espérant qu'un navire ami le repêche.*

Bien qu'en Grande-Bretagne même les Hurricane de la RAF aient été relégués à des rôles secondaires (comme l'entraînement, la reconnaissance météorologique et les vols de calibration radar) à partir du milieu de 1944, les Mk II et IV demeurèrent en première ligne sur les théâtres d'opérations de Méditerranée et d'Extrême-Orient jusqu'en 1945.

Après le conflit, un grand nombre de Hurricane se trouvant inemployés, certains furent remis en état pour être exportés. En Irlande, l'Irish Air Corps, qui avait reçu un petit nombre de Mk I pendant la guerre, se procura 13 nouveaux Hurricane de 1945 à 1947. D'autres, à la même époque, furent achetés par la Turquie, l'Egypte et l'Afrique du Sud. Une cinquantaine de IIB et IIC furent fournis au Portugal (quelques-uns ne devaient servir que comme réserves de pièces de rechange), et la livraison de 16 Hurricane II à l'Iran solda la commande de 18 avions passée avant guerre. Le seul et unique exemplaire biplace, un Mk IIC transformé, fut également vendu à l'Iran en 1947.

## Versions du Hawker Hurricane

**Prototype F.36/34 :** un avion (K5083), avec moteur Merlin C de 1 025 ch ; armement de 8 mitrailleuses, monté après les premiers essais ; premier vol le 6 novembre 1935

**Hurricane I :** première version de série, avec un Merlin II ou III de 1 030 ch, 8 mitrailleuses Browning de 7,7 mm ; les premiers avions de série avaient des ailes entoilées, les suivants reçurent une voilure à revêtement métallique (2 719 exemplaires construits, non compris les avions fabriqués au Canada ; 90 environ exportés)

**Canadian Hurricane I :** réalisé par Canadian Car and Foundry à Montréal, en 1940 ; moteur Merlin II et hélice De Havilland (40 exemplaires construits)

**Hurricane IIA Series 1 :** moteur Merlin XX à compresseur à deux étages, de 1 185 ch ; 8 mitrailleuses ; certains exemplaires réalisés par transformation de Mk I

**Hurricane IIA Series 2 :** aile « universelle » permettant d'emporter des charges extérieures ; certains furent réalisés par transformation de Mk I ; variantes de reconnaissance photographique PR Mk I modifiés et PR Mk IIA

**Hurricane IIB :** ailes avec armement de 12 mitrailleuses ; points d'attache pour réservoirs supplémentaires ou bombes de 227 kg ; environ 3 100 construits par Hawker, Gloster et Austin ; de nombreux autres obtenus par modification d'autres versions ; version de reconnaissance PR Mk IIB

**Hurricane IIC :** apparu en 1941, avec un armement de 4 canons de 20 mm ; utilisé sur tous les théâtres d'opérations ; il en existait une variante tropicalisée (environ 3 400 exemplaires construits par Hawker, Gloster et Austin ; de nombreux autres obtenus par transformation)

**Hurricane IID :** 2 canons antichars de 40 mm Vickers ou Rolls-Royce, plus 2 mitrailleuses Browning ; nombreux exemplaires tropicalisés (environ 800 construits, de nombreux autres obtenus par transformation)

**Hurricane IV :** moteur Merlin 24 ou 27 de 1 280 ch et aile « universelle » permettant d'emporter des réservoirs supplémentaires largables, des roquettes, des bombes ou encore des canons antichars (environ 2 000 construits, de nombreux autres obtenus par transformation)

**Hurricane V :** 2 prototypes (KZ193 et NL255, des Mk IV transformés) ; moteur Merlin 32 et hélice quadripale Rotol

**Canadian Hurricane X :** Merlin 28 réalisé par Packard ; une centaine construits avec la voilure à 8 mitrailleuses, les autres avec celle du Mk IIB ; beaucoup furent transformés avec l'aile du IIC (489 construits en 1940 et 1941)

**Canadian Hurricane XI :** 150 avions avec l'aile à 12 mitrailleuses ou 4 canons ; la plupart expédiés en Union soviétique en 1942-1943

**Canadian Hurricane XII :** 248 avions avec les modifications du Hurricane IIC ; un exemplaire fut équipé de skis

**Canadian Hurricane XIIA et Sea Hurricane XIIA :** Merlin 29 construit par Packard ; 150 avions envoyés pour la plupart en Union soviétique et en Birmanie en 1943

**Sea Hurricane IA :** chasseur catapultable à partir de navires (50 Hurricane I transformés en 1941)

**Sea Hurricane IB :** ferrures de catapultage et crosse d'appontage (environ 340 réalisés à partir de Hurricane IIA Series 2, en 1941-1942)

**Sea Hurricane IC :** semblable au précédent, mais équipé de 4 canons (environ 400 réalisés à partir de Hurricane IIB et IIC en 1942-1943)

**Sea Hurricane IIC :** transformation du Hurricane IIC, avec crosse d'appontage, ferrures de catapultage et radio navalisée (environ 400 réalisés à partir de Hurricane IIC)

# Spitfire : le chasseur parfait

*Tout commentaire sur le Spitfire est superflu. Cet avion exceptionnel constitua, tout au long du second conflit mondial, l'arme principale du Fighter Command, et mena aussi avec succès des missions de reconnaissance et d'appui tactique.*

Le Spitfire est sans doute l'avion britannique le plus célèbre de tous les temps. Bien qu'il n'ait joué qu'un rôle secondaire dans la bataille d'Angleterre, dominée par le Hawker Hurricane, il n'en fut pas moins le principal avion utilisé par les Alliés au cours de la Seconde Guerre mondiale. Construit à un nombre d'exemplaires supérieur à celui de n'importe quel autre appareil allié (en dehors de l'Union soviétique), il donna lieu à une diversification et à une multiplicité de versions jamais atteintes dans l'histoire de l'aviation. Grâce à l'initiative privée d'un ingénieur aéronautique épaulé par son conseil d'administration, la Grande-Bretagne eut la chance de posséder dès 1936 le prototype d'un chasseur dont la capacité de développement permit de doubler au fil des ans la puissance de son moteur et sa masse en charge, lui donnant ainsi la possibilité de toujours se trouver à la pointe du combat.

Si la Grande-Bretagne s'en était tenue aux programmes officiels, son seul avion de chasse pour l'année 1936 eût été le Supermarine 224, un avion pataud à la structure proche de celle des hydravions de la coupe Schneider, équipé d'un moteur Goshawk développant une puissance maximale de 660 ch (492 kW) et armé de quatre mitrailleuses (deux dans le fuselage et deux dans les pantalons du train fixe). Le créateur de cet appareil, Reginald Mitchell, fut si peu satisfait de son œuvre qu'il se remit au travail et dessina les plans d'une machine qui allait devenir le Type 300. Bien plus petit, mais aussi plus élancé, cet avion, qui possédait un train d'atterrissage rétractable et un revêtement entièrement métallique, devait recevoir le nouveau moteur Rolls-Royce PV.12, développant quelque 900 ch (671 kW), et un armement installé dans les ailes, à l'extérieur du champ de l'hélice. A la suite d'une intervention du jeune Squadron Leader Ralph Sorley, l'Air Ministry avait décidé que les chasseurs de la future génération seraient équipés d'un armement de huit mitrailleuses. En outre, l'absence d'une mitrailleuse moderne de fabrication nationale était sur le point d'être palliée par l'acquisition de la licence américaine Browning (datant de la Première Guerre mondiale). A la fin de l'année 1935, la production de cette arme, mise au calibre anglais de 7,7 mm, fut confiée à la firme BSA. Mitchell avait dessiné une aile elliptique pour son Type 300, pourvu de huit mitrailleuses tirant hors du champ de l'hélice.

En tout état de cause, cette aile, si caractéristique du Spitfire, fut probablement la plus efficace conçue pour un avion de chasse à cette époque. Cette forme en ellipse n'offrait aucun avantage particulier, et soulevait des difficultés de construction. Cependant, sur le plan aérodynamique, son profil était excellent jusqu'à des vitesses supérieures à Mach 0,9 (soit 90 % de la vitesse du son) : pendant la Seconde Guerre mondiale, le Spitfire atteignit Mach 0,92 en piqué. A ce moment, Supermarine avait mis au point une aile nouvelle, à profil laminaire, destinée

**Peu d'utilisateurs du Spitfire se taillèrent une réputation comparable à celle des Polonais combattant dans la RAF. Ici, un Spitfire Mk VB du squadron polonais 303, unité formée de pilotes de l'armée polonaise qui avaient fui leur pays envahi en septembre 1939.**

Un Spitfire VB (EP622) du Squadron 40 de la South African Air Force opérant depuis Tarente, en Italie, à la fin de l'année 1943. Grâce à ses extrémités d'aile tronquées, sa manœuvrabilité était améliorée à basse altitude.

au successeur du Spitfire, le Spiteful. Cette voilure était en fait bien moins efficace et, lorsqu'elle fut montée sur le premier avion à réaction de Supermarine, plus d'un pilote, dont le chef des essais en vol, aurait souhaité son remplacement par l'aile elliptique d'origine.

## Essais et production

De même que son adversaire de toujours, le Messerschmitt Bf 109, le nouveau chasseur Supermarine possédait un train d'atterrissage à voie étroite, dont le pivot était situé près du fuselage et qui rentrait vers l'extérieur de l'aile. A l'instar du Bf 109, le Spitfire faisait appel à un mélange d'eau et de glycol pour le refroidissement du moteur, liquide qui circulait dans la tuyauterie des radiateurs installés sous la partie postérieure des emplantures d'aile. Comme sur tous les avions britanniques, les radiateurs étaient disposés d'une manière asymétrique, le radiateur principal sous l'aile droite et le radiateur d'huile, plus petit, sous l'aile gauche. Le nouvel appareil se caractérisait aussi par la présence de volets à fente (actionnés, tout comme le train, par un système hydraulique et une pompe à main de secours), d'un cockpit confortable, fermé par une verrière en Perspex (un plastique acrylique transparent fabriqué par Imperial Chemical Industries) glissant vers l'arrière sur des galets, de six pipes d'échappement de chaque côté, d'une béquille arrière fixe et d'une hélice bipale fixe en bois, rustique mais robuste.

Ainsi réalisé, ce nouveau chasseur présentait la silhouette la plus harmonieuse de son époque. L'Air Ministry avait établi sa fiche-programme F.37/34 à partir des données de cet avion et avait assigné le numéro de série K5054 au prototype (assez curieusement, ce numéro était antérieur à celui attribué au prototype du Hurricane, K5083, qui avait été construit six mois plus tôt). Le prototype, flambant neuf dans son fini immaculé, effectua son premier vol le 5 mars 1936 depuis le terrain d'Eastleigh (actuellement l'aéroport de Southampton), entre les mains de « Mutt » Summers. L'appareil se comporta de façon remarquable, mais la production en série se révéla plus problématique. La difficulté de former les ouvriers pour la construction de cet avion de conception moderne entraîna un certain retard dans les livraisons. Le premier Spitfire I fut versé au Squadron 19, à Duxford, au mois de juillet 1938, et seulement 5 exemplaires avaient été livrés avant la crise de Munich, en septembre de la même année.

En 1939, alors que les nuages porteurs de menaces de guerre s'amoncelaient, le Mk I fut l'objet de certaines améliorations. Dans l'intervalle, le moteur Merlin, pour lequel le PV.12 avait servi de prototype, avait été « gonflé » et les premières hélices tripales à vitesse constante De Havilland et Rotol étaient enfin disponibles. La verrière fut légèrement bombée, pour offrir plus d'espace et une meilleure vision, et une épaisse plaque en Perspex et en verre pare-balles fut ajoutée au pare-brise. Le siège et le moteur furent pourvus d'un blindage, les deux réservoirs de faible capacité (386 l en tout) situés devant le cockpit furent modifiés pour s'obturer automatiquement. Auparavant, le moteur avait été équipé de collecteurs d'échappement et d'une pompe mécanique pour le système hydraulique ; après l'entrée en guerre, l'avion reçut un équipement radio amélioré et un IFF.

En 1938, Joe Smith, qui avait pris la succession de Mitchell, décédé prématurément, commença à travailler sur des versions plus élaborées du Spitfire. L'un de ses principaux travaux porta sur la création d'une aile, baptisée Type B, dotée d'un canon de 20 mm Hispano et de son tambour à la place des deux mitrailleuses d'origine. Au début de 1940, une série de 30 Mk IB fut mise en chantier, mais les canons utilisés n'avaient pas la fiabilité souhaitée. L'aile de Type C délaissait les mitrailleuses au profit de deux canons, offrant ainsi un armement offensif redoutable.

L'année 1941 vit l'apparition de nombreuses variantes spéciales et expérimentales, tel le Speed Spitfire, avion de record, ou encore deux versions équipées de flotteurs, une machine construite partiellement en plastique de manière à économiser les matériaux stratégiques, une version Mk III renforcée sur le plan structural et deux Mk IV équipés du moteur Griffon, plus volumineux, actionnant une hélice quadripale. Toutefois, la production s'était concentrée sur les Mk I et Mk II, à peu

Entre les mains du pilote d'essai « Mutt » Summers, le prototype du Supermarine Spitfire (K 5054), dans sa livrée bleu pâle, au roulage. L'avion comporte une grande hélice bipale. Son train principal à voie étroite constituait cependant un handicap assez lourd.

***Le Squadron 601 County of London, de l'Auxiliary Air Force, servit principalement sur le front méditerranéen pendant la Seconde Guerre mondiale. Ici, deux Spitfire Mk Vb appartenant à cette unité volent en patrouille serrée avec le Spitfire du Wing Commander I.R. Gleed.***

près identiques, construits dans l'immense usine camouflée de Castle Bromwich, située près de Birmingham. Le modèle suivant, le Mk V, n'était guère différent. Il possédait le fuselage renforcé du Mk III, un moteur Merlin plus puissant ainsi qu'une hélice dont les pales étaient plus larges, et pouvait recevoir l'aile A, B ou C, plus un point d'attache ventral pour un réservoir supplémentaire largable de 136 l ou pour une bombe d'un poids maximal de 227 kg. La version la plus répandue fut le Mk VB, doté de deux canons et de quatre mitrailleuses, mais la plupart des derniers exemplaires de la série Mk V sortirent avec l'armement de l'aile C.

Les appareils qui étaient destinés au front méditerranéen reçurent un filtre à sable sous le nez, qui enlaidissait l'avion et diminuait ses performances. Les appareils destinés à un emploi à basse altitude perdirent l'extrémité arrondie de leur voilure par simple déboulonnage des saumons. Ces machines aux ailes rognées avaient besoin d'une piste plus longue pour pouvoir décoller et atterrir, et se comportaient médiocrement en altitude ; cependant, près du sol, leur vitesse et leur maniabilité étaient considérablement améliorées. La manœuvrabilité du Mk V fut nettement augmentée par l'adoption d'un revêtement en aluminium, qui remplaça de manière avantageuse l'entoilage des ailerons. Pas moins de 6 479 Spitfire V au total furent construits.

***Le prototype du Spitfire XII avait des lignes fonctionnelles. Tous ces appareils reçurent une voilure tronquée qui leur permettait de mener des interceptions à basse altitude. Ils furent les premiers à être propulsés par un Griffon, qui obligea les techniciens à rallonger le nez de l'appareil.***

## Ecorché du Supermarine Spitfire IX

1 Saumon de l'aile droite
2 Feu de navigation droit
3 Aileron droit
4 Mitrailleuses Browning de 7,7 mm
5 Bouche de mitrailleuse
6 Magasins de munitions (350 cartouches par arme)
7 Biellette de commande de l'aileron
8 Guignol de commande de l'aileron
9 Volet d'intrados droit
10 Câbles de commande de l'aileron
11 Magasin des munitions du canon (120 obus)
12 Canon Hispano de 20 mm
13 Tambour de munitions
14 Tube du canon
15 Hélice quadripale Rotol à vitesse constante
16 Carénage du tube du canon
17 Casserole d'hélice
18 Mécanisme de contrôle du pas d'hélice
19 Plaque arrière blindée de la casserole d'hélice
20 Réservoir du liquide de refroidissement
21 Orifice de remplissage du réservoir
22 Moteur Rolls-Royce Merlin 61
23 Pipes d'échappement
24 Bâti-moteur avant
25 Capot inférieur du moteur
26 Réservoir d'huile intégré au capotage inférieur
27 Carénage de la prise d'air du carburateur
28 Montant du bâti-moteur
29 Maître couple du bâti-moteur
30 Filtre à huile
31 Turbocompresseur à deux étages
32 Points d'attache du bâti-moteur
33 Dispositif antiparasitage
34 Accessoires du moteur
35 Radiateur intermédiaire
36 Lèvre de la prise d'air du compresseur
37 Réservoir de liquide hydraulique
38 Filtre du système hydraulique
39 Cloison pare-feu du réservoir de carburant
40 Orifice de remplissage du carburant
41 Réservoir principal supérieur (218 l)
42 Instruments de bord
43 Support du compas
44 Point d'attache du longeron au réservoir
45 Réservoir principal inférieur (168 l)
46 Palonnier
47 Cloison inclinée du réservoir
48 Jauge du carburant
49 Poche pour plans de vol et cartes
50 Compensateur de profondeur
51 Manettes des gaz et du pas d'hélice
52 Manche à balai
53 Commandes de la radio
54 Pare-brise blindé
55 Collimateur
56 Rétroviseur
57 Montants de la verrière
58 Panneaux latéraux du pare-brise
59 Verrière coulissante
60 Repose-tête
61 Plaque de blindage du siège
62 Harnais
63 Siège baquet du pilote
64 Panneau latéral d'accès à l'habitacle
65 Blindage
66 Supports du siège
67 Bouteilles d'air comprimé
68 Longeron principal du fuselage
69 Réservoir auxiliaire (option) de 132 l
70 Glissière de la verrière
71 Régulateur de tension
72 Panneaux postérieurs fixes de la verrière

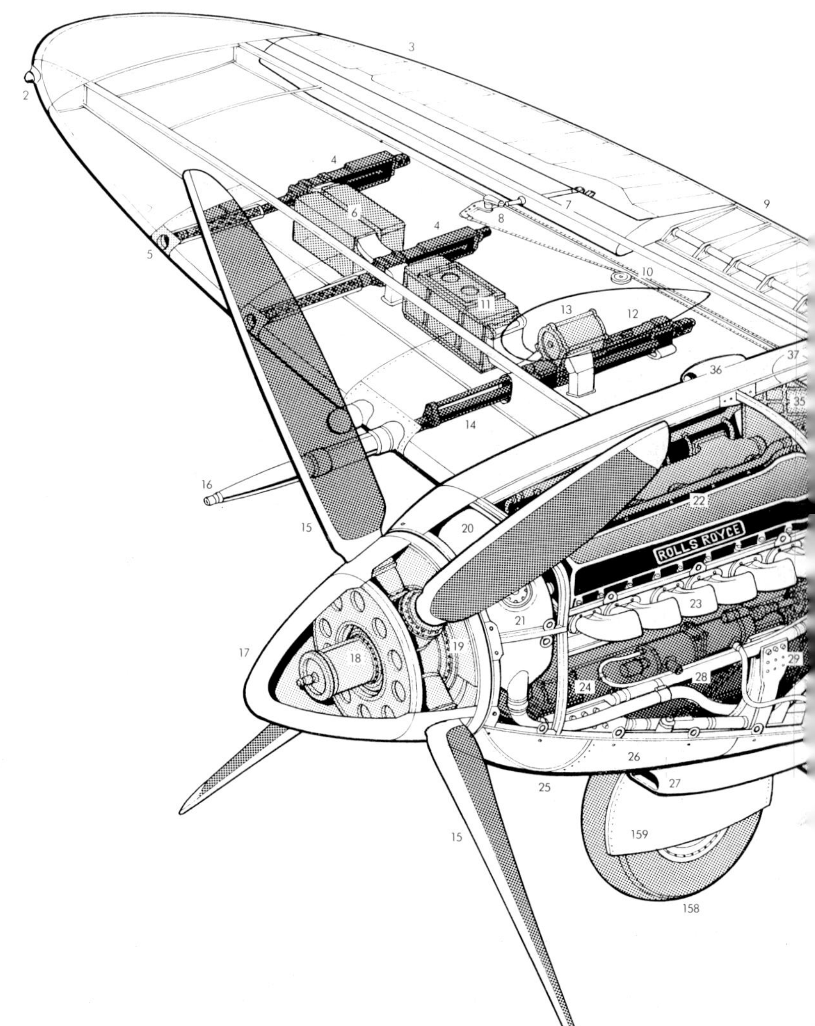

***De nombreux Spitfire furent offerts à l'Union soviétique, parmi lesquels 1 188 Mk IX. Ici, l'un d'eux transformé sur place en un appareil d'entraînement biplace en tandem par la mise en place d'un second habitacle destiné au moniteur.***

73 Equipement radio IFF
74 Antenne VHF
75 Câble d'antenne
76 Emetteur-récepteur radio
77 Panneau d'accès au compartiment radio
78 Feu d'identification
79 Cadre du fuselage arrière
80 Revêtement métallique du fuselage
81 Bouteille d'oxygène
82 Fusées de signalisation
83 Antenne IFF
84 Plan fixe horizontal droit
85 Gouverne de profondeur droite
86 Longeron de la dérive
87 Entretoises de la dérive
88 Câble de l'antenne HF
89 Contrepoids de la gouverne de direction
90 Gouverne de direction
91 Charnière de la gouverne de direction
92 Volet compensateur de la gouverne de direction
93 Contrefiche du volet de compensation
94 Feu de navigation
95 Tab de la gouverne de profondeur
96 Gouverne de profondeur gauche
97 Contrepoids de la gouverne de profondeur
98 Câble de l'antenne IFF
99 Structure du plan fixe horizontal
100 Charnière de la gouverne de profondeur
101 Biellette de commande de la gouverne de direction
102 Cadre d'attache de l'empennage arrière au fuselage
103 Double cadre du fuselage
104 Roulette de queue orientable
105 Entretoise de l'empennage horizontal
106 Levier de commande de la gouverne de direction
107 Cadre oblique de fuselage
108 Amortisseur de la roulette de queue
109 Batterie
110 Câbles de commande des gouvernes
111 Longeron inférieur du fuselage
112 Raccord de bord de fuite
113 Prise de parc électrique
114 Nervures du volet
115 Longeron postérieur de l'aile

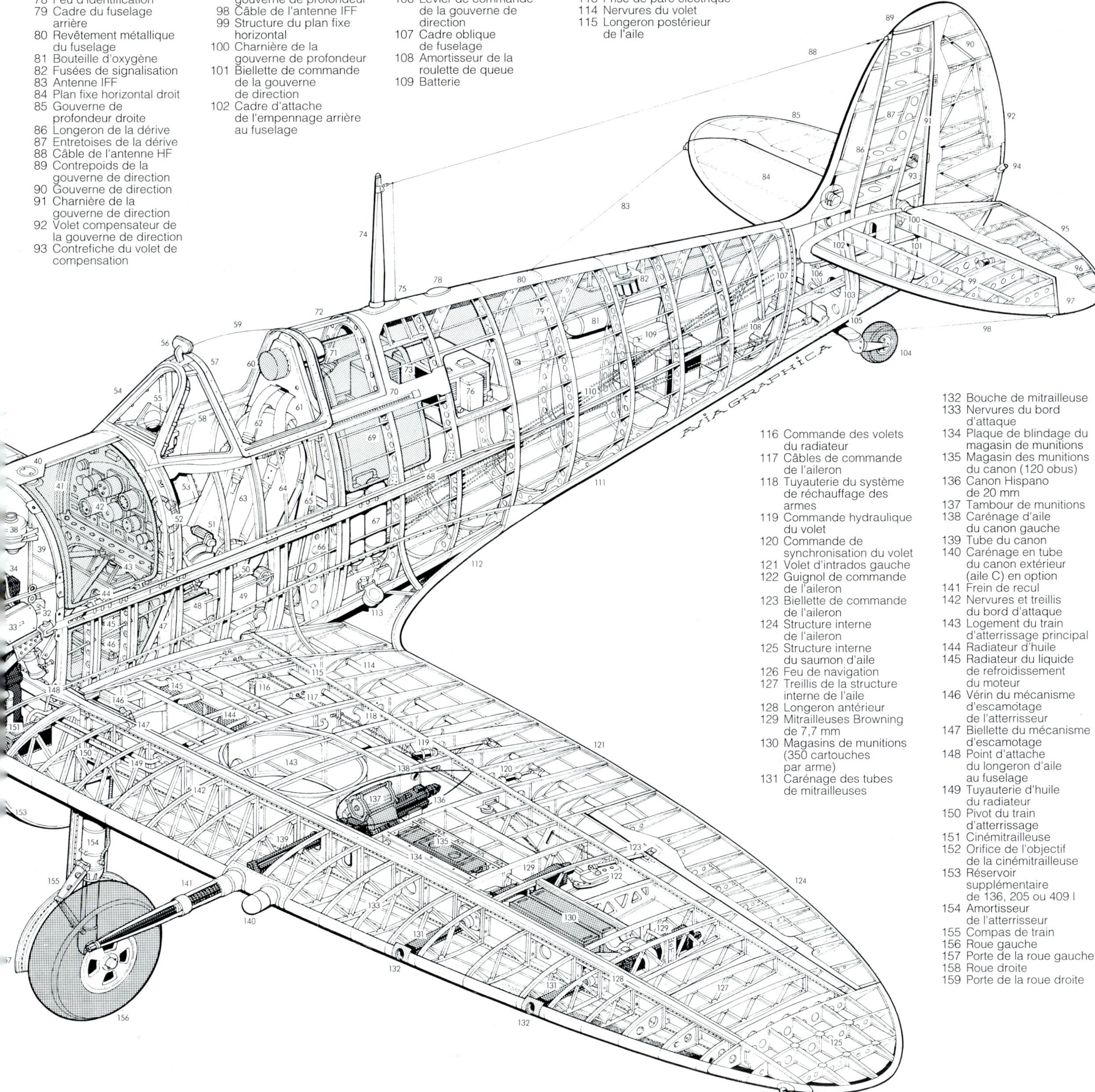


116 Commande des volets du radiateur
117 Câbles de commande de l'aileron
118 Tuyauterie du système de réchauffage des armes
119 Commande hydraulique du volet
120 Commande de synchronisation du volet
121 Volet d'intrados gauche
122 Guignol de commande de l'aileron
123 Biellette de commande de l'aileron
124 Structure interne de l'aileron
125 Structure interne du saumon d'aile
126 Feu de navigation
127 Treillis de la structure interne de l'aile
128 Longeron antérieur
129 Mitrailleuses Browning de 7,7 mm
130 Magasins de munitions (350 cartouches par arme)
131 Carénage des tubes de mitrailleuses
132 Bouche de mitrailleuse
133 Nervures du bord d'attaque
134 Plaque de blindage du magasin de munitions
135 Magasin des munitions du canon (120 obus)
136 Canon Hispano de 20 mm
137 Tambour de munitions
138 Carénage d'aile du canon gauche
139 Tube du canon
140 Carénage en tube du canon extérieur (aile C) en option
141 Frein de recul
142 Nervures et treillis du bord d'attaque
143 Logement du train d'atterrissage principal
144 Radiateur d'huile
145 Radiateur du liquide de refroidissement du moteur
146 Vérin du mécanisme d'escamotage de l'atterrisseur
147 Biellette du mécanisme d'escamotage
148 Point d'attache du longeron d'aile au fuselage
149 Tuyauterie d'huile du radiateur
150 Pivot du train d'atterrissage
151 Cinémitrailleuse
152 Orifice de l'objectif de la cinémitrailleuse
153 Réservoir supplémentaire de 136, 205 ou 409 l
154 Amortisseur de l'atterrisseur
155 Compas de train
156 Roue gauche
157 Porte de la roue gauche
158 Roue droite
159 Porte de la roue droite

La Força Aérea Portuguesa, l'aviation du plus vieil allié du Royaume-Uni, reçut 110 Spitfire en 1943, soit 92 Mark VB et 18 Mark I. Ce Mk I a été affecté à l'Esquadrilha XZ. Quant aux Mk VB, ils restèrent en service jusqu'en 1952.

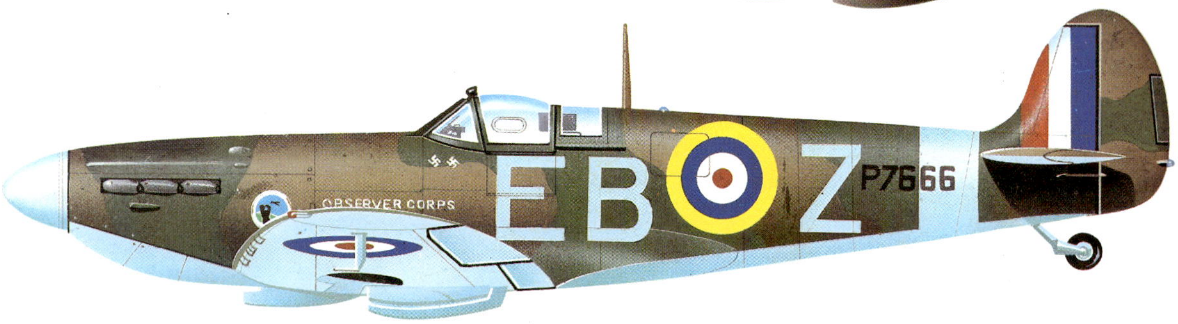


Ce Spitfire IIA (P 7666) a été assemblé dans les usines de Castle Bromwich, puis offert à la RAF par une souscription des membres de l'Observer Corps. Il est devenu l'avion personnel du Squadron Leader Don Finlay, commandant du Squadron 41, basé à Hornchurch en 1940.

Ce Mark I est l'un des Spitfire les plus rares et les plus curieux. Intégré dans un lot commandé en 1937 et livré juste à la veille de la guerre, il fut transformé en PR Type C et mena des missions de reconnaissance depuis Benson en 1941.

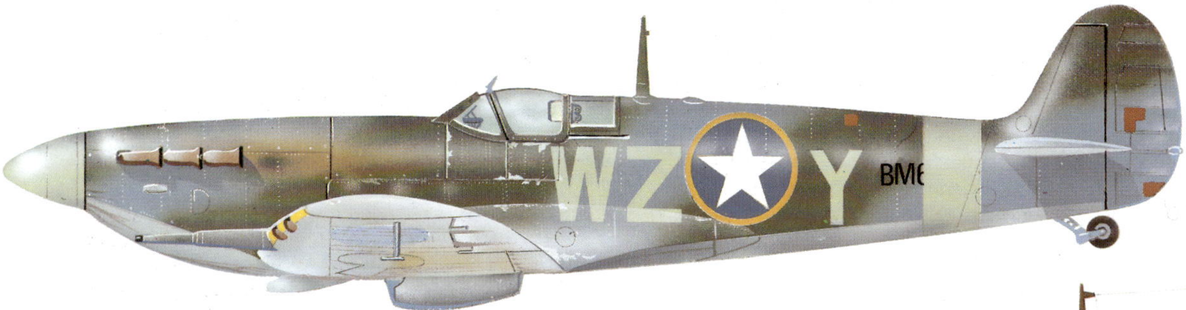


Ce Mark VB est un des 600 Spitfire rétrocédés par la Grande-Bretagne à l'USAAF en vertu de la loi du prêt-bail. Ici un appareil qui, après être passé par le 78th Fighter Group, servit au sein du 4th Fighter Group, unité formée à partir des quatre Eagle Squadrons de la RAF.

Le Squadron 91 de la RAF fut équipé de Spitfire pendant toute la durée de la guerre et fut la seule unité opérationnelle sur Mk 21. Ce Mk VC, construit à Castle Bromwich, participa à des opérations en Méditerranée.

Après avoir volé sur Mk I, II, V et IX, le Squadron 131 fut l'une des rares unités à voler sur F.VII. Pourvu d'un habitacle pressurisé et d'ailes pointues adaptées aux opérations à haute altitude, cet appareil arbore le camouflage standard des avions de reconnaissance de même que les bandes dites « d'invasion ».

Le Mk VIII, sans doute le plus réussi de tous les Spitfire, ne devint opérationnel qu'assez tard. Ce Mk VIII appartient au Wing Commander Glenn Cooper, commandant le Squadron 457 de la Royal Australian Air Force.

*Le prototype du Spitfire 21 en vol. Dernière version à entrer en service pendant la Seconde Guerre mondiale, le Spitfire 21 était propulsé par un Griffon 61 ou 64 actionnant une hélice Rotol à cinq pales. L'armement de cet appareil se composait de quatre canons Hispano-Suiza de 20 mm.*

*Le Spitfire 20 et les sous-versions auxquelles il donna naissance étaient propulsés par un Griffon à compresseur à deux étages ; il se caractérisait par une voilure renforcée et par un train d'atterrissage dont les roues étaient entièrement recouvertes en position rentrée. Avec le Spitfire 20, le chasseur britannique perdit ses ailes elliptiques.*

## Reconnaissance photographique

Une petite quantité de Spitfire Mk V (229 appareils) furent transformés pour la reconnaissance photographique et, malgré la confusion qui s'ensuivit, cette version fut dénommée PR.IV (il y avait déjà eu un Mk IV, très différent et équipé du moteur Griffon). Sur les modèles PR (photoreconnaissance), l'armement céda la place à des réservoirs de 302 l installés dans le bord d'attaque des ailes. Deux appareils photographiques furent montés à l'arrière du fuselage, dans une soute chauffée.

Le Mk VI constitua la première version d'interception à haute altitude. L'appareil, avec son cockpit pressurisé et ses saumons d'aile pointus, avait une envergure de 12,24 m. L'utilité d'une telle version se manifesta en 1941, lorsque se fit sentir le besoin de mettre un terme aux raids menés à très haute altitude par les Ju 86P et Ju 86R, ce qui soulevait d'énormes problèmes en raison du froid extrême qui givrait les pare-brise et enrayait les armes de bord.

La série 60 du moteur Rolls-Royce Merlin marqua une étape importante dans le domaine du vol à haute altitude. Ce moteur, à turbocompresseur à deux étages, possédait un condenseur destiné à abaisser la température de l'air et à augmenter sa densité. A plus de 9 000 m d'altitude, il fournissait une puissance double de celle des premiers Merlin ; son installation sur le Spitfire lui conféra une allure particulière, avec un nez rallongé, six pipes d'échappement de chaque côté (au lieu de trois), une hélice quadripale, des radiateurs symétriques ainsi qu'un radiateur supplémentaire ajouté au radiateur d'huile sous l'aile gauche. En combat, aucune de ces différences ne parut évidente, et en 1942 le Mk IX constitua une très mauvaise surprise pour le Focke-Wulf Fw 190, qui jouissait alors d'une certaine suprématie.

## L'incomparable Spitfire Mk IX

Le Mk IX n'était rien d'autre qu'un Mk V remotorisé, une sorte d'improvisation hâtive qui permit au Merlin 61 (et plus tard aux Merlin 63, 66 et 70) d'entrer en service sans délai. La version la plus remarquable du Spitfire fut le Mk VIII, un avion beaucoup plus performant, ce qui n'empêcha pas le Mk IX d'être produit à raison de 5 665 exemplaires, dont les derniers sortirent des chaînes en 1945. Celui-ci donna naissance à une profusion de variantes, dont les LF (9,88 m d'envergure), F (avec l'envergure standard de 11,23 m) et HF (12,24 m), avec les trois possibilités habituelles en matière d'armement plus celle de l'aile E, pourvue de deux canons et de deux mitrailleuses de 12,7 mm et pouvant transporter 450 kg de charges offensives. Fait beaucoup plus étonnant, lorsque des Spitfire furent dotés de moteurs américains Packard V-1650 (Merlin 266), ils ne furent pas construits aux standards Mk VIII mais reçurent la cellule du Mk IX, et ils prirent la désignation de Mk XVI. Un grand nombre de LF XVIE, avec l'armement E et les ailes rognées, furent utilisés par la 2nd Tactical Air Force en 1945.

Seul un petit nombre de Mk VIII – le plus agréable à piloter de tous les Spitfire selon l'opinion générale – et de Mk VII furent construits en série. Ce dernier réunissait un moteur Merlin à double palier, l'habitacle pressurisé du Mk VI, complété par une verrière étanche à double vitrage, et une aile C modifiée équipée d'ailerons raccourcis. Quelques Mk VII furent dotés d'une gouverne plus large et pointue à son extrémité supérieure, et la fin de la série reçut un Merlin 60 et une roulette de queue rétractable. Tous ces aménagements se retrouvèrent sur le Mk VIII, qui bénéficia d'un filtre tropical amélioré ; la plupart des appareils de cette version furent engagés sur les théâtres d'opérations extérieurs, notamment dans le Pacifique. Le dernier des Spitfire à moteur Merlin fut le Mk XI ou PR.XI, l'avion de reconnaissance allié le plus

*Seafire IIC sur le pont d'un porte-avions de la Royal Navy en 1943. Derrière eux, on distingue un Fairey Albacore aux ailes repliées. Le Seafire IIC n'avait pas de voilure repliable. Le Seafire Mk II servit notamment au sein de l'Irish Army Corps à partir de 1947.*

*Version standard de reconnaissance dépourvue d'armement, le Mk IX (ici, un avion du Squadron 541, basé à Benson en 1944) se caractérisait par le renflement de la partie inférieure de son capot moteur (abritant un réservoir d'huile) et par un pare-brise non blindé.*

*Première version de la nouvelle génération mue par le Griffon à compresseur, avec une hélice à cinq pales, le Mk XIV fut un des rares intercepteurs capables de lutter contre les bombes volantes V-1. Ce F.XIV fut utilisé contre ces engins par le Squadron Leader R.A. Newbury, commandant le Squadron 610, opérant depuis Lympne, dans le Kent.*

*Le TZ114 fut un des derniers Spitfire construits pendant la guerre dans les ateliers Supermarine. Ce FR.XIV possède une verrière en goutte d'eau dont la mise en place a entraîné la modification du fuselage arrière. Après le conflit, cet appareil fut versé dans l'Indian Air Force.*

important, utilisé par la RAF et l'USAAF pour des missions isolées, sans armement, au-dessus d'objectifs aussi éloignés que Berlin. La majorité des PR.XI possédaient la gouverne pointue, et tous disposaient de la roulette rétractable ; mais la caractéristique la plus remarquable de cette version était son capot moteur ventru, renfermant un réservoir d'huile dont les dimensions avaient augmenté.

En dehors du Mk IV, le premier Spitfire à être motorisé avec le Griffon fut le Mk XII. L'imposant volume de ce propulseur nécessita l'allongement du nez de l'avion, sur lequel apparurent des bosses destinées à loger les culasses. Intercepteur à basse altitude, le Mk XII avait été conçu dans le but d'enrayer les raids des Fw 190 isolés, et il atteignait 563 km/h au niveau de la mer, contre 502 pour le Mk IX. Une série de 100 appareils, construits en deux versions, fut livrée aux squadrons de la RAF installés sur le littoral en 1942. Leur comportement était très différent de celui des anciens Spitfire, surtout lors du décollage : l'avion embarquait violemment à droite, tandis que ses prédécesseurs balançaient doucement à gauche, ce en raison du sens de rotation opposé de l'hélice. Tous les Mk XII avaient les ailes tronquées, mais seuls quelques-uns eurent la roulette rétractable.

## Des moteurs plus puissants

Inévitablement, Rolls-Royce fut amené à équiper son énorme Griffon du turbocompresseur à deux étages, et la série 62 qui en découla développait une puissance double de celle des premiers Merlin, quelle que soit l'altitude. La cellule se trouva rallongée de 0,91 m tandis que les radiateurs d'aile grossirent. Ce moteur fut utilisé pour la première fois sur le Mk XIV, version remarquable même si elle procédait à l'origine d'une improvisation précipitée. Au sol, on le remarquait par son avant massif et aussi par son hélice à cinq pales. Les problèmes de stabilité engendrés par cette hélice durent être compensés par des surfaces verticales plus larges. Ce type de problème se posa à nouveau dans les dernières variantes F (chasse) et FR (chasse-reconnaissance), dont l'arrière du fuselage avait été tronqué pour permettre l'installation d'une verrière en goutte d'eau offrant au pilote une vision parfaite vers l'arrière.

Le Mk XIV fut le Spitfire le plus répandu au cours de la dernière année du conflit mondial. Il devait être suivi par le Mk XVIII, mais l'histoire des Mk VIII et Mk IX se répéta et seule une poignée de Mk XVIII fut construite. Le dernier Spitfire utilisant l'aile d'origine fut le PR.XIX, successeur du PR.XI équipé du Griffon compressé. Il fut d'ailleurs l'appareil qui mena l'ultime mission de combat confiée à un Spitfire de la RAF, en Malaisie, en 1954. Dès la fin des hostilités, ces versions reçurent une dénomination faisant appel aux chiffres arabes : LF.16, FR.18 et PR.19.

Après la Seconde Guerre mondiale, trois versions à peu près identiques du Spitfire entrèrent en service avec une nouvelle cellule, étudiée pour offrir un meilleur rendement au Griffon à compresseur ; elles se distinguèrent par une masse beaucoup plus élevée. L'aile, qui avait abandonné la forme simple d'une ellipse, fut renforcée de façon à loger quatre canons, du carburant en supplément ainsi qu'un train d'atterrissage plus solide, fermé par des trappes en vol. La gouverne, plus importante, était entièrement métallique et tout le système des ailerons avait été révisé. Le premier membre de cette nouvelle famille fut le F.21, construit en série à partir de septembre 1944. Quelques-uns sortirent avec le Griffon 85 actionnant une hélice contrarotative à six pales. Le F.22 possédait une verrière en goutte d'eau et (comme le F.21) une batterie de 24 V. Les derniers F.22 se caractérisaient par un empennage arrière rallongé, la nouvelle dérive du Spitfire et un réservoir situé dans la partie arrière du fuselage, mais son utilisation fut interdite en raison de l'instabilité qu'il provoquait. La dernière version fut le F.24, équipé d'un réservoir arrière utilisable, de lance-roquettes et d'une commande de tir électrique.

En 1941, pour répondre aux demandes pressantes de la Fleet Air Arm concernant un chasseur embarqué moderne, l'Air Service Training mit au point une version navalisée du Spitfire VB, baptisée Seafire IB. La FAA reçut aussi un grand nombre de Spitfire provenant d'une simple transformation des Spitfire déjà construits. La principale version du Seafire produite pendant la guerre fut le Mk III, un Mk VC pourvu d'un Merlin 32 ou 55 offrant son rendement optimal à basse altitude et équipé d'ailes repliables.

L'armée de l'Air française utilisa quant à elle plus de 400 Spitfire de toutes versions entre 1941 et 1953. Les groupes de chasse de la France libre (GC 3/2 Alsace et 4/2 Ile-de-France) furent les premiers à les mener au combat, avant d'autres unités mises sur pied en Afrique du Nord à partir de 1943. En outre, et dès la fin de l'année 1945, des Spitfire Mk VIII puis Mk IX servirent dans les escadres de chasse envoyées en Indochine, et ce jusqu'en 1950.

*Spitfire Mk V évoluant au-dessus de la Méditerranée. Le Spitfire fut employé non seulement comme chasseur mais aussi comme chasseur bombardier. Dans ce dernier cas, il emportait une charge offensive relativement réduite.*

# Mosquito : la merveille en bois

*Lors de sa conception, le Mosquito, réalisé entièrement en bois et dépourvu de tout armement, ne rencontra que scepticisme, voire indifférence, de la part des services officiels, avant d'être tout de même accepté en tant qu'appareil de reconnaissance. Au total, 7 781 exemplaires en furent construits.*

Le De Havilland Mosquito est sans doute l'un des appareils les plus efficaces produits par les Alliés au cours de la Seconde Guerre mondiale. Comme tant d'autres avions célèbres, il ne répondait à aucun programme et fut créé en dépit d'une farouche opposition des services officiels. Même après qu'un prototype eut été commandé, la nature limitée du projet (portant seulement sur 50 unités) lui valut d'être abandonné par trois fois après l'évacuation de Dunkerque. Pourtant il fut à plusieurs reprises réactivé par le seul et unique partisan qu'il eût en haut lieu, Patrick Hennessy (plus tard sir Patrick), que lord Beaverbrook avait arraché à la Ford Motors pour s'assurer ses services à la coordination de la production aéronautique. Ainsi, en novembre 1940, un unique prototype effectua son premier vol, et c'est là que commença la fantastique carrière du Mosquito.

Spécialisée dans la conception d'avions légers, la De Havilland Aircraft Company avait ensuite réalisé des appareils de transport de construction mixte. Mais en 1936, elle conçut également l'avion de ligne DH.91 Albatros, à l'aérodynamique soignée (mais techniquement désastreux), construit entièrement en bois. Quelques mois plus tard apparut une version militaire équipée de deux moteurs Merlin, destinée à répondre au programme P.13/36. Le projet ne fut cependant pas accepté, en grande partie en raison de la conception de la structure qui n'inspirait pas confiance. Imperturbablement, le bureau d'études, sous la direction de R.E. Bishop, R.M. Clarkson et C.T. Wilkins, poursuivit ses recherches sur un bombardier à grande vitesse capable d'échapper aux chasseurs ennemis et de se défendre grâce à des tourelles munies de mitrailleuses. Bientôt le projet prit tournure, la suppression des tourelles réduisant le nombre des membres d'équipage de six à deux, soit un pilote installé sur le côté gauche de l'habitacle et un bombardier navigateur occupant la place de droite.

Le gain de poids résultant de l'abandon des tourelles donna la possibilité de réduire les dimensions de l'avion, et donc son poids, de même que la consommation de carburant, tout en permettant au bombardier, propulsé par deux moteurs Merlin, de transporter 454 kg de bombes sur 2 400 km en ne pesant lui-même que 6 800 kg. De plus, grâce à sa forme très aérodynamique, cette machine pouvait atteindre une vitesse proche de 650 km/h, à peu près le double de celle des autres bombardiers britanniques.

**La seconde unité dotée de Mosquito B.IV fut le Squadron 139 de la RAF, basé à Horsham Saint Faith jusqu'à la fin de septembre 1942, puis à Marham, toujours dans le comté de Norfolk. Comme sur tous les avions britanniques, le camouflage était peint avec un grand respect des normes.**

**A partir de 1942, le Squadron 23 utilisa la version de pénétration NF.II, démunie de radar mais disposant de réservoirs de capacité accrue. Le schéma de camouflage n'est pas sans rappeler celui des quadrimoteurs du Bomber Command.**

**Le W4082 était l'un des premiers chasseurs Mosquito F.II de série. Le poids en charge de cette version était comparable à ce que devait être la masse à vide des dernières versions de chasse de nuit, c'est-à-dire de l'ordre de 8 200 kg. Cet appareil appartenait au Squadron 157, basé à Castle Camps.**

L'avion aurait dû prendre l'air dès le début de l'année 1939, mais les services officiels, l'état-major compris, ne manifestèrent à son égard qu'indifférence ou hostilité. Des douzaines d'objections furent présentées pour montrer qu'un bombardier désarmé était inutile, qu'il était impossible à un équipage de seulement deux hommes de mener à bien une mission et que le projet ne conduirait à rien. Juste après la crise de Munich, lors d'une importante réunion tenue à l'Air Ministry, les responsables officiels refusèrent d'étudier les propositions de De Havilland, mais demandèrent à cette société de bien vouloir produire des ailes destinées à l'un des bombardiers dont la construction avait été décidée.

Même après le début des hostilités, aucun des membres de l'état-major ne vit dans le projet De Havilland autre chose qu'une plaisanterie. Et c'est bien après l'entrée en guerre que, grâce en partie au soutien de l'Air Marshal sir Wilfred Freeman, les responsables de la Royal Air Force commencèrent à admettre qu'un avion mû par deux moteurs Merlin, à condition d'être uniquement destiné à des missions de reconnaissance, pouvait en effet ne pas recevoir d'armement et même être construit en bois. Enfin, après de nombreuses hésitations, un contrat portant sur la mise au point d'un prototype et de 49 appareils de série fut signé, le 1er mars 1940.

## Le Mosquito d'origine

Le premier DH.98 Mosquito (W4050) fut construit en secret à Salisbury Hall, à environ 8 km de l'usine de Hatfield, où il fut amené par la route le 3 novembre 1940. Geoffrey De Havilland Jr. le pilota lors de son premier vol, le 25 novembre. Les essais montrèrent que le Mosquito, bien que deux fois plus grand, deux fois plus puissant et deux fois plus lourd, était plus rapide que le Supermarine Spitfire, avec une vitesse supérieure de près de 30 km/h. Au sein des services techniques du ministère de l'Air, personne ne voulut le croire, tout le monde étant stupéfait lorsque le prototype fut officiellement essayé en vol à Boscombe Down, en février 1941, et qu'il atteignit la vitesse de 630 km/h.

Les essais en vol mirent en évidence la nécessité de rallonger l'aile, dont l'envergure passa de 16 m à 16,51 m, d'agrandir la dérive, d'améliorer l'aérodynamique des capots moteurs et des systèmes d'échappement, et d'agrandir les nacelles moteurs qui divisaient les volets en quatre parties. Les becs du bord d'attaque furent considérés comme inutiles et éliminés. Bien que l'appareil ait été conçu uniquement pour la reconnaissance, ses brillantes performances lui permirent de jouer un rôle de bombardier et de chasseur. Tout au long de l'été 1941, plusieurs idées virent le jour et furent expérimentées : utilisation de moteurs Merlin 60, remplacement des hélices tripales par des quadripales, envergure portée à 19,81 m, empennage horizontal agrandi et, ce qui constitua la modification la plus importante, installation de mitrailleuses et de bombes.

Bishop avait toujours assuré qu'il existait suffisamment de place sous le plancher de l'appareil pour installer quatre canons Hispano de 20 mm. A partir de l'année 1942, le chasseur de nuit Mosquito F.II commença donc à être produit avec cet armement, auquel furent ajoutées quatre mitrailleuses Browning de 7,7 mm dans le nez, et avec le nouveau radar AI Mk IV.

**Le prototype, peint en jaune, porta le numéro E0234 jusqu'à la fin de l'année 1940. Le numéro 5 qu'on voit ici sur la dérive fut apposé à l'occasion d'une présentation, à Hatfield, le 20 avril 1941. Six mois plus tard, le W4050 vola avec un empennage horizontal agrandi et des moteurs Merlin 61.**

**Le ML963 du Squadron 571 appartenait à la série du B.XVI construite à Hatfield en 1944. Il est ici revêtu du camouflage des bombardiers de jour, avec les surfaces inférieures peintes en gris moyen. Le poids au décollage de cette version emportant une charge offensive de 1 815 kg était de 11 350 kg.**

*Le LR508 était un des B.IX construits en petite série à Hatfield, et employés comme bombardiers à haute altitude par le Squadron 105.*

*Le ML963 était un B.XVI, construit à Hatfield en 1944. Il porte ici les couleurs du Squadron 571, basé à Oakington, dans le Cambridgeshire. Le Mk XVI était un dérivé du Mk IX, muni d'un cockpit pressurisé et disposant de réservoirs de contenance accrue.*

*Le Mosquito TR.33, version polyvalente utilisée par la Royal Navy, pouvait emporter diverses combinaisons de charges offensives, comprenant notamment une torpille de 457 mm. Il était équipé d'un radar, de quatre canons, et pouvait être employé sur porte-avions.*

## Ecorché du De Havilland Mosquito B.XVI

1 Hélice tripale De Havilland Hydromatic Type 5000
2 Casserole d'hélice
3 Nacelle du moteur Merlin 73
4 Pipes d'échappement
5 Radiateur d'huile
6 Radiateur de liquide de refroidissement
7 Prise d'air du radiateur
8 Prise d'air du carburateur
9 Revêtement du fuselage
10 Dégivreur du pare-brise
11 Tableau de bord
12 Logement du parachute
13 Boîtier de jonction
14 Hache
15 Appareillage SYCO
16 Hublot rectangulaire
17 Bouteilles d'oxygène
18 Viseur de bombardement Mk XIV
19 Nez transparent
20 Feu de position
21 Sonde de température
22 Dégivreur du viseur de bombardement
23 Viseur de bombardement
24 Support du viseur
25 Interrupteur du sélecteur de bombes
26 Commande à distance de l'appareil photo
27 Coussin destiné aux genoux du bombardier
28 Logement des fusées de signalisation
29 Palonnier
30 Compas
31 Timoneries de commandes
32 Détendeur d'oxygène
33 Compensateur de profondeur
34 Entrée d'air du radiateur
35 Radiateurs d'huile et de liquide de refroidissement
36 Commandes moteurs
37 Trappe d'accès ventrale
38 Volant
39 Table de navigation
40 Pare-brise
41 Montants du pare-brise
42 Partie largable de la verrière
43 Appui-tête du pilote
44 Siège du navigateur bombardier
45 Bulle de vision arrière
46 Siège du pilote
47 Prise d'intercom
48 Extincteur
49 Conduite de chauffage et de pressurisation de la cabine
50 Clapet anti-retour d'air
51 Câbles de commandes moteur
52 Nervure d'emplanture
53 Réservoirs de carburant centraux (2) ; capacité, 309 l chacun (réduite à 209 l pour le réservoir de gauche et à 216 l pour celui de droite lorsque l'appareil porte une charge de bombes de 1 815 kg)
54 Attache supérieure de l'aile
55 Orifice de remplissage des réservoirs centraux
56 Récepteur ARI-5083
57 Emetteur-récepteur IFF
58 Support du pistolet de signalisation
59 Verrière de l'habitacle
60 Cloison étanche
61 Réservoirs de carburant de droite (355 l à l'intérieur, 298 l à l'extérieur)
62 Bouchon du réservoir
63 Nacelle moteur
64 Puits du train d'atterrissage droit
65 Vérin de rentrée du train
66 Réservoirs extérieurs de carburant de 155 l (à l'intérieur) et de 109 l (à l'extérieur)
67 Longerons
68 Réservoirs supplémentaires de carburant (227 l)
69 Orifice du réservoir
70 Revêtement du bord d'attaque
71 Revêtement de l'aile
72 Feu de navigation
73 Saumon d'aile
74 Feu de position
75 Lampe
76 Aileron
77 Commande d'aileron
78 Masse d'équilibrage
79 Compensateur d'aileron
80 Vue de dessous montrant l'ouverture des portes de la soute à bombes
81 Trappe d'accès ventrale
82 Carénage d'antenne

*Les Mosquito PR Mk XVI de la 8th Air Force américaine portèrent des livrées variées. Ici, un avion de ce type destiné à la reconnaissance photographique et appartenant au 653rd Bomb Squadron (Light). Cette unité opérait depuis Watton, dans le Norfolk, au sein du 25th Bomb Group.*

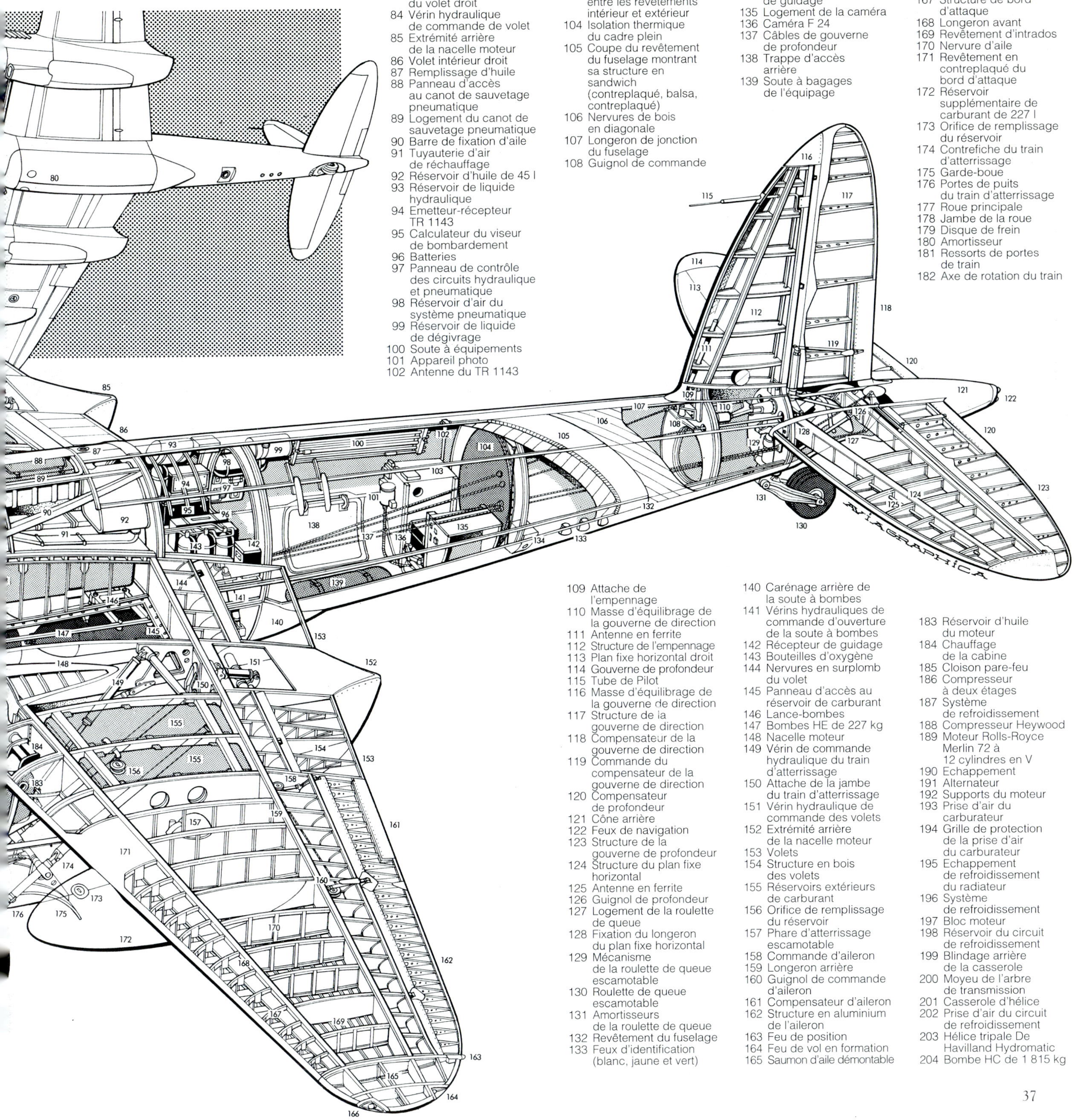


83 Partie extérieure du volet droit
84 Vérin hydraulique de commande de volet
85 Extrémité arrière de la nacelle moteur
86 Volet intérieur droit
87 Remplissage d'huile
88 Panneau d'accès au canot de sauvetage pneumatique
89 Logement du canot de sauvetage pneumatique
90 Barre de fixation d'aile
91 Tuyauterie d'air de réchauffage
92 Réservoir d'huile de 45 l
93 Réservoir de liquide hydraulique
94 Emetteur-récepteur TR 1143
95 Calculateur du viseur de bombardement
96 Batteries
97 Panneau de contrôle des circuits hydraulique et pneumatique
98 Réservoir d'air du système pneumatique
99 Réservoir de liquide de dégivrage
100 Soute à équipements
101 Appareil photo
102 Antenne du TR 1143
103 Longerons du fuselage, entre les revêtements intérieur et extérieur
104 Isolation thermique du cadre plein
105 Coupe du revêtement du fuselage montrant sa structure en sandwich (contreplaqué, balsa, contreplaqué)
106 Nervures de bois en diagonale
107 Longeron de jonction du fuselage
108 Guignol de commande
109 Attache de l'empennage
110 Masse d'équilibrage de la gouverne de direction
111 Antenne en ferrite
112 Structure de l'empennage
113 Plan fixe horizontal droit
114 Gouverne de profondeur
115 Tube de Pilot
116 Masse d'équilibrage de la gouverne de direction
117 Structure de la gouverne de direction
118 Compensateur de la gouverne de direction
119 Commande du compensateur de la gouverne de direction
120 Compensateur de profondeur
121 Cône arrière
122 Feux de navigation
123 Structure de la gouverne de profondeur
124 Structure du plan fixe horizontal
125 Antenne en ferrite
126 Guignol de profondeur
127 Logement de la roulette de queue
128 Fixation du longeron du plan fixe horizontal
129 Mécanisme de la roulette de queue escamotable
130 Roulette de queue escamotable
131 Amortisseurs de la roulette de queue
132 Revêtement du fuselage
133 Feux d'identification (blanc, jaune et vert)
134 Antenne du système de guidage
135 Logement de la caméra
136 Caméra F 24
137 Câbles de gouverne de profondeur
138 Trappe d'accès arrière
139 Soute à bagages de l'équipage
140 Carénage arrière de la soute à bombes
141 Vérins hydrauliques de commande d'ouverture de la soute à bombes
142 Récepteur de guidage
143 Bouteilles d'oxygène
144 Nervures en surplomb du volet
145 Panneau d'accès au réservoir de carburant
146 Lance-bombes
147 Bombes HE de 227 kg
148 Nacelle moteur
149 Vérin de commande hydraulique du train d'atterrissage
150 Attache de la jambe du train d'atterrissage
151 Vérin hydraulique de commande des volets
152 Extrémité arrière de la nacelle moteur
153 Volets
154 Structure en bois des volets
155 Réservoirs extérieurs de carburant
156 Orifice de remplissage du réservoir
157 Phare d'atterrissage escamotable
158 Commande d'aileron
159 Longeron arrière
160 Guignol de commande d'aileron
161 Compensateur d'aileron
162 Structure en aluminium de l'aileron
163 Feu de position
164 Feu de vol en formation
165 Saumon d'aile démontable
166 Feu de navigation
167 Structure de bord d'attaque
168 Longeron avant
169 Revêtement d'intrados
170 Nervure d'aile
171 Revêtement en contreplaqué du bord d'attaque
172 Réservoir supplémentaire de carburant de 227 l
173 Orifice de remplissage du réservoir
174 Contrefiche du train d'atterrissage
175 Garde-boue
176 Portes de puits du train d'atterrissage
177 Roue principale
178 Jambe de la roue
179 Disque de frein
180 Amortisseur
181 Ressorts de portes de train
182 Axe de rotation du train
183 Réservoir d'huile du moteur
184 Chauffage de la cabine
185 Cloison pare-feu
186 Compresseur à deux étages
187 Système de refroidissement
188 Compresseur Heywood
189 Moteur Rolls-Royce Merlin 72 à 12 cylindres en V
190 Echappement
191 Alternateur
192 Supports du moteur
193 Prise d'air du carburateur
194 Grille de protection de la prise d'air du carburateur
195 Echappement de refroidissement du radiateur
196 Système de refroidissement
197 Bloc moteur
198 Réservoir du circuit de refroidissement
199 Blindage arrière de la casserole
200 Moyeu de l'arbre de transmission
201 Casserole d'hélice
202 Prise d'air du circuit de refroidissement
203 Hélice tripale De Havilland Hydromatic
204 Bombe HC de 1 815 kg

*Construit par Airspeed et livré alors que la guerre prenait fin, ce FB.VI est caractéristique du modèle fabriqué à Portsmouth et utilisé après la victoire.*

*La Royal Australian Air Force utilisa la quasi-totalité des deux cent douze Mosquito construits par De Havilland Australia à Sydney Bankstown, mais celui-ci est l'un des trente-huit FB.VI qui furent livrés par la Grande-Bretagne. Il appartenait au Squadron 1 de la RAAF.*

*Les Mosquito furent également employés dans des opérations aéronavales. Ils étaient chargés de faire la chasse aux sous-marins allemands, avec un armement composé principalement de roquettes.*

## Le B.IV de bombardement et de reconnaissance

En octobre 1941, Wilkins suggéra que les bombes de 227 kg soient munies d'empennages réduits, voire escamotables, de façon que l'avion puisse emporter quatre engins de ce type. Cette suggestion fut d'abord rejetée, mais après quelques essais elle se révéla tout à fait réalisable, et les bombes standards furent construites avec de petits empennages. Ainsi, la charge offensive se trouva doublée, et le B.IV commença à être produit en 1942, en même temps que le chasseur. Le T.III d'entraînement à double commande vola pour la première fois en janvier 1942, mais il ne fut construit en série qu'après la guerre, car les besoins en Mosquito de combat étaient trop urgents.

Quoi qu'il en soit, les 49 appareils à nacelles courtes d'origine entrèrent en service pendant l'été 1941, en tant qu'avions de reconnaissance photographique ou dans la version bombardier B.IV Series I, tous pourvus d'une charge de bombes de 907 kg. La première mission fut une reconnaissance effectuée entre Bordeaux et Lapalisse, le 17 septembre 1941, par le W4055 appartenant au PRU 1 (unité de reconnaissance photographique). Elle se déroula dans des conditions optimales et apparut comme un succès encourageant.

L'utilisation à grande échelle dans la RAF débuta avec le B.IV Series II, la première version définitive du bombardier, qui entra en service dans le Squadron 105, intégré dans le Group 2 basé à Swanton Morley, en novembre 1941. Par la suite, le Squadron 139, implanté à Marham, fut également équipé de Mosquito. La première mission de bombardement fut confiée à un seul appareil, le W4072 Series I, du Squadron 105, à la fin du raid des 1 000 bombardiers sur Cologne, dans la nuit du

*FB.VI du Squadron 143, basé à Banff en 1945. Cette version, quantitativement la plus importante, était puissamment armée, avec quatre canons de 20 mm et autant de mitrailleuses tirant vers l'avant, deux bombes de 113 kg en soute et, sous les ailes, deux bombes de 227 kg ou, comme ici, huit roquettes air-sol.*

*Le NS777 était un PR.XVI construit à Hatfield. Cette version était très semblable au B.XVI, mais dans la soute l'équipement photographique remplaçait les bombes. L'avion est peint en bleu PRU, couleur utilisée pour les appareils affectés à des unités de reconnaissance.*

***Sur les derniers modèles de chasse de nuit, le montage d'un radôme volumineux avait conduit à déplacer les mitrailleuses de nez. Ce NF.XIX, construit à Leavesden, avait des moteurs Merlin 25.***

***Au moins dix pays autres que la Grande-Bretagne utilisèrent des Mosquito dans les années qui suivirent la guerre. Parmi eux, la Chine nationaliste, qui reçut des FB.26 construits au Canada et équipés, comme les P-51, de moteurs Merlin construits par Packard.***

30 au 31 mai 1942. Après différentes sorties, une attaque audacieuse fut dirigée contre le quartier général de la Gestapo à Oslo, mission qui échoua à cause d'une bombe qui n'explosa pas à l'intérieur de l'immeuble, tandis que trois autres passaient à travers le mur de façade avant d'éclater. Pendant la dernière partie de la guerre, les vieux B.IV employés habituellement avec des réservoirs supplémentaires de 227 l placés sous les ailes accomplirent de nombreuses sorties à basse altitude au-dessus de l'Europe. Mais le fait le plus important fut sans doute le montage sur les Mosquito d'équipements de radionavigation Oboe qui permirent de les utiliser comme marqueurs d'objectifs pour les raids de bombardiers lourds ou pour effectuer des bombardements de précision sur des cibles bien définies. Le Squadron 109, qui fut la première unité du Group 8 de la PFF (Pathfinder Force) volant sur Mosquito munis d'Oboe, devait être rejoint plus tard par neuf autres formations. Ces appareils furent mis en œuvre lors de tous les grands raids de nuit et formèrent la Light Night Striking Force.

## Une charge de bombes quadruplée

En 1943, la production des bombardiers se concentra sur le B.IX, capable de voler à haute altitude, équipé de moteurs Merlin, d'hélices à pales larges et offrant des performances supérieures à haute altitude. En 1944, le B.IX et le B.IV Special furent dotés de nouveaux lance-bombes et d'une soute à bombes en forme de bulle capables d'emporter une charge offensive de 1 815 kg, soit quatre fois celle du départ. Ils furent également munis d'une cabine pressurisée en vue de vols à plus de 10 000 m d'altitude.

Le PR.IV fut une version de reconnaissance photographique dérivée du B.IV Series II (dont 32 exemplaires furent assemblés), mais le bombardier B.V ne fut jamais fabriqué. Par la suite, le bombardier de nuit FB.VI fut construit à 2 584 exemplaires, chiffre que ne devait atteindre aucune des quarante-trois versions du Mosquito. Le premier, qui vola en juin 1942, avait les mitrailleuses du F.II, une petite soute pouvant contenir deux bombes de 113 kg ou deux réservoirs supplémentaires de 227 l. Ainsi, avec le FB.VI Series II, la charge des bombes en soute et sous la voilure fut doublée, les ailes pouvant également recevoir des réservoirs de 455 l ou encore huit roquettes. Le FB.VI, capable de remplir ces missions très diverses, sillonna l'Europe, bombardant des objectifs tels que la prison d'Amiens, le quartier général de la Gestapo de La Haye, celui de Copenhague et de nombreuses rampes de lancement de V-1. Des Mosquito détruisirent aussi 428 bombes volantes en l'air. Le FB.VI, remplacé ensuite par le Mk XVIII doté d'un seul canon de 57 mm, fut le fer de lance du Coastal Command, qui l'utilisa contre les navires de surface dès le milieu de 1943, à la fois avec des mitrailleuses, des bombes et des roquettes.

Après le F.II, les principaux chasseurs de nuit furent le NF.XII et le NF.XIII, sur lesquels les antennes du radar AI Mk II étaient remplacées par des radômes placés dans le nez de l'appareil, caractéristique qui obligea à déplacer les mitrailleuses. Dans le NF.XII, le radar était l'AI Mk VIII britannique, tandis que le NF.XIII, grâce à son nez bombé, pouvait également recevoir l'AI Mk X (SCR-720) de fabrication américaine. Quelques F.XV à envergure rallongée furent également construits, la désignation NF.XVII s'appliquant à 100 NF.XIII pourvus de SCR-720. Le NF.XIX était une version améliorée et plus lourde du NF.XIII (230 exem-

***Un Mosquito Mk VI de British Overseas Airways se prépare à prendre l'air pour un vol de nuit, depuis l'aérodrome de Leuchars, en direction de la Suède neutre. Les avions de ce type transportèrent des personnalités vers ce dernier pays ou en rapatrièrent des prisonniers de guerre évadés d'Allemagne.***

***La force aérienne norvégienne employa des Mosquito au lendemain de la guerre. Ce Mosquito FB.VI était utilisé sur la base de Stavanger-Sola par le Squadron 334, une unité qui était à l'origine le Flight B du Squadron 333, volant sur les mêmes avions à partir de la base de Banff, en Ecosse, dès 1943.***

*Par divers moyens, la toute jeune force aérienne israélienne se dota dès le début de son existence d'une force offensive non négligeable, sous la forme de Mosquito IV, VI et NF.36. Ce FB.6 (désignation d'après-guerre de cette version) fut acquis en France pour une somme dérisoire.*

*Le TW256 était un Mosquito TR.33. Ce modèle, construit en 1946 pour les besoins de la Fleet Air Arm, était conçu pour effectuer aussi bien des missions de torpillage, de reconnaissance et de chasse que de bombardement. Il était équipé de moteurs Merlin 25.*

plaires avaient été assemblés à la fin de 1944). Un grand pas fut franchi dans le domaine des performances avec le Mosquito NF.XXX (ou NF.30), qui joua un rôle important au cours de la dernière année de guerre en Europe. Bien que son poids ait été porté à 10 730 kg, il pouvait atteindre une vitesse de 682 km/h et transportait de nombreux appareils de guerre électronique tels que le « Perfectos » ou l'« Airborne Cigar », dispositifs de brouillage et de détection. Six unités de NF.XXX opérèrent avec le Group 100, qui effectuait des missions de bombardement d'appui, ainsi qu'avec des unités de chasse de nuit.

Plusieurs modèles servirent dans les aviations alliées, y compris la force aérienne soviétique et l'US Army Air Corps, cette dernière utilisant des appareils de construction canadienne comme le F.8, version de reconnaissance, aussi bien que des avions de construction britannique, comme le T.III ou le PR.XVI. La société De Havilland Aircraft of Canada, installée à Downsview, fabriqua une série de versions allant du Mk 21 au Mk 29, avec des moteurs Packard, tandis que De Havilland Australia, à Bankstown, produisait les séries Mk 40 à 43 (toutes ces versions étaient dérivées du FB.VI). En Grande-Bretagne, la production des pièces était assurée par un vaste réseau de sous-traitants, parmi lesquels des fabricants de meubles ou de pianos, et même, ce qui constitue un procédé tout à fait hors du commun, des artisans travaillant à domicile.

## Les versions d'après guerre

En plus des 10 Mosquito civils (1 B.IV Series II et 9 FB.VI) utilisés par BOAC pour le transport de fret et de passagers entre le Royaume-Uni et la Suède (et occasionnellement vers d'autres pays), d'autres versions civiles furent créées après le conflit. Les modèles qui offrirent les meilleures performances furent les PR.34, B.35 et NF.36, tous propulsés par des moteurs Merlin 113A/114A et dotés d'hélices à larges pales. Le PR.34 fut celui qui possédait la plus grande autonomie, grâce à un réservoir ventral agrandi capable de contenir 5 770 l de carburant. Malgré son augmentation de poids (11 560 kg), il pouvait atteindre la vitesse de 685 km/h et voler sur 5 600 km. Un PR.34A remplit la dernière mission confiée à un Mosquito de la RAF, le 15 décembre 1955, au sein du Squadron 81 basé en Malaisie.

Le B.35, qui fut le dernier modèle de bombardier, disposait d'un habitacle pressurisé et son poids avait été porté à 11 430 kg. Il pouvait emporter une charge de bombes de 1 815 kg de même qu'un réservoir intérieur d'une capacité de 2 715 l et franchissait 3 200 km à la vitesse de croisière de 485 km/h, sa vitesse maximale étant de 679 km/h. Il entra en service juste après les hostilités et ne fut remplacé qu'à partir de 1951 par le Canberra. De nombreux exemplaires furent transformés en PR.35 ou TT.35. Le chasseur de nuit de la même génération était le NF.36, équipé du radar américain AI Mk 10. Le NF.38, version d'exportation destinée à la Yougoslavie, possédait, lui, l'AI Mk IX de construction britannique. Il y eut également quelques versions navalisées du Mosquito, parmi lesquelles la plus importante fut le TR.33.

Le dernier des 7 781 Mosquito (VX916) était un NF.38 sorti des usines de Chester le 28 novembre 1950. Il s'agissait du 6 439ᵉ Mosquito construit en Grande-Bretagne. Le Canada produisit quant à lui 1 034 appareils, et l'Australie 212. Après la guerre, différentes aviations militaires utilisèrent le Mosquito, en Belgique, en Chine, en Tchécoslovaquie, au Danemark, en République dominicaine, en Israël, en Norvège, en Afrique du Sud, en Suède, en Turquie et en Yougoslavie. En France, l'armée de l'Air reçut ses premiers Mosquito en 1945 et en équipa les groupes de chasse I/3 (puis I/6) Corse, II/6 Normandie-Niemen et I/30 Lorraine. Le Corse utilisa ces appareils en Indochine au début de 1947, mais ils furent rapidement retirés du service car les collages ne résistaient pas au climat tropical.

## Versions du De Havilland Mosquito

**DH.98 :** prototype ; 2 moteurs Rolls-Royce Merlin RM3SM de 1 280 ch ; envergure, 16 m ; nacelles courtes
**PR.I :** moteurs Merlin 21 ; envergure, 16,51 m ; dérive agrandie ; deux caméras verticales et une oblique (1 prototype et 10 exemplaires de série construits)
**F.II :** moteurs Merlin 21, 22 ou 23 ; radar AI Mk IV ; 4 canons de 20 mm et 4 mitrailleuses de 7,7 mm ; porte latérale ; verrière plate ; nacelles longues (1 prototype et 467 exemplaires construits)
**T.III :** avion d'entraînement à double commande ; moteurs Merlin 21, 23 ou 25 (343 exemplaires construits)
**B.IV Series I :** dérivé du PR.I ; 907 kg de bombes ; nacelles courtes (38 exemplaires construits)
**B.IV Series II :** première série de bombardiers ; moteurs Merlin 21 ou 23 ; quelques-uns avec une soute pouvant contenir 1 815 kg de bombes, d'autres convertis en PR.IV (235 exemplaires construits, dont 32 PR.IV)
**FB.VI :** chasseur bombardier ; moteurs Merlin 21, 23 ou 25 ; armement du F.II et 2 bombes de 227 kg en soute (2 248 exemplaires construits)
**B.VII :** B.IV de construction canadienne ; moteurs Merlin 31 (25 construits)
**PR.VIII :** version photo du PR.IV ; moteurs Merlin 61
**B.IX :** bombardier à haute altitude ; moteurs Merlin 72/73 ou 76/77 ; 1 815 kg de bombes ; radar H2S Mk VI
**PR.IX :** version photo emportant davantage de carburant (4 B.IX et 90 PR.IX construits)
**NF.XII :** chasseur de nuit ; moteurs Merlin 21 ou 23 ; radar AI Mk VIII dans le nez ; 4 canons de 20 mm (97 exemplaires convertis à partir de F. et NF.II)
**NF.XIII :** chasseur de nuit ; moteurs Merlin 21, 23 ou 25 ; supports de Mk VI sous l'aile pour des réservoirs supplémentaires, des bombes ou des roquettes ; radar AI Mk VIII ou SCR-720 dans le nez en forme de bulle (270 exemplaires construits)
**NF.XV :** chasseur à haute altitude, envergure rallongée (18,03 m) ; moteurs Merlin 73 ou 77 ; 4 mitrailleuses de 7,7 mm ; capacité en carburant réduite (5 exemplaires convertis à partir de B.IV)
**PR.XVI, B.XVI :** versions photo et bombardement avec les moteurs du Mk IX, mais cabine pressurisée ; capacité en carburant augmentée ; équipé de toute une série d'appareils électroniques (433 PR.XVI et 200 B.XVI construits)
**NF.XVII :** moteurs Merlin 21 ou 23 ; radar SCR-720 ou 729 (AI Mk X) ; certains avec radar de veille arrière (100 exemplaires convertis à partir de F et NF.II)
**FB.XVIII :** (« Mouche tsé-tsé ») moteurs Merlin 25 ; version du FB.VI avec des canons Molins de 57 mm ; 4 mitrailleuses de 7,7 mm et 8 roquettes (25 construits)
**NF.XIX :** moteurs Merlin 25 ; chasseur de nuit dérivé du Mk XIII (220 construits)
**B.XX :** B.IV de construction canadienne ; moteurs Packard Merlin 31 ou 33 (145 exemplaires construits, dont 40 F.8)
**FB.21 :** FB.VI de fabrication canadienne (3 exemplaires construits)
**T.22 :** T.III de construction canadienne
**B.25 :** B.XX amélioré ; moteurs Merlin 225 (400 exemplaires construits)
**FB.26 :** Mk 21 amélioré ; moteurs Merlin 225 (338 exemplaires construits)
**T.27 :** T.22 amélioré ; moteurs Merlin 225
**NF.XXX :** chasseur de nuit à haute altitude ; moteurs Merlin 72 ou 76 ; radar AI Mk X (526 exemplaires construits)
**PR.32 :** version photo ; moteurs Merlin 113/114 ; cabine pressurisée (5 exemplaires convertis)
**TF. (plus tard TR.) 33 :** chasseur de reconnaissance et bombardier torpilleur embarqué ; moteurs Merlin 25 ; hélices quadripales ; fusées JATO ; radar ASH ; 4 canons de 20 mm ; 907 kg de bombes, de torpilles ou de mines en soute
**PR.34 :** version photo à long rayon d'action ; moteurs Merlin 114 (Mk 34A ; Merlin 114A) ; cabine pressurisée ; capacité en carburant exceptionnelle (50 exemplaires convertis)
**B.35 :** bombardier à long rayon d'action ; moteurs Merlin 113A et 114A ; cabine pressurisée ; capacité de 2 715 l de carburant plus 1 815 kg de bombes ; convertis après la guerre en PR.35 et TT.35 (112 exemplaires construits)
**NF.36 :** chasseur de nuit ; moteurs Merlin 113/114 ; radar AI Mk X (266 exemplaires construits)
**TT.37 :** version du TR.33 avec le radar ASV Mk XIII
**NF.38 :** version du Mk 36 avec des moteurs Merlin 114A ; radar AI Mk IX (50 exemplaires construits)
**TR.39 :** version du Mk XVI construite par General Aircraft, avec un fuselage rallongé (13,21 m)
**FB.40 :** Mk VI australien ; moteurs Packard Merlin 31 ou 33 (178 construits)
**FB.41 :** version photo dérivée des Mk XVI et 40 ; moteurs Packard Merlin 69
**FB.42 :** Mk VI australien avec des moteurs Merlin 69 (1 exemplaire FB.40 converti)
**T.43 :** T.III de construction australienne ; moteurs Packard Merlin 33

# Bf 109 : l'aigle de la Luftwaffe

*A tous égards, le Bf 109 fut le principal avion de chasse allemand de la Seconde Guerre mondiale. Le nombre d'appareils construits comme le nombre de victoires revendiquées par ses pilotes restent sans équivalent dans le monde. Enfin, sous les cieux d'Espagne, il a fait preuve d'une étonnante longévité.*

La genèse du Bf 109 a été marquée par une féroce inimitié entre son créateur et Erhard Milch qui, ayant accédé à de hautes fonctions, fit tout ce qu'il put pour menacer l'existence même de la Bayerische Flugzeugwerke (BFW), dont Willy Messerschmitt était le directeur technique. Lorsque, en 1933, cette société se prépara à honorer une commande d'avion de transport passée par la Roumanie, les dirigeants du Reichsluftfahrtministerium (le ministère de l'Air allemand) furent profondément irrités par l'attitude indépendante qu'affichait Messerschmitt. Mis en accusation, celui-ci rétorqua que c'était précisément le manque total de soutien de la part du RLM qui avait contraint sa firme à rechercher des marchés à l'étranger. Le ministère passa alors commande de prototypes d'avions de chasse simultanément à la BFW et à trois autres concurrents (Arado, Focke-Wulf et Heinkel), avec l'espoir à peine voilé que Messerschmitt, manquant d'expérience dans le domaine des appareils à grande vitesse, échouerait.

S'inspirant de son excellent quadriplace de tourisme Bf 108 Taifun, Messerschmitt dessina un petit monoplan à aile basse aux lignes relativement anguleuses, doté d'un train d'atterrissage escamotable, de becs de bord d'attaque et d'un habitacle fermé. Le moteur prévu, le Junkers Jumo 210A, n'étant pas encore disponible, il fallut pourvoir le prototype Bf 109V-1 d'un Rolls-Royce Kestrel importé de Grande-Bretagne et ne développant que 700 ch.

Soumis à des essais comparatifs, à Travemünde, avec l'Ar 80V-1, le Fw 159V-1 et le He 112V-1, l'avion, sorti d'usine en septembre 1935, donna, malgré quelques problèmes mineurs, de bons résultats. A la surprise générale, le RLM commanda 10 prototypes de présérie, en même temps qu'un nombre égal de He 112.

Trois autres prototypes, les Bf 109 V-2, V-3 et V-4, équipés du moteur Jumo 210A et conçus pour recevoir deux mitrailleuses MG 17 synchronisées dans la partie supérieure du capot moteur, volèrent dans le courant de 1936. A cette époque, une rumeur persistante courut selon laquelle le Hawker Hurricane et le Supermarine Spitfire britanniques allaient être armés de quatre mitrailleuses. En conséquence, lorsque le Bf 109 V-4 entreprit ses essais, son armement avait été renforcé d'une troisième MG 17 tirant à travers le moyeu de l'hélice.

La version Bf 109A proposée par le constructeur ne connut pas le succès, car son armement se limitait à deux mitrailleuses, les premiers Bf 109B-0 de présérie prenant l'air au début de 1937, en même temps que les prototypes Bf 109V-5, V-6 et V-7. Trois Staffeln du Jagdgruppe 88, équipés de Bf 109B-1, B-2 et C-1 de série, furent envoyés en Espagne, où la guerre civile faisait rage et où les Germano-Italiens appuyaient ouvertement et massivement les troupes de Franco. Ils permirent aux Allemands de recueillir quantité de renseignements qui allaient leur être fort utiles aussi bien pour la conception des versions ultérieures de l'avion que pour l'élaboration de méthodes de combat aérien. Des hommes tels que Werner Mölders et Adolf Galland, qui combattirent en Espagne sur Bf 109, devaient en effet mettre au point des tactiques qui resteraient valables jusqu'à l'apparition des chasseurs armés de missiles.

Lorsque éclata la Seconde Guerre mondiale, en septembre 1939, le Bf 109 constituait la dotation standard des unités de chasse de la Luftwaffe. Construit en grande série, le Bf 109D était encore en service, mais déjà le Bf 109E (que ses pilotes désignaient surtout du nom d'Emil) commençait à le remplacer. Dix Bf 109E-0 de présérie avaient été réalisés à la fin de l'année précédente, armés de deux mitrailleuses MG 17 de capot et de deux autres montées dans la voilure, la propulsion des appareils étant assurée par un moteur DB 601A de 1 100 ch. Sur les premiers Bf 109E-1 de série, sortis de l'usine d'Augsbourg dès le début de 1939, les deux mitrailleuses de voilure pouvaient être remplacées par des canons MG FF de 20 mm, la vitesse maximale atteignant 570 km/h à 3 750 m d'altitude et le plafond pratique se situant aux environs de 11 000 m.

Ces performances permirent au Bf 109E de surclasser tous ses adversaires jusqu'à l'apparition du Spitfire et du Dewoitine D.520. Quant au Bf 109E-1/B, il pouvait emporter une bombe de 250 kg sous le fuselage. C'est au cours de l'année 1939 que la production de l'Emil fut transférée

**Prise au cours du mois de novembre 1936, cette photographie montre le quatrième prototype Bf 109V-4 qui, équipé d'un moteur Jumo 210A, était armé de trois mitrailleuses MG 17 approvisionnées à cinq cents cartouches chacune. Cet appareil présentait déjà la configuration des versions ultérieures.**

**C'est en vue d'augmenter les cadences de production que la fabrication du Bf 109 sous licence fut confiée, dès 1937, à la firme Fieseler et, l'année suivante, à Focke-Wulf et à Erla. Cette photographie, prise à Brême en août 1938, montre les dix premiers Bf 109C-2 fabriqués par Focke-Wulf.**

d'Augsbourg à Ratisbonne, afin que la première usine pût se consacrer à la fabrication des bimoteurs de chasse Bf 110. Quatre firmes sous-traitantes, Ago, Arado, Erla et WNF, prirent le relais, 1 540 Bf 109E étant assemblés avant la fin de l'année. A la veille de l'invasion de la Pologne, la chasse allemande alignait douze Gruppen équipés de 850 Bf 109E-1 et E-1/B, et un seul Gruppe doté d'Ar 68, 235 Bf 109D-1 étant encore en service au sein des Zerstörergeschwadern. Le 18 décembre 1939, des Bf 109 rencontrèrent pour la première fois des avions de la RAF, en l'occurrence 24 Vickers Wellington qui effectuaient, sans escorte de chasse, un raid diurne sur Wilhelmshaven : 12 des bombardiers britanniques furent abattus, contre 2 Bf 109E du JG 77.

## Production massive

Au cours de l'année 1940, la production de Bf 109E atteignit 1 868 unités, tandis que les Bf 109D avaient presque entièrement disparu des unités de première ligne. Les principaux modèles fabriqués cette année-là furent les Bf 109E-2 et E-3 (armés de deux MG 17 de capot, de deux autres dans la voilure et d'un canon MG FF tirant dans l'axe de l'hélice), ainsi que le Bf 109 E-4, qui disposait de deux MG 17 de capot et d'un MG FF dans chaque aile. Ces versions connurent une utilisation intensive lors des grandes batailles aériennes qui se déroulèrent au-dessus du sud de l'Angleterre. En mission de chasse libre, elles se révélèrent redoutables, bien plus que le Hurricane et autant que le Spitfire. Toutefois, le Bf 109E ne parvint pas à faire un plein usage de ses qualités de vitesse et de maniabilité quand il fut engagé en formations d'escorte rapprochée des bombardiers. Plus tard, au cours de la bataille d'Angleterre, les Bf 109E-4/B furent utilisés comme chasseurs bombardiers. Peu après apparurent les chasseurs de reconnaissance Bf 109E-5, E-6 (ce dernier équipé d'un moteur DB 601N), E-7 (qui pouvait recevoir un réservoir supplémentaire largable) et E-7/Z (équipé du dispositif de surpuissance GM-1).

Au début de l'année 1941, l'Emil commença à être déployé sur le théâtre d'opérations de la Méditerranée, lorsque des variantes tropicalisées des versions précédentes arrivèrent en Afrique du Nord avec le JG 27. Mais, quand Hitler lança la grande offensive contre l'Union soviétique, en juin, un nouveau modèle servait déjà dans les unités de première ligne, le Bf 109F. L'Emil allait toutefois être employé pendant de longs mois encore.

Pourvu d'un moteur DB 601E de 1 200 ch, cet appareil fut sans conteste le modèle qui connut le plus grand succès auprès des pilotes. Se distinguant des versions précédentes par ses ailes aux extrémités arrondies et sa casserole d'hélice plus volumineuse, il disposait également d'ailerons Frise et de volets de courbure qui remplaçaient les volets à fente de l'Emil. La roulette de queue était entièrement escamotable, tandis que le stabilisateur n'était plus, comme sur les versions antérieures, supporté par des mâts. L'armement du Bf 109F fit cependant l'objet de vives critiques, car il ne comprenait plus qu'un canon, tirant à travers le moyeu de l'hélice, et deux mitrailleuses de capot. Les pilotes chevronnés arrivaient à se contenter de cet armement léger, grâce auquel l'avion était rapide et maniable ; mais pour les autres, qui constituaient une large majorité, c'était insuffisant.

Les Bf 109F-0 de présérie furent testés par la Luftwaffe au cours du second semestre de 1940, les livraisons des premiers Bf 109F-1 commençant au début de l'année suivante. Quelques accidents ayant été provoqués par des ruptures de l'empennage horizontal, qui entrait en vibration à certains régimes du moteur, un renforcement de la structure se révéla nécessaire. Après le Bf 109F-2 (sur lequel le canon MG FF de 20 mm faisait place à un MG 151 de 15 mm) vint le principal modèle de la version F, le Bf 109F-3, qui apparut au début de 1942 et dont la vitesse maximale, à 6 700 m d'altitude, était de 628 km/h.

Dès le début de l'année précédente, le Geschwaderstab et le III./JG 26, que commandait Adolf Galland, avaient été équipés de Bf 190F, qui furent aussitôt engagés au-dessus de la Manche. Lors des premières phases de l'opération Barbarossa (invasion de l'Union soviétique), les JG 3, JG 51, JG 53 et JG 54, respectivement placés sous les ordres de Günther Lützow, Werner Mölders, Günther von Malzahn et Johannes Trautloft, mettaient en œuvre cette version. L'avion se montra aussitôt supérieur à tous les chasseurs que les Alliés pouvaient lui opposer, même au Spitfire Mk V, le palmarès des pilotes allemands s'étoffant rapidement.

Progressivement, le Bf 109F subit diverses améliorations. Le Bf 109F-4 disposait d'un canon MG 151 tirant des projectiles de 20 mm ; le Bf 109F-4/R1 fut conçu pour recevoir deux canons de 20 mm montés en gondoles sous les ailes, ces armes supplémentaires, destinées à l'attaque

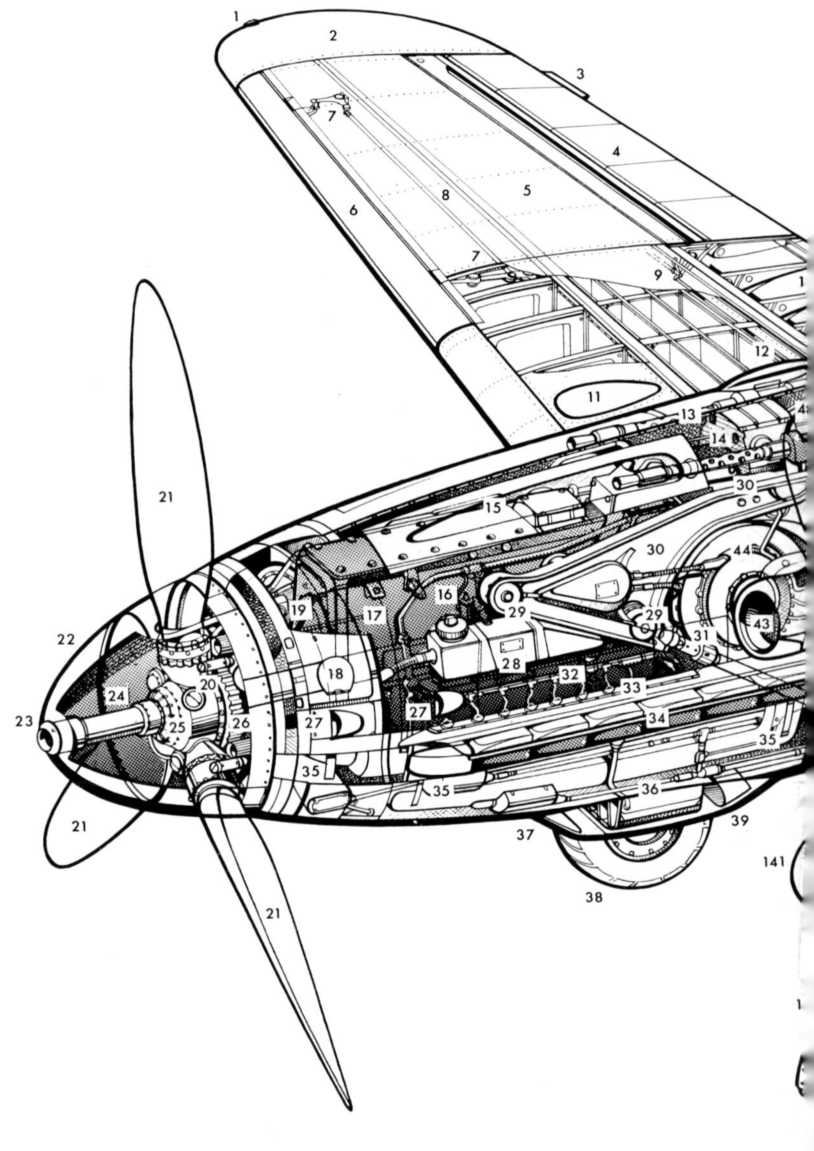

***Photographiés sur l'aérodrome de Schiphol, aux Pays-Bas, au cours de l'été de 1940, en compagnie de Fokker et de Lockheed de la compagnie KLM, ces Bf 109E-1 appartenaient au 7./JG 52. A la date du 1er septembre 1944, ce Geschwader était crédité de dix mille victoires aériennes.***

# Ecorché du Messerschmitt Bf 109G-14/U4

1 Feu de navigation
2 Saumon d'aile
3 Compensateur fixe, réglable au sol
4 Aileron Frise
5 Revêtement travaillant de voilure, avec rivets noyés
6 Bec automatique de bord d'attaque Handley Page
7 Mécanisme de commande de bec
8 Bielle de transmission de commande de bec
9 Renvoi de commande d'aileron
10 Volet entoilé
11 Carénage du logement de roue
12 Carénage de bloc de culasse de mitrailleuse
13 Mitrailleuse de 13 mm Rheinmetall Borsig MG 131
14 Accessoires moteur
15 Saillie de la mitrailleuse gauche dans le capot
16 Moteur Daimler Benz DB 605AM
17 Capot moteur démontable
18 Accès au filtre à huile
19 Réservoir d'huile
20 Mécanisme de réglage du pas de l'hélice
21 Hélice VDM à vitesse constante et commande électrique de pas
22 Casserole d'hélice
23 Orifice du canon
24 Tube du canon
25 Moyeu de l'hélice
26 Disque de la casserole d'hélice
27 Prises de refroidissement auxiliaires
28 Réservoir de liquide de refroidissement
29 Blocs amortisseurs en caoutchouc
30 Bâti-moteur forgé en Elektron
31 Fixation du mât du bâti-moteur
32 Fils d'alimentation des bougies
33 Carénage du collecteur d'échappement
34 Pipes d'échappement
35 Sauterelles de capot
36 Radiateur d'huile
37 Prise d'air du radiateur d'huile
38 Roue droite
39 Volet réglable d'évacuation d'air de refroidissement
40 Emplanture du bord d'attaque
41 Raccord Karman
42 Cloison pare-feu
43 Prise d'air du compresseur
44 Compresseur
45 Tambour du canon de 20 mm
46 Alimentation en munitions de la mitrailleuse
47 Attache supérieure du bâti-moteur
48 Carénage du bloc de culasse
49 Culasse de la mitrailleuse Rheinmetall Borsig MG 131
50 Tableau de bord
51 Culasse du canon Mauser MG 151/20 de 20 mm
52 Repose-pieds
53 Pédales de palonnier
54 Câbles d'escamotage de secours de train
55 Cadre de fuselage
56 Raccord Karman
57 Volant d'escamotage de secours du train
58 Volant de commande de compensateur
59 Harnais de siège
60 Manette des gaz
61 Manche à balai
62 Prise d'air de ventilation cabine
63 Collimateur Revi 16B
64 Montants du pare-brise blindé
65 Ecran antiréfléchissant du collimateur
66 Pare-brise blindé
67 Verrière type Galland
68 Vitrage supérieur de la verrière
69 Montants de verrière
70 Articulation de la verrière, sur le côté droit
71 Commande de largage de verrière
72 Siège du pilote (blindage de 8 mm)
73 Réservoir sous le plancher de cabine (400 l)
74 Cadre de fuselage
75 Trappe d'accès
76 Tube de guidage des câbles de commande de compensateur
77 Alimentation de la radio
78 Réservoir de mélange eau-méthanol du dispositif de surpuissance MW-50 (114 l)
79 Poignée d'accès
80 Revêtement de fuselage
81 Mât support d'antenne
82 Cadre du radiocompas
83 Bouteilles d'oxygène
84 Tuyauterie de remplissage des réservoirs
85 Equipement radio et IFF
86 Bouchon principal de réservoirs
87 Fil d'antenne
88 Longeron supérieur de fuselage
89 Fil d'alimentation d'antenne
90 Revêtement du fuselage
91 Raidisseurs en U
92 Cadres de fuselage
93 Câbles de commande de compensation
94 Carénage de raccordement du bord d'attaque de la dérive
95 Stabilisateur droit
96 Avancée d'équilibrage de la gouverne de profondeur
97 Gouverne de profondeur droite
98 Compensateur de profondeur
99 Structure en bois de la dérive
100 Attache du fil d'antenne
101 Charnière supérieure de la gouverne de direction
102 Etambot
103 Structure en bois de la gouverne de direction entoilée
104 Compensateur de direction
105 Feu de navigation
106 Gouverne de profondeur
107 Compensateur de profondeur
108 Structure du stabilisateur
109 Mécanisme de commande de direction
110 Levier de commande de profondeur
111 Bielle de commande de profondeur
112 Secteur de commande de profondeur
113 Bourrelet de raccordement de la jambe de roulette de queue
114 Roulette de queue orientable
115 Jambe de roulette de queue rallongée
116 Panneau démontable
117 Amortisseur de la roulette de queue
118 Point de levage
119 Câble de commande de direction
120 Câbles de commande de profondeur
121 Equipement de premier secours
122 Bouteilles d'air comprimé
123 Panneaux démontables
124 Raidisseur inférieur de fuselage
125 Antenne IFF ventrale
126 Compas
127 Renvoi de commande de profondeur
128 Raccord Karman
129 Volet de courbure
130 Radiateur du liquide de refroidissement
131 Longeronnets de voilure
132 Ferrure de levage
133 Liaison aile-fuselage
134 Liaison aile-fuselage
135 Bielle de braquage symétrique des volets
136 Point d'attache pour le réservoir supplémentaire ventral
137 Verrouillage électrique du train
138 Trou de l'axe horizontal de liaison aile-fuselage
139 Mécanisme d'escamotage du train
140 Axe de relevage du train
141 Réservoir supplémentaire de 300 l
142 Flasque de jambe de train
143 Jambe de train oléopneumatique
144 Tuyauterie de freinage
145 Flasque de roue
146 Roue gauche
147 Revêtement de bord d'attaque
148 Logement de la roue
149 Longeron d'aile
150 Mécanisme de commande de volet
151 Entoilage de volets
152 Structure du volet à fente
153 Mécanisme de commande des becs de bord d'attaque
154 Bielle de braquage symétrique des becs
155 Bec automatique de bord d'attaque Handley Page
156 Raidisseurs de voilure
157 Effilement du longeron
158 Nervures d'aile
159 Revêtement travaillant de voilure
160 Aileron Frise à structure métallique
161 Compensateur fixe d'aileron, réglable au sol
162 Saumon d'aile
163 Feu de navigation
164 Tube de Pitot
165 Canon adaptable en gondole (Rüstsatz R6)
166 Prise de connexion à 14 points
167 Boîtier de connexions électriques
168 Crochet arrière de fixation du canon
169 Canon de 20 mm Mauser MG 151/20
170 Crochet avant de fixation du canon
171 Glissière d'alimentation en munitions
172 Tambour d'alimentation en munitions
173 Panneau de raccordement à l'intrados de l'aile
174 Carénage de la gondole
175 Tube de canon

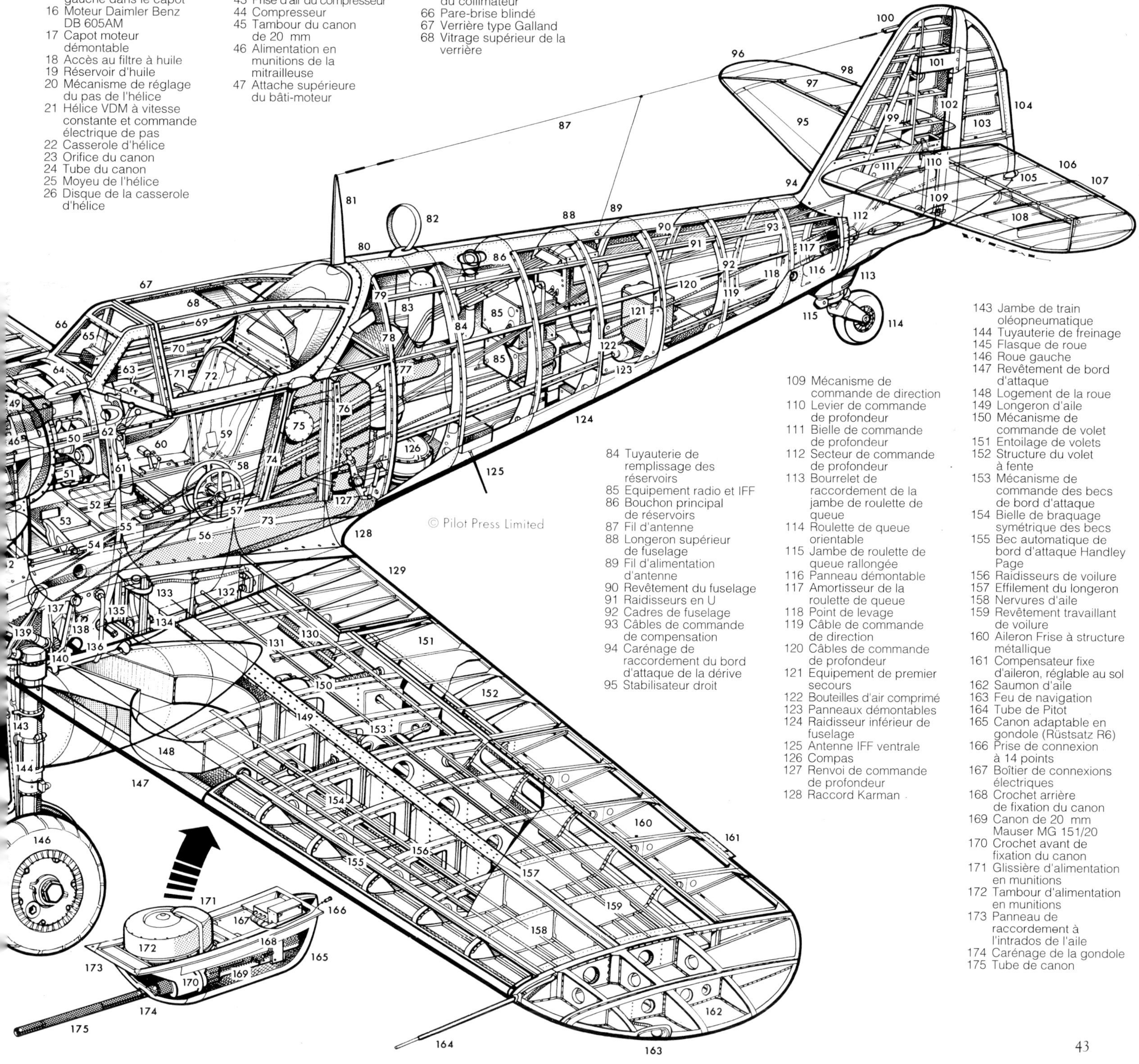

Arborant les marques d'un Gruppen Kommandeur, ce Bf 109D propulsé par un moteur DB 610A était équipé d'un canon MG FF tirant dans l'axe de l'hélice et de deux mitrailleuses MG 17.

Le Bf 109V-10 fut présenté au meeting international de Zurich, en juillet 1937, piloté par Ernst Udet. A la suite d'une panne de moteur, l'avion devait s'écraser au sol lors d'une course au-dessus des Alpes.

des bombardiers, constituant ce que les Allemands appelaient un Rüstsatz, c'est-à-dire un équipement optionnel qu'il était possible de monter en unité. Le chasseur bombardier Bf 109F-4B pouvait emporter jusqu'à 500 kg de bombes, et les Bf 109F-5 et F-6, entrés en service à l'automne 1942, étaient des chasseurs de reconnaissance. C'est surtout aux commandes de Bf 109F-4 que l'Oberleutnant Hans Joachim Marseille, seulement âgé de vingt-deux ans, se hissa au premier rang des chasseurs engagés sur le front ouest, avec cent cinquante-huit victoires. Cet as devait trouver la mort le 30 septembre 1942 sur un Messerschmitt Bf 109G-2.

Le Messerschmitt Bf 109G (Gustav pour les pilotes allemands), qui parvint aux unités à la fin de l'été 1942, allait faire l'objet de la production la plus importante. Si les Bf 109G-0 de présérie reçurent des moteurs DB 601E, les modèles de série furent équipés d'un DB 605A de 1 475 ch, l'armement standard se composant encore de deux mitrailleuses MG 17 de capot et d'un canon de 20 mm MG 151/20 tirant à travers le moyeu de l'hélice. Le Bf 109G-1 à cabine pressurisée avait un moteur DB 605A-1 muni du dispositif de surpuissance GM-1, et la version tropicalisée Bf 109G-1/Trop. était armée de deux MG 131 de 13 mm à la place des MG 17 de capot. Le bloc de culasse de ces armes, plus volumineux, entraîna l'apparition de deux bosses caractéristiques sur le dessus du capot. Sur le Bf 109G-2, la cabine pressurisée était supprimée, tandis que la variante Bf 109G-2/R1 pouvait emporter des bombes. Le Bf 109G-3, par ailleurs assez semblable au G-1, était pourvu d'un équipement radio FuG 16Z, le Bf 109G-4 constituant la variante non pressurisée de ce modèle.

Quant au Bf 109G-5, il était propulsé par un DB 605D muni d'un dispositif MW-50 qui fonctionnait par injection d'un mélange d'eau et de méthanol permettant, en combat, de porter brièvement la puissance jusqu'à 1 800 ch. En vue de remédier à l'instabilité que manifestait l'avion au décollage du fait de son train à voie étroite, le Bf 109G-5/R2 reçut une gouverne de direction plus haute et une jambe de roulette de queue rallongée.

## Des améliorations continuelles

La principale sous-version du Gustav fut le Bf 109G-6, qui donna lieu à de nombreuses variantes, dotées des modèles AM, AS, ASB, ASD et ASM du moteur DB 605. L'armement standard comprenait un canon MK 108 de 30 mm, tirant dans l'axe de l'hélice, deux MG 131 de capot et deux MG 151/20 de 20 mm sous la voilure. De nombreux Rüstsätze furent réalisés, notamment ceux qui permettaient d'obtenir le chasseur bombardier Bf 109G-6/R1, capable d'emporter une charge de 500 kg, et le Bf 109G-6/R2, armé de deux roquettes de 21 cm WGr 210 « Dodel » remplaçant les canons en gondoles sous les ailes. La variante Bf 109G-6/U4, qui se caractérisait par un Umrüstbausatz, c'est-à-dire une modification réalisée en usine (et non sur le terrain), était armée de deux canons MK 108 de 30 mm montés sous les ailes, tandis que le chasseur de nuit Bf 109G-6/U4N était pourvu d'un radar (des variantes tropicalisées de la plupart de ces modèles furent en outre réalisées). Le Bf 109G-7 ne fut pas construit, mais le chasseur de reconnaissance Bf 109G-8 fut affecté, à la fin, au Nahaufklärungsgruppe 13, unité de reconnaissance rapprochée qui opérait à partir des côtes de la Manche.

Le plus rapide (690 km/h à 7 400 m) de tous les Gustav fut le Bf 109G-10, doté d'un moteur DB 605D avec dispositif de surpuissance MW-50 et muni d'une verrière nouvelle dite « casquette de Galland », légèrement bombée sur les côtés. Les Bf 109G-5/R2 et R6, qui avaient l'empennage modifié et la jambe de roulette de queue rallongée du Bf 109G-5/R2, possédaient un équipement IFF FuG 25a ; le Bf 109G-10/U4 pouvait recevoir un carénage ventral renfermant deux canons MK 108 de 30 mm ou un réservoir supplémentaire non largable, connu sous le nom d'« Irmer Behalter ». Le Bf 109G-12, un biplace d'entraînement obtenu par une modification effectuée en unité à partir d'un Bf 109G-1, équipa les Schulejagdgeschwadern 101, 102, 104, 106, 107 et 108, en 1944. Le dernier modèle opérationnel fut le Bf 109G-14, sur lequel l'armement fixe était allégé et qui pouvait emporter des canons en gondoles, des roquettes WGr 210 ou des bombes. Le Bf 109G-16, chasseur bombardier

Equipé d'un moteur Jumo 210Da, le J-310 fut le premier Bf 109 utilisé par la Fliegertruppe helvétique avec un armement composé de quatre mitrailleuses MG, identique à celui du Messerschmitt Bf 109C. La force aérienne suisse devait utiliser des Bf 109 jusqu'à la veille des années cinquante.

Les versions précédentes de cet appareil ayant été dotées d'hélices bipales, le Messerschmitt Bf 109E-1 reçut, en Espagne, le nom de « Tripala ». Cet avion, le plus rapide de tous ceux engagés dans la péninsule Ibérique au début de l'année 1939, disposait d'un armement de deux canons et de deux mitrailleuses.

Ce Bf 109E-7/Trop., dont les prises d'air latérales étaient équipées de filtres antisable, fut engagé en Méditerranée. Appartenant au 7./JG 26, cet appareil effectua des attaques sur Malte en mars 1941.

L'insigne peint sur le fuselage de ce Bf 109E-4/B est celui du Zerstörergeschwader 1. Les chasseurs bombardiers effectuaient des bombardements aux côtés des Bf 110, dont ils assuraient la protection dès qu'ils étaient débarrassés de leurs bombes.

d'attaque lourdement blindé, qui commença à être produit en série avant l'effondrement de l'Allemagne, ne put être engagé en opérations.

C'est en 1943 que débuta le développement du chasseur à haute altitude Bf 109H, dérivé du 109E et caractérisé par son aile d'envergure accrue et son moteur DB 601E à dispositif de surpuissance GM-1 (sa vitesse maximale était de 750 km/h à 10 000 m d'altitude). Des exemplaires de présérie de ce modèle firent l'objet d'essais en France, et quelques Bf 109H accomplirent des missions ; mais des problèmes de vibrations de la voilure entraînèrent l'abandon de la série, au sein de laquelle les Bf 109H-2 et H-5 étaient conçus pour recevoir respectivement un moteur Jumo 213E et un DB 605.

Le Bf 109K, extrapolé du Gustav, constitua la dernière série opérationnelle, les Bf 109K-0 de présérie étant même réalisés à partir de cellules de Bf 109G. Le Bf 109K-2 et le K-4 (ce dernier, pressurisé) avaient des moteurs DB 605 ASCM/DCM, avec un dispositif de surpuissance MW-50 qui portait la puissance à 2 000 ch, et étaient armés d'un canon MK 103 ou MK 108 de 30 mm et de deux mitrailleuses lourdes MG 151 de 15 mm ; le Bf 109K-6 fut réalisé pour recevoir un canon MK 103 sous chaque aile. Deux exemplaires seulement du Bf 109K-14, à moteur DB 605L et dispositif de surpuissance MW-50 offrant une vitesse maximale de 725 km/h, furent utilisés en opérations au sein du Gruppenstab du II./JG 52, que commandait le Major Wilhelm Batz, en avril 1945.

## Tentatives expérimentales

Lorsque, deux ans après le début de la guerre, le Focke-Wulf Fw 190 commença à équiper des unités opérationnelles, le Bf 109 constituait la cheville ouvrière de la chasse allemande ; il allait le rester jusqu'à la fin, la production totale s'élevant à environ 30 000 exemplaires. Il n'est pas possible de connaître le nombre exact de Bf 109 construits, et ce en raison du grand désordre créé par les bombardements des usines, mais il est certain qu'un seul type d'avion a connu une cadence de production supérieure, l'Iliouchine Il-2, assemblé à 36 163 unités.

Parmi les expériences les plus extravagantes menées avec le Bf 109 figure le Bf 109E, qui reçut sur l'extrados de la voilure une capsule fuselée destinée à accueillir un parachutiste. Dans le cadre du programme Starr-Schlepp, un appareil du même type fut accroché au-dessus du fuselage d'un planeur de transport de troupes DFS 230. Plus tard apparut le composite connu sous le nom de Beethoven-Gerät, qui consistait en un Bf 109 (ou encore un Fw 190) fixé au-dessus d'un Junkers Ju 88 dépourvu d'équipage et bourré d'explosifs. Les unités dotées de Bf 109 mirent au point un certain nombre de tactiques opérationnelles très spéciales : c'est ainsi qu'en 1943 des Bf 109G du JG 1 attaquèrent des formations de bombardiers américains à l'aide de bombes de 250 kg et que d'autres, appartenant notamment au JG 300, effectuèrent, de nuit, des missions de chasse libre contre les bombardiers de la RAF en appliquant une tactique connue sous le nom de Wilde Sau.

Parmi les nombreux dérivés de l'Emil se trouvait le chasseur embarqué Bf 109T qui, conçu pour être déployé à bord du porte-avions *Graf Zeppelin*, ne fut jamais mis en service : 10 Bf 109T-0 de présérie et 60 Bf 109T-1 furent réalisés, avec une voilure repliable et une crosse d'appontage. Lorsque la construction du porte-avions fut abandonnée, ces appareils furent livrés à la Luftwaffe pour servir à partir de bases terrestres. Mais c'est sans doute le Bf 109 Zwilling (« jumeaux ») qui constitua le projet le plus ambitieux. Formé par la réunion de deux fuselages de Bf 109F portant chacun une demi-voilure, un stabilisateur joignant une dérive à l'autre (le pilote prenait place dans le fuselage de gauche), cet avion devait être réalisé en deux versions : un Zerstörer armé de cinq canons de 30 mm et un chasseur bombardier emportant 1 t de bombes.

A partir de 1939, l'Allemagne livra des Bf 109 aux forces aériennes de nombreux pays qui, à l'exception de la Suisse, se trouvaient dans sa sphère d'influence. La production sous licence, en grande série, du Gustav fut entreprise par les usines Avia de Prague et dans celles d'IAR à Brasov, en Roumanie. L'aviation finnoise employa avec succès le Bf 109, et l'as Lentomestari Eino Juutilainen remporta quatre-vingt-quatorze victoires, dont cinquante-neuf sur Bf 109.

Le prototype Bf 109V-24, immatriculé VK + AB, porte le numéro constructeur 5064. Il fut construit en 1940, en même temps que le Bf 109V-23 (CE + BP), et précéda la version de série Bf 109F.

C'est en 1941 que le Jagdgeschwader 54 « Grünherz » quitta la France pour participer aux opérations menées contre l'Union soviétique. Des Bf 109G-2 photographiés dans le secteur de Leningrad au cours de l'été de 1942.

*La bande blanche peinte sur le fuselage de ce Bf 109E-4/Trop. était caractéristique des appareils engagés sur le théâtre méditerranéen. Cet appareil appartenait au 6./JG 53, basé à Comiso en mai 1942.*

*Avec sa verrière Galland, le Bf 109G-14 se présentait comme un chasseur bombardier dérivé du G-6. Celui-ci portait les marques du III./JG 53.*

L'Espagne construisit aussi sous licence, même après la guerre, des Bf 109, les moteurs utilisés étant tout d'abord des Hispano-Suiza 12Z 89 et 12Z 17 puis, après la capitulation de l'Allemagne, des Rolls-Royce Merlin. Ces appareils, désignés Hispano HA 1112-J1L, HA 1110-K1L (biplace) et HA 112K1L, demeurèrent en service jusqu'aux années soixante. Après le conflit, des cellules de Bf 109G furent équipées de moteurs Jumo 211F en Tchécoslovaquie, certains de ces avions étant livrés à l'Etat d'Israël.

## Versions du Bf 109 Messerschmitt

**Bf 109a (puis Bf 109V-1) :** premier prototype (D-IABI) ; moteur Rolls-Royce Kestrel V de 695 ch ; premier vol en septembre 1935
**Bf 109V-2, V-3 et V-4 :** 3 prototypes (D-IUDE, D-IHNY et D-IOQY) ; moteurs Jumo 210A
**Bf 109B :** exemplaires de présérie, Bf 109B-0 à moteur Jumo 210B ; Bf 109B-1 à Jumo 210D ; Bf 109B-2 à Jumo 210E et, plus tard, 210G
**Bf 109V-1 et V-13 :** 2 prototypes (D-ISLU et D-IPKY) ; moteur Daimler Benz DB 600
**Bf 109C :** dérivé du prototype Bf 109V-8 ; Bf 109C-0 et C-1 armés de 4 mitrailleuses MG 17 ; Bf 109C-2 avec 5 MG 17
**Bf 109V-13 :** modifié avec le moteur DB 601 gonflé ; record du monde de vitesse, avec 610,540 km/h, le 11 novembre 1937
**Bf 109D :** dérivé des prototypes Bf 109V-10 et V-13 ; Bf 109D-0 avec moteur DB 601Aa, 1 canon de 20 mm et 2 mitrailleuses de 7,92 mm ; Bf 109D-1, identique ; Bf 109D-2 avec 2 MG 17 de voilure ; Bf 109D-3 avec 2 MG FF de voilure
**Bf 109V-14 :** prototype (D-IRTT) ; moteur à injection DB 601A, 2 canons de 20 mm et 2 mitrailleuses de 7,92 mm ; Bf 109V-15, avec 1 canon de 20 mm (D-IHPR)
**Bf 109E :** Bf 109E-0 avec 4 mitrailleuses de 7,92 mm ; Bf 109E-1 (et chasseur bombardier Bf 109E-1/B) identique ; Bf 109E-2 avec 2 armes de 20 mm et 2 de 7,92 mm ; Bf 109E-3 avec 1 canon de 20 mm tirant dans l'axe de l'hélice et 4 mitrailleuses de 7,92 mm ; Bf 109E-4 (ainsi que Bf 109-4B et Bf 109E-4/Trop.) semblables au E-3 mais sans le canon tirant dans l'axe de l'hélice ; Bf 109E-4N avec moteur DB 601N
**Bf 109E-5 et E-6 :** chasseurs de reconnaissance armés de 2 mitrailleuses de 7,92 mm ; Bf 109E-7, identique au E-4/N mais avec possibilité de monter un réservoir supplémentaire sous le fuselage (variante d'attaque au sol, Bf 109E-7/U2) ; Bf 109E-7/Z avec dispositif de surpuissance GM-1 ; Bf 109E-8 avec moteur DB 601E ; Bf 109E-9, version de reconnaissance
**Bf 109F :** Bf 109F-0, cellules de Bf 109E avec moteurs DB 601N ; Bf 109F-1 armés de 1 canon de 20 mm et de 2 mitrailleuses de 7,92 mm ; Bf 109F-2 avec 1 canon de 15 mm et 2 mitrailleuses de 7,92 mm ; Bf 109F-2/Z avec dispositif de surpuissance GM-1 ; Bf 109F-3 avec moteur DB 601E ; Bf 109F-4 (et F-4/B) avec 1 canon de 20 mm, 2 mitrailleuses de 7,92 mm et moteur DB 601E ; Bf 109F-5 et F-6, chasseurs de reconnaissance, avec 2 mitrailleuses de 7,92 mm ; un exemplaire expérimental reçut le moteur en étoile BMW 801, un autre un Jumo 213, un troisième un empennage papillon, un dernier enfin des cloisons d'extrados
**Bf 109G :** Bf 109G-0 à moteur DB 601E ; Bf 109G-1 à moteur DB 605A-1 et dispositif GM-1 ; Bf 109G-1/Trop. avec 1 canon de 20 mm et 2 mitrailleuses de 15 mm (et bosses de capot) ; Bf 109G-2, identique au G-1 mais non pressurisé (variante emportant des bombes, Bf 109G-2/R1) ; Bf 109G-3 avec équipement radio FuG 16Z ; Bf 109G-4, identique au G-3 mais non pressurisé ; Bf 109G-5 avec gouverne de direction rallongée et moteur DB 605D à dispositif de surpuissance MW-50 ; Bf 109G-6 avec variantes du DB 605 (voir texte), 2 canons de 13 mm, 1 de 30 mm et 2 de 20 mm sous les ailes (variantes R et U, voir texte) ; Bf 109G-8, version de reconnaissance ; Bf 109G-10 avec DB 605G et MW-50 ; Bf 109G-12, biplace d'entraînement ; Bf 109G-14 avec 1 canon de 20 mm et 2 de 15 mm, possibilité de monter des canons ou des fusées sous les ailes ; Bf 109G-16, chasseur d'attaque au sol
**Bf 109H :** chasseur à haute altitude dérivé du Bf 109F ; Bf 109H-0 de présérie ; Bf 109H-1 avec DB 601E, H-2 et H-3 avec Jumo 213 ; H-5 avec DB 605L
**Bf 109J :** version proposée pour la construction sous licence en Espagne ; non réalisée
**Bf 109K :** dérivé du Bf 109G-10 ; Bf 109K-0 avec DB 605D et GM-1 ; K-2 et K-4 (pressurisé) avec DB 605 ASCM/DCM et MW-50, 1 canon de 30 mm et 2 armes de 15 mm ; Bf 109K-6 avec 3 canons de 30 mm et 2 mitrailleuses de 15 mm ; K-14 avec DB 605L et MW-50
**Bf 109L :** version proposée avec moteur Jumo 213E, mais non réalisée ; vitesse maximale escomptée, 763 km/h
**Bf 109S :** version proposée avec volets soufflés ; non réalisée
**Bf 109T :** version embarquée du Bf 109E, destinée au porte-avions *Graf Zeppelin* ; 10 Bf 109T-0 transformés par Fieseler ; 60 Bf 109T-1 avec DB 601N ; Bf 109T-2, modèle précédent, dépourvu de ses équipements d'appontage
**Bf 109TL :** dérivé du Bf 109 propulsé par deux réacteurs Jumo 109-004B ; projet abandonné dès 1943
**Bf 109 Zwilling :** 2 cellules de Bf 109F accouplées ; 1 seul pilote, 5 canons de 30 mm (Bf 109Z-1) ; Bf 109Z-2 avec 2 canons et 1 000 kg de bombes ; Bf 109Z-3 et Z-4, équivalents des précédents avec Jumo 213 ; 1 prototype construit, qui ne vola jamais ; projet dérivé, Me 609
**Me 209V-1, V-2, V-3 et V-4 :** D-INJR, D-IWAH, D-IVFP et D-IRND, prototypes à grande vitesse, conçus pour battre des records
**Me 309V-1, V-2, V-3 et V-4 :** GE-CU, GE-CV, GE-CW et GE-CX, prototypes de chasseurs rapides à haute altitude conçus pour remplacer le Bf 109F
**Me 609 :** projet dérivé du Bf 109Z Zwilling ; non réalisé

*Ce Bf 109G-6/R6 dépourvu de tout signe visible appartenait au II./JG 26 à l'automne de 1943. Dans cette désignation, le sigle R6 signifie que l'avion était équipé d'un Rüstsatz consistant en deux canons MG 151 de 20 mm installés sous la voilure. Noter les becs de bord d'attaque très visibles.*

*Prise en 1944, cette photographie montre des Bf 109 équipés de lance-roquettes et destinés à être engagés contre les bombardiers qui attaquaient l'Allemagne de jour. Ces deux G-6/R2 armés de Wfr Gr 21 de 21 cm étaient couramment désignés Pulk Zerstörer (littéralement, « briseurs de formations »).*

# Tempest : chasseur ultime

*Le Tempest, qui se présentait comme un dérivé du Typhoon enfin exempt de défauts, compta parmi les meilleurs chasseurs à basse altitude dont les Alliés purent disposer au cours des dix-huit derniers mois de la guerre. Son successeur, le Fury, fut un des derniers chasseurs pourvus de moteur à pistons, et un des plus réussis.*

SOUS la direction de Sydney Camm, qui était pour eux un véritable maître à penser, les ingénieurs du bureau d'études Hawker, à Kingston, entreprirent dès 1937, avant même l'entrée en service du Hurricane, de créer un nouveau chasseur, répondant au programme F.18/37. Le moteur, d'une puissance de l'ordre de 2 000 ch, devait être soit un Rolls-Royce Vulture, soit un Napier Sabre. Le Tornado, équipé du Vulture, fut un échec total ; quant au Typhoon, propulsé par un Sabre, il faillit être abandonné mais finit par devenir un très bon chasseur bombardier, armé notamment de roquettes.

A haute altitude, les performances du Typhoon étaient médiocres. Le fonctionnement de son moteur était peu sûr, et en piqué, même à des vitesses relativement modestes, sa voilure épaisse provoquait prématurément des phénomènes de compressibilité. En ce qui concerne la motorisation, une solution de rechange s'offrait avec l'excellent Bristol Centaurus à dix-huit cylindres, dont les essais avaient débuté le 23 octobre 1941 sur le Tornado HG641. Aujourd'hui encore, la question se pose des raisons de l'abandon d'une telle solution, alors que les résultats obtenus étaient excellents. Toujours est-il que la préférence fut donnée au Typhoon, dont la cellule ne se prêtait pas au montage du Centaurus. Selon Roy Fedden, ingénieur en chef de la société Bristol, l'origine de ce choix serait la forte inimitié que lui portait l'Air Marshall Wilfrid Freeman. Il est certain que ce dernier contraignit Camm à faire démonter un Centaurus déjà monté sur une autre cellule, mais il est plus probable que cette étonnante décision tienne en fait à des considérations d'ordre industriel. A la même époque, au mois de juillet 1941, le Ministry of Aircraft Production renonça à la fabrication d'autres prototypes, sur lesquels on avait envisagé de monter le Wright R-3350 Cyclone 18 et le Fairey Monarch.

Entre-temps, les travaux se poursuivaient dans le domaine des cellules. En mars 1940, Camm avait entrepris l'étude d'une nouvelle voilure, qui se caractérisait par une moindre épaisseur relative et un profil laminaire obtenu par un fort recul de la ligne d'épaisseur maximale. Deux dessinateurs seulement furent affectés à cette étude, mais, au printemps 1941, le Hawker P.1012 était en fabrication, équipé d'une voilure dont l'épaisseur relative passait de 14,5 % à l'emplanture à 10 % aux saumons (alors que sur le Typhoon elle était de 18 %). L'armement devait consister en quatre canons de 20 mm, installés, en raison du nouveau profil, plus en arrière que sur le Typhoon, les culasses comme les magasins à munitions se trouvant derrière le longeron arrière, loin du plan de symé-

**Ces trois Tempest Mk V Series 2 appartenaient au Squadron 501 de la Royal Air Force, qui fut engagé dès le mois d'août 1941 contre les bombes volantes lancées de nuit sur l'Angleterre. Le commandant de l'unité, à lui seul, en abattit six.**

## Versions des Hawker Tempest et Fury

**Tornado Centaurus :** 1 prototype (HG641), essayé en 1941
**Typhoon Mk II :** 1 avion (LA594), abandonné en cours de fabrication
**Tempest Mk I :** 1 avion (HM599) à moteur Sabre IV, avec radiateurs dans les ailes
**Tempest Mk II :** prototypes LA602 et 607, plus 36 exemplaires de série construits par Bristol à Weston et 100 autres par Hawker (immatriculés à partir de MW374)
**Tempest FB Mk II :** chasseur bombardier ; 14 exemplaires construits par Bristol et 300 par Hawker, dont 89 vendus à l'Inde et 24 au Pakistan après la guerre
**Tempest Mk III et IV :** prototypes LA610 et 614, respectivement avec moteur Griffon IIB et Griffon 61, le premier terminé sous forme de Fury et le second abandonné
**Tempest Mk V :** version provisoire résultant du montage de la nouvelle voilure sur un fuselage dérivé de celui du Typhoon ; prototype HM595 ; 100 exemplaires de Series 1, avec canons Mk II (à partir de JN729), et 705 de Series II, avec canons Mk V (à partir de EJ518)
**Tempest Mk VI :** variante à moteur Sabre V ; prototype HM595 modifié, et 142 exemplaires de série (à partir de NV997)
**Fury :** 4 prototypes répondant au programme F.2/43, dont NX798 et NX802 avec moteur Centaurus XII, LA610 (anciennement Tempest Mk III) avec Griffon 85, VP207 avec Sabre VII et LA610 équipé par la suite de Sabre VII, propulseur avec lequel cet appareil atteignit 781 km/h
**Fury :** 30 Mk 60 vendus à l'Irak et 93 exemplaires au Pakistan, dont 5 anciens Fury FB Mk 11 de la Royal Navy, transformés
**Fury Trainer :** version biplace d'exportation, avec cockpits séparés en tandem ; 2 exemplaires vendus à l'Irak et 5 (T Mk 61) au Pakistan
**Sea Fury :** 3 prototypes répondant au programme N.7/43, dont SR661 et 666, avec équipements navals complets, et VB857, construit par Boulton Paul
**Sea Fury Mk X :** 50 chasseurs de série (à partir de TF895)
**Sea Fury FB Mk 11 :** 615 chasseurs bombardiers de série (à partir de TF956)
**Sea Fury T Mk 20 :** version biplace d'entraînement, en tandem sous une seule verrière avec un périscope pour l'instructeur ; prototype VX818 et 60 exemplaires de série (à partir de VX280)
**Sea Fury Mk 50 :** 10 chasseurs construits pour les Pays-Bas
**Sea Fury Mk 51 :** chasseur bombardier pour les Pays-Bas ; 12 exemplaires construits par Hawker, et 210 sous licence par Fokker
**Sea Fury :** 12 FB Mk 11 neufs vendus à l'Egypte, 18 exemplaires d'occasion à la Birmanie, 15 monoplaces et 2 biplaces neufs à Cuba ; 10 anciens T Mk 20 modifiés en remorqueurs de cibles pour l'Allemagne

trie de l'avion. Il fallait donc que la corde correspondante fût assez longue, ce qui impliquait le choix d'une forme elliptique. Camm allait déclarer plus tard que l'état-major de la RAF ne pouvait être séduit que par des formes rappelant celles du Spitfire. Mais il ne faut sans doute voir là qu'une manifestation de son humour. Cette voilure, qui fut tout d'abord dessinée avec une envergure de 13,10 m, vit ses extrémités raccourcies, l'envergure tombant à 12,50 m, soit un peu moins que celle du Typhoon. Toutefois, avec la forme elliptique, la surface alaire atteignait 28,06 m², contre 25,92 m² pour le Typhoon.

Une caractéristique fondamentale de cette aile résidait dans l'adoption de radiateurs noyés dans le profil. On escomptait ainsi une diminution de la traînée, au prix d'une perte d'espace disponible pour loger du carburant. Le volume des réservoirs était d'autant plus limité que le profil était mince ; c'est pourquoi les ingénieurs décidèrent de rallonger le fuselage sur une longueur de 53 cm en avant du cockpit. Cette mesure, sans affecter beaucoup le champ de vision offert au pilote, permit d'installer un gros réservoir de fuselage mais entraîna l'augmentation de la surface de la dérive. L'étude, pratiquement achevée au mois d'octobre 1941, guida la rédaction du programme F.10/41, et, le 18 novembre, le constructeur reçut un contrat prévoyant la fabrication de deux prototypes (HM595 et HM599).

Tout d'abord connu, au sein du bureau d'études, sous la désignation de Typhoon Mk II, l'avion fut officiellement baptisé Tempest au mois de janvier 1942. Cinq nouveaux prototypes furent alors commandés. Le Typhoon Mk II LA594, équipé du moteur Centaurus, ayant été abandonné, le programme prévoyait la construction des avions suivants : HM595, Tempest Mk V avec un moteur Sabre installé comme sur le Typhoon ; HM599, Tempest Mk I avec Sabre IV et radiateurs montés dans l'aile ; LA602 et 607, Tempest Mk II à moteur Centaurus ; LA610 et 614, Tempest Mk III et IV respectivement dotés de Griffon IIB et de Griffon 61. Ces deux derniers appareils allaient en fait être réalisés au titre du programme F.2/43. Le HM599 aurait dû être fabriqué le premier, mais, en raison des délais nécessaires à la mise au point de la nouvelle installation des radiateurs, Sidney Camm décida de hâter la construction du HM595 par la combinaison de la nouvelle voilure avec un fuselage qui était encore pratiquement celui du Typhoon. L'avion, qui vola le 2 septembre 1942, conserva notamment le cockpit à portière latérale.

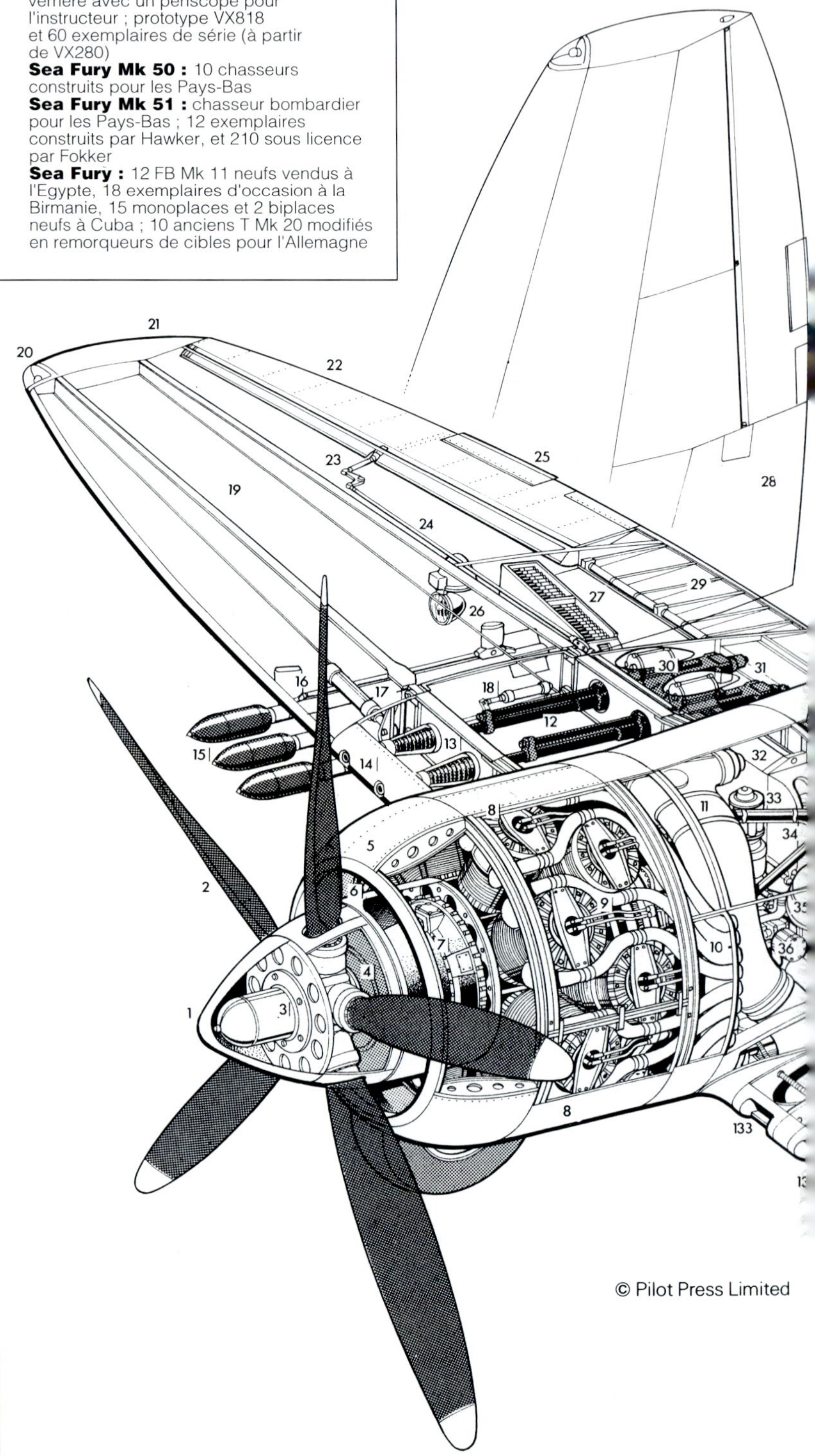

© Pilot Press Limited

*Cette livrée particulièrement voyante est celle des Sea Fury TT Mk 20 qui servirent comme remorqueurs de cibles en Allemagne fédérale. L'exemplaire représenté ici se trouve maintenant aux Etats-Unis.*

# Ecorché du Hawker Sea Fury FB Mk 11

1 Casserole d'hélice
2 Hélice Rotol à 5 pales, de 3,89 m de diamètre
3 Mécanisme de variation du pas de l'hélice
4 Plaque d'obturation de la casserole
5 Capot annulaire
6 Prise d'air de refroidissement
7 Carter du réducteur d'hélice
8 Capots démontables
9 Moteur Centaurus Mk 18 à 18 cylindres en double étoile
10 Pipes d'échappement
11 Gaine d'arrivée d'air au carburateur
12 Canon de 20 mm British Hispano Mk 5
13 Ressorts de recul
14 Bouches des canons
15 Roquettes air-sol
16 Lance-roquettes
17 Vérin de repliage de l'aile
18 Verrou de repliage de l'aile
19 Elément extérieur (repliable) d'aile
20 Feu de navigation
21 Saumon d'aile
22 Aileron
23 Guignol d'aileron
24 Bielle d'aileron
25 Compensateur à ressort
26 Phare escamotable d'atterrissage
27 Magasin à munitions (290 obus par aile)
28 Aile en position repliée
29 Elément extérieur de volet d'intrados
30 Carénages aérodynamiques des tambours d'alimentation en obus
31 Culasses des canons
32 Réservoir d'huile (capacité, 64 l)
33 Démarreur à cartouche
34 Bâti-moteur
35 Réservoir de liquide hydraulique
36 Réducteur d'entraînement des accessoires
37 Fente d'évacuation de l'air de refroidissement
38 Longeron avant de voilure
39 Cloison pare-feu
40 Double cadre de fuselage
41 Réservoir principal de carburant (capacité, 440 l)
42 Mise à l'air libre
43 Bouchon de réservoir
44 Longeron supérieur de fuselage
45 Pédales de palonnier
46 Réservoir secondaire de fuselage (capacité, 135 l)
47 Longeron inférieur de fuselage
48 Fixation du longeron arrière de voilure à la structure du fuselage
49 Bouteille d'oxygène
50 Manche à balai
51 Tableau de bord
52 Pare-brise blindé
53 Collimateur à réflexion Mk 4B
54 Arceau de verrière
55 Console latérale
56 Siège du pilote
57 Manette des gaz et commande du pas de l'hélice
58 Equipement radio
59 Console latérale
60 Plaque de blindage dorsal
61 Harnais de sécurité
62 Appui-tête
63 Support blindé de l'appui-tête
64 Verrière (s'ouvre vers l'arrière)
65 Rails de guidage de la verrière
66 Bielle de commande de profondeur
67 Cadre d'assemblage
68 Antenne-fouet
69 Tôles de revêtement de fuselage
70 Bielle de commande de profondeur
71 Cadre d'assemblage
72 Carénage de dérive
73 Stabilisateur
74 Gouverne de profondeur
89 Vérin hydraulique d'escamotage de la roulette de queue
90 Roulette de queue
91 Portes de la roulette de queue
92 Cadre d'assemblage
93 Logement de la roulette de queue
94 Cloison
95 Cadres et lisses de fuselage
96 Bielle de commande de direction
113 Compensateur à ressort
114 Structure de l'aileron
115 Saumon d'aile
116 Feu de navigation
117 Tube de Pitot
118 Longeron arrière
119 Structure des nervures
120 Longeron principal
121 Nervures de bord d'attaque
122 Bombe de 454 kg
123 Roquettes air-sol de 27 kg

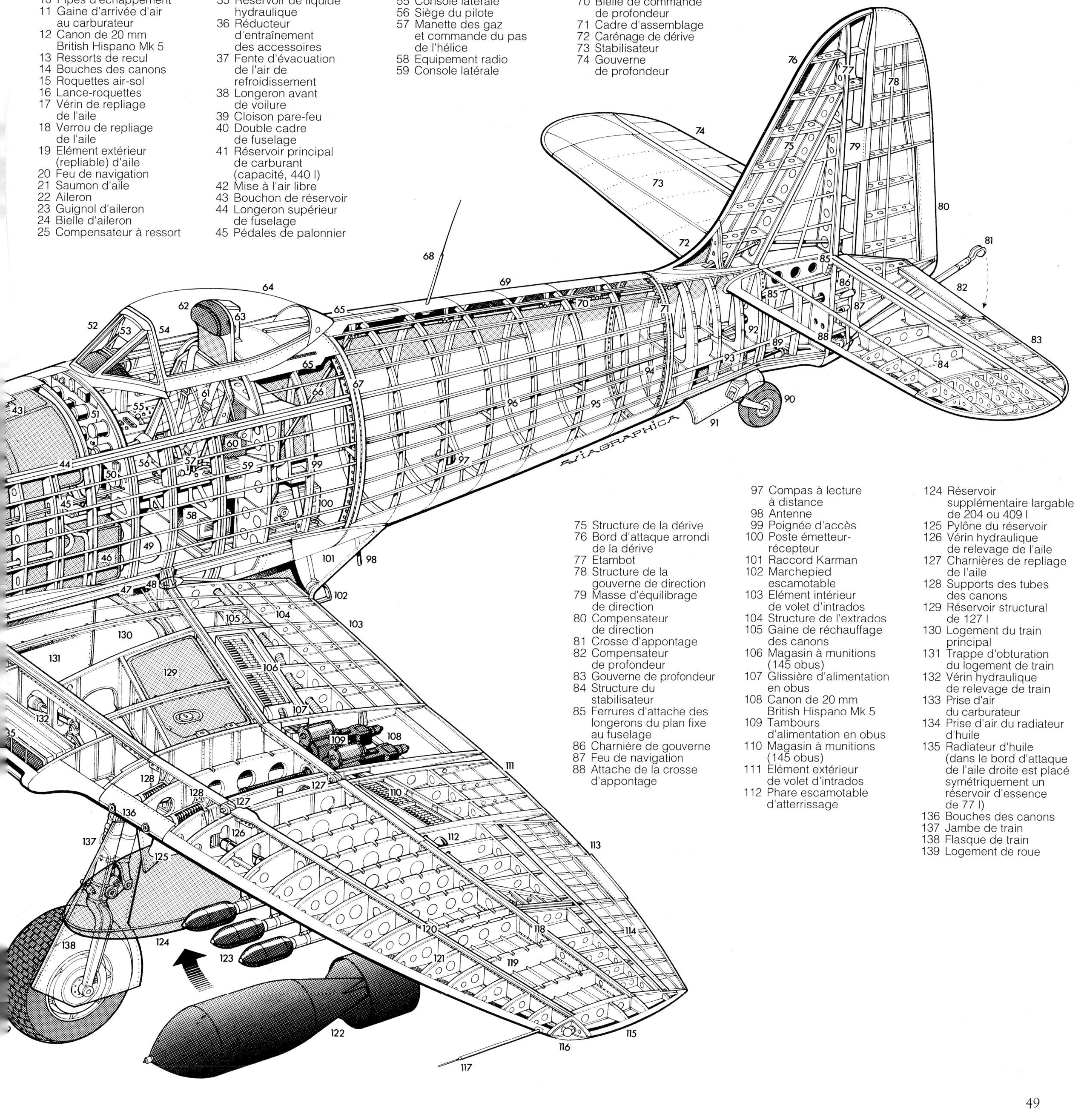

75 Structure de la dérive
76 Bord d'attaque arrondi de la dérive
77 Etambot
78 Structure de la gouverne de direction
79 Masse d'équilibrage de direction
80 Compensateur de direction
81 Crosse d'appontage
82 Compensateur de profondeur
83 Gouverne de profondeur
84 Structure du stabilisateur
85 Ferrures d'attache des longerons du plan fixe au fuselage
86 Charnière de gouverne
87 Feu de navigation
88 Attache de la crosse d'appontage
97 Compas à lecture à distance
98 Antenne
99 Poignée d'accès
100 Poste émetteur-récepteur
101 Raccord Karman
102 Marchepied escamotable
103 Elément intérieur de volet d'intrados
104 Structure de l'extrados
105 Gaine de réchauffage des canons
106 Magasin à munitions (145 obus)
107 Glissière d'alimentation en obus
108 Canon de 20 mm British Hispano Mk 5
109 Tambours d'alimentation en obus
110 Magasin à munitions (145 obus)
111 Elément extérieur de volet d'intrados
112 Phare escamotable d'atterrissage
124 Réservoir supplémentaire largable de 204 ou 409 l
125 Pylône du réservoir
126 Vérin hydraulique de relevage de l'aile
127 Charnières de repliage de l'aile
128 Supports des tubes des canons
129 Réservoir structural de 127 l
130 Logement du train principal
131 Trappe d'obturation du logement de train
132 Vérin hydraulique de relevage de train
133 Prise d'air du carburateur
134 Prise d'air du radiateur d'huile
135 Radiateur d'huile (dans le bord d'attaque de l'aile droite est placé symétriquement un réservoir d'essence de 77 l)
136 Bouches des canons
137 Jambe de train
138 Flasque de train
139 Logement de roue

***Le EJ783 appartenait au second lot de Tempest Mk V Series 2 et fut livré, à la fin de 1944, au Squadron 274. Noter les bandes d'invasion peintes sous l'arrière du fuselage. Avant la fin de l'année, l'unité devint le Squadron 174.***

Un mois plus tôt, en août 1942, Hawker avait reçu une commande concernant 400 Tempest Mk I. Les pilotes d'essai du constructeur jugèrent le HM595 bien supérieur au Typhoon, et, très vite, le cockpit à portière fit place à une verrière coulissante, en goutte d'eau. La corde du stabilisateur fut augmentée, et une arête dorsale apparut à la base de la dérive. Chacun attendait la sortie d'usine du véritable Tempest, le HM599, prototype du Model Mk I, mais, le moteur n'étant pas prêt à temps, l'appareil ne vola que le 24 février 1943. Quoique encore muni du cockpit et des empennages du Typhoon, l'avion donna de très bons résultats, atteignant même la vitesse de 750 km/h. Camm organisa en toute hâte la production de la nouvelle voilure, à Langley, Gloster ayant été chargé de poursuivre la fabrication du Typhoon ; mais la mise au point du Sabre IV continua à se faire attendre. Camm fut ainsi contraint de concevoir une version de série du Tempest V dérivée du HM595 mais pourvue d'empennages redessinés. Quant à la commande de 400 Tempest Mk I, elle fut reportée sur la nouvelle version, considérée comme transitoire. Ainsi, la RAF se trouvait face à une situation analogue à celle rencontrée avec le Spitfire : le Mk IX, résultat de l'adaptation du moteur Merlin 61 sur une cellule de Spitfire Mk V, ayant été produit en série à la place de la version prévue, le Mk VIII.

Les Tempest Mk V de série sortirent d'usine à partir du 21 juin 1943. Le radiateur étant monté sous le moteur, il devenait possible d'installer des réservoirs de carburant dans les bords d'attaque de la voilure. Toutefois, ce montage ne fut réalisé que dans l'aile gauche. Les 100 premiers avions, armés du canon Hispano Mk II, reçurent la désignation de Tempest V Series 1 ; les exemplaires suivants reçurent le canon Mk V à tube court, ne dépassant pas en avant du bord d'attaque, mais, surtout, les pilotes apprécièrent le montage de compensateurs à ressorts sur les ailerons, grâce auxquels l'avion devenait plus maniable en roulis. Au total, 800 Tempest V furent livrés ; ils entrèrent en service au sein de l'escadre de Newchurch, qui comprenait les Squadrons 3, 486 et, plus tard, 56. Cette escadre était placée sous les ordres du Wing Commander Beamont, qui avait joué un rôle important dans la mise en service du Typhoon.

## Dans l'attente d'un moteur meilleur

Pendant ce temps, divers événements retardaient la réalisation d'un Tempest à moteur Centaurus. Freeman avait mis un terme à la construction du Typhoon Mk II (LA594), mais celle des Tempest Mk II LA602 et 607 s'était poursuivie. Les résultats enregistrés avec le Tornado HG641, à moteur Centaurus, avaient été si encourageants que 500 Tempest Mk II furent commandés au mois de septembre 1942 ; ils devaient être construits par Gloster, mais cette société, qui consacrait tous ses efforts à la production des Typhoon et aux travaux sur le Meteor, parvint à mettre en place l'outillage nécessaire. Enfin, le LA602, doté d'un empennage de Typhoon mais de la nouvelle verrière en goutte d'eau, effectua son premier vol le 28 juin 1943. Un problème de vibrations imposa le montage du volumineux moteur en étoile sur six amortisseurs en caoutchouc. L'examen d'un Fw 190A-3 qui s'était posé sans dommage sur un aéroport anglais hâta la réalisation d'un montage satisfaisant, engendrant le minimum de traînée aérodynamique et permettant un refroidissement efficace du moteur muni de pipes d'échappement propulsives.

Malheureusement, la pénurie de bancs d'essai volants entraîna l'utilisation du LA602 pour la mise au point de diverses versions du Centaurus, dont certaines n'étaient pas conçues pour équiper des chasseurs. L'ensemble du programme fut transféré à Bristol, ce qui en retarda encore la réalisation. Les 30 premiers Mk II de série volèrent à Bristol, sur le terrain de l'usine de Weston-super-Mare, à partir du 4 octobre 1944 ; mais la maîtrise d'œuvre était de nouveau confiée à Hawker, qui assembla vingt jeux de pièces détachées construites à Weston avant de lancer la fabrication de 402 exemplaires, lesquels apparurent pour la plupart après la fin de la guerre.

Le Tempest Mk II offrait le double avantage, par rapport au Typhoon et au Tempest à moteur Sabre, d'un niveau de bruit très inférieur dans la cabine et de performances plus élevées. Il fut, aux côtés de divers modèles de Spitfire et d'un petit nombre de bimoteurs De Havilland Hornet, un des derniers chasseurs à moteur à pistons qui équipèrent la RAF au lendemain de la guerre. Un total de 24 exemplaires furent vendus au Pakistan, ainsi que 89 à l'Inde. La plupart étaient équipés pour emporter des bombes ou des roquettes ; à l'emplanture des ailes se trouvaient les prises d'air du carburateur à injection, et au-delà, dans le plan droit, celles du radiateur d'huile. C'est cette installation qui fut adaptée à la dernière version du Tempest à moteur Sabre, le Mk VI, équipé d'un Sabre V sous lequel était installé le radiateur de liquide de refroidissement. Hawker ne livra que 142 Tempest Mk VI, la construction de centaines d'exemplaires ayant été annulée à la fin de la guerre. Le dernier Mk VI était encore utilisé comme remorqueur de cibles à Sylt, en Allemagne, à la fin de 1953.

En 1942, Camm avait dessiné une version allégée du Tempest, qui prit la forme de trois projets : les P.1018, 1019 et 1020, respectivement dotés d'un Sabre IV, d'un Griffon 61 et d'un Centaurus IV, ainsi que

***La combinaison de la nouvelle voilure et du moteur Sabre IV, développant 2 500 ch, caractéristique du Tempest Mk I, offrait de très bonnes performances. On remarque, outre la verrière en goutte d'eau, les radiateurs logés dans le bord d'attaque de l'aile.***

***C'est la société Napier qui réalisa la seule modification importante apportée, au cours de la Seconde Guerre mondiale, au Tempest. L'avion portant le numéro de série NV768 reçut une casserole d'hélice annulaire, au centre de laquelle se trouvait la prise d'air du moteur.***

***Le NX245 fut l'un des rares Tempest Mk VI qui connurent une utilisation prolongée. Livré à la Maintenance Unit 109, à Shubra, il fut ensuite affecté au Squadron 213, basé dans la zone du canal de Suez, et sa carrière prit fin en 1951 à Nicosie.***

***Livré à la RAF en 1945, le Tempest Mk II ne prit aucune part aux combats de la Seconde Guerre mondiale, mais demeura en service plusieurs années en Allemagne et en Extrême-Orient. Quant aux avions du Squadron 54, tels que celui-ci, et à ceux du 247, ils ne quittèrent pas la Grande-Bretagne.***

d'une voilure d'envergure réduite. La structure devait être de type semi-monocoque, avec revêtement travaillant ; le cockpit surélevé donnait au pilote un champ de vision plus étendu, et l'empennage vertical était redessiné. Il s'agissait là d'appareils de conception moderne, alors que le Tempest faisait appel à des techniques datant du début des années trente. La spécification F.2/43 fut rédigée en fonction de ces projets, mais, au mois d'avril 1943, Camm réussit à convaincre l'Amirauté que ce type de chasseur répondait au programme N.7/43.

## Du Tempest au Sea Fury

Hawker fabriqua encore deux prototypes à moteur Centaurus XXII, un à Centaurus XII et deux à Griffon 85. Le premier, qui vola le 1er septembre 1944, fut le NX798, sur lequel un moteur Centaurus XII à montage rigide entraînait une hélice quadripale. Vint ensuite le LA610, ancien prototype du Tempest Mk III, propulsé par un Griffon 85 actionnant deux hélices contrarotatives. A la fin de 1944, cet appareil prit le nom de Fury, la version navale devenant le Sea Fury Mk X. Deux des prototypes de Kingston devinrent les Sea Fury SR661 et 666, le premier recevant un Centaurus XII, une hélice quadripale et une crosse d'appontage courte, le second un Centaurus XII monté sur un bâti à amortisseurs, une hélice à cinq pales, une crosse et une voilure repliable au moyen d'un dispositif hydraulique. Le second Fury, le NX802, vola le 5 juillet 1945, mais la RAF cessa de s'intéresser à cet appareil. Quant au dernier, le VB857, construit à Wolverhampton mais assemblé à Kingston, il vola au mois de janvier 1946. Le contrat de Boulton Paul fut annulé, et les travaux ne se poursuivirent que sur le Sea Fury Mk X, qui devait équiper la Fleet Air Arm.

Les Sea Fury Mk X de série sortirent d'usine à partir du 7 septembre 1946, après une mise au point rondement menée, grâce notamment à l'adoption d'une hélice à cinq pales, d'une crosse d'appontage rallongée et d'une gouverne de direction redessinée. Les Sea Fury Mk X remplacèrent dès le mois d'août 1947 les Supermarine Seafire du Squadron 807, basé à Eglinton. La production se limita à 50 exemplaires, des essais avec charges extérieures et fusées d'appoint utilisées au décollage ayant entraîné l'apparition du Sea Fury Mk XI, bientôt redésigné FB Mk 11. Avec cet appareil, qui se révéla très réussi, le chasseur à moteur à pistons était parvenu au stade ultime de son développement ; 615 exemplaires furent construits, auxquels vinrent s'ajouter des biplaces d'entraînement et des versions destinées à l'exportation.

Des Sea Fury FB Mk 11 furent utilisés en opérations lors de la guerre de Corée. Basés à bord des porte-avions HMS *Theseus*, HMS *Ocean*, HMS *Glory* et HMS *Sydney*, ils furent principalement utilisés contre les voies de communication, dotés de divers types d'armements air-sol, et pour le mouillage de mines au large de la Corée du Nord. Les Sea Fury apparurent comme des plates-formes de tir très stables. Le Lieutenant-Commander Brown, affecté au Squadron 802, enregistra des précisions de l'ordre de 12 à 15 m en mission de bombardement, et de 5 m lors d'attaques à la roquette, en piqué, sous des angles atteignant 30°. Les Sea Fury abattirent également un certain nombre d'avions adverses.

Plusieurs Sea Fury sont encore à l'heure actuelle en état de vol et participent chaque année à de nombreux meetings. Aux Etats-Unis, quelques-uns ont été transformés en avions de course ; le plus célèbre est sans doute le *Dreadnought*, qui s'est illustré à Reno en 1983. Cet appareil, immatriculé XN20SF, a subi de profondes transformations et doit sa grande vitesse à son puissant moteur R-4360.

Nombreux furent les pilotes de grande valeur qui volèrent à bord du Tempest. L'un des plus connus fut sans doute le grand as français de la Seconde Guerre mondiale Pierre Clostermann.

***Trois Tempest appartenant au Central Fighter Establishment de la Royal Air Force, basé à West Raynham en 1945. Ces avions (SN328, SN108 et EJ884) sont des Mk V Series 2. On remarque les lance-roquettes accrochés sous la voilure du premier.***

***Caractérisé par une voilure à l'envergure réduite et un cockpit surélevé, le Tempest Mk III, devenu Fury en 1944, était propulsé par un moteur Griffon 85 actionnant des hélices contrarotatives. Il comportait un radiateur semi-annulaire.***

# Le Ju 87, l'oiseau de proie de Junkers

*Aucun appareil dans l'histoire de l'aviation ne fit preuve d'une telle efficacité destructrice. Aucun, non plus, ne se montra plus vulnérable en combat aérien. Le Stuka se rendit tristement célèbre par les dévastations qu'il provoqua en Pologne, en Norvège, en France et aux Pays-Bas et par la terreur qu'il inspira aux populations civiles.*

PEU d'avions ont autant semé la terreur, aussi bien parmi les troupes aguerries que parmi les civils, que le bombardier en piqué Junkers Ju 87, plus connu sous le nom de « Stuka » (abréviation du mot allemand Sturzkampfflugzeug, qui désigne tout bombardier en piqué et non le Ju 87 en particulier). Cette machine volante coula aussi plus de bateaux qu'aucun autre type d'appareil au monde et détruisit probablement le plus grand nombre de chars. Sa spécialité était le bombardement d'objectifs précis, domaine dans lequel elle excellait. C'est ainsi que le Ju 87 acquit une grande célébrité au cours de la première année de guerre. Il perdit cependant à tout jamais sa réputation d'invincibilité lors de la bataille d'Angleterre, et par la suite son déclin ne cessa de se confirmer.

À la fin des années vingt vit le jour un appareil spécialisé dans le bombardement en piqué. L'un des premiers fut le Junker K.47, dont deux exemplaires volèrent en 1928, équipés de moteurs Jupiter, tandis que douze autres, pourvus de Pratt & Withney Hornet, étaient vendus à la Chine. Ces avions firent l'objet d'une expérimentation très poussée, et permirent de montrer que la meilleure précision dans le bombardement était obtenue en piquant à la verticale. Pour être mise en œuvre, cette technique requiert à la fois une machine très solide et un pilote aux nerfs d'acier, de même que l'emploi d'un indicateur d'angle de piqué, car celui-ci est pratiquement impossible à apprécier en vol ; aussi étrange que cela puisse paraître, il est en effet très difficile de dire si l'on pique à 60° ou à la verticale quand on fonce vers le sol. Nombreux sont les chefs militaires allemands qui jugèrent capital l'emploi du bombardier en piqué par une armée aérienne destinée à opérer en soutien des troupes au sol. Lorsque, en 1933, des plans furent établis en vue d'équiper la Luftwaffe, le choix des responsables se porta sur le Henschel Hs 123. Mais déjà Junkers travaillait à l'appareil définitif.

Le bureau d'études dirigé par Hermann Pohlmann se prononça en faveur d'une configuration semblable à celle du K.47 : un monoplace monomoteur à aile basse doté d'un train d'atterrissage fixe et d'un empennage bidérive. Le Ju 87 était cependant caractérisé par une structure entièrement métallique à revêtement travaillant, mais ne faisait plus appel aux surfaces en tôle ondulée qui constituaient, pour ainsi dire, la marque de fabrique de Junkers à l'époque. La voilure, vue de face, affectait la forme d'un W très aplati. Comme celui du K.47, le bord de fuite était occupé sur toute sa longueur par des ailerons et volets à fentes faisant l'objet d'un brevet du constructeur. Les deux membres d'équipage étaient installés dos à dos dans un habitacle pourvu d'un abondant vitrage. Le prototype, qui effectua son premier vol au printemps de 1935, était propulsé par un moteur Rolls-Royce Kestrel de 640 ch. Les techniciens montèrent les freins de piqué sous la partie externe de la voilure ; cependant, l'empennage ayant cédé au cours d'une des premières ressources, l'avion s'écrasa. Les essais furent en conséquence suspendus pour permettre aux techniciens d'enquêter sur l'accident.

## Production en grande série

Après une importante étape de mise au point, pendant laquelle l'appareil fut équipé d'un moteur allemand (un Junkers Jumo 210Ca de 640 ch entraînant une hélice tripale à pas variable), le constructeur choisit un empennage à simple dérive, et le Ju 87A-1 commença à être fabriqué en grande série dès le début de l'année 1937.

Environ deux cents exemplaires des variantes A-0, A-1 et A-2 furent produits, tous dotés de gros pantalons carénant les roues principales de l'atterrisseur, tandis que l'A-2 mettait en œuvre un moteur Jumo 210Da de 680 ch et une hélice VDM améliorée. Ils furent affectés à quatre

***Une photographie en couleurs prise par le passager arrière d'un Ju 87B-2 du StG 77 au cours d'une mission au-dessus des Balkans.***

Gruppen, dont le StG 163, qui détacha trois avions au sein de la légion Condor en Espagne, où ils firent la preuve de leurs terribles capacités. Mais, en 1939, tous les Ju 87A étaient déjà affectés à des unités d'entraînement, et les Stukageschwädern (escadres de bombardiers en piqué), qui ne cessaient de s'étoffer, prenaient en compte le Ju 87B, plus efficace encore. Extérieurement, cette version se distinguait de la précédente par ses carénages de roues d'une plus grande pureté aérodynamique, mais surtout disposait d'une puissance motrice deux fois supérieure : son moteur était en effet le nouveau Junkers Jumo 211A actionnant une hélice à larges pales et à vitesse constante. La version de série fut le B-1, dont le Jumo 211Da de 1 200 ch était équipé d'un dispositif d'injection directe grâce auquel l'équipage n'avait plus à craindre ni le givrage ni les ruptures d'alimentation, que ce soit en vol inversé ou en évolutions serrées.

Une autre caractéristique importante du B-1 était son système de contrôle automatique de piqué, qui indiquait au pilote quand il devait entamer sa ressource, grâce à un contacteur altimétrique. Après avoir effectué dix vérifications indispensables, le pilote sortait ses aérofreins situés sous les ailes, manœuvre qui avait pour effet de mettre l'avion en piqué. Il déterminait alors son angle en piqué en ajustant des lignes rouges peintes sur le vitrage de l'habitacle avec la ligne d'horizon.

La charge du Ju 87B consistait le plus souvent en une bombe SC-500 de 500 kg fixée sous le fuselage par un châssis qui pivotait pour la faire passer en dehors du champ de l'hélice. La vitesse du piqué allait jusqu'à 550 km/h, et les Allemands prirent l'habitude de monter sur l'avion des sirènes qui, appelées « trompettes de Jéricho », avaient pour effet de terroriser les troupes au sol. Pour les missions à court rayon d'action, il était possible d'emporter quatre bombes SC-50 de 50 kg sous la voilure, le pilote disposant en outre de deux mitrailleuses MG 17 de 7,92 mm placées dans les ailes et tirant en dehors du champ de l'hélice. L'opérateur radio pouvait faire usage d'une MG 15 de même calibre offrant une certaine protection vers le haut et vers l'arrière.

La chaîne de montage fut transférée de Dessau à l'usine Weser Flugzeugbau et, au milieu de l'année 1939, la cadence de production approchait de soixante exemplaires par mois. Trois Ju 87B-1 effectuèrent la première mission de la Seconde Guerre mondiale, décollant d'Elbing le 1er septembre 1939 à 4 h 26 du matin pour attaquer, à 4 h 34, les abords du pont de Dirschau, sur la Vistule. Onze minutes plus tard, à 4 h 45, l'Allemagne déclarait la guerre à la Pologne. Les Ju 87B-1 devaient jouer un rôle considérable dans la campagne qui s'ensuivit, détruisant tous les navires de surface polonais sauf deux, bombardant les troupes parfois à 100 m seulement en avant de la ligne de front.

## Revers en Angleterre

Les Ju 87B et leurs dérivés immédiats semèrent la terreur à travers l'Europe au cours des deux premières années de guerre, période pendant laquelle ils ne devaient connaître qu'un seul revers sérieux. Lors de la bataille d'Angleterre, en effet, les pertes subies par les unités de Stuka atteignirent un niveau insupportable, quarante et un appareils étant abattus entre le 13 et le 18 août 1940. A partir du 19, les Allemands durent renoncer à les employer contre les objectifs d'outre-Manche. Les Stuka s'étaient montrés capables, dans la mesure où les Allemands disposaient de la supériorité aérienne, de porter des coups très durs aux radars de défense côtière ; mais ces mêmes radars guidaient infailliblement les intercepteurs britanniques, et la vulnérabilité du Ju 87 apparut soudain au grand jour. L'avion avait été conçu pour être employé avec une bonne protection de chasseurs d'escorte, et il faisait montre d'une efficacité effrayante uniquement si cette condition était remplie.

Dès le début de la guerre, le Ju 87 pouvait être considéré comme un avion dépassé, mais les succès foudroyants qu'il remporta dans un premier temps masquèrent cette évidence. Comme ce devait être le cas pour plus d'un type d'appareil déjà ancien de la Luftwaffe, la non-existence d'un remplaçant potentiel entraîna une prolongation indéterminée de la production du Stuka, et le rythme de fabrication du Ju 87, comme ceux du Messerschmitt Bf 110 et du Heinkel 111, ne cessa de croître jusqu'en 1944. La version de base était alors le Ju 87D, conçu en 1940, qui, ayant effectué ses premiers essais en 1941, était entré en service sur le front de l'Est et en Méditerranée à la fin de la même année. Ce modèle était doté d'un moteur Jumo 211J-1 de 1 400 ch entraînant une hélice VS-11 à très larges pales. Il en résultait une nette amélioration des performances, que les Allemands mirent à profit pour augmenter la charge de bombes : celle-ci passa à 1 800 kg. Le lance-bombes central pouvait porter une PC-1400 de 1 400 kg à grand pouvoir de perforation, et les points d'attache sous les ailes recevaient des SC-500 de 500 kg ou diverses autres charges telles que des conteneurs renfermant chacun soit deux canons de 20 mm, soit six mitrailleuses MG 81 de 7,92 mm. L'armement défensif se composait de deux MG 81, armes très légères à cadence de tir élevée, alimentées par bandes et non plus par des chargeurs de soixante-quinze projectiles.

Le principal sous-type fut le Ju 87D-3, sur lequel la protection offerte à l'équipage avait été améliorée de même que celle des organes vitaux de l'avion. Ce souci de créer de meilleurs blindages résultait du fait que les Stuka avaient de plus en plus tendance à être employés comme appareils d'appui rapproché. A partir de 1942, ils furent majoritairement utilisés pour des missions autres que le bombardement en piqué : remorquage de planeurs, attaques de harcèlement contre les partisans, liaison et même transport de charges légères. Quelques Ju 87D-4 furent transformés en bombardiers torpilleurs, mais la principale des versions à voir ensuite le jour fut le D-5, sur lequel les extrémités d'ailes étaient rallongées en raison de l'accroissement de masse de l'avion.Les opérations de jour devenant de plus en plus périlleuses apparut le Ju 87D-7, version destinée au vol de nuit et dotée d'un moteur plus puissant, le Jumo 211P, dont les tubes d'échappement couraient jusque sur le dessus de l'aile. Sur cette version comme sur le Ju 87D-8 de jour, l'armement monté dans les ailes consistait en deux puissants canons MG 151 de

***Ju 87B-2 du II./StG 1 sur le front de l'Est qui ont visiblement souffert des intempéries. Cette photographie est sans doute prise à l'automne de 1941. On distingue neuf autres Ju 87 au second plan. Ces avions reviennent probablement d'une mission, car leurs lance-bombes sont vides.***

***Le Ju 87D-5, grâce à ses ailes de plus grande envergure, pouvait emporter des charges de bombes plus lourdes dans de meilleures conditions de sécurité. Ce D-5 du 8./StG 2 a été photographié en 1943, alors qu'il s'apprêtait à atterrir, au retour d'une mission dans la région de Koursk.***

*L'utilisation du Ju 87 par la Regia Aeronautica est à l'origine de l'idée fausse selon laquelle cet avion aurait aussi été construit en Italie.*
*Ce Ju 87B-2, basé à Gars el-Arid en septembre 1941, appartenait à la 209, Squadriglia, 101 Gruppo Autonomo.*

*Représenté ici avec la livrée blanche qu'il arbora pendant l'hiver de 1941-1942, ce Ju 87B-2 porte aussi les bandes jaunes dont l'usage se généralisait alors sur le front de l'Est. Cet appareil appartenait au Stab II./StG 1 (à l'origine III./StG 51), dont l'emblème figure sur le capot moteur.*

20 mm, les freins de piqué finissant par disparaître. Le Ju 87D-8 fut le dernier modèle de série, et, à la fin de septembre 1944, 5 709 Stuka de tous les types avaient été construits.

## La version antichar

Plusieurs versions de remplacement furent envisagées, tels le Ju 87F et le Ju 187, mais les modèles ultérieurs du Stuka furent en fait produits par modification du Ju 87D, déjà en service en grand nombre. Le plus important est le Ju 87G, dont seule la variante Ju 87G-1 entra en service. Cet appareil, spécialisé dans la lutte contre les blindés, était armé de deux canons BK 3,7 (Flak 18) montés sous la voilure, de part et d'autre des jambes de train. Ces engins de 37 mm étaient des armes redoutables, pesant plus de 365 kg, et leur emploi était répandu dans la Flak. C'est en 1942 qu'ils furent montés pour la première fois sur un Ju 87D-5 transformé, les essais de ce prototype montrant qu'il constituait une arme antichar plus efficace que les Henschel Hs 129 et Junkers Ju 88P. Le BK 3,7, alimenté par des chargeurs de six obus, tirait ses munitions antichars à une vitesse initiale supérieure à 850 m/s. L'as sur Ju 87G-1, Hans Ulrich Rudel, détruisit 519 véhicules blindés soviétiques, effectuant 2 530 missions de combat et conduisant des formations de Ju 87, de jour, longtemps après que les autres Stukagruppen eurent été équipés de Focke-Wulf Fw 190.

## Le sable et la neige

Toutes les versions de l'avion pouvaient être dotées d'équipements tropicaux et de filtres destinés à protéger les moteurs contre la poussière et le sable. Sur le front de l'Est, de nombreux avions furent employés, en hiver, avec des trains à skis. Plusieurs versions expérimentales virent le jour, dont la plupart avaient pour but l'expérimentation de matériels destinés à des avions nouveaux. L'un des programmes d'essais les plus remarquables concernait un Ju 87D-3 pourvu, sur l'extrados de la voilure, de cabines pour des passagers, l'idée étant d'utiliser des Ju 87 pour déposer des agents derrière les lignes soviétiques. Le programme d'essais commença au début de 1944, à l'institut de recherche Graf Zeppelin de Ruit, et le dernier type de cabine expérimenté pouvait accueillir deux passagers assis l'un derrière l'autre, dans le sens du vol. D'importants vitrages permettaient au pilote de garder une assez bonne visibilité sur les côtés. Les deux cabines devaient être larguées par parachute, en piqué léger, mais on ignore si des tests de cette nature eurent effectivement lieu, bien qu'il soit certain que les cabines ont été expérimentées en vol avec des passagers à bord.

Le Ju 87 fut employé par toutes les forces aériennes de l'Axe, notamment celles de l'Italie, de la Hongrie, de la Slovaquie, de la Roumanie et de la Bulgarie. Les Alliés crurent un temps que l'avion était construit en Italie sous la désignation de Breda 201 Picchiatelli. Il n'en était rien, tous les Ju 87 ayant été produits par l'usine Weser de Tempelhof.

## Ecorché du Junkers Ju 87D-3

1 Casserole d'hélice
2 Mécanisme de variation du pas de l'hélice
3 Pied de pale
4 Hélice à vitesse constante Junkers VS-11
5 Amortisseurs de vibrations du bâti-moteur
6 Triangle de signalisation de type d'huile et bouchon de réservoir
7 Réservoir auxiliaire d'huile (contenance 26,8 l)
8 Moteur Junkers Jumo 211J-1 de 12 cylindres en V inversé refroidi par liquide
19 Réservoir d'huile principal (capacité, 45 l)
20 Orifice de remplissage d'huile
21 Prolongement du longeron de voilure
22 Palonnier
23 Manche à balai
24 Prise de réchauffage du moteur
25 Prise d'air additionnelle
26 Rotule supérieure de fixation du bâti-moteur
27 Cloison pare-feu
28 Réservoir d'huile (capacité, 31 l)
29 Orifice de remplissage d'huile et signalisation
30 Bouchon de réservoir de carburant
31 Réservoir extérieur droit, auto-obturant (capacité, 150 l)
32 Bombes avec tiges de détonateurs Dienartstab
33 Tube de Pitot
34 Bouteilles sphériques d'oxygène
35 Revêtement de voilure
36 Feu de navigation droit
37 Masse d'équilibrage d'aileron
38 Aileron et volet à fentes

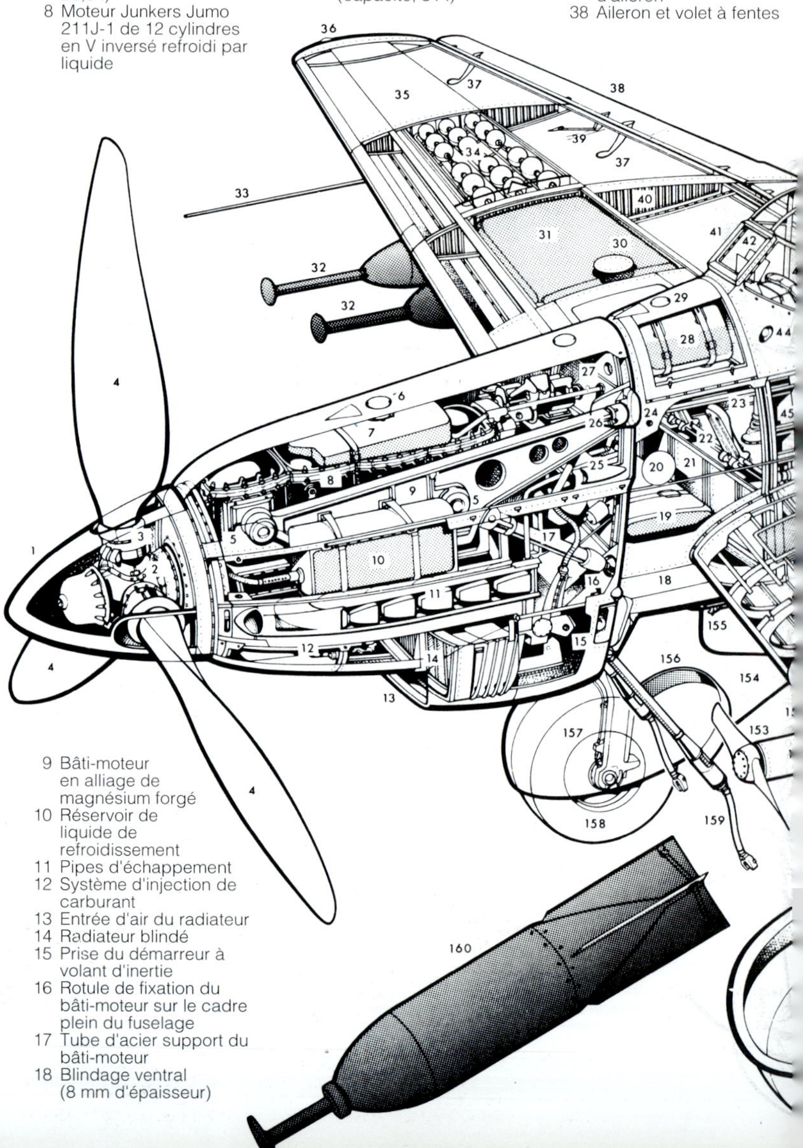

9 Bâti-moteur en alliage de magnésium forgé
10 Réservoir de liquide de refroidissement
11 Pipes d'échappement
12 Système d'injection de carburant
13 Entrée d'air du radiateur
14 Radiateur blindé
15 Prise du démarreur à volant d'inertie
16 Rotule de fixation du bâti-moteur sur le cadre plein du fuselage
17 Tube d'acier support du bâti-moteur
18 Blindage ventral (8 mm d'épaisseur)

*Ce Ju 87B-2 arbore la livrée caractéristique adoptée par la Luftwaffe sur le théâtre d'opérations méditerranéen. Ce Stuka était employé par le 1./StG 3 sur différents terrains de première ligne en Cyrénaïque en 1942.*

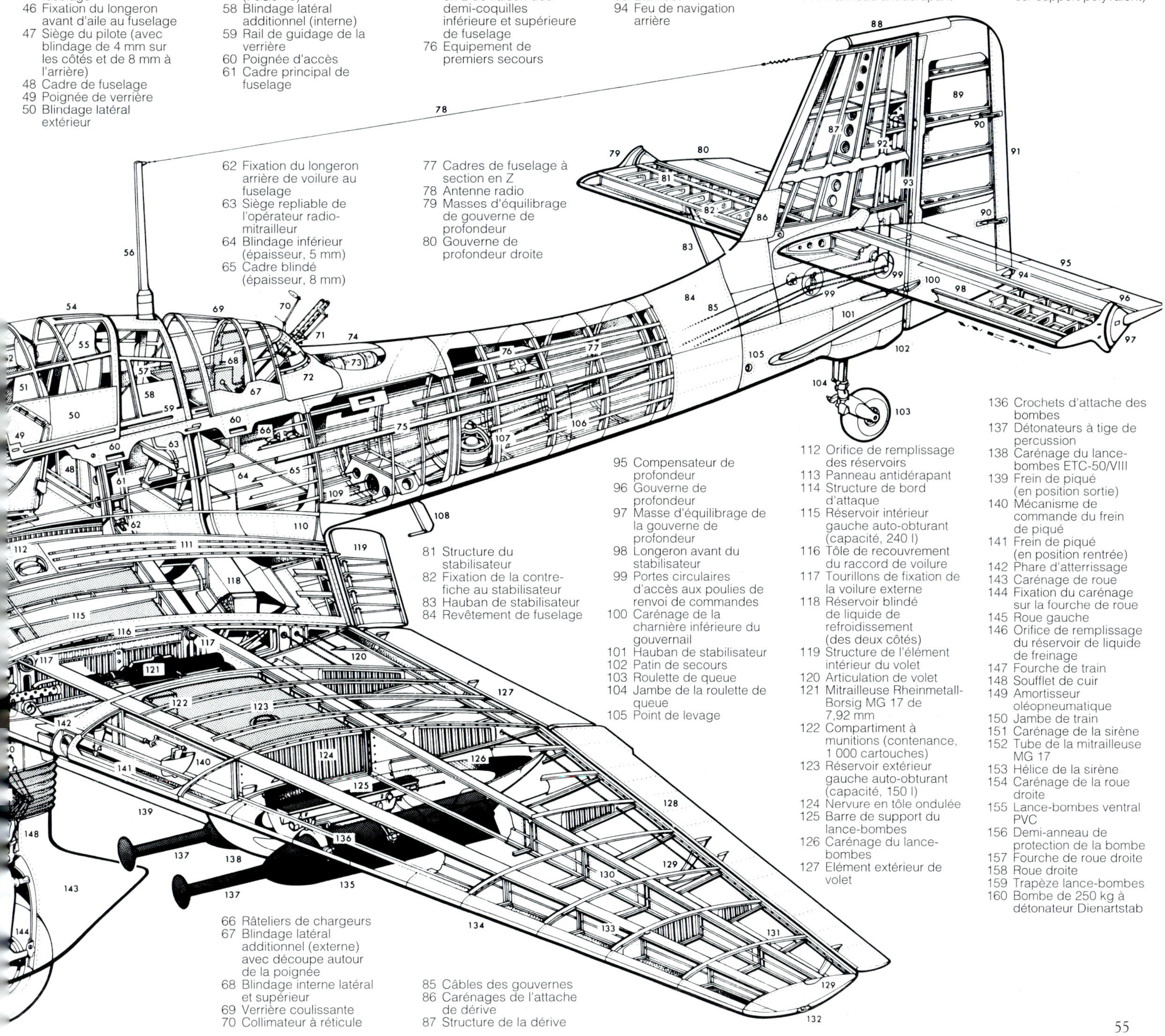

39 Guignol de commande d'aileron
40 Tôle ondulée de nervure d'aile
41 Pare-brise blindé
42 Collimateur
43 Bourrelet de protection du pilote
44 Tube à fusée de signalisation
45 Cadre principal de fuselage
46 Fixation du longeron avant d'aile au fuselage
47 Siège du pilote (avec blindage de 4 mm sur les côtés et de 8 mm à l'arrière)
48 Cadre de fuselage
49 Poignée de verrière
50 Blindage latéral extérieur
51 Blindage dorsal du pilote (épaisseur, 8 mm)
52 Appui-tête
53 Verrière coulissant vers l'arrière
54 Encoche de passage du mât d'antenne
55 Cadre de protection
56 Mât d'antenne
57 Compartiment de l'équipement radio (FuGe 16)
58 Blindage latéral additionnel (interne)
59 Rail de guidage de la verrière
60 Poignée d'accès
61 Cadre principal de fuselage
62 Fixation du longeron arrière de voilure au fuselage
63 Siège repliable de l'opérateur radio-mitrailleur
64 Blindage inférieur (épaisseur, 5 mm)
65 Cadre blindé (épaisseur, 8 mm)
66 Râteliers de chargeurs
67 Blindage latéral additionnel (externe) avec découpe autour de la poignée
68 Blindage interne latéral et supérieur
69 Verrière coulissante
70 Collimateur à réticule
71 Mitrailleuses jumelées Mauser MG 81Z de 7,9 mm sur affût GSL-K 81
72 Carénage du poste arrière
73 Equipement Peil G.IV de radiogoniométrie
74 Panneau d'accès circulaire en Plexiglas
75 Raidisseurs à section en L de liaison des demi-coquilles inférieure et supérieure de fuselage
76 Equipement de premiers secours
77 Cadres de fuselage à section en Z
78 Antenne radio
79 Masses d'équilibrage de gouverne de profondeur
80 Gouverne de profondeur droite
81 Structure du stabilisateur
82 Fixation de la contre-fiche au stabilisateur
83 Hauban de stabilisateur
84 Revêtement de fuselage
85 Câbles des gouvernes
86 Carénages de l'attache de dérive
87 Structure de la dérive
88 Masse d'équilibrage du gouvernail de direction
89 Gouvernail de direction
90 Timonerie de commande du compensateur de direction
91 Compensateur de direction
92 Renvoi de commande de direction
93 Etambot
94 Feu de navigation arrière
95 Compensateur de profondeur
96 Gouverne de profondeur
97 Masse d'équilibrage de la gouverne de profondeur
98 Longeron avant du stabilisateur
99 Portes circulaires d'accès aux poulies de renvoi de commandes
100 Carénage de la charnière inférieure du gouvernail
101 Hauban de stabilisateur
102 Patin de secours
103 Roulette de queue
104 Jambe de la roulette de queue
105 Point de levage
106 Lisses de fuselage
107 Compas principal
108 Marchepied (des deux côtés du fuselage)
109 Support de marchepied (avec canaux de passage des timoneries de commande)
110 Karman de raccordement aile-fuselage
111 Panneau antidérapant
112 Orifice de remplissage des réservoirs
113 Panneau antidérapant
114 Structure de bord d'attaque
115 Réservoir intérieur gauche auto-obturant (capacité, 240 l)
116 Tôle de recouvrement du raccord de voilure
117 Tourillons de fixation de la voilure externe
118 Réservoir blindé de liquide de refroidissement (des deux côtés)
119 Structure de l'élément intérieur du volet
120 Articulation de volet
121 Mitrailleuse Rheinmetall-Borsig MG 17 de 7,92 mm
122 Compartiment à munitions (contenance, 1 000 cartouches)
123 Réservoir extérieur gauche auto-obturant (capacité, 150 l)
124 Nervure en tôle ondulée
125 Barre de support du lance-bombes
126 Carénage du lance-bombes
127 Elément extérieur de volet
128 Aileron gauche
129 Masse d'équilibrage d'aileron
130 Longeron arrière
131 Nervure d'aile
132 Feu de navigation gauche
133 Longeron avant
134 Bord d'attaque de l'aile
135 Charge de bombes (2 projectiles de 50 kg sur support polyvalent)
136 Crochets d'attache des bombes
137 Détonateurs à tige de percussion
138 Carénage du lance-bombes ETC-50/VIII
139 Frein de piqué (en position sortie)
140 Mécanisme de commande du frein de piqué
141 Frein de piqué (en position rentrée)
142 Phare d'atterrissage
143 Carénage de roue
144 Fixation du carénage sur la fourche de roue
145 Roue gauche
146 Orifice de remplissage du réservoir de liquide de freinage
147 Fourche de train
148 Soufflet de cuir
149 Amortisseur oléopneumatique
150 Jambe de train
151 Carénage de la sirène
152 Tube de la mitrailleuse MG 17
153 Hélice de la sirène
154 Carénage de la roue droite
155 Lance-bombes ventral PVC
156 Demi-anneau de protection de la bombe
157 Fourche de roue droite
158 Roue droite
159 Trapèze lance-bombes
160 Bombe de 250 kg à détonateur Dienartstab

*Aucun dessin ne peut mieux illustrer la forme en W des ailes du Stuka que cette photo prise par un pilote accompagnateur à travers son pare-brise. Ce Ju 87B de 1940, qui porte encore les quatre lettres du code d'usine, effectue des essais en vol à partir de Tempelhof.*

Sans doute le premier Ju 87B à avoir largué des bombes en opérations, ce B-1 servit en Espagne dans le Staffel Jolanthe, une unité très active de la légion Condor, issu du Kette Jolanthe, auquel on affecta du personnel du StG 163 en 1937.

Ce Ju 87B-2 fut détruit près de Selsey, dans le Sussex, le jour le plus dur (16 août 1940) de la bataille d'Angleterre, après le bombardement de Tangmere. Il appartenait au 3./StG « Immelmann » et portait l'emblème du groupe : le blason de la cité de Breslau.

Le Ju 87R était une version à long rayon d'action équipée de deux réservoirs extérieurs de 300 l de carburant, placés sous les ailes sur le côté externe des freins de piqué, et de réservoirs de 150 l dans chaque partie externe de la voilure. Ces exemplaires furent utilisés lors de la campagne des Balkans au sein du 7./StG 77 au début de l'année 1941.

Un autre important utilisateur du Stuka fut la Magyar Kiralyi Legiero (force aérienne hongroise). Ce Ju 87D-3 est représenté tel qu'il était en 1943, quand il servait au sein de la 102/1 Zuhanobombazo Szazad (escadrille de bombardement en piqué). La plupart des Stuka de la 102/1 ZS appartenaient à la version D-5 à envergure rallongée.

Une des aviations mineures de l'Axe, une des plus modestes, la force aérienne bulgare, utilisait un insigne de nationalité représentant une croix noire sur fond blanc rappelant celle de l'Espagne nationaliste. Ce Ju 87D-5 opérait sur le front de l'Est vers le milieu de l'année 1944.

Encore plus lourd et vulnérable que les autres versions, le Ju 87G-1 antichar se montra néanmoins efficace entre les mains des pilotes chevronnés. Ici, un appareil appartenant au Versuchskommando für Panzerbekampfung (avril 1943).

# Boeing B-17 : la Forteresse volante

*Le B-17, la Forteresse volante, affronta le froid, la Flak, le feu et la peur, ses équipages faisant preuve d'un courage et d'une détermination rarement égalés. Au début, les armadas de Forteresses peintes en kaki rentraient à leurs bases fumantes et percées de toutes parts. Mais, à la fin de 1944, resplendissant de leurs surfaces non peintes, elles avaient mis l'Allemagne à genoux.*

PÉNÉTRANT profondément au-dessus du territoire allemand et survolant toute l'Europe de 1942 à 1945, les énormes formations de la 8th Air Force américaine, principalement équipées de Boeing B-17, effectuèrent des bombardements de précision sur les usines ennemies et sur toutes sortes d'objectifs, mais payèrent un lourd tribut à la chasse et à la DCA allemandes dans une des batailles aériennes les plus sanglantes de l'histoire. En 1934, pourtant, il n'était guère possible de prévoir de tels affrontements, les bombardiers américains se révélant bien incapables d'aller plus loin que le Canada ou le Mexique. Pendant la grande dépression économique, les crédits étaient strictement limités, et le nouveau bombardier Martin semblait pouvoir répondre seul aux besoins de l'Amérique dans ce domaine.

Mais, lorsque l'US Army Air Corps fit connaître son désir d'acquérir un nouveau bombardier multimoteur, quelques ingénieurs de la Boeing Airplane Company se montrèrent fort avisés en interprétant le terme « multimoteur » non pas en tant que bimoteur (comme on le comprenait le plus souvent à l'époque), mais en tant que quadrimoteur. De leur propre aveu, il semble bien que leur choix ait été dicté par le souci d'aboutir à un avion capable de survoler son objectif à la plus grande altitude possible. Quoi qu'il en soit, cette option fit du Boeing 299 un appareil beaucoup plus volumineux que ses concurrents.

Le travail du bureau d'études débuta le 18 juin 1934, et le prototype donna entière satisfaction lors de son premier vol, le 28 juillet 1935, avec le pilote d'essai Tower aux commandes. L'appareil avait avant tout été conçu pour bombarder le seul ennemi que les Américains pouvaient alors imaginer : une flotte d'invasion attaquant les Etats-Unis. C'est la nature même de cette mission première qui amena son constructeur à baptiser l'avion « Forteresse volante ».

## L'essor et la chute

Le 20 août 1935, le prototype, qui ne portait d'autres marques que les bandes de l'US Army Air Corps et l'immatriculation X13372 sur la dérive, gagna sans escale le terrain de Wright Field, réalisant une moyenne supérieure à la vitesse de pointe de ses concurrents bimoteurs. Mais, au cours de sa première sortie officielle devant les représentants de l'USAAC, le 30 octobre 1935, l'avion prit une assiette beaucoup trop cabrée dès le décollage, décrocha et s'écrasa au sol en explosant. La cause de la catastrophe fut rapidement découverte : on avait tout simplement oublié, avant le décollage, d'ôter le dispositif de verrouillage qui, au sol, empêchait le débattement des gouvernes de profondeur. Dans l'immédiat, les essais officiels se terminèrent par le choix du bimoteur Douglas B-18 ; mais l'immense potentiel de développement offert par l'appareil de Boeing n'était pas passé inaperçu, et 13 exemplaires de présérie, désignés Y1B-17, furent commandés le 17 janvier 1936.

Ceux-ci présentaient un certain nombre de différences par rapport au prototype, notamment au niveau du train d'atterrissage, de l'armement et des moteurs, qui étaient non plus des Pratt & Whitney Hornet de 750 ch mais des Wright Cyclone de 930 ch. En 1937, ces machines furent affectées au 2nd Bombardment Group de Langley Field, où elles devaient accumuler près de 10 000 heures de vol sans connaître d'incident grave. Elles permirent ainsi de résoudre les problèmes posés par la mise en œuvre de bombardiers à long rayon d'action, notamment à haute altitude. Le 14e avion de présérie réalisé était le Y1B-17A, dont les moteurs étaient dotés de turbocompresseurs General Electric portant sa vitesse de 410 à 500 km/h et son plafond à 9 000 m.

Au terme de leur programme d'expérimentation, les Y1B-17 prirent l'appellation de B-17, et leur succès fit que l'USAAC non seulement manifesta le désir de voir l'appareil construit en grande série – au grand dam de l'US Navy –, mais encore décida sans plus attendre, avec les responsables de Boeing, de la réalisation du bombardier de la génération suivante, le B-29. Le ressentiment qu'en conçurent les responsables de la Navy fut tel que le montant de la commande de série dut être réduit, 39 exemplaires seulement du premier modèle, le B-17B, étant construits. Ces avions présentaient un certain nombre de modifications mineures par rapport aux précédents, principalement au niveau de l'avant du fuselage et de la dérive, dont la surface était agrandie. C'étaient alors les seuls appareils en service dans le monde à être équipés de turbocompresseurs.

## Davantage de puissance, davantage de vitesse

Tant chez Boeing qu'à Wright Field, on s'attacha à perfectionner le B-17 : ainsi, en 1939, 39 exemplaires du modèle B-17C furent commandés. Ces avions étaient beaucoup plus lourds que les précédents, leur masse en charge atteignant 22,5 t (soit une augmentation de 3 t) en raison du renforcement des blindages et de l'adoption de réservoirs auto-obturants, d'équipements plus complets et d'un armement défensif accru (avec des mitrailleuses jumelées de 12,7 mm dans la tourelle supérieure et dans la baignoire ventrale, et de 7,62 mm à l'avant ainsi que dans les postes de

***Avec ses moteurs Hornet S1EG, le Boeing 299 ne connut qu'une brève carrière. Sur la dérive, on distingue l'emblème du constructeur de même que l'immatriculation X13372. La bande verticale apposée sur le gouvernail est bleue, les autres étant alternativement rouges et blanches.***

*C'est sur le B-17C qu'apparut la baignoire ventrale qu'on devait retrouver sur la version D. Les postes de tir latéraux en goutte d'eau du B-17C seront remplacés par de simples sabords sur le B-17D.*

*Baptisé « Yankee Doodle », le 41-9023 fut l'un des bombardiers les plus célèbres du conflit. Affecté au 414th Bomb Squadron, ce B-17E transporta le général Ira Eaker lors de la première attaque menée sur l'Europe par des B-17, le 17 août 1942.*

tir latéraux). Malgré une masse accrue, cette version se révéla plus rapide que les précédentes, grâce au montage de moteurs de 1 200 ch (la vitesse maximale était de 515 km/h). C'est au tout début de 1940 que débutèrent des négociations anglo-américaines (qui devaient durer quinze mois) concernant la fourniture de B-17 à la RAF. Vingt appareils furent effectivement livrés au printemps de 1941, les Britanniques s'étant engagés à fournir en contrepartie les informations les plus complètes sur les résultats de l'utilisation opérationnelle des Forteresses volantes (ces avions volèrent dans la RAF sous la dénomination de Fortress I). Mal utilisés, ils obtinrent des résultats désastreux, et leur nombre se trouva bientôt réduit à 9 unités, qui furent affectées au Moyen-Orient, dans le Coastal Command.

D'autres transformations importantes suivirent, qui concernèrent le système électrique, les volets de refroidissement des capots moteurs, et aboutirent au modèle B-17D, commandé à 42 exemplaires en 1940. Ce type était le plus récent en service lorsque survint l'attaque contre Pearl Harbor, le 7 décembre 1941. Ce même jour à Hickham Field et le lendemain à Clark Field, aux Philippines, les Japonais détruisirent au sol 30 B-17. Mais déjà Boeing avait réalisé une version de l'avion assez différente des précédentes par son aspect extérieur, et dont la conception tenait compte de l'expérience acquise en deux ans de guerre en Europe. Ce modèle, désigné Boeing 299O par son constructeur, entra en service dans l'US Army Air Force (qui succéda à l'USAAC en juin 1941) dès le mois de décembre 1941, sous l'appellation de B-17E. Il était caractérisé par un empennage vertical très agrandi et précédé d'une longue arête dorsale, ainsi que par un stabilisateur à l'envergure accrue, dont la forme en plan rappelait celle de la voilure. Ces nouveaux empennages amélioraient sensiblement la maniabilité et la stabilité de l'avion à haute altitude.

L'armement, entièrement repensé, comprenait des mitrailleuses jumelées de 12,7 mm installées dans une tourelle mobile derrière le poste de pilotage, dans une autre située sous l'avion à mi-longueur du fuselage, et dans une troisième commandée manuellement à l'arrière.

*Jusqu'en janvier 1944, les avions de l'USAAF revêtirent divers types de peinture de camouflage, d'ailleurs très proches les uns des autres. Sur ce cliché en date de 1942 figurent deux B-17F du 91st Bomb Group arborant des taches de vert moyen sur fond kaki généralement uni.*

*Ce célèbre B-17G, baptisé « A Bit O'Lace », appartenait au 711th BS 447th BG, basé à Rattlesden. Le dessin figurant sur le fuselage avant était dû à l'auteur de bandes dessinées Milton Caniff.*

*Le KJ109 était un B-17G-55 livré à la RAF sur lequel les tourelles inférieures avaient été remplacées par une installation électronique très complète. Il fut utilisé à partir d'Oulton par le Squadron 214 et joua, en même temps que le Group 100, un rôle de pionnier dans la guerre électronique.*

Une autre paire de mitrailleuses pouvait être mise en batterie par l'opérateur radio, et deux armes individuelles de même calibre, montées dans des sabords latéraux aux deux tiers de la longueur du fuselage, portaient à dix le nombre de mitrailleuses lourdes, auxquelles s'ajoutaient deux autres armes de 7,62 mm installées à l'avant. Des améliorations apportées au blindage et à l'équipement firent passer la masse totale à 24,5 t, ce qui eut pour effet de ramener la vitesse de croisière à 338 km/h. Le B-17E fut la première version produite en grande série (512 exemplaires construits, dont 45 servirent dans la RAF sous l'appellation de Fortress IIA).

## Production en très grande série

Le 30 mai 1942 prit l'air pour la première fois le B-17F, dont la masse totale s'élevait à 29,5 t et dont la charge de bombes, qui avoisinait 9 450 kg en missions à courte distance, devait rarement dépasser 2 300 kg en conditions normales d'utilisation. Par rapport à la version précédente, la seule différence extérieure notable se situait au niveau du vitrage avant, plus pointu et réalisé d'une seule pièce en Plexiglas. Ce modèle fut construit en série non seulement par Boeing, mais encore par une vaste organisation regroupant l'usine Douglas de Long Beach et celle de Vega, une filiale de Lockheed, à Burbank. Boeing, Douglas et Vega assemblèrent respectivement 2 300, 605 et 500 exemplaires de cette version.

C'est avec les B-17E et B-17F que la 8th Air Force commença à se constituer en Grande-Bretagne, la première mission de combat étant effectuée le 17 août 1942, lorsque 12 B-17E du 97th Bomb Group attaquèrent une gare de triage non loin de Rouen. Ce n'était que la première et timide manifestation de ce qui allait devenir la plus formidable

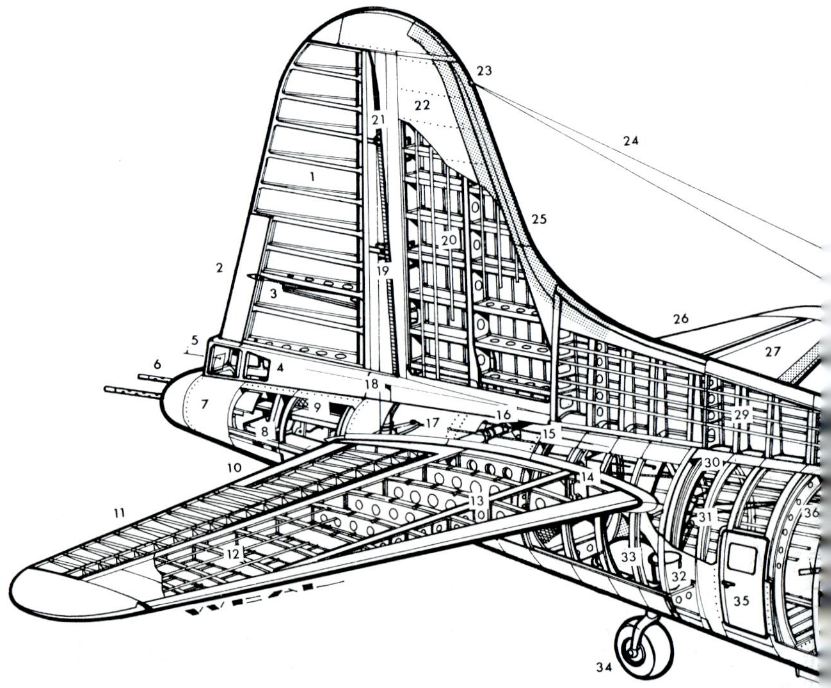

## Ecorché du Boeing B-17F Flying Fortress

1 Structure de la gouverne de direction
2 Compensateur de direction
3 Commande de compensateur de direction
4 Poste du mitrailleur de queue
5 Collimateur
6 Mitrailleuses jumelées de 12,7 mm
7 Pointe arrière du fuselage
8 Siège du mitrailleur arrière
9 Compartiment des munitions
10 Compensateur de profondeur
11 Gouverne de profondeur droite
12 Structure du stabilisateur
13 Longeron avant du stabilisateur
14 Fixation du stabilisateur au fuselage
15 Câbles de commandes
16 Arbre de la commande de profondeur

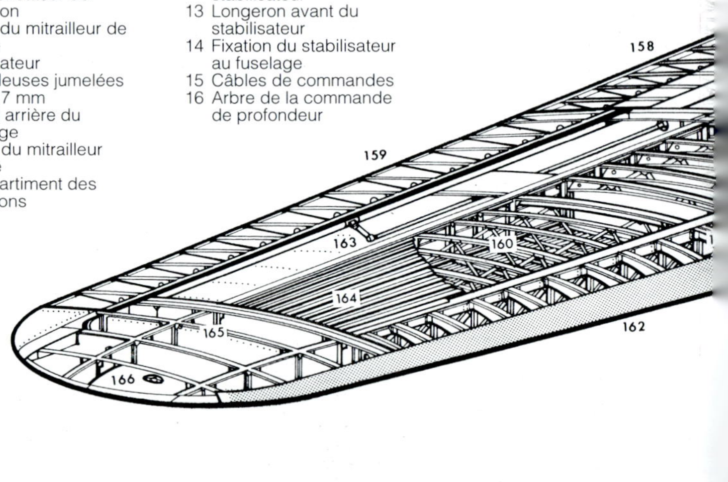

*Insuffisant sur les versions précédentes, l'armement vers l'avant devint tout à fait impressionnant sur le B-17G : ainsi, la tourelle dorsale et la tourelle dite « de menton » étaient équipées d'affûts doubles de 12,7 mm, tandis qu'une mitrailleuse de même calibre se trouvait de chaque côté de l'avant du fuselage.*

***Nombreux sont les B-17 et B-24 qui, plus ou moins endommagés, tombèrent en Suisse ou en Suède. Ce B-17F fit un atterrissage forcé en Suède en février 1944 puis vola à nouveau, transformé en avion de transport pour 14 passagers, pour le compte de la société AB Aerotransport.***

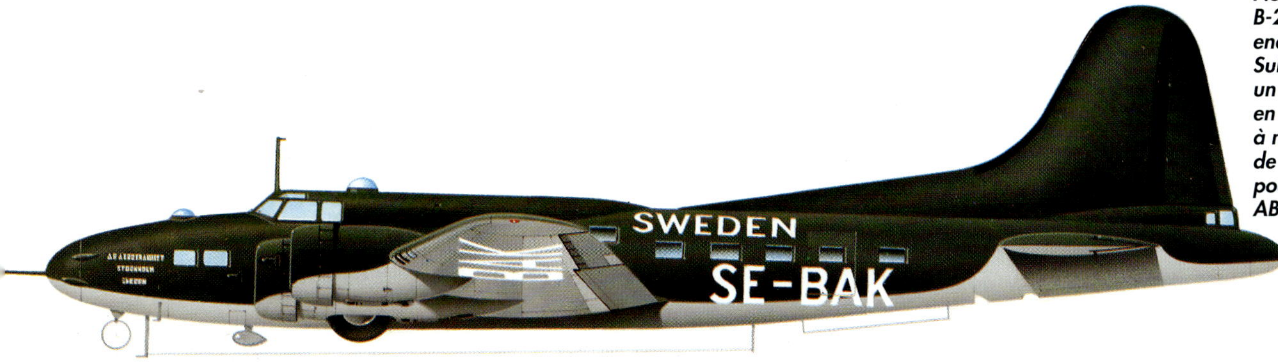


17 Guignol de commande de direction
18 Etambot
19 Charnière centrale du gouvernail
20 Structure de la dérive
21 Charnière supérieure du gouvernail
22 Revêtement de la dérive
23 Point d'attache du fil d'antenne
24 Antennes
25 Dégivreur de bord d'attaque de dérive
26 Gouverne de profondeur gauche
27 Stabilisateur gauche
28 Dégivreur de bord d'attaque de stabilisateur
29 Structure de l'arête dorsale
30 Cadre de fuselage
31 Commande de la roulette de queue
32 Toilettes
33 Carénage de la roulette de queue en position haute
41 Antenne
42 Poste du mitrailleur latéral gauche
43 Mitrailleuse de sabord gauche de 12,7 mm
44 Câbles de commande passant dans le plafond
45 Mât d'antenne
46 Cadre de support de la tourelle ventrale
47 Axe de rotation de la tourelle ventrale
48 Mécanisme de rotation de la tourelle ventrale
49 Cadre de support
50 Plafond de la tourelle
51 Mitrailleuses jumelées de 12,7 mm
52 Tourelle sphérique
53 Raccord Karman d'emplanture d'aile
54 Cadre plein
55 Compartiment de l'opérateur radio
56 Trappe d'accès aux appareils photo
57 Hublots du compartiment radio
58 Casiers à munitions
59 Mitrailleuse de 7,62 mm
60 Vitrage supérieur du compartiment radio
61 Cadre de séparation du poste du radio de la soute à bombes
62 Extincteur
70 Râtelier de bombes en position horizontale
71 Canot pneumatique de secours
72 Mitrailleuses jumelées de 12,7 mm
73 Tourelle dorsale
74 Volet d'intrados gauche
75 Ouïes de sortie d'air de refroidissement
76 Compensateur d'aileron
77 Aileron gauche
78 Feu de navigation
79 Revêtement de l'aile
80 Dégivreur de bord d'attaque
81 Feu d'atterrissage
82 Revêtement intérieur en tôle ondulée
83 Réservoir extérieur gauche (9 nourrices situées entre les nervures)
84 Nacelle du moteur n° 1
85 Volets de refroidissement
86 Hélice tripale
87 Nacelle du moteur n° 2
88 Dégivreur de bord d'attaque
89 Réservoir central d'aile
90 Vitrage supérieur du poste de pilotage
91 Cadre de séparation du poste de pilotage et de la soute à bombes
92 Bouteilles d'oxygène
93 Siège du copilote
94 Volant du copilote
95 Appui-tête blindé
96 Compas
97 Siège du pilote
98 Pare-brise
99 Console centrale
100 Vitrages latéraux
101 Instruments de navigation
102 Vitrage supérieur du compartiment du navigateur (remplacé par un astrodôme)
103 Tablette du navigateur
104 Orifice de passage de la mitrailleuse
105 Vitrage latéral
106 Casier à munitions
107 Console de l'opérateur bombardier
108 Viseur Norden
109 Vitrage monobloc en Plexiglas
110 Mitrailleuse de 12,7 mm
111 Glace optique pour visée de bombardement
112 Tube de Pitot
113 Cadre radiocompas
114 Roue gauche
115 Renvoi de commandes sous le plancher de la cabine
116 Raccord Karman
117 Fixation du longeron avant de voilure au fuselage
118 Panneaux d'accès à la batterie
119 Cadre de la nacelle du moteur n° 3
120 Tuyauterie du système de prérefroidissement
121 Logement de la roue
122 Réservoir d'huile
123 Structure de la nacelle
124 Echappement
125 Roue semi-escamotée en position haute
126 Cloison pare-feu
127 Volets de refroidissement
128 Collecteur d'échappement
129 Hélice tripale
130 Contrefiche de train
131 Roue droite
132 Moyeu de roue
144 Echappement du turbocompresseur
145 Phare d'atterrissage
146 Entrée d'air du turbocompresseur
147 Entrée d'air du dispositif de prérefroidissement
148 Tuyauterie
149 Cadre arrière de la nacelle du moteur n° 4
150 Prise d'air du radiateur d'huile
151 Structure du longeron avant
152 Nervures échancrées dans le réservoir central d'aile
153 Faux longeron central
154 Longeron arrière
155 Volet d'intrados
156 Ouïes d'évacuation de l'air de refroidissement

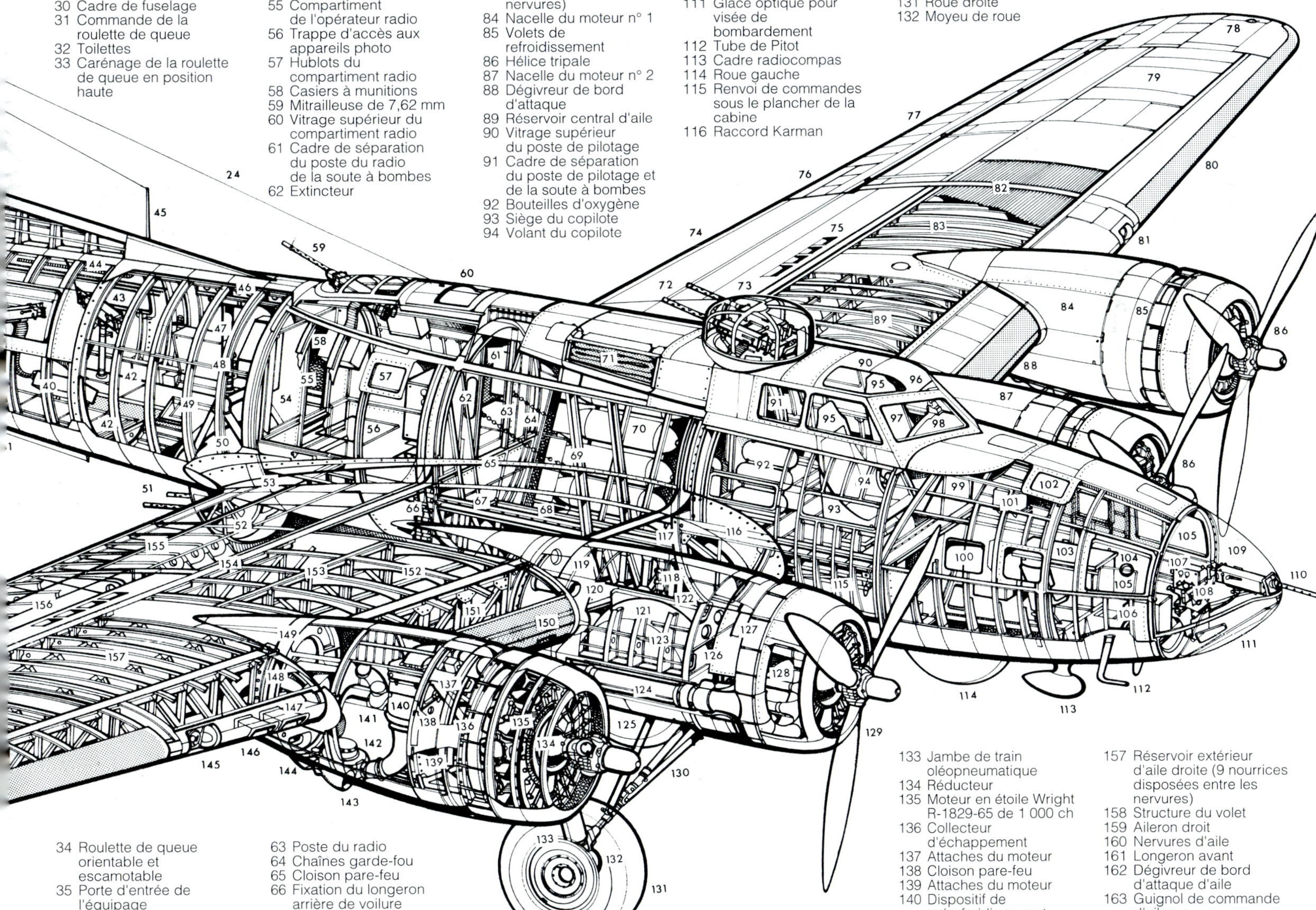

34 Roulette de queue orientable et escamotable
35 Porte d'entrée de l'équipage
36 Câbles de commande
37 Sabord droit
38 Mitrailleuse de sabord droit de 12,7 mm
39 Cadre de support de mitrailleuse
40 Casier à munitions
63 Poste du radio
64 Chaînes garde-fou
65 Cloison pare-feu
66 Fixation du longeron arrière de voilure au fuselage
67 Profil d'aile à l'emplanture
68 Passerelle centrale de la soute à bombes
69 Râtelier de bombes en position verticale
133 Jambe de train oléopneumatique
134 Réducteur
135 Moteur en étoile Wright R-1829-65 de 1 000 ch
136 Collecteur d'échappement
137 Attaches du moteur
138 Cloison pare-feu
139 Attaches du moteur
140 Dispositif de prérefroidissement
141 Réservoir d'huile (contre la cloison extérieure de la nacelle)
142 Turbocompresseur
143 Prise d'air
157 Réservoir extérieur d'aile droite (9 nourrices disposées entre les nervures)
158 Structure du volet
159 Aileron droit
160 Nervures d'aile
161 Longeron avant
162 Dégivreur de bord d'attaque d'aile
163 Guignol de commande d'aileron
164 Revêtement interne en tôle ondulée
165 Structure du saumon d'aile
166 Feu de navigation droit

force stratégique jamais mise sur pied. En trois ans, la 8th Air Force allait larguer plus de 640 000 t de bombes sur l'ennemi. Mais les équipages de B-17 – tout comme ceux de B-24 – allaient payer au prix fort les coups qu'ils portaient par leur action à l'économie de guerre du III$^{e}$ Reich. Les pertes subies dans certaines opérations furent à proprement parler catastrophiques.

C'est de loin la dernière version qui connut la production la plus importante. Le B-17G, fruit d'une expérience chèrement acquise en combat, était caractérisé par une tourelle inférieure avant dotée de deux mitrailleuses de 12,7 mm, devenue indispensable car les chasseurs allemands avaient réussi à abattre de nombreux B-17 en effectuant des attaques frontales. Avec ses sabords latéraux vitrés, sa tourelle « de menton » et ses deux mitrailleuses latérales de 12,7 mm, auxquelles pouvaient encore se joindre celles de la tourelle supérieure, le B-17G était autrement moins vulnérable. La quantité de munitions emportée était largement accrue, et, comme sur la plupart des B-17F, les hélices à pales larges conféraient à l'appareil de bonnes performances. La plupart des B-17G étaient dotés de turbocompresseurs améliorés qui portairent le plafond pratique aux alentours de 10 700 m, mais ces avions étaient tellement chargés que leur vitesse de croisière tombait à 293 km/h, les laissant plus longuement exposés aux attaques de la chasse allemande. Les optimistes diront que le temps pendant lequel on pouvait tirer sur les chasseurs ennemis était accru d'autant.

***Cette photographie prise au cours d'un raid sur Merseburg, le 2 novembre 1944, montre la fin terrible d'un B-17G du 834th Bomb Squadron touché par la Flak.***

## Versions spéciales

Boeing, Douglas et Vega produisirent 4 035, 2 395 et 2 250 B-17G, soit 8 680 au total. Si l'on compte les versions précédentes, ce sont quelque 12 731 B-17 qui furent construits, dont 12 677 furent effectivement pris en compte par l'US Army Air Force. La RAF utilisa des B-17F et des B-17G, respectivement sous les appellations de Fortress II et III, la majorité de ces avions étant affectés au Coastal Command. Certains furent modifiés et reçurent un radar à la place de la tourelle avant ou ventrale ; et, pour attaquer les sous-marins en surface, on installa à l'avant un canon Vickers S de 40 mm. Le B-17G fut en outre la principale plateforme d'équipements électroniques spéciaux au sein du Group 100 de la RAF ; les Squadrons 214 et 233 jouèrent un rôle de pionniers dans les domaines du brouillage et de l'espionnage électronique, utilisant dix-neuf types de systèmes, dont les émetteurs ultrapuissants qui reçurent les noms de code « Jostle » et « Piperack ».

Le seul dispositif électronique mis en œuvre assez fréquemment par des B-17 de l'US Army Air Force était le radar de première génération H2X, ou « Mickey Mouse », qui permettait des bombardements à travers les couches nuageuses. L'antenne se trouvait dans un radôme monté sous le nez de l'avion ou à la place de la tourelle ventrale (escamotable sur le B-24, fixe sur le B-17).

En 1942, Vega produisit diverses versions spéciales destinées à jouer le rôle d'appareils d'escorte. Ainsi, le second B-17F assemblé par cette firme fut transformé en XB-40, avec un armement modifié comportant notamment une deuxième tourelle dorsale et une soute à bombes remplie de munitions pour les mitrailleuses. Vinrent ensuite 20 YB-40 dotés d'un armement plus lourd encore, avec des affûts quadruples à l'avant et dans la queue, et au total jusqu'à trente armes de 37 et 40 mm ! Ces avions étaient si lourdement armés qu'ils n'arrivaient pas à suivre les B-17, et, après neuf sorties effectuées en 1943, ils furent retirés du service. C'est encore en 1943 que Boeing monta sur le neuvième B-17E de série des moteurs Allison de 1 425 ch refroidis par liquide ; l'appareil fut désigné XB-38 mais, malgré l'amélioration des performances, il ne donna lieu à aucune production en série.

L'autre modèle qui resta unique était le XC-108, un B-17E transformé en avion de transport pour 38 passagers. Confortablement aménagé, il fut utilisé par le général Douglas MacArthur, commandant en chef suprême dans le Pacifique, qui le baptisa *Bataan*. Le XC-108A était un autre B-17, converti en transport de marchandises et comportant une grande porte de chargement sur le côté gauche. Le YC-108 était une version de transport du B-17F, et le XC-108B était un B-17F utilisé pour le transport de carburant entre l'Inde et la Chine par-dessus l'Himalaya.

## Versions de reconnaissance

Seize B-17F reconvertis par United Airlines, à Cheyenne, en avions de reconnaissance stratégique prirent le nom de F-9 (ils étaient équipés de six à dix caméras dans le fuselage). Quarante-cinq autres B-17F furent modifiés en F-9A et F-9B, tandis que 10 B-17G devinrent des F-9C. Après la guerre, ceux de ces avions qui étaient encore en service furent rebaptisés FB-17, puis, après 1947, RB-17. Un B-17F fut utilisé par l'US Navy, qui reçut en outre à la fin du conflit 40 B-17G : ces derniers per-

***La suppression de la peinture de camouflage permit un léger accroissement de la vitesse et une diminution de la consommation de carburant. Ces B-17G appartenaient au 381st Bomb Group, basé à Ridgewell. Les codes VE et VP indiquent respectivement des appareils des 532nd et 533rd Bomb Squadrons.***

***En 1948, les Israéliens obtinrent trois B-17G qui constituèrent l'essentiel de la force de frappe de la Heyl Ha'Avir naissante. Dépourvus d'armement, ces appareils bombardèrent la ville du Caire dès leur vol de convoyage vers Israël.***

mirent de jeter les bases des techniques de détection lointaine aéroportée avec le nouveau radar APS-120, placé sous l'avant du fuselage dans un volumineux radôme. Ces avions reçurent la désignation de PB-1W.

Au cours des hostilités, le B-17 fut l'objet d'un programme de transformations aussi remarquable que peu connu encore de nos jours ; des B-17F et B-17G furent en effet dépouillés de tous les équipements qui n'étaient pas nécessaires et pourvus d'une charge de 10 t de Torpex, un explosif britannique dont l'effet de souffle était de 50 % supérieur à celui de l'Amatol. Ces appareils, désignés Aphrodite, étaient munis d'un dispositif de téléguidage et constituaient de véritables missiles de croisière avant la lettre. De nombreux essais eurent lieu sous les noms de code « Perilous » et « Castor ». Le décollage s'opérait normalement et les deux pilotes se parachutaient ensuite, le BQ-17 étant alors télécommandé par un opérateur installé dans un avion d'accompagnement, en général un autre B-17 ou un PV-1. Onze lâchers opérationnels eurent lieu contre des objectifs allemands, mais le programme, considéré comme trop dangereux, tourna court après qu'un BQ-17 se fut écrasé en Angleterre en creusant un cratère de 30 m et qu'un autre eut perdu le contact radio et se fut mis à tourner au-dessus d'une ville anglaise avant de s'éloigner vers le large.

Au cours de l'année 1944, des B-17G furent transformés en B-17H de sauvetage en mer, avec un canot largable et un radar de recherche (après la guerre, ces avions prirent la désignation de SB-17G). Parmi les versions qui virent alors le jour figurent les CB-17 et VB-17 de transport (ce dernier étant aménagé pour recevoir des personnalités de haut rang, comme l'indique la lettre V, initiale de VIP), les TB-17 d'entraînement, les cibles radioguidées QB-17 et les DB-17, qui comportaient le dispositif de guidage des précédents (ces appareils étaient encore en service après la formation de l'US Air Force, en 1947).

En outre, des B-17 volaient dans de nombreux pays, certains en tant qu'avions civils, comme ceux qui devaient être utilisés en France, pendant trente ans, par l'Institut géographique national pour la photographie aérienne. Au cours du conflit, 68 Forteresses s'étaient posées en territoire suédois, et 7 d'entre elles furent ensuite employées comme avions de transport par la compagnie AB Aerotransport. Un B-17 destiné à la lutte contre les incendies de forêts fut remotorisé avec des turbopropulseurs Rolls-Royce Dart et quelques autres servirent de bancs d'essai volants, le moteur en expérimentation étant parfois monté dans la pointe avant du fuselage.

On ne saurait résumer la carrière du B-17 sans évoquer son utilisation par les Allemands, pendant la guerre, au sein du I./KG 200. Celui-ci, équipé principalement de B-17G qui avaient été contraints de se poser en Europe occupée au cours d'un raid, les mit en œuvre dans des missions à longue distance, sous la dénomination de Dornier Do 200, de la Norvège au Moyen-Orient. Les Allemands ne cherchèrent pas particulièrement à tromper les Alliés en faisant passer ces B-17 pour des appareils américains ou britanniques, ce qu'ils auraient pu faire en recourant à de fausses marques de nationalité. Ils les utilisèrent pour une raison simple : aucun avion allemand ne possédait les qualités du B-17 !

## Versions du Boeing B-17

**Boeing 299 :** prototype, équipé de moteurs Pratt & Whitney Hornet de 750 ch ; fréquemment appelé XB-17, bien qu'il n'eût en fait aucune désignation militaire (1 exemplaire construit)
**Y1B-17 :** présérie ; 4 moteurs Wright R-1820-39 de 930 ch ; équipement opérationnel ; 5 mitrailleuses de 7,62 mm ; 2 180 kg de bombes ; rebaptisés B-17 après leurs essais (13 exemplaires construits)
**Y1B-17A :** exemplaire unique, équipé de moteurs Cyclone à turbocompresseurs
**B-17B :** Boeing 299E, rebaptisé 299M ; premier modèle de série (39 exemplaires construits)
**B-17C :** Boeing 299H ; 4 moteurs R-1820-65 ; armement et équipement améliorés (38 exemplaires construits)
**Boeing B-17C**

**B-17D :** Boeing 299H ; nombreuses améliorations (42 exemplaires construits)
**B-17E :** Boeing 299O ; modèle profondément remanié ; armement beaucoup plus lourd ; première version réalisée en grande série (512 exemplaires construits)

**Boeing B-17E**

**B-17F :** Boeing 299P ; conçu pour une masse maximale augmentée ; moteurs R-1820-97 ; pointe avant vitrée dépourvue de montants (3 405 exemplaires construits)

**Boeing B-17F**

**B-17G :** version standard à partir de 1943 ; moteurs R-1820-97 avec turbocompresseurs B-2 et, à partir de la fin de 1944, B-22 ; tourelle « de menton » ; armement défensif normal, 13 mitrailleuses de 12,7 mm ; nombreuses variantes réalisées pendant et après la guerre (8 680 exemplaires construits)

***Vu de loin, ce B-17G semble être sale ou avoir souffert des intempéries. Il n'en est rien, puisque le « 5 Grand » était en fait le 5 000e B-17 produit par Boeing. Chaque employé de l'usine de Seattle avait apposé sa signature sur le fuselage.***

# DC-3 : l'irremplaçable

*Depuis plus d'un demi-siècle, le Douglas C-47, dans ses diverses versions, est l'avion de transport le plus polyvalent du monde. Cet appareil vit le jour dès le milieu des années trente sous la forme du DC-3, qui fut avant guerre la meilleure machine de transport civil. Il fut utilisé par de nombreuses aviations militaires sur tous les continents, puis reprit du service auprès d'innombrables compagnies aériennes.*

C'EST au milieu de l'année 1935 que C.R. Smith, président de la compagnie American Airlines, animé par le souci de surclasser ses concurrents qui utilisaient des Boeing 247 et des DC-2, demanda à Donald Douglas de réaliser un dérivé de ce dernier, plus grand et plus luxueux. Sous la direction de Fred Stineman, chef des projets chez le constructeur, le bureau d'études conçut un nouvel avion qui reçut la désignation de Douglas Sleeper Transport.

A l'origine, l'appareil devait être aménagé avec 14 couchettes, mais les techniciens ne tardèrent pas à s'apercevoir qu'il était possible d'installer 21 sièges à condition d'adopter deux moteurs Wright Cyclone de 900 ch qui permettaient, par rapport au DC-2, un gain de 50 % sur la rentabilité commerciale, au prix d'un accroissement de 3 % seulement des coûts d'exploitation. Le premier vol du prototype – baptisé DST Douglas Sleeper Transport (X14988) – eut lieu à Clover Field (aujourd'hui Santa Monica) dans l'après-midi du 17 décembre 1935, et celui-ci entra en service au sein de la flotte d'American Airlines le 11 juillet 1936.

Déjà les commandes affluaient sur le bureau du constructeur et, à la fin de 1939, le DC-3 (troisième avion commercial réalisé par Douglas) était mis en œuvre par Braniff, Eastern, Northwest, Pennsylvania Central, Transcontinental & Western et United Airlines aux Etats-Unis. Le premier utilisateur étranger fut KLM, bientôt suivi par Panagra, Panair do Brasil, LAV, CMA, Australian National, la compagnie suédoise ABA en Suède, CLS en Tchécoslovaquie, mais aussi par Swissair, Air France (1 avion), Sabena, LOT, LARES en Roumanie et MALERT en Hongrie. Des licences de fabrication furent vendues au Japon à Nakajima (qui acheva son premier exemplaire le 30 septembre 1938) et à l'Union soviétique ; ce dernier pays acheta 18 DC-3 avant le conflit et allait ensuite en produire sous licence un grand nombre qui devaient être utilisés tant par Aeroflot que par les militaires, sous la désignation d'abord de PS-84 (*passagirskii samoliot*, avion de passagers) puis de Lisounov Li-2.

Lorsque commencèrent les hostilités en Europe, la plupart des compagnies de transport civil réduisirent leurs activités et de nombreux DC-3 saisis dans les pays occupés volèrent sous les couleurs de la Deutsche Lufthansa, tandis que d'autres étaient récupérés par les Italiens. Cependant, aux Etats-Unis, l'Air Transport Command, organisme militaire, avait pris une ampleur croissante pendant l'entre-deux-guerres, même s'il utilisait principalement des avions loués aux compagnies civiles. Ce n'est qu'en septembre 1940 que les appareils de transport prirent une place importante dans le cadre des programmes d'équipements militaires. Furent alors commandés 545 DC-3, sous l'appellation de C-47 Skytrain. Aucun n'avait encore été livré lorsque survint l'attaque japonaise contre Pearl Harbor, le 7 décembre 1941.

Les avions de transport militaire alors en service consistaient en une cinquantaine de Douglas C-32, C-33 et C-39, tous dérivés du DC-2. A la fin de l'année, les acquisitions des militaires s'étaient accrues de 70 C-47 et de près de 100 C-53 (version de transport de passagers de l'US Army). Dans le même temps, l'US Army Air Corps avait mis sur pied le 50th Transport Wing (dont la création remontait au 8 janvier 1941), chargé de toutes les missions de transport ; cette unité fut renforcée en 1942 par le 51st, le 52nd et le 53rd TW.

La version militaire C-47 se distinguait du DC-3 d'origine par son plancher renforcé, par la forme de la pointe arrière du fuselage, par ses grandes portes de chargement et par ses moteurs Pratt & Whitney R-1830-92 de 1 200 ch.

La production du C-47 commença dans une nouvelle usine installée à Long Beach, en Californie. De ce modèle, 953 exemplaires furent construits avant la mise en fabrication du C-47A. Cette nouvelle version ne différait de la première que par son circuit électrique, qui fonctionnait sous une tension de 24 V au lieu de 12. Les chaînes de Long Beach ne pouvant à elles seules répondre aux commandes militaires, qui prenaient sans cesse plus d'ampleur, Douglas ouvrit en 1942 une nouvelle

**Le premier prototype du DC-3 était du type DST (Douglas Sleeper Transport). Il effectua son premier vol à Clover Field (aujourd'hui Santa Monica) le 17 décembre 1935, piloté par Carl A. Cover.**

**Le DC-3 fut construit sous licence, avant guerre, au Japon et en Union soviétique. Ici, un exemplaire soviétique équipé d'un train à skis et utilisé dans les régions enneigées.**

**Douglas Dakota III du Squadron 24 de la RAF. Cette unité de liaison, basée à Hendon pendant la guerre, effectua à partir de 1943 des missions de transport de courrier et de personnel entre Malte et la Grande-Bretagne.**

**Ce Douglas C-47 de la compagnie Arkia Israel Inland Airlines arborait lors de la crise de Suez, en 1956, les marques de reconnaissance qu'on retrouve sur les avions français et britanniques qui participèrent à l'expédition.**

usine à Tulsa, dans l'Oklahoma. Celle-ci produisit 2 099 C-47A, tandis que 2 832 autres voyaient le jour à Long Beach. La troisième grande version de série fut le C-47B, caractérisé par ses moteurs Pratt & Whitney R-1930-90 ou 90B à compresseurs et par une capacité d'emport de carburant accrue ; cette version avait à l'origine été conçue pour les liaisons entre l'Inde et la Chine, avec survol de la chaîne de l'Himalaya. Les centres de Long Beach et de Tulsa en sortirent respectivement 300 et 2 808 exemplaires, auxquels s'ajoutèrent les 133 TC-47B, qui reçurent des moteurs R-1830-90. La quasi-totalité des quelque 600 R4D Skytrain et Skytrooper dont l'US Navy prit livraison pendant la guerre provenaient de commandes passées par l'US Army, plusieurs sous-versions du R4D étant réalisées.

Les C-47 volèrent sur tous les théâtres d'opérations et figurèrent parmi les premiers avions américains basés en Angleterre à la suite de l'entrée en guerre des Etats-Unis. En 1942, quand fut créé le Troop Carrier Command, dont la mission consistait à assurer la mobilité des troupes aéroportées, le C-47 devint transport de parachutistes et remorqueur de planeurs.

En service dans la RAF, le C-47 et ses dérivés prirent le nom de Dakota (Dakota I pour le type C-47, Dakota II, III et IV respectivement pour le C-53, le C-47A et le C-47B). Au total, 1 895 de ces avions équipèrent vingt-cinq squadrons de la RAF.

Au fur et à mesure que les besoins prenaient de l'ampleur, on assista à une véritable prolifération des variantes du C-47. Une version amphibie, le XC-47C (numéro de série 42-5671), fut réalisée par montage de deux flotteurs Edo contenant chacun deux roues escamotables et 1 136 l d'essence. Les DC-3 civils qui furent pris en compte par l'USAAC reçurent des désignations différentes selon qu'ils étaient aménagés avec 21 sièges ou avec 14 couchettes, en fonction du type de moteurs (Twin Wasp ou Cyclone), des portes de fuselage (certains avaient des portes sur le côté droit) et de la masse maximale admissible. En vue de réduire les problèmes de maintenance et d'emploi au sein des unités opération-

**Des C-47-DL du début de série remorquant des planeurs Waco Hadrian lors d'un vol d'entraînement aux Etats-Unis. Celui du premier plan (41-18365) faisait partie des 953 premiers avions construits à Long Beach.**

*Les R4D-8 de l'US Navy, comme les Super DC-3 prévus pour le marché civil, sont reconnaissables à leurs ailes en légère flèche et à leurs empennages agrandis. Le train était doté de portes pour améliorer l'aérodynamique. De plus, il avait des moteurs Wright R-1820-80 de 1500 ch. Cette version prit la désignation de C-117D par la suite.*

nelles, la plupart des DC-3 en provenance des compagnies civiles furent affectés au transport du personnel d'état-major, les anciens DC-3 se voyant attribuer les désignations C-48 à C-52 (avec de nombreuses sous-versions), tandis que la désignation C-53 Skytrooper s'appliquait à la fois à 193 DC-3 réquisitionnés et à des appareils nouveaux réalisés dans la même configuration.

Les 2 C-68 étaient des DC-3 de modèle récent acquis par l'USAAC en 1942. En revanche, les 4 C-84 étaient de vieux DC-3B prévus pour recevoir 28 sièges et propulsés par des moteurs Wright R-1820-71. Le C-117 était une version de transport pour personnalités dont l'aménagement correspondait à celui des appareils civils. Cette version fut commandée à 131 exemplaires, mais 17 seulement furent produits à Tulsa, le reste du contrat étant annulé à la fin de la guerre.

Après la guerre, de nombreux Skytrain et Skytrooper dont les militaires n'avaient plus l'emploi furent cédés à des utilisateurs civils, tant aux Etats-Unis que dans un grand nombre de pays. Les compresseurs furent supprimés sur les C-47B, qui prirent alors la dénomination de C-47D, et les versions de transport d'état-major devinrent des VC-47A et VC-47D. Lorsque fut constitué le Military Air Transport Service (MATS), le 1er juin 1948, 248 C-47 lui furent affectés, parmi lesquels figuraient des SC-47B et SC-47D de sauvetage en mer dotés d'un canot largable. Le MATS devait mettre en œuvre 105 C-47 au cours du pont aérien sur Berlin en 1948.

Pendant la guerre de Corée, le Combat Cargo Command de l'USAF utilisa des C-47 pour le largage des parachutistes et pour leur ravitaillement, tandis que les RC-47D reçurent pour mission de lancer des fusées éclairantes lors des raids de bombardement nocturnes. En 1953, 26 AC-47D furent modifiés pour le calibrage des équipements d'aide à la navigation.

## En service dans l'US Navy

Comme cela a été précisé, les C-47 et leurs dérivés furent employés par la marine américaine sous l'appellation de R4D, le R4D-1, à moteurs R-1830-82, correspondant au modèle C-47. Deux R4D-2 (analogues au C-49), utilisés comme transports d'état-major, prirent plus tard les dénominations de R4D-2F et R4D-2Z (ce furent les seuls R4D-2 pourvus de

*Le seul et unique XC-47C, produit en 1943, comportait deux flotteurs Edo qui contenaient chacun deux roues escamotables ainsi que 1 136 l de carburant.*

## Ecorché du Douglas C-47 Dakota IV

1 Pointe avant basculante pour l'accès aux instruments et aux commandes
2 Pédales de palonnier
3 Tableau de bord
4 Vaporisateur de liquide de dégivrage
5 Hélice droite
6 Pare-brise
7 Siège du copilote
8 Manettes des gaz
9 Volant
10 Plancher du poste de pilotage
11 Panneaux d'accès aux timoneries de commandes
12 Tubes de Pitot
13 Antennes radiocompas
14 Réservoir de liquide de dégivrage des hélices
15 Siège du pilote
16 Cloison arrière du poste de pilotage
17 Trappe d'évacuation
18 Antenne fouet
19 Feu droit d'atterrissage et de roulage
20 Réservoir de liquide de dégivrage du pare-brise
21 Compartiment à bagages droit
22 Tableau de fusibles
23 Issue de secours
24 Carénage du cadre radiocompas
25 Emplacement du radeau de sauvetage
26 Compartiment à bagages gauche
27 Cadre de fuselage
28 Siège de l'opérateur radio
29 Prise d'air
30 Echangeur de chaleur du système de chauffage et de ventilation
31 Astrodôme
32 Aile droite
33 Dégivreur pneumatique de bord d'attaque
34 Feu de navigation droit
35 Aileron droit
36 Câbles de commande d'aileron
37 Compensateur d'aileron
38 Mécanisme de commande de compensateur
39 Arbre de commande de volet
40 Elément extérieur de volet droit
41 Cadres et lisses de fuselage

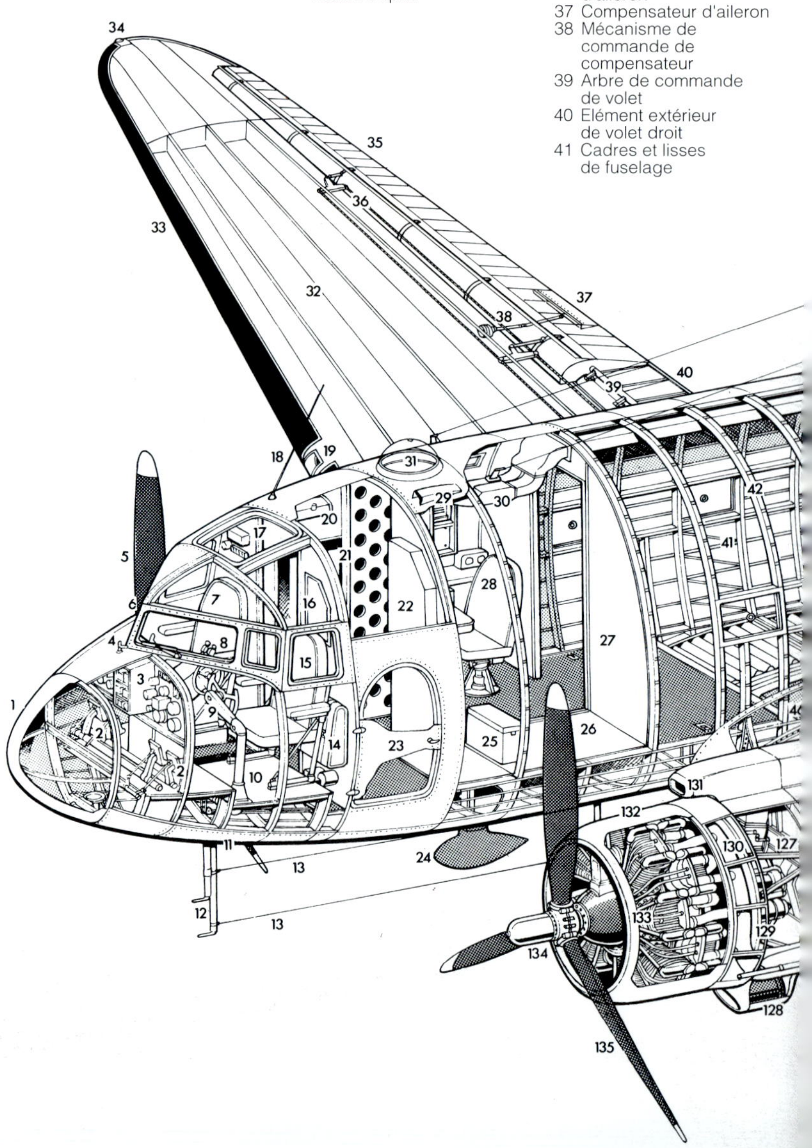

***L'aviation et la marine argentines utilisent des avions et des hélicoptères pour le ravitaillement de leurs bases dans l'Antarctique. Ici, un C-47 de l'Escuadron Antartico 1, basé à Marambio.***

***En attendant l'entrée en service des biplaces TF-104G Starfighter, la Force aérienne belge utilisa pour l'entraînement des pilotes des C-47 modifiés, avec une pointe avant contenant le radar NASRR des monoplaces F-104G.***

42 Cadres centraux de fuselage
43 Revêtement intérieur en tôle ondulée de la partie centrale de voilure
44 Réservoir principal gauche (capacité, 794 l)
45 Réservoir auxiliaire gauche (capacité, 760 l)
46 Fixations des longerons de voilure sur le fuselage
47 Vérin hydraulique des volets
48 Elément central de volet
49 Structure du plancher
50 Hublots
51 Petits sabords dans les hublots
52 Sièges pour 28 parachutistes
53 Issue de secours
54 Issue de secours
55 Capitonnage de la cabine
56 Conduite de chauffage et de ventilation
57 Cadres de fuselage
58 Revêtement du fuselage
59 Cloison arrière de la cabine
60 Equipement de secours
61 Trappe d'accès aux timoneries de commandes
62 Arête dorsale
63 Stabilisateur droit
64 Gouverne de profondeur droite
65 Dégivreur de bord d'attaque de dérive
66 Structure de la dérive
67 Câbles d'antennes
68 Equilibrage aérodynamique du gouvernail
69 Axe d'articulation de gouverne de direction
70 Structure de gouverne
71 Entoilage de gouverne
72 Compensateur de direction
73 Commande de compensateur
74 Renvois de commandes de profondeur et de direction
75 Pointe arrière du fuselage
76 Compensateur de profondeur
77 Structure de la gouverne de profondeur gauche
78 Gouverne de profondeur entoilée
79 Dégivreur pneumatique de bord d'attaque
80 Structure du stabilisateur
81 Fixation du stabilisateur
82 Butées de gouvernail
83 Partie centrale du stabilisateur
84 Roulette de queue
85 Fourche et amortisseur
86 Attache de roulette de queue
87 Axe de roulette de queue
88 Câbles de commandes de profondeur et de direction
89 Cadre d'assemblage de la partie arrière
90 Toilettes
91 Porte de chargement des marchandises
92 Porte de chargement
93 Porte d'embarquement et de parachutage
94 Lisses de fuselage
95 Plancher de cabine
96 Raccord Karman
97 Elément principal de volet
98 Structure du revêtement de volet
99 Bouchons de réservoirs
100 Fixation des ailes externes
101 Revêtement du joint de voilure
102 Bord de fuite contenant le volet d'intrados
103 Aileron gauche
104 Entoilage de l'aileron
105 Nervure de démontage des extrémités d'aile
106 Feu de navigation
107 Dégivreur pneumatique de bord d'attaque
108 Longeronnets de voilure
109 Longeron arrière
110 Longeron central
111 Nervures d'aile
112 Longeron avant
113 Nervures de bord d'attaque
114 Longeronnets de bord d'attaque
115 Feu d'atterrissage et de roulage
116 Roue gauche
117 Fourche arrière de train
118 Amortisseurs
119 Articulations de jambe de train
120 Tuyau d'échappement
121 Câbles de train
122 Nacelle moteur
123 Réservoir d'huile (capacité, 109 l)
124 Vérin d'escamotage du train
125 Logement de la roue
126 Cloison pare-feu
127 Bâti-moteur
128 Radiateur d'huile
129 Volets d'évacuation d'air de refroidissement
130 Collecteur d'échappement
131 Prise d'air du moteur
132 Capot moteur
133 Moteur à 14 cylindres en double étoile Pratt & Whitney R-1830-90C
134 Mécanisme de réglage du pas de l'hélice
135 Hélice tripale à vitesse constante Hamilton Standard

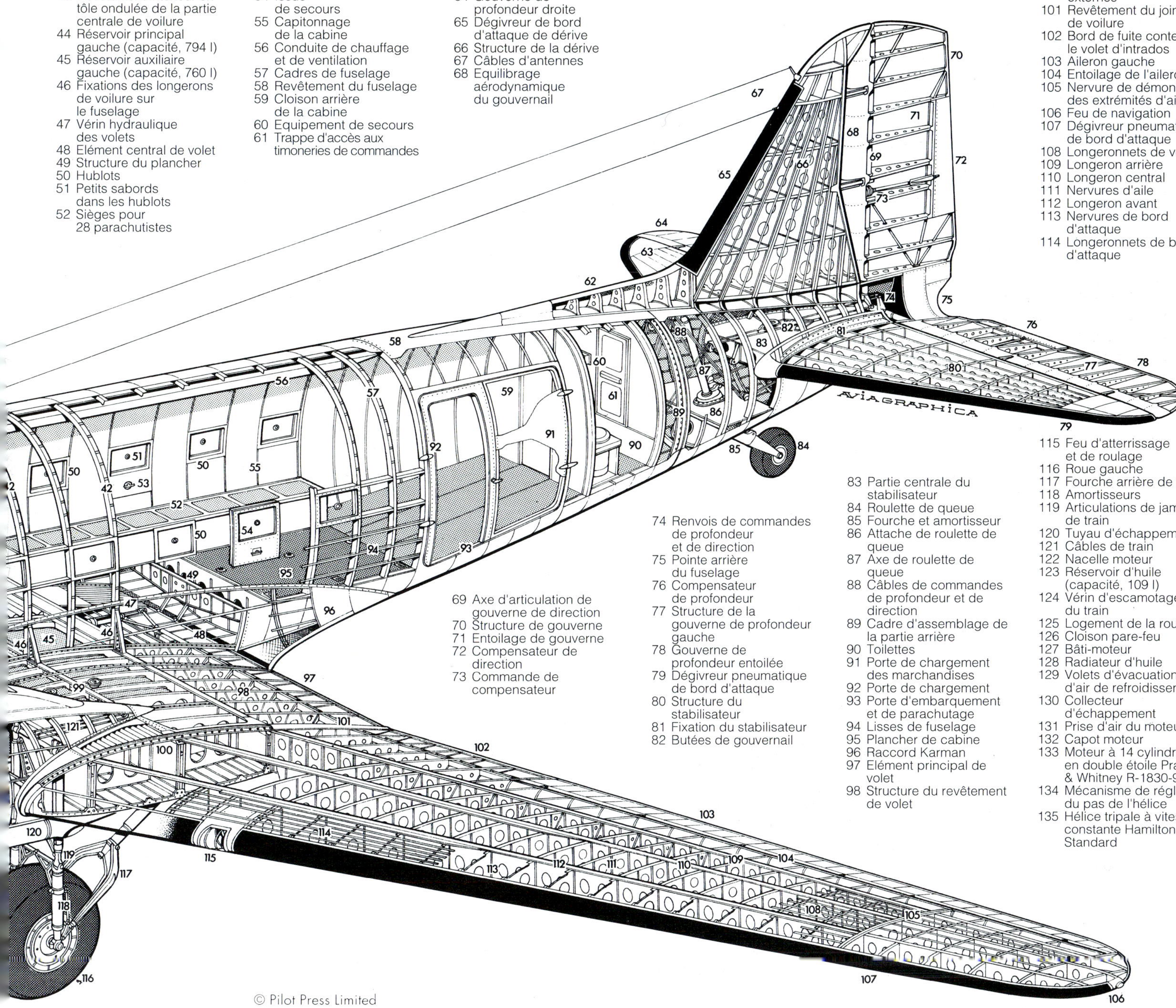

**Caractéristiques**
**Douglas C-47 Skytrain**
**Type :** avion de transport de marchandises, ou pour 21 à 28 hommes de troupe ou 14 civières ; également remorqueur de planeurs
**Moteurs :** 2 Pratt & Whitney R-1830-92 de 1 200 ch
**Performances :** vitesse maximale à 2 300 m, 365 km/h ; vitesse ascensionnelle initiale, 300 m/mn ; plafond pratique, 7 300 m ; distance franchissable, 2 500 km
**Masse :** à vide, 8 250 kg ; maximale au décollage, 11 790 kg
**Dimensions :** envergure, 29,11 m ; longueur, 19,43 m ; hauteur, 5,18 m ; surface alaire, 91,69 m²
**Charge utile :** de 3 630 à 4 530 kg selon les versions

***Le général Eisenhower a dit que le C-47 avait été l'un des quatre principaux instruments de la victoire des Alliés dans la Seconde Guerre mondiale (les trois autres étant le bazooka, la Jeep et la bombe atomique). Le Skytrain représenté ici est un C-47A-65-DL du 81st Troop Carrier Squadron, 436th Troop Carrier Group, implanté à Membury, en Grande-Bretagne, du 3 mars 1944 au mois de février de l'année suivante. Basé à Voltone, en Italie, en juillet et août 1944, il prit également part au débarquement allié dans le sud de la France. Le « Buzz Buggy » arbore ici les bandes blanches et noires peintes à l'occasion du débarquement en Normandie, en juin 1944.***

N
2100558

**L'US Navy modifia bon nombre de ses R4D en vue de divers types de missions électroniques. Ci-dessus, un R4D-5 portant des radômes, des antennes et des appendices divers qui servait à l'entraînement aux missions d'attaque contre les navires.**

**Ce R4D-8 de l'US Navy, baptisé « City of Invercargill », fut réalisé par modification d'un R4D-5. Il appartenait au Navy Air Development Squadron Six (VX-6). Il se trouve ici en 1967 près de la station McMurdo, dans l'Antarctique.**

moteurs R-1820). Les R4D-3 et R4D-4 équivalaient aux C-53 et C-53C Skytrooper de l'US Army, tandis que la principale version de transport de matériel de la Navy allait être le R4D-5, avec des moteurs R-1830-92 et un circuit électrique de 24 V qui correspondait à celui du C-47A. Le R4D-6 était un C-47B avec des R-1830-90B, et le R4D-7 était identique au TC-47B d'entraînement.

A la suite du désastre de Pearl Harbor, le Naval Air Transport Service fut mis sur pied avec presque exclusivement des R4D. Les Squadrons VR-1, VR-2 et VR-3 assurèrent alors le transport des personnels de l'US Navy et du Marine Corps à travers le théâtre d'opérations du Pacifique, avec une régularité qui n'était pas sans rappeler celle des lignes aériennes, les parachutistes du Marine Corps étant largués sur le lieu des combats par des R4D-3 et R4D-5. Des missions spéciales imparties à la marine conduisirent à la réalisation de sous-versions spécialisées. C'est ainsi que les R4D-4Q, R4D-5Q et R4D-6Q furent dotés de dispositifs de contre-mesures électroniques, et que les R4D-5E et R4D-6E servirent comme appareils de guerre électronique.

L'US Navy utilisa en outre des R4D-8 ; il s'agissait d'appareils très différents des précédents, qui étaient le fruit d'une tentative menée par Douglas après guerre pour moderniser le DC-3. Ainsi naquit le Super DC-3, doté d'une aile en légère flèche aux extrémités plus anguleuses, d'un fuselage rallongé et renforcé ainsi que d'empennages plus importants. Les moteurs (des Wright R-1820-80 gonflés) étaient installés dans des nacelles agrandies. Au total, 98 R4D furent transformés en R4D-8, et à nouveau apparurent des sous-versions : R4D-8L pour les opérations en régions polaires, R4D-8T d'entraînement, R4D-8Z de transport d'état-major.

## Les autres utilisateurs militaires

Des Dakota (puisque c'est ainsi qu'on les a partout appelés) servirent dans les forces du Commonwealth pendant la Seconde Guerre mondiale et en Extrême-Orient ; ils équipèrent les Squadrons 33, 34, 36 et 38 de la Royal Australian Air Force. Les Squadrons 435, 436 et 437 de la Royal Canadian Air Force furent eux aussi dotés de Dakota, de même que les Squadrons 40 et 41 néo-zélandais. Nombreux sont les avions qui restèrent en service longtemps après la fin du conflit. Ainsi, le Squadron 38 de la RAF utilisa des Dakota lors des opérations en Malaisie, de même que le Wing 91, en Corée. Des C-47 provenant des surplus de l'USAAF furent livrés aux forces aériennes dans de très nombreux pays.

Récemment, on estimait que plus de 2 000 C-47 étaient encore en service dans les armées de plusieurs pays. Et il convient d'y ajouter les DC-3 qui sont employés aujourd'hui par un grand nombre de petites compagnies aériennes.

## La carrière du DC-3 se poursuit

Au mois de novembre 1965, les Américains expédièrent au Viêt-nam quelques AC-47, qu'ils baptisèrent du nom de Gunship, ces avions étant équipés de trois mitrailleuses à tir rapide de 7,62 mm montées sur affût flexible et tirant sur le côté gauche du fuselage. Mis en œuvre par le 1st Special Opérations Wing, notamment à partir de Tan Son Nhut, ils étaient employés pour noyer sous un déluge de feu un objectif ponctuel, autour duquel ils tournaient en rond dans le sens contraire des aiguilles d'une montre. Vers la même époque, des EC-47Q furent pour-

**Fruit de la réflexion du capitaine Ronald Terry, de l'Aeronautical Systems Division de l'USAF, les AC-47 du 1st Special Operations Wing étaient équipés d'armes tirant latéralement, notamment de mitrailleuses Browning de 12,7 mm et de canons de 20 mm. Au Viêt-nam, ils tournaient en rond au-dessus de leurs objectifs, qu'ils arrosaient d'un feu meurtrier, le pilote disposant sur la vitre gauche de l'habitacle d'un système de visée oblique.**

**Le C-47 figura parmi les nombreux types d'avions utilisés par les Américains sur le théâtre vietnamien dans le cadre de la guerre psychologique. Les appareils de ce type larguèrent des tracts et eurent recours à la propagande par haut-parleur. Pour le lancé de tracts, plusieurs procédés furent employés : le lâché en vrac ou par réservoir d'ailes, le lâché par paquets à ouverture automatique, les cartouches et les bombes à tracts.**

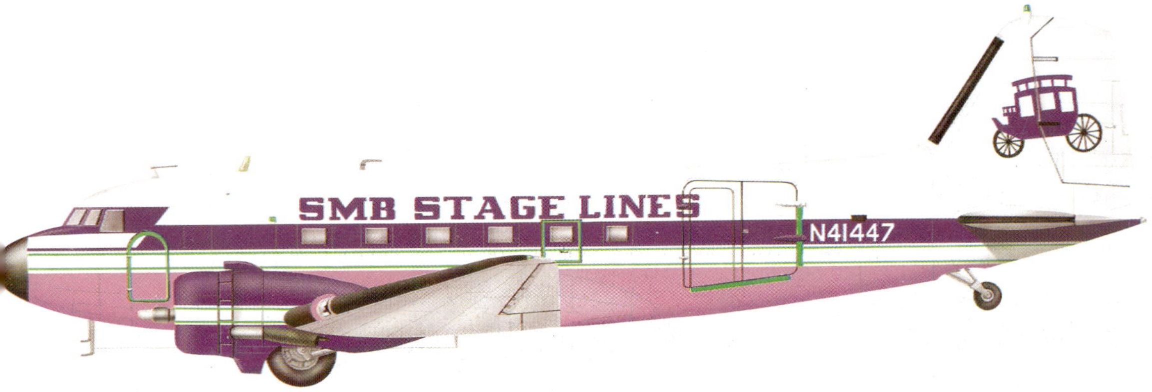


*Un Douglas DC-3 de la SMB Stage Lines. De 1936 à 1941, le DC-3 joua un rôle important dans le développement du réseau aérien civil aux Etats-Unis. Au cours de cette période, le volume du trafic augmenta de 600 %.*

*Il y a quelques années, des DC-3 furent remotorisés avec trois turbopropulseurs Pratt & Whitney PT6A-45, transformation qui permettait d'obtenir une amélioration des performances sur terrains en altitude ou en climat tropical. Le nouvel avion, le Conroy Tri-Turbo 3, ne connut qu'un succès limité.*

vus d'une charge de dispositifs de contre-mesures électroniques telle qu'ils ne pouvaient voler qu'avec des moteurs plus puissants R-2000, d'une puissance de 1 800 ch.

## En France

Air France, dès la Libération, a mis en ligne un grand nombre de DC-3, qui ont notamment été affectés au transport, de nuit, du courrier entre les grandes villes. Les derniers – après une opération d'amélioration appelée « maximization » qui les rendait reconnaissables à leurs nouveaux capots moteurs modifiés et à leurs trappes de train modifiant sensiblement la silhouette familière de l'avion – ont été retirés du service à la fin des années soixante pour être remplacés, en ce qui concerne l'acheminement du courrier, par des Fokker F-27 Friendship et des C-160 Transall. L'armée de l'Air fut également un grand utilisateur de l'avion. Les Dakota servirent dans les groupes de transport (notamment pendant la guerre d'Indochine), mais aussi au sein de diverses unités de liaison. La carrière du DC-3 dans l'armée de l'Air prit officiellement fin le 30 juin 1971, les avions étant alors regroupés sur la base de Châteaudun, où l'on en compta jusqu'à une soixantaine. Certains furent ferraillés sur place, mais d'autres furent remis en état et entreprirent une nouvelle carrière.

L'Aéronavale employa les Dakota à plus petite échelle et plus tardivement. Ce n'est qu'au début des années soixante, en effet, que des C-47 de provenances diverses furent rachetés par la Marine pour constituer la dotation principale de l'escadrille 56S (école du personnel volant). Ces avions sont encore en service.

## Versions du Douglas DC-3/C-47

**DST :** 1 prototype et 24 exemplaires de série, la plupart construits pour American Airlines ; moteurs Wright Cyclone de 900 ch
**DST-/DC-3 :** aménagés soit avec 14 couchettes, soit avec 18 ou 21 sièges ; 13 avions construits pour TWA ; moteurs Cyclone ou Twin Wasp de 1 000 ch
**DC-3 :** avion de transport commercial avec aménagement à la demande ; 417 exemplaires construits, dont un grand nombre furent employés par l'armée
**C-41 (DC-3-253) :** 1 seul exemplaire, réalisé par transformation d'un DC-2 (38-502)
**C-41A (DC-3-253A) :** 1 seul exemplaire, équivalent au DC-3 de luxe pour 23 passagers (40-70)
**C-47 :** 953 avions construits à Long Beach pour le War Department ; circuit électrique 12 V ; moteurs Twin Wasp de 1 200 ch ; numéros de série 41-7722 à 7866, 41-18337 à 18699, 41-38564 à 38763, 42-5635 à 5704, 42-32768 à 32923, 43-30628 à 36639, 49-2612 à 2641 pour la Grèce, après la guerre ; 106 de ces avions étaient des R4D-1 pour l'US Navy, portant les BuAer 3131 à 3143, 4692 à 4706, 01648 et 01649, 01977 à 01990, 05051 à 05072, 12393 à 12404, 30147, 37660 à 37685, 91104
**C-47A :** 4 931 appareils construits à Long Beach et à Tulsa ; circuit électrique 24 V ; numéros de série 42-23300 à 24419, 42-32924 à 32935, 42-92024 à 93158, 42-93160 à 93823, 42-100436 à 101035, 42-108794 à 108993, 43-15033 à 16132, 43-30640 à 30761, 43-47963 à 48262 ; 248 de ces avions étaient des R4D-5 pour l'US Army, portant les BuAer 12405 à 12446, 17092 à 17248, 39057 à 39095
**C-47B :** 3 241 avions construits à Long Beach et à Tulsa avec des moteurs R-1830-90 ou 90B ; parmi eux figurent 133 TC-47B d'entraînement ; numéros de série 42-93159, 43-16133 à 16432, 43-48263 à 49962, 44-76195 à 77294, 45-876 à 1139 ; parmi eux, 147 R4D-6 pour l'US Navy, portant les BuAer 17249 à 17291, 39096 à 39098, 39100, 50740 à 50752, 50753 à 50839, ainsi que 43 R4D-7 numérotés 39099, 39101 à 39108, 99824 à 99857
**YC-47F :** prototype du Super DC-3 (51-3817), désigné à l'origine YC-129 ; transféré à l'US Navy comme prototype du R4D-8
**C-48 :** désignation attribuée à 36 DC-3 provenant des compagnies civiles et réquisitionnés en 1941 ; moteurs R-1830 et masse maximale de 12 197 kg ; 1 C-48 aménagé avec 21 sièges (41-7681) ; 3 C-48A à 18 sièges (41-7682 à 7684) ; 16 C-48B à 14 couchettes (42-38324 à 38326, 42-56089 à 56091, 42-56098 à 56102, 42-56609 à 56612, 42-56629) ; 16 C-48C à 21 sièges avec moteurs R-1830-51 (42-38327, 42-38332 à 38338, 42-38358 à 38360, 42-78026 à 78028)

**C-49 :** désignation s'appliquant à 6 DC-3 réquisitionnés à moteurs Wright R-1820 (41-7685 à 7689 ; 41-7694) ; 2 d'entre eux furent versés à l'US Navy et devinrent 1 R4D-2F et 1 R4D-2Z (BuAer 4707 et 4708)
**C-49A :** 1 ancien DC-3 à moteurs R-1820 (41-7690)
**C-49B :** 3 anciens DC-3 à moteurs R-1820, avec des variantes dans la disposition des sièges et porte d'entrée sur le côté droit (41-7691 à 7693)
**C-49C :** 2 anciens DC-3 à moteurs R-1820 équipés en transports de troupes avec sièges sur les côtés du fuselage (41-7715 et 41-7721)
**C-49D :** 12 anciens DC-3 à moteurs R-1820-71 équipés en transports de troupes avec sièges sur les côtés (41-7716 à 7720, 42-38256, 42-43624, 42-65583 et 65584, 42-68860, 44-52999)
**C-49E :** 23 anciens DC-3 à moteurs R-1820-79 (42-43619 à 43623, 42-56092 à 56097, 42-56103 à 56107, 42-56617 et 56618, 42-56625 à 56627, 42-56634)
**C-49F :** 2 anciens DST à 14 couchettes, avec moteurs R-1820-71 (42-56613, 42-56616, 42-56620 et 56621, 42-56623, 42-56628, 42-56633, 42-56636 et 56637)
**C-49G :** 8 anciens DC-3 à moteurs R-1820-97 (42-38352, 42-38255, 42-56614 et 56615, 42-56630 à 56632, 42-56635)
**C-49H :** 19 anciens DC-3/DST à moteurs R-1820-97 (42-38350 et 38251, 42-38253 et 38254, 42-38257, 42-38328 à 38331, 42-57506, 42-65580 à 65582, 42-68687 à 68689, 42-1074222, 44-83228 et 83229)
**C-49J :** 34 anciens DC-3 à moteurs R-1870-71 transformés en transports de troupes avec sièges sur les côtés (43-1961 à 1994)
**C-49K :** 23 anciens DC-3 à moteurs R-1820-71 transformés en transports de troupes
**C-50 :** désignation d'anciens DC-3 présentant des variations mineures dans l'aménagement intérieur et la puissance des moteurs ; 4 avions à moteurs R-1820-85 (41-7697 à 7700)
**C-50A :** 2 avions semblables aux précédents, mais équipés en transports de troupes (41-7710 et 7711)
**C-50B :** 3 anciens DC-3 à moteurs R-1820-81
**C-50C :** 1 ancien DC-3 à moteurs R-1820-79 (41-7695)
**C-50D :** 4 anciens DC-3 à moteurs R-1820-79 équipés en transports de troupes (41-7696, 41-7709, 41-7712 et 7713)
**C-51 :** 1 ancien DC-3 à moteurs R-1820-83 (41-7702)
**C-52 :** 1 ancien DC-3 à moteurs Pratt & Whitney R-1830-51 ; masse en charge, 12 560 kg (41-7708)
**C-52A :** 1 ancien DC-3 à moteurs R-1830-51 (41-7714)
**C-52B :** 2 anciens DC-3 à moteurs R-1830-51 équipés en transports de troupes (41-7706 et 7707)
**C-52C :** 1 ancien DC-3 à moteurs R-1830-51 (41-7701)
**C-53 :** baptisés Skytrooper, 193 avions réquisitionnés et 16 d'origine, tous avec moteurs R-1830-92 (41-20045 et 20046, 41-20051, 41-20053, 41-20060 à 20136, 42-6455 à 6479, 42-6481 à 6504, 42-15530 à 15569, 42-15870 à 15894, 42-47371 à 47382, 43-14404 et 14405), parmi eux, 20 R4D-3 pour l'US Navy (BuAer : 05073 à 05084, 06992 à 06999)
**SX-53A :** 1 prototype à volets à fente sur toute l'envergure (42-6480) et 15 C-53A de série (42-6455 à 6479)
**C-53B :** 5 anciens DC-3 à long rayon d'action
**C-53C :** 17 anciens DC-3 équipés en transports de troupes avec sièges sur les côtés (43-2018 à 2034), dont 10 R4D-4
**C-53D :** semblables au précédents, 159 exemplaires
**C-68 :** 2 anciens DC-3 à 21 sièges réquisitionnés en 1942, avec moteurs Wright R-1820-92 (42-14297 et 14298)
**C-84 :** 4 DC-3b, datant de 1937, à 28 sièges avec moteurs R-1820-71 (42-57157, 42-57511 à 57513)
**C-117A :** 17 appareils semblables aux versions civiles, construits à Tulsa en 1945, avec moteurs R-1830-90C à compresseurs

# Boeing B-29, la super-forteresse

*Peu d'avions ont été aussi techniquement en avance sur leur époque que le B-29. Conçu pour un seul type de mission, il fut néanmoins le point de départ de la lignée des appareils de transport et de ravitaillement en vol KC-97 comme des bombardiers soviétiques Tupolev de l'après-guerre.*

S'il était possible d'examiner de près un exemplaire du « Blackjack », le dernier-né des bombardiers soviétiques, peut-être pourrait-on y trouver la marque de principes de construction dont l'origine remonte au Boeing B-29. C'est pourtant en octobre 1938, plus de trois ans avant l'entrée en guerre des Etats-Unis, que Boeing entreprit l'étude du B-29 Superfortress. Le General Oscar Westover, chef d'état-major de l'US Army Air Corps, qui allait trouver la mort peu après, à Burbank, dans un accident d'avion, venait alors de jeter les bases d'un programme concernant un bombardier destiné à prendre à terme la relève du Boeing B-17. En dépit de l'hostilité totale du département d'Etat à la Guerre, le General Oliver Echols, directeur des programmes d'équipement, s'efforça d'assurer la survie du projet, avec l'accord du General Arnold, successeur de Westover. Le nouveau bombardier, équipé d'une cabine pressurisée, devait voler très vite et à haute altitude, les buts fixés en matière de vitesse (620 km/h), de distance franchissable (8 500 km) et de charge utile représentant de véritables défis techniques.

Il est vrai que les ingénieurs de la Boeing Airplane Company, installée à Seattle, possédaient dans le domaine des avions pressurisés de grande taille un capital d'expérience dont aucun autre constructeur ne disposait encore. Les exigences du programme n'en étaient pas moins difficiles à concilier, et pouvaient même paraître irréalisables. Pendant la majeure partie de l'année 1939, il sembla que la solution idéale consistait à mettre en place dans l'épaisseur de la voilure des moteurs Pratt & Whitney à refroidissement par liquide de maître couple relativement réduit. Mais bientôt, George Schairer, qui venait d'entrer au service de la société, fit valoir un point de vue opposé ; la voilure engendrant la majeure partie de la traînée, il convenait, selon lui, d'en réduire le plus possible les dimensions, et donc de ne pas chercher à y loger les moteurs. La pressurisation du fuselage posait un problème ardu, celui-ci devant comporter d'énormes trappes de soute à bombes. La solution adoptée fut de relier les cabines avant et arrière par un long tunnel qui traversait la soute à bombes non pressurisée.

En mars 1940, le programme devint plus exigeant encore, puisque, en mission à courte distance, l'appareil devait emporter 7 258 kg de bombes. Il devait également être doté de tourelles à moteurs, de blindages plus importants et de réservoirs auto-obturants. Des 21 775 kg initialement prévus, le poids de l'avion était déjà passé à 38 560 kg, les dernières spécifications apportées au programme conditionnant une augmentation de la masse, qui atteignait 54 430 kg. Pour une surface portante de 161,55 m² seulement la charge alaire était de 336,9 kg/m², environ le double de la valeur maximale alors considérée comme acceptable. C'est pourquoi le Boeing Model 345, bien que doté des volets hypersustentateurs les plus puissants qui aient jamais été conçus, devait avoir une vitesse d'atterrissage voisine de 257 km/h, soit presque le double de celle du B-17. Un tel appareil ne pouvait avoir qu'une structure très résistante, l'épaisseur des revêtements de la voilure étant plus que triplée par rapport à celles des machines alors en service. Des écrous de précision devaient remplacer les traditionnels rivets, les surfaces extérieures de l'avion étant parfaitement lisses. Enfin, l'industrie

**Baptisé « Dave's Dream », du nom d'un opérateur de bombardement du 509th Composite Group, Dave Semple, qui avait trouvé la mort sur B-29, ce B-29-40-MO est photographié le 1er juillet 1946, peu de temps avant le largage d'une bombe atomique sur l'atoll de Bikini.**

***Aux côtés des Consolidated C-87 et d'autres versions dérivées du B-24, de nombreux B-29 furent employés pour transporter vers la Chine le carburant nécessaire aux raids contre le Japon. Tel fut le cas de ce B-29-1-W du 486th Bomb Group.***

américaine ne disposait d'aucune expérience dans le domaine de l'armement défensif télécommandé, pas plus que dans celui des pneus multicouches.

## L'USAAC finance le projet

Au printemps de 1940, le nouveau bombardier reçut la désignation de B-29, l'US Army Air Corps allouant les crédits nécessaires à la construction de deux prototypes (nombre qui allait être porté à trois en août suivant). La grande aventure commençait alors même que personne ne savait comment empêcher le givrage de l'armement et des mécanismes de changement de pas des hélices à des altitudes supérieures à 9 000 m. Tous les problèmes étaient compliqués par la charge alaire extrêmement élevée. L'avion devait être propulsé par quatre moteurs aussi monstrueux que lui, des Wright R-3350 Duplex Cyclone, équipés chacun non pas d'un mais de deux turbocompresseurs General Electric, entraînant des hélices quadripales Hamilton Standard de 5,05 m de diamètre. L'équipage fut fixé à dix hommes : le pilote et le copilote, avec l'opérateur de bombardement installé entre eux, prenaient place tout à l'avant, dans un poste abondamment vitré ; derrière le pilote, regardant vers l'avant, se trouvait le navigateur ; en arrière du copilote, tournés vers l'arrière, un ou deux mécaniciens, l'opérateur radio étant installé à l'arrière de la cabine.

La partie centrale du fuselage était occupée par deux gigantesques soutes à bombes, un système électrique assurant le largage des projectiles dans un ordre tel que le centre de gravité de l'avion ne devait guère se déplacer. Les deux soutes étaient séparées par une partie annulaire qui constituait l'élément central de la structure, construite d'un seul tenant avec le caisson central de voilure, le plus rigide jamais réalisé. Bien qu'un train d'atterrissage à quatre éléments principaux eût été envisagé dans un premier temps, c'est une configuration plus classique qui s'imposa, avec deux roues jumelées montées sur une jambe unique s'escamotant dans l'arrière des nacelles des moteurs 2 et 3. Les volets Fowler, commandés électriquement, reculaient en s'abaissant, augmentant la surface portante de 21 %. En septembre 1940, la charge alaire s'était encore accrue, atteignant 351,1 kg/m². Il est vrai qu'elle allait continuer à augmenter, pour être de 396 kg/m² lors des premières missions de guerre de l'appareil.

En arrière des soutes à bombes se trouvait la seconde cabine pressurisée, aménagée avec trois postes d'observation, d'où devaient partir les commandes à distance des quatre tourelles (deux supérieures et deux inférieures), armées chacune de deux mitrailleuses de 12,7 mm. Le système électrique de contrôle de tir devait être connecté pour que le poste d'observation supérieur, les postes latéraux et celui de l'opérateur de bombardement commandent respectivement les tourelles supérieures, inférieure arrière et inférieure avant. Mais d'autres possibilités s'offraient, notamment dans le cas où un ou plusieurs pointeurs seraient mis hors de combat. Tout à l'arrière de l'avion, le dernier homme d'équipage servait une tourelle armée de deux mitrailleuses de 12,7 mm et d'un canon de 20 mm. L'expérience acquise en 1942, grâce à la mise en service des premiers B-17, ayant montré qu'il était souhaitable d'accroître la puissance de feu vers l'avant, la première tourelle supérieure fut équipée de quatre mitrailleuses, ce qui n'alla pas sans poser des problèmes d'encombrement.

Toutefois, plus de 2 000 B-29 allaient être assemblés avant l'adoption de cette nouvelle tourelle supérieure avant. En effet, l'attaque contre Pearl Harbor entraîna la mise en route d'un gigantesque dispositif de production, qui comprenait de nouvelles usines disséminées à travers le territoire des Etats-Unis. Les énormes nacelles des moteurs, aussi grosses que des P-47, étaient réalisées à Cleveland par une filiale de General Motors. Le montage final avait lieu dans trois usines qui comptaient parmi les plus grandes du monde : celles de Boeing à Wichita, de Martin à Omaha et de Bell à Marietta. Plus tard, Boeing allait ouvrir une nouvelle chaîne de montage à Renton, mais déjà ce colossal appareil de production avait, pour l'essentiel, été mis en place, alors que le prototype XB-29 (41-002) n'avait toujours pas volé. Cet avion, qui ne prit l'air en effet que le 21 septembre 1942, tout d'abord équipé d'hélices tripales, avait reçu le nom de Superfortress. Même si certains doutaient encore de ses capacités, il était évident que ce bombardier allait permettre d'attaquer le Japon.

Pour de nombreux responsables du programme, les essais satisfaisants du prototype se traduisirent avant tout par un immense soulagement, les sommes investies étant colossales, de l'ordre de 3 milliards de dollars. Néanmoins, de difficiles problèmes techniques continuaient à se poser, des moteurs prenant feu en vol tandis que des pales d'hélices se détachaient. Trois mois après le premier décollage, le prototype ne totalisait que trente et une heures de vol, au lieu des cent quatre-vingts qui avaient été prévues. Le 18 février 1943, il prit feu et s'écrasa, provoquant la mort du pilote d'essai Eddie Allen et des onze hommes d'équipage, ainsi que de dix-neuf personnes au sol. Cette catastrophe n'eut pas de conséquences trop graves sur l'ensemble du projet, l'avion ayant eu le temps de s'affirmer comme une réussite technique.

Le B-29 était un appareil d'une complexité telle que, lorsqu'il commença à être produit en série, personne au sein de l'USAAC ne pouvait sérieusement prétendre le connaître de manière complète. Tous les avions réalisés furent convoyés à Salina, au Kansas, où, sur les 175 premiers exemplaires de série, 9 900 défauts furent répertoriés ; une équipe de 600 hommes entreprit de les corriger dans les plus brefs délais, afin que le 20th Bomb Wing pût recevoir rapidement ses appareils. La puissance industrielle des Etats-Unis se révéla à cette occasion dans toute son ampleur, balayant les unes après les autres les difficultés de toutes sortes. Les pilotes, un instant déconcertés, apprirent à maîtriser le monstre, et notamment à tirer parti de son extraordinaire rayon d'action. De janvier à mars 1944, la distance parcourue, pour une même masse de carburant consommée, fut multipliée par deux. Les équipements, malgré leur complexité, finirent par fonctionner correctement jusqu'à des altitudes supérieures à 10 000 m.

La première mission opérationnelle eut lieu le 5 juin 1944, les avions décollant de Kharagpur, en Inde, pour aller survoler Bangkok. Dix jours plus tard, les B-29 effectuèrent leur premier raid contre le Japon, décollant de la piste de Tcheng-tou, qui venait d'être aménagée en Chine, pour bombarder les aciéries de Yawata. La 20th Air Force ne cessa de se renforcer, les premiers B-29 se posant en octobre 1944 sur les pistes construites dans les îles de Tinian, Saipan et Guam, récemment recon-

***Le premier prototype XB-29 s'apprête à prendre l'air, le 21 septembre 1942. Hormis son camouflage « Olive Drab », ses hélices tripales et l'absence de tourelles, cet appareil était déjà d'une configuration assez proche de celle de la version de série. L'avion reçut l'appellation de Superfortress.***

***Si les avions parasites XF-85, YF-84K et GRF-84F sont assez bien connus, ce n'est que récemment que des documents concernant le programme Tom-Tom (des F-84D accrochés aux extrémités des ailes d'un ETB-29A-60) ont été publiés.***

quises. Les unités de Superfortress s'étoffèrent avec l'entrée en service d'un grand nombre de B-29 et de B-29A, ces derniers se caractérisant par une tourelle supérieure avant à quatre mitrailleuses et par une voilure dont l'envergure avait été accrue de 0,30 m. Bell produisit 311 B-29B dépourvus de tout armement défensif, à l'exception de celui de la tourelle arrière, la faiblesse des défenses antiaériennes japonaises ayant rendu possible la mise en service d'un tel appareil. Sur les bases opérationnelles, de nombreux avions des versions précédentes furent dépouillés de leurs tourelles inférieures et supérieures.

C'est alors que le Major General Curtiss Le May, qui commandait le XXI Bomber Command, décida que le moment était venu de bombarder Tokyo de nuit, à basse altitude, en n'employant que des bombes incendiaires. Cette tactique, qui se justifiait par diverses considérations, promettait notamment d'éliminer l'effet des vents, à l'origine d'un manque de précision des bombardements. Bien qu'elle s'écartât de manière radicale de la doctrine d'emploi élaborée pour le B-29, qui prévoyait des formations évoluant de jour à haute altitude, elle fut mise en œuvre et obtint des résultats hallucinants. Ces raids firent plus de victimes, en effet, parmi les populations civiles que n'allaient en faire les bombardements atomiques sur Hiroshima et Nagasaki, le 6 et le 9 août 1945. Ces deux attaques, qui causèrent respectivement la mort de 75 000 et de 35 000 personnes, furent conduites par des B-29, l'*Enola Gay* du Colonel

## Ecorché du Boeing B-29 Superfortress

1 Sonde de température extérieure
2 Vitrages avant
3 Glace plane de visée de bombardement
4 Viseur de bombardement
5 Vitrages
6 Collimateur avant
7 Siège de l'opérateur de bombardement
8 Console d'instruments du pilote
9 Manche à balai de droite
10 Siège du copilote
11 Siège du pilote
12 Console latérale
13 Tuyauterie de chauffage de l'habitacle
14 Jambe de train avant
15 Mécanisme d'orientation du diabolo avant
16 Diabolo avant
17 Contrefiche d'escamotage du train
18 Trappes de train avant
19 Passage des timoneries de commandes
20 Plaque du blindage dorsal du pilote
21 Poste du mécanicien
22 Tourelle supérieure avant, armée de 4 mitrailleuses de 12,7 mm
23 Poste de l'opérateur radio

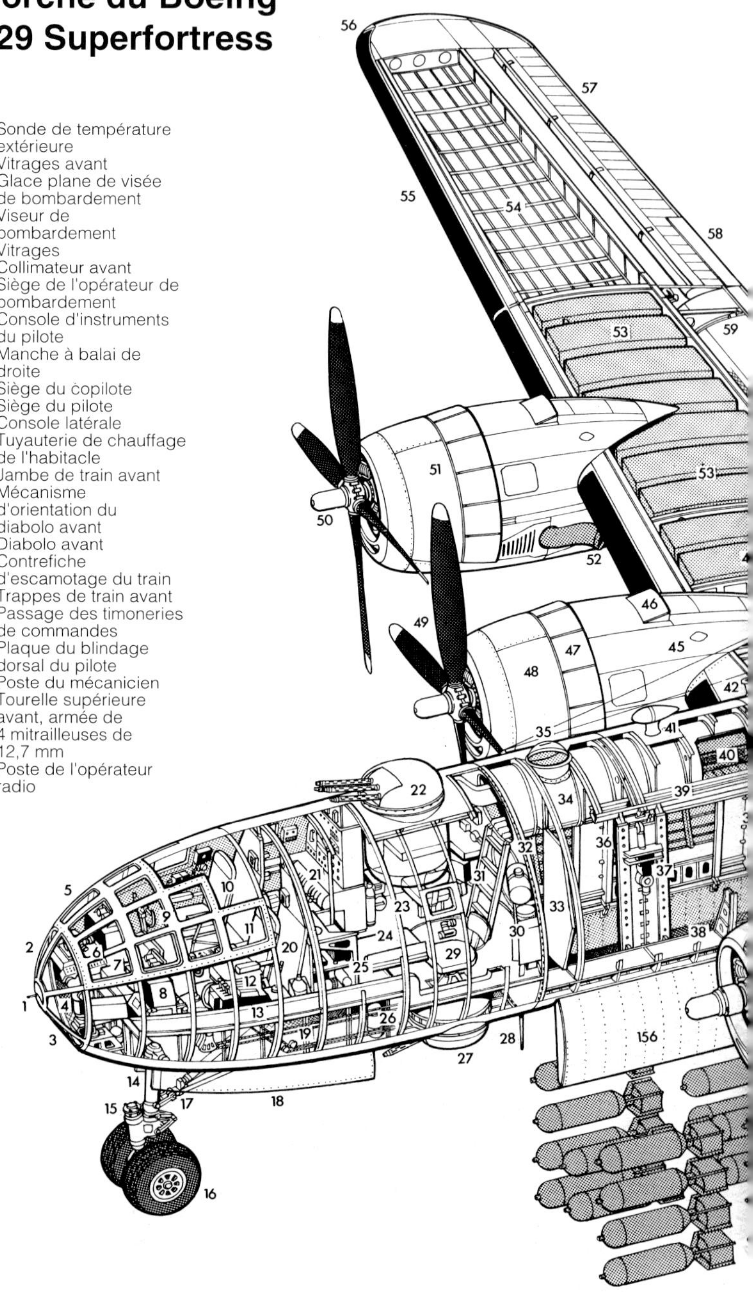

## Versions des Boeing B-29 et B-50

**XB-29 :** 3 prototypes Boeing Model 345 (41-002, 41-003 et 41-18335)
**YB-29 :** 14 avions de présérie, armés (41-36954 à 36967)
**B-29 :** version produite en série par Boeing Wichita (BW), Bell (BA) et Martin Omaha (MO), respectivement à 1 620, 357 et 204 exemplaires
**B-29A :** envergure portée à 43,36 m ; moteurs R-3350-57 ou 59 ; tourelle supérieure avant à 4 mitrailleuses ; 1 119 exemplaires construits par Boeing Renton (BN)
**F-13A :** 117 avions transformés pour la reconnaissance stratégique, avec appareils photographiques et réservoirs augmentant le rayon d'action
**RB-29A :** désignation attribuée en 1948 aux ci-devant F-13A
**TB-29A :** appareils transformés pour l'entraînement des équipages
**ETB-29A :** TB-29A transformé pour recevoir, dans le cadre du projet Tom-Tom, un F-84 accroché à l'extrémité de chaque aile (44-62093)
**B-29B :** moteurs R-3350-51, armement défensif réduit à la seule tourelle arrière ; 311 exemplaires construits par Bell (BA)
**EB-29B :** avions modifiés pour les essais du « chasseur parasite » XF-85 Goblin, accroché sous un trapèze (44-84111)
**B-29D :** seconde désignation du XB-44, qui deviendra ensuite le B-50
**XB-29G :** 1 appareil (44-84043) modifié en vue d'essais de turboréacteurs montés dans une nacelle, sous le fuselage
**XB-29H :** 1 B-29A équipé, à titre expérimental, d'un nouvel armement défensif
**YB-29J :** 6 avions modifiés pour effectuer les essais de la version civile du moteur R-3350
**RB-29J :** 2 YB-29J transformés en appareils de reconnaissance et équipés de divers capteurs ; également désignés FB-29J
**YKB-29J :** 2YB-29J transformés pour essais du système de ravitaillement en vol Boeing Flying Boom
**CB-29K :** appareil transformé en avion de transport de matériel
**B-29L :** première désignation du B-29MR
**KB-29M :** 92 avions transformés en citernes volantes, avec le système de ravitaillement en vol britannique « boucle et grappin »
**B-29MR :** 74 appareils transformés pour être ravitaillables en vol
**KB-29P :** 116 avions transformés en ravitailleurs pour le Strategic Air Command (système Flying Boom)
**YKB-29T :** 1 KB-29M (45-21734) transformé pour ravitailler simultanément 3 avions
**DB-29 :** divers avions transformés pour le téléguidage d'appareils sans pilote
**GB-29 :** appareils transformés pour larguer en altitude les prototypes expérimentaux XS-1, X-1 et X-2
**QB-29 :** appareils transformés en avions-cibles télécommandés
**SB-29 :** appareils transformés pour le sauvetage en mer, avec 1 canot parachutable
**WB-29 :** avions de reconnaissance météorologique, dotés de divers équipements de détection
**XB-39 :** 1 YB-29 équipé de moteurs Allison V-3420 à refroidissement par liquide
**XB-44 :** 1 appareil modifié avec moteurs Wasp Major R4360-33 de 3 000 ch ; rebaptisé B-29D
**P2B-1 :** 4 appareils transformés en patrouilleurs pour l'US Navy, puis transformés en P2B-1S de veille radar et en P2B-2S, avion porteur du prototype D-558-II Skyrocket ; 1 exemplaire livré au NACA pour travaux de recherche
**B-50A :** version de série du B-29D ; nouveaux matériaux employés pour la construction de la voilure, dérive rallongée et hélices à pas réversible ; 79 exemplaires construits
**TB-50A :** 11 exemplaires transformés pour l'entraînement des équipages
**B-50B :** poids total accru, équipement modifiés ; 45 exemplaires construits
**EB-50B :** 1 B-50B transformé en vue des essais du train d'atterrissage monotrace du B-47
**RB-50B :** 44 B-50B transformés en avions de reconnaissance stratégique, avec réservoirs de 2 650 l sous les ailes
**YB-50C :** prototype envisagé, mais non réalisé, de la version B-54 de troisième génération
**B-50D :** version définitive de bombardement, avec nouveaux vitrages à l'avant, réservoirs de 2 650 l sous les ailes, nouvelle tourelle supérieure avant ; 222 exemplaires construits
**DB-50D :** 1 avion transformé en lanceur dans le cadre du programme de développement du Bell XB-63 Rascal
**KB-50D :** 1 appareil transformé en prototype des versions de ravitaillement en vol
**TB-50D :** 11 B-50D désarmés et transformés pour l'entraînement des équipages
**WB-50D :** 36 B-50D transformés pour la reconnaissance météorologique
**RB-50E :** 14 RB-50B équipés de nouveaux capteurs
**RB-50F :** 14 RB-50B équipés du radar de navigation SHORAN
**RB-50G :** 15 appareils transformés par montage du radar cartographique, de nouveaux équipements d'aide à la navigation et de vitrages avant identiques à ceux du B-50D
**TB-50H :** version, non armée, d'entraînement des équipages ; 24 exemplaires construits
**WB-50H :** TB-50H transformés pour la reconnaissance météorologique
**KB-50J :** version de ravitaillement en vol, obtenue par transformation de la totalité des RB-50E, RB-50F et RB-50G, ainsi que de 7 B-50D ; système de ravitaillement A-12B à tuyau souple enroulé sur tambour ; transformation effectuée par la société Hayes, qui équipa ensuite les avions de réacteurs d'appoint General Electric J47-23 (1 sous chaque aile)
**KB-50K :** tous les TB- 50H, après mise au standard KB-50J

*Quatre-vingt-huit B-29A utilisés auparavant par l'USAAF furent livrés à la RAF au lendemain de la guerre. Le WF443 était un de ces appareils, désignés Washington en Grande-Bretagne. L'avion appartenait au Squadron 90 au début des années cinquante.*

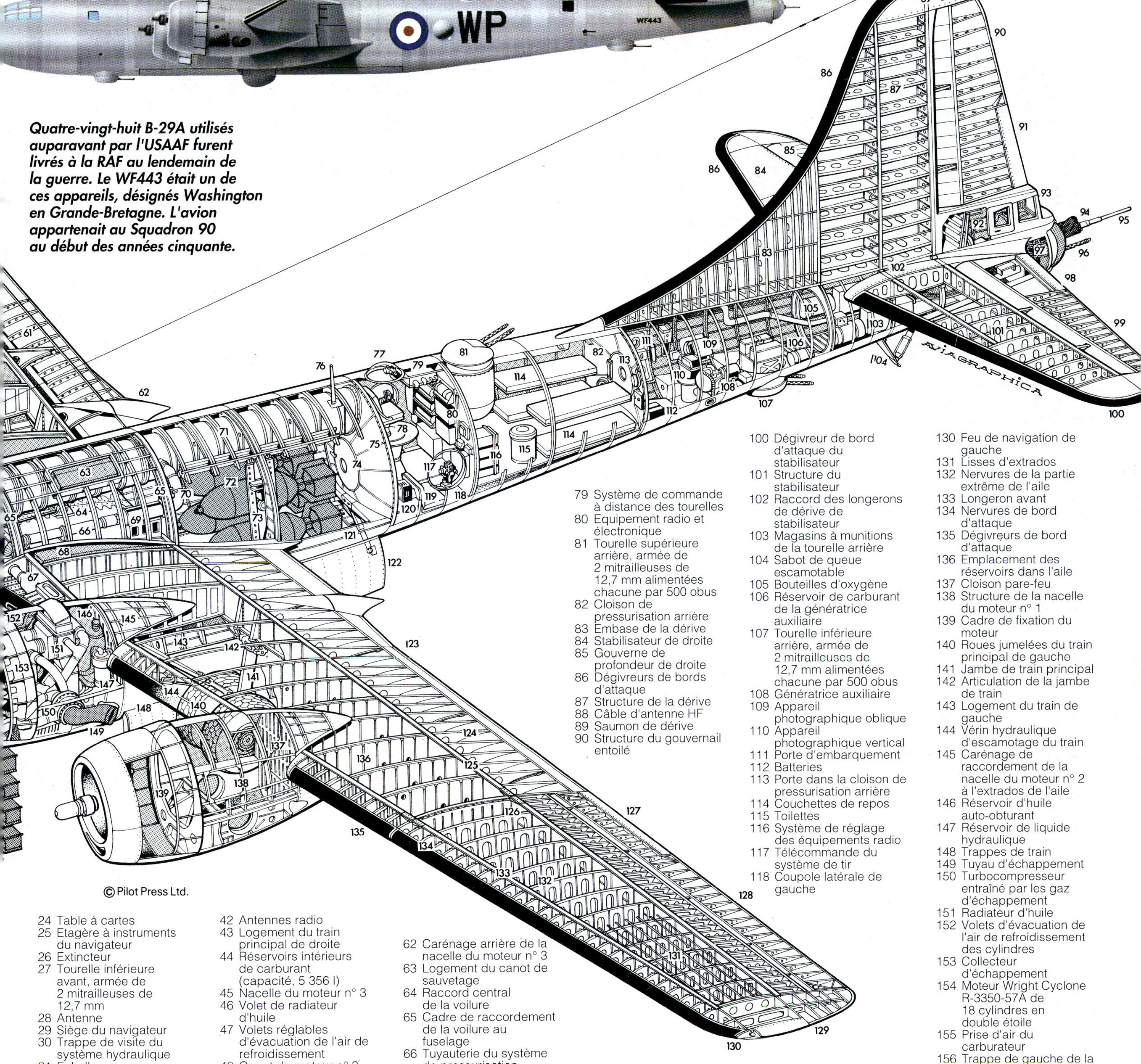


© Pilot Press Ltd.

24 Table à cartes
25 Etagère à instruments du navigateur
26 Extincteur
27 Tourelle inférieure avant, armée de 2 mitrailleuses de 12,7 mm
28 Antenne
29 Siège du navigateur
30 Trappe de visite du système hydraulique
31 Echelle
32 Cloison de pressurisation du compartiment avant
33 Cloison blindée
34 Tunnel de liaison des compartiments pressurisés
35 Coupole de navigation astronomique
36 Lance-bombes dans la soute avant
37 Treuil de mise en place des bombes
38 Passerelle
39 Poutre support des lance-bombes
40 Plancher pour reptation dans le couloir pressurisé
41 Antenne du radiocompas
42 Antennes radio
43 Logement du train principal de droite
44 Réservoirs intérieurs de carburant (capacité, 5 356 l)
45 Nacelle du moteur n° 3
46 Volet de radiateur d'huile
47 Volets réglables d'évacuation de l'air de refroidissement
48 Capot du moteur n° 3
49 Hélice quadripale à vitesse constante Hamilton Standard
50 Mécanisme de commande du pas de l'hélice
51 Nacelle du moteur n° 4
52 Tuyau d'échappement
53 Réservoirs extérieurs (capacité, 4 990 l)
54 Raidisseurs d'intrados
55 Dégivreurs de bord d'attaque
56 Feu de navigation de droite
57 Aileron entoilé
58 Compensateur d'aileron
59 Rails de guidage des volets
60 Volets Fowler
61 Nervures de volets
62 Carénage arrière de la nacelle du moteur n° 3
63 Logement du canot de sauvetage
64 Raccord central de la voilure
65 Cadre de raccordement de la voilure au fuselage
66 Tuyauterie du système de pressurisation
67 Echangeur de chaleur
68 Réservoir central (capacité, 5 046 l)
69 Système de chauffage de cabine
70 Vanne de contrôle de la pressurisation
71 Cadres de fuselage
72 Soute à bombe arrière, pour 4 bombes de 908 kg
73 Lance-bombes
74 Porte
75 Cloison de pressurisation avant du compartiment arrière
76 Mât d'antenne radio
77 Coupole de visée des tourelles supérieures
78 Siège du mitrailleur supérieur
79 Système de commande à distance des tourelles
80 Equipement radio et électronique
81 Tourelle supérieure arrière, armée de 2 mitrailleuses de 12,7 mm alimentées chacune par 500 obus
82 Cloison de pressurisation arrière
83 Embase de la dérive
84 Stabilisateur de droite
85 Gouverne de profondeur de droite
86 Dégivreurs de bords d'attaque
87 Structure de la dérive
88 Câble d'antenne HF
89 Saumon de dérive
90 Structure du gouvernail entoilé
91 Compensateur de direction
92 Compartiment pressurisé du mitrailleur arrière
93 Vitres blindées
94 Cinémitrailleuse
95 Canon de 20 mm, alimenté par 100 obus
96 Mitrailleuses de 12,7 mm, alimentées chacune par 500 obus
97 Tourelle sphérique commandée à distance
98 Compensateur de profondeur
99 Structure de la gouverne de profondeur de gauche, entoilée
100 Dégivreur de bord d'attaque du stabilisateur
101 Structure du stabilisateur
102 Raccord des longerons de dérive de stabilisateur
103 Magasins à munitions de la tourelle arrière
104 Sabot de queue escamotable
105 Bouteilles d'oxygène
106 Réservoir de carburant de la génératrice auxiliaire
107 Tourelle inférieure arrière, armée de 2 mitrailleuses de 12,7 mm alimentées chacune par 500 obus
108 Génératrice auxiliaire
109 Appareil photographique oblique
110 Appareil photographique vertical
111 Porte d'embarquement
112 Batteries
113 Porte dans la cloison de pressurisation arrière
114 Couchettes de repos
115 Toilettes
116 Système de réglage des équipements radio
117 Télécommande du système de tir
118 Coupole latérale de gauche
119 Siège du mitrailleur (à droite et à gauche)
120 Régulateur de tension
121 Vérins hydrauliques de manœuvre des trappes de soutes à bombes
122 Trappes de la soute à bombes arrière
123 Volets Fowler
124 Nervures de la partie de l'aile en surplomb des volets
125 Longeron arrière
126 Nervure d'assemblage de l'aile
127 Compensateur d'aileron
128 Structure de l'aileron entoilé
129 Saumon d'aile
130 Feu de navigation de gauche
131 Lisses d'extrados
132 Nervures de la partie extrême de l'aile
133 Longeron avant
134 Nervures de bord d'attaque
135 Dégivreurs de bord d'attaque
136 Emplacement des réservoirs dans l'aile
137 Cloison pare-feu
138 Structure de la nacelle du moteur n° 1
139 Cadre de fixation du moteur
140 Roues jumelées du train principal de gauche
141 Jambe de train principal
142 Articulation de la jambe de train
143 Logement du train de gauche
144 Vérin hydraulique d'escamotage du train
145 Carénage de raccordement de la nacelle du moteur n° 2 à l'extrados de l'aile
146 Réservoir d'huile auto-obturant
147 Réservoir de liquide hydraulique
148 Trappes de train
149 Tuyau d'échappement
150 Turbocompresseur entraîné par les gaz d'échappement
151 Radiateur d'huile
152 Volets d'évacuation de l'air de refroidissement des cylindres
153 Collecteur d'échappement
154 Moteur Wright Cyclone R-3350-57A de 18 cylindres en double étoile
155 Prise d'air du carburateur
156 Trappe de gauche de la soute à bombes avant
157 Bombes de 227 kg (20) ; charge maximale, 9 072 kg

***Ce B-29A-70-BN effectua, au cours de la dernière année du conflit coréen, des missions clandestines sur la Mandchourie.***

***Une des caractéristiques les plus remarquables du B-29 résidait dans son armement défensif, composé de tourelles télécommandées. L'appareil représenté ici participa aux derniers raids contre le Japon en 1945, à partir de la base de Tinian.***

Paul Tibbets et le *Bock's Car*, avec une bombe de 20 kilotonnes chacun. La guerre prit fin cinq jours plus tard.

## Nombreuses modifications

Lorsque les hostilités cessèrent dans le Pacifique, plus de 2 000 B-29 volaient au sein d'unités opérationnelles ; près de 5 000 autres allaient être décommandés quelques jours plus tard. Le rythme de production, toutefois, ne s'arrêta pas brusquement, puisque la fabrication se poursuivit jusqu'au mois de mai 1946, le nombre total de B-29 construits s'élevant à 3 960. Des centaines de machines, modifiées en vue d'utilisations spéciales, servirent comme avions de sauvetage en mer, comme bancs d'essai de turboréacteurs ou comme appareils de ravitaillement en vol. La carrière du B-29 fut prolongée ainsi d'une dizaine d'années.

Dès 1942, Boeing avait entrepris l'étude d'un dérivé, le Model 367 de transport, qui se caractérisait par son fuselage bilobé, le diamètre du lobe supérieur étant plus grand que celui du lobe inférieur. Le premier XC-97 vola le 15 novembre 1944, diverses versions de bombardement, également dérivées du B-29, étant annulées. Toutefois, le B-29D, doté de moteurs nouveaux, eut un successeur sous la forme du B-50.

Un B-29A (42093845) modifié par le montage de Pratt & Whitney R-4360 Wasp Major devint, au début de 1944, le XB-44. Ces moteurs développant 3 000 ch, des possibilités nouvelles s'ouvraient, l'appareil étant l'objet d'autres améliorations ; ainsi, sa nouvelle voilure construite en alliage 75ST offrit à la fois une résistance mécanique accrue et un gain de poids de 295 kg, l'avion étant muni d'une dérive rallongée, tandis que ses hélices étaient à pas réversible. Le nouveau bombardier entra en production à Renton en juillet 1945, sous la désignation de B-29D, laquelle fit bientôt place à celle de B-50. Le premier B-50A de série apparut en juin 1947, Boeing produisant cette version à 79 exemplaires, lesquels furent suivis de 45 B-50B qui se caractérisaient par des renforcements de la structure. Ces derniers, à l'exception d'un seul, furent dépourvus de leur armement et transformés en RB-50B de reconnaissance, après l'adoption de réservoirs de 2 650 l sous la voilure. La version définitive B-50D fut réalisée à 222 exemplaires, auxquels s'ajoutèrent 24 TB-50H d'entraînement.

Au début des années cinquante, des centaines de B-29 volaient encore, pour la plupart adaptés à des utilisations spéciales, les 88 avions livrés au Bomber Command de la RAF étant toutefois identiques à la version initiale. Sous l'appellation de Washington, ils servirent au sein de huit squadrons. Les ravitailleurs KB-50J de l'USAF furent employés jusqu'en 1963, les deux derniers terminant leur carrière au Viêt-nam.

Mais l'histoire du B-29 et de ses dérivés ne s'achève pas là. En effet, dès 1943, Staline tenta d'obtenir la livraison par les Etats-Unis de B-29. Il n'eut pas satisfaction, si bien que l'industrie soviétique s'efforça de produire un appareil équivalent, quoique plus petit et doté d'un armement moins complexe. C'est alors que, le 29 juillet 1944, au retour d'une mission sur le Japon, un B-29 effectua un atterrissage forcé dans la région de Vladivostok. Deux autres tombèrent peu après aux mains des Soviétiques, dans des conditions comparables. Ceux-ci les démontèrent soigneusement et les étudièrent en détail, puis établirent des liasses de plans permettant de construire la machine en série, le bureau d'études Tupolev étant chargé de mener à bien l'opération. Afin de limiter les difficultés, les Soviétiques tentèrent de se procurer directement auprès des Etats-Unis les pneus et les freins, sans y parvenir.

Le bureau d'études Tupolev commença par construire deux appareils de transport, les Tu-70 et Tu-75, beaucoup plus simples que le B-29, dont ils conservaient toutefois de nombreux éléments, et notamment la voilure. Le Tu-70 prit l'air pour la première fois le 27 novembre 1946, et le 3 août de l'année suivante, à l'occasion d'un défilé aérien, trois Tu-4 survolèrent Moscou. Il s'agissait de copies fidèles du B-29, qui allaient être assemblées à raison de 300 exemplaires.

***Non loin de la base d'Eglin, au cours de l'année 1956, un KB-50D procède, pour la première fois, au ravitaillement simultané de trois F-100C du Tactical Air Command qui ont décollé de Foster AFB. Construit en tant que B-50D-105, cet avion, avec des réacteurs d'appoint, fut redésigné KB-50J.***

***Copie conforme du Boeing B-29, le Tupolev Tu-4 effectua sa première apparition officielle lors du défilé du Touchino, près de Moscou, au mois d'août 1947. Le premier prototype, représenté ici, a été photographié en 1983 au musée de Monino.***

# Catalina : le roi du Pacifique

*Conçu en 1935, le PBY augmenta de manière considérable les capacités de l'US Navy dans le domaine de la surveillance des océans. Il fut essayé et acheté par la RAF avant la guerre, tandis que l'Union soviétique le construisit sous licence. Le Catalina fut ainsi produit en plus grandes quantités que n'importe quel autre hydravion dans l'histoire de l'aéronautique.*

L'ORIGINE du PBY remonte à 1933, lorsque l'US Navy lança un programme concernant un hydravion à coque patrouilleur à long rayon d'action. A cette époque, le principal appareil de cette catégorie était le Consolidated P2Y, conçu à Buffalo par Isaac « Mac » Laddon, ingénieur spécialisé dans le domaine des hydravions, qui occupait également des fonctions de direction à la société Consolidated Aircraft. Pour répondre à ce nouveau programme, celui-ci modifia le P2Y en le dotant d'une aile presque totalement cantilever fixée à la coque plate et large par un pylône central qui abritait également le mécanicien volant. Différente de celle du P2Y, cette voilure était constituée d'une section centrale rectangulaire et d'éléments extérieurs en léger dièdre, et disposait d'un revêtement métallique (mis à part celui des ailerons, en toile). Les flotteurs latéraux, montés sur des châssis pivotants, actionnés par un moteur électrique, se relevaient en vol pour former les saumons d'aile.

La coque – entièrement métallique – se distinguait de celle de la plupart des grands hydravions, avec un seul pont recouvert d'un large toit semi-circulaire. La proue de l'appareil abritait un compartiment d'amarrage ainsi qu'un hublot transparent, pour l'observation, muni d'un store destiné à le protéger de l'eau de mer. Le poste avant était en fait, sur les machines de série, une tourelle abondamment vitrée et surmontée d'une mitrailleuse. Deux pilotes étaient assis côte à côte dans un vaste cockpit recouvert d'une verrière à grande visibilité. A l'arrière de l'aile, à droite et à gauche, se trouvaient les postes des mitrailleurs, munis d'une porte coulissante. A l'inverse du P2Y, cet avion possédait un empennage de forme simple, dont le plan horizontal était monté sur une seule dérive. Les ingénieurs avaient abandonné les moteurs Cyclone au profit des nouveaux Pratt & Whitney Twin Wasp, dont les capots étaient pourvus de volets de refroidissement et qui actionnaient des hélices Hamilton à pas variable.

Appelé Consolidated 28 par son constructeur, le nouvel hydravion à coque reçut de l'US Navy la désignation de XP3Y-1, et le prototype (BuAer 9459) déjaugea pour la première fois du lac Erié le 28 mars 1935. Il administra la preuve de ses qualités lors de ses essais à Coco Solo (dans la zone du canal de Panama), qui mirent tout de même en évidence la nécessité de le doter d'une dérive agrandie. Son rival, le Douglas XP3D-1, apparut lui-même comme un très bon appareil, mais le Consolidated, qui avait l'avantage d'être moins cher (il ne coûtait que 90 000 dollars), remporta le marché, et c'est ainsi que le 29 juin 1935 fut passée une commande de 60 exemplaires. La désignation d'origine fut alors transformée en PBY-1 à la suite de l'accroissement de la charge offensive située sous l'aile, qui s'élevait à 900 kg. L'armement défensif comprenait quatre mitrailleuses Browning de 7,62 mm, une dans la tourelle avant, commandée manuellement, une dans chacun des postes latéraux, la quatrième dans une trappe à l'arrière du fuselage, sous l'appareil.

**Un PBY-5A de l'US Navy survolant les îles Aléoutiennes, en 1944. La grande autonomie de ces appareils se révéla fort utile dans ces régions.**

*Ce Catalina IVA du Squadron 210 de la RAF montre le camouflage qui fut adopté à partir de 1942 pour les appareils de patrouille océanique du Coastal Command. Le JX574, bien qu'équipé d'un radar ASV MK II, est ici dépourvu des antennes dipôles généralement montées sur la coque.*

Avec cette commande relativement importante de 60 appareils, Consolidated avait assez de travail pour pouvoir supporter un déménagement vers San Diego, ville distante de 3 220 km, dans le sud de la Californie, où le climat est doux toute l'année. Au mois d'octobre 1935, le XP3Y effectua un vol sans escale de 5 630 km de Coco Solo à San Francisco, participant ensuite à l'inauguration des gigantesques installations nouvelles de San Diego. Il retourna alors à Buffalo pour y être modifié en PBY de série avec une grande dérive arrondie, des dégivreurs sur tous les bords d'attaque (celui de la dérive étant muni de marchepieds escamotables), un armement complet et tout l'équipement de combat. Il vola à nouveau au mois de mars 1936 et rejoignit le Squadron VP-11F de l'US Navy, en même temps que les premiers appareils de série, en octobre 1936 ; il était sans doute le meilleur hydravion patrouilleur du monde à cette époque.

En juillet 1936, Consolidated décrocha un contrat portant sur 50 PBY-2 pourvus de quatre pylônes sous voilure destinés à recevoir des bombes de 454 kg, et munis de mitrailleuses de 12,7 mm dans les postes latéraux. En novembre de la même année, le constructeur enregistra une commande de 66 PBY-3 à moteurs R-1830-66 Twin Wasp, dont la puissance avait été portée de 900 à 1 000 ch. Puis, en décembre 1937, un nouvel achat de 33 PBY-4 survenait, tous les exemplaires sauf un devant être dotés de vastes verrières arrondies qui remplaçaient les portières coulissantes des postes de mitrailleurs latéraux, et propulsés

*Cette photographie en couleurs, prise au début de 1942 lors de l'offensive japonaise contre les Aléoutiennes, montre un PBY-5 de l'US Navy prêt à partir en mission. On remarquera les bombes accrochées sous l'aile. L'armement défensif consistait en deux mitrailleuses de 7,62 mm et deux autres de 12,7 mm, représentant une puissance de feu assez faible.*

## Ecorché du Consolidated PBY-5A Catalina

1 Saumon du stabilisateur droit
2 Dégivreur de bord d'attaque
3 Feu de navigation arrière
4 Gouverne de profondeur entoilée
5 Compensateur de profondeur
6 Compensateur de direction
7 Structure de la gouverne de direction
8 Pointe arrière du fuselage
9 Bielle de commande de profondeur
10 Levier de commande de direction
11 Anneau d'amarrage
12 Structure de l'embase de la dérive

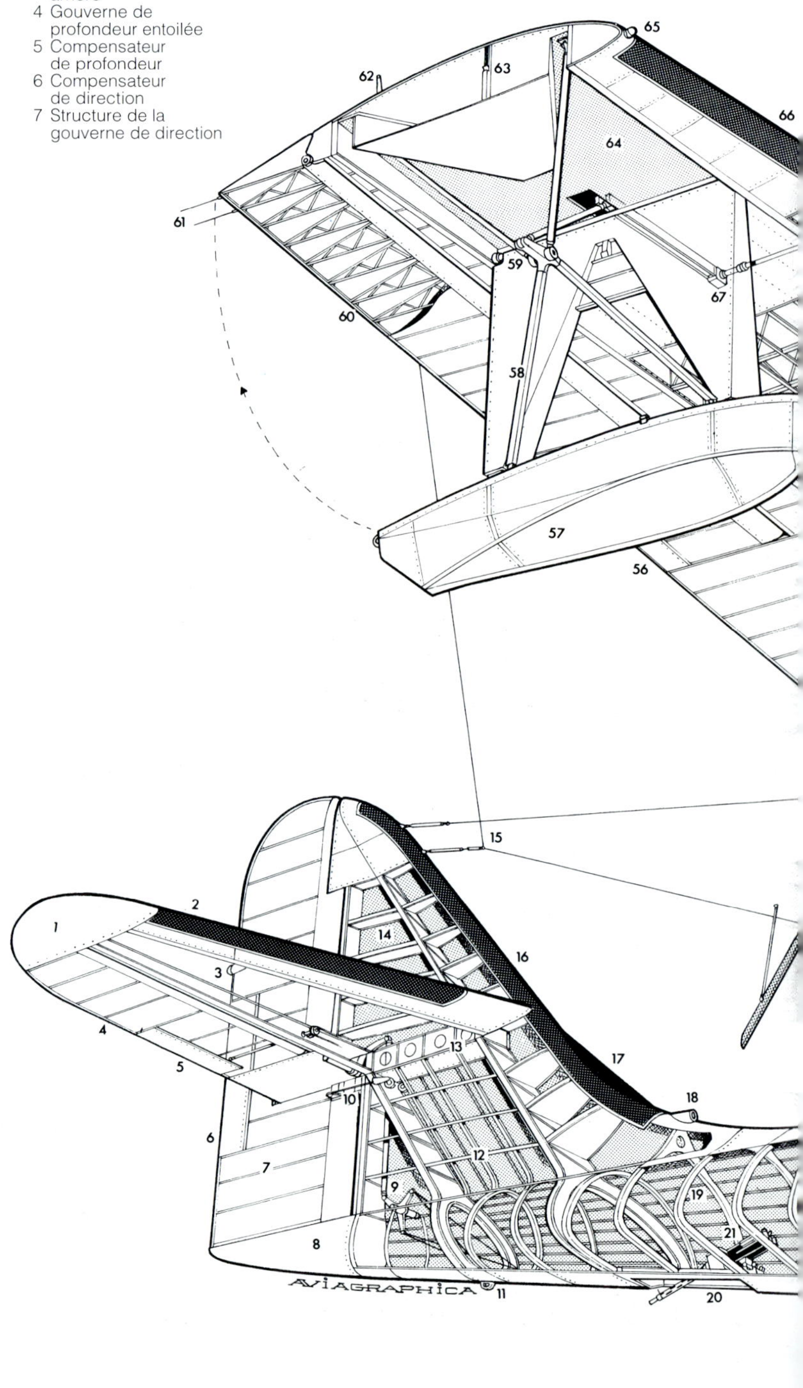

13 Fixation du stabilisateur sur la dérive
14 Structure de la partie supérieure de la dérive
15 Câbles d'antennes
16 Dégivreur de bord d'attaque de dérive
17 Stabilisateur gauche
18 Prise d'air de refroidissement
19 Cadres et lisses de fuselage
20 Poste de tir inférieur
21 Mitrailleuse de 7,62 mm
22 Revêtement de fuselage
23 Treuil de remorquage de cibles
24 Tube lance-fusées
25 Cadre plein de fuselage
26 Porte dans le cadre plein
27 Mitrailleuse latérale de 12,7 mm
28 Poste de tir latéral droit
29 Vitrage coulissant
30 Affût mobile
31 Coupole du poste de tir latéral gauche
32 Strapontin du mitrailleur
33 Plate-forme de tir semi-circulaire
34 Trottoir
35 Cadres de fond de coque en V
36 Cadre arrière de cabine
37 Couchettes de repos
38 Cabine
39 Roue droite
40 Redan
41 Structure du fond de coque
42 Revêtement du fuselage
43 Logement du train principal
44 Vérin hydraulique de relevage du train
45 Jambe de train télescopique
46 Mâts supports de voilure
47 Structure du pylône central
48 Carénage de bord de fuite du pylône
49 Réservoir structural d'aile droite (capacité, 3 312 l)
50 Tuyau de vidange des réservoirs
51 Bombe de 454 kg
52 Bombe fumigène
53 Nervures de bord de fuite
54 Entoilage du bord de fuite
55 Longeron arrière
56 Compensateur d'aileron
57 Flotteur relevable formant saumon d'aile
58 Support de flotteur
59 Mécanisme de relevage du flotteur
60 Aileron entoilé
61 Déperditeurs d'électricité statique
62 Mât d'antenne
63 Système de verrouillage du flotteur, en position haute
64 Logement du support de flotteur
65 Feu de navigation droit
66 Dégivreur de bord d'attaque
67 Système de relevage du flotteur
68 Longeron avant
69 Nervures et longeronnets de voilure
70 Antenne du radar ASV
71 Fixation de la partie extérieure de l'aile sur le plan central
72 Croisillonnage d'une nervure d'aile
73 Lance-bombes
74 Bombes de 227 kg
75 Nervures de bord d'attaque
76 Emplacement du tube de Pitot sur l'aile gauche
77 Phare d'atterrissage
78 Cloison antiéblouissante
79 Carénage de nacelle moteur
80 Accumulateur hydraulique
81 Réservoir d'huile du moteur
82 Cloison pare-feu
83 Tubulure d'échappement
84 Bâti-support de moteur
85 Capot moteur démontable
86 Hélice tripale à vitesse constante Curtiss Electric de 3,66 m de diamètre
87 Mécanisme de variation du pas de l'hélice
88 Moteur en double étoile Pratt & Whitney R-1830-92
89 Fil d'antenne
90 Cadre du radiocompas
91 Radiateur d'huile
92 Passages des câbles de commande dans le bord d'attaque du pylône central
93 Marchepied
94 Console du mécanicien navigant
95 Siège du mécanicien navigant
96 Cadre principal de fuselage portant la voilure
97 Equipements radio et radar
98 Chauffage cabine
99 Couloir dans la cabine avant
100 Jambe de train principal
101 Compas d'amortisseurs
102 Roue gauche
103 Torpille Mk 13-2
104 Charge de profondeur de 200 kg
105 Structure d'un cadre de fuselage
106 Siège du navigateur
107 Siège du radioradariste
108 Equipement radio
109 Hublot de cabine
110 Pilote automatique
111 Table des cartes du navigateur
112 Arête latérale de la coque
113 Cadre plein
114 Siège du copilote
115 Siège du pilote
116 Console des circuits électriques
117 Vitrage coulissant
118 Volets de refroidissement du moteur
119 Nacelle de moteur
120 Trappe d'évacuation dans le plafond du poste de pilote
121 Manettes des gaz et commandes d'hélices (au plafond)
122 Essuie-glace
123 Pare-brise bombé
124 Tableau de bord
125 Barre de support des volants
126 Pédales de palonnier
127 Plancher du poste de pilotage
128 Trappes de train avant
129 Logement de la roue avant
130 Aileron gauche
131 Roue avant
132 Flotteur relevable de l'aile gauche
133 Support de flotteur
134 Feu de navigation gauche
135 Dégivreur de bord d'attaque
136 Fourche de train avant
137 Vérin de relevage du train avant
138 Poste du mitrailleur avant opérateur bombardier
139 Cadre capitonné
140 Plancher
141 Casiers à munitions
142 Tourelle rotative
143 Mitrailleuse de 7,62 mm
144 Console de l'opérateur bombardier
145 Viseur
146 Vitrage de visée avec store de protection
147 Câble d'ancre marine

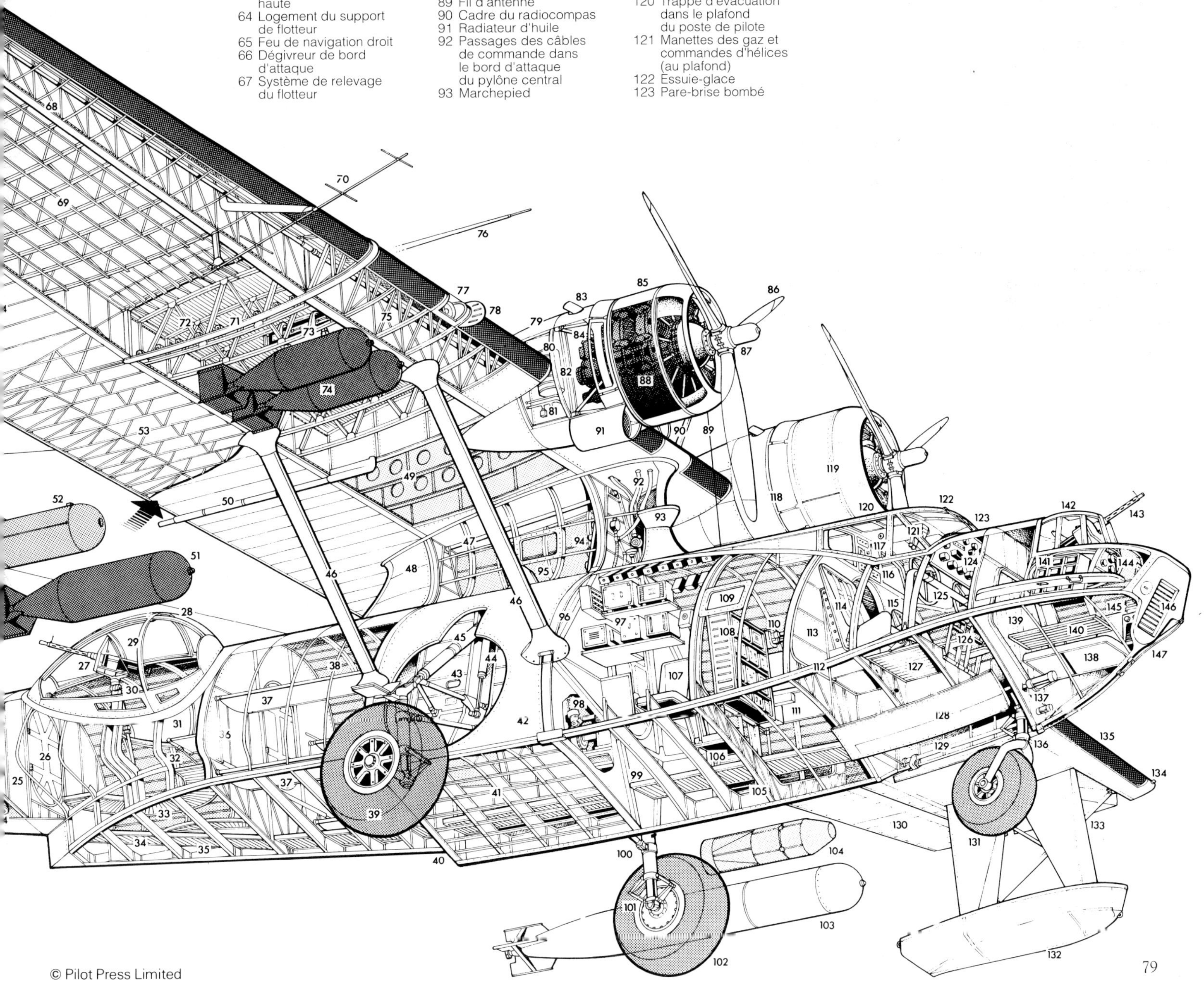

OB-924
OB-924
OB-924

*Cet amphibie OA-10A de l'Air Rescue Service fut transféré de l'US Army Air Force à l'US Air Force lorsque celle-ci fut créée, en octobre 1947. Il avait été construit pendant la guerre par Canadian Vickers et faisait partie d'un lot de deux cent trente appareils qui furent affectés sur divers fronts à partir de 1944, et dont les derniers volaient encore dix ans plus tard. Après la fin de la guerre, ces hydravions furent désarmés, une caractéristique qui constitua leur principale différence avec le type PBY-5A d'origine.*

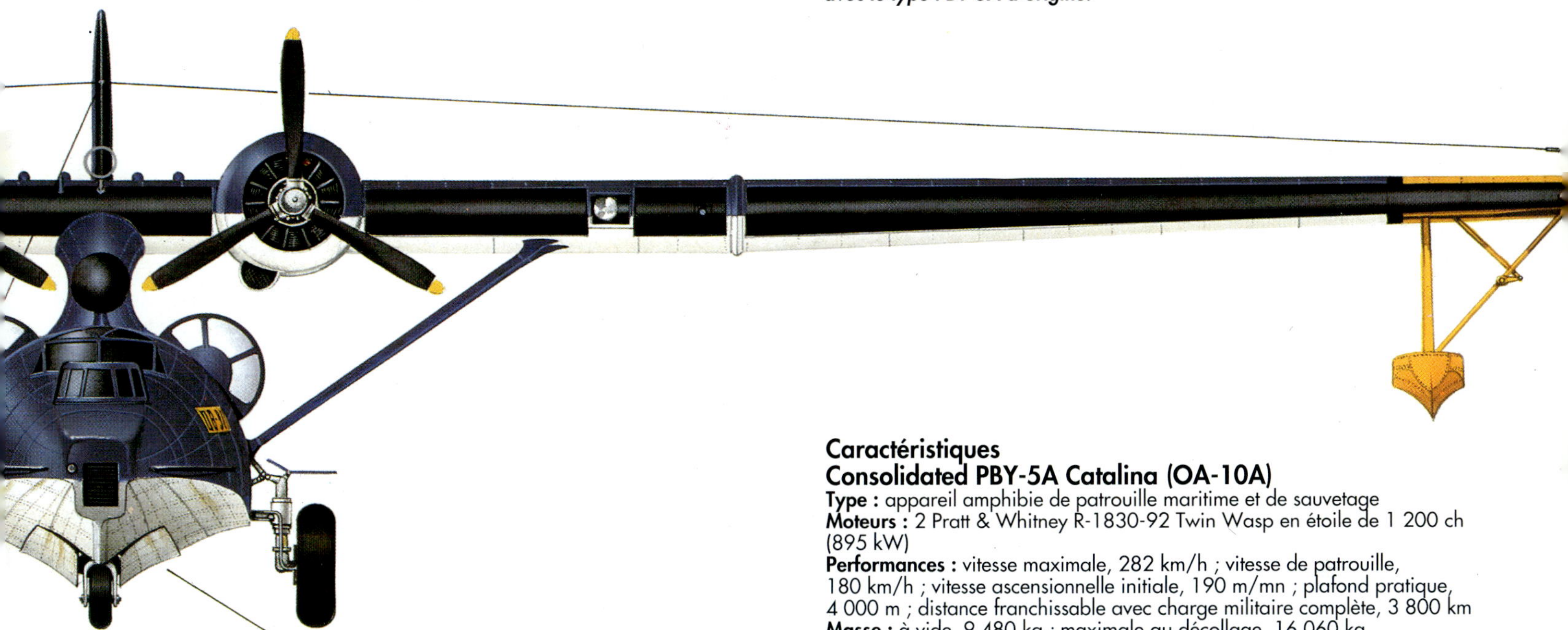

## Caractéristiques
## Consolidated PBY-5A Catalina (OA-10A)

**Type :** appareil amphibie de patrouille maritime et de sauvetage
**Moteurs :** 2 Pratt & Whitney R-1830-92 Twin Wasp en étoile de 1 200 ch (895 kW)
**Performances :** vitesse maximale, 282 km/h ; vitesse de patrouille, 180 km/h ; vitesse ascensionnelle initiale, 190 m/mn ; plafond pratique, 4 000 m ; distance franchissable avec charge militaire complète, 3 800 km
**Masse :** à vide, 9 480 kg ; maximale au décollage, 16 060 kg
**Dimensions :** envergure, 31,70 m ; longueur, 19,47 m ; hauteur, 6,15 m ; surface alaire, 130 m²
**Armement :** 1 mitrailleuse de 12,7 mm dans chaque poste de tir latéral ; 1 ou 2 mitrailleuses de 7,62 mm dans la tourelle avant ; 1 mitrailleuse de 7,62 mm tirant par une trappe ventrale ; charge offensive de 454 kg sous chaque aile

***Ce Catalina est le troisième d'une tranche de trente-six GR.IIA construits par Canadian Vickers et d'abord utilisés par la RCAF. Ils équipèrent principalement le Squadron 209, après avoir été munis de radars ASV.II, dont on voit les antennes dipôles.***

***Ce PBY-5 fut affecté en 1942 au Squadron 11 de la Royal Australian Air Force. Il appartenait à un lot de dix-huit appareils commandés antérieurement à la loi du prêt-bail. Les radars ASV furent montés dès 1942. On notera l'absence des antennes généralement montées sur l'aile.***

par des moteurs développant une puissance maximale de 1 050 ch. Deux autres PBY furent vendus à un explorateur, le docteur Richard Archbold, qui les baptisa *Guba I* et *Guba II* (mot polynésien désignant une tempête soudaine) : ce dernier passa une année en Nouvelle-Guinée dans des conditions difficiles. Le *Guba II* devait d'ailleurs être le premier avion à traverser l'océan Indien pour reconnaître le chemin qui allait devenir célèbre pendant la guerre sous le nom de « Route en fer à cheval », et que des centaines de Catalina militaires et de BOAC seraient souvent appelés à emprunter. Il survola ensuite l'Afrique et l'océan Atlantique, effectuant de cette façon le premier tour du monde par l'équateur. Le *Guba* I fut vendu à une expédition soviétique conduite par sir Hubert Wilkins et parcourut 30 600 km à travers les pires intempéries, cherchant en vain S.A. Levanevski, qui avait disparu près du pôle Nord le 13 août 1937.

Le Consolidated 28 connut un tel succès dans ce domaine qu'il commença à être fabriqué à Taganrog, sur les bords de la mer d'Azov, sous l'appellation de GST (ainsi qu'une version de transport civil, le MP-7). Plus de 1 000 appareils de ce type furent utilisés au cours de la Seconde Guerre mondiale avec des moteurs M-62 de 950 ch dotés de plaques frontales perforées, à la manière des Polikarpov I-16, et avec un équipement et un armement soviétiques.

Un Consolidated 28-5 (PBY-4) fut acheté par l'Air Ministry britannique, qui lui fit subir des essais à Felixstowe avec le numéro de série RAF P9630. Il afficha de si bonnes performances qu'il fut adopté comme appareil standard pour l'équipement en hydravions du Coastal Command. Baptisée Catalina I (nom qui fut plus tard également adopté par l'US Navy), la première version de la RAF était semblable au dernier modèle adopté par l'US Navy, c'est-à-dire au PBY-5 à moteurs R-1830-92 de 1 200 ch. Le 20 décembre 1939, une commande de 200 appareils fut passée par la RAF.

***PBY-1 du VP-12, qui fut le second squadron de l'US Navy équipé de ce type d'appareil, dès 1937. Les premiers modèles n'avaient pas les coupoles latérales des versions ultérieures. Ils arboraient une peinture aluminium.***

## Une version amphibie

Le 22 novembre 1939, Consolidated fit voler un PBY-4 modifié sous la désignation de XPBY-5A, avec un train d'atterrissage tricycle escamotable. Cette version amphibie connut un très vif succès, la modification n'ayant que peu d'influence sur les performances de l'avion. Finalement, 33 PBY-5 furent convertis en PBY-5A, 134 exemplaires de ce type étant commandés en novembre 1940. A l'époque de l'attaque de Pearl Harbor, le 7 décembre 1941, l'US Navy possédait trois squadrons de PBY-3, deux de PBY-4 et pas moins de seize volant sur le nouveau PBY-5. Avant l'aube de ce jour, l'équipage d'un PBY, ayant repéré le périscope d'un sous-marin japonais à Pearl Harbor, avait marqué l'endroit de l'observation d'un fumigène et conduit sur les lieux le destroyer *Ward*, qui le coula.

Ce fut la première action américaine de la Seconde Guerre mondiale, environ une heure avant le début de l'attaque aérienne. Mais auparavant, 586 PBY-5 avaient été commandés, et la liste des exportations s'allongeait : 18 pour l'Australie, 50 pour le Canada, 30 pour la France et 36 pour les Indes néerlandaises. En 1942, quelque 627 PBY-5A vinrent s'ajouter à ce total, parmi lesquels 56 devaient devenir des OA-10 destinés à l'US Army Air Force, qui les utiliserait pour la recherche et le sauvetage en mer. Le premier lot livré à la RAF au titre de la loi du prêt-bail comprenait 225 PBY-5B non amphibies (Catalina IA) ; ces appareils furent suivis par 97 Catalina IA équipés, en Grande-Bretagne, de radar.

## En opérations dans la RAF

Pour les Catalina de la RAF, les opérations débutèrent au printemps 1941 avec les Squadrons 209 et 210. L'un des premiers hydravions opérationnels de ce type fut un appareil appartenant au Squadron 209, basé à Castle Archdale, qui, le 26 mai 1941, se trouvait loin au-dessus de l'Atlantique avec un équipage commandé par le Pilot Officer Briggs, sous la direction d'un lieutenant « neutre » appartenant à l'US Navy. Ce furent ces hommes qui repérèrent le *Bismarck*, un imposant bâtiment de guerre qui avait échappé à tous ses poursuivants pendant plus de trente et une heures. Malgré les tirs antiaériens, le Catalina transmit par radio la position du navire adverse, le surveilla jusqu'à ce qu'un autre Catalina du Squadron 240 vienne le relever et guida la flotte britannique sur le cuirassé ennemi. Cet épisode mis à part, la plupart des missions confiées aux quelque 650 Catalina du Coastal Command furent dirigées contre des sous-marins.

## Les « Black Cats »

Les conditions étaient tout aussi difficiles dans le Pacifique, où le Catalina était, depuis le 7 décembre 1941, le principal avion de patrouille américain. Dans la zone nord du théâtre des opérations, aux abords des îles Aléoutiennes, de nombreux Catalina durent effectuer des décollages en surcharge, de nuit, par vent arrière et dans le blizzard, avec des pare-

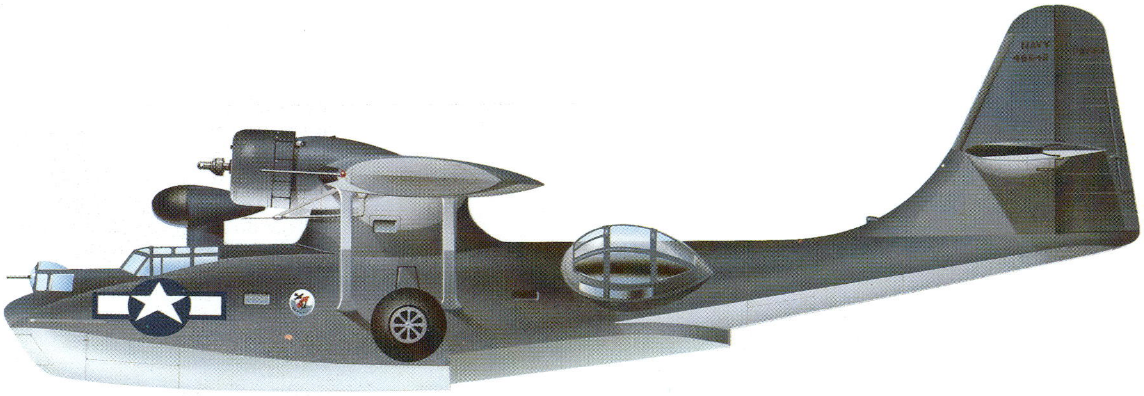


*Ce PBY-6A, qui porte le numéro 46648 affecté par le Bureau of Aeronautics, est l'un des derniers Catalina produits. C'est aussi l'un des rares assemblés par Consolidated-Vultee à La Nouvelle-Orléans. Ce modèle comportait de nombreuses améliorations au niveau de la coque et des empennages.*

*Ce Catalina, un PBY-6A, fut utilisé jusqu'à la fin des années cinquante par la force aérienne royale danoise (Flyvevabnet). Il appartenait au Squadron 721, basé à Vaerlose, et servait principalement au sauvetage en mer. On notera la nouvelle forme du radôme et l'absence du poste avant d'équipage.*

brise couverts de glace. Le PBY fut le premier appareil américain (mis à part le vieux Douglas B-18) à être équipé de radar. Les Catalina accomplirent les missions les plus diverses, y compris le torpillage, le transport et le remorquage de planeurs. Les plus célèbres furent sans doute les « Black Cats », PBY-5A amphibies qui, entièrement peints en noir mat, parcoururent le Pacifique Ouest dès le mois de décembre 1942, détectant de nuit, grâce à leur radar, tout type de navire japonais et repêchant les survivants des bateaux ou des avions alliés détruits par l'ennemi.

A partir de la fin de 1941, les usines de Cartierville, au Canada, tournèrent à plein rendement. Canadian Vickers produisit 230 appareils amphibies commandés sous la désignation de PBV-1A mais qui servirent dans l'US Army Air Force sous celle d'OA-10A, ainsi que 159 amphibies Canso I destinés à la RCAF. Boeing participa ensuite à la production, assemblant 240 exemplaires du PB2B-1 qui allaient pour la plupart être des Catalina IVB dans la RAF, la RAAF et la RNZAF, ainsi que 17 Catalina et 55 Canso pour la RCAF. Une autre usine rejoignit le programme de production en 1941, créant même des sous-versions caractérisées par quelques améliorations maison : il s'agit de la Naval Aircraft Factory, qui était à l'origine de tous les types d'hydravions fabriqués pour l'US Navy et à qui sa vaste expérience en ce domaine permit d'apporter à l'appareil de « Mac » Laddon des perfectionnements auxquels le constructeur, pris par l'urgence, n'avait pas eu le temps de se consacrer.

Le Catalina de la NAF, qui portait la désignation de PBN-1, avait une voilure renforcée permettant de faire passer la masse totale à 17 250 kg et d'emporter davantage de carburant ; les flotteurs latéraux, avec leurs mâts, avaient été modifiés, la pointe avant de la coque était allongée et plus pointue, le redan central était en V à 20° et la pointe du second était reculée de 1,52 m. Le changement le plus visible se situait au niveau de la dérive, rallongée, qui portait une gouverne dotée de masses d'équilibrage extérieures. L'armement fut porté à un minimum de trois mitrailleuses de 12,7 mm (le poste inférieur conservant seul l'arme de 7,62 mm).

La NAF fabriqua 138 PBN-1 Nomad, et Consolidated (qui venait de prendre le nom de Convair) ouvrit à La Nouvelle-Orléans une usine destinée à produire le meilleur de tous les Catalina : la version amphibie du PBN. Cet appareil, baptisé PBY-6A, emportait en général un radar centimétrique monté dans un carénage, à l'aérodynamique très pure, au-dessus du poste de pilotage, la tourelle avant étant le plus souvent armée de deux mitrailleuses de 12,7 mm. Neuf cents exemplaires furent commandés, mais, en raison de la cessation des hostilités, 235 seulement furent fabriqués : 48 pour l'Union soviétique (qui reçut en outre tous les PBN, sauf un), 75 OA-10B destinés à l'USAF et 112 PBY-6A pour l'US Navy. Cinquante exemplaires de cette version furent en outre fabriqués par Boeing à Vancouver, recevant la désignation de PB2B-2 et pre-

*Un des PBY-6A (BuAer 46642) produits par les usines de La Nouvelle-Orléans. Une des modifications introduites par cet appareil se rapportait à ses empennages, dotés de gouvernes de profondeur et d'une gouverne de direction de plus grandes dimensions.*

*De nombreux Catalina demeurèrent en service après la guerre. L'OB-T-251 appartenait à la société péruvienne Loretana de Aviacion SA au début des années quatre-vingt. Il s'agissait d'un PBY-5A utilisé pour des vols charters passagers et fret.*

*Cette vue, prise de derrière, d'un PBY-5 de l'US Navy montre les coupoles des mitrailleurs, qui sont ici munies d'un armement non standard : des mitrailleuses de 12,7 mm alimentées par des casiers à munitions en forme de selle. La gouverne de direction était d'un seul tenant.*

*Ce Catalina était l'un de ceux, assez nombreux, qui furent transformés en bombardiers d'eau au lendemain de la guerre à partir de PBY-6A, et qui servirent principalement le long de la côte ouest des Etats-Unis et au Canada ainsi qu'en France. Ces appareils sont les ancêtres du Canadair CL-215.*

nant dans la RAF la dénomination de Catalina VI. Le nombre de Consolidated 28 construits semble dépasser 4 000. En effet, 2 398 exemplaires furent réalisés par Consolidated Aircraft puis par Convair (nom que prit la société à la suite de sa fusion avec Vultee-Stinson, en mars 1943). Quelque 892 furent montés par les Canadiens, et le nombre d'appareils sortis des usines soviétiques se situe très vraisemblablement entre 1 000 et 1 500.

## L'utilisation après guerre

La plupart des utilisateurs du Catalina conservèrent leurs appareils après la fin du conflit mondial. En Union soviétique, le GST resta le principal hydravion patrouilleur en service, et il ne fut remplacé dans ce rôle que par les Beriev Be-6, entre 1950 et 1953 ; il n'en continua pas moins à voler comme appareil de surveillance des zones de pêche jusqu'en 1959. De même, la version civile soviétique, le MP-7, moins puissante avec ses moteurs M-621R de 870 ch, servit au moins jusqu'en 1958. La RAF cessa d'employer les exemplaires qu'elle avait reçus au titre de la loi du prêt-bail dès la fin du conflit, mais l'US Navy garda des Catalina (purement marins aussi bien qu'amphibies) jusqu'au début des années cinquante.

Parmi les pays qui conservèrent longtemps des Catalina après la guerre, on peut citer l'Argentine, l'Australie, le Brésil, le Canada, la Chine nationaliste, la République Dominicaine, l'Equateur, l'Indonésie, Israël, le Mexique, la Nouvelle-Zélande et le Pérou. Aux Etats-Unis, le dernier PBY-6A de la NARTU (Naval Air Reserve Training Unit), basé à Atlanta, en Géorgie, fut retiré du service dès le 3 janvier 1957, mais des Catalina militaires continuèrent à voler en Amérique latine jusqu'en 1966.

L'Aéronavale française fit entrer en service ses premiers Catalina pendant la guerre d'Indochine, au sein de la flottille 8F, qui effectua des missions aussi bien de mitraillage que de ravitaillement et de sauvetage. Cette unité reçut ensuite, au tout début des années cinquante, des bombardiers quadrimoteurs terrestres Privateer (qui provenaient du même constructeur), et les Catalina équipèrent notamment les escadrilles de servitude 1S, 4S, 5S, 22S. Ceux de cette dernière unité effectuèrent des missions de patrouille côtière au cours de la guerre d'Algérie. Quelques exemplaires continuèrent ensuite à servir dans le Pacifique. Les derniers exemplaires, qui stationnaient à Papeete, furent vendus au Chili en 1976. Les Catalina furent aussi employés en tant qu'appareils de transport civil et comme bombardiers d'eau contre les incendies de forêt. Les versions amphibies furent les plus appréciées dans ce rôle, et il y eut à une époque plus de 80 exemplaires en service en Amérique latine. La compagnie Panair do Brasil, notamment, fit voler des Catalina aménagés pour accueillir 22 passagers. Equipé en bombardier d'eau, cet appareil fut le premier capable de se poser sur un plan d'eau proche d'un incendie de forêt, d'y remplir ses soutes et d'aller lutter contre le feu. Les Canso et les Catalina pouvaient se charger généralement de 3 640 l d'eau, certains étant même ravitaillés en vol. Le succès du Catalina dans ce type d'intervention incita Canadair à produire le CL-215, amphibie moderne, comparable quant à sa conception générale mais deux fois plus puissant.

L'une des critiques qu'on a pu faire aux dernières versions du Catalina concerne en effet leur manque de puissance, particulièrement gênant en cas de vol sur un seul moteur. Plusieurs sociétés américaines ont proposé diverses solutions pour remédier à ce défaut, mais c'est la Bird Corporation qui, en 1968, offrit le produit le plus original avec le Bird Innovator, sur lequel deux Lycoming de 360 ch étaient montés de part et d'autre des moteurs d'origine. Ce Catalina quadrimoteur, doté d'une nouvelle dérive et de nombreuses améliorations avait un rayon d'action accru, une vitesse de croisière de 320 km/h, et présentait de bien meilleures performances en cas de panne d'un moteur, et ce malgré l'accroissement de masse.

## Versions du Catalina

**Consolidated 28 XP3Y-1 :** premier prototype ; 2 Pratt & Whitney R-1830-58 Twin Wasp de 825 ch (615 kW) ; dénomination après transformations, XPBY-1
**Consolidated PBY-1 :** premier modèle de série ; moteurs R-1830-64 d'une puissance de 900 ch (671 kW)
**Consolidated PBY-2 :** nombreuses modifications
**Consolidated PBY-3 :** 2 R-1830-66 de 1 000 ch (746 kW) et autres améliorations
**Consolidated PBY-4 :** 2 R-1830-72 de 1 050 ch (783 kW) et nouvelles modifications, postes de tir latéraux notamment
**Consolidated PBY-5 :** 2 R-1830-92 de 1 200 ch (895 kW) et nombreuses améliorations, entre autres au niveau de la dérive (Catalina I et II dans la RAF)
**Consolidated PBY-5A :** train d'atterrissage tricycle escamotable ; appareil dénommé Canso dans la RCAF, Catalina III dans la RAF, OA-10 et OA-10A dans l'USAAF
**NAF PBN-1 :** nombreuses améliorations apportées par les soins de la Naval Aircraft Factory
**Consolidated PBY-6A :** version amphibie du PBN (OA-10B dans l'USAAF)
**Consolidated PB2B-1 :** version du PBY-5 construite par Boeing (Catalina IVB dans la RAF, la RAAF et la RNZAF)
**Consolidated PB2B-2 :** version du PBY-6A construite par Boeing (Catalina VI dans la RAF et la RAAF)
**GST :** version construite sous licence en Union soviétique ; 2 moteurs M-62 de 950 ch (709 kW)
**MP-7 :** variante de transport civil du GST ; 2 moteurs M-61R de 850 ch (634 kW)

# Le Liberator dans l'ombre du B-17

*Peut-être parce que ses lignes étaient beaucoup moins élégantes, le B-24 n'eut jamais la célébrité du Boeing B-17, qui effectua à la même époque, et dans des conditions identiques, les mêmes missions. Pourtant, le B-24 fut produit en plus grande quantité, et, contrairement aux différentes versions du B-17, il servit non seulement en Europe mais aussi dans le Pacifique.*

JAMAIS la production d'un avion n'a demandé autant d'efforts à son constructeur ni englouti autant de tonnes d'aluminium ; aucun appareil n'a sans doute fait voler un plus grand nombre d'hommes d'équipage. Il est un fait qui permet de bien saisir l'incroyable puissance de l'appareil industriel américain ; le prototype du Liberator n'avait pas encore volé lorsque la guerre éclata, et le dernier exemplaire (si l'on exclut le PB4Y-2, qui n'est en fait qu'un dérivé) sortit d'usine avant la fin des hostilités. Pourtant, ce sont 18 188 exemplaires qui furent produits, en quinze versions principales, et 19 203 si l'on tient compte des pièces détachées. A titre de comparaison, le B-17 et le Lancaster furent produits respectivement à 12 731 et à 7 366 exemplaires.

Les exploits accomplis par le Liberator sont à la mesure de ces chiffres, en particulier grâce à son extraordinaire distance franchissable. Au début de la guerre, les premiers Liberator, arborant les couleurs de la RAF, firent de la traversée de l'Atlantique une opération de routine. En 1942, une version plus évoluée permit de donner la chasse aux sous-marins allemands en tous points de l'Atlantique Nord, ce que ne pouvaient faire les appareils précédemment employés par la RAF. A d'innombrables reprises, les formations de Liberator frappèrent l'ennemi là où aucun autre avion allié n'allait pouvoir l'atteindre avant l'avènement du B-29. Bien que conçu avant tout comme bombardier lourd, le Liberator fut également un remarquable chasseur, puisque les B-24 abattirent quelque 2 600 avions ennemis ; il fut aussi le meilleur appareil de patrouille maritime et de lutte anti-sous-marine allié, et même le principal avion-cargo à long rayon d'action.

Pour l'époque, c'était une machine remarquablement complexe et moderne. La formation des pilotes durait donc plus longtemps, et les pertes par accident étaient dans l'ensemble importantes. Non seulement le pilotage de l'appareil était difficile, même pour quelqu'un de parfaitement qualifié, mais encore la masse maximale autorisée finit par être si élevée que le décollage devint une opération délicate malgré la puissance des quatre moteurs. La stabilité en vol était tout juste suffisante, et l'évacuation d'un appareil endommagé, dès lors que le pilote ne le contrôlait plus, périlleuse. En outre, bien qu'il fût à maints égards plus rationnel que le B-17, le B-24, dans ses dernières versions, ne représentait pas vraiment un progrès par rapport aux appareils moins récents, tant il était surchargé. C'est pourquoi de nombreux commandants d'unité, au premier rang desquels le grand « Jimmy » Doolittle, de la 8th Air Force, avouaient une préférence marquée pour le B-17.

Les B-24 faillirent ne jamais exister et être simplement remplacés par des B-17. C'est en octobre 1938 que la Consolidated Aircraft Corporation

**Contrairement au Boeing B-17, un peu plus ancien, le Consolidated B-24 fut utilisé sur tous les fronts. Parmi les missions qu'il effectua, les plus célèbres sont les raids contre les raffineries de Ploiesti. Ici, des B-24J de la 15th Air Force traversent un barrage de FLAK au-dessus de Concrida Vega, en mai 1944.**

*Ce B-24 de transport de personnalités se trouvait à Bolling Field (Washington) à l'automne 1941. Son numéro de série de l'Army Air Corps serait 40-2369, mais selon certaines sources il s'agirait d'un LB-30B prélevé sur une commande britannique.*

*Les premiers Liberator engagés en opérations, en juin 1941, furent des GR Mk I du Coastal Command, dotés de quatre canons sous le fuselage et d'un radar ASV Mk Ia. Ici, un GR Mk V, version plus évoluée, dérivée du B-24D, avec un radar sous l'avant du fuselage, un phare Leigh sous l'aile droite et un équipement adapté aux missions océaniques.*

se vit offrir la possibilité d'un second centre de production du bombardier de Boeing. Il y avait à peine trois ans que la société avait quitté Buffalo, dans l'Etat de New York, pour San Diego, en Californie. Sa nouvelle implantation était propice à une expansion de ses moyens industriels, mais des perspectives plus intéressantes encore étaient en vue.

L'ingénieur en chef Isaac M. Laddon, qui avait étudié des projets de bombardiers à long rayon d'action, était sûr de pouvoir créer un appareil supérieur au B-17. Sa conviction était en partie fondée sur la voilure dessinée et brevetée par David R. Davis, voilure à profil évolutif au dessin très particulier, épaisse au centre et s'amincissant vers les extrémités. La forte cambrure du bord d'attaque et le léger creux sous la partie arrière de l'intrados n'étaient pas sans rappeler l'aile d'un planeur. Les essais en soufflerie donnèrent raison à Davis, qui avait prévu pour son aile une réduction de traînée de l'ordre de 10 à 25 % par rapport aux voilures de type courant. Laddon avait dessiné un hydravion géant, le Consolidated 31, qui devait voler au printemps 1939 avec l'aile Davis. En attendant le résultat des mesures de traînée en vraie grandeur, il dessina rapidement un bombardier lourd doté de la même voilure et des mêmes empennages que l'hydravion, mais avec un nouveau fuselage, bien profilé à la pointe avant, et un train d'atterrissage tricycle. De part et d'autre de l'aile médiane figuraient deux soutes à bombes, chacune aussi grande que celle du B-17.

Le général qui commandait l'US Army Air Corps, H.H. Arnold, après avoir étudié les plans de l'appareil, baptisé Consolidated 32, en janvier 1939, incita Laddon à aller de l'avant et à créer un bombardier supérieur à tous les autres. Le 30 mars 1939, Consolidated reçut un contrat concernant la construction du XB-24. L'appareil devait être capable d'atteindre 483 km/h, de monter à 10 670 m et de parcourir 4 830 km. L'hydravion Consolidated 31 commença ses essais en vol le 5 mai 1939, et les mesures de traînée confirmèrent le bien-fondé des espérances placées dans la nouvelle aile. Le travail progressa rapidement sur le XB-24, la pointe avant aux lignes futuristes étant abandonnée en faveur d'un dessin plus classique, avec le navigateur et le bombardier installés tout à l'avant, et le poste de pilotage, avec un pare-brise en saillie, placé en arrière. Le prototype (numéro de série US Army 39-680) effectua avec succès son premier vol à Lindbergh Field le 29 décembre 1939.

*Le Consolidated 32, prototype XB-24, photographié un mois après son premier vol. Cet appareil, qui portait le numéro de série de l'US Army 39-680, avait des moteurs Twin Wasp sans turbocompresseurs.*

## L'équipage entre par la soute à bombes

Ce prototype, à la pointe de la technique, était très imposant par sa masse, mais ses lignes n'étaient pas d'une extrême beauté ; il avait un fuselage haut et massif, et les deux grandes dérives au dessin particulièrement simple contrastaient avec la voilure élancée. Les moteurs étaient des Pratt & Whitney R-1830-33 Twin Wasp à compresseurs de 1 100 ch, avec lesquels l'appareil ne volait qu'à 439 km/h, mais les techniciens prévoyaient de monter ultérieurement des turbocompresseurs qui conduiraient à dépasser les performances imposées par le programme. Chacune des soutes pouvait recevoir 1 815 kg de bombes, et une passerelle centrale, qui jouait un rôle dans la résistance structurale du fuselage, permettait d'aller de l'avant à l'arrière de l'avion.

Pour monter à bord, la procédure habituelle consistait à actionner un petit levier hydraulique situé sur le côté droit de la coque. Les trappes de la soute se soulevaient le long des parois du fuselage, sous l'action de pignons qui prenaient appui sur le revêtement interne en tôle ondulée. Les sept hommes d'équipage montaient alors sur la passerelle centrale, les deux pilotes, le navigateur et le bombardier-radio se dirigeant vers l'avant, et les trois mitrailleurs vers l'arrière. L'armement défensif se composait de cinq mitrailleuses. Les systèmes de l'avion étaient, dans l'ensemble, plutôt complexes ; le pilote automatique Minneapolis-Honeywell était de conception très avancée, et la voilure renfermait douze réservoirs souples ainsi que le train principal. Les jambes de train se terminaient par une demi-fourche qui portait une roue de grand diamètre. Elles s'escamotaient hydrauliquement et prenaient place, à plat, dans l'épaisseur de l'aile. La roue, dont le logement était prolongé par un carénage aérodynamique en saillie, débordait toutefois légèrement sous l'intrados.

Dès mars 1939, l'US Army Air Corps avait commandé 7 YB-24, qui furent livrés l'année suivante. Ceux-ci possédaient des équipements supplémentaires, des réservoirs de capacité accrue et des dégivreurs pneumatiques sur les bords d'attaque, dont les parties externes étaient dépourvues de fentes fixes. Un mois plus tard seulement, en avril 1939, le gouvernement français commanda 175 appareils du modèle 32B7. Les livraisons n'avaient pas encore commencé lorsque survint la défaite de juin 1940, et la Grande-Bretagne, reprenant la commande à son compte, accrut de 165 unités le nombre d'appareils à fournir. Sur ce total, 25 avions furent en fait affectés à l'US Army, et 139 pris en compte par la RAF sous l'appellation de LB-30 Liberator II. Ces avions réalisés en fonction des désirs exprimés par les Britanniques étaient équipés de réservoirs auto-obturants, de blindages plus complets, de moteurs R-1830-S3C4G entraînant des hélices Curtiss (et non plus Hamilton) ; l'avant du fuselage avait été rallongé et l'équipement avait été entièrement repensé, l'armement défensif comprenant maintenant onze mitrailleuses Browning de 7,7 mm, dont huit montées dans les tourelles supérieure et arrière, dues à Boulton Paul et actionnées électriquement. Le premier numéro de série attribué par la RAF fut AL503, et le

***Ce B-24D-1-CO fut le premier à tomber entre les mains de l'Axe lorsqu'il atterrit par erreur en Sicile en février 1943, peu avant l'invasion de l'île. Il est ici revêtu des marques de nationalité de l'Italie fasciste.***

***Ce B-24J-190 fut l'un des derniers à entrer en service. Après sa sortie de l'usine de San Diego, il fut versé au 43rd Bomb Group, qui opérait contre le Japon au printemps de 1945. Noter, outre la décoration flamboyante, l'absence de tourelle dorsale.***

deuxième appareil reçu fut aménagé en avion de transport personnel pour Winston Churchill et baptisé *Commando*. Cet avion, qui ne fut pas peint, reçut en 1943 un empennage monodérive semblable à celui des RY-3 de transport de l'US Navy et des PB4Y-2 (sa désignation était Liberator C.IX).

Parallèlement, Consolidated livra les avions correspondant à la commande française. Ces LB-30MF ne comportaient toutefois pas les instruments gradués en système métrique qui avaient été prévus à l'origine. Le premier numéro de série de la RAF fut AM528, et les appareils furent connus sous le nom de Liberator I. Ils furent pris en compte à partir de mars 1941 et utilisés dans divers rôles, notamment l'entraînement des équipages, le transport militaire, les liaisons transatlantiques entre Prestwick et Montréal, et les vols effectués par BOAC (avec à la fois un numéro de série de la RAF et une immatriculation civile), principalement vers l'Egypte. Ils furent en outre mis en œuvre comme patrouilleurs à long rayon d'action par le Coastal Command, quelques exemplaires recevant sous le fuselage quatre canons de 20 mm tirant vers l'avant, en plus du dispositif de lutte anti-sous-marine et du radar ASV Mk I. Les Liberator Mk II, très supérieurs, furent également employés par le Coastal Command, mais avant tout comme bombardiers, au Moyen-Orient et en Inde.

Ainsi, c'est la RAF qui reçut tous les exemplaires du début de la production, mais l'US Army Air Corps (qui devint l'US Army Air Force en juin 1941) fit voler 9 B-24A (sur un total de 36 exemplaires commandés) qui se distinguaient par leurs mitrailleuses de 12,7 mm tout en conservant les moteurs de la série 33. Le prototype vola à la fin de 1940, avec des R-1830-41 à turbocompresseurs logés dans des nacelles elliptiques qui renfermaient, sur les côtés, les prises d'air et les radiateurs d'huile, et à l'arrière, en dessous, les échappements qui entraînaient les turbocompresseurs. L'augmentation de la puissance à haute altitude entraîna l'adoption de nouvelles hélices, des Hamilton de 3,53 m de diamètre, dépourvues de casseroles, le prototype ainsi remotorisé devenant le XB-24B. Parmi d'autres modifications figuraient le montage de réservoirs auto-obturants et de blindages. Toutes ces améliorations étaient reprises par les 9 B-24C qui entrèrent en service en 1941 et qui avaient été commandés comme B-24A. Ils étaient de plus équipés de deux tourelles de construction américaine : une Consolidated à l'arrière et une Martin sur le dessus, en arrière du poste de pilotage, toutes deux munies de deux mitrailleuses de 12,7 mm. Une arme de même calibre était montée à l'avant, et deux autres dans les sabords latéraux.

Le B-24C constitua le point de départ de la première version construite en très grande série, le B-24D, qui possédait des moteurs R-1830-43, deux mitrailleuses supplémentaires à l'avant et une autre sous le fuselage, soit un total de dix mitrailleuses de 12,7 mm. Les réservoirs de voilure avaient une capacité accrue, et la charge de bombes atteignait 4 t. Sans les réservoirs à leur capacité maximale, l'avion pouvait même emporter huit bombes de 726 kg, soit 5,8 t. Dès le début, le B-24D fut autorisé à décoller à la masse de 25 400 kg, et au milieu de l'année 1942 la limite fut poussée à 27 200 kg, ce qui en faisait l'avion le plus lourd produit aux Etats-Unis et contribuait à renforcer de manière efficace la défense de l'appareil.

Des plans furent échafaudés afin de produire l'avion à une échelle encore jamais atteinte. Déjà l'usine de San Diego avait vu sa surface tripler ; une autre, très vaste, fut implantée en 1941 à Fort Worth, au Texas, avec un hall principal de 1 219 m de long sur 97,5 m de large. A quelques kilomètres de là, à Dallas, North American réalisa une usine assez semblable, destinée à produire notamment des B-24G. En juillet 1942, Douglas lançait la fabrication en grande série à Tulsa – dès 1941,

***Ce Liberator III, équipé d'une tourelle de queue Boulton Paul, était identique à la première version produite en grande série, le B-24D. Celui-ci appartenait au Squadron 59 de la RAF, unité qui faisait partie du Coastal Command et qui participa à la lutte anti-sous-marine dans l'Atlantique.***

***Jamais un bombardier n'a été construit en un plus grand nombre d'exemplaires, et ce, malgré la complexité du B-24. Ici, la chaîne de montage des B-24J-145-CO, à San Diego. Cette usine était de taille bien modeste comparée à celles de Fort Worth et de Willow Run.***

la plus grande usine des Etats-Unis avait été fondée par Ford à Willow Run, près de Detroit, dans le Michigan. Consolidated loua deux étages du Spreckels Theater à San Diego, simplement pour faire effectuer des stages aux ingénieurs de Ford et leur permettre d'adapter 90 000 plans relatifs au B-24 aux normes et à la terminologie en usage dans l'industrie automobile. En août 1942 l'usine de Willow Run entrait en service, avec une production mensuelle de 200 B-24 complets et plus de 150 ensembles de pièces destinées à être assemblées ailleurs.

## En service dans la Navy

Le B-24D fut employé sur tous les théâtres d'opérations, et en 1942-1943 il constituait le principal bombardier à long rayon d'action en service dans le Pacifique. A la fin de 1942, les B-24D équipés de radars servaient dans quinze squadrons anti-sous-marins engagés dans l'Atlantique Nord. L'US Navy reçut des B-24 à partir de juillet, et, en août de l'année suivante, les squadrons anti-sous-marins de l'US Army passèrent sous son contrôle. Ils disposaient de 977 Liberator, qui devinrent dans l'US Navy des PB4Y-1, ainsi que de nombreux RY-1 et RY-2 de transport. Ces deux versions étaient respectivement équivalentes aux C-87A et C-87 de l'US Army, conçus en un temps record pour répondre à un besoin urgent de moyens de transport à long rayon d'action et qui étaient entrés en production à Fort Worth en avril 1942. Baptisés Liberator Express, les C-87 et les RY étaient dotés de 20 sièges facilement démontables et d'équipements d'amarrage permettant l'installation à bord de 4 540 kg de charge, grâce à une porte de 1,83 m de large ménagée sur le côté gauche de l'arrière du fuselage.

Au début, ces appareils conservèrent une seule et unique mitrailleuse à l'arrière, mais ils furent bientôt démunis de tout armement. Ils furent aussi mis en œuvre dans la RAF sous l'appellation de Liberator C.VII. Le C-87A (ou RY-1) était luxueusement aménagé pour le transport de 16 personnalités. Le C-87B était armé, tandis que le C-87C (RY-3, ou Liberator C.IX), qui apparut en 1943, avait un empennage monodérive, un fuselage allongé et des capots moteurs toujours de section elliptique, mais cette fois avec le grand axe vertical, les prises d'air se trouvant maintenant sur le dessus et en dessous.

***Il est possible de distinguer, sur le B-24H qui figure au premier plan, les deux mitrailleuses de la tourelle escamotable pointées vers le bas. Ces appareils appartenaient au 451st Bomb Group, 49th Bomb Wing de la 15th Air Force, engagée sur le front d'Italie en 1944.***

## Ecorché du B-24J Liberator

1 Compensateur de gouverne de direction
2 Gouvernail de direction entoilé
3 Charnières de gouverne à bord d'attaque métallique
4 Dérive droite
5 Dégivreur pneumatique de bord d'attaque
6 Masse d'équilibrage
7 Bielle de commande de direction
8 Feu de navigation arrière
9 Lisses du stabilisateur
10 Tourelle de queue Consolidated (ou Motor Products) à commande électrique, armée de 2 mitrailleuses de 12,7 mm
11 Axe de rotation de la gouverne de profondeur
12 Compensateur de gouverne de profondeur
13 Gouverne de profondeur entoilée
14 Compensateur de gouvernail de direction
15 Renvoi de commande de compensateur
16 Etambot
17 Structure en alliage léger du gouvernail de direction
18 Antenne HF
19 Structure de la dérive
20 Revêtement métallique de dérive
21 Longeron avant de stabilisateur
22 Bielle de commande de profondeur
23 Secteur de commande de profondeur
24 Servocommande de profondeur
25 Servocommande de direction
26 Glissière d'alimentation en cartouches de la tourelle de queue
27 Cadre renforcé
28 Couloir
29 Fusées de signalisation
30 Longeronnets à section en Z
31 Câbles de commandes
32 Cadres de fuselage
33 Casier à munitions
34 Appareils photo
35 Hublots
36 Support de la mitrailleuse de sabord
37 Mitrailleuse de sabord, à commande manuelle, de 12,7 mm
38 Sabord latéral
39 Déflecteur de vent relatif
40 Trappe de fermeture du sabord (ici, relevée)
41 Mitrailleuse de 12,7 mm du sabord gauche
42 Antenne VHF
43 Support de l'axe de rotation de la tourelle inférieure
44 Casier à munitions
45 Axe de rotation de la tourelle
46 Hublot
47 Logement de la tourelle
48 Plancher
49 Vérin de commande de béquille arrière
50 Béquille arrière
51 Tourelle Briggs-Sperry à commande électrique, armée de 2 mitrailleuses de 12,7 mm
52 Mécanisme de commande de la tourelle
53 Roue crantée commandant le relevage des trappes de soute
54 Revêtement intérieur en tôle ondulée des trappes de soute
55 Passerelle centrale dans la soute à bombes
56 Mâts supports de la passerelle (solénoïdes de largage des bombes)
57 Mécanisme de commande des trappes de train
58 Longeron arrière de la voilure
59 Couloir d'accès à la soute à bombes
60 Cadre principal de fuselage
61 Carénage de l'antenne du radiocompas
62 Antenne fouet
63 Bouteilles d'oxygène
64 Tambour de câbles de commande d'aileron
65 Câble de commande du volet de courbure droit
66 Découpes dans la nervure d'emplanture
67 Passage de l'aile à travers le fuselage
68 Canots pneumatiques pour 5 hommes (2)
69 Vérin hydraulique de commande des volets de courbure
70 Câbles de commande des volets
71 Volets Fowler à commande hydraulique
72 Longeron arrière de voilure
73 Logement et carénage de la roue gauche
74 Vanne de décharge du turbocompresseur
75 Réservoirs supplémentaires auto-obturants
76 Partie externe de la voilure
77 Boîtier d'entraînement de l'aileron
78 Revêtement métallique de voilure avec rivets à tête fraisée
79 Aileron entoilé
80 Saumon d'aile
81 Feu de navigation gauche
82 Dégivreur pneumatique
83 Réservoir d'huile
84 Nacelle moteur
85 Moteur Pratt & Whitney R-1830-65 à 14 cylindres en double étoile de 1 200 ch
86 Hélice à pas variable Hamilton-Standard Hydromatic
87 Phare d'atterrissage et de roulage
88 Structure de la nacelle
89 Tuyauterie du compresseur
90 Réservoirs auto-obturants (12 dans la partie centrale de l'aile)
91 Tourelle dorsale Martin à commande électrique armée de 2 mitrailleuses de 12,7 mm
92 Mécanisme de la tourelle

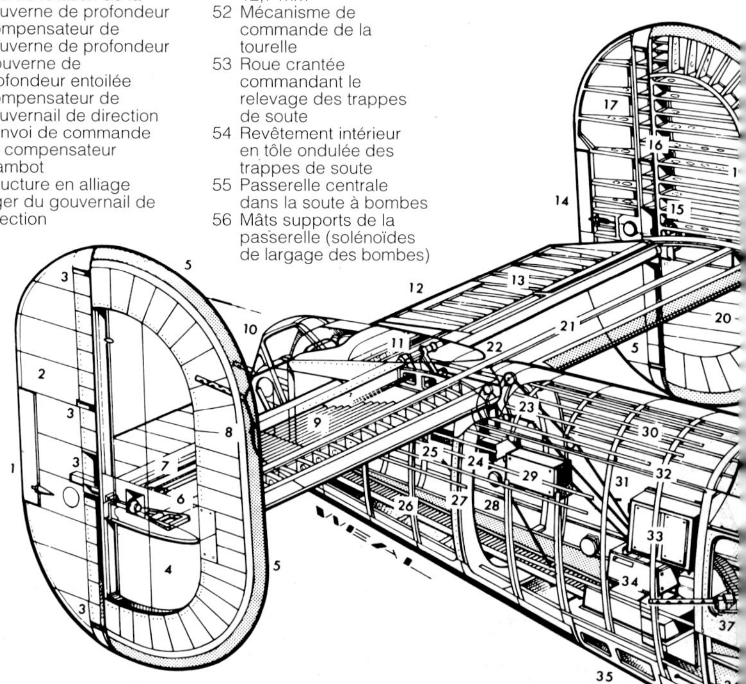

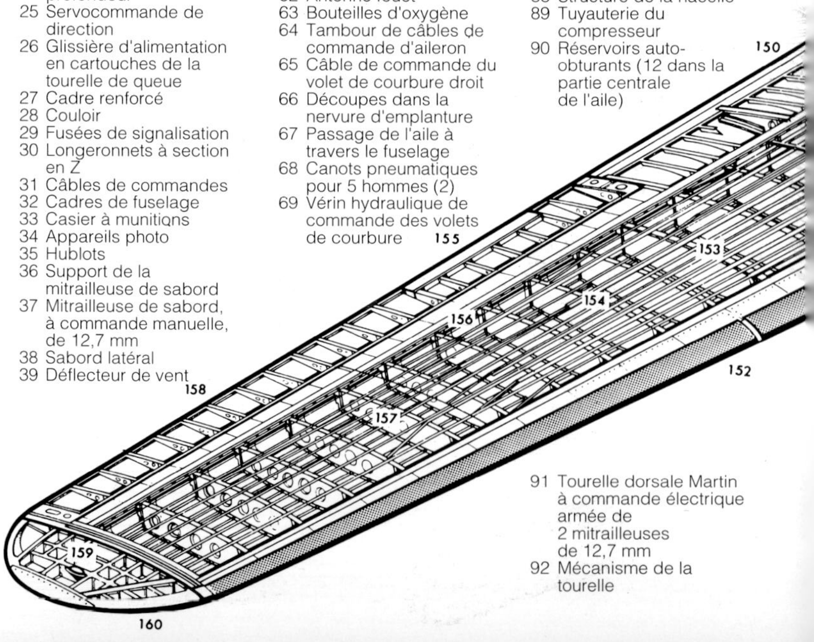

*Ci-contre : ce B.VI, désignation attribuée par la RAF au B-24H, appartenait au Squadron 356 du Wing 184, basé à Salbani, en Inde, en 1944-1945.*
*Ci-dessous : PB4Y-1 du Squadron VP-110 de l'US Navy, basé à Dunkeswell, dans le Devon.*

93 Cadre principal de fuselage
94 Hublot droit du compartiment radio
95 Accès à la passerelle dans la soute à bombes
96 Poste du radio
97 Revêtement d'insonorisation
98 Issue de secours
99 Siège du pilote
100 Siège du copilote
101 Pédales de palonnier du copilote
102 Tableau de bord
103 Pare-brise
104 Compas
105 Volant
106 Fixation du volant
107 Chaîne de liaison des commandes du pilote et du copilote
108 Cadre de fuselage
109 Tubes de Pitot
110 Table à cartes du navigateur
111 Hublot droit du poste du navigateur
112 Eclairage de la table à cartes
113 Astrodôme
114 Tourelle avant Consolidated (ou Emerson) à commande électrique, armée de 2 mitrailleuses de 12,7 mm
115 Embase de la tourelle
116 Glace optique de visée de bombardement
117 Vitrage latéral
118 Poste couché de visée du bombardier
119 Casiers à munitions
120 Siège pivotant du navigateur
121 Trappe d'accès au poste du navigateur (dans le logement de la roue avant)
122 Logement de la roue avant
123 Trappe de train
124 Roue avant autodirectrice (s'escamote vers l'avant)
125 Garde-boue
126 Compas d'amortisseur
127 Amortisseur oléopneumatique
128 Plancher du poste de pilotage
129 Cadre optique
130 Vérin d'escamotage du train avant
131 Revêtement travaillant en Alclad
132 Equipement électrique sous le plancher

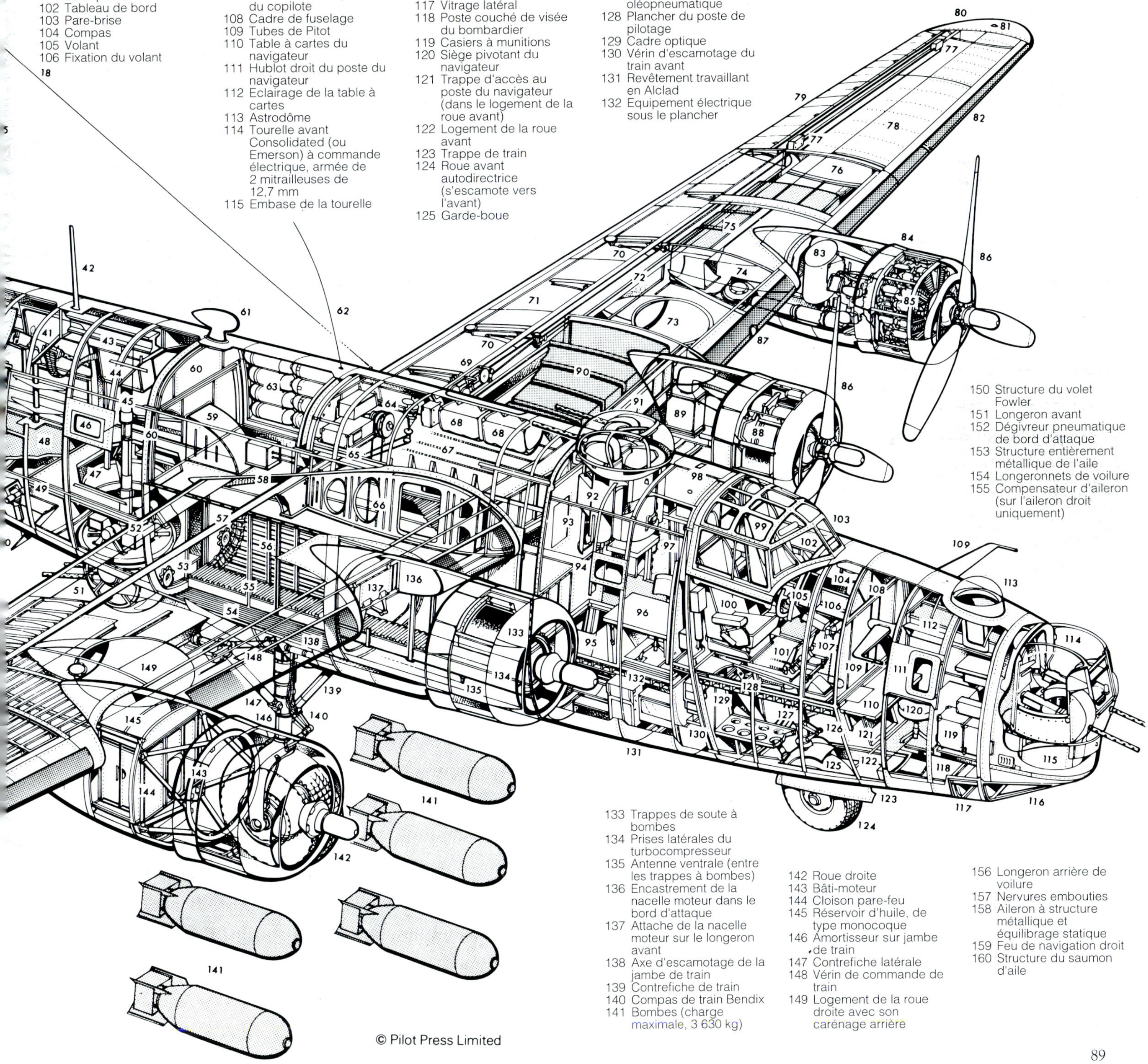

150 Structure du volet Fowler
151 Longeron avant
152 Dégivreur pneumatique de bord d'attaque
153 Structure entièrement métallique de l'aile
154 Longeronnets de voilure
155 Compensateur d'aileron (sur l'aileron droit uniquement)

133 Trappes de soute à bombes
134 Prises latérales du turbocompresseur
135 Antenne ventrale (entre les trappes à bombes)
136 Encastrement de la nacelle moteur dans le bord d'attaque
137 Attache de la nacelle moteur sur le longeron avant
138 Axe d'escamotage de la jambe de train
139 Contrefiche de train
140 Compas de train Bendix
141 Bombes (charge maximale, 3 630 kg)
142 Roue droite
143 Bâti-moteur
144 Cloison pare-feu
145 Réservoir d'huile, de type monocoque
146 Amortisseur sur jambe de train
147 Contrefiche latérale
148 Vérin de commande de train
149 Logement de la roue droite avec son carénage arrière
156 Longeron arrière de voilure
157 Nervures embouties
158 Aileron à structure métallique et équilibrage statique
159 Feu de navigation droit
160 Structure du saumon d'aile

**B-24J équipé d'une tourelle avant Emerson (la plupart des appareils de ce modèle possédaient une Consolidated). Après avoir été livré à la RAF au titre de la loi du prêt-bail et utilisé en Inde, cet avion fut cédé à la force aérienne indienne, lorsque ce pays eut conquis son indépendance.**

Au total, et sans compter les variantes de transport, le B-24D fut réalisé à 2 738 exemplaires, dont 2 409 assemblés à San Diego. L'exploit le plus célèbre accompli par ce modèle fut le premier d'une série de raids à long rayon d'action contre les installations pétrolières de Ploiesti, en Roumanie. Celui-ci eut lieu les 11 et 12 juin 1942, et fut mené par une douzaine d'appareils appartenant à un détachement spécial, placé sous les ordres du colonel H.A. Halverson, qui constitua l'embryon de la 9th Air Force. De nombreux autres B-24D furent versés dans les unités de la 8th Air Force, en Angleterre, et ils effectuèrent leur première mission le 9 octobre 1942, contre Lille. Trente-sept squadrons de la RAF furent dotés de ces appareils, connus en tant que Liberator III et IIIA. Les premiers avaient été directement commandés par la Grande-Bretagne, tandis que les seconds furent livrés au titre de la loi du prêt-bail. La plupart avaient la tourelle Martin, mais conservaient la Boulton Paul armée de quatre mitrailleuses de 7,7 mm, et ils furent utilisés aussi bien par le Coastal Command que par le Bomber Command et le Far East Command. De plus, le Coastal Command mit en œuvre des Mk V équipés de radômes escamotables installés sous le nez et sous le fuselage, de systèmes anti-sous-marins, de réservoirs supplémentaires et de divers équipements spéciaux, parfois même de huit roquettes montées sous deux « nageoires » horizontales implantées de part et d'autre de l'avant du fuselage.

## Par-dessus l'Himalaya

Le B-24E (Liberator IV dans la RAF) à hélices Curtiss fut le premier modèle produit à Willow Run ; plus tard, quelques exemplaires de ce type furent construits à Fort Worth et à Tulsa. Le C-109 en fut un dérivé conçu pour le transport de carburant, réalisé par transformation de B-24E – mais aussi, plus tard, de B-24D –, capable de transporter 10 978 l dans le fuselage. Les réservoirs, métalliques, reliés à une prise unique située sur le côté du fuselage, étaient pourvus d'un système de sécurité à gaz rares. Sur les modèles ultérieurs, ils firent place à des outres Mareng, ces avions servant surtout à acheminer du carburant de Birmanie vers la Chine en survolant l'Himalaya, principalement pour ravitailler les unités de B-29.

Le XF-7 fut un B-24D modifié par montage de réservoirs supplémentaires et d'appareils photographiques de reconnaissance, qui donna naissance au F-7, dont l'utilisation fut limitée. Deux prototypes, le XB-24F et le XB-41, restèrent expérimentaux. Le premier, muni d'un équipement de dégivrage thermique, n'eut pas de suite, ce qui est assez surprenant, car les dégivreurs en caoutchouc, une fois percés, ne servaient plus à rien, et des milliers d'heures de travail étaient nécessaires pour les inspecter après chaque mission. Quant au XB-41, il s'agissait d'un « destroyer », c'est-à-dire d'un avion d'escorte lourdement armé, avec quatorze mitrailleuses montées à l'avant, sur le dessus et à l'arrière dans des tourelles doubles, ainsi que dans deux sabords latéraux de chaque côté.

L'un des défauts essentiels du B-24 était sa vulnérabilité aux attaques frontales. Il y avait, au mieux, trois mitrailleuses servies manuellement à l'avant, et, en dépit des améliorations progressives apportées aux blindages, la protection interne était tellement insuffisante qu'en maintes occasions, en Europe aussi bien que dans le Pacifique, des mitrailleurs des postes latéraux furent atteints par des obus qui avaient pénétré à l'avant, tuant le pilote. Des pilotes en vinrent à se protéger au moyen de plaques de blindage qu'ils tenaient à la main, devant eux, lorsque leur avion était attaqué. Un B-24E (numéro de série 42-7127) fut équipé d'une tourelle avant et de deux autres montées assez bas sur les côtés du fuselage, volant, ainsi transformé, le 30 juin 1943. La décision avait déjà été adoptée de munir désormais tous les avions de série d'une tourelle avant, et des mesures furent prises pour apporter cette modification aux milliers de B-24D et B-24G alors en commande. Sur la chaîne de montage North American, les B-24G reçurent la tourelle de nez Emerson A-15 à partir du premier des 430 appareils de ce type construits. Un nouvel équipement de visée de bombardement fut monté sous la tourelle, et les techniciens allongèrent le fuselage de 254 mm afin de donner suffisamment de place au navigateur et de loger les mille deux cents obus alimentant la tourelle avant.

Cette opération constitua la dernière amélioration majeure apportée au B-24, et à partir de 1943, des avions pratiquement tous identiques furent produits, en quantités énormes, par la gigantesque organisation. Les appareils construits au titre de marchés passés en 1941 et 1942 reçurent la désignation de B-24H, et 738 exemplaires provenant de Fort Worth conservèrent la tourelle électrique Emerson, à avant plat, qui avait fait son apparition sur le B-24G. Les 1 780 exemplaires qui virent le jour à Willow Run et les 582 qui sortirent de la chaîne de Tulsa avaient la tourelle hydraulique Consolidated, à l'avant incliné. Les avions de la première tranche de série fabriquée à Tulsa furent les derniers n'ayant pas les moteurs R-1830-65. Les versions employées par la RAF et les pays du Commonwealth, baptisés Liberator VI, furent généralement dotés de la tourelle de queue Boulton Paul.

Le B-24J, version qui connut la production la plus massive, était simplement une variante quelque peu rationalisée du B-24G ou B-24H, avec un nouveau pilote automatique C-1, un viseur de bombardement M-9 et, souvent, une tourelle de nez A-6A (fabriquée par Consolidated) ou A-6B (réalisée par Motor Products). A partir du printemps de 1944, les cinq chaînes de montage livrèrent les avions aux dépôts de l'US Army Air Force, où ils étaient dotés de tel ou tel type d'armement selon le théâtre d'opérations auquel ils étaient destinés. Les appareils de l'US Navy, les PB4Y-1, qui avaient à l'origine une pointe avant semblable à celle du B-24D, furent pourvus de tourelles A-6A, puis, à partir de 1944, d'une tourelle avant quasi sphérique réalisée par Erco. A partir d'avril 1944, les B-24 quittèrent les chaînes de montage sans peinture de camouflage, et deux autres améliorations intervinrent par la suite l'adoption du turbocompresseur General Electric B-22, qui conférait à l'avion de meilleures performances en altitude, et le montage dans la tourelle arrière d'un jumelage léger Consolidated M-6A. Les appareils ainsi armés prirent la dénomination de B-24L. L'usine de San Diego en réalisa 417, et celle de Willow Run 1 250. Certains furent modifiés pour permettre l'entraînement des mitrailleurs de B-29, avec le système de contrôle de tir et les tourelles télécommandées du bombardier géant. Tout d'abord désignés RB-24L, ils reçurent ensuite un équipement radar et devinrent, après la guerre, des TB-24L.

**C-87-CF (numéro de série 42-107263), avion de transport à long rayon d'action non armé, dérivé du B-24. La cellule s'inspirait de celle du B-24D, mais le fuselage aménagé pour vingt-cinq passagers était pourvu d'une porte de chargement de fret sur le côté gauche.**

*Baptisé « Commando », l'AL504 était l'avion de transport personnel du Premier ministre Winston Churchill. Lorsqu'il apparut en 1941, c'était le second exemplaire du type Mk II. Il fut transformé en transport de personnalités et, à la fin de 1943, retourna chez Convair pour subir de nouvelles modifications qui le rendirent assez semblable aux RY-3 de l'US Navy.*

## Un nouvel empennage, une nouvelle gamme d'avions

En mars 1943, Consolidated avait fusionné avec Vultee pour former Convair, et la dernière version produite du temps de la guerre fut le B-24M, équipé d'une tourelle arrière allégée Motor Products. Convair en assembla 916, et Willow Run 1 677.

Dès 1942, il apparut qu'un empennage monodérive donnerait de meilleurs résultats, et le 6 mars 1943, un B-24D transformé vola avec la dérive d'un bimoteur Douglas B-23. A la suite de travaux de mise au point, les empennages de cet appareil furent greffés sur une autre cellule (numéro de série 42-40234, à l'origine un B-24D équipé d'une tourelle de nez), l'avion devenant XB-24K.

Par ailleurs, l'US Navy avait demandé le développement d'une version de patrouille maritime, équipée de la dérive centrale, une nouvelle fois rallongée, du RY-3, de moteurs sans turbocompresseurs (l'avion étant destiné à opérer aux altitudes basses ou moyennes) et d'un fuselage encore rallongé et complètement redessiné. Les travaux débutèrent le 3 mai 1943, et le premier prototype PB7Y-2 Privateer vola le 20 septembre de la même année.

L'armement était constitué de douze mitrailleuses montées dans une tourelle de queue Consolidated, deux tourelles dorsales Martin, une tourelle avant Erco et deux postes de tir latéraux, également réalisés par Erco. La soute à bombes était pratiquement celle du B-24, mais l'appareil pouvait emporter des missiles ASM-N-2 Bat antinavires à guidage radar. En octobre 1945, 736 Privateer avaient été livrés. Certains furent transformés, notamment en PB4Y-1G pour l'US Coast Guard, sans armement, mais avec une avionique adaptée pour la mission des garde-côtes. Une variante cible téléguidée, le P4Y-2K, fut utilisée assez longtemps pour devenir le QP-4B dans le nouveau système de désignation, appliqué à partir de 1962. L'Aéronavale française reçut en Indochine des Privateer, en 1950. Ces appareils équipèrent la flottille 8F, qui devint la 28F, et la 24F, qui fut prête trop tard pour participer aux combats. Les derniers Privateer français effectuèrent des missions de patrouille au large des côtes pendant la guerre d'Algérie.

*Dernière variante d'une lignée prolifique, le PB4Y-2 Privateer était un avion entièrement remodelé en fonction de sa mission nouvelle, la patrouille maritime à longue distance.*

### Versions du Consolidated B-24 Liberator

(Toutes équipées de moteurs en étoile à 14 cylindres Pratt & Whitney R-1830 Twin Wasp)

**XB-24 :** prototype du Consolidated 32
**YB-24 :** 7 exemplaires de présérie présentant de nombreuses différences avec le prototype
**LB-30A :** version de transport du YB-24 pour la RAF, dépourvue d'armement
**Liberator I :** divers modèles transformés, la plupart en Grande-Bretagne, pour le Coastal Command de la RAF ; radar ASV et canon sous le fuselage
**Liberator II :** bombardier pour la RAF ; fuselage rallongé ; 2 tourelles Boulton Paul à 4 mitrailleuses ; première version prête à entrer en opérations
**LB-30 :** version de transport dérivée du Liberator II
**B-24A :** première version pour l'US Army ; 6 mitrailleuses de 12,7 mm ; semblable au Liberator II et utilisée surtout pour le transport
**XB-24B :** Model 32 rééquipé de moteurs à turbocompresseurs installés dans les nacelles de section elliptique qu'on retrouve sur la plupart des versions ultérieures
**B-24C :** version de série du précédent, avec tourelles armées de 2 mitrailleuses de 12,7 mm derrière l'habitacle et dans la queue
**B-24D Liberator III :** première version produite en grande série : charge de bombes et armement progressivement accrus ; les derniers modèles avaient 3 mitrailleuses à l'avant, 2 (et exceptionnellement 4) dans les sabords latéraux et des jumelées dans la tourelle supérieure avant, la tourelle de queue et la tourelle ventrale escamotable
**C-87 Liberator Express :** transformation du modèle précédent en version de transport ; Liberator C.VII dans la RAF, RY-2 dans l'US Navy
**XF-7 :** transformation d'un B-24D en version de reconnaissance
**B-24E :** variante construite par Ford du B-24D
**XB-24F :** prototype doté d'une installation de dégivrage thermique et non plus pneumatique
**B-24G :** fuselage rallongé, avec tourelle avant
**B-24H :** version de grande série du précédent, avec modifications mineures ; désignée Liberator VI dans la RAF
**Liberator GR.V :** version obtenue par transformation du Liberator III ; capacité accrue des réservoirs
**C-109 :** divers bombardiers (B-24D et E pour la plupart) transformés en transports d'essence
**B-24J :** bombardier produit en grande série, en 1943 et 1944 ; appelé Liberator VI dans la RAF. Cette version donna lieu, par transformations, aux Liberator C.VI et C.VIII de transport pour la RAF,et au GR.VIII pour le Coastal Command
**PB4Y-1 :** vaste gamme de modèles de l'US Navy ; version initialement semblable au B-24D et finalement au B-24J, mais équipée à l'avant d'une tourelle sphérique Erco ; diverses modifications dans l'équipement
**AT-22 :** version d'entraînement avancé, tirée notamment du C-87, rebaptisée ensuite TB-24
**C-87A :** version de transport de personnalités ; RY-1 dans l'US Navy
**F-7 :** appareils obtenus par modification de B-24H en appareils de reconnaissance stratégique ; F-7A, modification de B-24J, avec appareils photographiques à l'avant et dans la soute à bombes ; F-7B, avec tous ces appareils dans la soute à bombes
**XB-24K :** version expérimentale avec empennage monodérive
**B-24L :** variante du B-24J avec 2 mitrailleuses à commande manuelle dans la tourelle de queue
**B-24M :** variante du B-24J, avec tourelle de queue allégée
**B-24N :** nouvelle version de bombardement avec empennage monodérive, fuselage avant et habitacle redessinés ; diverses améliorations
**PB4Y-2 Privateer :** patrouilleur conçu pour l'US Navy, avec fuselage plus allongé, monodérive plus haute, capots moteurs elliptiques à grand axe vertical ; armement nouveau ; les versions de transport furent le RY-3 et le Liberator C.IX

# Lancaster : terreur sur l'Allemagne

*Le Lancaster, sans conteste le meilleur bombardier britannique de la Seconde Guerre mondiale, était une extrapolation du bimoteur Manchester, dont l'échec fut complet. De plus en plus nombreux en unités, les Lancaster semèrent la dévastation, de nuit, au cœur de l'Allemagne. L'avion se révéla d'emblée tellement réussi qu'il ne donna lieu qu'à un petit nombre de versions.*

Le Lancaster, qui fut de loin le principal instrument au service de la stratégie élaborée par l'Air Marshal Harris (mener des raids nocturnes massifs contre les villes allemandes), hérita de la cellule – particulièrement bien conçue du point de vue de la structure – d'un bombardier très différent, créé en 1936 par l'équipe de A.V. Roe Ltd. à Chadderton. Le programme P.13/36 de l'Air Ministry réclamait la réalisation d'un nouveau bombardier moyen à usage tactique, plus puissant que le Vickers Wellington et l'Armstrong Whitworth Whitley, et capable d'emporter une importante charge de bombes ou deux torpilles, ou encore un volume considérable de carburant.

L'Avro 679 Manchester, qui figura parmi les nombreux projets proposés, était un monoplan à aile médiane aux lignes très pures, dont la structure était à revêtement travaillant et qui devait recevoir deux Rolls-Royce Vulture de 1 750 ch. Avro n'avait encore jamais réalisé de cellule présentant ces caractéristiques et n'avait même rien produit qui y ressemblât, notamment en matière de masse et de puissance des moteurs. L'avion effectua son premier vol le 25 juillet 1939 à Ringway : en dépit de problèmes de stabilité en lacet (qui contraignirent le constructeur à monter une troisième dérive sur l'arrière du fuselage) et d'une sous-motorisation certaine, il possédait quelques qualités remarquables.

Il gagna beaucoup au montage d'éléments extérieurs de voilure agrandis, qui portèrent l'envergure de 24,43 m à 27,46 m, et devint alors un avion très agréable à piloter. C'était incontestablement le plus brillant des nouveaux bombardiers britanniques. Sa fabrication en série promettait d'être facile, et sa mise en œuvre posait peu de problèmes aux mécaniciens à une époque où les appareils conçus par bien des constructeurs nécessitaient de très nombreuses heures d'entretien. Au mois de novembre 1940, le Squadron 207 du Bomber Command fut équipé de Manchester I, mais il se heurta à des difficultés considérables en raison à la fois du manque de puissance des moteurs et de leur fonctionnement capricieux.

Il était urgent de trouver une solution, les Manchester sortant à un rythme très rapide des chaînes de montage d'Avro et de Metropolitan Vickers. Chez Rolls-Royce, les techniciens réussirent à porter la puissance du Vulture, au banc, à 2 000 ch, mais il était évident qu'ils n'auraient ni le temps ni les moyens nécessaires pour résoudre les problèmes de sécurité de fonctionnement. Avro entreprit donc l'étude du Manchester II, doté de Napier Sabre ou, mieux encore, de Bristol Centaurus en étoile. Mais E.H. Hives, directeur de Rolls-Royce, ne l'entendait pas de cette oreille. Il rendit visite à l'Air Ministry et proposa un Manchester III équipé de quatre moteurs Merlin. Rolls-Royce venait en effet de créer le Merlin X destiné au Beaufighter ; il s'agissait d'un groupe motopropulseur dont l'adaptation à la cellule du Manchester ne contraindrait les ingénieurs d'Avro à introduire aucune autre transformation qu'une nouvelle augmentation de l'envergure. Ces derniers acceptèrent la proposition, et en trois semaines, sous la direction de Roy Chadwick, ils conçurent le Manchester III. L'année 1940 touchait alors à sa fin ; une cellule de Manchester (BT308) fut prélevée sur la chaîne de montage et pourvue d'une voilure agrandie portant quatre moteurs. L'avion vola à Ringway le 9 janvier 1941, piloté par H.A. Brown.

Le quadrimoteur, qui portait l'appellation constructeur de Type 683, avait déjà été rebaptisé Lancaster I. Parallèlement au bombardier, Chadwick avait envisagé une variante de transport avec une voilure haute, le Type 685 York, auquel pendant deux ans il n'allait guère pouvoir se consacrer. Une autre cellule de Manchester (DG595) devint le second prototype du Lancaster, assez différent du premier. L'empennage vertical ne comportait plus que deux dérives, nettement plus hautes, la tourelle supérieure avait été améliorée de même que l'ensemble de la structure, dont les éléments étaient maintenant conçus en vue d'une production en grande série. Les essais en vol du premier prototype s'étaient déroulés de manière tout à fait satisfaisante, l'avion se révélant agréable à piloter et ses performances dépassant les prévisions.

***Désigné tout d'abord Manchester III, le premier prototype du Lancaster (BT308), qui conservait les empennages du Manchester Mk I, effectua son premier vol le 9 janvier 1941. Le Lancaster n'aurait probablement jamais existé sans le moteur Merlin, qui convenait parfaitement à la cellule existante.***

***Sur les trois cents Lancaster Mk II construits par Armstrong Whitworth et équipés de Hercules XVI figurait une rangée de petits hublots caractéristiques des premiers Lancaster. Ces avions, qui avaient des portes de soute à bombes galbées, étaient à l'origine dotés de la tourelle ventrale FN.64, supprimée à tort.***

*Le numéro de série ED912/G désignait un appareil spécial, justifiant, lorsqu'il était au sol, la présence constante de gardiens en armes. Il s'agissait en effet de l'un des Mk III (Special) modifiés pour emporter la grosse bombe cylindrique conçue pour la destruction des barrages hydroélectriques allemands.*

*Le HK793 était un B.I construit par Vickers-Armstrong à Castle Bromwich, mais il avait les portes de soute galbées du Mk II. C'est un avion leader équipé du système Gee-H, comme l'attestent les deux barres horizontales jaunes sur les dérives.*

## Nouvelles améliorations

Malgré tout, Chadwick, qui n'était pas encore satisfait, détacha une équipe de dessinateurs de Chadderton à Woodford, où étaient assemblés les bombardiers Avro. De nombreuses améliorations furent apportées en vue de supprimer toute source d'éventuels problèmes, et l'avion reçut un blindage.

Le premier Lancaster de série fut le L7527, qui prit l'air le 31 octobre 1941 et sur lequel quatre moteurs Merlin XX de 1 280 ch avaient remplacé les Merlin X de 1 145 ch utilisés jusqu'alors. L'avion était pourtant légèrement moins rapide que ses prédécesseurs, la masse totale étant passée de 22 700 kg à 27 200 kg. La tourelle supérieure était entourée à sa base d'un carénage aérodynamique, un système mécanique empêchant le mitrailleur de toucher son propre avion. Au milieu du fuselage se trouvaient des magasins contenant 2 000 cartouches pour cette tourelle, plus 10 000 qui alimentaient la tourelle arrière Frazer-Nash FN.30 aux formes moins arrondies que celles de la FN.20 du Manchester. Les Lancaster de début de série conservèrent également la tourelle ventrale FN.21A du Manchester, équipée de deux mitrailleuses, mais elle ne devait guère être utilisée et fut même bientôt démontée.

La production commença à battre son plein au début de l'année 1942, le Lancaster Production Group rassemblant les moyens de A.V. Roe à Chadderton, à Woodford, la grande usine secrète de Yeadon, celle de Langar dans le Nottinghamshire, et comprenant aussi les installations de Metrovick à Trafford Park, près de Manchester, d'Austin Motors à Longbridge, d'Armstrong Whitworth à Baginton (plus tard aussi à Bitteswell) ainsi que les usines Vickers Armstrong de Castle Bromwich et de Hawarden. Ce groupe, sous-traitants compris, compta jusqu'à 131 000 employés, et la cadence de fabrication ne cessa de croître jusqu'au mois d'août 1944, qui vit la sortie de 293 quadrimoteurs.

Au Canada, la Victory Aircraft de Toronto se joignit à la production pour le compte du ministère canadien de l'Armement. Les avions réalisés au Canada portèrent l'appellation de Lancaster X (qui fit place à la désignation de Mk 10 après la guerre), et leurs moteurs Merlin provenaient des chaînes de montage récemment installées aux Etats-Unis par Packard Motors.

La RAF prit en compte son premier Lancaster en septembre 1941, lorsque le BT308 fut prêté pour essais au Squadron 44 basé à Waddington. C'est aussi le Squadron 44, précédemment doté de Handley Page Hampden, qui fut la première unité opérationnelle sur Lancaster, au début de 1942, son rééquipement ayant débuté la veille de Noël.

## L'électronique sur le Lancaster

Le monde apprit l'existence du Lancaster à la suite d'un raid téméraire effectué de jour par 12 appareils le 17 avril 1942. Ceux-ci, qui appartenaient aux Squadrons 44 et 97, se présentèrent au-dessus de l'Allemagne

*Les premiers Lancaster de série avaient l'empennage du Manchester Mk IA, composé d'un stabilisateur de grande envergure portant deux dérives allongées, la dérive centrale ayant disparu. Au début, le fuselage resta celui du Manchester, avec une rangée de petits hublots.*

***Chaîne de montage A.V. Roe des Lancaster Mk III, à Woodford, au début de 1943. C'est là que furent assemblés 2 774 appareils de cette version, sur un total de 7 374. Un peu plus tard au cours de la même année furent adoptées les hélices à pales larges, nettement plus efficaces.***

## Ecorché de l'Avro Lancaster Mk III

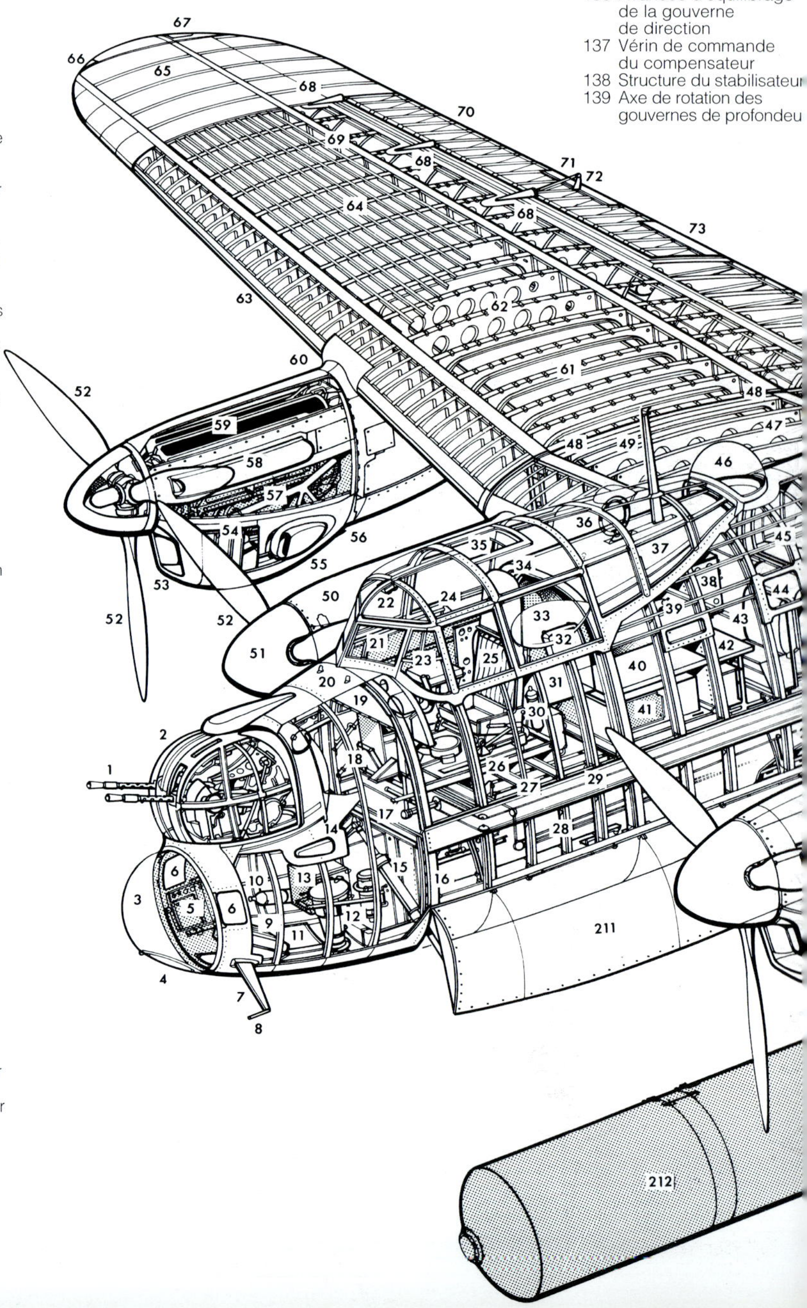

1 Mitrailleuse Browning de 7,7 mm
2 Tourelle Frazer-Nash
3 Bulle avant
4 Panneau de visée de bombardement
5 Console de l'opérateur bombardier
6 Hublot
7 Thermomètre
8 Tube de Pitot
9 Repose-poitrine pour l'opérateur bombardier en position couchée
10 Extincteur
11 Trappe d'évacuation en vol
12 Appareil photographique F-24
13 Réservoir de glycol
14 Carénage du ventilateur
15 Vérins avant de commande des trappes de soute à bombes
16 Couple de fuselage
17 Timoneries de commandes
18 Pédales de palonnier
19 Tableau de bord
20 Dégivreurs de pare-brise à alcool
21 Pare-brise
22 Commutateur d'éclairage atténué du tableau de bord
23 Strapontin du mécanicien
24 Console du mécanicien
25 Siège du pilote
26 Plancher du tableau de bord
27 Timoneries de commandes de direction et de profondeur
28 Câbles de commande de compensateur
29 Longeron latéral de fuselage
30 Extincteur
31 Installation radio
32 Siège du navigateur
33 Bulle d'observation
34 Plaque de blindage protégeant la tête du pilote
35 Issue de secours
36 Antenne-cadre du radiocompas
37 Mât support du fil d'antenne
38 Panneau d'accès aux systèmes électriques
39 Hublot du navigateur
40 Table de travail du navigateur
41 Radiocompas
42 Tablette de l'opérateur radio
43 Siège de l'opérateur radio
44 Hublot du poste de l'opérateur radio
45 Cadre attaché au longeron avant de voilure
46 Astrodôme
47 Nervures d'aile
48 Attache de longeron avant
49 Mât d'antenne
50 Nacelle du moteur intérieur
51 Casserole d'hélice
52 Hélices De Havilland
53 Entrée du radiateur d'huile
54 Radiateur d'huile
55 Prise d'air du carburateur
56 Volet mobile de sortie d'air de refroidissement
57 Bâti-moteur
58 Cache-flammes
59 Moteur Rolls-Royce Merlin 28 refroidi par liquide
60 Raccordement de la nacelle moteur à l'aile
61 Nervures avec découpes pour le réservoir d'essence
62 Nervures d'aile
63 Structure du bord d'attaque
64 Lisses de voilure
65 Revêtement d'aile
66 Feu de navigation
67 Feu de vol en formation
68 Carénages des articulations d'aileron
69 Longeron arrière de voilure
70 Aileron
71 Compensateur d'équilibrage d'aileron
72 Bielle de commande de compensateur
73 Compensateur d'aileron
74 Antenne HF
75 Volet de courbure
76 Issue de secours
77 Emplacement de la hache
78 Extincteur
79 Réservoir de liquide hydraulique
80 Rangement du pistolet lance-fusées
81 Rangement des parachutes
82 Passage du longeron arrière de voilure à travers le fuselage
83 Dossier de la couchette
84 Cadre de fuselage lié au longeron arrière de voilure
85 Trousses d'urgence
86 Eclairage au plafond
87 Câble de largage manuel du canot de sauvetage (qui se trouve dans l'emplanture de l'aile droite)
88 Rangement du parachute du mitrailleur de tourelle dorsale
89 Casier à munitions de la tourelle de queue
90 Glissière d'alimentation en projectiles
91 Issue de secours
92 Rangement des bouées lumineuses
93 Rangement des balises flottantes
94 Eclairage au plafond
95 Carénage de la tourelle dorsale
96 Tourelle dorsale Frazer-Nash
97 Mitrailleuses Browning de 7,7 mm (2)
98 Rail circulaire
99 Mécanisme de la tourelle
100 Recouvrement des glissières d'alimentation en munitions
101 Accès à la tourelle
102 Réservoir collecteur
103 Bouteille d'oxygène
104 Extincteur
105 Logement du compas
106 Main courante
107 Porte d'entrée sur le côté droit
108 Rangement des parachutes
109 Trousse de secours d'urgence
110 Stabilisateur
111 Renvoi de commande de direction
112 Dérive droite
113 Masses d'équilibrage de la gouverne de direction
114 Gouverne de direction
115 Charnière de la gouverne de direction
116 Bielle de commande du compensateur de direction
117 Compensateur de la gouverne de direction
118 Gouverne de profondeur
119 Compensateur de la gouverne de profondeur
120 Eclairage
121 Cadre renforcé
122 Rangement des parachutes
123 Extincteur
124 Accès à la tourelle de queue
125 Tourelle de queue Frazer-Nash
126 Mitrailleuses Browning de 7,7 mm
127 Glissière d'évacuation des douilles
128 Feu de navigation
129 Compensateur de gouverne de profondeur
130 Structure de la dérive
131 Masses d'équilibrage de la gouverne de direction
132 Structure de la gouverne de direction
133 Compensateur de la gouverne de direction
134 Masse d'équilibrage du compensateur
135 Bielle de commande du compensateur
136 Avancée d'équilibrage de la gouverne de direction
137 Vérin de commande du compensateur
138 Structure du stabilisateur
139 Axe de rotation des gouvernes de profondeur

***Les Lancaster les plus rapides et qui volèrent le plus haut pendant la guerre furent des Mk VI équipés, tel le ND673, de Merlin 85 ou 87 à compresseurs à deux étages.***

140 Passage du stabilisateur à travers le fuselage
141 Roulette de queue non escamotable
142 Toilettes
143 Recouvrement des glissières d'alimentation en munitions
144 Timoneries de commandes de profondeur et de direction
145 Carénage de l'antenne du radar de bombardement H2S
146 Marchepied pour accès à la tourelle dorsale
147 Glissière d'alimentation en munitions
148 Casier à munitions de la tourelle de queue
149 Cloison arrière de la soute à bombes
150 Portes de soute à bombes
151 Vérins arrière de commande des portes
152 Casier à munitions
153 Plancher
154 Vérin hydraulique de commande de volets
155 Axe de rotation des volets
156 Leviers de rotation des volets
157 Raccord d'axe de rotation
158 Longeron arrière
159 Elément intérieur de volet de courbure
160 Elément extérieur de volet
161 Renvoi de commande d'aileron
162 Renvoi de commande de compensateur d'aileron
163 Compensateur d'aileron
164 Bielle de commande de compensateur d'équilibrage d'aileron
165 Compensateur d'équilibrage d'aileron
166 Carénages des charnières d'aileron
167 Aileron
168 Saumon d'aile
169 Feu de vol en formation
170 Feu de navigation
171 Phares d'atterrissage escamotables (sous l'aile gauche seulement)
172 Coupe-câbles
173 Tuyau de vidange des réservoirs
174 Bielle de commande d'aileron
175 Réservoir extérieur
176 Attache du bâti-moteur sur le longeron arrière
177 Pompe de suralimentation
178 Extincteur
179 Bâti-moteur
180 Orifice de remplissage
181 Réservoir d'huile
182 Cloison pare-feu
183 Prise d'air du carburateur
184 Avant du bâti-moteur
185 Roue
186 Fourche de train oléopneumatique
187 Cache-flammes
188 Attache du bâti-moteur sur le longeron avant
189 Vérin d'escamotage du train

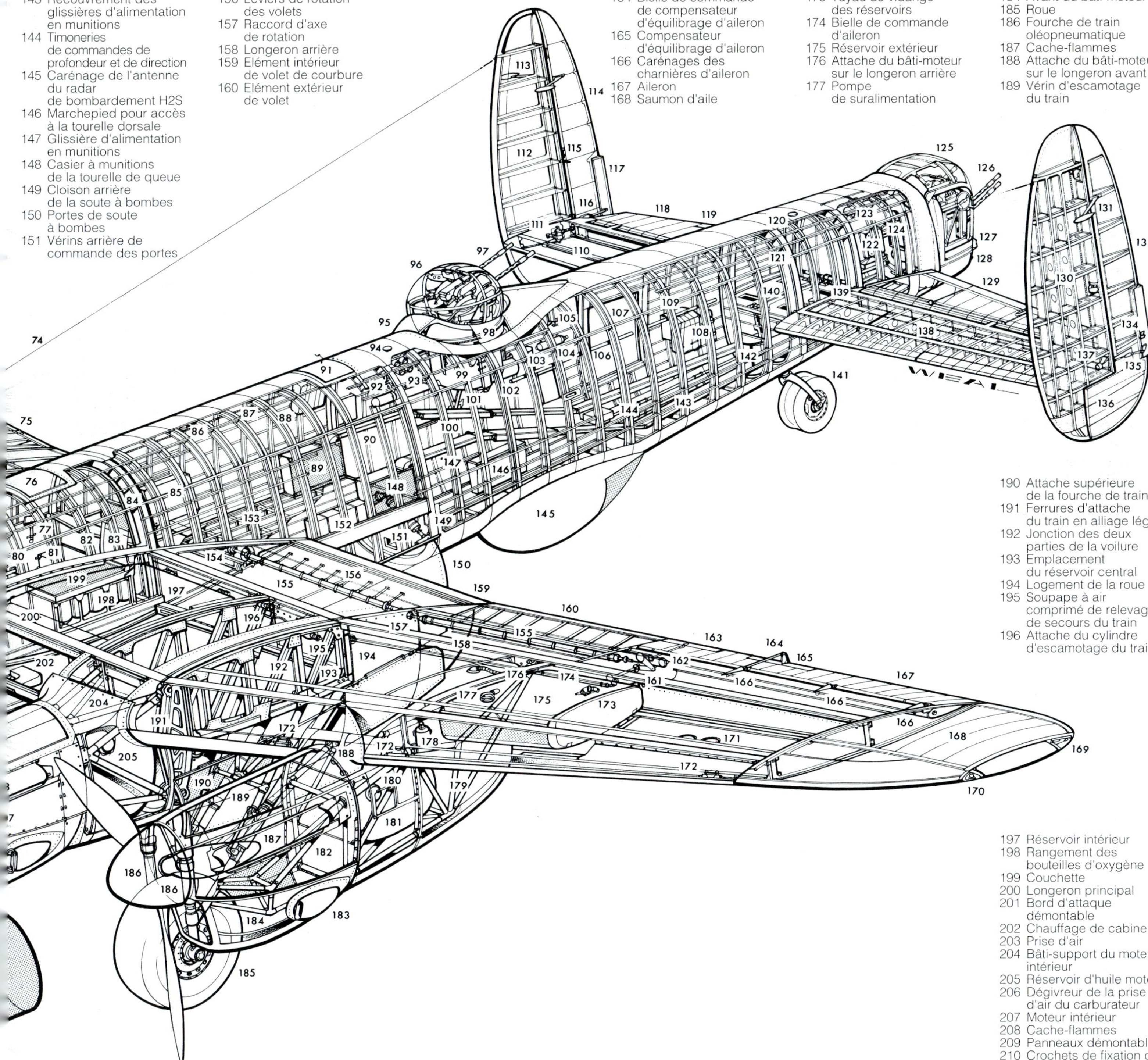

190 Attache supérieure de la fourche de train
191 Ferrures d'attache du train en alliage léger
192 Jonction des deux parties de la voilure
193 Emplacement du réservoir central
194 Logement de la roue
195 Soupape à air comprimé de relevage de secours du train
196 Attache du cylindre d'escamotage du train
197 Réservoir intérieur
198 Rangement des bouteilles d'oxygène
199 Couchette
200 Longeron principal
201 Bord d'attaque démontable
202 Chauffage de cabine
203 Prise d'air
204 Bâti-support du moteur intérieur
205 Réservoir d'huile moteur
206 Dégivreur de la prise d'air du carburateur
207 Moteur intérieur
208 Cache-flammes
209 Panneaux démontables
210 Crochets de fixation des bombes
211 Portes de soute à bombes
212 Bombe de 3 630 kg

La bombe la plus lourde jamais employée en opérations fut la Grand Slam, qui tombait à une vitesse supérieure à celle du son et qui détruisait les objectifs par l'effet de l'onde de choc qu'elle créait en explosant. Les Lancaster B Mk I (Special) durent être démunis d'une bonne partie de leur équipement pour pouvoir emporter ce projectile.

Ce Lancaster B.VII aux couleurs de la Tiger Force appartenait au Squadron 9, qui, comme le 617, fut basé à Salbani, en Inde. Les B.VII (FE) étaient dotés d'une tourelle supérieure Martin, mais l'avion représenté ici avait, comme plus tard les Lincoln, une Bristol B.17 armée de deux canons de 20 mm.

à basse altitude pour bombarder les usines MAN d'Augsbourg, qui fabriquaient des moteurs Diesel ; 7 des quadrimoteurs furent abattus au cours de cette mission, qui valut au Squadron Leader J.D. Nettleton une Victoria Cross bien méritée. On ne sut jamais pourquoi ce raid avait été monté, et plus jamais une telle action ne fut entreprise. Les Lancaster furent au contraire employés pour frapper durement et patiemment l'ennemi chaque nuit, arrivant par vagues sans cesse plus nombreuses et recourant à des techniques toujours plus élaborées. Bientôt, les Lancaster furent munis du radar H2S monté dans un gros carénage situé sous l'arrière du fuselage, à l'emplacement précédemment occupé pour la tourelle ventrale. Ils reçurent également un précieux instrument d'aide à la navigation, le Gee, et, à partir de 1944, le Gee-H à la précision accrue. Quelques appareils menèrent des missions spéciales de marquage d'objectifs grâce à un autre système d'aide à la navigation, portant le nom d'Oboe.

Comme bon nombre d'avions réussis, le Lancaster ne subit que peu de modifications au cours de sa carrière. Hormis les armements spéciaux et les équipements électroniques, la seule vraie variante du modèle d'origine fut le Lancaster Mk II, à moteurs Bristol Hercules en étoile. Avro en réalisa 2 exemplaires (DR810 et DR812), et Armstrong Whitworth 300, qui furent employés principalement par des équipages canadiens. Le Mk II décollait plus vite et montait mieux ; il était plus rapide à basse altitude que le Lancaster à moteurs Merlin, mais plus lent lorsqu'il volait haut. La consommation de carburant était légèrement réduite, et le Mk II avait en outre une soute à bombes dont le fond, plus renflé, se terminait par une tourelle ventrale FN.64A.

Le programme de 1936 ayant spécifié que l'appareil devait pouvoir emporter des torpilles, le Lancaster hérita de la vaste soute à bombes d'un seul tenant du Manchester. Moyennant quelques renforcements, celle-ci permit la mise en œuvre des bombes les plus lourdes et les plus volumineuses qui aient été employées au cours de la Seconde Guerre mondiale : celle de 1 815 kg (qui constituait la charge habituelle et était accompagnée de nombreux projectiles incendiaires), celle de 3 630 kg, celle, plus rare, de 5 445 kg et la Tallboy, dont la masse était identique mais qui avait un grand pouvoir de pénétration (conçue par Barnes Wallis, de chez Vickers, elle permit de couler le *Tirpitz*). Le Lancaster transporta même la Grand Slam, de 9 980 kg, au prix d'importantes modifications de structure qui se traduisirent par la désignation Mk I (Special) pour les appareils ainsi adaptés. C'est cet engin de conception très particulière, également dû à Wallis, qui rendit possible la destruction d'importants barrages hydroélectriques en Allemagne.

## La mission historique de Gibson

Les hauts faits des « briseurs de barrages » restent probablement l'exploit le plus célèbre de toute l'histoire de la RAF. Grâce au génie inventif de Barnes Wallis, le projet Upcreek, qui concernait le montage à l'aide d'un dispositif spécial de grosses bombes cylindriques partiellement logées dans la soute d'un Lancaster, put être mené à bien. Chacun de ces projectiles, d'une masse de 4 195 kg, était mis en rotation à 500 tr/mn par un moteur hydraulique et devait être largué très exactement à la vitesse de 402 km/h et à 18 m d'altitude au-dessus de la surface d'un lac d'artificiel à une distance du barrage comprise entre 365 et 410 m. Ces conditions de mise en œuvre, d'une précision extrême, contre un objectif particulièrement bien défendu et entouré de montagnes imposaient de confier la mission à des équipages triés sur le volet. C'est le Wing Commander Guy Gibson, du Squadron 617, qui se vit confier la responsabilité de l'opération, lancée le 21 mars 1943.

Les avions utilisés étaient des Mk III (Special), en fait des Mk I équipés de moteurs Merlin fabriqués par Packard et d'une pointe avant modifiée. Si la guerre avait duré quelques mois de plus, ces appareils auraient fini par être plus nombreux, au sein des formations de la RAF, que les Mk I ; en effet, les Mk I et III furent construits respectivement à 3 440 et 3 020 exemplaires, les Mk III étant d'abord dotés de moteurs V-1650-1 (l'équivalent américain du Merlin 28). Ceux-ci avaient le grave inconvénient de surchauffer, mais les Merlin 39 et 224 réalisés par Packard étaient aussi bons que les exemplaires produits par les Britanniques. A partir de la fin de 1943, les hélices à pales larges remplacèrent celles d'origine, aux pales fines et étroites, apportant une amélioration des performances au décollage.

Le radar Monica, qui fit son apparition à l'arrière du fuselage, permettait de détecter la présence de chasseurs de nuit de la Luftwaffe. Ce n'est que lorsqu'ils eurent la chance de capturer intact un Ju 88 de

Le SW244, un B.I construit par Metrovick, fut un des deux Lancaster transformés en avions à long rayon d'action par la mise en place d'un volumineux réservoir dorsal. Cette modification fut réalisée pour répondre aux besoins de la Tiger Force, engagée en Extrême-Orient en 1945.

Le RF310 fut l'un des derniers B.III construits par Armstrong Whitworth à Coventry. Au lendemain de la guerre, il fut transformé en ASR.III (désigné ASR.3 en 1948) de sauvetage en mer, équipé d'un canot largable. L'adaptation fut réalisée principalement par la firme Cunliffe-Owen, à Southampton.

*Le RF325 fut le dernier Lancaster utilisé par la RAF, sa carrière s'achevant en octobre 1956. Il s'agissait de l'avant-dernier exemplaire d'un lot de B.III construits par Armstrong Whitworth. Il fut ensuite transformé en ASR.3 puis, vers 1949, subit une modification qui en fit un GR.3 (puis MR.3).*

*Le PA342 était à l'origine un des cinq cents B.I construits à Chester par Vickers Armstrong. Transformé en B.I (FE), il fut livré à l'Aéronavale française et vola notamment à Papeete et à Nouméa au sein de la flottille 24F. Un ancien avion de la 24F, un Mk VII, est aujourd'hui préservé à Scampton.*

chasse de nuit que les Britanniques comprirent que cet équipement constituait en fait pour les équipages de leurs bombardiers un danger mortel, les chasseurs allemands utilisant l'émission du Monica pour se guider vers leur proie. Dans la plupart des cas, les vitrages des tourelles de queue comportaient, en dépit du froid intense qui règne à haute altitude, des découpes offrant au mitrailleur une meilleure visibilité sur le secteur balayé par ses armes. Fin 1944 débuta la production du Lancaster VII, caractérisé par une tourelle supérieure Martin, d'origine américaine, commandée électriquement et pourvue de deux mitrailleuses Browning de 12,7 mm ; 50 des derniers Mk III reçurent également des armes de ce type, qui équipèrent en outre la nouvelle tourelle arrière, plus spacieuse, construite à Gainsborough par Rose Brothers.

Le Lancaster IV devait entrer en service plus tard, sous le nom de Lincoln, mais une autre version, le Mk VI, reste peu connue. Un petit nombre de Mk I et III furent modifiés par montage de moteurs Merlin 85/87 à compresseurs à deux étages, montés dans des capots circulaires, groupes qui allaient se retrouver sur les Lincoln et les Shackleton. Avec ses grosses hélices quadripales, le Mk VI affichait des performances remarquables, d'autant plus que l'armement, à l'exception de la tourelle de queue, avait été supprimé, un exemplaire atteignant la vitesse de 555 km/h en août 1943.

Les dernières variantes produites avant la fin du conflit furent le Mk I(FE) et le Mk VII (FE), conçus pour être utilisés par la Tiger Force engagée contre le Japon en Extrême-Orient (d'où les lettres FE, pour Far East, dans les appellations). Ces avions, qui étaient dotés d'équipements appropriés à leur utilisation outre-mer, en environnement tropical, étaient généralement peints en blanc sur le dessus et comportaient des surfaces inférieures noires. Diverses mesures furent prises afin d'augmenter leur rayon d'action, deux d'entre eux (HK541 et SW244) étant expérimentés avec d'énormes réservoirs de 5 455 l sur le dos du fuselage, mais une solution apparut préférable : le ravitaillement en vol. La Seconde Guerre mondiale s'acheva avant que les Lancaster FE aient pu être engagés en opérations. Le dernier Lancaster, un Mk I (TW910) construit par Armstrong Whitworth, fut livré en février 1946.

## La carrière se poursuit

De nombreuses modifications intervinrent en unités pendant, et surtout après, la guerre. Ainsi le JB456 fut-il muni de l'excellente tourelle dorsale Bristol B.17, dont l'usage allait se généraliser sur les Lincoln. Le LL780 et le RF268 furent pourvus, à l'arrière, d'un poste de visée permettant le pointage de deux tourelles téléguidées, inférieure et supérieure, armées chacune de deux canons de 20 mm. Il s'agissait d'une tentative visant à améliorer l'armement du Lincoln et celui du Windsor, appareil qui allait rester à l'état de prototype. La première variante apparue au lendemain des hostilités fut l'ASR.3, utilisé par le Coastal Command, avec un canot de sauvetage sous le fuselage. Le GR.3 fut une version de reconnaissance maritime, rebaptisée MR.3. Quant au PR.1, c'était un avion mis en œuvre dans le cadre de vols de cartographie et de reconnaissance ; des appareils de ce type servirent à établir des cartes précises d'une grande partie de l'Afrique occidentale, centrale et orientale, de 1946 à 1952. Le dernier Lancaster du Bomber Command fut un PR.1, le PA427, qui vola jusqu'en décembre 1953.

Le musée de la RAF possède le R5868, qui effectua 137 missions, chiffre qu'aucun autre Lancaster ne semblait avoir égalé. Or le vrai record appartient vraisemblablement à l'ED888, qui mena plus de 140 raids au sein des Squadrons 103 et 576 à partir de la base d'Elsham Wolds et qui fut réformé en 1947.

Les derniers utilisateurs du Lancaster furent les Forces armées canadiennes et l'Aéronavale française, qui en 1951 prit en compte 54 avions (32 Mk I et 22 Mk VII). Ces appareils furent principalement employés pour des missions de patrouille et de sauvetage en mer au large des côtes de France et d'Afrique du Nord. Ils équipèrent les flottilles 2F (à Port-Lyautey), 10F (à Lann-Bihoué) et 11F (à Lartigue-Tafaraoui), qui devinrent en 1953 respectivement 23F, 24F et 25F. Plusieurs escadrilles d'entraînement (Agadir) et de liaison de l'Aéronavale utilisèrent également jusqu'au début des années soixante des Lancaster : ce sont surtout la 55S, mais aussi la 10S, la 4S, la 52S, la 56S et la 9S. De plus, en 1954, le secrétariat général à l'Aviation civile et commerciale reçut 5 appareils désignés Lancaster FCL (French Civil Lancaster), qui effectuèrent des missions de sauvetage en mer à Agadir jusqu'en 1960.

## Versions de l'Avro Lancaster

**Manchester III (Avro Type 683) :** prototypes du Lancaster réalisés à partir de cellules de Manchester à voilure rallongée ; 4 Merlin X de 1 145 ch (2 exemplaires, BT308 et DG595)
**Lancaster I :** version de série du Type 683 ; moteurs Merlin XX de 1 280 ch, Merlin 22 de 1 460 ch ou Merlin 24 de 1 640 ch (3 440 exemplaires construits)
**Lancaster I (Special) :** Mk I modifiés pour emporter des charges de plus de 5 445 kg ; dépourvus de radar et de nombreux équipements
**Lancaster I (FE) :** variante destinée à être utilisée en Extrême-Orient (tous les exemplaires proviennent, là encore, de la modification de Lancaster I)
**Lancaster PR.1 :** version de reconnaissance photographique réalisée après guerre par transformation de Lancaster I
**Lancaster II :** version équipée de Bristol Hercules VI en étoile de 1 650 ch ou Hercules XVI de 1 735 ch et comportant diverses améliorations (2 prototypes, 300 exemplaires de série)
**Lancaster III :** version améliorée ; moteurs Packard Merlin de 1 460 ou 1 640 ch (3 020 exemplaires construits)
**Lancaster III (Special) :** version antibarrage du précédent (exemplaires obtenus par modification de Lancaster III)
**Lancaster ASR.3 :** version de sauvetage en mer assemblée par Cunliffe-Owen et dotée d'un équipement spécial comportant le canot de sauvetage Mk IIA ; moteurs Merlin 224 (tous les exemplaires ont été réalisés par transformation de Lancaster III)
**Lancaster GR.3 :** version de reconnaissance maritime du précédent, également obtenue par transformation de Lancaster III
**Lancaster MR.3 :** seconde désignation du modèle précédent
**Lancaster IV :** prototype du Lincoln, répondant au programme B.14/43
**Lancaster V :** prototype du Lincoln II
**Lancaster VI :** 9 avions avec moteurs Merlin 87 de 1 760 ch (2 Mk I et 7 Mk III modifiés)
**Lancaster VII :** modèle équipé de la tourelle dorsale Martin et d'une Rose à l'arrière, d'équipements spéciaux et de moteurs fabriqués par Packard (180 exemplaires produits par Austin Motors)
**Lancaster VII (FE) :** variante « tropicalisée » du précédent destinée à être employée en Extrême-Orient (tous les exemplaires obtenus par modification de Lancaster VII)
**Lancaster X :** modèle fabriqué au Canada par Victory Aircraft avec moteurs Packard (430 exemplaires produits)
**Lancaster 10-AR :** version de reconnaissance du Lancaster 10-P, prévue pour l'utilisation en région polaire (3 exemplaires réalisés par transformation)
**Lancaster 10-BR :** version de bombardement et de reconnaissance (13 exemplaires réalisés par transformation)
**Lancaster 10-DR :** version spéciale emportant des engins téléguidés (probablement 2 exemplaires, également obtenus par transformation)
**Lancaster 10-MP :** semblable au suivant
**Lancaster 10-MR :** version de reconnaissance maritime dérivée du Mk X (plus de 70 exemplaires obtenus par transformation)
**Lancaster 10-P :** version de reconnaissance photographique (11 exemplaires réalisés par transformation)
**Lancaster 10-SR :** version de sauvetage en mer (8 exemplaires réalisés par transformation)
**Civil Lancaster 10 :** version postale pour Trans-Canada Airlines (10 exemplaires réalisés par transformation)

# Me 163 : l'obus volant de Messerschmitt

*Le Me 163 fut un avion exceptionnel, tant par son mode de propulsion que sur le plan aérodynamique. Les Allemands crurent qu'ils allaient disposer d'une arme défensive imparable, mais ils se trompaient.*

En trois quarts de siècle de guerre aérienne, il est rarement arrivé qu'un pays mette en service un appareil aussi radicalement nouveau que le Me 163 Komet. De très petite taille et parfaitement maniable, il disposait par rapport à ses adversaires d'un avantage énorme en matière de vitesse. C'est avec soulagement que les Alliés découvrirent que le nombre d'exemplaires en service était des plus réduits, que leur autonomie restait très limitée et que leur efficacité se révélait problématique. En effet, deux Komet furent abattus avant que l'appareil ait remporté la moindre victoire en combat.

L'origine du Me 163 remonte à 1926, année au cours de laquelle Alexander Lippisch construisit son premier planeur sans empennage. L'ingénieur réalisa par la suite de nombreuses ailes volantes à moteur, puis s'intéressa à la propulsion par fusée. Il n'est donc pas étonnant que le Reichsluftfahrtministerium (RLM) se soit adressé à lui, en 1937, pour lui demander de réaliser un appareil susceptible de servir aux essais du moteur-fusée Walter I-203 destiné à équiper des avions pilotés. Ce propulseur utilisait deux produits chimiques qui, mis en contact, produisent une réaction très violente : l'eau oxygénée et une solution aqueuse de permanganate de calcium, appelés respectivement T-Stoff et Z-Stoff. Ces produits étant corrosifs, il fallut construire l'appareil en métal ; comme le DFS (Institut allemand de recherche sur les planeurs) n'était équipé que pour travailler le bois, la réalisation du fuselage fut confiée à Heinkel.

En fait, Heinkel ne devait jamais construire ce fuselage métallique, mais la firme créa son propre avion-fusée, le He 176, dont les essais, conduits en juin 1939, amenèrent presque les services officiels à perdre tout intérêt pour ce mode de propulsion. Dépité, Lippisch quitta le DFS pour s'associer avec Messerschmitt. Ce dernier, qui ne cachait pas son dédain pour les recherches de l'ingénieur allemand, à ses yeux sans grand avenir, permit à Lippisch de poursuivre ses travaux avec une petite équipe. Dès la fin de 1939, ce dernier décida que son DFS 194, quoique construit entièrement en bois, pourrait être propulsé non par un petit moteur à pistons mais bel et bien par un moteur-fusée. L'appareil arriva au début de l'année 1940 à Karlshagen, l'aérodrome d'essais de Peenemünde, où l'on procéda au montage de l'I-203. Le 3 juin, Heini Dittmar, célèbre pilote de planeurs, effectua le premier vol, qui donna entière satisfaction ; la machine était parfaitement manœuvrable. Quoique prévue pour voler à 300 km/h, elle allait bientôt d'une part atteindre 545 km/h en vol horizontal et d'autre part faire preuve d'une vitesse ascensionnelle hors du commun.

Pour Lippisch, c'était la réussite. La société Walter venait de mettre au point le moteur II-203b, qui fournissait 750 kgp et qui devait faciliter le décollage des avions lourds. En outre, elle travaillait sur un engin plus puissant encore. Lippisch reçut pour instruction de créer un intercepteur qui pût en être équipé. Son autonomie ne pouvait être que très limitée, mais cela ne constituait pas un problème, l'avion étant destiné à la défense d'un objectif précis et ne devant décoller qu'à l'arrivée des bombardiers ennemis. Il reçut la désignation de Me 163B, s'appliquant à six prototypes équipés de l'II-203b.

Le premier Me 163, immatriculé KE + SW, fut achevé, dépourvu de moteur, à Lechfeld en mars 1941. Ses essais de planeur, remorqué par un Messerschmitt Bf 110, furent entrepris sans tarder. Une fois encore, Dittmar fut satisfait par les qualités de vol de l'appareil, qui planait si bien que des problèmes se présentaient à l'atterrissage : difficile à poser, le Me 163 sortait de manière régulière des limites du terrain ; un jour,

***Capturé par les Alliés à la fin de la Seconde Guerre mondiale, ce Messerschmitt Me 163B-1a est préservé en Grande-Bretagne, sur la base de Saint Athan. Noter le chariot attaché en arrière du patin d'atterrissage.***

*Ce Me 163B-1a est un des premiers appareils de ce type à être entré en service, au début de l'été 1944. L'avion fut affecté à l'Erprobungskommando 16, alors basé à Bad Zwischenahn. C'est sur des photographies de cet aérodrome que les Alliés découvrirent l'existence de cette machine.*

Dittmar dut passer en glissade entre deux hangars, puis se faufiler entre plusieurs bâtiments avant de pouvoir se poser. Le premier vol propulsé eut lieu à Karlshagen le 13 août 1941, et, bien que ne s'efforçant pas d'atteindre une grande vitesse, Dittmar apprit par la radio que la composante horizontale de celle-ci, mesurée au moyen d'instruments optiques au sol, venait de dépasser 800 km/h. Il atteignit peu après 885 km/h. Le 2 octobre de cette même année, Dittmar se fit remorquer jusqu'à 4 000 m d'altitude par le Bf 110. Là, il se largua et alluma son moteur ; après une forte accélération, il perdit le contrôle de l'appareil, qui s'engageait en piqué. C'était peut-être la première fois qu'un homme, approchant de la vitesse du son, ressentait l'effet des phénomènes de compressibilité, qui commencent à se manifester aux alentours de Mach 0,84. L'appareil parvint à la vitesse de 1 004 km/h, soit 250 km/h de plus que le record du monde de l'époque.

Des recherches ultérieures conduisirent à adopter une voilure modifiée, pourvue de fentes de bord d'attaque fixes au voisinage des extrémités. Ainsi disparut le danger de mise en vrille incontrôlable, mais le décrochage restait très sec. Dans l'ensemble, le Me 163 était de conception extrêmement simple ; toutefois, on peut lui reprocher une caractéristique qui n'allait cesser de soulever des difficultés multiples et qui allait conduire à des catastrophes. Habitué à concevoir des planeurs, Lippisch avait été amené à pourvoir l'appareil d'un chariot à deux roues qui était largué aussitôt après le décollage ; l'atterrissage s'effectuait sur un patin amorti par ressorts. En réalité, ce système engendrait des difficultés de pilotage presque insurmontables : si l'appareil n'était pas rigoureusement axé dans la direction du vent, il devenait instable et risquait même de se retourner, la gouverne de direction étant dépourvue de toute efficacité aux basses vitesses ; la moindre bosse du terrain le faisait décoller prématurément pour rebondir aussitôt sur le chariot dépourvu d'amortisseurs.

Les carburants chimiques étaient si dangereux que, sur le volumineux moteur R II-21, à puissance réglable, il fallut remplacer le Z-Stoff par du C-Stoff, hydrate d'hydrazine en solution dans l'alcool méthylique. Au cours des essais de ces moteurs, à deux reprises se produisirent des explosions qui détruisirent entièrement les ateliers. Les travaux se poursuivirent néanmoins sur les six prototypes Me 163A, dix Me 163-0 de présérie et soixante-dix Me 163B, également considérés comme exemplaires de présérie et baptisés Komet. En 1941, Ernst Udet, directeur des approvisionnements, s'enthousiasma pour le programme, mais son suicide au mois de novembre de la même année assombrit les perspectives de développement de la Luftwaffe. De toute évidence, ce n'était pas avec ce petit intercepteur-fusée que l'Allemagne gagnerait la guerre à l'Est. Les bombardements alliés sur l'Allemagne étaient encore loin d'avoir l'ampleur qu'ils allaient revêtir un peu plus tard, et ils ne se déroulaient encore que de nuit. C'est pourquoi le Komet ne bénéficiait d'aucune priorité ; en outre, la mise au point du moteur posait encore de graves problèmes à Walter.

## Problèmes au décollage

Le nombre de personnes affectées au programme alla pourtant en croissant, mais Lippisch lui-même dut poursuivre d'autres activités à Vienne. Un officier de la Luftwaffe, Rudolf Opitz, vint participer aux essais en vol, à temps pour prendre la relève de Dittmar qui, s'étant trouvé en perte de vitesse à quelques mètres du sol, avait quelques raisons de déplorer que le patin fût si mal amorti : il devait rester deux ans à l'hôpital, la colonne vertébrale endommagée. Le premier vol mené par Opitz sur Me 163A faillit se terminer tragiquement. Se rendant compte qu'il n'avait pas largué le chariot à temps, le pilote décida de se poser avec ; par miracle, il réussit à ne pas se retourner à l'atterrissage, ce qui aurait automatiquement entraîné une terrible explosion.

C'est Opitz qui fit décoller pour la première fois un Me 163B, à Lechfeld, le 26 juin 1942 ; l'appareil, dont les réservoirs étaient vides, vola en planeur, remorqué au départ par un Bf 110. Près d'un an plus tard, le 23 juin 1943, eut lieu le premier vol propulsé. Cette fois encore, Opitz éprouva des émotions fortes : le chariot se détacha prématurément, et l'appareil poursuivit son accélération sur son patin non amorti. Quelques secondes plus tard, des fumées âcres et opaques envahirent l'habitacle : les secousses du décollage avaient entraîné la rupture d'une

*Photographié au printemps 1941, le Messerschmitt Me 163A V-1 constituait la transition entre le DFS 194, une machine peu rapide, et l'appareil définitif. L'avion repose ici sur son chariot, volets baissés. Les essais avec usage de la fusée débutèrent en juillet de la même année.*

*La Wolf Hirth Segelflugzeugbau procéda à la construction de dix Messerschmitt Me 163A-0 destinés à l'entraînement des pilotes. Equipés d'un moteur-fusée R II-203b, ces avions disposaient d'un chariot à voie relativement large. Le Me 163A-0 était armé de vingt-quatre roquettes R4M sous voilure.*

## Versions du Messerschmitt Me 163

**DFS 194 :** appareil expérimental à propulsion par fusée, utilisé pour les essais de stabilité et de commandes de vol ; 1 exemplaire réalisé
**Me 163A :** 6 prototypes expérimentaux plus puissants, et plus proches de la version définitive
**Me 163A-0 :** 10 appareils semblables aux précédents, pour l'entraînement des pilotes
**Me 163B Komet :** intercepteur construit en série ; une première tranche de Me 163Ba-1 construits à Ratisbonne et armés de canons MG 151/20, puis des Me 163B-1a construits en diverses usines et assemblés en Forêt-Noire, armés de canons MK 108 de 30 mm ; environ 320 avions construits au total, dont 279 pris en compte par la Luftwaffe
**Me 163S :** biplace d'entraînement, avec poste de l'instructeur au-dessus de la partie centrale du fuselage ; plusieurs exemplaires construits, dont aucun ne semble avoir effectué de vol propulsé
**Me 163C :** version améliorée, à moteur HWK 509C-1, avec 2 chambres de combustion ; 2 prototypes et 3 exemplaires de série
**Me 163D ou Ju 248 :** dérivé à train tricycle, pourvu de diverses autres améliorations ; 2 exemplaires essayés en planeurs uniquement
**Mitsubishi Shusui :** copie japonaise, réalisée sans l'aide de plans détaillés ; désignée Ki-200 par l'armée et J8M1 par la marine ; un appareil J8M1 essayé en vol et détruit le 7 juillet 1945

canalisation de peroxyde. Opitz envisageait de quitter l'appareil lorsque les terribles combustibles chimiques arrivèrent enfin à épuisement.

Au début de 1943, une unité expérimentale baptisée Erprobungskommando 16 fut mise sur pied à Karlshagen, sous les ordres du Hauptmann Wolfgang Späte. Mais c'est à Bad Zwischenahn qu'allaient se dérouler la plupart des essais du Me 163 pendant un an. Les Alliés eurent connaissance de l'existence de la machine grâce à des photographies prises en décembre 1943 par des avions de reconnaissance volant à haute altitude. Le déroulement du programme fut à nouveau retardé par un raid de bombardiers alliés, du type même que ceux que le Komet était conçu pour enrayer. A l'usine Messerschmitt de Ratisbonne, durement touchée par des Boeing B-17, de nombreux exemplaires de présérie avaient été détruits le 17 août 1943. Toutefois, la construction en série devait être répartie entre de nombreuses chaînes disséminées à travers toute l'Allemagne, sous le contrôle de Klemm Technik. L'assemblage final devait s'effectuer dans une usine secrète installée en Forêt-Noire ; de là, les avions devaient être transportés vers Lechfeld.

D'autres difficultés vinrent entraver la réalisation du programme de construction, si bien que les avions de série ne commencèrent à parvenir à Lechfeld qu'en février 1944. Bien qu'à certains égards ces Me 163B-1a aient pu paraître de construction rudimentaire, c'étaient des machines très élaborées, résultant d'une longue mise au point. Rien n'avait pourtant été fait pour réduire le terrible risque d'explosion au décollage.

La voilure était à la fois plus petite et plus simple que sur les modèles expérimentaux ; fortement effilée, elle accusait une flèche de 23,3° au quart des cordes. Sa structure en bois était simple, avec deux longerons très espacés et un revêtement en contreplaqué recouvert de toile, épais presque partout de 8 mm. Les ailerons entoilés servaient au contrôle en roulis, mais également en profondeur ; ils étaient pourvus de tabs métalliques, réglables au sol par des pinces jusqu'à obtention d'un équilibrage satisfaisant. La partie inférieure de la voilure était occupée par des volets hypersustentateurs que des vérins hydrauliques abaissaient avant l'atterrissage en même temps que les volets de bord de fuite. Les volets d'intrados provoquaient un couple cabreur annulé par le couple piqueur des volets de bord de fuite. Le fuselage, de petites dimensions, était construit en alliage léger. Ses revêtements comportaient de nombreuses portes de visite donnant accès aux équipements. La plus grosse pièce contenue dans le fuselage était le réservoir de T-Stoff, d'une capacité de 1 040 l, logé entre l'habitacle et le moteur. Deux autres réservoirs plus petits se trouvaient dans les flancs du poste de pilotage. Quant au C-Stoff, il était emmagasiné dans deux réservoirs de 173 l situés entre les longerons de voilure et dans deux autres, de 73 l chacun, placés aux bords d'attaque.

Le propulseur, dont la version de série portait la désignation de HWK Typ 509A-1, comportait une chambre de combustion unique alimentée par deux longs tuyaux droits venant des turbopompes, implantées au niveau du bord de fuite de l'aile. Avant chaque vol il était nécessaire de purger l'ensemble des tuyauteries, l'opération nécessitant une grande quantité d'eau. Le moteur démarrait avec du T-Stoff fourni par un réservoir placé dans la partie supérieure de l'arrière du fuselage, tandis qu'un moteur électrique « lançait » les turbopompes. Les réservoirs étaient pressurisés, et, dès que les liquides atteignaient les turbopompes, celles-ci les envoyaient vers la chambre de combustion à raison de 8 kg/s ; là ils réagissaient spontanément, par simple contact. La poussée au niveau de la mer était de 1 500 kg, mais à haute altitude, du fait de la moindre densité de l'atmosphère, elle atteignait 1 700 kg. La poussée du 509A pouvait théoriquement être réduite jusqu'à 100 kg, mais le moteur risquait alors de s'éteindre. Il était possible de démonter rapidement l'arrière du fuselage, avec le moteur-fusée.

L'habitacle était confortable, bien que le système de pressurisation fût réduit à une prise d'air dynamique à l'avant. La verrière en Plexiglas moulé, articulée sur le côté droit, était trop fragile pour résister à l'impact des grêlons ou des oiseaux aux vitesses que l'avion pouvait atteindre. Le poste de pilotage était protégé par deux plaques de blindage, avant et arrière, mais, le siège n'étant pas éjectable, il était très difficile d'évacuer l'appareil aux grandes vitesses. L'armement se composait de deux canons logés dans l'emplanture des ailes, entre les longerons. Les premiers Komet furent presque tous dotés de deux canons de 20 mm MG 151 à tir rapide, mais l'armement standard retenu pour la version de série consistait en deux MK 108 de 30 mm, alimentés par 60 obus. Le patin d'atterrissage, qui causa tant de soucis, s'escamotait après le décollage, ainsi que la roulette de queue orientable. En relevant le patin, le pilote larguait automatiquement le chariot, qui, rebondissant fréquemment au sol, venait endommager le dessous de l'avion.

## Ecorché du Messerschmitt Me 163B-1a

1 Moulinet d'entraînement de la génératrice
2 Génératrice
3 Bouteille d'air comprimé
4 Batteries et équipements électroniques
5 Prise d'air de ventilation de la cabine
6 Ogive blindée
7 Système de pressurisation de l'accumulateur
8 Prise d'air dynamique de ventilation de la cabine
9 Equipement radio FuG 25a
10 Palonnier
11 Prises hydrauliques et d'air comprimé
12 Timonerie de commande d'élevons
13 Relais de commandes
14 Mélangeur des commandes de gauchissement et de profondeur
15 Pédales de palonnier
16 Boutons de réglage de la radio
17 Bielle
18 Réservoir de gauche de T-Stoff (capacité, 60 l)
19 Manche à balai
20 Tableau de bord amovible
21 Auvent blindé
22 Collimateur Revi 16B
23 Glace intérieure à l'épreuve des balles
24 Commutateurs de l'armement et de la radio
25 Siège du pilote
26 Blindage dorsal (8 mm d'épaisseur)
27 Blindage de protection de la tête et des épaules du pilote
28 Sélecteur de fréquences radio
29 Appui-tête
30 Verrière largable manuellement
31 Fenêtre de ventilation
32 Fente fixe de bord d'attaque
33 Compensateur réglable au sol
34 Elevon de droite, entoilé

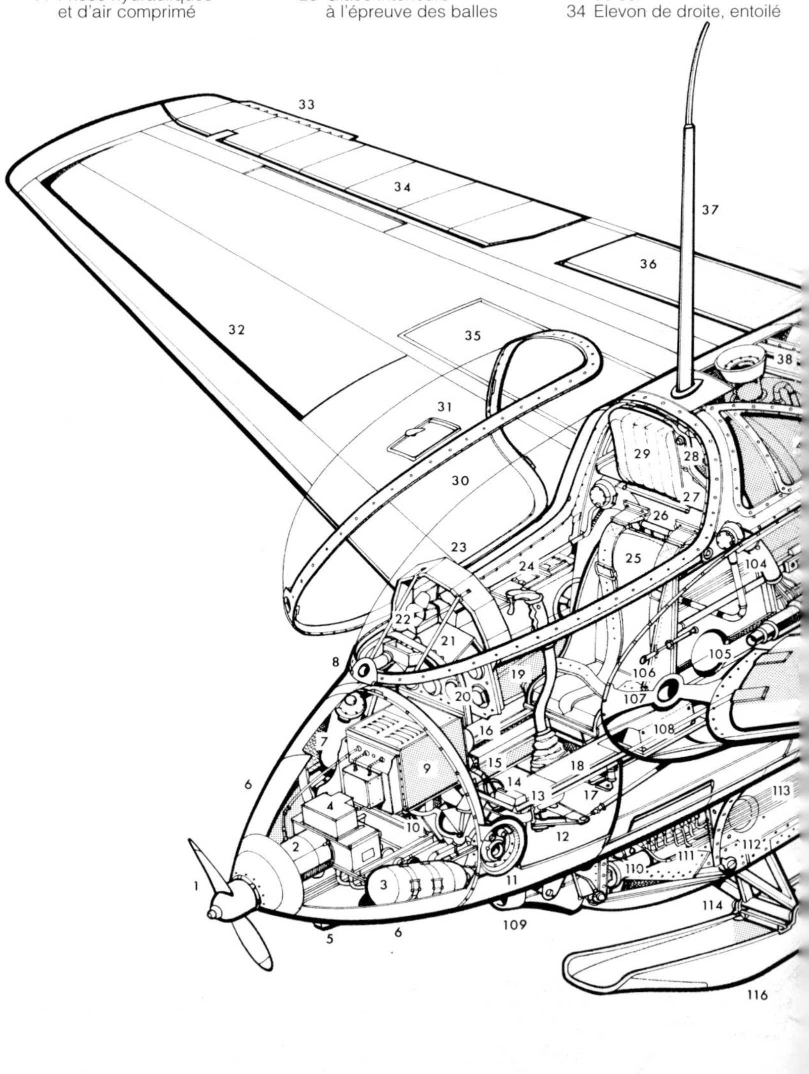

***Basé sur l'aérodrome de Brandis, ce Komet du JG 400 arborait un insigne représentant une « puce fusée » avec le célèbre « Wie ein Floh – aber oh oh ! » (comme une puce – mais oh oh !) . Les magasins à obus étaient logés entre les réservoirs des combustibles chimiques.***

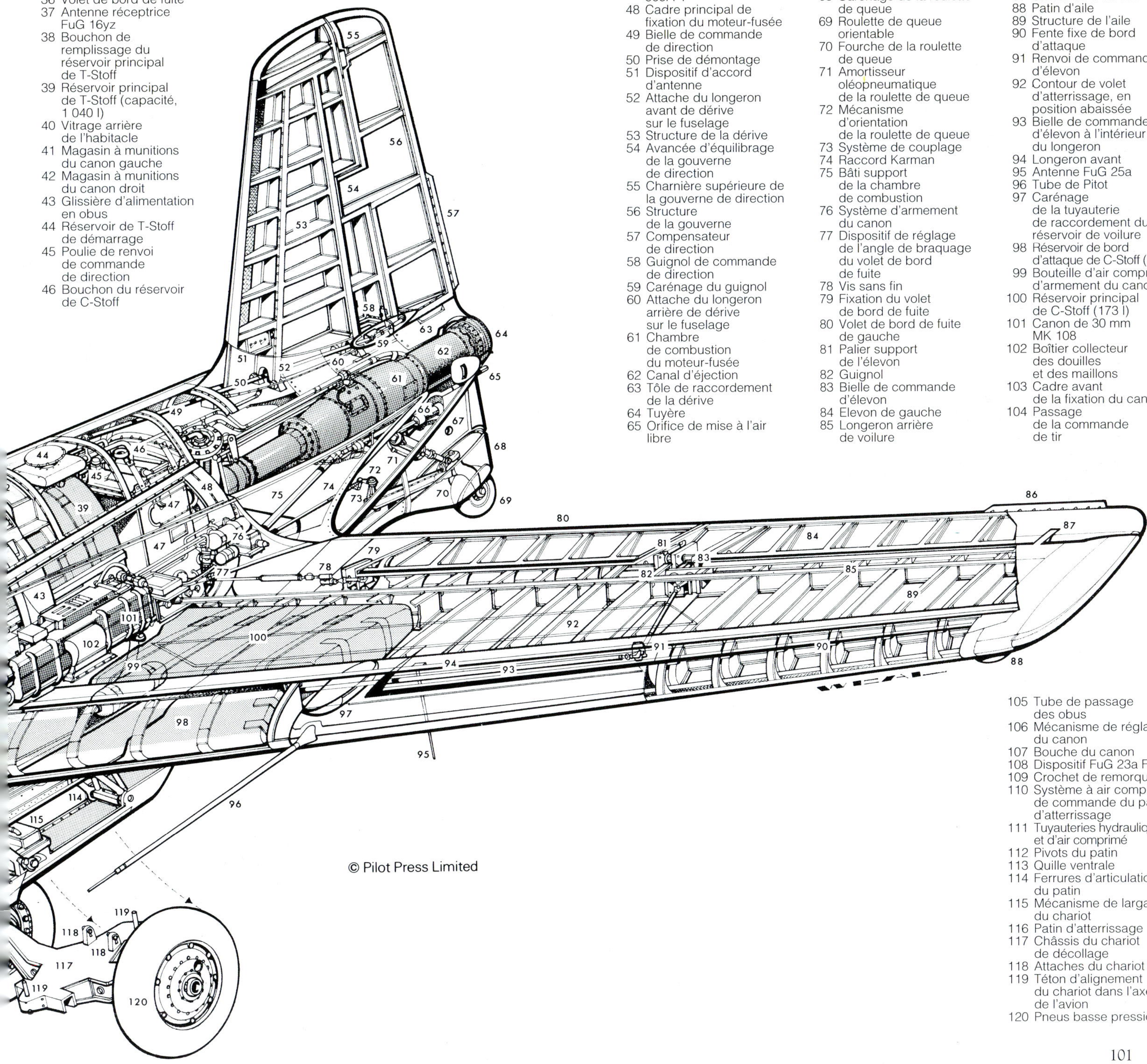



35 Position du volet d'atterrissage sous l'aile
36 Volet de bord de fuite
37 Antenne réceptrice FuG 16yz
38 Bouchon de remplissage du réservoir principal de T-Stoff
39 Réservoir principal de T-Stoff (capacité, 1 040 l)
40 Vitrage arrière de l'habitacle
41 Magasin à munitions du canon gauche
42 Magasin à munitions du canon droit
43 Glissière d'alimentation en obus
44 Réservoir de T-Stoff de démarrage
45 Poulie de renvoi de commande de direction
46 Bouchon du réservoir de C-Stoff
47 Logement de la turbine du moteur-fusée HWK 509A-1
48 Cadre principal de fixation du moteur-fusée
49 Bielle de commande de direction
50 Prise de démontage
51 Dispositif d'accord d'antenne
52 Attache du longeron avant de dérive sur le fuselage
53 Structure de la dérive
54 Avancée d'équilibrage de la gouverne de direction
55 Charnière supérieure de la gouverne de direction
56 Structure de la gouverne
57 Compensateur de direction
58 Guignol de commande de direction
59 Carénage du guignol
60 Attache du longeron arrière de dérive sur le fuselage
61 Chambre de combustion du moteur-fusée
62 Canal d'éjection
63 Tôle de raccordement de la dérive
64 Tuyère
65 Orifice de mise à l'air libre
66 Piston hydraulique
67 Tube de levage
68 Carénage de la roulette de queue
69 Roulette de queue orientable
70 Fourche de la roulette de queue
71 Amortisseur oléopneumatique de la roulette de queue
72 Mécanisme d'orientation de la roulette de queue
73 Système de couplage
74 Raccord Karman
75 Bâti support de la chambre de combustion
76 Système d'armement du canon
77 Dispositif de réglage de l'angle de braquage du volet de bord de fuite
78 Vis sans fin
79 Fixation du volet de bord de fuite
80 Volet de bord de fuite de gauche
81 Palier support de l'élevon
82 Guignol
83 Bielle de commande d'élevon
84 Elevon de gauche
85 Longeron arrière de voilure
86 Compensateur réglable au sol
87 Charnière d'élevon
88 Patin d'aile
89 Structure de l'aile
90 Fente fixe de bord d'attaque
91 Renvoi de commande d'élevon
92 Contour du volet d'atterrissage, en position abaissée
93 Bielle de commande d'élevon à l'intérieur du longeron
94 Longeron avant
95 Antenne FuG 25a
96 Tube de Pitot
97 Carénage de la tuyauterie de raccordement du réservoir de voilure
98 Réservoir de bord d'attaque de C-Stoff (73 l)
99 Bouteille d'air comprimé d'armement du canon
100 Réservoir principal de C-Stoff (173 l)
101 Canon de 30 mm MK 108
102 Boîtier collecteur des douilles et des maillons
103 Cadre avant de la fixation du canon
104 Passage de la commande de tir
105 Tube de passage des obus
106 Mécanisme de réglage du canon
107 Bouche du canon
108 Dispositif FuG 23a FF
109 Crochet de remorquage
110 Système à air comprimé de commande du patin d'atterrissage
111 Tuyauteries hydrauliques et d'air comprimé
112 Pivots du patin
113 Quille ventrale
114 Ferrures d'articulation du patin
115 Mécanisme de largage du chariot
116 Patin d'atterrissage
117 Châssis du chariot de décollage
118 Attaches du chariot
119 Téton d'alignement du chariot dans l'axe de l'avion
120 Pneus basse pression

**Caractéristiques**
**Messerschmitt Me 163B-1a**
**Type :** intercepteur de défense ponctuelle à propulsion par fusée
**Moteur :** 1 moteur-fusée Walter HWK 509A-1 ou A-2 alimenté en T-Stoff et C-Stoff et fournissant à haute altitude 1 700 kgp
**Performances :** vitesse maximale au niveau de la mer, environ 830 km/h (supérieure à 960 km/h au-delà de 3 000 m d'altitude) : vitesse ascensionnelle initiale, 4 900 m/mn ; plafond pratique, 12 000 m ; autonomie maximale en vol propulsé, avec périodes d'utilisation à poussée réduite, 7 mn 30 s ; distance franchissable, sans combat, environ 130 km
**Dimensions :** envergure, 9,40 m ; longueur, 5,85 m ; hauteur sur le chariot de décollage, 2,76 m ; surface alaire, 18,50 m²
**Armement :** 2 canons Rheinmetall MK 108 de 30 mm alimentés chacun par 60 obus

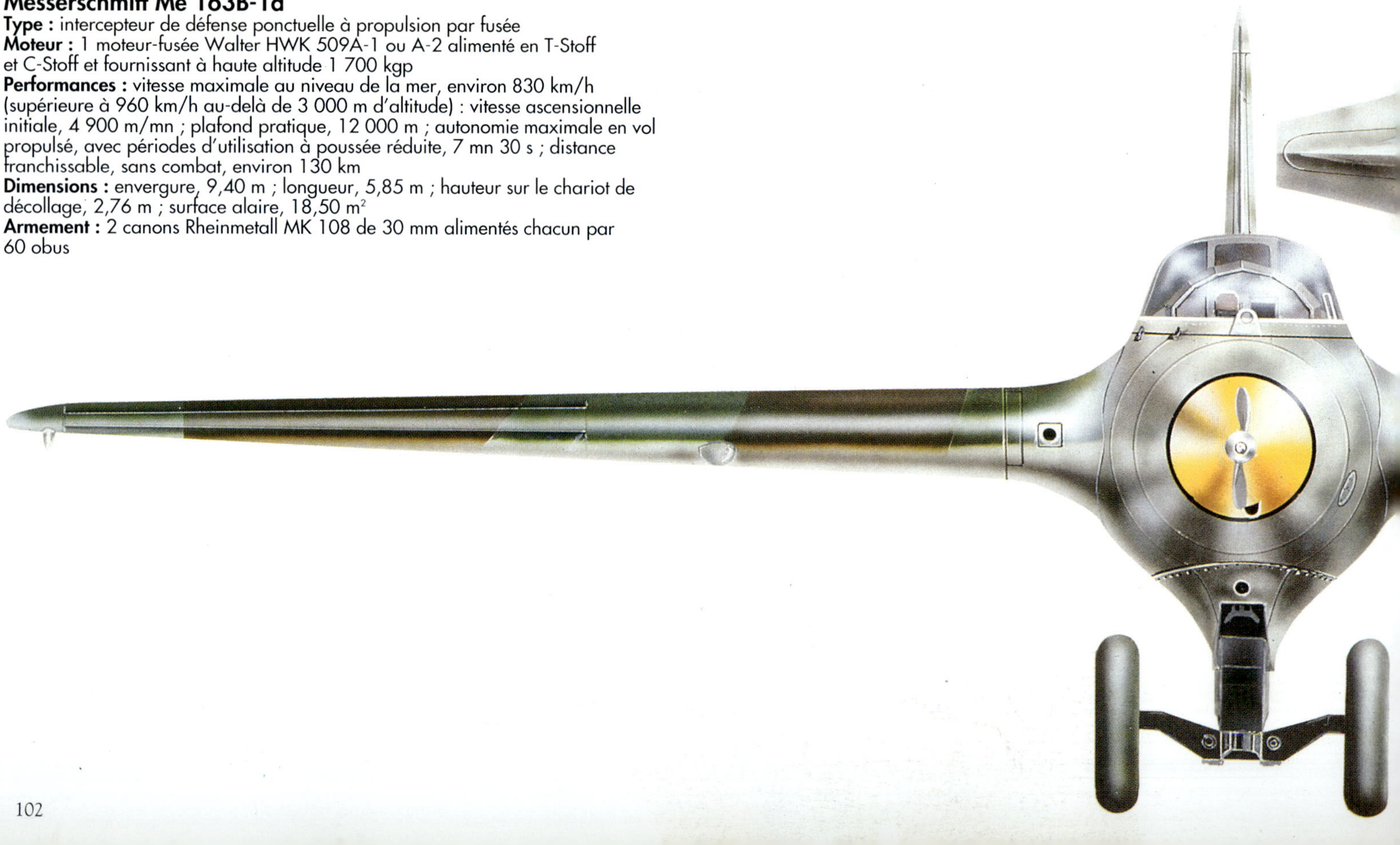

*Si les Allemands étaient parvenus à réaliser le plan qui prévoyait l'installation de deux ceintures de bases de Me 163 couvrant les accès à l'ouest, au nord-ouest et au nord de l'Allemagne, ils auraient effectué une percée technologique remarquable. En fait, le Komet se révéla dangereux surtout pour son pilote et n'infligea aux bombardiers alliés que des pertes négligeables.*

*Ce type de camouflage fut utilisé par l'Ergänzungstaffel (unité d'entraînement) du JG 400, mais il fut également employé sur les avions opérationnels de cette même formation. Noter, sur cet exemplaire basé à Brandis en 1945, les marques indiquant l'emplacement des réservoirs de carburant.*

## Procédures spéciales

Au prix de leçons cuisantes, la Luftwaffe parvint à améliorer les procédures de mise en œuvre de la machine. Les pilotes et le personnel au sol portaient des combinaisons spéciales en amiante et Mipolamfibre. En dépit de ces précautions, des pilotes dont les avions se retournèrent à l'atterrissage sans exploser furent gravement brûlés par les combustibles chimiques avant qu'on pût les extraire des débris de leur machine. Pour atterrir, il fallait garder le manche au neutre et se présenter à 210 km/h, exactement dans la direction du vent ; le pilote devait réussir son atterrissage du premier coup, car il lui était impossible de refaire un tour de piste pour tenter une nouvelle approche. Il était capital d'abaisser le patin et de remettre ensuite le levier en place, afin de faire tomber la pression hydraulique et de connecter le circuit oléopneumatique.

Pour toutes ces raisons, la machine ne fut confiée qu'à des pilotes très expérimentés, lesquels étaient entraînés sur une variante à ailes raccourcies d'un planeur et sur Me 163A remorqué, d'abord vide puis chargé de réservoirs d'eau. La Luftwaffe commença à recevoir des Komet de série au mois de mai 1944. Späte avait imaginé d'implanter tout un réseau de bases distantes les unes des autres d'une centaine de kilomètres et formant un écran protecteur coupant toutes les voies d'accès des bombardiers basés en Grande-Bretagne. Ce plan ne put être réalisé. Quelques missions furent effectuées, le plus souvent à l'aide d'appareils de présérie, depuis les terrains de Karlshagen, Zwischenahn, Wittmundhaven et Udetfeld ; mais la première base opérationnelle choisie fut celle de Brandis, non loin de Leipzig, d'où les Allemands espéraient pouvoir protéger une importante concentration de raffineries.

La première unité opérationnelle fut le I./JG 400, commandé par l'Oberleutnant Robert Olejnik et créé à partir de l'Erprobungskommando 16, à Zwischenahn, en mai 1944. Auparavant, des pilotes de Komet avaient tenté à maintes reprises d'entrer en contact avec l'ennemi, sans jamais y parvenir. Le premier engagement important eut lieu le 28 juillet 1944, lorsque six Komet décollèrent pour tenter d'intercepter près de six cents B-17 qui se dirigeaient vers les installations pétrolières de Leuna-Merseburg. Ils ne remportèrent aucun succès, en raison surtout de la vitesse de rapprochement trop élevée, et durent se poser dans des conditions acrobatiques, évitant de peu plusieurs collisions.

Enfin, le 16 août 1944, cinq Komet s'attaquèrent à une formation de 1 096 quadrimoteurs de l'USAAF, qui n'avaient pas encore reçu la consigne d'éviter la région de Brandis. Le premier pilote allemand qui parvint à se placer en position pour tirer un B-17 fut atteint par le mitrailleur arrière du bombardier. Un autre parvint à toucher une Fortress du 305th BG, mais fut aussitôt abattu par un P-51. Huit jours plus tard, le Feldwebel Siegfried Schubert réussit à détruire deux B-17, tandis que d'autres Komet en abattaient deux autres. Ce succès allemand allait rester sans lendemain. Les Komet, bien qu'ils fussent de plus en plus nombreux en service, ne parvinrent jamais à frapper un grand coup, surtout parce qu'il était très difficile d'effectuer une visée correcte en un temps très court. Un équipement spécial, le Sondergeräte 500, fut conçu pour remédier à cette difficulté ; il se composait de dix tubes verticaux disposés à l'emplanture des ailes, tirant des projectiles de 50 mm et actionnés automatiquement par une cellule photoélectrique qui enregistrait une baisse de luminosité dès que le chasseur passait sous un bombardier. Le SG-500, qui donna de bons résultats lors des essais, ne put être employé opérationnellement qu'une seule fois, le 10 avril 1945.

De nombreuses solutions furent envisagées afin d'améliorer le Komet. C'est ainsi qu'apparut le Me 163D (où Ju 248), doté d'un train d'atterrissage tricycle et propulsé par un moteur à deux chambres de combustion, dont une utilisée seule en croisière. Les Russes, au lendemain de la guerre, songèrent à développer la formule, mais ne tardèrent pas à renoncer au MiG Zh, également connu sous l'appellation d'I-270, qui s'en inspirait. L'analyse des causes d'attrition du Komet montre bien qu'il s'en fallait de beaucoup que sa mise au point fût parachevée ; en effet, 80 % des pertes se produisirent au décollage, 15 % résultèrent d'une perte de contrôle au cours d'un piqué à très grande vitesse ou d'un incendie en vol, et seulement 5 % arrivèrent au combat.

*La Messerschmitt AG construisit environ soixante-dix Me 163B de présérie dans ses usines de Ratisbonne. Chacun de ces avions fut affecté à l'étude d'un problème précis. Cette photographie montre le trente-cinquième exemplaire (V-35) au cours de la phase la plus délicate : l'atterrissage.*

*Deux des prototypes du Me 163B (le V-6 et le V-18) furent équipés, à titre expérimental, du moteur-fusée HWK 509C-1 à deux chambres. Cette photographie du V-6 prise au cours de l'été 1944 permet de distinguer la nouvelle implantation de la roulette de queue escamotable.*

# Gloster Meteor : premier chasseur à réaction de la RAF

*Issu d'un programme du Ministry of Supply visant à la mise en service dans un délai de trois ans d'un avion de chasse à réaction, le Glosster Meteor fut le seul appareil de cette catégorie employé par les Alliés pendant la Seconde Guerre mondiale. Le Gloster Meteor fut également utilisé au cours de la guerre de Corée.*

C'est en janvier 1940 que débuta l'étude d'un biréacteur de chasse répondant au programme F.9/40, placé sous l'autorité de W.G. Carter, ingénieur en chef de la firme Gloster, soit dix-sept mois avant le premier vol du monoréacteur expérimental E.28/39, le premier avion à réaction réalisé hors d'Allemagne. L'entreprise revêtait l'aspect d'une véritable aventure, en raison tant de la percée technique qu'elle impliquait que de la situation pour le moins alarmante dans laquelle se trouvait alors la Grande-Bretagne.

Les douze prototypes prévus devaient à l'origine être munis de réacteurs conçus par Frank Whittle, le pionnier britannique dans le domaine de la propulsion à réaction. Mais huit seulement furent réalisés, qui, en raison de l'intérêt croissant manifesté par les motoristes d'outre-Manche pour le nouveau mode de propulsion, reçurent des Rover-Power Jets W.2B/23, des Power Jets W.2/500, des Metropolitan Vickers MVF.2, des Rolls-Royce W.2B/23, des Halford (DH) H.1 et H.1b ainsi que des Rolls-Royce W.2B/37. C'est le cinquième prototype, le F.9/40H immatriculé DG206/G et équipé de réacteurs Halford H.1 de 1 045 kgp, qui prit l'air le premier. Piloté par Michael Daunt, il prit l'air à Cranwell, dans le Lincolnshire, le 5 mars 1943, atteignant la vitesse de 692 km/h.

Dès le 8 août 1941, 20 exemplaires destinés à l'entraînement des pilotes avaient été commandés sous la désignation de Gloster Meteor Mk 1, le premier (EE210/G) volant en janvier 1944. Les livraisons débutèrent le 12 juillet de la même année au Squadron 616 « South Yorkshire », basé à Culmhead et commandé par le Squadron Leader A. McDowall. Armés de quatre canons Hispano de 20 mm et propulsés par des réacteurs Rolls-Royce/Power Jets W.2B/23 ne développant que 770 kgp, 7 de ces appareils arrivèrent à Manston, base située à l'extrême pointe sud-est de l'Angleterre, dix jours plus tard, le 27 juillet, effectuant leur première sortie opérationnelle contre les bombes volantes V-1. C'est le 4 août que pour la première fois un Meteor abattit un de ces engins, non pas avec ses canons mais en le faisant basculer du bout de l'aile, procédé qui avait pour effet de fausser le dispositif de contrôle de l'engin. Le pilote auteur de cet exploit, habituellement réalisé par des Spitfire, était le Flying Officer Dean, et le Squadron 616 détruisit ainsi une douzaine de V-1 en six semaines. Bien que l'entrée en service du Meteor Mk 1 ait alors été généralement considérée comme prématurée, ces résultats allaient avoir des conséquences très positives sur la poursuite de la mise au point et sur l'accélération de la production. De plus, les Meteor de la RAF permettaient aux équipages des B-17 américains de s'entraîner en vue d'affronter les Messerschmitt 262.

**Les lettres codes du Meteor Mk 1 EE221 ne sont autres que les initiales du Group Captain HJ Wilson, commandant le High Speed Flight de la Royal Air Force pendant l'été 1945. Le record du monde de vitesse fut battu par un Meteor doté de nacelles de réacteur rallongées, l'EE221 étant relégué au rôle d'avion de liaison.**

*Baptisé Yellow Peril (Péril jaune), l'EE455 était un G.41D Meteor Mk 3 modifié en vue des tentatives qu'il effectua en novembre 1945 pour battre le record mondial de vitesse. Il était dépourvu d'armement comme de réservoir ventral, et ses réacteurs étaient des Rolls-Royce Derwent.*

*Meteor PR Mk 10 de reconnaissance photographique. Le VS979 était un appareil de début de série affecté au Squadron 541, qui appartenait à la 2nd Tactical Air Force et était basé à Buckeburg, en Allemagne, en 1954.*

## Les Meteor affectés en Europe

Le Mk 2, prévu pour recevoir des réacteurs Halford/DH, n'ayant pas été réalisé, la première véritable version de série fut le Meteor F Mk 3, qui commença à équiper le squadron 616 en décembre 1944. Le mois suivant, un des flights composant cette unité rejoignit à Nimègue, aux Pays-Bas, la 2nd Tactical Air Force britannique. La seconde unité de la RAF dotée de Meteor F Mk 3 fut, au mois d'avril, le Squadron 504 « County of Nottingham ». Cependant, les Meteor ne devaient jamais trouver l'occasion d'affronter les avions à réaction allemands.

Les Meteor initiaux servirent à un grand nombre d'expérimentations. Ainsi, le premier Meteor Mk 1 fut expédié aux Etats-Unis pour y faire l'objet d'essais d'évaluation ; le 6e exemplaire fut doté d'un système de postcombustion, le premier au monde, à la fin de 1944 ; le 18e reçut des moteurs Rolls-Royce RB.50 Trent entraînant des hélices Rotol à cinq pales et devint ainsi le premier avion à turbopropulseurs au monde. Eric Greenwood, chef pilote d'essai de la société Gloster, lui fit prendre l'air le 20 septembre 1945. Une caméra de reconnaissance fut montée dans l'avant du 9e Meteor F Mk 3 ; deux autres F Mk 3 effectuèrent des essais d'appontage ; un radar de chasse de nuit fut installé sur le 19e exemplaire de cette version ; et Bernard Lunch, de la société Martin-Baker, réussit sur un Meteor F Mk 3 le premier essai de siège éjectable réalisé en Grande-Bretagne, le 24 juillet 1946. Deux F Mk 3 de fin de série, munis de nacelles de réacteur rallongées, servirent à des tests de vol à grande vitesse et à basse altitude, l'un d'eux battant le record du monde dans ce domaine, le 7 novembre 1945, avec 976 km/h.

Alors qu'en 1945 et 1946 les Meteor F Mk 3 étaient livrés aux Squadrons 1, 56, 63, 66, 74, 92, 124, 222, 257, 263, 266, 500, 504 et 616 de la RAF, Rolls-Royce perfectionna la technique du réacteur à compresseur centrifuge en améliorant l'écoulement dans les chambres de combustion. Ainsi naquit le Derwent 1 qui, fournissant 910 kgp, équipa les 195 derniers Meteor F Mk 3, tandis que le nouveau réacteur Derwent 5 de 1 585 kgp et sa nacelle agrandie donnèrent naissance au Meteor F Mk 4,

*Le DG206/G, qui est le premier prototype du F.9/40 Meteor à avoir pris l'air, était propulsé par deux réacteurs Halford H.1. Michael Daunt lui fit effectuer son premier vol à Cranwell le 5 mars 1943. Seize mois plus tard, le Meteor entrait en service dans la RAF.*

## Ecorché du Gloster Meteor F Mk 3

1 Saumon d'aile démontable
2 Feu de navigation
3 Feu d'identification droit
4 Aileron droit
5 Compensateur d'aileron
6 Masses d'équilibrage d'aileron
7 Renvoi de commande d'aileron
8 Bielle de commande d'aileron
9 Chaîne articulée de commande d'aileron
10 Timonerie de commande d'aileron
11 Longeron avant
12 Longeron arrière
13 Masse d'équilibrage d'aileron
14 Partie arrière démontable de la nacelle réacteur
15 Tuyère
16 Structure de la nacelle
17 Cadre correspondant du longeron arrière
18 Anneau extincteur
19 Cadre principal de la nacelle
20 Panneaux d'accès au réacteur
21 Structure de la partie antérieure de la nacelle
22 Carénage de bord d'attaque
23 Entrée d'air du réacteur
24 Tube pulvérisateur de liquide de dégivrage
25 Collimateur
26 Pare-brise blindé
27 Verrière (s'ouvre par translation vers l'arrière)
28 Dispositif d'autodestruction par incendie
29 Compte-tours (de chaque côté du collimateur)
30 Siège du pilote
31 Revêtement de fuselage
32 Bouton de commande des canons
33 Poignée de manche
34 Tableau de bord
35 Couple blindé
36 Points de démontage de la partie avant du fuselage (10)
37 Passage du vérin de train avant
38 Emplacement de la masse d'équilibrage
39 Cadres avant de fuselage
40 Bielle de commande de train
41 Bâti support de train avant
42 Amortisseur de shimmy
43 Cinémitrailleuse
44 Panneau d'accès aux caméras
45 Orifice de visée de la cinémitrailleuse

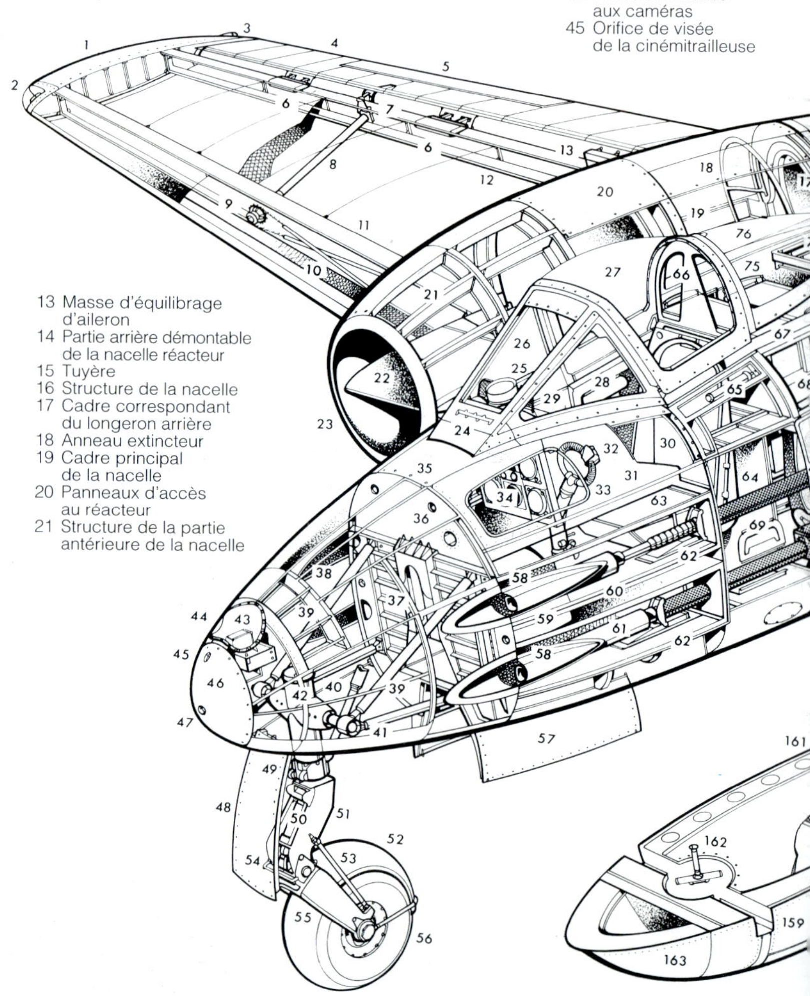

46 Pointe avant
47 Prise d'air de ventilation de la cabine
48 Porte frontale de train avant
49 Anneaux d'amarrage
50 Amortisseur
51 Jambe de train pivotante
52 Garde-boue
53 Bielle de torsion
54 Guide de verrouillage de la porte
55 Fourche de train avant
56 Roue escamotable
57 Portes latérales de train avant
58 Carénages des bouches de canons
59 Carénage interne du logement de train avant
60 Cloison horizontale
61 Tubes des canons
62 Rails de fixation des tubes de canons
63 Base du siège du pilote
64 Levier d'éjection d'urgence de la verrière
65 Système de désembuage de la cabine
66 Glaces blindées
67 Rails de guidage de la verrière
68 Cloison étanche
69 Marchepied
70 Glissière d'éjection des maillons
71 Glissière d'éjection des douilles
72 Canon Hispano de 20 mm
73 Mécanisme d'alimentation par bandes
74 Bandes d'alimentation en obus
75 Casiers à munitions
76 Vitrage arrière
77 Carénage arrière du poste de pilotage
78 Cadre de fuselage dans le prolongement du longeron avant de voilure
79 Bouteilles d'oxygène
80 Passage du longeron avant de voilure dans le fuselage
81 Cadres enserrant le réservoir
82 Passage du longeron arrière de voilure dans le fuselage
83 Réservoir principal de carburant, en deux éléments de 750 l chacun
84 Tuyauterie d'interconnexion des réservoirs
85 Tuyauterie de retour au réservoir
86 Tuyaux de drainage
87 Bouchon de remplissage des réservoirs
88 Portes d'accès aux réservoirs (2)
89 Mât d'antenne VHF
90 Partie supérieure du cadre correspondant au longeron arrière de voilure
91 Support d'antenne
92 Installation IFF
93 Câbles de commande de compensateur
94 Amplificateur
95 Extincteurs
96 Bielle de commande de profondeur
97 Emetteur-récepteur VHF
98 Orifice de remplissage du circuit d'air comprimé
99 Cylindres d'air comprimé
100 Support des câbles de commande de compensateur
101 Câble de commande de profondeur
102 Longeron supérieur
103 Cadre de fuselage
104 Antenne IFF
105 Maître compas
106 Câbles de commande de direction
107 Longeron intérieur
108 Panneaux d'accès aux timoneries
109 Fixation de la partie arrière au fuselage
110 Renvoi de commande de direction
111 Emplacement de la masse d'équilibrage
112 Cadre de fuselage prolongeant le longeron avant de dérive
113 Commande de compensateur de direction
114 Structure de la dérive
115 Raccord d'empennages
116 Fixation de la partie supérieure de dérive sur le longeron avant
117 Sommet de la dérive
118 Stabilisateur droit
119 Masse d'équilibrage de la gouverne de profondeur
120 Gouverne de profondeur droite
121 Masse d'équilibrage de la gouverne de direction
122 Charnière supérieure de la gouverne de direction
123 Structure de la gouverne de direction
124 Compensateur fixe
125 Carénage de raccordement
126 Feu de navigation
127 Bielle de commande de profondeur
128 Compensateur de profondeur
129 Structure de la gouverne de profondeur
130 Masse d'équilibrage de la gouverne de profondeur
131 Structure du stabilisateur
132 Compensateur de direction
133 Partie inférieure de la gouverne de direction
134 Bielle de commande de profondeur
135 Masse inférieure d'équilibrage de la gouverne de direction
136 Patin
137 Fixation par rivets de la partie arrière au fuselage
138 Longeron inférieur
139 Revêtement travaillant du fuselage
140 Raccord Karman
141 Elément intérieur gauche de volet
142 Aérofrein (également sous l'aile)
143 Transmetteur de position de volets
144 Longeron arrière
145 Câbles de couplage des aérofreins et des volets
146 Logement de la roue
147 Nervure d'extrados
148 Cloison verticale
149 Mât support de jambe de train
150 Vérin d'escamotage de train
151 Mécanisme de verrouillage du train
152 Longeron avant
153 Nervures de bord d'attaque
154 Timonerie de commande d'ailerons
155 Porte de train intérieure
156 Tuyauterie de transfert de carburant du réservoir ventral
157 Carénage arrière du réservoir ventral
158 Tuyaux de remplissage
159 Trappes d'accès au système de fixation du réservoir ventral
160 Cloisons perforées limitant les déplacements longitudinaux du carburant
161 Réservoir ventral de carburant (477 l)
162 Arrivée d'air comprimé
163 Carénage avant du réservoir
164 Roue gauche
165 Entrée d'air du réacteur
166 Carénage du bord d'attaque
167 Réducteur d'entraînement des accessoires (pompe à vide et génératrice)
168 Structure de l'avant de la nacelle de réacteur
169 Démarreur
170 Réservoir d'huile
171 Réacteur Rolls-Royce W.2B/23C Welland I
172 Cadre support du réacteur
173 Chambres de combustion
174 Cadre correspondant au longeron arrière de voilure
175 Thermocouples de tuyère
176 Cadre arrière de nacelle réacteur
177 Partie arrière démontable de la nacelle
178 Fixation de la tuyère à la nacelle
179 Extrémité de la tuyère
180 Raccord aérodynamique
181 Attache de longeron arrière
182 Nervure d'emplanture de la partie extérieure de l'aile
183 Nervure marginale de la nacelle réacteur
184 Mécanisme de démontage du réacteur
185 Raccord aérodynamique
186 Attache de longeron avant
187 Nervures de bord d'attaque
188 Raidisseurs
189 Nervures d'aile
190 Chaîne articulée de commande d'aileron
191 Bielle de commande d'aileron
192 Phare d'atterrissage escamotable
193 Aileron gauche
194 Compensateur d'aileron
195 Longeron arrière
196 Longeron avant
197 Tube de Pilot
198 Feu de navigation
199 Fixation du saumon d'aile sur la nervure
200 Feu d'identification

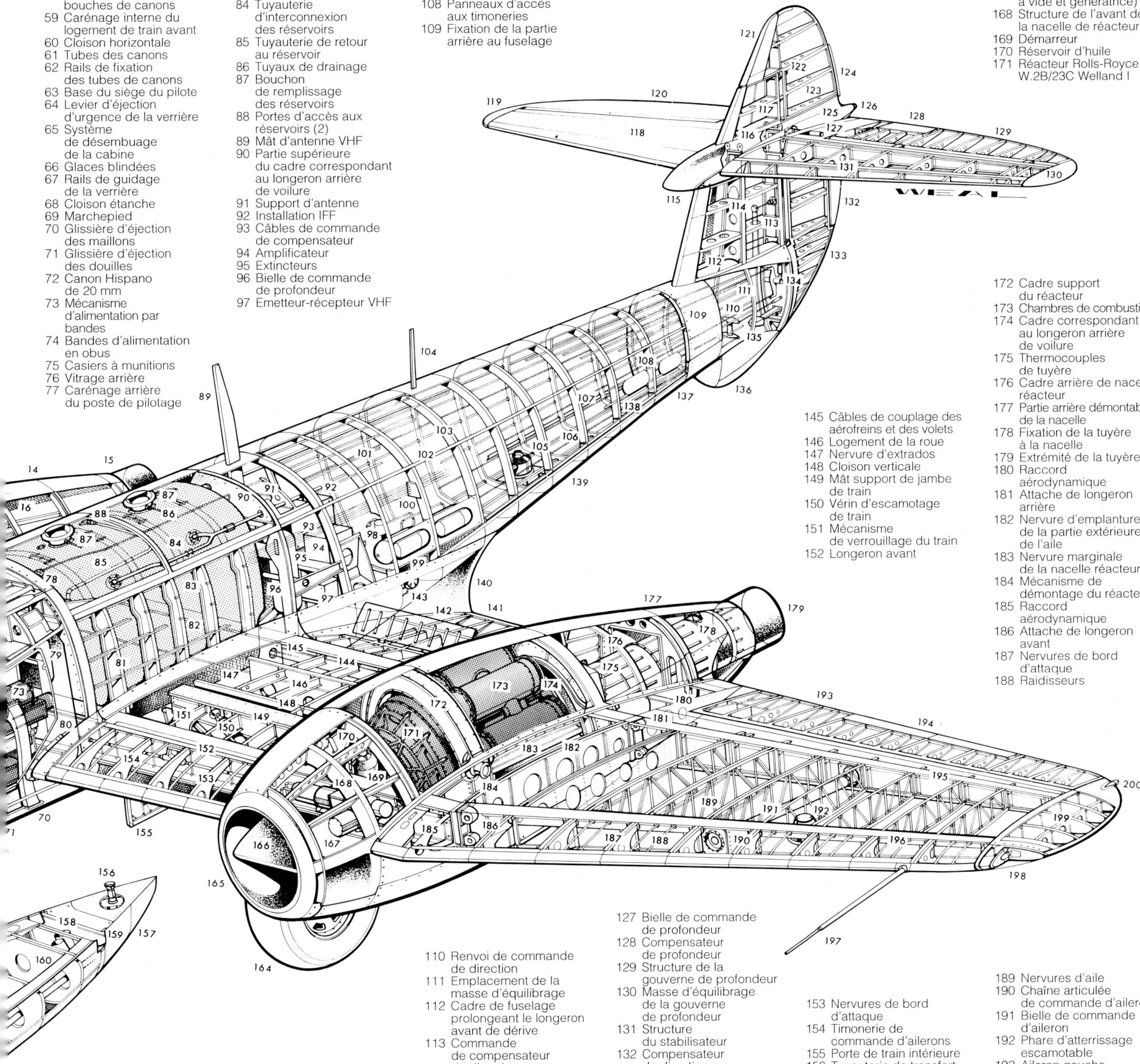

**Caractéristiques**
**Gloster Meteor F Mk 8**
**Type :** monoplace de chasse
**Moteurs :** 2 Rolls-Royce Derwent 8 de 1 590 kgp chacun
**Performances :** vitesse maximale au niveau de la mer, 953 km/h ; à 9 000 m d'altitude, 885 km/h ; temps de montée à 9 000 m, 6 mn 30 s ; plafond pratique, 13 400 m ; distance franchissable sans réservoirs supplémentaires, 1 100 km
**Masse :** à vide, 4 840 kg ; maximale au décollage, 7 120 kg
**Dimensions :** envergure, 11,33 m ; longueur, 13,59 m ; hauteur, 3, 96 m ; surface alaire, 32, 5 m²
**Armement :** 4 canons Hispano de 20 mm alimentés chacun par 195 obus

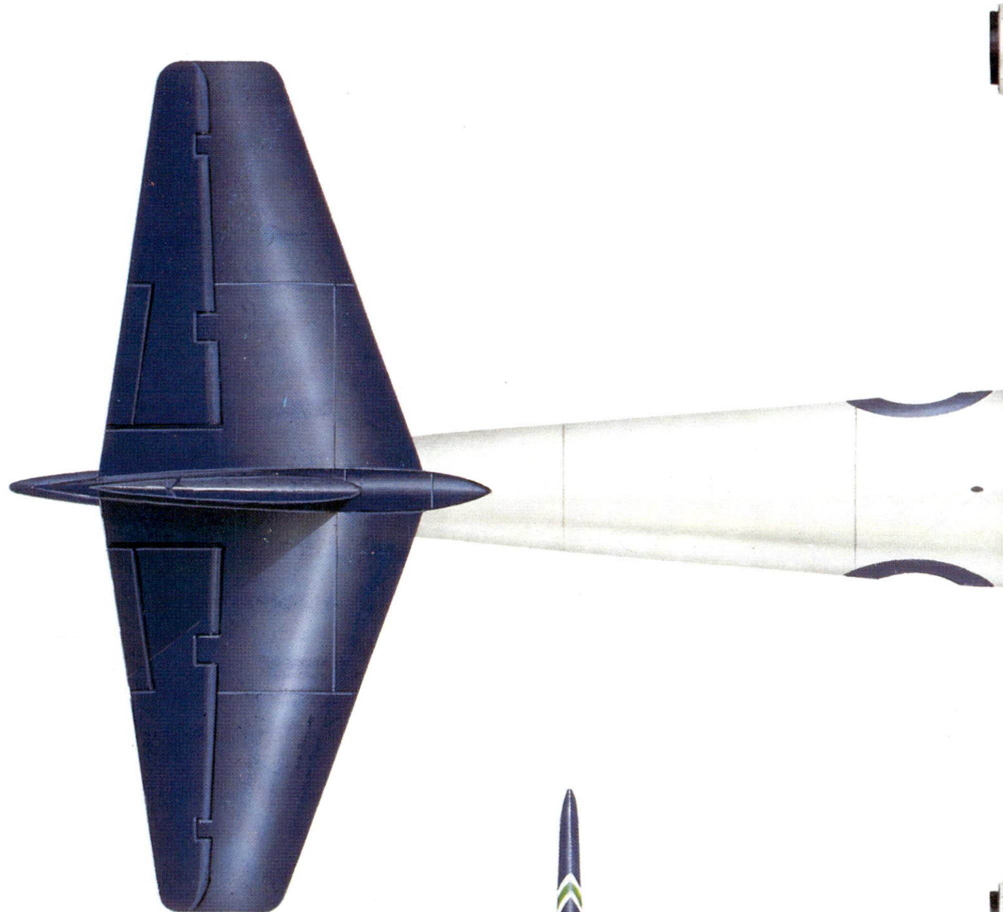

*Le WF714 fut l'un des plus célèbres Meteor F Mk 8. Il était piloté par le Squadron Leader Desmond De Villiers, qui commandait le Squadron 500 « County of Kent » de la Royal Auxiliary Air Force, basé à West Malling, dans le Kent, à partir de septembre 1952. De Villiers, qui dans le civil était pilote d'essai chez De Havilland, fit peindre l'empennage de son appareil aux couleurs de l'unité : le bleu symbolise l'estuaire de la Tamise et les eaux de la Manche, le blanc représente les falaises de Douvres, et le vert les prairies du Kent. En dépit de son statut d'unité de réserve, le Squadron 500 effectua plusieurs séjours à Malte et en Allemagne pendant les périodes d'été, entre 1953 et 1956. Comme les autres unités auxiliaires, le Squadron 500 fut dissous en 1957, en raison de compressions budgétaires.*

WALKWAY
WALKWAY
WALKWAY
WF 714

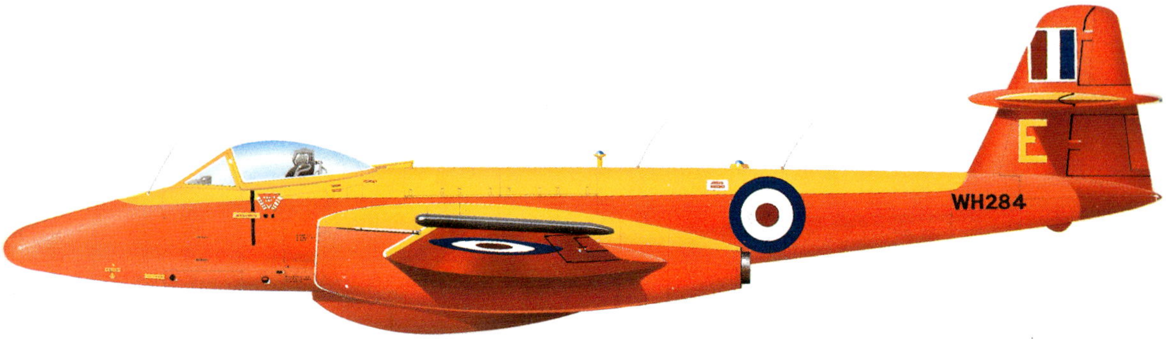


*A la fin de leur carrière, de nombreux Meteor furent transformés en cibles télécommandées et sacrifiés sur divers polygones de tir : le WH284 était un Meteor U Mk 16, obtenu à partir d'un F Mk 8 construit par Armstrong Whitworth. Il fut livré à Llanbedr en juin 1960.*

appareil qui se caractérisait par une cellule renforcée et des réacteurs Derwent 5 de 1 590 kgp placés dans des nacelles agrandies. Dans le but d'améliorer la rigidité de la voilure sans apporter de modification radicale à sa structure, les techniciens réduisirent, à partir du 9e F Mk 4, l'envergure de 86,4 cm en tronquant les extrémités. Cette transformation augmenta la vitesse angulaire en tonneau, mais eut aussi pour effet d'accroître les vitesses de décollage et d'atterrissage. La firme Gloster assembla 539 Meteor F Mk 4 pour la RAF, et Armstrong Whitworth, qui participa à la fabrication à partir de 1946, en réalisa 44. Cette version équipa, outre les unités précédemment citées, les squadrons 19, 23, 501, 600, 610, 611 et 615.

## La Grande-Bretagne exporte le Meteor

Au cours de l'année qui suivit l'établissement du record de vitesse, les Britanniques s'efforcèrent de faire mieux encore avec le F Mk 4. Le 7 septembre 1946, le Group Captain E.M. Donaldson, du High Speed Flight, atteignit 992 km/h à bord d'une machine de ce type. Parmi les diverses expériences tentées avec le Meteor F Mk 4, la moins connue est sans doute celle qui consista à porter l'envergure de l'aile à 15,24 m et l'envergure du stabilisateur à 6,10 m en vue d'obtenir une version de chasse à haute altitude, et qui fut rapidement abandonnée.

De nombreux Meteor F Mk 4 furent vendus à l'Argentine (où ils prirent part, dans des camps opposés, à la brève mais sanglante révolution de 1955), à la Belgique, au Danemark, à l'Egypte et aux Pays-Bas. Deux autres furent livrés à la France, l'un, immatriculé F-BEPQ, étant utilisé par l'ONERA de 1948 à 1956. L'autre, pourvu de réacteurs SNECMA Atar, connut une brève carrière de banc d'essai volant, de décembre 1952 à juin 1953. En Grande-Bretagne, des Meteor Mk 4 servirent également comme bancs d'essai volants, pour la mise au point de réacteurs tels que le Metropolitan-Vickers F.2/4 Beryl, le Rolls-Royce Nene à déviateurs de jet, le Rolls-Royce Avon RA.2 (réacteur de type axial, comme le SNECMA Atar), les Rolls-Royce Derwent 5 et 8 à postcombustion, qui firent preuve en service d'une très bonne fiabilité à long terme.

Puis apparut le Meteor FR Mk 5, version de reconnaissance photographique équipée d'une caméra à l'avant et de deux autres implantées derrière le réservoir de fuselage. Un F Mk 4 (VT347), transformé en prototype du FR Mk 5, s'écrasa au cours de l'année 1949 lors de son premier vol, tuant le pilote d'essai Rodney Dryland. Le Meteor F Mk 6, qui aurait dû recevoir des réacteurs Derwent 7 et l'empennage redessiné des versions suivantes, ne fut pas réalisé.

Sur le biplace d'entraînement Meteor T Mk 7, le fuselage avant fut rallongé de 76,2 cm de façon à permettre l'installation du second siège. Quant à la longue verrière à montants elle s'ouvrait par basculement sur le côté droit. Cette version, pourvue d'une double commande mais démunie de tout armement, était normalement équipée d'un réservoir ventral largable d'une capacité de 818 l. Le prototype de cette version, qui vola le 19 mars 1948, fut suivi de 640 exemplaires commandés par le Ministry of Supply.

Outre aux squadrons de chasse de la RAF, les Meteor T Mk 7 furent affectés aux Fighter Training Squadrons 5, 8 et 12, aux squadrons d'entraînement avancé 202, 203, 205, 206, 207, 208, 209, 210, 211, 213 et 215, ainsi qu'aux OCU (unités de transformation opérationnelle) 226, 228, 229 et 231. Ils furent aussi employés par un grand nombre d'unités de liaison et par les Squadrons 702 et 759 de la Fleet Air Arm.

Les premiers Meteor T Mk 7 étaient propulsés par des réacteurs Derwent 5, mais les derniers exemplaires de série furent dotés de Derwent 8, certains recevant même le nouvel empennage caractéristique des versions suivantes, ce qui leur valut le surnom de Meteor « Mk 7 1/2 ». Des Meteor T Mk 7 furent exportés dans plusieurs pays : en Belgique, au Brésil, au Danemark, en Egypte, en France (où l'armée de l'Air en prit en compte 11 exemplaires, et le Centre d'essais en vol 3 autres), en Israël, aux Pays-Bas, en Suède et en Syrie.

*Belle formation en V de Meteor NF Mk 14 du Squadron 152, basé à Wattisham et à Stadishall de 1954 à 1958. Les motifs peints de part et d'autre des cocardes de fuselage étaient jaune, blanc et vert, avec une bordure bleu foncé.*

*Le Meteor constitua pour le Royaume-Uni un véritable succès d'exportation. Ici, un F Mk 8 de l'Eskadrille 742 de la force aérienne royale danoise, basée à Karup en 1954.*

## La carrière du Meteor dans la RAF se poursuit

Vers la fin de l'année 1947, il apparut que le Meteor n'était pas en mesure de rivaliser avec les nouveaux avions de combat alors sur le point de voir le jour. Le F Mk 8 fut le fruit d'une tentative visant à tirer le maximum de la formule du Meteor sans lui apporter de modifications trop profondes. L'adoption du Rolls-Royce Derwent 8 ne se traduisit hélas pas par un gain de poussée très sensible, et le nouvel empennage, au contour plus rectiligne, ne retardait que légèrement l'apparition de vibrations. Ce n'est que lorsque le diamètre des entrées d'air fut accru de 11,4 cm que les techniciens purent observer une amélioration notable des performances.

Pour des raisons d'ordre politique, la recherche dans le domaine aéronautique connut un ralentissement très marqué dans les années 1946-1948, ce qui entraîna un retard dans la mise au point des chasseurs de la génération suivante. De ce fait, les responsables durent se résoudre à prolonger la carrière du Meteor comme celle du De Havilland Vampire. Le Meteor F Mk 8, produit à 1 090 exemplaires, entra en service le 10 décembre 1949 et équipa finalement les squadrons de la RAF 1, 2, 12, 19, 25, 29, 33, 34, 41, 43, 54, 56, 63, 64, 65, 66, 72, 74, 91, 92, 111, 153, 208, 222, 245, 247, 257, 263, 500, 504, 600, 601, 604, 609, 610, 611, 615 et 616. Aucune de ces unités ne fut engagée au combat lors de la guerre de Corée, qui débuta en 1950, mais le Squadron 77 de la Royal Australian Air Force, mis en œuvre au sein des forces des Nations unies, reçut en 1951 des Meteor F Mk 8 envoyés de Grande-Bretagne par bateau.

Ces avions effectuèrent leur première mission de combat le 29 juillet, mais ce n'est que le 29 août qu'ils se heurtèrent à des MiG-15. Le nombre des pertes ne cessant d'augmenter, les Meteor furent affectés à l'escorte des bombardiers B-29. Le 1er décembre, le Flying Officer B. Gogerely abattit un MiG-15 au cours d'un combat qui aboutit à la destruction de trois Meteor. A partir du début de 1952, les Meteor, changeant une seconde fois de mission, furent employés pour l'attaque au sol après avoir reçu un armement de huit roquettes de 27 kg. Lorsque le conflit prit fin, le Squadron 77 avait mené 18 872 sorties, perdant trente-deux pilotes de Meteor.

Pendant ce temps, Gloster avait produit une version spécialisée dans l'attaque au sol, le G.44 Reaper, dérivé du F Mk 8 et réalisé à l'initiative du constructeur. Cet appareil, qui pouvait emporter jusqu'à vingt-quatre roquettes de 27 kg ou deux bombes de 454 kg, ne fut pas commandé, le Meteor devant rester un chasseur pur jusqu'à son remplacement par le Hawker Hunter en 1954-1955.

Le Meteor F Mk 8, exporté au Brésil, au Danemark, en Egypte, en Israël, aux Pays-Bas et en Syrie, fut en outre fabriqué sous licence par la société des Avions Fairey en Belgique, ainsi que par la firme Fokker aux Pays-Bas. En Grande-Bretagne, le Meteor F Mk 8 fut employé à un grand nombre de programmes d'essais avec, notamment, des propulseurs en cours d'expérimentation, comme le moteur-fusée Armstrong Siddeley Screamer de 4 300 kgp, deux réacteurs légers consommables Rolls-Royce Soar et deux puissants turboréacteurs Armstrong Siddeley Sapphire de 3 450 kgp qui lui permirent de battre plusieurs records de vitesse ascensionnelle. Parmi les appareils utilisés par Rolls-Royce figurèrent un Meteor pourvu d'un inverseur de poussée monté sur l'un de ses Derwent 8. Les avions du Squadron 245 prirent part à des essais de ravitaillement en vol.

Profitant de l'expérience acquise avec le FR Mk 5, Gloster réalisa le chasseur de reconnaissance Meteor FR Mk 9, qui conservait l'armement fixe d'origine et possédait une caméra F.24 installée dans la pointe avant. Le prototype, qui vola le 22 mars 1950, fut suivi de 126 exemplaires de série qui servirent dans les Squadrons 2, 79, 208 et 541, de même qu'au sein d'une unité de transformation opérationnelle, l'OCU 226. Douze de ces appareils, remis en état par la Flight Refuelling Ltd., furent acquis en 1954-1955 par l'Equateur, qui les fit voler pendant une vingtaine d'années. A la même époque, des Meteor FR Mk 9 précédemment utilisés par la RAF furent revendus à la Syrie et à Israël.

## Versions de reconnaissance et de chasse de nuit

Le Meteor PR Mk 10 de reconnaissance photographique fut conçu pour remplacer les Spitfire Mk XIX, encore en service dans la RAF depuis la fin de la Seconde Guerre mondiale. Le prototype, qui conservait la voilure à grande envergure des F Mk 3, quitta le sol le 29 mars 1950 muni de deux caméras verticales montées dans le fuselage, en arrière du réservoir principal de carburant, et d'une caméra avant ; 59 exemplaires de série furent pris en compte par la RAF en 1951 et 1952.

Les versions du Meteor réalisées par la suite en série furent toutes des biplaces de chasse de nuit produits non par Gloster mais par Armstrong Whitworth. Le Meteor NF Mk 11, qui servit d'appareil transitoire en attendant l'arrivée du Gloster Javelin, était un T Mk 7 équipé d'un radar d'interception AI Mk 10 ou SCR-720 à l'avant du fuselage, et armé de quatre canons de 20 mm montés dans les parties extérieures de la voilure de grande envergure.

Doté de deux Derwent 8, le premier prototype vola le 31 mai 1950 entre les mains du Squadron Leader E.G. Franklin, et fut suivi de 335 exemplaires de série assemblés de 1951 à 1954. La première unité de la RAF équipée de NF Mk 11 fut le Squadron 85, les autres étant les Squadrons 5, 11, 29, 39, 68, 87, 96, 125, 141, 151, 219, 256 et 264. Le Danemark acheta 20 exemplaires neufs, tandis que la Belgique et la France reçurent respectivement 12 et 41 avions provenant de la RAF. Les 9 premiers NF Mk 11 français furent affectés dès leur livraison, au début de 1953, au Centre d'essais en vol de Brétigny. Les autres équipèrent les trois escadrons de la 30e escadre de chasse tout temps (1/30 Loire, 2/30 Camargue et 3/30 Lorraine). Lorsqu'en 1957 cette formation prit en compte ses premiers SO.4050 Vautour N, les Meteor furent transférés au centre d'instruction tout temps 346, au centre de tir et de bombardement de Cazaux ainsi qu'au CEV.

*L'Armstrong Whitworth Meteor NF Mk 11 remplaça en service le Vampire NF Mk 10 au sein du Squadron 85 du Fighter Command, première unité au monde à prendre en compte des avions de chasse à réaction. Cette unité, basée à West Malling dans les années d'immédiat après-guerre, assura la défense aérienne de Londres.*

*Ce Meteor, arborant l'insigne hexagonal du Squadron 85, est un NF Mk 14, basé à West Malling et à Church Fenton au milieu des années cinquante.*

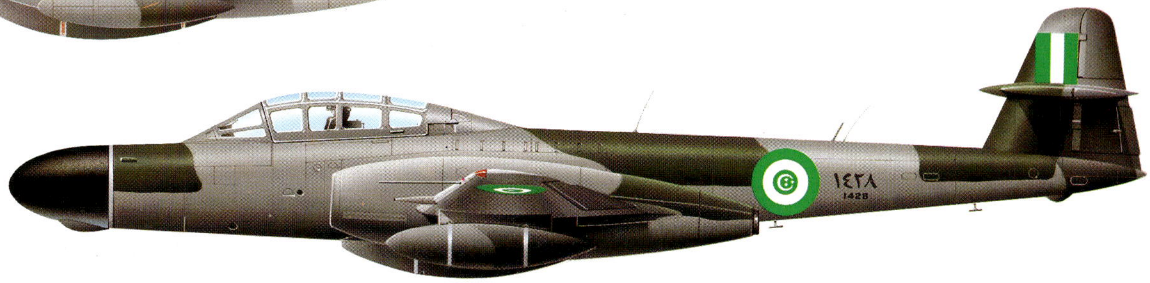


*Un des six Meteor NF Mk 13 (version dite « tropicalisée ») livrés par la RAF à l'Egypte entre juin et août 1955. Deux de ces appareils au moins furent abattus lors de l'expédition franco-britannique contre Suez en 1956.*

Le Meteor NF Mk 12, qui prit l'air le 21 avril 1963, avait un fuselage rallongé de 43,2 cm, contenant à l'avant un radar américain APS-21. Les 97 exemplaires de série furent dotés de réacteurs Derwent 9 de 1 725 kgp et volèrent au sein de neuf unités de la RAF (les Squadrons 25, 33, 46, 64, 72, 85, 152, 153 et 264). Cette version, dont aucun exemplaire ne fut exporté, fut en fait précédée par le Meteor NF Mk 13, une variante du Meteor NF Mk 11 destinée à servir en environnement tropical, dont le premier vol remontait au 23 décembre 1952. Seulement 40 Meteor NF Mk 13 furent produits par l'industrie aéronautique britannique et versés aux Squadrons 39 et 219 de la RAF, basés au Moyen-Orient. Ils y servirent quelque temps, avant d'être en fin de compte revendus, pour 6 d'entre eux, à l'Egypte. Deux autres furent acquis par le Centre d'essais en vol, où l'un d'eux fut utilisé, depuis la base de Brétigny-sur-Orge, jusque dans les années quatre-vingt pour diverses expérimentations.

Le 23 octobre 1953, le Meteor NF Mk 14 quitta le sol, équipé d'une verrière nouvelle offrant une meilleure visibilité et de raccords améliorant la finesse des empennages : cette version fut réalisée en série à 100 exemplaires, affectés aux Squadrons 25, 33, 46, 60, 72, 85, 96, 152, 153, 165, 213 et 264. Le dernier NF Mk 14 fut livré le 26 mai 1955, la France en recevant 2 exemplaires en août 1955. La dernière sortie effectuée sur NF Mk 14 dans la RAF eut lieu à Tengah (Singapour) au mois de septembre 1961.

De nombreux Meteor hors d'affectation firent l'objet, dès les années cinquante, de modifications permettant leur emploi dans les missions à caractère particulier. Ainsi, des Meteor NF Mk 14 transformés en remorqueurs de cibles prirent l'appellation de Meteor TT Mk 20. Les Meteor U Mk 15 et 16 étaient des cibles téléguidées, obtenues à partir de Meteor F Mk 4 et de Meteor F Mk 8 respectivement. De même, les Meteor U Mk 17, 18 et 19 étaient des NF Mk 11, 12 et 14 sans pilote. Les Meteor U Mk 21 et 21A étaient des F Mk 8 transformés de la même manière pour le compte de la Royal Australian Air Force.

Au total, 3 875 exemplaires du Meteor ont été produits par divers fabricants britanniques. Si l'avion s'est distingué par son mode de propulsion, révolutionnaire à l'époque de ses débuts, c'est sa longévité, due à une cellule particulièrement résistante, qui paraît aujourd'hui remarquable. Premier avion à réaction britannique, le Meteor marqua le début d'une ère nouvelle pour les forces aériennes et l'industrie anglaise, et la longueur de sa carrière opérationnelle ainsi que l'extraordinaire polyvalence dont il administra la preuve en disent long sur ses qualités intrinsèques.

## Versions du Gloster Meteor

**Gloster F.9/40 :** 8 prototypes, équipés de divers types de réacteurs (DG202 à 209)
**Gloster G.41A Meteor F.1 :** 20 avions de présérie ; réacteurs Rolls-Royce Welland (EE210 à 229)
**Gloster Meteor 2 :** version envisagée avec réacteurs Goblin ; non réalisée
**Gloster Meteor F.3 :** 210 chasseurs de série, les 15 premiers (G.41C) équipés de Welland 1, les 180 suivants (G.41D) de Derwent 1 en nacelles courtes, les 15 derniers (G.41E) de Derwent 1 en nacelles rallongées (tranches de numéros de série entre EE230 et EE493)
**Gloster Meteor F.4 :** 539 chasseurs construits par Gloster et 44 autres par Armstrong Whitworth ; premiers exemplaires avec ailes de grande envergure (G.41F) ; les suivants avec extrémités tronquées (G.41G) ; réacteurs Derwent 5 (numéros de série commençant par les lettres EE, RA, VT, VW et VZ) ; exportés en Argentine (100), en Belgique (28), au Danemark (20), en Egypte (12), en France (2), aux Pays-Bas (65) ; 2 exemplaires transformés en Mk 7, et 92 en U.15
**Gloster Meteor FR.5 (G.41H) :** 1 prototype (VT347) réalisé à partir d'une cellule de F.4
**Gloster Meteor F.6 (G.41J) :** projet avec réacteurs Derwent 7 ; non réalisé
**Gloster Meteor T.7 ( G.43) :** 640 biplaces d'entraînement construits par Gloster ; réacteurs Derwent 8 ; numéros dans les séries VZ, WA, WB, WE, WF, WG, WH, WL, WN et WS ; version exportée en Belgique (42, y compris ceux transformés par Gloster et par Avions Fairey), au Brésil (10), au Danemark (9), en Egypte (4), en France (14), en Israël (11), aux Pays-Bas (43), en Suède (3) et en Syrie (2)
**Gloster Meteor F.8 (G.41K) :** 1 090 monoplaces de chasse construits par Gloster et Armstrong Whitworth ; réacteurs Derwent 8 ; dérive à bords d'attaque et de fuite rectilignes : numéros commençant par VZ, WA, WB, WE, WF, WH, WK et WL ; version exportée en Australie (89), en Belgique (240, y compris les exemplaires construits sous licence dans ce pays et aux Pays-Bas), au Brésil (60), au Danemark (20), en Egypte (19), en Israël (11), aux Pays-Bas (160, dont 155 assemblés par Fokker) et en Syrie (19)
**Gloster Meteor FR.9 ( G.41L) :** 126 chasseurs de reconnaissance construits par Gloster ; réacteurs Derwent 8 ; numéros de série commençant par VW, VZ, WB, WH, WL et WX ; version exportée en Equateur (12), en Israël (7) et en Syrie (2)
**Gloster Meteor PR.10 (G.41M) :** 59 appareils de reconnaissance photographique construits par Gloster ; réacteurs Derwent 8 ; numéros de série VS968 à 987, VW376 à 379, VZ620, WB153 à 181, WH569 à 573
**Gloster Meteor NF.11 (G.47) :** 3 prototypes (WA546, WA547 et WB543) ; radar d'interception ; 4 canons de 20 mm dans la voilure ; construits par Armstrong Whitworth
**Gloster Meteor NF.11 (G.47) :** 335 chasseurs de nuit construits par AWA (Armstrong Whitworth) ; 4 utilisés pour les essais du missile Fireflash ; version exportée en Belgique (12), au Danemark (20) et en France (41)
**Gloster Meteor NF.12 (G.47) :** 97 chasseurs de nuit construits par AWA (WS590 à 639, WS658 à 700, WS715 à 721)
**Gloster Meteor NF.13 (G.47) :** 40 chasseurs de nuit tropicalisés, construits par AWA (VW308 à 341, VW362 à 367) ; exportés en Egypte (6), en France (2), en Israël (6) et en Syrie (6)
**Gloster Meteor NF.14 (G.47) :** 100 chasseurs de nuit construits par AWA ; 2 exemplaires vendus en France ( WS747 et 796)
**Gloster Meteor U.15 :** 92 F.4 transformés en cibles téléguidées
**Gloster Meteor U.16 :** 108 F.8 transformés en cibles téléguidées
**Gloster Meteor U.17, U.18 et U.19 :** NF.11, 12 et 14 transformés en cibles téléguidées
**Gloster Meteor U.21 et U.21A :** F.8 transformés en cibles téléguidées pour la Royal Australian Air Force
**Gloster Meteor TT.20 :** NF.14 transformés en remorqueurs de cibles pour la RAF et la Royal Navy ; version exportée au Danemark, en Suède et en RFA

*Meteor NF Mk 11 du Wing Commander M. Scammell, qui était à la tête du Squadron 68, basé à Wahn et à Laarbruch, en Allemagne, pendant les années cinquante. Cet appareil, l'un des derniers de la série, fut par la suite affecté à l'Operational Conversion Unit 228.*

# Les Mystère de Dassault

*Rentré de déportation à la fin de la Seconde Guerre mondiale, Marcel Dassault renoua avec la construction aéronautique et réalisa l'Ouragan, qui remporta un grand succès. Puis vinrent les Mystère et Super-Mystère, appelés eux aussi à une importante réussite.*

Le dernier avion de chasse produit par Marcel Bloch avant la Seconde Guerre mondiale, le MB.150, donna naissance aux MB.151 et MB.152, qui affrontèrent les Messerschmitt Bf 109E de la Luftwaffe de septembre 1939 à juin 1940. Déporté à Buchenwald, il revint en 1945, ayant adopté le nouveau nom de Marcel Dassault. Conservant autour de lui le même bureau d'études, le constructeur se lança dans la réalisation d'un avion de combat à réaction doté d'un moteur Rolls-Royce Nene produit sous licence en France par Hispano-Suiza et auquel fut attribuée la dénomination d'Ouragan.

Ayant effectué son premier vol le 28 février 1949, l'appareil se caractérisait par un revêtement travaillant, un habitacle pressurisé, un atterrisseur tricycle Messier à assez faible garde au sol, un siège éjectable Martin-Baker, des commandes de vol hydrauliques et un armement consistant en quatre canons Hispano 404 de 20 mm. Avion d'excellente qualité, l'Ouragan, très fiable, ne révéla aucune maladie de jeunesse, si bien que 15 machines de développement furent commandées en juillet 1949 en vue de tester, avec les trois prototypes, le nouveau réacteur SNECMA Atar, le canon DEFA de 30 mm, un train d'atterrissage à diabolo adapté aux pistes sommairement aménagées, un armement interne de roquettes et divers systèmes. Outre les 350 avions vendus à l'armée de l'Air, Dassault commercialisa des Ouragan en Inde (104) et en Israël (24), l'Etat hébreu achetant par la suite 51 appareils de seconde main provenant de l'armée de l'Air.

En fait, l'armée de l'Air avait prévu d'acquérir 850 Ouragan, mais la commande initiale avait été ramenée à 350 exemplaires, Dassault ayant entrepris d'améliorer le modèle de base afin de lui conserver toutes les capacités opérationnelles nécessaires. Au début des années cinquante, en effet, la technologie aéronautique connaissait une importante évolution, avec des appareils à ailes et empennages en flèche, des profils de surfaces portantes beaucoup plus minces, des configurations d'entrée d'air de réacteur permettant la mise en place d'un radar, des stabilisateurs monoblocs, des systèmes de commandes de vol plus évolués, des moteurs à flux axial dotés de postcombustion et des structures en alliages d'aluminium très robustes réalisées au moyen de nouvelles machines-outils plus puissantes.

Dassault, qui était superstitieux, attachait beaucoup d'importance aux noms qu'il choisissait pour ses appareils. Aussi attribua-t-il la désignation de Mystère – qu'il conserva jusqu'en 1956 – aux successeurs à ailes en flèche de l'Ouragan. Il allait employer la même dénomination pour la lignée d'avions d'affaires qu'il devait produire par la suite et donner le nom de Mirage à une longue succession de chasseurs ainsi qu'à un bombardier stratégique. Le premier prototype du Mystère effectua son premier vol aux mains du pilote d'essai Constantin Rozanoff le 23 février 1951. Il s'agissait à la base d'un Ouragan doté d'une voilure en flèche de 30° et d'un réacteur Hispano-Suiza Nene 104B.

**Les marques qu'il arbore indiquent que ce Super-Mystère B.2 appartient à l'escadron 1/12 Cambrésis. Première unité à prendre en compte des appareils de ce type, le Cambrésis fut également la dernière à les utiliser, et ce jusqu'au mois de septembre 1977. C'est en avril 1952 que fut formé l'escadron Cambrésis, qui vola successivement sur Ouragan, Mystère IVA et Super-Mystère B.2.**

## Versions du Dassault Mystère

**MD.450 Ouragan :** premier chasseur à réaction Dassault ; réacteur Nene 104B ; 3 prototypes, 12 avions de développement, 350 exemplaires pour la France, 104 pour l'Inde et 24 pour Israël ; 15 avions de présérie utilisés pour diverses expérimentations
**MD.452 Mystère :** prototype identique au MD.450 mais doté d'une voilure en flèche de 30°
**Mystère IIA :** 2 prototypes avec réacteur Tay 250
**Mystère IIB :** 6 prototypes avec Tay 250 et 2 canons DEFA 541 de 30 mm
**Mystère IIC :** 9 prototypes identiques au Mystère IIB, mais avec Atar 101D, et 2 avec Atar 101F ; 156 exemplaires de série avec Atar 101F
**MD.453 Mystère III (Mystère de Nuit) :** prototype de biplace de chasse de nuit avec réacteur Tay 250
**Mystère IV :** prototype avec ailes à l'épaisseur relative moins importante et empennages en flèche de 38°
**Mystère IVA :** version de série avec 50 exemplaires dotés de Tay 250 et 371 de Verdon 350, dont 110 pour l'Inde et 60 pour Israël
**Mystère IVB :** 3 prototypes et 6 avions de présérie avec réacteur Rolls-Royce Avon RA.7R ou Atar 101G
**Mystère IVN :** prototype de chasseur de nuit biplace en tandem, avec réacteur RA.7R, canons et roquettes
**Super-Mystère B.1 :** prototype avec ailes moins épaisses et empennages à 45° ; réacteur Avon RA.7R
**Super-Mystère B.2 :** 5 prototypes et 180 avions de série avec Atar 101G
**Super-Mystère B.4 :** 2 prototypes avec Atar 9 ou 9B

Le nouvel appareil se trouva aussi dépourvu de maladies de jeunesse que son prédécesseur. Au mois d'avril 1951, les autorités commandèrent un premier lot de 17 Mystère II de développement, dont les 6 premiers exemplaires étaient propulsés par un réacteur Tay produit sous licence par Hispano-Suiza et les 11 autres par un Atar à flux axial. Quelques-uns de ces avions reçurent des canons DEFA de 30 mm et d'autres un réacteur Atar 101F-2 de 3 800 kgp. A cette époque, l'Atar était devenu un réacteur à la fois puissant et fiable, testé sur plusieurs bancs d'essais volants et promis à un plus bel avenir que les moteurs britanniques à flux centrifuge.

### Performances supersoniques

Soucieuse de faire entrer en service dans les délais les plus brefs le nouveau réacteur français, l'armée de l'Air décida de l'adopter, dans une configuration dépourvue de postcombustion, sur une variante du Mystère II dont la production avait été décidée au cours de l'année 1952. A ce moment, les Etats-Unis avaient accordé à divers pays européens des aides financières destinées à leur permettre de développer leur industrie aéronautique, les crédits offshore. Cette façon de procéder allait se révéler très intéressante pour les pays membres de l'OTAN. Mais, en contrepartie, tout programme de production devait être soumis auparavant à l'assentiment des autorités américaines.

Une mission de l'US Air Force commandée par le Colonel Albert Boyd visita ainsi plusieurs usines britanniques et se rendit plus tard chez Dassault. Le Captain Davies y fut invité à tester en vol un Mystère II de présérie doté d'un Atar 101D. A la grande surprise de l'officier américain, qui avait manifesté au départ une certaine condescendance à l'égard des chasseurs produits en France, le nouvel avion se révéla non seulement excellent mais aussi capable d'atteindre la vitesse de Mach 1 en piqué. Contrairement à de nombreux avions de combat à réaction issus de l'industrie américaine ou britannique, le Mystère II ne révéla aucun problème aérodynamique ou de contrôle en vol. De retour au

***Les Super-Mystère B.2 en service dans la force aérienne israélienne furent utilisés à diverses reprises au combat et reçurent un réacteur Pratt & Whitney J52 dépourvu de postcombustion après quelques années en première ligne. Les avions de ce type, rendus également moins vulnérables aux missiles à guidage thermique, affichèrent de cette façon de meilleures performances.***

## Ecorché du Mystère IVA

1 Entrée d'air du réacteur
2 Antenne du radar télémétrique
3 Séparateur d'entrée d'air
4 Cinémitrailleuse
5 Trappe de visite de la soute à avionique
6 Emetteur du radar
7 Récepteur du radar
8 Puits de la roulette de nez
9 Vérin d'escamotage
10 Batterie
11 Cloison de pressurisation de l'habitacle
12 Pédales de palonnier
13 Plancher de l'habitacle
14 Pivot de la roulette de nez
15 Embouchure de canon
16 Bouche de canon
17 Trappe de la roulette de nez
18 Phare d'atterrissage
19 Jambe de la roulette de nez
20 Roulette de nez
21 Compas de la roulette de nez
22 Canal d'entrée d'air
23 Manche à balai
24 Structure de l'habitacle
25 Auvent du tableau de bord
26 Collimateur gyroscopique
27 Pare-brise
28 Verrière
29 Poignée du siège éjectable
30 Appui-tête
31 Siège éjectable
32 Poignée d'ouverture d'urgence de la verrière
33 Manette des gaz
34 Console latérale
35 Cloison de pressurisation
36 Montant de canon
37 Canon DEFA de 30 mm
38 Collecteur de douilles
39 Porte de visite de canon
40 Bande de munitions
41 Magasin à munitions
42 Bielles de commandes
43 Cloison de pressurisation arrière
44 Rails de la verrière
45 Bouteille d'oxygène
46 Réservoir d'avant de fuselage
47 Congé de raccordement
48 Servocommande d'aileron
49 Canal d'entrée d'air
50 Soute à équipements radio et électroniques
51 Antenne UHF
52 Réservoir de carburant de voilure
53 Bielle de commande d'aileron
54 Tube de Pitot
55 Feu de navigation
56 Saumon de voilure
57 Aileron droit
58 Articulation d'aileron
59 Volet de bord de fuite
60 Commande de volet
61 Porte de visite de réservoir de carburant
62 Prise de remplissage de carburant
63 Passage de commande
64 Réservoir de carburant de fuselage
65 Attache de longeron d'aile au cadre principal de fuselage
66 Section centrale de voilure
67 Joint d'emplanture d'aile
68 Attache de longeron d'aile au cadre principal de fuselage
69 Puits d'atterrisseur principal
70 Réservoir hydraulique
71 Compartiment des accessoires réacteur
72 Canalisations de carburant
73 Câbles de commandes
74 Arête dorsale
75 Porte de visite du logement du réacteur
76 Génératrice
77 Filtre d'entrée d'air du compresseur
78 Chambre de combustion
79 Montant principal de moteur
80 Réacteur Verdon 350
81 Cadre de démontage d'arrière de fuselage
82 Chambres de combustion

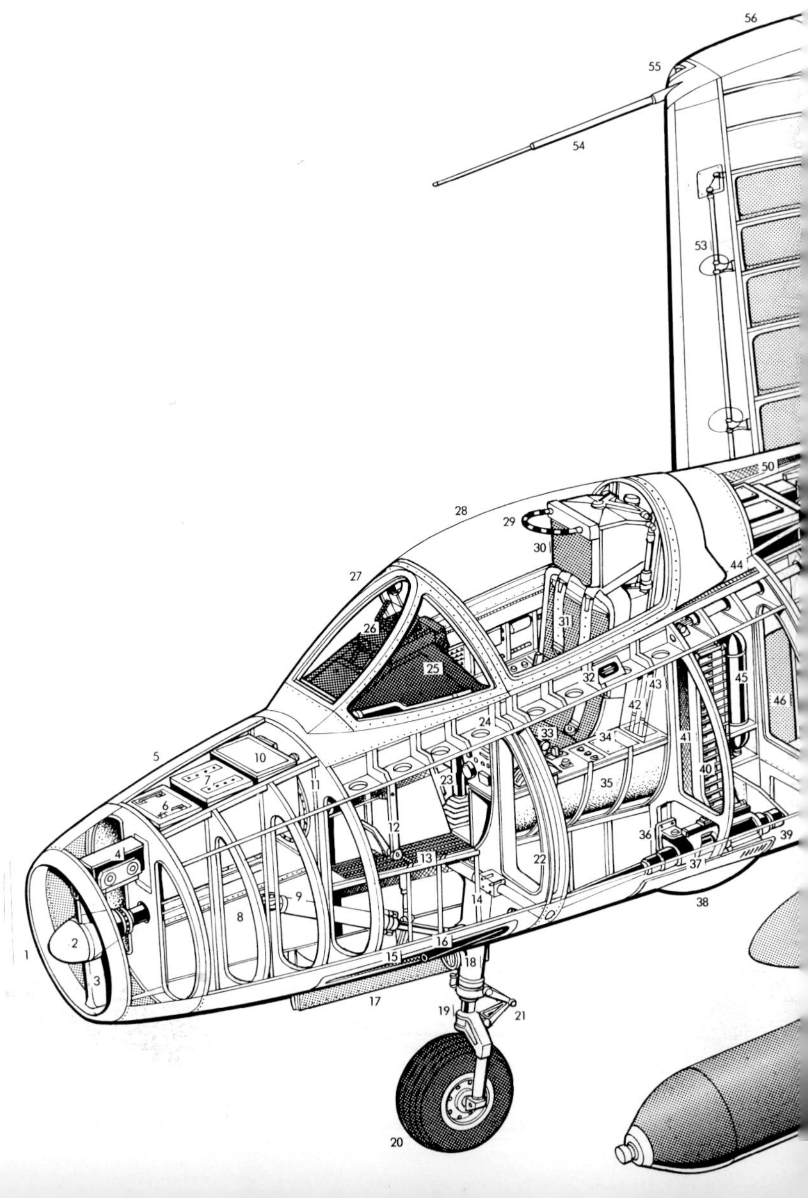

***Ce Super-Mystère B.2 de l'armée de l'Air reçut cette livrée spécialement à l'occasion du Tiger Meet de 1972. Appartenant à l'escadron de chasse 1/12 Cambrésis, il portait habituellement le code 12-YM.***

83 Emplanture de la dérive
84 Turbine
85 Bielles de commandes d'empennage
86 Vis sans fin de compensateur de profondeur
87 Joint de stabilisateur horizontal
88 Bielle de commande de profondeur
89 Bielle de commande de direction
90 Stabilisateur horizontal
91 Gouverne de profondeur
92 Antenne IFF
93 Structure de la dérive
94 Antenne VHF
95 Carénage du sommet de la dérive
96 Structure de la gouverne de direction
97 Feu de navigation
98 Structure de gouverne de profondeur
99 Structure de stabilisateur horizontal
100 Tuyère d'éjection
101 Tuyère de postcombustion
102 Bouclier thermique
103 Logement de l'aérofrein
104 Vérin de l'aérofrein
105 Aérofrein en position ouverte
106 Congé de raccordement d'aile
107 Volet de bord de fuite
108 Jambe d'atterrisseur principal
109 Nervures de volet
110 Aileron
111 Masse d'équilibrage d'aileron
112 Articulation d'aileron
113 Structure d'aileron
114 Saumon de voilure
115 Feu de navigation
116 Nervures d'aile
117 Longeron arrière
118 Réservoirs de voilure
119 Empennages stabilisateurs de réservoir auxiliaire largable
120 Longeron avant
121 Nervures de bord d'attaque
122 Bombe de 227 kg
123 Pylône d'emport de charge
124 Roue
125 Frein hydraulique
126 Compas de jambe d'atterrisseur principal
127 Réservoir auxiliaire largable
128 Prise de remplissage de carburant
129 Pylône de réservoir de carburant auxiliaire
130 Montant de pylône
131 Révêtement d'aile
132 Jambe d'atterrisseur principal
133 Panneau de revêtement de voilure
134 Vérin d'escamotage
135 Réservoirs de carburant
136 Bielle de commande d'aileron
137 Lance-roquettes
138 Bombe de 454 kg

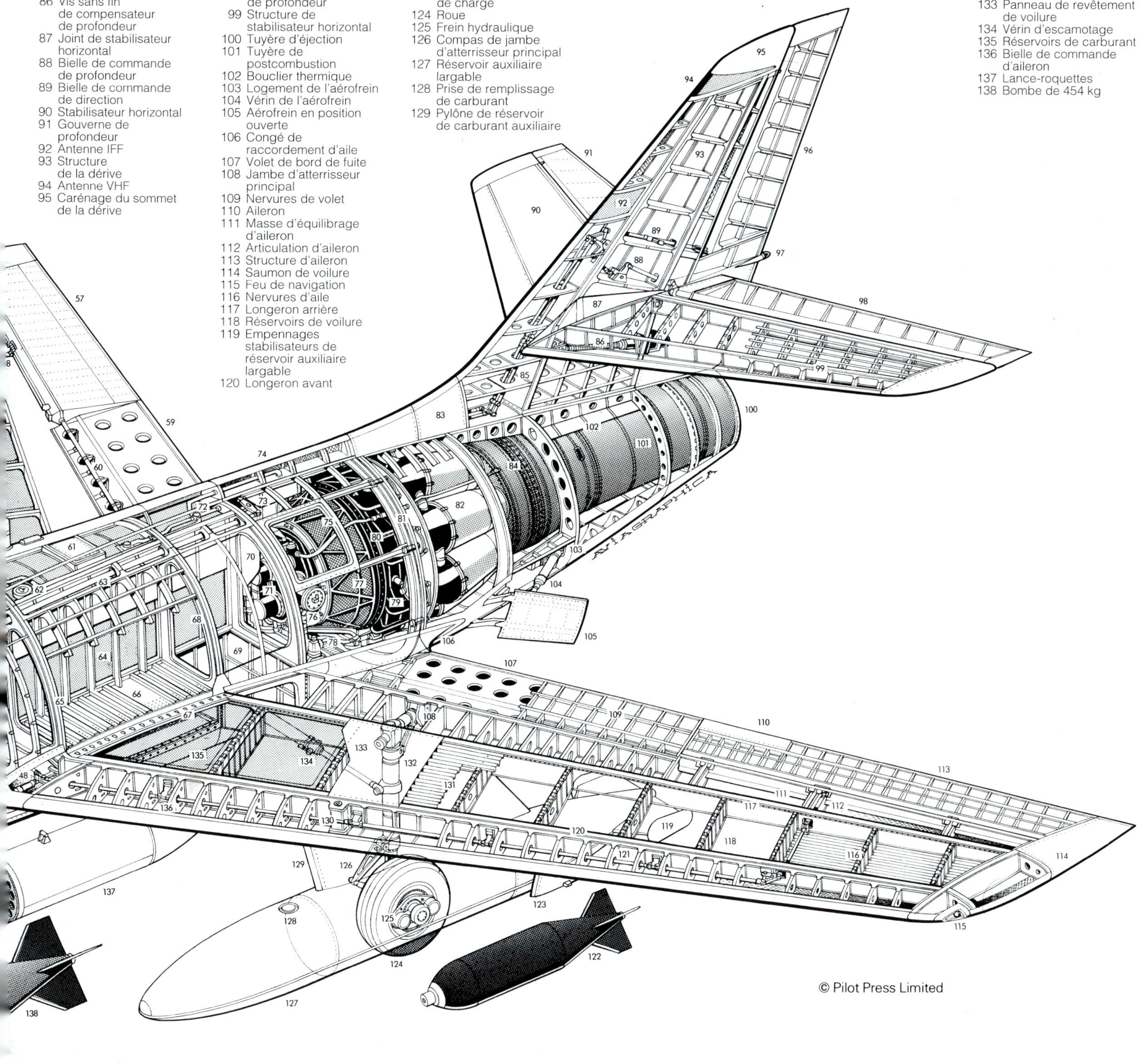

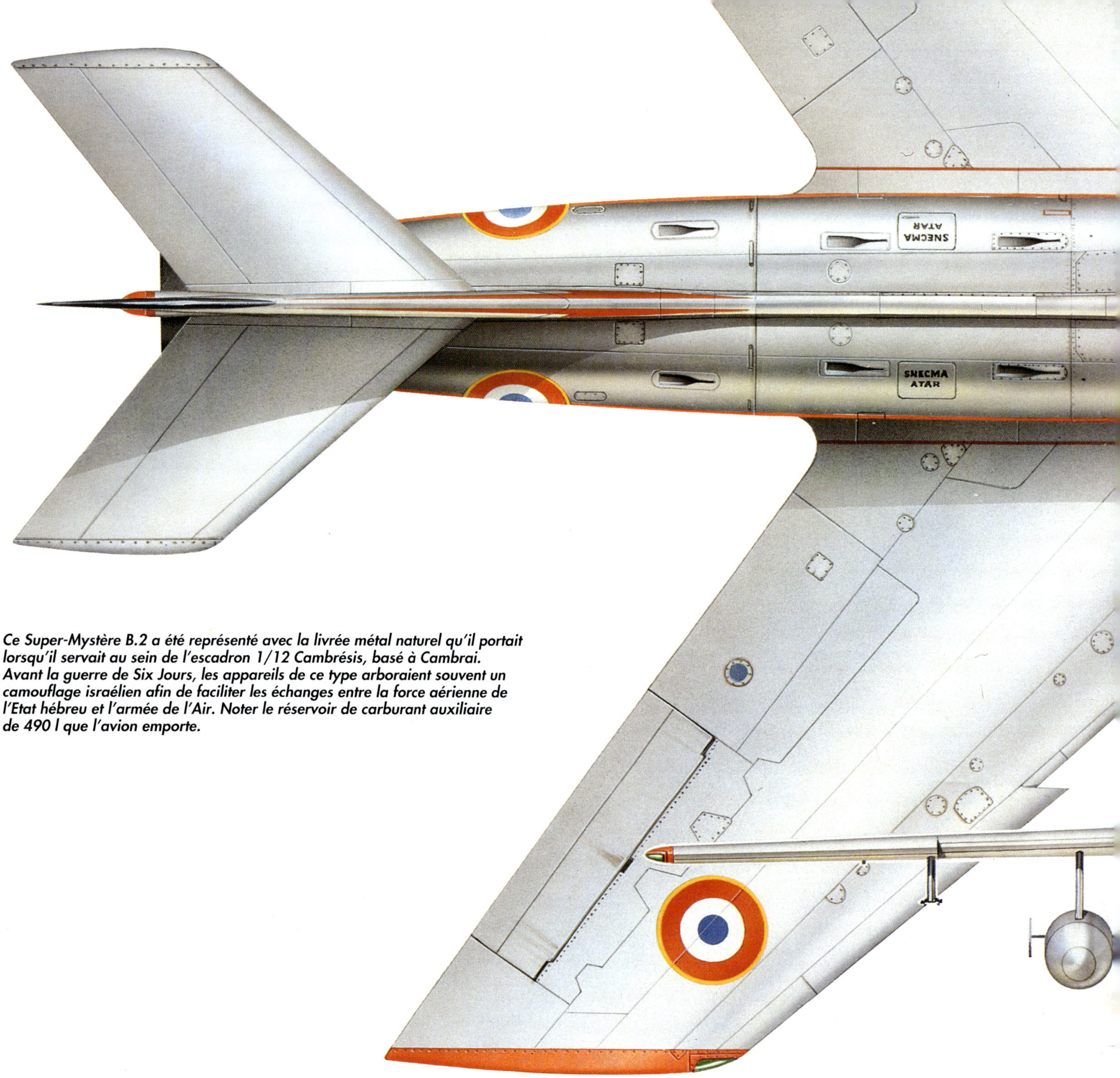


*Ce Super-Mystère B.2 a été représenté avec la livrée métal naturel qu'il portait lorsqu'il servait au sein de l'escadron 1/12 Cambrésis, basé à Cambrai. Avant la guerre de Six Jours, les appareils de ce type arboraient souvent un camouflage israélien afin de faciliter les échanges entre la force aérienne de l'Etat hébreu et l'armée de l'Air. Noter le réservoir de carburant auxiliaire de 490 l que l'avion emporte.*

**Caractéristiques**
**Dassault Super-Mystère B.2**

**Type :** chasseur et chasseur bombardier
**Moteur :** 1 réacteur SNECMA Atar 101G-2 ou 3 de 4 460 kgp avec réchauffe
**Performances :** vitesse maximale au niveau de la mer, 1 040 km/h ; vitesse maximale à 12 000 m, 1 195 km/h ; vitesse ascensionnelle initiale, 5 330 m/mn ; plafond pratique, 17 000 m ; distance franchissable normale, 870 km
**Masse :** à vide équipé, 6 930 kg ; maximale au décollage, 10 000 kg
**Dimensions :** envergure, 10,52 m ; longueur, 14,13 m ; hauteur, 4,55 m ; surface alaire, 35 m$^2$
**Armement :** 2 canons DEFA de 30 mm; roquettes dans un magasin de fuselage escamotable et charge offensive de 1 000 kg sur des points d'attache de voilure

*La 8e escadre de chasse de l'armée de l'Air, basée à Cazaux, continua à employer des Mystère IVA même après avoir été équipée d'Alpha Jet. Les avions de ce type se révélèrent idéalement adaptés à l'entraînement au tir.*

*Les soixante Mystère IVA que reçut la force aérienne israélienne portèrent des camouflages très variés, y compris la livrée métal naturel. Ils pouvaient emporter des réservoirs de carburant auxiliaires de trois types, dont celui de 625 l, représenté ici.*

sol, Davies demanda aux ingénieurs de Dassault pourquoi ils ne l'avaient pas averti que le Mystère II possédait des performances supersoniques en piqué. Etonnés, ceux-ci lui expliquèrent qu'ils l'ignoraient.

Lors d'une cérémonie qui se tint à Paris en avril 1953, l'armée de l'Air signa une commande portant sur 150 Mystère IIC, tandis que des représentants de l'US Air Force approuvèrent un marché concernant 225 Mystère IVA acquis par les Français dans le cadre des marchés offshore. Dassault était désormais reconnu comme un des principaux producteurs de chasseurs du monde occidental. A cette époque, l'Ouragan sortait des chaînes de Bordeaux-Talence au rythme de 30 avions par mois, le Mystère IIC était sur le point d'être produit et le Mystère IVA avait entamé son programme d'essais en vol.

L'armée de l'Air réceptionna 156 exemplaires du Mystère IIC entre 1954 et 1956, auxquels s'ajoutèrent 6 machines supplémentaires par la suite. Le Mystère IVA, quant à lui, fut assemblé parallèlement à partir de 1954. Un lot de 24 Mystère IIC destinés à Israël ne fut jamais livré à ce pays, qui leur préféra les Mystère IVA et SMB-2. Le Mystère IIC, qui ne représentait qu'une modeste évolution par rapport à l'Ouragan, servit peu de temps au sein de l'armée de l'Air et équipa les 5e et 10e escadres de chasse. Il donna naissance à une version de chasse de nuit biplace, le Mystère de Nuit, caractérisée par des entrées d'air de réacteur latérales mais qui ne dépassa pas le stade du prototype.

A la fin de 1951, alors que les Mystère n'en étaient qu'à leur premier stade de développement, Dassault décida de se lancer dans la réalisation d'un avion entièrement nouveau. Quand il sortit d'atelier, en août 1952, à Istres, le Mystère IV ressemblait d'assez près à un Mystère IIC de début de série. Mais une observation plus poussée aurait permis de déceler de grandes différences. Ainsi, la flèche de la voilure du nouvel avion était de 30° au lieu de 28° pour le précédent. La section de fuselage était plus vaste et avait une forme ovale, les empennages étaient plus grands et affichaient une flèche plus prononcée, les stabilisateurs horizontaux étaient monoblocs. Par ailleurs, l'épaisseur relative des ailes avait été réduite, dans un rapport de 7,5 % au lieu de 9 % pour le Mystère IIC. La propulsion du nouveau chasseur était assurée par un réacteur Verdon de 3 500 kgp, dérivé du Tay produit sous licence, mais les 50 premiers appareils étaient équipés d'un Tay 250.

Dassault avait prévu de développer plusieurs versions spécialisées du Mystère IVA, dont une de reconnaissance et une embarquée, mais aucune ne le fut. Le Mystère IVN, un intercepteur de nuit, se caractérisait par un fuselage rallongé, un habitacle biplace, un radar de nez et un réacteur Rolls-Royce Avon RA.7R. L'avion effectua son premier vol le 19 juillet 1954, mais le plus puissant des Mystère aurait dû être le Mystère IVD, équipé du réacteur SNECMA Vulcain, dont la poussée atteignait 5 440 kg sans postcombustion. Les désignations de Mystère XX, 20N, 26 et 28 se rapportaient à des projets dont les performances auraient dû atteindre Mach 1 en palier.

## Le brillant Mystère IVA

Le Mystère IVA, qui effectua son premier vol le 28 septembre 1952, se révéla aussi peu sujet aux maladies de jeunesse que ses prédécesseurs. Il ne subit que quelques modifications, les principales se rapportant au raccourcissement de l'empennage vertical, à l'adjonction d'une arête dorsale courant entre la dérive et la verrière, et au rallongement de l'arrière du fuselage. Le Mystère IVA fut un des meilleurs chasseurs à réaction de son temps. Il fut produit à raison de 421 exemplaires, dont l'assemblage final se déroulait dans les usines de Mérignac, près de Talence. L'armée de l'Air en réceptionna 240, parmi lesquels 225 financés par les crédits offshore, la force aérienne indienne 110, et la force aérienne israélienne 60. L'appareil fut utilisé de façon intensive et, à diverses reprises, il fut engagé au combat. L'armée de l'Air le fit lors de l'expédition de Suez, en novembre 1956. La carrière du Mystère IVA fut à la fois longue et sans histoire, la 7e escadre de chasse en conservant quelques exemplaires à des fins d'entraînement bien après qu'elle eut été transformée sur SEPECAT Jaguar. L'école de chasse de Tours, quant à elle, s'en servit jusqu'en 1984. Contrairement au Mystère IIC, qui ne fut employé que comme chasseur, le Mystère IVA vola souvent avec des armes air-sol, notamment des bombes et des roquettes. Son armement interne consistait en deux canons DEFA 551 de 30 mm approvisionnés à raison de 150 obus chacun.

Au début de 1952, Dassault avait pensé attribuer la désignation de Super-Mystère au Mystère IV, mais le rythme auquel des versions plus évoluées étaient envisagées fut si soutenu que le constructeur renonça à cette idée. Le Mystère IVN, prévu pour un autre type de mission, avait été précédé quant à lui par le Mystère IVB. Celui-ci effectua son premier vol le 16 décembre 1953, avec un nouvel avant de fuselage et une entrée d'air de réacteur assez proche de celle du F-100 Super Sabre.

*Le prototype MD.452-01 Mystère I se pose après un vol d'essai. Propulsé par un Hispano Nene 104B, l'appareil avait effectué son premier vol le 23 février 1951. Cette machine ouvrit la voie à une lignée de chasseurs très prolifique.*

***Pour des raisons de sécurité, la force aérienne israélienne modifia continuellement les codes que portaient ses avions de combat. Ce Super-Mystère B.2 portant un camouflage non adapté au désert était basé à Hatzor en 1972.***

***Ce Super-Mystère B.2 qui arborait un camouflage tactique en trois tons servait au sein de l'escadron de chasse 2/12 Cornouailles, basé à Cambrai. Au Super-Mystère B.2 succéda, au milieu des années soixante-dix, le Mirage F.1. Noter la postcombustion du réacteur Atar 101G en position fermée.***

Celle-ci se caractérisait par une lèvre supérieure abritant un radar et un canal qui, au lieu d'être séparé en deux pour passer de chaque côté de l'habitacle, courait d'une seule pièce en dessous. La roulette de nez, qui s'escamotait à présent vers l'arrière, comportait une roue dotée d'un pneu haute pression et qui reposait à plat sous le canal d'entrée d'air. Le fuselage était à la fois plus long et plus large, et la propulsion était assurée par un réacteur Avon RA.7R. Le 24 février 1954, véritable consécration pour Dassault, le Mystère IVB devint le premier chasseur de conception européenne à dépasser Mach 1 en vol horizontal.

## Du Mystère IVB au Mystère XX

En décembre 1952, 6 Mystère IVB de développement, présentant tous des différences, avaient été commandés. La verrière de ces appareils s'ouvrait vers le haut et l'arrière, et certains des avions de ce type reçurent une verrière à montants après que quelques-uns eurent déformé ou perdu cet élément alors qu'ils évoluaient à grande vitesse. La verrière à montants épais se révéla par la suite inutile, mais l'évolution aérodynamique de l'appareil se poursuivit en fonction des nouvelles méthodes de construction adoptées par Dassault avec la lignée projetée du Mystère XX. Les modifications portèrent notamment sur la voilure, affichant une flèche de 45° au quart de la corde et une épaisseur relative de seulement 6 %. Contrairement au F-100 américain, l'avion conserva des ailerons conventionnels et des bords d'attaque dépourvus de becs mobiles. Le Mystère XX présentait, contrairement au Mystère IVB, un empennage vertical de plus grandes dimensions, avec un sommet pointu et un bord d'attaque rectiligne. Les stabilisateurs horizontaux étaient de type monobloc et demeuraient à la même place que sur le Mystère IVB – alors qu'ils étaient montés plus bas sur le F-100. L'entrée d'air de nez avait été encore aplatie et élargie, offrant au pilote un champ visuel beaucoup plus important. La vision vers l'arrière avait été accrue en surélevant et en arrondissant la verrière.

## Le Super-Mystère

Le projet tel qu'il fut finalisé reçut non pas la désignation de Mystère XX – qui revint plus tard à un avion d'affaires – mais celle de Super-Mystère. Dès le début, les ingénieurs de Dassault envisagèrent d'armer l'avion de deux canons DEFA et de trente-cinq roquettes SNEB de 68 mm s'inspirant des Mighty Mouse américaines. Par ailleurs, l'avion pouvait emporter une charge offensive de 1 000 kg ou deux réservoirs de voilure, auxquels s'ajoutèrent par la suite deux missiles air-air Sidewinder. Le Super-Mystère accomplit son premier vol, aux mains de Paul Boudier, le 2 mars 1955, et il dépassa la vitesse de Mach 1,2 lors de son quatrième vol, le jour suivant. Peu de temps près, il s'écrasa au sol, tuant le célèbre pilote d'essai Constantin Rozanoff, mais les qualités de l'appareil ne furent pas mises en cause. Le développement continua et l'avion reçut un Atar 101G de 4 460 kg, les négociations avec les Britanniques relatives à l'emploi de l'Avon RA.14R n'ayant pas abouti. Pour le plus grand profit des performances à haute altitude, la voilure fut dotée de décrochements de bord d'attaque et ses sections extérieures bénéficièrent d'une cambrure plus accentuée.

## Le chant du cygne du Super-Mystère

Au terme de ces modifications, la version de série du Super-Mystère fut désignée Super-Mystère B.2, le prototype original devenant Super-Mystère B.1. Le prototype du SMB.2 effectua son premier vol, avec un

***Ayant effectué son premier vol le 18 juillet 1953, le MD.453 Mystère III fut également désigné Mystère de Nuit. Avec des entrées d'air latérales, il était propulsé par un Tay 250 et comportait un habitacle biplace en tandem. Il fut employé pour des essais de sièges éjectables à des vitesses transsoniques.***

***Un des Mystère les plus réussis sur le plan de l'esthétique fut le Mystère IVN, propulsé par un réacteur Avon et destiné aux interceptions de nuit. Doté d'un radar CSF, l'appareil pouvait emporter un armement constitué d'un magasin de roquettes de fuselage et de paniers de roquettes de voilure.***

**Cette photographie prise au Salon du Bourget de 1957 représente un Mystère IVA de l'escadron de chasse 2/12 et un Super-Mystère B.2 de développement, le prototype de ce dernier appareil ayant disparu dans un accident.**

Atar 101G, le 18 mai 1956. A cette occasion, il dépassa facilement la vitesse de Mach 1 en vol horizontal, sans que son pilote ait éprouvé le besoin d'allumer la réchauffe. L'armée de l'Air avait prévu d'acquérir 150 de ces appareils, mais, en fin de compte, elle en commanda 370. Cependant, lorsque le premier avion de série prit l'air, le 26 février 1957, l'engouement pour le Mirage III était si puissant que le marché officiel fut ramené à 180 exemplaires. Sur cette quantité, 24 furent vendus à la force aérienne israélienne.

A l'époque où il entra en service dans l'armée de l'Air, le Super-Mystère B.2 ne pouvait être considéré comme un chasseur véritablement moderne, et ce en dépit des performances brillantes qu'il affichait. Il ne disposait pas de radar et ne pouvait donc pas être engagé dans des missions tout temps. Par ailleurs, il ne pouvait emporter de missiles ou de charges air-sol importantes. Considéré tout simplement comme un intercepteur de jour, il se révélait moins maniable que l'Ouragan ou le Sabre. Au sein de l'armée de l'Air, le Super-Mystère B.2 servit dans la 5e escadre, basée à Orange, la 10e escadre, à Creil, et la 12e escadre, à Cambrai. Cette dernière devait être la seule à l'employer, avant d'être transformée sur Mirage F.1, pendant la seconde moitié des années soixante-dix. Au cours de sa carrière, l'appareil reçut un camouflage d'attaque au sol – certains prirent part au Tiger Meet (rencontres annuelles d'unités de l'OTAN dont l'insigne représente un tigre) avec une livrée appropriée – et des détecteurs d'alerte passifs.

Les Super-Mystère B.2 acquis par la force aérienne israélienne eurent une carrière beaucoup plus active. Ils furent employés de manière intensive et se révélèrent si efficaces que, en 1972, ceux d'entre eux qui volaient encore furent dotés d'un réacteur Pratt & Whitney J52 – du même type que celui qui équipait le Skyhawk. La firme Israel Aircraft Industries, qui procéda à cette transformation, supprima ainsi la post-combustion, à l'origine d'une très grande consommation en carburant et qui rendait l'appareil très vulnérable aux missiles sol-air à guidage thermique. Les derniers Super-Mystère B.2 israéliens furent vendus au Guatemala.

Dassault ne produisit jamais le dernier représentant de la lignée des Mystère, qui lui avait permis d'asseoir définitivement sa réputation. Lorsqu'il vola, le 9 février 1958, propulsé par un réacteur Atar 9 de nouvelle génération, le Super-Mystère B.4 ne pouvait en effet espérer concurrencer l'étoile montante, le Mirage III qui était doté du même réacteur.

**Ici, un des derniers Super-Mystère B.2 de l'armée de l'Air utilisés par l'escadron 2/12, basé à Cambrai, arborant une livrée du Tiger Meet, manifestation à laquelle les appareils de cette unité participaient régulièrement.**

# Iliouchine Il-28 : l'héritier de l'Arado Ar 234

*S'il ne constitua en rien une machine exceptionnelle, l'Il-28, dû à Sergueï Iliouchine, eut le mérite d'être pour son époque un appareil fort convenable et relativement facile à produire en série. Aucun autre bombardier à réaction n'allait être réalisé en un aussi grand nombre d'exemplaires.*

On sait avec quelle étonnante rapidité l'Union soviétique parvint à réaliser ses premiers chasseurs à réaction, grâce aux travaux de ses propres ingénieurs et à la collaboration de chercheurs allemands. Or, dans le domaine des turboréacteurs à forte poussée, l'Allemagne avait en 1944 un certain retard par rapport au Royaume-Uni et aux Etats-Unis. Les Russes éprouvèrent donc quelque difficulté à aborder le domaine transsonique. L'un de leurs objectifs prioritaires était de mettre en service un bombardier moyen, ce type d'appareil ayant joué un rôle de première importance pendant le conflit.

L'acquisition par l'Union soviétique, en 1946, d'exemplaires du turboréacteur Rolls-Royce Nene rendit possible la réalisation non seulement du MiG-15, mais aussi de l'Iliouchine Il-28. L'équipe de Vladimir Klimov réussit en un temps record à établir les plans du moteur, à lancer la production en série et à mettre au point une version plus puissante, équivalent du Rolls-Royce Tay. Conçu pendant la guerre, le Nene, qui fournissait une poussée assez importante, avait un rendement acceptable. Il offrait en outre une bonne sécurité de fonctionnement et était relativement facile à produire et à utiliser. Son principal défaut provenait de son compresseur centrifuge, qui avait un diamètre assez grand.

Jusqu'à la fin de 1947, les efforts consentis en vue d'utiliser le RD-45 (version soviétique du Nene) pour propulser un bombardier n'aboutirent qu'à des résultats décevants. Plusieurs prototypes réalisés par Tupolev se montrèrent trop lourds pour la puissance motrice disponible, et ils ne parvinrent à atteindre des vitesses élevées qu'à l'aide d'un troisième réacteur, plus petit, monté dans l'arrière du fuselage. En décembre 1947, Iliouchine commença à travailler sur un appareil de plus petites dimensions, sacrifiant le rayon d'action à la vitesse et à la manœuvrabilité. L'avion effectua son premier vol au mois de juillet 1948.

On peut considérer l'Il-28 comme un héritier lointain de l'Arado Ar 234 allemand. En effet, le premier bombardier à réaction conçu par Iliouchine, l'Il-22, présentait une similitude assez marquée avec l'Ar 234C, bien qu'il fût plus grand. L'Il-28 conserva l'implantation haute de la voilure et celle des réacteurs, de même que les larges volets à fente. De plus, la structure et les différents circuits étaient tirés de ceux de cet avion.

Sa silhouette, en effet, est particulièrement caractéristique : son avant est allongé, ses nacelles de réacteurs sont longues et volumineuses, et ses empennages en forte flèche contrastent avec l'aile, dont la flèche est nulle au bord d'attaque. Cette configuration inhabituelle permettait de loger les éléments essentiels de l'avion dans une cellule de dimensions réduites, favorisant les performances ainsi que la production en série.

***Une partie au moins des Il-28U livrés à la Luftstreitkräfte de l'Allemagne de l'Est étaient en fait des B-228 construits en Tchécoslovaquie. Cet Il-28R, reconnaissable à ses réservoirs supplémentaires, a été photographié juste après le décollage, au moment où le train d'atterrissage commence à s'escamoter.***

L'aile, à l'allongement important, accusait une épaisseur relative assez faible et n'offrait qu'un volume réduit pour loger les réservoirs de carburant. Les ingénieurs soviétiques choisirent en conséquence de les disposer à l'intérieur du fuselage, rendant ainsi l'avion moins vulnérable. La voilure, réduite à sa fonction essentielle, était d'une structure très simple. En raison de la grande surface frontale des réacteurs RD-45, il importait de réduire le plus possible les éléments générateurs de traînée. C'est pourquoi les ingénieurs optèrent pour un fuselage circulaire de diamètre minimal, juste assez large pour loger à l'avant le poste de l'opérateur de bombardement. Derrière lui, le pilote était installé au-dessus du logement du train avant, sous une verrière semblable à celle d'un chasseur. Le carburant était entreposé dans cinq réservoirs souples disposés à l'intérieur du fuselage. Au centre se trouvait la soute à bombes, dont les dimensions permettaient d'emporter douze FAB-250 de 250 kg. Se trouvaient encore, sous l'avant du fuselage, un radar cartographique et deux canons NR-23, de 23 mm.

## Armement défensif

La configuration de l'arrière du fuselage résultait d'une exigence du programme qui concernait la présence de deux canons jumelés commandés par un mitrailleur. Nul autre appareil de la même catégorie ne présente cette caractéristique. La tourelle pressurisée Il-K6, armée de deux canons NR-23, se trouvait à la pointe arrière du fuselage, partiellement logée dans l'emplanture de la dérive. Elle n'engendrait ainsi qu'un faible surcroît de traînée. Le seul problème venait du fait que l'ensemble, avec 900 obus de 23 mm, avait une masse importante. Afin de préserver le centrage, il fallut concevoir un arrière de fuselage court, et donc des empennages en flèche. Non seulement cette solution assurait aux gouvernes un bras de levier garantissant leur efficacité, mais il était ainsi certain que tout phénomène de compressibilité ne se manifesterait sur les empennages qu'après avoir affecté l'aile et que l'avion demeurerait donc contrôlable. Des trois membres de l'équipage, le mitrailleur arrière était le seul qui ne disposait pas d'un siège éjectable. Une porte placée sous la tourelle, commandée par un moteur, lui permettait d'accéder à son poste et de l'évacuer en cas de besoin. Le même mitrailleur faisait également fonction d'opérateur radio, les équipements VHF et HF étant disposés en avant de la tourelle.

D'un point de vue tactique, il est difficile de dire si le choix de la lourde tourelle arrière était justifié ou non. Une chose est sûre cependant : contre des intercepteurs comme les premiers North American F-86, armés de simples mitrailleuses de 12,7 mm, une telle tourelle avait un effet dissuasif certain. Mais, au début des années cinquante, quand apparurent dans l'arsenal occidental des chasseurs armés de canons de 20 et de 30 mm à tir rapide, la lourde tourelle du Il-28 perdit de sa valeur défensive.

La grande taille des nacelles résulte de celle des réacteurs eux-mêmes. Il fallut leur donner une longueur importante, car, si elles avaient été plus courtes, le galbe de leur surface n'aurait pas manqué d'accélérer l'écoulement, provoquant l'apparition prématurée de phénomènes de compressibilité. Quant aux réacteurs, ils étaient accrochés

## Ecorché de l'Iliouchine Il-28R « Beagle »

1 Vitrage du poste avant
2 Glace plane de visée
3 Viseur de bombardement
4 Table à cartes repliable
5 Articulation de la jambe de train avant
6 Bouche du canon
7 Flasque de jambe de train
8 Train avant à roues jumelées
9 Vérin d'orientation du train avant
10 Contrefiche de relevage du train
11 Canons fixes NR-23 de 23 mm (un de chaque côté)
12 Magasin de 100 obus
13 Equipements de navigation
14 Console du navigateur
15 Panneau d'accès au poste avant, décentré sur la droite
16 Siège éjectable du navigateur bombardier
17 Cloison
18 Pédales de palonnier
19 Tableau de bord
20 Manettes de commande des réacteurs
21 Volant
22 Glace coulissante
23 Auvent du tableau de bord
24 Pare-brise
25 Verrière (s'ouvre par basculement sur la droite)
26 Appui-tête du siège éjectable
27 Harnais de sécurité
28 Système de verrouillage de la verrière
29 Siège éjectable du pilote
30 Console latérale
31 Passages des timoneries de commandes sous le plancher
32 Portes de train avant
33 Bouteilles d'air comprimé
34 Cloison de pressurisation arrière
35 Emetteur-récepteur radar
36 Ecran radar de navigation et de bombardement
37 Radôme ventral
38 Réservoir avant du fuselage
39 Panneau d'accès aux timoneries de commandes
40 Longeron supérieur de fuselage
41 Carénage
42 Mât d'antenne
43 Carénage du cadre du radiocompas
44 Tôles de revêtement du fuselage
45 Bouchons de réservoir
46 Soute à bombes (charge maximale, 3 000 kg)
47 Caméra de reconnaissance et d'attaque
48 Portes de la soute à bombes
49 Bombe de 2 500 kg
50 Gaine de passage des câbles et des timoneries de commandes
51 Cadres et lisses de fuselage
52 Réservoir dorsal
53 Cadre renforcé, portant les ferrures d'attaches du longeron avant de voilure
54 Caisson central de voilure
55 Attaches des ailes sur le caisson central

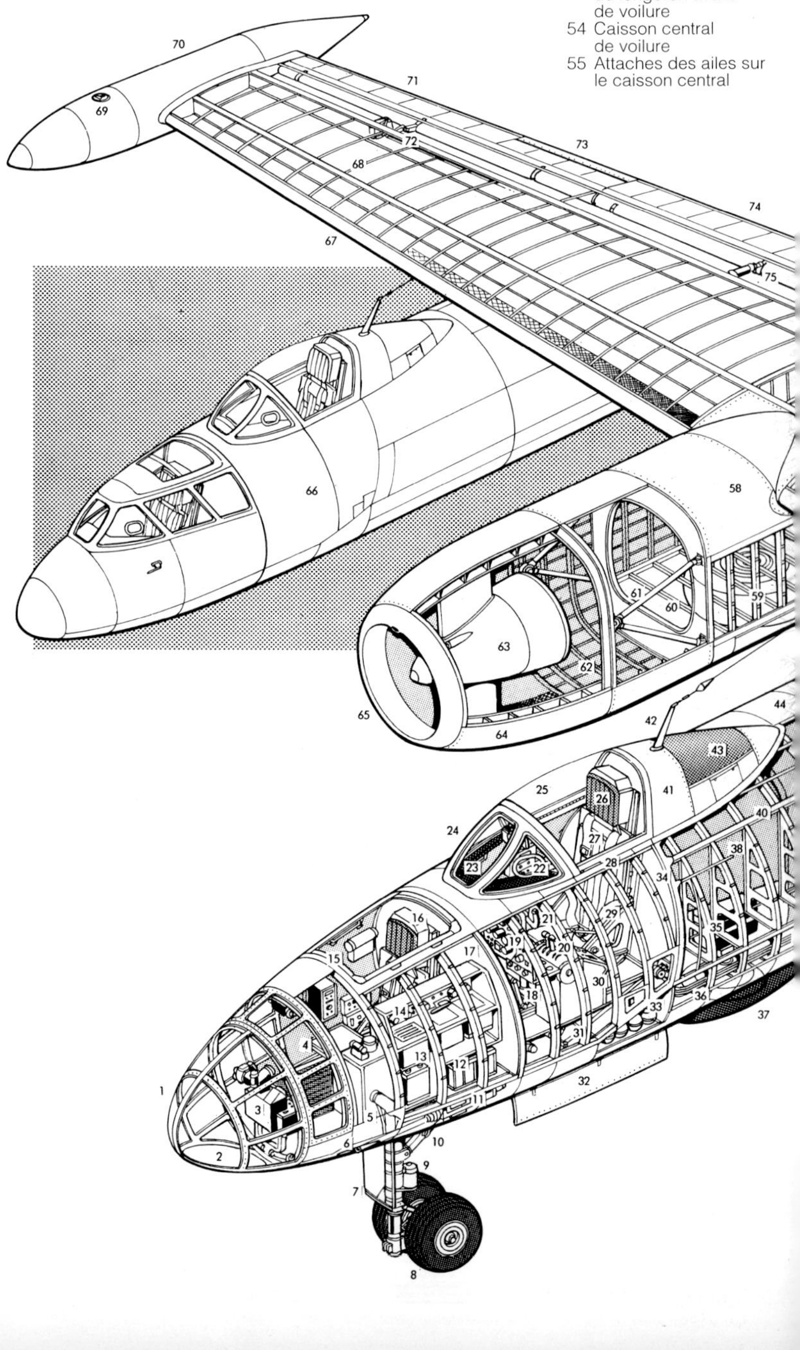

**_La République populaire de Chine est encore le principal pays utilisateur de l'Il-28. Plusieurs centaines de H-5 sont toujours en service, sans compter les exemplaires utilisés pour l'entraînement ou placés en réserve. Ces hommes de la marine populaire manœuvrent une bombe classique de 1 t, analogue à la FAB-1000 soviétique._**

56 Raidisseurs de revêtement
57 Nervures de bord d'attaque
58 Nacelle du réacteur
59 Roue en position rentrée
60 Bouclier thermique surplombant le logement du train
61 Bâti-moteur
62 Emplacement du réacteur droit
63 Ogive d'entrée d'air
64 Capots démontables
65 Entrée d'air du réacteur
66 Avant de fuselage de la version d'entraînement Il-28U « Mascot »
67 Bord d'attaque dégivré par air chaud
68 Aile
69 Bouchon de réservoir
70 Réservoir supplémentaire démontable, portant la capacité totale en carburant à 6 600 kg
71 Aileron
72 Guignol d'aileron
73 Compensateur d'aileron
74 Elément extérieur de volet de courbure
75 Vérin hydraulique de commande d'aileron
76 Partie arrière de la nacelle du réacteur
77 Tuyère du réacteur
78 Elément intérieur de volet
79 Vérin hydraulique de commande de volet
80 Cadre renforcé portant les ferrures d'attache du longeron arrière de voilure
81 Bouchons de réservoir
82 Réservoirs d'arrière de fuselage
83 Carénage d'emplanture de dérive
84 Attache du longeron avant de dérive
85 Câble d'antenne HF
86 Stabilisateur
87 Gouverne de profondeur
88 Bord d'attaque dégivré par air chaud
89 Structure de la dérive
90 Antenne noyée dans le profil
91 Ouïes d'évacuation de l'air chaud de dégivrage du bord d'attaque
92 Antenne de navigation
93 Déperditeur de potentiel
94 Gouverne de direction
95 Compensateur de direction
96 Poste du mitrailleur radio
97 Canons NR-23 de 23 mm, sur affût souple, alimentés chacun par 225 obus
98 Tourelle arrière
99 Compensateur de profondeur
100 Masse d'équilibrage de la gouverne de profondeur
101 Gouverne de profondeur gauche
102 Ouïes d'évacuation de l'air chaud de dégivrage du bord d'attaque
103 Structure du stabilisateur de gauche
104 Antenne télémétrique du poste de tir arrière
105 Siège du mitrailleur radio
106 Mécanismes des commandes de profondeur et de direction
107 Fixation par boulons du caisson central de stabilisateur
108 Cloison de pressurisation du poste arrière
109 Vérin hydraulique de commande de la porte
110 Porte d'accès et d'évacuation du poste arrière
111 Equipement radio et électronique
112 Antennes
113 Structure de l'arrière du fuselage
114 Elément intérieur de volet
115 Nervures
116 Longeron arrière
117 Fixation par boulons de l'aile au caisson central
118 Fusée largable d'appoint au décollage
119 Nervures renforcées
120 Carénage arrière de la nacelle
121 Tuyère du réacteur
122 Elément extérieur de volet
123 Nervures de volet
124 Compensateur d'aileron
125 Structure de l'aileron
126 Réservoir supplémentaire démontable
127 Feu de navigation
128 Bouchon de réservoir
129 Eléments supérieurs et inférieurs des nervures
130 Bord d'attaque dégivré par air chaud (dégivrage inutilisable lorsque l'avion est équipé des réservoirs supplémentaires)
131 Nervures de bord d'attaque
132 Longeron avant
133 Raidisseurs d'intrados
134 Prise d'air de refroidissement du canal d'éjection
135 Vérin hydraulique de relevage du train
136 Bielle de commande de rotation de la roue autour de sa jambe
137 Articulation de la jambe de train
138 Roue (s'escamote vers l'avant en pivotant de 90° autour de sa jambe)
139 Porte de train
140 Bouclier thermique du canal d'éjection
141 Cloison de fixation du réacteur
142 Bâti-moteur
143 Turboréacteur centrifuge Klimov VK-1
144 Chambres de combustion
145 Phare escamotable d'atterrissage
146 Grille d'entrée du compresseur
147 Support du réducteur
148 Réducteur d'entraînement des accessoires du réacteur
149 Génératrice
150 Chambre de tranquillisation
151 Capot avant démontable
152 Mâts supports de l'ogive axiale
153 Entrée d'air du réacteur

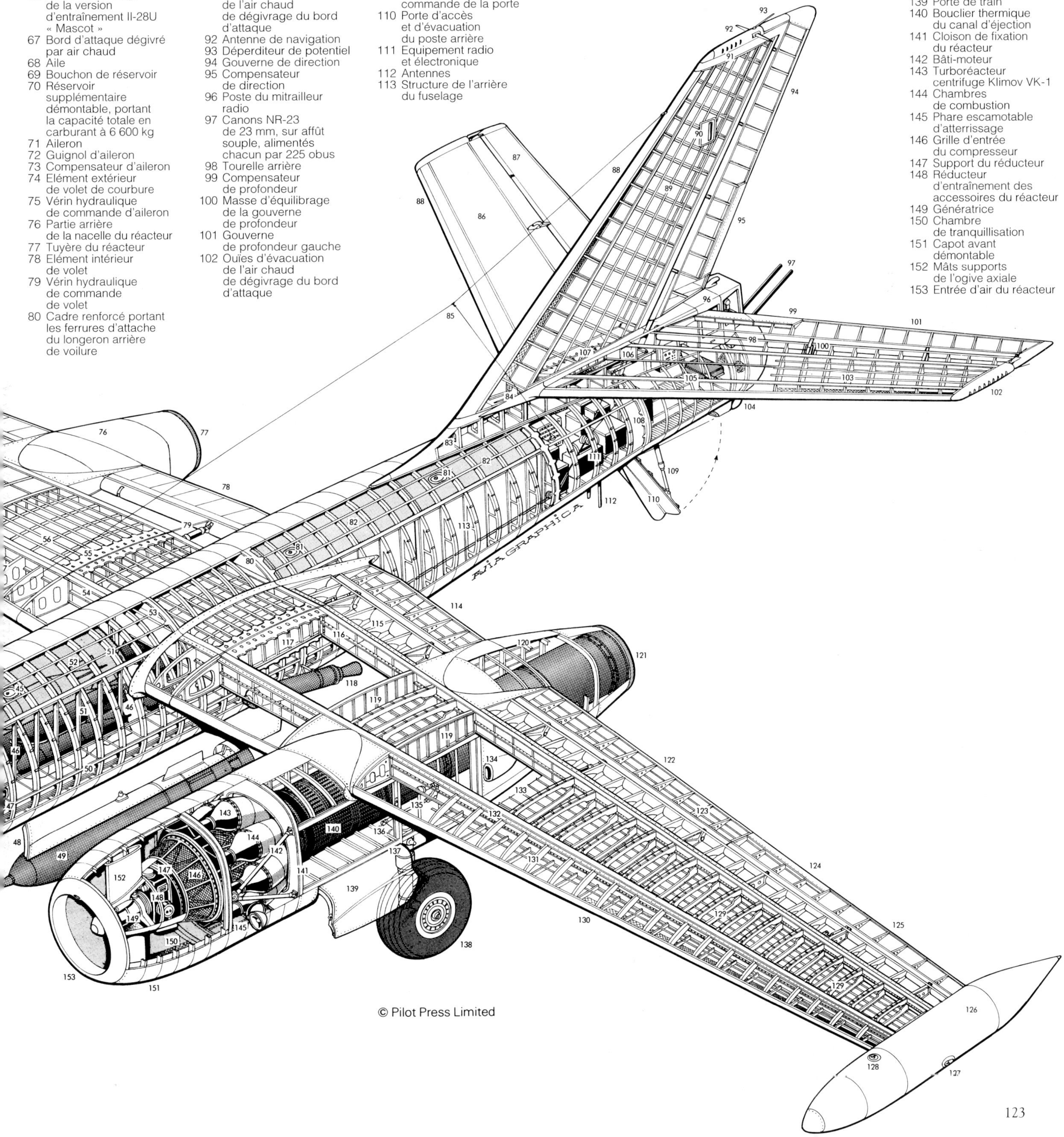

**Caractéristiques**
**Iliouchine Il-28 « Beagle »**
**Type :** bombardier léger
**Moteurs :** 2 turboréacteurs Klimov VK-1 de 2 700 kgp
**Performances :** vitesse maximale à 8 000 m, 875 km/h ; vitesse de croisière à 10 000 m, 770 km/h ; plafond pratique, 12 000 m ; distance franchissable, 2 200 km
**Masse :** à vide, 12 890 kg ; normale au décollage, 18 400 kg ; maximale, 21 000 kg
**Dimensions :** envergure, 21,45 m ; longueur, 17,65 m ; hauteur, 6,70 m ; surface alaire, 60,80 m$^2$
**Armement :** 2 canons NR-23 de 23 mm fixes à l'avant du fuselage et 2 autres dans la tourelle arrière ; jusqu'à 3 000 kg de bombes en soute ; pas de charges extérieures

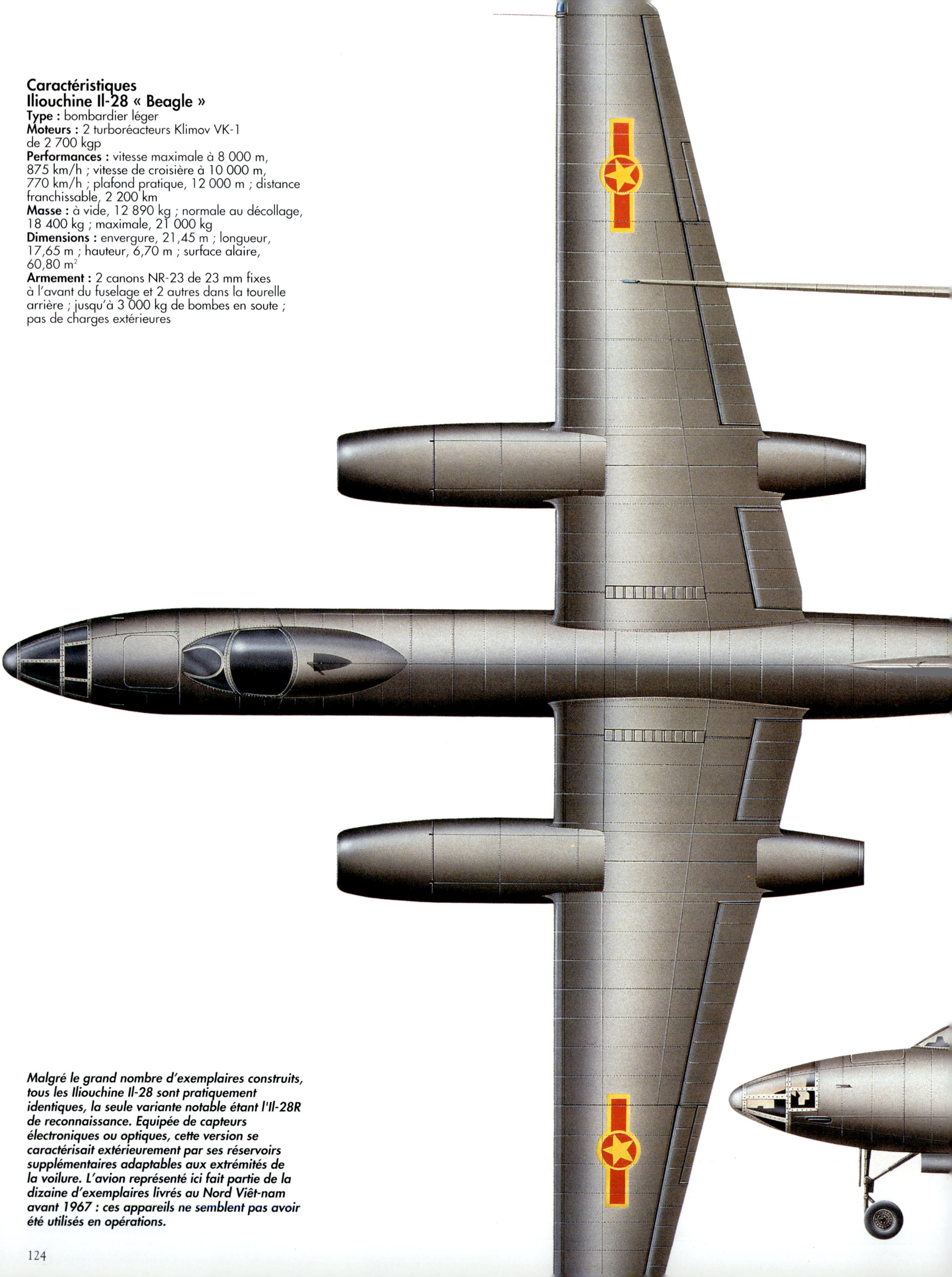

***Malgré le grand nombre d'exemplaires construits, tous les Iliouchine Il-28 sont pratiquement identiques, la seule variante notable étant l'Il-28R de reconnaissance. Equipée de capteurs électroniques ou optiques, cette version se caractérisait extérieurement par ses réservoirs supplémentaires adaptables aux extrémités de la voilure. L'avion représenté ici fait partie de la dizaine d'exemplaires livrés au Nord Viêt-nam avant 1967 : ces appareils ne semblent pas avoir été utilisés en opérations.***

## Versions de l'Iliouchine Il-28

**Il-28 « Beagle » :** bombardier standard, produit en grande série de 1950 à 1960
**Il-28U « Mascot » :** version de transformation opérationnelle ; plusieurs centaines d'exemplaires construits et affectés aux régiments équipés d'Il-28
**Il-28R « Beagle » :** appareils équipés de réservoirs supplémentaires montés aux extrémités de la voilure
**Il-28T « Beagle » :** version d'attaque antinavire, armée de torpilles, utilisée en mer Baltique par la marine soviétique
**Il-20 :** version civile de transport rapide, utilisée dès 1965 par Aeroflot pour l'entraînement des équipages
**H-5 :** copie chinoise de l'Il-28
**B-228 :** version construite sous licence en Tchécoslovaquie ; existence probable d'un BS-228 d'entraînement

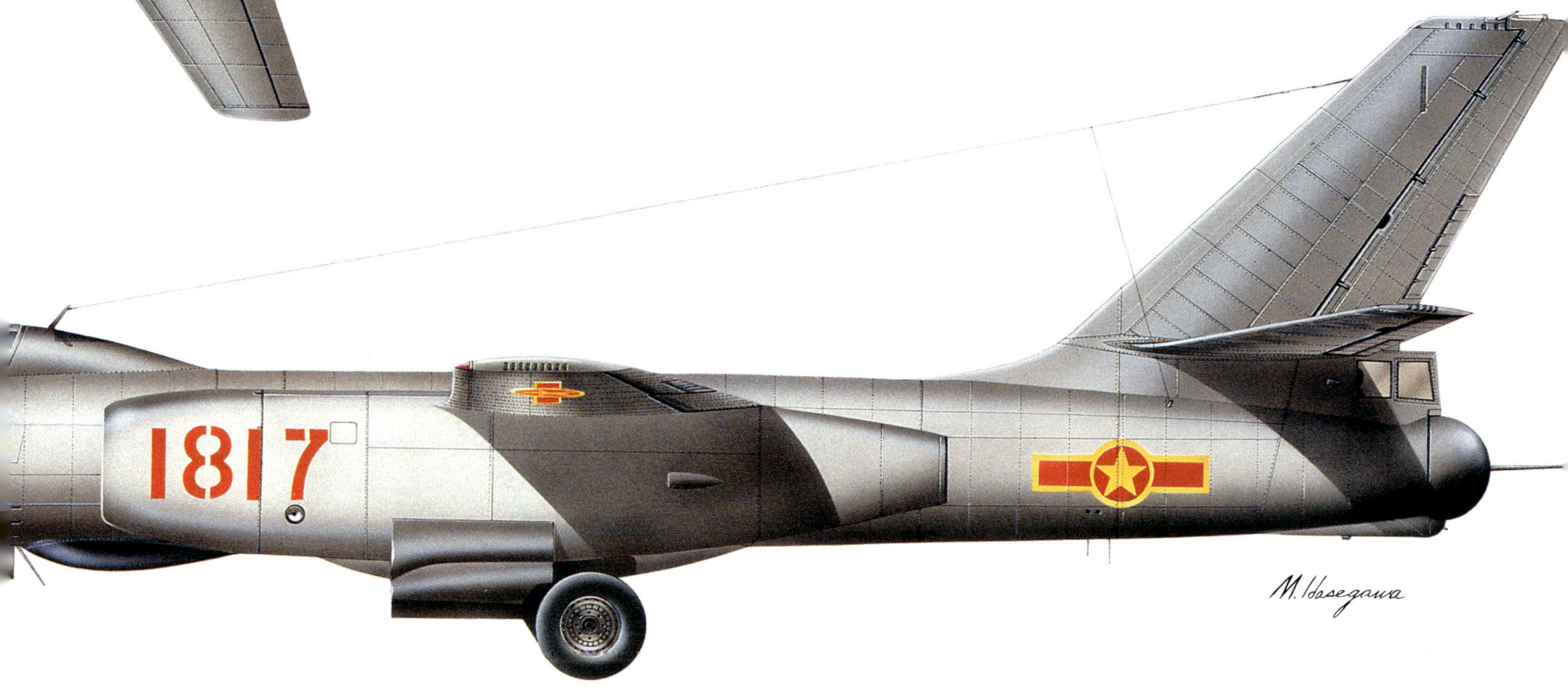

*Il-28 de la PWL (force aérienne polonaise) : il s'agirait d'un appareil construit sous licence en Tchécoslovaquie. Quelques machines de ce type demeurèrent en service au sein de l'aéronautique navale polonaise jusqu'à la fin des années soixante-dix.*

sous la structure de l'aile mais en avant de celle-ci, de manière à équilibrer le couple provoqué par la tourelle arrière. Les canaux d'éjection, moins larges que les réacteurs eux-mêmes, passaient sous l'aile, et les éléments principaux de l'atterrisseur étaient logés dans la partie inférieure des nacelles.

L'avion possédait l'avantage inestimable de pouvoir être produit facilement en série. La voilure se présentait en deux éléments, inférieur et supérieur, qui étaient assemblés après l'installation des équipements hydrauliques et des divers accessoires. Elle se composait d'éléments d'assez petite taille et ne nécessitait pas, en usine, l'usage de machines volumineuses. L'implantation en position haute sur le fuselage se traduisait par une grande simplicité de la structure du caisson central. La plupart des tôles de revêtement étaient de forme régulière, ce qui évitait d'avoir recours à de grosses presses coûteuses.

## Production en grande série

En octobre 1948, l'Il-28 fit l'objet d'essais d'évaluation en même temps que le Tupolev Tu-78, plus volumineux quoique équipé des mêmes moteurs. L'Iliouchine fut choisi pour remplacer les vieux bimoteurs Tu-2, la production étant très rapidement lancée. Enfin, la mise en service de l'Il-28 eut lieu dès le mois de septembre 1950. Les réacteurs RD-45 des prototypes et des avions de présérie firent place, sur les appareils de série, à des VK-1, d'encombrement identique mais fournissant une poussée plus importante.

L'Il-28 ne subit tout au long de sa carrière que fort peu de modifications. Un petit détecteur radar fit son apparition à l'arrière de l'avion, mais le pointage manuel des deux canons subsista. Tout comme les chasseurs MiG, l'Il-28 fut construit en très grande série. De 1950 à 1960, les usines soviétiques en livrèrent au moins trois mille exemplaires. Vers la fin de cette période, la Tchécoslovaquie en produisit quelques-uns sous la désignation de B-228. Dans le code de l'OTAN, l'avion reçut l'appellation de « Beagle ». La seule variante importante réalisée fut l'Il-28U « Mascot » d'entraînement, sur lequel l'élève pilote était installé à l'avant, sous une verrière différente de celle du bombardier. Cette disposition annonçait celle qui fut adoptée par la suite sur les variantes d'entraînement de nombreux avions soviétiques.

Il semble que les autres dérivés aient été réalisés par transformation d'Il-28 de série. La désignation d'Il-28R fut attribuée à des appareils dotés de réservoirs supplémentaires montés aux extrémités de la voilure. Quant à l'Il-28T, il s'agissait d'une version antinavire qu'utilisèrent les unités de défense côtière de la marine soviétique. Les Il-28T, armés de torpilles logées dans la soute, furent remplacés au milieu des années soixante-dix par des Sukhoi Su-17. Des Il-28 furent transformés en appareils de reconnaissance et de guerre électronique, munis de caméras et de capteurs dans la soute à bombes. Une autre variante fut l'Il-20, désarmé et adapté à l'usage civil, que la compagnie Aeroflot utilisa comme avion rapide de liaison, notamment pour la diffusion à travers l'immense étendue du territoire soviétique des matrices servant à l'impression de la *Pravda*. Ces appareils permirent aux aviateurs civils de s'accoutumer aux procédures d'utilisation des avions à réaction à la veille de l'entrée en service du Tu-104. Plus tard, des Il-28 furent transformés en avions-cibles radioguidés.

Il y a quarante ans, l'Il-28 constituait un bombardier léger assez efficace. Sa charge utile et son rayon d'action étaient très supérieurs à ceux des chasseurs tactiques. Il pouvait emporter dans sa vaste soute des charges importantes, telles une bombe de 3 000 kg ou une bombe tactique nucléaire, à une époque où les armes de ce type présentaient encore un encombrement interdisant de les accrocher extérieurement. La présence à bord d'un navigateur disposant d'un radar cartographique autorisait dans une certaine mesure l'emploi de l'appareil pour les missions nocturnes d'attaque, sans le recours à des radiobalises. Les performances de l'appareil lui donnaient de bonnes chances d'échapper aux intercepteurs tout temps alors déployés en Europe par l'OTAN.

Au mois de septembre 1962, l'arrivée à Cuba d'un régiment d'Il-28 suffit à alarmer gravement le gouvernement américain, qui obtint des Russes son retrait ainsi que celui de missiles à moyenne portée. Avec l'entrée en service de chasseurs tactiques équipés de radar et armés de missiles, l'Il-28 devint rapidement un avion dépassé sur le plan technique ; à partir de 1963 ou 1964, il fut remplacé par le Yak-28L, aux performances transsoniques.

## Les Il-28 de Louxor

Le bombardier léger conçu par Iliouchine connut ses heures les plus glorieuses à l'occasion du conflit qui opposa l'Egypte à la France, au Royaume-Uni et à l'Etat d'Israël, à la fin de l'année 1956. A la suite de la fermeture du canal de Suez par le colonel Nasser, le président égyptien, les Britanniques et les Français avaient décidé d'intervenir pour deux raisons : d'une part, pour obtenir la réouverture de cet artère vitale et, d'autre part, dans le cas des Français, pour porter un coup fatal à la rébellion algérienne, soutenue par l'Egypte. Mais aucune expédition

***L'Iliouchine Il-28 représenté ici est un des quarante appareils de ce type fournis par la Tchécoslovaquie à l'Indonésie en 1958, à la veille du conflit avec la Malaisie. Noter la forme aplatie du radôme inférieur, qui sur d'autres Il-28 est nettement plus arrondi.***

***Ce cliché, probablement pris en septembre 1960 à l'occasion de la mise en service du premier régiment d'Il-28 des VVS, montre, au premier plan, un exemplaire de la version Il-28U d'entraînement opérationnel, reconnaissable au second habitacle surélevé, destiné à l'instructeur.***

***L'Egypte reçut de nombreux Il-28 à partir de 1956. Les Il-28 égyptiens subirent des pertes assez lourdes, aussi bien à l'entraînement qu'en combat. Quelques avions de ce type sont encore utilisés de nos jours pour des missions de patrouille côtière, grâce à la fourniture de pièces chinoises.***

***Cet Il-28U d'entraînement est l'un des huit exemplaires de cette version figurant parmi les quarante avions livrés par la Tchécoslovaquie à l'Indonésie en 1958. La désignation tchécoslovaque de l'Il-28U était vraisemblablement BS-228. Noter l'absence de radars et de canons.***

amphibie n'était possible avant la destruction plus ou moins complète de l'aviation égyptienne, qui comptait bon nombre d'appareils modernes, dont des Il-28. L'aviation britannique, avec ses bombardiers moyens et lourds, tenta d'écraser les biréacteurs de bombardement égyptiens sur la base de Louxor, dans le sud du pays. Les expéditions qu'elle monta en ce sens n'aboutirent à aucun résultat. Il fallut l'intervention des chasseurs bombardiers français F-84, basés à Chypre, pour que l'affaire soit réglée. La plus grande partie de la flotte égyptienne d'Il-28 fut détruite au sol, à l'exception des quelques appareils de ce type qui étaient parvenus à gagner le Yémen.

L'Il-28 équipa l'ensemble des forces du pacte de Varsovie et fut exporté en grande quantité dans plusieurs pays (alors que son successeur, le Yak-28L, allait être utilisé uniquement par l'aviation soviétique). Il fut employé en opérations à la fin des années soixante au Moyen-Orient et lors de la guerre du Biafra, sans obtenir de résultats très brillants. Au Biafra, les Il-28, pilotés par des équipages égyptiens, se firent surtout remarquer par l'extrême imprécision de leurs bombardements, à tel point que les Biafrais ne tardèrent pas à les redouter davantage que les vieux DC-3 transformés en bombardiers.

Au Moyen-Orient, l'environnement militaire dense et sophistiqué ne laissait guère de chances à un avion déjà ancien, si bien que les Il-28 des pays arabes furent pour la plupart détruits au sol par les premières sorties de l'aviation israélienne au début du mois de juin 1967. Le terrible scénario mis au point par les aviations française, britannique et israélienne onze ans auparavant s'était renouvelé avec une efficacité encore plus importante.

Hormis l'Union soviétique, le principal pays utilisateur de l'Il-28 fut la Chine, qui en reçut un grand nombre d'exemplaires à la fin des années cinquante. A la suite de la rupture des relations entre les deux pays survenue en 1959, en raison d'un profond désaccord politique et idéologique, les ingénieurs de l'usine chinoise de Harbin établirent en toute hâte les plans de l'avion et de ses équipements afin de pouvoir en poursuivre la fabrication sur le territoire national. Quant au réacteur VK-1, il était déjà produit en Chine, pour l'équipement des chasseurs MiG-17. L'Il-28 fut construit, à un rythme assez lent, sous la désignation de H-5 (il fut parfois signalé comme B-5 dans les pays occidentaux). Tout comme les autres types d'avions soviétiques construits par l'industrie aéronautique chinoise avant le milieu des années soixante-dix, le H-5 constitue une copie pratiquement conforme de l'original à l'exception de quelques détails mineurs, notamment dans le domaine de l'armement et des équipements.

***Les plus célèbres photographies d'Il-28 sont celles représentant des rangées de ces bombardiers détruits au sol lors de l'offensive aérienne israélienne qui préluda à la guerre de Six Jours. L'Il-28 demeura en service en Egypte jusque dans les années quatre-vingt.***

# Boeing B-47 Stratojet : le Big Stick

*Premier bombardier à réaction aux ailes en flèche, le Boeing B-47 conféra à l'US Air Force de nouvelles capacités eu égard à la très large avance qu'il possédait dans le domaine technologique. Utilisé par le Strategic Air Command jusqu'au milieu des années soixante, cet appareil constitua un des symboles de la guerre froide.*

Le 17 décembre 1947, un avion révolutionnaire pour son époque, le Boeing XB-47, effectuait son premier vol. Caractérisé par des ailes en flèche, il était propulsé par six réacteurs montés dans des nacelles sous voilure et disposait d'un fuselage effilé. Par ailleurs, les performances élevées qu'affichait le nouvel appareil attirèrent l'attention des constructeurs d'avions de chasse. Le XB-47 surclassait en effet la plupart des intercepteurs de son temps dans le domaine de la vitesse.

L'US Air Force, formée deux mois avant le premier vol du Stratojet, ne pouvait manquer de s'intéresser à ce dernier, et elle demanda que deux prototypes soient mis en production. Le XB-47 était doté à l'origine de six General Electric J35 fournissant une poussée unitaire de 1 700 kgp. Sa voilure, dont la flèche atteignait 35°, était mince et à grand allongement, d'une grande efficacité aérodynamique. Cependant, la trop faible épaisseur des ailes interdisait aux ingénieurs d'y loger le train d'atterrissage principal ainsi que des réservoirs de carburant. Aussi le XB-47 avait-il été équipé d'un atterrisseur monotrace dont la jambe avant, à diabolo, était installée devant la soute à armement et dont la jambe arrière s'escamotait derrière cette dernière. Des balancines placées dans les nacelles des moteurs intérieurs assuraient la stabilité latérale de l'appareil au sol. Les réservoirs de carburant étaient placés au-dessus et en arrière de la soute à armement. L'appareil emportait normalement un équipage de trois membres : un pilote et un copilote assis en tandem sous une verrière ressemblant à celle d'un avion de chasse, et un navigateur bombardier installé dans le nez de l'avion.

L'US Air Force commanda le nouveau bombardier en série en septembre 1948, et les dix B-47A, non destinés à servir en première ligne, furent employés pour l'entraînement des équipages et la mise au point des équipements. Le premier de ces appareils vola le 25 juin 1950, le jour même où débuta la guerre de Corée, mais avec de nouveaux moteurs, des General Electric J47 d'une poussée unitaire de 2 350 kgp.

Le premier modèle de série opérationnel, le B-47B, était propulsé par des réacteurs J47-23 et doté de dix-huit fusées d'assistance au décollage (JATO) à carburant solide de 450 kgp. Le nez en Plexiglas avait été supprimé, et la soute à armement présentait de moins grandes dimensions ; l'armement défensif consistait en deux mitrailleuses de 12,7 mm installées dans le cône de queue et pointées par radar.

## Production en grande série

Le B-47 devint rapidement l'épine dorsale du Strategic Air Command de l'US Air Force, et 2 289 exemplaires en furent assemblés avant que les chaînes de production ne cessent de fonctionner. Les commandes officielles atteignirent un niveau tel que l'usine Boeing de Wichita (Kansas) se révéla dans l'incapacité de les honorer à elle seule. Les avions qui en sortaient furent désignés B-47-BW, et ceux qui provenaient de l'usine Lockheed de Marietta (Géorgie) reçurent l'appellation de B-47-LM ; enfin, les machines produites par l'usine Douglas de Tulsa (Oklahoma) furent dénommées B-47-DT.

Le premier B-47B de série fut livré au 306th Bomb Wing du Strategic Air Command, à McDill AFB (Floride), le 23 octobre 1951. Le bombardier hexamoteur allait équiper ainsi trente-six wings de ce grand

***Avec leurs réservoirs de carburant auxiliaires, leurs nacelles de réacteurs, leurs ailes en flèche accentuée et leur fuselage rallongé, ces B-47E ont une silhouette bien caractéristique. Le B-47E, avec 1 500 exemplaires construits, fut la version la plus prolifique du bombardier stratégique.***

commandement, un du Military Air Transport Service (reconnaissance météo) ainsi que quelques unités de moindre importance de l'US Air Force (les wings de B-47 se composaient en général de quarante-cinq avions). Le 306th Bomb Wing, déclaré opérationnel au mois de février 1953, prit part au premier déploiement à l'extérieur des Etats-Unis du Stratojet, en territoire britannique, au cours du même mois. Partis de Limestone AFB, dans le Maine, les bombardiers stratégiques américains rejoignirent la base de Fairford, en Angleterre. Avant la fin de l'opération, les avions du Strategic Air Command avaient battu neuf records du monde. Le parcours Limestone-Fairford fut couvert en 5 h 22 mn, à la vitesse moyenne de 925 km/h.

Les détachements devinrent bientôt monnaie courante au sein du Strategic Air Command ; leur durée moyenne était généralement de quatre-vingt-dix jours. Ces opérations se poursuivirent jusque dans le courant de l'année 1958.

La version améliorée B-47E fit son apparition au sein du Strategic Air Command en 1953. Profondément transformé, ce modèle disposait de moteurs à la fois modernisés et puissants, fournissant une poussée unitaire de 2 720 kgp. Un système d'injection d'eau permettait d'augmenter très sensiblement les performances, avec une poussée de 3 265 kgp au décollage. Le B-47E comportait également des fusées JATO qui pouvaient être largués après le décollage de l'appareil. L'armement défensif avait été renforcé, avec deux canons de 20 mm en remplacement des mitrailleuses d'origine.

Une autre version de l'avion fut développée sous l'appellation de RB-47E. Elle se caractérisait par un nez rallongé et était destinée à remplir une mission complètement différente de celle de ses prédécesseurs : la reconnaissance photographique à longue distance. Plusieurs caméras avaient été installées en divers points du fuselage, et quelques RB-47B emportèrent des instruments de reconnaissance électroniques ainsi que des systèmes de contre-mesures placés dans la soute à armement.

## Missions étendues

Le B-47E ainsi que quelques exemplaires modifiés du B-47B disposaient d'une capacité de ravitaillement en vol. Approvisionnés par des citernes volantes Boeing KC-97 et, plus tard, Boeing KC-135 utilisant le système Flying Boom, ils pouvaient entreprendre des missions beaucoup plus longues. Le premier exercice de ravitaillement en vol relatif au Stratojet se déroula en juin 1954, lorsque trois B-47 du 22nd Bomb Wing, basé à March AFB (Californie), effectuèrent un vol sans escale jusqu'à la base japonaise de Yokota, soit une distance de 10 800 km. Ce vol, accompli grâce à deux approvisionnements, marqua le début de la présence du B-47 en Extrême-Orient.

Le 17 novembre 1954, le Colonel David A. Burchinal, commandant du 43rd Bomb Wing, décolla de la base marocaine de Sidi Slimane, près de Casablanca, en vue de rallier Fairford. Parvenu au-dessus de ce dernier aérodrome, il ne put s'y poser, les conditions atmosphériques étant défavorables, et fut contraint de regagner sa base de départ. Là, toujours pour cause de mauvais temps, il ne parvint pas à atterrir et mit de nou-

***Le B-47B fut la première version opérationnelle du Stratojet au sein du Strategic Air Command. Au total, 399 exemplaires de cet appareil furent construits avant que la production ne s'oriente vers le B-47E. Ces B-47B appartenaient au 341st Bomb Wing, basé à Pinecastle AFB (Floride) au cours des années cinquante.***

veau le cap sur Fairford. Au terme de cet extraordinaire périple, Burchinal toucha le sol britannique, ayant parcouru plus de 34 000 km en 47 h 35 mn ; il avait été ravitaillé en vol à neuf reprises.

Les premiers B-47 expérimentèrent une méthode originale de bombardement nucléaire, dite « par-dessus l'épaule », ou LABS dans le jargon de l'USAF. Ces avions, modifiés pour opérer à basse altitude, se présentaient sur leur objectif en rase-mottes et larguaient leur projectile au moment de la ressource, effectuaient une boucle suivie d'un demi-tonneau, et reprenaient le cap de retour avant que la bombe n'explose.

## Versions du Boeing B-47

**XB-47 :** 2 prototypes (46-065 et 46-066)
**B-47A :** 10 exemplaires de série (49-1900 à 49-1909) ; réacteur J47
**B-47B :** première véritable version de série ; 49-2642 à 49-2646 ; 50-001 à 50-082 ; 51-2045 à 51-2144 (BW et DT) ; 51-2146 à 51-2356 (BW et LM)
**YB-47C :** 88e exemplaire du B-47B (50-82) devant être équipé de réacteurs Allison J71 ; conversion jamais réalisée
**XB-47D :** 2 B-47B (51-2046 et 51-2103) utilisés pour tester en vol des turbopropulseurs Wright YT49-W-1
**B-47E :** version de bombardement ; 51-2357 à 51-2445 (BW) ; 51-5214 à 51-5257 (BW) ; 51-7019 à 51-7083 (BW) ; 51-15804 à 51-15812 (LM) ; 51-17368 à 51-17386 (BW) ; 52-019 à 52-120 (DT) ; 52-202 à 52-393 (LM) ; 52-394 à 52-620 (BW) ; 52-1406 à 52-1417 (DT) ; 52-3343 à 52-3373 (LM) ; 53-1819 à 53-1972 (LM) ; 53-2028 à 53-2040 (DT) ; 53-2090 à 53-2170 (DT) ; 53-2261 à 53-2417 (BW) ; 53-4207 à 53-4244 (BW) ; 53-6193 à 53-6244 (BW)
**RB-47E :** version de reconnaissance photographique ; 51-5258 à 51-5276 (BW) ; 51-15821 à 51-15853 (BW) ; 52-685 à 52-825 (BW) ; 52-3374 à 52-3400 (BW) ; 53-4245 à 53-4279 (BW)
**YB-47F :** 1 B-47B (50-09) transformé pour des essais de ravitaillement en vol
**KB-47G :** 1 B-47B (50-40) utilisé comme citerne volante
**RB-47H et ERB-47H :** version de reconnaissance électronique ; 53-4280 à 53-4309 (BW) ; 53-6245 à 53-6249 (BW)
**YB-47J :** 1 bombardier utilisé pour tester le système radar MA-2 de navigation et de bombardement
**RB-47K :** version de reconnaissance météorologique et photographique ; 15 exemplaires ; 53-4265 à 53-4279 (BW)
**EB-47L :** 35 B-47E obsolètes transformés en plate-formes de communications électroniques

***Cette photographie représente le 171e exemplaire du B-47E produit par Lockheed dans le cadre du programme Brickbat. L'appareil arbore la livrée standard du Stratojet, caractérisée par une finition métal naturel et une peinture blanche antirayonnement. Noter l'absence d'armement arrière sur cet avion.***

***La scène représentée sur cette photographie est typique de l'ambiance d'une base du Strategic Air Command à la fin des années cinquante et au début des années soixante. Au sommet de sa carrière, le Stratojet servait au sein de 28 bomb wings dotés de quarante-cinq avions.***

## Ecorché du Boeing B-47E-II

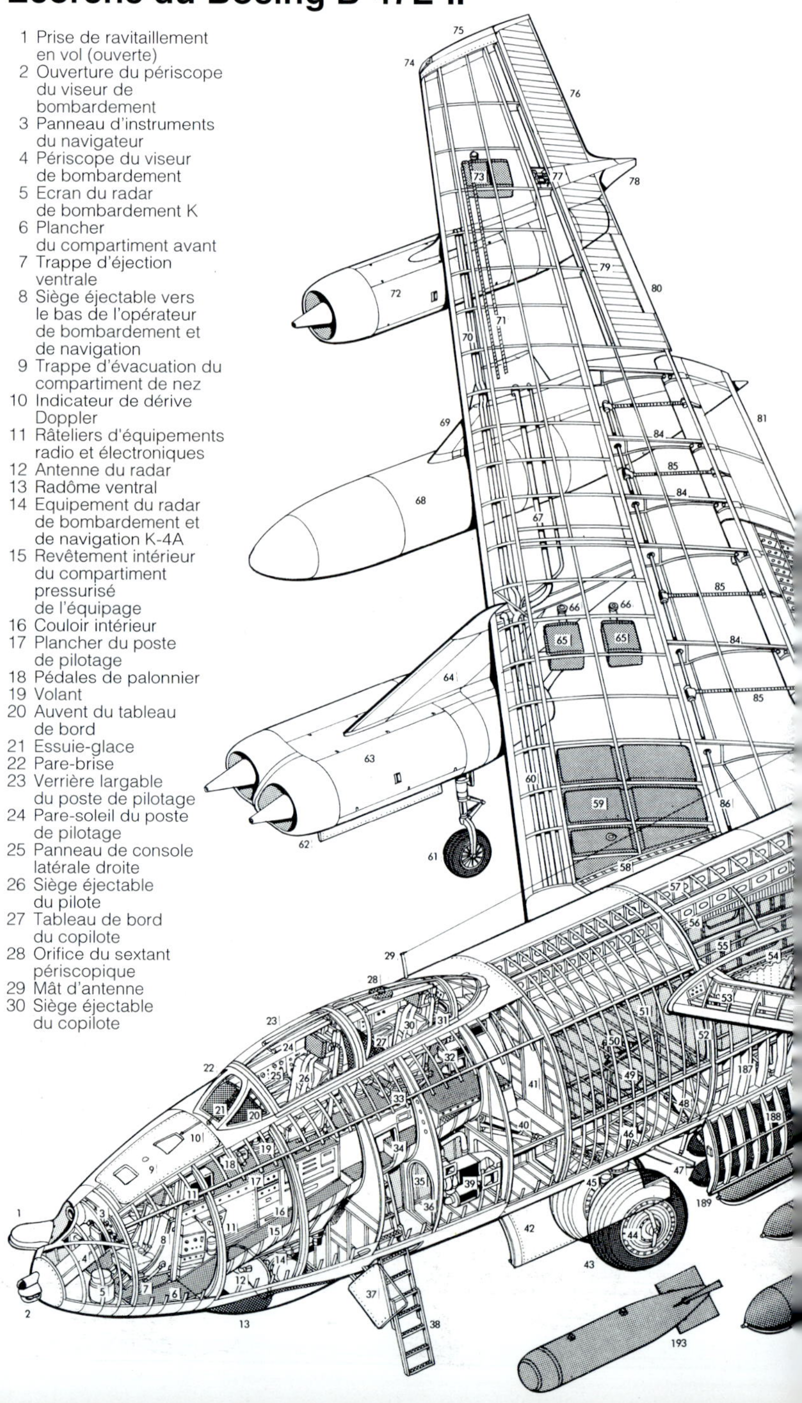

1 Prise de ravitaillement en vol (ouverte)
2 Ouverture du périscope du viseur de bombardement
3 Panneau d'instruments du navigateur
4 Périscope du viseur de bombardement
5 Ecran du radar de bombardement K
6 Plancher du compartiment avant
7 Trappe d'éjection ventrale
8 Siège éjectable vers le bas de l'opérateur de bombardement et de navigation
9 Trappe d'évacuation du compartiment de nez
10 Indicateur de dérive Doppler
11 Râteliers d'équipements radio et électroniques
12 Antenne du radar
13 Radôme ventral
14 Equipement du radar de bombardement et de navigation K-4A
15 Revêtement intérieur du compartiment pressurisé de l'équipage
16 Couloir intérieur
17 Plancher du poste de pilotage
18 Pédales de palonnier
19 Volant
20 Auvent du tableau de bord
21 Essuie-glace
22 Pare-brise
23 Verrière largable du poste de pilotage
24 Pare-soleil du poste de pilotage
25 Panneau de console latérale droite
26 Siège éjectable du pilote
27 Tableau de bord du copilote
28 Orifice du sextant périscopique
29 Mât d'antenne
30 Siège éjectable du copilote

31 Commande de tir et viseur de l'armement de queue
32 Bouteilles d'oxygène
33 Montant du siège pivotant
34 Porte d'accès à la section de fuselage pressurisée
35 Réservoir de carburant auxiliaire avant
36 Porte de visite
37 Porte d'accès de l'équipage
38 Echelle d'accès à bord escamotable
39 Système de conditionnement d'air de la cabine
40 Vérin hydraulique d'escamotage du train avant
41 Cloison arrière du compartiment avant
42 Portes du train d'atterrissage avant
43 Train avant orientable
44 Freins à disques
45 Mécanisme d'orientation de la roue
46 Montant de jambe de train d'atterrissage principal
47 Déflecteur de soute à armement
48 Vérin hydraulique des portes de la soute à bombes
49 Réservoir hydraulique
50 Equipements hydrauliques
51 Réservoir principal de carburant (55 300 l)
52 Cadre de fixation de longeron d'aile
53 Attache de longeron au fuselage
54 Attache d'emplanture d'aile
55 Réservoir de carburant
56 Passage de la voilure dans le fuselage
57 Gaine des câbles de commande
58 Joint d'emplanture d'aile
59 Réservoirs droits du système d'injection eau/alcool (2 271 l)
60 Canalisation des circuits pneumatique et de carburant
61 Balancine
62 Nacelle des réacteurs 4 et 5
63 Capot moteur démontable
64 Pylône de nacelle
65 Réservoirs d'huile des réacteurs intérieurs (35 l)
66 Bouchons des réservoirs d'huile
67 Canalisation conduisant au réservoir auxiliaire
68 Réservoir de carburant extérieur droit (6738 l)
69 Pylône du réservoir de carburant
70 Canalisation du réacteur 6
71 Générateurs de tourbillons
72 Nacelle du réacteur 6
73 Réservoir d'huile du réacteur 6 (35 l)
74 Feu de navigation
75 Saumon d'aile
76 Segment d'aileron extérieur
77 Servocommande d'aileron
78 Carénage arrière de nacelle
79 Segment d'aileron intérieur
80 Tab d'aileron
81 Segment de volet extérieur de type Fowler, en position basse
82 Segment de volet intérieur de type Fowler, en position basse
83 Nervures de volet
84 Rails de guidage de volet
85 Vis sans fin de volet
86 Arbre de commande de volet
87 Moteur hydraulique de volet
88 Bielle de commande d'aileron
89 Réservoirs de carburant principaux de fuselage
90 Cadre de fuselage
91 Canalisation de carburant
92 Couloir de maintenance
93 Portes de visite
94 Entrée d'air du circuit de refroidissement des équipements électroniques
95 Equipement de conditionnement d'air
96 Congé de raccordement de la dérive au fuselage
97 Entrée d'air de dégivrage d'empennage
98 Conduite d'air de dégivrage
99 Cadre d'attache de la dérive au fuselage
100 Joint d'emplanture de stabilisateur horizontal
101 Stabilisateur horizontal
102 Câble de l'antenne HF
103 Gouverne de profondeur
104 Bord d'attaque de l'empennage vertical
105 Structure de la dérive
106 Carénage de l'antenne d'extrémité de dérive
107 Feux de navigation
108 Structure de la gouverne de direction
109 Tab de la gouverne de direction
110 Servocommande de direction
111 Equipement radar de la tourelle de queue
112 Radôme de l'équipement radar de la tourelle de queue
113 Canons jumelés M24A1 de 20 mm
114 Tourelle de queue pivotante
115 Tab de gouverne de profondeur
116 Alimentation en munitions
117 Magasins à munitions (350 obus)
118 Gouverne de profondeur
119 Structure de gouverne de profondeur
120 Structure du stabilisateur horizontal
121 Timonerie de la gouverne de profondeur
122 Logement du parachute d'approche
123 Trappe d'accès au magasin à munitions
124 Logement du parachute d'atterrissage
125 Timonerie de la gouverne de direction
126 Lance-leurres
127 Soute à équipement électronique
128 Caméra
129 Trappe d'accès ventrale
130 Réservoirs de carburant principaux arrières
131 Système de décollage assisté par fusée Aerojet 14AS1000
132 Attaches des fusées du système de décollage assisté
133 Montant de jambe de train d'atterrissage
134 Diabolo
135 Vérin d'escamotage
136 Puits de train d'atterrissage
137 Portes de puits de train
138 Réservoir de carburant de la soute à bombes
139 Volet intérieur gauche de type Fowler
140 Nervures de volet
141 Vis sans fin de volet
142 Volet déployé
155 Turboréacteur General Electric J47-GE-25A
156 Chambre de combustion
157 Pylône de nacelle
158 Structure de panneau extérieur de voilure
159 Longeron arrière
160 Raidisseur de revêtement
161 Longeron avant
162 Support latéral de réservoir de carburant
163 Réservoir de carburant extérieur gauche
164 Structure de réservoir de carburant
165 Pylône de réservoir de carburant
166 Dégivreur de bord d'attaque
167 Nervures de bord d'attaque
168 Canalisation du circuit de carburant
169 Joint des panneaux intérieur et extérieur de voilure
170 Carénage d'arrière de nacelle de réacteurs
171 Canal de tuyère d'éjection
172 Balancine
173 Compas de torsion de train d'atterrissage
174 Puits de balancine
175 Trappe de puits de balancine
176 Structure de nacelle de réacteur
177 Phare d'atterrissage
178 Entrées d'air de réacteur
179 Turboréacteur General Electric J47
180 Structure de pylône de nacelle de réacteur
181 Attache de pylône de nacelle de réacteur
182 Réservoirs d'huile des moteurs 2 et 3
183 Structure de panneau d'aile intérieure

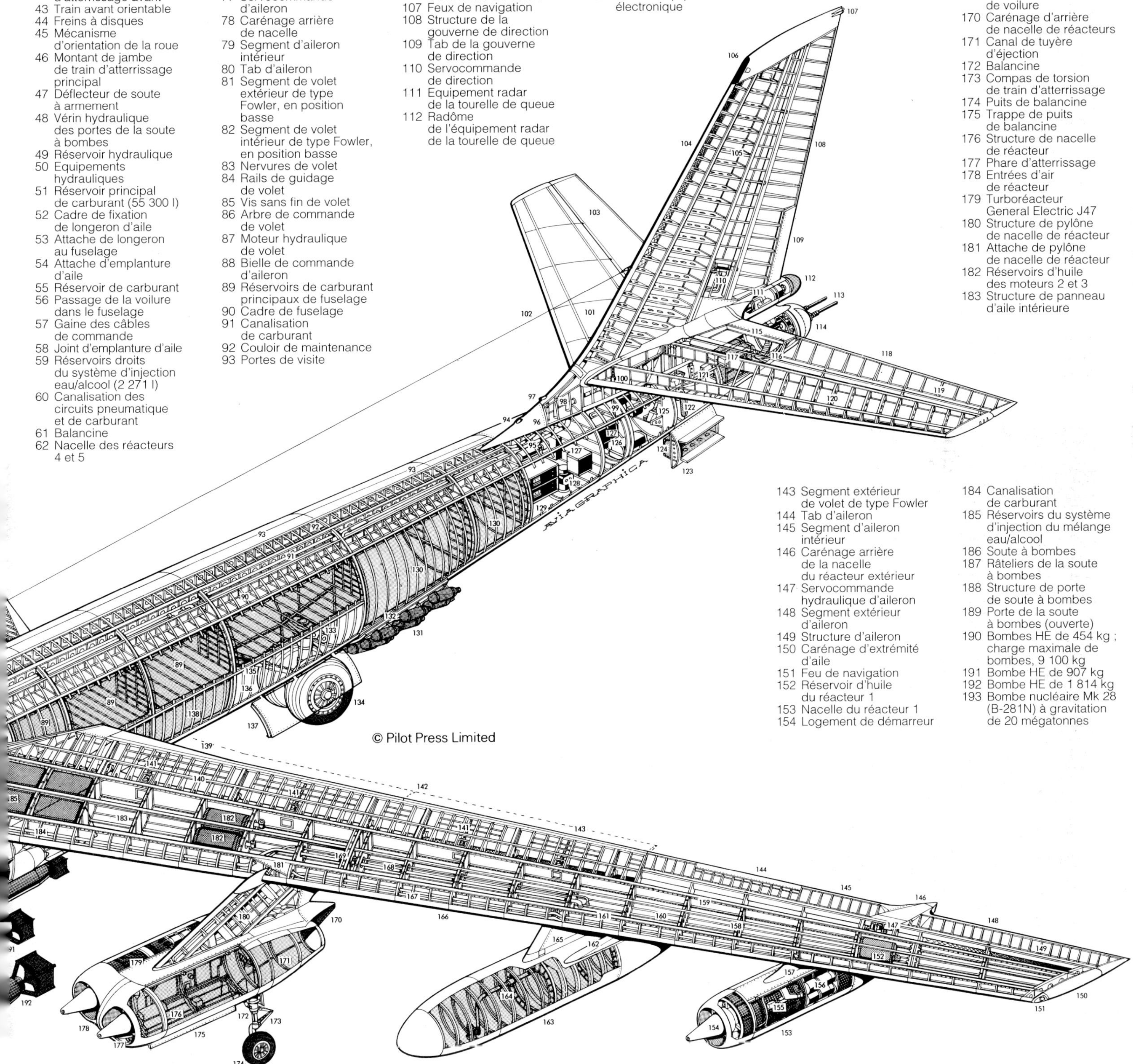


143 Segment extérieur de volet de type Fowler
144 Tab d'aileron
145 Segment d'aileron intérieur
146 Carénage arrière de la nacelle du réacteur extérieur
147 Servocommande hydraulique d'aileron
148 Segment extérieur d'aileron
149 Structure d'aileron
150 Carénage d'extrémité d'aile
151 Feu de navigation
152 Réservoir d'huile du réacteur 1
153 Nacelle du réacteur 1
154 Logement de démarreur
184 Canalisation de carburant
185 Réservoirs du système d'injection du mélange eau/alcool
186 Soute à bombes
187 Râteliers de la soute à bombes
188 Structure de porte de soute à bombes
189 Porte de la soute à bombes (ouverte)
190 Bombes HE de 454 kg ; charge maximale de bombes, 9 100 kg
191 Bombe HE de 907 kg
192 Bombe HE de 1 814 kg
193 Bombe nucléaire Mk 28 (B-281N) à gravitation de 20 mégatonnes

U.S. AIR FORCE
2399

## Caractéristiques
### Boeing B-47E-II Stratojet

**Type :** bombardier stratégique moyen
**Moteurs :** 6 turboréacteurs General Electric J47-GE-25 ou -25A de 3 270 kgp avec injection d'eau
**Performances :** vitesse maximale, 975 km/h à 5 000 m d'altitude ; vitesse de croisière, 900 km/h à 11 000 m d'altitude ; plafond pratique, 12 300 m ; distance franchissable, 6 500 km
**Masse :** à vide, 36 650 kg ; maximale au décollage, 89 900 kg
**Dimensions :** envergure, 35,36 m ; longueur, 33,48 m ; hauteur, 8,51 m ; surface alaire, 132,66 m²
**Armement :** 2 canons de 20 mm montés dans une tourelle de queue télécommandée électriquement ; charge offensive, 9 100 kg en soute

***Ce B-47E (0-32399) appartenait au 380th Bomb Wing (Medium), basé à Plattsburgh AFB, dans l'Etat de New York, et détaché au Royaume-Uni sur la base de Brize Norton en 1964, dans le cadre de l'opération Reflex Action. Le B-47E se caractérisait par un train d'atterrissage monotrace équilibré par des balancines montées sous les nacelles intérieures. Il comportait un armement défensif consistant en deux canons de 20 mm.***

**_Après avoir servi au sein du Strategic Air Command pendant une période relativement courte, de nombreux B-47 de début de série furent mis aux standards TB-47B en vue d'entraîner les équipages au sein du 3520th Flying Training Wing, basé à McConnell AFB, au Kansas._**

**_Le plus coloré des 2 042 Stratojet produits fut incontestablement ce WB-47B du 55th Weather Reconnaissance Squadron. Cet appareil fut rejoint au sein du MATS par une trentaine de WB-47E._**

Une autre des caractéristiques du B-47 relative à sa capacité nucléaire était la livrée de couleur blanche apposée sur l'ensemble des surfaces supérieures. Il s'agissait en fait d'un revêtement protecteur contre l'effet de chaleur et de lumière lié à une explosion de type nucléaire et destiné à ménager autant que possible la structure de l'appareil.

Le B-47 effectua également un travail pionnier dans le domaine des parachutes de freinage. Pour freiner l'avion à l'atterrissage, un parachute de 9,75 m de diamètre avait été installé sous le fuselage, en avant de l'armement de queue. Ce parachute était déployé au moment où l'avion était sur le point de toucher la piste. Le B-47 pouvait également être équipé d'un parachute à rubans qui était déployé en cours d'approche, afin de servir d'aérofrein. Dans le cas où l'avion était obligé de remettre les gaz, ce parachute était largué.

Deux Stratojet furent par ailleurs intégrés dans un intéressant programme expérimental après avoir été mis aux standards XB-47D. Sur ces appareils, les quatre réacteurs intérieurs avaient été remplacés par des turbopropulseurs Wright YT49-W-1 développant 9 170 ch de puissance unitaire et actionnant des hélices Curtiss quadripales. A cette époque, de tels moteurs étaient les plus puissants jamais réalisés, à l'exception de ceux que les Russes utilisaient.

Un autre vol de record fut accompli par un B-47 le 14 août 1957, lorsqu'un avion de ce type appartenant au 321st Bomb Wing, avec le Brigadier General James V. Edmundson, effectua un vol sans escale entre Andersen AFB (Guam) et Sidi Slimane, soit une distance de 18 400 km. Cette performance n'aurait pu être réalisée sans quatre ravitaillements en vol assurés par des citernes Boeing KC-97.

## Incident international

Le 1er juillet 1960, un RB-47H du 55th Strategic Reconnaissance Wing, basé à Forbes (Kansas), volait dans l'espace aérien international lorsqu'il fut abattu par un intercepteur soviétique. Deux des membres d'équipage de l'avion de reconnaissance furent capturés par les Russes et quatre autres furent portés disparus. L'Union soviétique claironna que le RB-47H avait été descendu alors qu'il effectuait une mission d'espionnage au-dessus de la mer de Béring et, bien entendu, les autorités américaines prétendirent le contraire. Les deux aviateurs emprisonnés furent au bout du compte libérés sept mois plus tard. Le corps d'un des disparus fut retrouvé par les Russes et rendu aux Etats-Unis et les autres furent officiellement déclarés morts.

**_Un des deux B-47B modifiés pour servir de banc d'essai volant du turbopropulseur Wright YT49-W-1 (12 103) fut redésigné par la suite XB-47D et testé de manière intensive avec ces puissants moteurs au milieu des années cinquante._**

Le dernier B-47 fut retiré du service le 11 février 1966, mais l'ultime RB-47 – un avion appartenant au 55th Strategic Reconnaissance Wing, basé à Forbes – disparut de l'inventaire du Strategic Air Command le 29 décembre 1967. Le Military Airlift Command (ex-MATS) continua quant à lui d'employer un WB-47 pour des missions de reconnaissance météorologique jusqu'en 1969.

Si les missions essentielles du B-47 furent le bombardement et la reconnaissance, l'appareil eut en outre un rôle expérimental important. Il fut notamment utilisé en tant que banc d'essai volant de turbopropulseurs et de réacteurs, mais aussi de systèmes électroniques divers et de missiles aéroportés. Dans les derniers temps de leur carrière, les B-47 servirent de cibles dans le cadre d'essais de missiles sol-air. Le RB-47 et l'ERB-47 eurent une part non négligeable dans le développement d'équipements d'espionnage électronique (ELINT).

**_Ayant effectué son premier vol le 17 décembre 1947, le XB-47 40-065 fut le premier des deux prototypes du Stratojet. Cet appareil a été photographié ici lors d'un atterrissage parachute de freinage déployé, à la fin d'un vol record de 3 h 46 mn entre Moses Lake et Andrews AFB en février 1949._**

**_Bien qu'il ait le plus souvent été armé de bombes à gravitation, le Stratojet emporta également des missiles air-sol Bell GAM-63 Rascal. Cette arme, dont le programme fut annulé au cours de l'année 1958, fut testée par deux YDB-47E._**

*Avec son impressionnant volume de carburant et sa charge offensive élevée, le B-47 possédait des capacités de frappe intercontinentale. En charge maximale, un B-47 surclassait tous les intercepteurs en service à l'époque.*

# MiG-19 : le rival du Super Sabre

*Contemporain du F-100, puisqu'il commença ses essais en 1953, le MiG-19 fut avec cet appareil américain l'un des tout premiers chasseurs supersoniques en palier. Les Soviétiques le remplacèrent par le MiG-21, contrairement aux Chinois qui l'apprécièrent tant qu'ils en construisent encore des versions dérivées.*

Les constructeurs soviétiques d'avions de chasse réalisèrent pendant la seconde moitié des années quarante des progrès techniques extraordinaires, puisque, dès la fin de 1948, le Lavotchkine La-176 atteignait la vitesse du son en piqué entre les mains du pilote I.E. Fedorov et que, le 26 décembre de la même année, O.V. Sokolovski faisait résonner un double bang. Bien que l'équipe rivale, celle du bureau d'études Mikoyan-Gourevitch, soit alors incapable d'en faire autant, c'est elle qui devait décrocher des commandes de série, d'abord avec le MiG-15 puis avec le MiG-17. Lorsque, à l'automne 1949, sur ordre personnel de Staline, le Kremlin rédigea un programme de chasseur supersonique destiné aux VVS, le bureau d'études Lavotchkine considéra qu'il était le mieux placé pour aboutir. Tel n'était pas le cas, car c'est en fait l'équipe MiG qui devait réussir l'un des meilleurs avions de chasse jamais réalisés, le MiG-19. Cet appareil offre un exemple frappant de la difficulté qui existe à apprécier correctement les qualités d'un chasseur.

L'avion ne fut construit qu'à un nombre limité d'exemplaires en Union soviétique, et, une nouvelle génération d'appareils ne tardant pas à voler à Mach 2, il fut considéré très vite comme dépassé. Ce sont les Chinois qui reconnurent pleinement sa valeur : vingt ans après le premier vol du prototype, les copies qu'ils en réalisèrent étaient encore très appréciées par les forces aériennes de plusieurs pays. Même aujourd'hui, peu nombreux sont les chasseurs qui, comme le General Dynamics F-16, n'ont rien à redouter d'un affrontement avec le MiG-19. Ses qualités de vol en virage serré soutenu et sa puissance de feu font encore de ce dernier un adversaire redoutable pour de nombreux appareils en service de par le monde.

**Cette photographie, extraite d'un film soviétique consacré aux VVS du milieu des années soixante, montre la patrouille acrobatique du district militaire de Moscou, équipée de MiG-19S.**

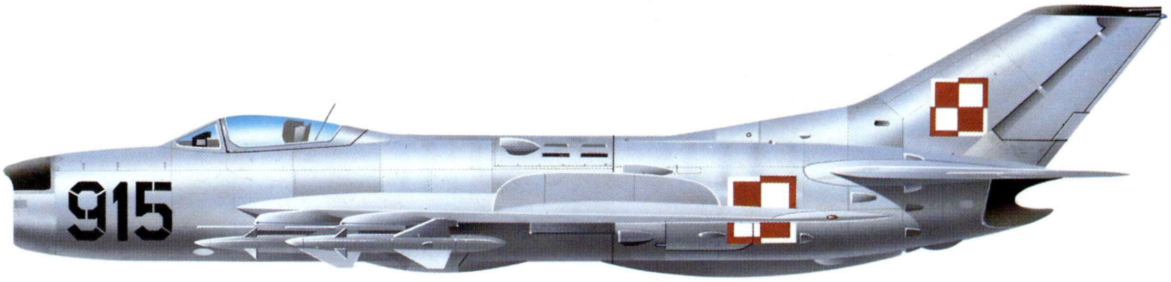


*La Pologne fut l'un des pays qui utilisèrent des intercepteurs tout temps MiG-19PM, dépourvus de canons mais dotés d'un radar. Ce modèle, caractérisé par un fuselage avant rallongé, un pare-brise nouveau et de nombreuses modifications de détail, était armé de quatre missiles air-air guidés AA-1 « Alkali ».*

*Au début des années soixante, les pays associés à la République arabe unie utilisèrent un système de petites étoiles qui, portées dans le blanc de leurs marques nationales, désignaient les pays suivants : la Syrie (trois étoiles), ci-contre, l'Egypte (deux étoiles) et la Libye (pas d'étoile).*

Lorsque les membres du bureau d'études MiG se mirent au travail, en novembre 1949, ils savaient déjà qu'il ne leur serait plus possible de compter sur des réacteurs à compresseur centrifuge dérivés du Nene, dont ils avaient si bien su tirer parti. Pour voler en supersonique, il fallait avoir recours non seulement à des voilures d'un genre nouveau, mais aussi à des réacteurs offrant une poussée beaucoup plus importante par unité de surface frontale. A.M. Lyulka venait de concevoir un réacteur à compresseur axial qui semblait convenir à merveille à un chasseur supersonique, mais, lors d'une des grandes réunions qui se tinrent à Moscou, l'équipe MiG reçut la consigne d'employer deux réacteurs de moindre puissance, des AM-5 dus au bureau d'études de A.A. Mikouline, le doyen des motoristes soviétiques, qui jouissait d'une certaine influence auprès des milieux dirigeants. Les membres de l'équipe MiG n'en furent pas enchantés. Mikoyan lui-même pensait que la meilleure solution consistait à réaliser un monoréacteur puissant doté de postcombustion. Mais, pendant la guerre, la quasi-totalité des chasseurs MiG avaient été dotés de moteurs Mikouline, et il est vrai que les deux équipes avaient l'habitude de travailler ensemble.

Toutefois, les principales difficultés se situaient au niveau de l'étude aérodynamique et de la structure de la cellule. Huit types de voilures très différents furent expérimentés, et, grâce aux services de renseignements soviétiques, le bureau d'études fut tenu au courant des travaux effectués par North American sur son Sabre 45, qui allait devenir le F-100, le seul autre chasseur supersonique en cours d'étude à l'époque. Les ingénieurs américains, qui redoutaient les problèmes de torsion de voilure et d'inversion des ailerons, les implantèrent sur la partie centrale du bord de fuite, loin de l'extrémité d'aile. Cette disposition ne permettant pas l'adoption de volets (dont l'emplacement classique était presque totalement occupé par les ailerons), le F-100 n'eut pas d'autre dispositif hypersustentateur que les becs mobiles de bord d'attaque.

La particularité la plus remarquable du MiG-19 résulte du choix que firent ses créateurs d'une voilure en forte flèche présentant une finesse remarquable, même pour un chasseur supersonique, et cependant dotée d'ailerons en position classique. Il ne semble pas que des problèmes de torsion de voilure se soient manifestés, et encore moins des phénomènes d'inversion d'ailerons. L'aile du MiG-19 constitue un véritable tour de force. La seule autre qui puisse lui être comparée est celle du BAC (English Electric) Lightning, encore que ces deux voilures soient de conceptions très différentes, comme on peut en juger par la forme en plan des ailerons.

Bien que le prototype ait reçu la désignation officielle de I-350 – une des dernières de cette série (I pour Istrebitel, « chasseur ») –, le bureau d'études MiG possédait son propre système d'appellations, et, au sein de l'équipe, le nouveau chasseur reçut le nom de SM. Déjà en 1951, il en existait un certain nombre de variantes dont plusieurs furent effectivement réalisées. Il est certain que le premier avion qui prit l'air était un SM-9, dont la désignation officielle était I-360, ou encore I-350(M), la lettre M constituant l'initiale d'un mot russe qui signifie « modifié ». Celui-ci vola pour la première fois le 18 septembre 1953 entre les mains du chef pilote de l'équipe, G.A. Sedov. Les réacteurs AM-5 de 2 000 kgp étaient dépourvus de postcombustion, mais offraient une poussée totale permettant de faire voler l'avion en toute sécurité. La voilure, dont la flèche atteignait 55° au quart de la corde moyenne, avait un profil de la série S-12, avec une épaisseur relative diminuant de 8,75 % à l'emplanture à 8 % aux extrémités. Comme ce devait être plus tard le cas pour le Lightning, la flèche prononcée permettait des cordes de voilure importantes qui assuraient elles-mêmes une bonne rigidité en torsion comme en flexion, sans qu'il soit pour autant nécessaire d'avoir recours à une structure trop lourde.

La construction faisait principalement appel aux alliages légers, notamment pour la réalisation du revêtement de caisson de voilure, d'épaisseur décroissante. Mais les âmes du longeron central étaient en 30KhGSA, un acier qui permettait de fabriquer des pièces offrant une grande résistance en dépit de leurs dimensions réduites.

Assez curieusement, la famille des SM n'avait pas de rivaux, le bureau d'études Lavotchkine ayant déjà fort à faire avec les intercepteurs tout temps La-200 et La-250. Yakovlev, qui n'avait connu que des échecs en tentant de créer des appareils trop rapides, s'était également attelé au problème de l'intercepteur tout temps ; et Sukhoi, ayant perdu la faveur de Staline, avait vu fermer son bureau d'études (qui devait rouvrir en 1953, après la mort de ce dernier). Dans l'ensemble, les essais en vol des SM donnèrent satisfaction, l'avion dépassant facilement Mach 1 en vol horizontal au début de l'année 1954, après le montage de réacteurs AM-5F à postcombustion. La poussée maximale unitaire était de 2 250 kg à sec et de 3 040 kg avec postcombustion.

Au moins dix-huit prototypes de développement volèrent en 1954, avec des aérofreins améliorés (à l'arrière du fuselage), un circuit de carburant dont les réservoirs (d'une capacité totale de 2 170 l) étaient entièrement situés dans le fuselage, un bord d'attaque fixe et dépourvu de décrochement (après l'étude de diverses configurations sur des maquettes), et un dispositif qui modulait l'amplitude des déplacements

*Le prototype I-360, qui montre bien la filiation existant entre le MiG-17 et le MiG-19, prit l'air en 1952 et termina ses essais en mai 1953. De nombreux problèmes apparaissant, la production cessa après la réalisation de plusieurs prototypes et d'une soixantaine d'exemplaires de série du MiG-19F.*

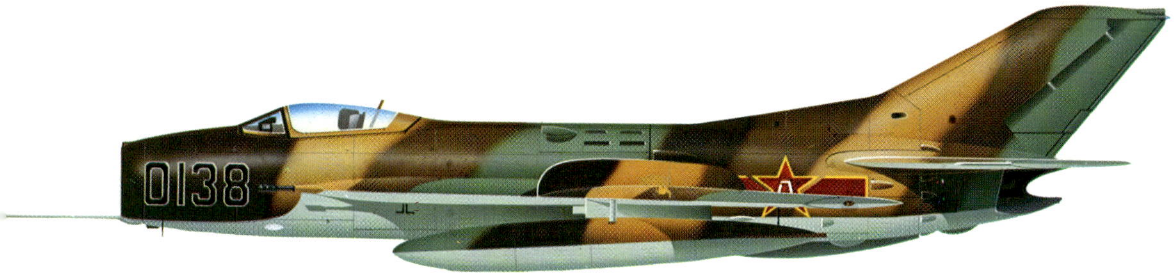


Les J-6 de l'armée populaire de libération chinoise sont maintenant en livrée aluminium naturel, mais vers la fin des années soixante ils étaient pour la plupart camouflés. Ici, l'un des premiers J-6 fabriqués par la plus importante usine de construction aéronautique du pays, celle de Shenyang (autrefois Moukden), en Mandchourie.

Plusieurs schémas de peinture ont été utilisés pour camoufler les cent trente-cinq J-6 fournis au Pakistan par la Chine. Cet avion est l'un des premiers livrés en 1956, à une époque où l'on prit conscience non seulement au Pakistan et en Chine, mais aussi dans les pays occidentaux, des qualités du MiG-19.

des commandes assistées en fonction de la densité de l'air et de la vitesse. Ces prototypes et même, selon une source soviétique, le premier d'entre eux reçurent un armement qui à l'origine fut simplement celui du MiG-17, composé d'un gros canon NS-37 de 37 mm et de deux NR-23 de 23 mm, de conception plus récente.

Les ingénieurs soviétiques considérèrent, avec juste raison, que les compresseurs des réacteurs axiaux seraient plus sensibles que ceux des réacteurs centrifuges aux perturbations de l'écoulement provoquées par les tirs. Pour cette raison, les deux canons de 23 mm furent montés dans l'emplanture de la voilure. Les premiers modèles de série, livrés dès la fin de 1954, étaient destinés à l'entraînement des pilotes et à l'élaboration des tactiques opérationnelles ; ils comportaient une verrière coulissante modifiée, en arrière de laquelle une arête dorsale courait jusqu'à la base de la dérive, de même qu'un calage de la voilure qui se traduisait par un dièdre négatif de 4° 30'. Sous l'aile étaient fixés deux réservoirs supplémentaires de carburant de 800 l qui pouvaient être remplacés par des charges extérieures d'environ 250 kg.

## L'entrée en service en première ligne

Ce sont des régiments de la PVO, la Force de défense aérienne, qui furent les premiers dotés de MiG-19 ; mais bientôt des unités tactiques de la FA (l'aviation du Front) commencèrent à recevoir les nouveaux chasseurs. L'avion, qui fut très bien accueilli par l'ensemble des pilotes, avait peu de défauts, le principal étant une insuffisance de stabilité longitudinale aux grandes vitesses. A cette époque, la gouverne de profondeur monobloc venait de faire son apparition sur le F-86E, et pendant environ un an (1955-1956) le bureau d'études MiG s'attacha à réaliser un empennage horizontal assisté de ce type.

Cette amélioration nécessita plus de 1 000 essais en vol effectués sur de nombreux avions, se traduisant par une nouvelle désignation de l'appareil, qui devint le MiG-19S (pour Stabilizator). Le nouvel empennage horizontal fut doté de masses antiflutter dont la fonction était de supprimer certaines fréquences de vibrations de l'ensemble. Son mécanisme de commande fut pourvu d'un système qui assurait dans toutes les configurations de vol le meilleur contrôle en profondeur. A la même époque, les réacteurs AM-5F firent place à des RD-9B (qui en étaient dérivés), d'un fonctionnement plus sûr, dus à S.K. Toumansky, qui venait de succéder à Mikouline.

Alors même que le MiG-19S à réacteurs RD-9B répondait pleinement aux besoins des VVS, il ne fut construit qu'en petite série (peut-être à un millier d'exemplaires seulement). Il en fut de même pour le MiG-19SF, dont les réacteurs étaient munis d'un dispositif de postcombustion plus efficace. L'avion pouvait dès lors emporter des réservoirs supplémentaires de 1 520 l et présentait, outre les deux aérofreins latéraux des premiers modèles, un gros aérofrein ventral percé de trous. Un changement important était intervenu lors du début de série, avec l'adoption de trois canons NR-30 de 30 mm supérieurs à l'ADEN britannique ou au DEFA français.

Divers modèles de bouche furent expérimentés sur les canons NR-30, pour diminuer l'effet de recul et atténuer les effets préjudiciables de la flamme sur la cellule de l'avion. Il fallut donc adapter, en avant du tube, un revêtement en acier inoxydable, comme sur le Sukhoi Su-7. Alimentés par des obus perforants, les canons NR-30 devaient se révéler très efficaces contre les blindages et les coques des petits navires.

J-6 standard de l'armée populaire de libération chinoise, avec ses trois aérofreins en position ouverte. Bien que cet appareil ait encore le parachute de freinage installé dans son emplacement d'origine, sous l'arrière du fuselage, il est doté d'un siège éjectable Martin-Baker PKD.10.

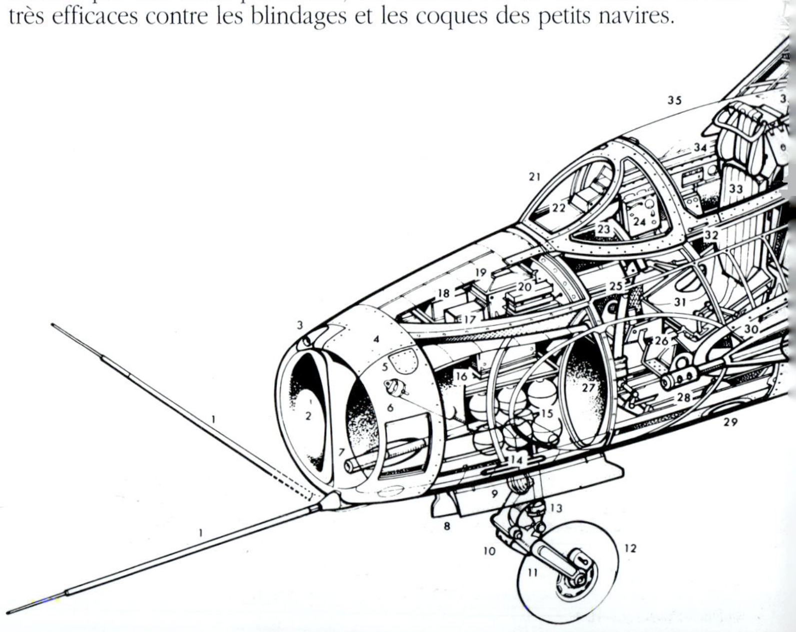

*Le biplace chinois d'entraînement FT-6 fut conçu et réalisé à Shenyang. Les deux éléments de la verrière du FT-6 s'ouvrent en basculant sur le côté droit. Ce FT-6 égyptien est équipé de sièges éjectables Martin-Baker et d'un parachute de freinage monté à la base de la dérive.*

## Ecorché du Mikoyan-Gourevitch MiG-19S

1 Tube de Pilot
2 Entrée d'air
3 Cinémitrailleuse
4 Lèvre supérieure d'entrée d'air
5 Panneau démontable
6 Vérin de commande du train avant
7 Canon rotatif Nudelmann-Richter NR-30 (sous le côté droit du fuselage)
8 Portes de train avant
9 Phare de roulage
10 Mécanisme du train avant
11 Fourche de train
12 Roue avant (s'escamote vers l'avant)
13 Amortisseur
14 Antenne télémétrique
15 Bouteilles d'oxygène
16 Veine d'entrée d'air
17 Poste récepteur VHF RSIU-4
18 Emetteur VHF RSIU-4
19 Accumulateur
20 Sonde radio-altimétrique RV-2
21 Pare-brise
22 Viseur gyroscopique ASP-5N (couplé avec le télémètre SRD)
23 Auvent du tableau de bord
24 Console latérale droite
25 Manche à balai
26 Palonnier
27 Canal d'entrée d'air
28 Bouche du canon NR-30
29 Phare d'atterrissage
30 Carénage du tube du canon NR-30
31 Siège éjectable
32 Poignée extérieure d'ouverture de la verrière
33 Dossier du siège
34 Appui-tête
35 Verrière largable
36 Antenne du radiocompas ARK-5, noyée dans la verrière
37 Système de pressurisation de la cabine
38 Antenne VHF RSIU-4
39 Structure de la voilure, avec un longeron principal et trois longerons auxiliaires
40 Longeron principal dans la partie centrale de l'aile
41 Cloison d'extrados
42 Revêtement de voilure
43 Feu de navigation
44 Aileron
45 Orifice de vidange des réservoirs
46 Réservoir supplémentaire droit (capacité, 760 l)
47 Volet Fowler à commande hydraulique
48 Carénage de l'articulation de volet
49 Prises d'air dynamiques
50 Arête dorsale contenant les timoneries de commandes
51 Bouchon de remplissage des réservoirs
52 Réservoirs principaux (n^os^ 1 et 2) de 1 470 et 330 l
53 Passage de la manche d'air dans les cadres de structure
54 Accumulateur hydraulique
55 Réacteur gauche (Toumansky RD-9B)
56 Prises d'air
57 Système de conditionnement d'air
58 Renvoi de commande de la gouverne de profondeur monobloc
59 Cadre de démontage de la partie arrière du fuselage
60 Prise d'air
61 Réservoir de liquide hydraulique
62 Réservoirs d'huile
63 Renvoi de commande de direction
64 Cadres de fuselage
65 Bouchon des réservoirs arrière (n^os^ 3 et 4, contenant 180 et 175 l)
66 Prise d'air
67 Servocommande hydraulique de profondeur
68 Longeron avant de dérive
69 Gouverne de profondeur monobloc
70 Masse antiflutter (amortisseur de vibrations)
71 Structure de la dérive
72 Radiocompas ARK-5
73 Amplificateur du radar passif de veille en secteur arrière
74 Masse d'équilibrage de la gouverne de direction
75 Carénage de l'antenne du détecteur passif
76 Feu de navigation
77 Charnières de la gouverne de direction
78 Longeron arrière de dérive
79 Compensateur de gouverne de direction
80 Carénage de tuyères
81 Masse antiflutter
82 Structure de l'empennage monobloc
83 Commande hydraulique de section de tuyère (à trois positions)
84 Postcombustion
85 Prises d'air de refroidissement du canal de postcombustion
86 Patin de queue
87 Axe de rotation de stabilisateur monobloc
88 Carénage du mécanisme de commande de stabilisateur
89 Emplanture fixe de l'empennage horizontal
90 Panneau du parachute de freinage PR-19
91 Quille ventrale
92 Réservoir arrière n° 4 (capacité, 175 l)
93 Tuyauterie de remplissage
94 Vérin hydraulique d'aérofrein
95 Aérofrein (des deux côtés du fuselage)
96 Karman de raccordement aile-fuselage
97 Carénage de l'articulation de volet
98 Structure du volet
99 Renvoi de commande d'aileron
100 Longeron principal dans la partie centrale de la voilure
101 Vérin d'escamotage de demi-train gauche
102 Logement de la roue
103 Glissière d'alimentation en obus
104 Système d'approvisionnement du canon en obus
105 Porte de train
106 Nervure oblique
107 Fixation du longeron principal au fuselage
108 Compartiment du canon dans l'emplanture d'aile
109 Ouïes de refroidissement du canon
110 Canon rotatif Nudelmann-Richter NR-30 de 30 mm
111 Bouteille d'air comprimé
112 Dipôle de la sonde radioaltimétrique RV-2
113 Aérofrein ventral perforé
114 Pylône pour charges extérieures (s'attache sous la partie inférieure de chaque aile)
115 Lance-roquettes ORO-57K pour 8 projectiles
116 Pointe avant du lance-roquettes
117 Réservoir supplémentaire (capacité, 760 l)
118 Carénage de jambe de train
119 Jambe de train et amortisseur
120 Pneu 660 x 200 mm
121 Porte de train
122 Contrefiche de maintien du réservoir supplémentaire
123 Axe d'articulation de la jambe de train
124 Cloison d'extrados
125 Pylône du réservoir supplémentaire
126 Orifices de vidange du réservoir
127 Aileron gauche
128 Portes de visite
129 Renvoi de bielle de commande d'aileron
130 Dipôle de la sonde radioaltimétrique
131 Structure de l'aile
132 Feu de navigation

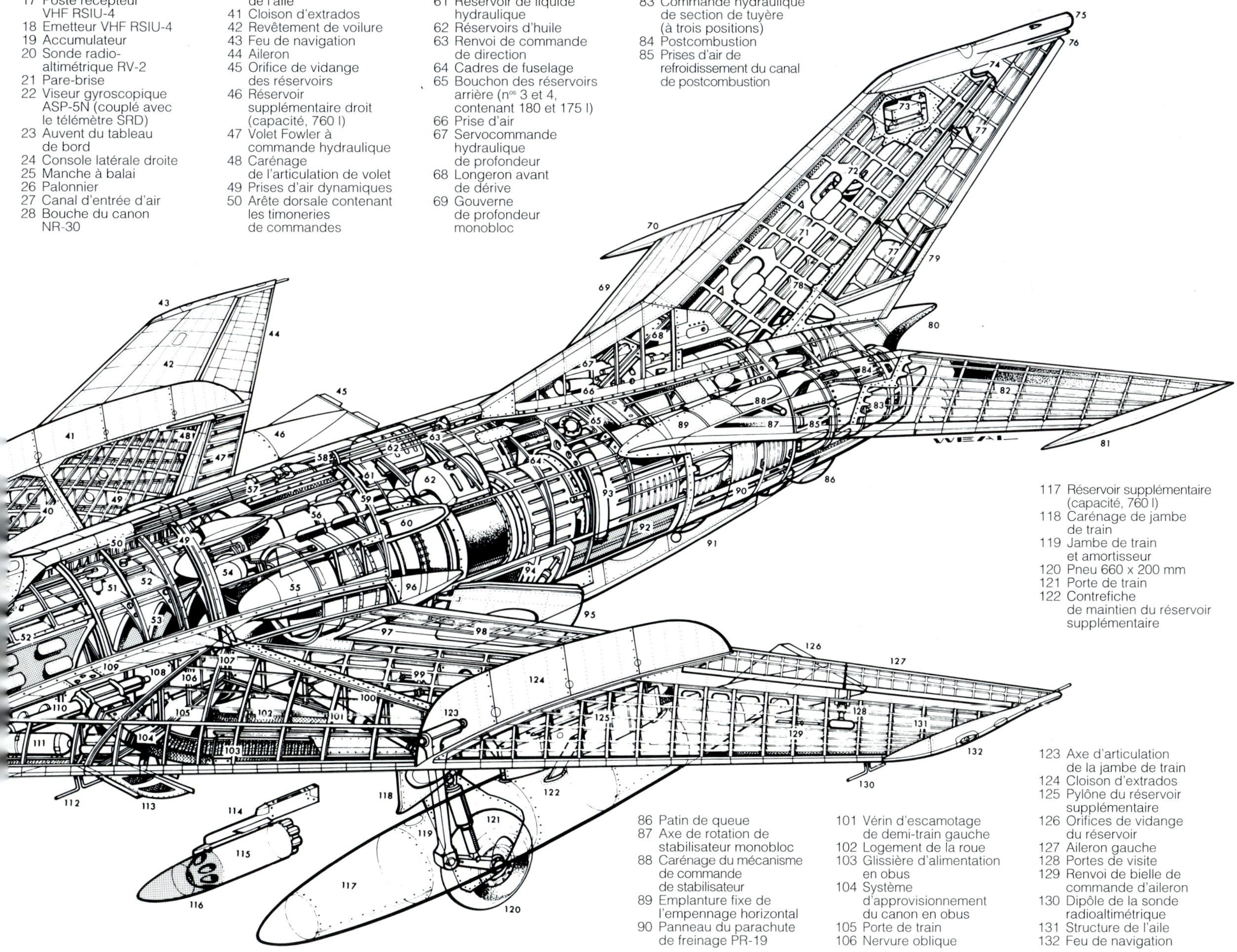

***J-6 appartenant à une unité de la force aérienne pakistanaise. Cet appareil n'a pas encore reçu le nouveau parachute de freinage à la base de la dérive, mais il est muni d'un conteneur de reconnaissance sous le fuselage et il est armé de deux canons seulement.***

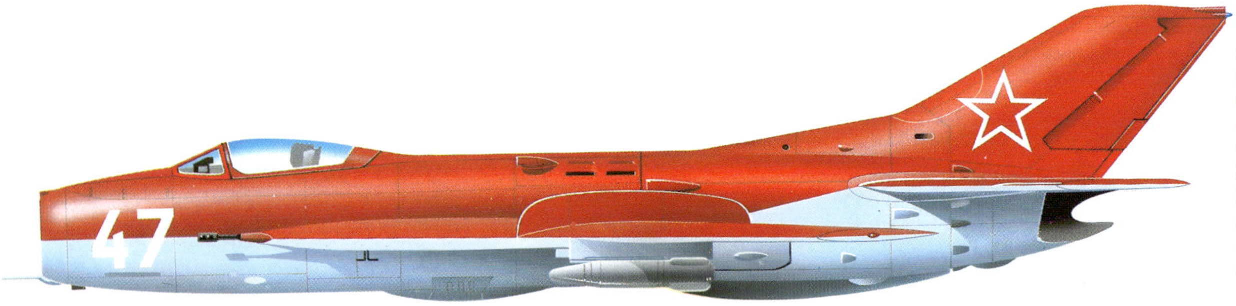


***Ce MiG-19S rouge carmin et gris-bleu appartient à la patrouille acrobatique du district militaire de Moscou, qui l'utilisa de 1958 jusqu'en 1966 au moins. Ces MiG-19S, qui conservaient tout leur équipement opérationnel, et notamment les canons, étaient munis de conteneurs fumigènes sous les ailes.***

C'est en 1957 que fut produit le MiG-19P (pour Perekhvatchik, « intercepteur »), qui n'était armé que de deux canons NR-23 dans l'emplanture des ailes et dont la pointe avant rallongée contenait un radar. Ce dernier n'était autre que l'Izoumroud (Emeraude), à double antenne, déjà monté sur les MiG-17P ; mais, sur le MiG-19P, les deux antennes (et non plus seulement celle de télémétrie) étaient installées dans la lèvre supérieure de l'entrée d'air. Le MiG-19PF fut pourvu de deux canons NR-30 et fit l'objet de diverses améliorations, tandis que le MiG-19PM fut armé de quatre missiles air-air (baptisés AA-1 « Alkali » par l'OTAN) montés sous les ailes.

Ces missiles, qui devaient plus tard équiper les intercepteurs Sukhoi Su-9, étaient guidés par un radar qui fonctionnait sur une fréquence de 900 Hz pour la recherche des cibles, et de 1 800 Hz environ pour leur acquisition et leur poursuite. Les seules autres versions soviétiques, elles aussi produites en petite série, furent le MiG-19R de reconnaissance, sur lequel des caméras obliques et verticales remplaçaient le canon avant, et le biplace en tandem MiG-19UTI d'entraînement, caractérisé par une verrière au contour supérieur légèrement incurvé. Il semble qu'au total moins de 2 500 MiG-19 aient été assemblés en URSS.

## Dérivés et modifications

Le MiG-19 connut de nombreux dérivés expérimentaux, l'un des premiers étant, dès 1954, le SM-10 ravitaillable en vol. En 1957 apparut le SM-12, qui avait une entrée d'air rappelant celle des MiG-21 et était propulsé par deux réacteurs Toumansky R-26, plus puissants que les RD-9B. Le SM-12PM, qui fut doté des mêmes moteurs, reçut un radar et fut armé de missiles air-air, tandis qu'en 1958 le SM-12PMU fut équipé d'une fusée Douchkine RU01S montée, ainsi que ses réservoirs de propergol, dans un conteneur volumineux situé sous le fuselage (il put ainsi effectuer un vol prolongé à 24 000 m d'altitude). Le SM-30 n'était autre que l'un des premiers prototypes du MiG-19, modifié en 1955 pour être catapulté à partir d'une rampe mobile.

Les responsables estimaient en effet, à l'époque, que la meilleure manière de s'affranchir de la menace d'une attaque nucléaire contre les aérodromes consistait à ne plus avoir recours à ceux-ci, si ce n'est pour l'atterrissage. L'armement se composait de trois canons NR-23, et selon certaines sources la longueur de cet appareil n'aurait pas excédé 11,33 m, ce qui est surprenant en raison de sa ressemblance avec les autres versions du MiG-19. Le plus rapide de tous fut le SM-50 (1959), qui avait des réacteurs RD-98M de 3 300 kgp et une fusée U-19 montés sous le fuselage, fournissant une poussée de 3 200 kg au niveau de la mer et de 3 630 kg à haute altitude, où le SM-50 atteignit Mach 1,8.

***Biplace d'entraînement FT-6 du Squadron 25 de la force aérienne pakistanaise, basé à Sargodha, unité qui utilise également des monoplaces. En cas de conflit, le Squadron 25 deviendrait opérationnel et renforcerait les huit autres unités qui volent sur F-6.***

## La production en Chine

C'est en 1958 que la Chine acquit la licence de fabrication du MiG-19S ; depuis, elle en a construit environ deux fois plus d'exemplaires que l'Union soviétique. Le premier J-6 (MiG-19S) vola près de Pékin en décembre 1961 et se révéla immédiatement d'une grande disponibilité opérationnelle. Le rythme de la production s'accrut en 1966, lorsque la guerre qui faisait rage au Viêt-nam montra que l'ère des combats entre chasseurs n'était nullement révolue et que les missiles air-air n'étaient pas prêts à remplacer totalement les canons. Dès 1963, les Chinois avaient commencé à produire une version correspondant au MiG-19R avant d'assembler quelques exemplaires des versions PF et PFM, ainsi que les missiles de cette dernière. Les ingénieurs de l'usine de Shenyang réalisèrent encore leur propre version d'entraînement, qui, sensiblement différente de son équivalent soviétique, reçut la désignation de FT-6. Extérieurement, cette version se distingue du MiG-19UTI par la forme plus anguleuse de la verrière, dont le contour supérieur est droit. Des J-6 et des FT-6 ont été vendus en quantité à divers pays, certains étant même équipés de missiles air-air Sidewinder construits à Harbin et de sièges éjectables Martin-Baker Mk 10, ainsi que de divers équipements de provenance tant occidentale que chinoise.

Avant sa dissolution, qui intervint au cours de l'année 1991, le pacte de Varsovie avait retiré des premières lignes la totalité des MiG-19 qu'il possédait. Mais le chasseur réalisé par Mikoyan et Gourevitch affiche encore d'impressionnantes capacités de combat qui en font un avion toujours apprécié d'un certain nombre de forces aériennes de par le monde, notamment celles de la Chine et du Pakistan.

Le premier de ces pays, qui demeure un fournisseur privilégié du second, ne s'est en effet pas arrêté aux premières versions dérivées du MiG-19 dans le processus de remise à niveau auquel il s'est attelé. En fait, la postérité du chasseur soviétique n'a pas pris fin, en Chine, avec le

J-6. La firme Nanchang Aircraft Factory s'est lancée à la fin des années cinquante dans la réalisation d'un avion d'attaque extrapolé du J-6 et qui a reçu la désignation de Q-5 « Fantan ».

## Innovations chinoises

Apparu en 1965, le Q-5 se caractérisait par des modifications extrêmement profondes par rapport au MiG-19 ; c'était en fait un avion entièrement différent. Sur le « Fantan », le fuselage avait été rallongé de presque 25 % en avant de la section centrale de voilure. Ainsi, les seules caractéristiques communes avec le J-6 résidaient dans la partie arrière du fuselage. Par ailleurs, le Q-5 comportait une pointe avant nouvelle dans laquelle ne fut jamais installé aucun radar. Les entrées d'air du réacteur avaient été repositionnées sur les flancs de la partie antérieure du fuselage, et l'avion avait été équipé d'une soute à armement.

Le prototype du Q-5 vola le 5 juin 1965, et entra en service en grande quantité dans les années qui suivirent. En 1983, la Nanchang Aircraft Factory procéda à une refonte de l'appareil, en supprimant la soute à armement qu'elle transforma en logement à réservoirs de carburant. Cette nouvelle version fut baptisée de Q-5 I.

Mais la postérité de cet avion décidément très prolifique ne s'arrêta pas là. Le Q-5 IA, qui fut réalisé au cours de l'année 1985, comportait un nouveau système d'arme, des points d'attaches d'armement sous voilure et sous fuselage beaucoup plus nombreux, et une prise de ravitaillement en carburant sous pression. Le Nanchang Q-5 II est une variante plus évoluée qui emporte un nouveau détecteur de radar capable d'identifier et de classer les émissions électromagnétiques qu'il rencontre. La version la plus récente du chasseur chinois, désignée Q-5 III, se caractérise quant à elle par une avionique à la fois plus développée et plus moderne, des sièges éjectables Martin-Baker destinés au pilote et à l'opérateur du système d'arme, et la possibilité d'utiliser des missiles air-air à guidage infrarouge AIM-9 Sidewinder. Par une ironie de l'histoire, un appareil d'origine soviétique a pu ainsi être remis à niveau grâce à la technologie occidentale.

Plus de 1 000 « Fantan » ont été fabriqués par la Chine. La plupart servaient, au milieu des années quatre-vingt-dix, dans les aviations militaires de la Chine, de la Corée du Nord, du Pakistan et du Bangladesh. Les versions du Q-5 destinées à l'exportation portent la désignation d'A-5. Après le printemps de Pékin et les massacres de la place Tien An-men, l'assistance occidentale s'est notablement restreinte dans le domaine des technologies évoluées. Mais les Chinois ont développé l'A-5K, abandonné en 1990, et l'A-5M, dont la production se poursuit.

### Versions du MiG-19

**I-350/SM :** désignation du prototype d'origine
**I-350(M), I-360 et SM-9 :** premier prototype ayant volé, avec 2 réacteurs AM-5 dépourvus de postcombustion, et un armement comprenant 1 canon de 37 mm et 2 autres de 23 mm
**MiG-19 :** première version de série pour les VVF, livrée à partir de la fin de 1954
**MiG-19F :** désignation arbitraire des premiers avions avec réacteurs RD-9B, n'existe pas dans la nomenclature soviétique
**MiG-19S :** version de série à stabilisateur monobloc ; au début de la période de production, l'armement changea pour se composer de 3 canons de 30 mm ; nombreuses autres améliorations introduites peu à peu
**MiG-19SF :** variante du MiG-19S à réacteurs RD-9BF
**MiG-19P :** intercepteur équipé d'un radar et de 2 canons de 23 mm
**MiG-19PFM :** intercepteur avec radar et 4 missiles air-air
**MiG-19PF :** intercepteur avec 2 canons de 30 mm et réacteurs RD-9BF
**MiG-19R :** version de reconnaissance avec caméras dans le fuselage
**MiG-19UTI :** biplace d'entraînement en tandem armé, mais avec capacité en carburant réduite
**SM-10 :** avion expérimental pour des essais de ravitaillement en vol
**SM-12R :** turboréacteurs R-26
**SM-12PM :** turboréacteurs R-26 ; radar ; missiles air-air
**SM-12PMU :** turboréacteurs R-26 ; radar ; fusée RU-01S
**SM-30 :** version utilisée pour des essais de catapultage
**SM-50 :** turboréacteurs RD-9BM et fusée U-19
**S-105 :** désignation tchèque s'appliquant au MiG-19S
**LIM-7 :** désignation polonaise s'appliquant au MiG-19S
**J-6 :** désignation chinoise s'appliquant au MiG-19S
**FT-6 :** désignation de la version d'entraînement chinoise

***Ce Nanchang Q-5-III « Fantan » est exposé avec les différentes armes qu'il peut emporter, notamment quatre bombes NORINCO de 250 kg à faible traînée, ainsi que des lance-roquettes NORINCO 90-1 de 90 mm. Les pylônes extérieurs sont adaptés à l'emport de missiles air-air (ici des PL-7). Développé par la compagnie Zhuzhou Aeroengine, ce type de missile présente une certaine ressemblance avec le Matra R-550 Magic et dispose d'un système de guidage infrarouge.***

## Shenyang J-6 (version chinoise du MiG-19)
### Caractéristiques

**Type :** chasseur bombardier monoplace de jour
**Réacteurs :** 2 Toumansky RD-9BM à postcombustion de 3 330 kgp chacun
**Performances :** vitesse maximale en altitude, 1 452 km/h : vitesse ascensionnelle initiale, 6 900 m/mm ; plafond maximal, 20 000 m ; rayon d'action de combat avec 2 réservoirs supplémentaires de 800 l, 700 km : distance franchissable en convoyage, 2 200 km
**Masse :** à vide, 5 760 kg ; maximale au décollage, 8 700 kg
**Dimensions :** envergure, 9,20 m ; longueur (sans la perche avant), 12,60 m ; hauteur, 3,88 m ; surface alaire, 25 $m^2$
**Armement :** 2 ou 3 canons NR-30 de 30 mm alimentés chacun par 73 obus ; possibilité d'emporter 2 bombes de 454 kg ou, le plus souvent, de 227 kg ; divers magasins à roquettes ou 4 missiles air-air AIM-9B Sidewinder

*Le Squadron 25 est l'une des trois unités de transformation opérationnelle dotées de J-6 et de FT-6. Bien que l'installation sur ces appareils de réacteurs plus modernes paraisse aujourd'hui improbable (le montage de Rolls-Royce/Turboméca Adour a été envisagé), l'équipement des J-6 pakistanais continue à être amélioré. L'une des premières modifications importantes fut le montage d'un parachute de freinage à la base de la dérive. Apparurent ensuite un siège éjectable Martin-Baker PKD.6, des rails de lancement pour missiles Sidewinder, des instruments nouveaux et un réservoir ventral supplémentaire.*

8913

# Starfighter : le missile piloté

Cette photographie montre bien pour quelle raison le Starfighter a été surnommé « missile piloté ». Elle permet également de distinguer la configuration particulière des jambes du train d'atterrissage principal, lesquelles s'escamotent dans le fuselage.

*Quand il apparut, le Starfighter fit l'objet de nombreux éloges. En dépit des problèmes qu'il a rencontrés et des critiques qu'il a subies, cet avion s'est révélé une machine des plus polyvalentes, qui approche trente années de service opérationnel.*

CONÇU pour répondre aux enseignements tirés par l'US Air Force de son engagement en Corée, le Lockheed F-104 Starfighter est un des avions à réaction les plus prolifiques de l'histoire de l'aéronautique. Réalisé à l'origine en tant qu'intercepteur léger, cet appareil a subi une série de transformations qui en ont fait un chasseur d'attaque au sol et un avion de frappe nucléaire.

Aux constructeurs qu'elle sollicita pour étudier l'appareil de combat dont elle souhaitait se doter dans un avenir proche, l'USAF recommanda de privilégier la vitesse et le plafond. Il est vrai que des chasseurs comme le North American F-86 avaient souffert d'une évidente infériorité en matière de performances par rapport aux Mikoyan-Gourevitch MiG-15 qu'ils avaient eu à affronter en Corée.

Ne faisant jamais les choses à moitié, l'ingénieur Clarence L. « Kelly » Johnson, de chez Lockheed, proposa la construction d'un chasseur capable d'atteindre Mach 2 et disposant d'un plafond pratique de 18 000 m. Sur le plan de l'aérodynamique, le Starfighter était un appareil véritablement révolutionnaire. L'extrême finesse de sa voilure et son fuselage en forme de fusée devaient rapidement lui valoir le surnom significatif de « missile piloté ».

Conçu comme chasseur de jour, le F-104 était équipé d'armements à courte portée : un canon de 20 mm de type Gatling rotatif et deux missiles air-air AIM-9 Sidewinder à autodirecteur à infrarouges installés aux extrémités de la voilure. Le système de conduite de tir par radar MA-10 était implanté dans le nez étroit de l'appareil, tandis que la vision nocturne était assurée par un simple détecteur à infrarouge.

Contrairement à la plupart des chasseurs supersoniques de son temps, sur lesquels la traînée à grande vitesse était réduite grâce à l'adoption d'ailes en flèche, le F-104 avait été doté d'une voilure radicalement nouvelle. D'une épaisseur réduite à 106,7 mm à l'emplanture, celle-ci avait un bord d'attaque dont la section n'était que de 0,4 mm et un bord de fuite acéré comme un rasoir. Pour éviter tout risque de blessure, ce dernier doit être doté d'un système de protection lorsque l'avion est au sol.

Deux prototypes XF-104 furent construits dans les usines Lockheed de Californie, le premier d'entre eux effectuant un bref premier vol le 28 février 1954. L'US Air Force passa alors une commande concernant dix-sept exemplaires de présérie, qui, désignés YF-104, firent l'objet de tests intensifs et servirent au développement de l'appareil. Après une phase d'évaluation sans histoire, le Starfighter entra en service le 26 janvier 1958 au sein du 83rd

Pendant de nombreuses années, les Starfighter de la Luftwaffe ont souffert d'un taux d'attrition anormalement élevé. Ces appareils, au demeurant efficaces, ont cependant rendu de grands services. Noter l'embouchure du canon de 20 mm.

Fighter Interceptor Squadron de l'Air Defense Command, de Hamilton AFB, en Californie. L'enthousiasme que la première version de cette machine, le F-104A, avait suscité parmi les pilotes américains diminua rapidement à la suite d'une série de défaillances du réacteur et des problèmes rencontrés avec un siège qui avait la particularité d'être éjectable vers le bas. Trois mois après son apparition en unité, le Starfighter dut être interdit de vol. Quand le F-104A fut autorisé de nouveau à prendre l'air, équipé d'un moteur modifié, l'US Air Force, jugeant ses performances peu satisfaisantes, décida de le retirer du service en 1959.

Comme l'intérêt de l'US Air Force pour l'avion semblait faiblir, la firme américaine, informée que l'OTAN avait besoin d'une machine de ce type, prit la résolution de mettre au point un dérivé du F-104C. A cette époque, l'Allemagne de l'Ouest recherchait un chasseur supersonique polyvalent susceptible d'équiper la Luftwaffe et d'être produit par l'industrie nationale. Après avoir procédé à l'évaluation de près d'une douzaine d'appareils concurrents, les autorités ouest-allemandes se prononcèrent en faveur du Starfighter et signèrent avec Lockheed, en mars 1959, un contrat concernant le développement et la construction sous licence d'un avion baptisé Super Starfighter. Six mois plus tard, le Canada entérinait un accord similaire, suivi, peu de temps après, par le Japon, les Pays-Bas, la Belgique et l'Italie. De son côté, l'USAF passa plusieurs commandes à la société américaine dans le cadre du programme d'assistance militaire aux pays amis des Etats-Unis.

## Sept constructeurs

Quand sa production prit fin, en 1979, le Starfighter était devenu le chasseur supersonique le plus utilisé à l'Ouest. Pas moins de 2 578 exemplaires de cet appareil avaient été assemblés par des constructeurs de sept pays différents. Pour permettre à la cellule de supporter des facteurs de charge élevés lors des évolutions à basse altitude, le F-104G (G pour Germany) bénéficia d'une structure de fuselage entièrement modifiée et reçut un réacteur J79-GE11A. La modification la plus importante concerna l'avionique, qui fut totalement repensée. En dehors du système de conduite de tir NASARR (North American Search and Ranging Radar) du F-15A, qui fonctionne sur des modes air-air et air-sol, l'avion fut doté d'une centrale de navigation inertielle LN-3, premier équipement de ce type à être employé opérationnellement par une machine de combat.

Soucieuses de donner au F-104G, conçu pour opérer à partir de pistes de grandes dimensions, de meilleures capacités de décollage et d'atterrissage courts, la Luftwaffe et la firme Lockheed menèrent conjointement des évaluations dénommées ZELL et SATS. La méthode ZELL consistait à faire décoller l'avion depuis une plate-forme inclinée avec la poussée combinée de son réacteur et d'un moteur-fusée à carburant solide de 54 430 kgp. L'atterrissage, quant à lui, s'effectuait sur un terrain sommairement préparé, équipé de câbles d'arrêt. Bien que cette façon de procéder présentât de nombreux avantages, elle fut finalement abandonnée en raison de son coût trop élevé et des problèmes logistiques qu'elle entraînait.

*Ce F-104G danois est équipé de rails lance-missiles installés sous le fuselage, ce qui permet d'utiliser les autres points d'attache pour l'emport de réservoirs de carburant auxiliaires, qui accroissent le rayon d'action de l'avion.*

Au cours des années soixante, l'attention du grand public fut attirée par l'incroyable série d'accidents qui touchèrent les F-104G, la plupart causant la mort des pilotes concernés. L'inexpérience des navigants, les effets du climat ouest-allemand sur les équipements et les dangers inhérents au vol furent les causes principales d'un taux d'attrition qui fut de 139 pour 100 000 heures de vol. Surnommé « cercueil volant » ou pire encore, « faiseur de veuves », le Starfighter eut alors la réputation d'un avion difficile à piloter. En réalité, bien que pardonnant rarement les erreurs de pilotage, le F-104 ne souffrait pas de tous les vices que connaissaient d'autres chasseurs de son époque. La meilleure preuve de la fiabilité de l'avion réside dans le fait que la force aérienne norvé-

*Capable d'emporter des charges militaires variées, le Starfighter s'est affirmé, tout au long de sa carrière, comme un appareil d'une grande polyvalence. Ces CF-104 canadiens sont dotés de paniers à roquettes qu'ils utilisent dans des missions d'attaque légère.*

## – Starfighter : le missile piloté

*Un nombre important de Starfighter servirent au sein de la Luftwaffe et du Marineflieger, où ils ont été remplacés par des Tornado. Le nombre d'accidents que les avions de ce type subirent en Allemagne fut si élevé que le Starfighter fut surnommé le « faiseur de veuves ». Le taux d'attrition du F-104 est cependant beaucoup plus bas, comparativement, que celui de nombre d'appareils contemporains. L'avion représenté ici servit dans le Marinefliegergeschwader 1, basé à Schleswig. Il est armé de missiles antinavires Kormoran et de bombes d'exercice. Outre des F-104G antinavires, la marine allemande employa des RF-104G de reconnaissance tactique.*

MARINE

gienne ne perdit que six de ses F-104 en 56 000 heures de vol. Au faîte de sa carrière en Allemagne fédérale, le Starfighter équipait neuf escadres de la Luftwaffe et deux du Marineflieger (l'aéronautique navale allemande), employées dans des missions de chasse-bombardement, d'interception et de reconnaissance. D'autres machines étaient affectées à trois formations d'entraînement à Luke AFB.

## Une longue carrière

Les derniers Starfighter en service dans le Marineflieger, où ils assuraient des missions de lutte antinavire, ont été remplacés par des Tornado.

Quand il était engagé dans une attaque nucléaire, l'appareil n'emportait qu'une seule arme, placée sur le pylône central de fuselage, si bien que sa défense reposait uniquement sur son canon de bord. Bien qu'il fût en mesure de mener des combats aériens, le F-104G n'était pas équipé de missiles Sidewinder. Bénéficiant d'une capacité d'emport de charge de 1 955 kg, cette version pouvait utiliser, lors d'une sortie contre des objectifs terrestres, des bombes éclairantes, à fragmentation ou classiques, et des lance-roquettes LAU-3A.

L'Allemagne et l'Italie sont les seuls pays à avoir utilisé le Starfighter dans la lutte antinavire. Mettant en ligne des F-104G et des RF-104G, le Marinefliegergeschwader 2 était chargé d'effectuer des missions de reconnaissance armée avec les seconds.

La responsabilité principale de cette grande unité consistait à empêcher la flotte soviétique de la Baltique de forcer les détroits du Kattegat et du Skagerrak.

Pour ce faire, les F-104G employaient le missile antinavire MBB Kormoran, monté sur des points d'attache sous voilure. Les RF-104G, quant à eux, assuraient leur autodéfense grâce aux quatre missiles air-air Sidewinder qui constituaient leur armement principal. Les caméras qu'employaient ces appareils étaient installées à la place du canon M61 de 20 mm.

Portant la désignation de CF-104, la version monoplace construite par Canadair se différenciait du F-104G par la possibilité dont elle disposait d'emporter une nacelle de reconnaissance photographique Vicon sur le pylône central de fuselage. Cet appareil, propulsé par un réacteur Orenda J79-OEL-7, était pourvu du système de conduite de tir R-24A NASARR, adapté à l'attaque au sol, et d'un réservoir de carburant supplémentaire placé dans le logement du canon M61. Intégrés dans la 4th Allied Tactical Air Force, les Squadrons 421 et 441 du 1st Canadian Air Group étaient chargés de conduire des missions d'attaque au sol, de frappe nucléaire et de reconnaissance, la seconde de ces formations étant plus spécialement destinée à la défense aérienne.

Un autre utilisateur important du Starfighter fut la force aérienne d'autodéfense japonaise, qui devait faire face à de nombreuses violations de l'espace aérien national par les avions soviétiques. Le nombre grandissant des avions affectés par Moscou au théâtre d'opérations de l'Extrême-Orient et l'activité sans cesse plus élevée de la force aérienne soviétique dans ce secteur constituèrent un important sujet de préoccupation pour les autorités de Tokyo. Les derniers F-104J ont été retirés du service au début des années quatre-vingt-dix.

## Ultime version

Au milieu des années soixante, le gouvernement italien signa un contrat avec Lockheed concernant la réalisation d'une version du Starfighter baptisée F-104S. Optimisée pour l'interception tout temps, cette machine est propulsée par un réacteur J79-GE-19 de 8 120 kgp et atteint presque une masse double de celle du XF-104, soit 14 060 kg. Dans le domaine de l'avionique, le F-104S se différencie des variantes précédentes par son radar R-21G/H, qui peut fonctionner sur des modes aussi divers que l'illumination des cibles contre lesquelles sont tirés des missiles, la poursuite, la cartographie et l'évitement d'obstacles. Conçu pour être armé d'AIM-9 Sidewinder et d'AIM-7 Sparrow à guidage radar semi-actif, cet avion est capable de recevoir des missiles air-air tout temps Aspide, guidés eux aussi par radar. En mission d'attaque au sol, il peut emporter une charge offensive de 3 405 kg sur neuf points d'attache extérieurs. La force aérienne italienne utilise un grand nombre de Starfighter, dans des tâches très diverses, dont l'interception, la reconnaissance et l'entraînement. Au début de 1992, 140 F-104S de même que 9 RF-104G et 16 TF-104G servaient dans l'Aeronautica Militare Italiana.

Plusieurs versions d'entraînement biplace ont été réalisées par Lockheed en vue de permettre aux divers acquéreurs du Starfighter de mener à bien la formation de leurs pilotes. Bien que dépourvues de canon et de pylône central de fuselage, ces machines disposent de points d'attache sous voilure qui leur confèrent une capacité d'emport d'armement limitée. Un ancien pilote d'essai de Lockheed a également construit un avion expérimental désigné F-104RB, qui, ayant volé au cours de l'année 1976, s'est écrasé au sol lors d'une tentative de record de vitesse.

En dehors des pays dans lesquels il a été produit sous licence, le Starfighter a été vendu à des pays aussi divers que la Norvège, le Danemark, la Grèce, Taiwan, la Turquie, la Jordanie, le Pakistan et l'Espagne. Seules les forces aériennes turque (150 F-104G et CF-104, 23 TF-104G et CF-104D et 26 RF-104G), grecque (80 F-104G et 14 TF-104G) et taiwanaise (94 F-104G et RF-104G et 6 F-104D et 34 TF-104G) l'utilisaient encore au début de 1992.

***La force aérienne italienne utilise ses F-104S pour des missions d'interception. Noter la configuration particulière de la voilure, adaptée au vol supersonique, et l'empennage horizontal, monté haut sur la dérive et actionné par une servocommande.***

# Le Lockheed F-104 en service

***Après avoir été utilisé par l'US Air Force, la plupart des forces aériennes de l'OTAN et quelques-unes des aviations militaires les plus importantes du monde, le F-104 Stafighter a été remplacé par le General Dynamics F-16 Fighter Falcon. Seuls quatre pays emploient encore aujurd'hui cet appareil, l'Allemagne et le Japon en ayant stocké quelques exemplaires. La NASA dispose encore de deux machines de ce type utilisées comme avions d'accompagnement. Ici, des intercepteurs F-104S du 4e Stormo de la force aérienne italienne.***

## Grèce

Equipés de F-104, les deux escadrons qui constituent la 116e escadre de combat de la force aérienne grecque sont affectés en premier lieu à des missions d'interdiction et peuvent éventuellement être utilisés pour la défense aérienne.

***Le F-104 grecs arborent un camouflage sable et en deux tons de vert.***

**Mira 336**
**Base :** Araxos
**Avions :** 6666, 7183 (F-104G) ; 5708 (TF-104G)

**Mira 335**
**Base :** Araxos
**Avions :** 22314, 32715 (F-104G), 22278 (TF-104G)

## Turquie

Alors que d'autres forces aériennes européennes retiraient du service leurs Starfighter, la Turquie s'empressait d'en acquérir un certain nombre en vue de renforcer ses unités de défense aérienne. Sept escadrons opèrent sur diverses variantes de cet appareil.

***La force aérienne turque a acquis des Starfighter auprès de divers pays de l'OTAN. Ces avions arborent différentes livrées, notamment celle des aviations dont elles proviennent, sur lesquelles ont été peintes les cocardes turques. Ce F-104S a reçu une livrée standard avec des marques à faible visibilité.***

**141 Filo**
**Base :** Murted
**Avions :** 4.240, 4.323 (F-104G) ; 4.170 (TF-104G)

**142 Filo**
**Base :** Murted
**Avions :** 4.319 (F-104G) ; 4.809 (TF-104G)

**161 Filo**
**Base :** Bandrina
**Avions :** aucun numéro connu (F-104G et TF-104G)

**191 Filo**
**Base :** Balikasir
**Avions :** 9.896, 9.903 (F-104G)

**192 Filo**
**Base :** Balikasir
**Avions :** numéros inconnus (F-104G) ; 9.279 (TF-104G)

**193 Filo**
**Base :** Balikasir
**Avions :** 9.068, 9.083 (F-104G) ;

## Italie

La force aérienne italienne demeure le principal utilisateur du Starfighter, la plupart des exemplaires qu'elle possède étant des F 104S d'interception. Ces appareils portent les insignes de l'escadre (Stormo) et de l'escadron (Gruppo) auxquels ils appartiennent. Ils arborent également des codes de grandes dimensions.

***Ce F-104S du 36° Stormo de l'AMI arbore le camouflage standard en usage dans cette force aérienne.***

**28° Gruppo (3° Stormo)**
**Base :** Villafranca-Vérone
**Avions :** MM6552/3-25 (F-104G) ; MM6646/3-50 (RF-104G)

**132° Gruppo (3° Stormo)**
**Base :** Villafranca-Vérone
**Avions :** MM6535/3-06 (F-104G) ; MM6632/3-24 (RF-104G)

**9° Gruppo (4° Stormo)**
**Base :** Grosseto
**Avions :** MM6925/4-6, MM6722/4-10 (F-104S)

### 20° Gruppo (4° Stormo)
**Base :** Grosseto
**Avions :** F-104G ; MM54232/4-29 (TF-104G)

### 23° Gruppo (5° Stormo)
**Base :** Rimini
**Avions :** MM6815/5-33, MM6714/5-45 (F-104S)

### 102° Gruppo (5° Stormo)
**Base :** Rimini
**Avions :** MM6946/5-06, MM6756/5-27 (F-104S)

### 10° Gruppo (9° Stormo)
**Base :** Grazzanise
**Avions :** MM6941/9-32, MM6702/9-40 (F-104S)

### 12° Gruppo (36° Stormo)
**Base :** Gioia del Colle
**Avions :** MM6886/36-36, MM6807/36-11 (F-104S)

### 18° Gruppo (37° Stormo)
**Base :** Trapani-Brigi
**Avions :** MM6781/37-42, MM6923/37-44 (F-104S)

### 22° Gruppo (51° Stormo)
**Base :** Istrana
**Avions :** MM6876/51-01, MM6872/51-07 (F-104S)

### 21° Gruppo (53° Stormo)
**Base :** Cameri
**Avions :** MM6935/53-16, MM6772/53-20 (F-104S)

### Reparto Sperimentale Volo
**Base :** Pratica di Mare
**Avions :** MM6660/RS-02, MM6701/RS-06 (F-104S)

*L'insigne de dérive du 5° Stormo représente une Diane chasseresse.*

*L'insigne de dérive du 23° Gruppo représente un lévrier noir et un missile rouge.*

*F-104S du 23° Gruppo de la force aérienne italienne arborant un camouflage standard.*

### Taiwan
La force aérienne taiwanaise continue d'opérer sur de nombreux Starfighter, qui, pour la plupart, proviennent de la Luftwaffe. Les versions F-104G et TF-104G ont remplacé les variantes plus anciennes A et B.

### Fighter Wing 5
**Base :** Taipei Po Air Base
**Avions :** 4333/12728 (F-104G) ; 4149/13026 (TF-104G)

## Versions du Lockheed F-104 Starfighter

**XF-104 :** 2 prototypes propulsés par 1 réacteur Wright XJ65-W-6 et dotés du système de conduite de tir Type K19 Mod et le radar APG-34 ; possibilité de recevoir le canon M61
**YF-104A :** version de présérie propulsée initialement par 1 réacteur XJ79-GE-3 et dotée d'un fuselage rallongé de 1,67 m ; roulette de nez s'escamotant vers l'avant et non vers l'arrière comme pour le XF-104 ; équipée par la suite du J79-GE-3A
**F-104A :** première version de série, dotée du réacteur J79-GE-3A et ayant la possibilité d'emporter 2 missiles AIM-9B Sidewinder (153 exemplaires construits)
**NF-104A :** 3 exemplaires transformés à partir de F-104 avec 1 moteur-fusée à carburant solide Rocketdyne AR-2 situé à la base de la dérive ; conversion utilisée dans le cadre du programme d'entraînement des astronautes
**QF-104A :** version non pilotée du F-104A
**F-104B :** version biplace d'entraînement du F-104A dépourvue de canon M61 ; surface de l'empennage vertical agrandie caractéristique de tous les modèles à double commande
**F-104C :** version de chasse tactique du F-104A équipée du réacteur J79-GE-7 et pouvant recevoir une perche de ravitaillement en vol sur le flanc gauche du fuselage
**F-104D :** version d'entraînement biplace dérivée du F-104C dépourvue du canon M61 (21 exemplaires construits)
**F-104F :** version d'entraînement biplace dérivée du F-104D et destinée à la transformation des pilotes de Starfighter de la Luftwaffe (30 exemplaires construits)
**F-104G :** version de série principale du Starfighter construite par Lockheed, Fiat, SABCA, Messerschmitt, Fokker et Canadair ; équipée du réacteur J-79-GE-11A, du système de conduite de tir NASARR

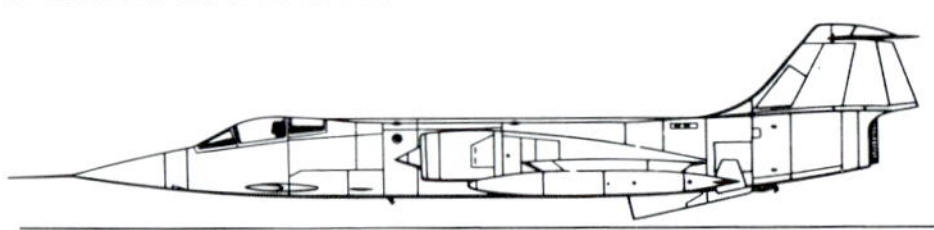

**RF-104G :** version de reconnaissance tactique du F-104G équipée de 3 caméras KS-67A situées en arrière de la roulette de nez et dépourvue de canon (189 exemplaires construits)
TF-104G : conversion biplace de combat du F-104G dépourvue du canon M61 Vulcan (220 exemplaires construits)

**CF-104 :** version du F-104G produite par Canadair pour le compte de la Royal Canadian Air Force avec 1 réacteur Orenda J79-OEL-7 et le système de conduite de tir R24A NASARR

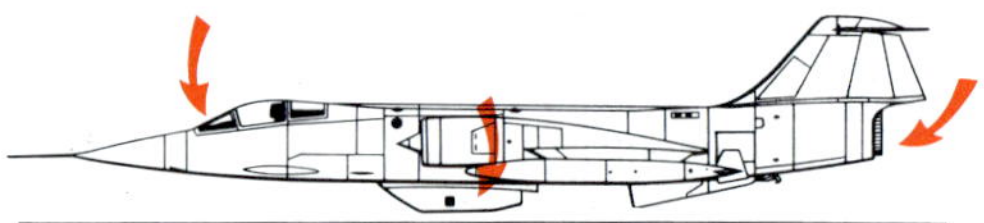

**CF-104D :** version biplace d'entraînement du CF-104 réalisée pour le compte de la Royal Canadian Air Force et répondant aux spécifications canadiennes (38 exemplaires construits)
**F-104J :** version produite par Mitsubishi pour le compte de la force aérienne d'autodéfense japonaise ; utilisé dans des missions de défense aérienne avec 4 missiles AIM-9 Sidewinder à autodirecteur à infrarouges ; réacteur J79-IHI-11A réalisé sous licence au Japon ; possibilité d'emploi dans l'attaque au sol (210 exemplaires construits)
**F-104DJ :** version biplace d'entraînement du F-104D dépourvue de canon mais comportant les équipements compatibles avec ceux du F-104J (20 exemplaires construits par Lockheed mais assemblés au Japon par Mitsubishi)
**F-104N :** version d'entraînement destinée aux astronautes chargés de leur première mission lunaire ; identique au F-104G et réalisé pour le compte de la NASA
**F-104S :** version finale du Starfighter produite par Aeritalia avec 1 réacteur J79-GE-19 de 8 120 kgp et comportant 4 points d'attache supplémentaires ; 2 missiles AIM-7 Sparrow III à infrarouge (245 exemplaires construits)

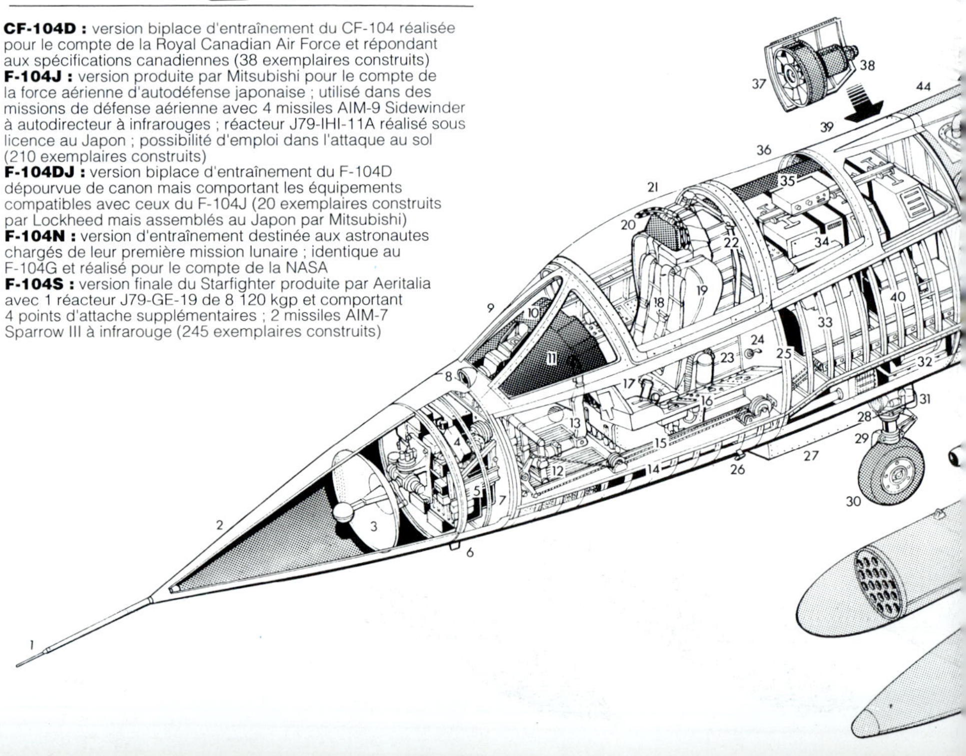

# Ecorché du Lockheed (Aeritalia) F-104S Starfighter

1 Tube de Pitot
2 Radôme
3 Antenne du radar
4 Radar multimode R-21G/H
5 Rails de dépose du radôme
6 Antenne de télécommunication
7 Cloison verticale
8 Viseur infrarouge
9 Pare-brise
10 Collimateur
11 Carénage du tableau de bord
12 Pédales de palonnier
13 Manche à balai
14 Cadres de fuselage avant
15 Passages des câbles de commande
16 Console latérale
17 Manette des gaz
18 Harnais de sécurité
19 Siège éjectable Martin-Baker IQ-7A
20 Poignée de commande d'éjection
21 Verrière
22 Armature de verrière
23 Rails de support du siège
24 Sonde d'incidence
25 Cloison arrière de l'habitacle
26 Sonde de température
27 Trappes du train avant
28 Phare de roulage
29 Jambe du train avant
30 Roue avant
31 Mécanisme d'orientation de la roue
32 Avionique des missiles AIM-7 Sparrow
33 Plate-forme inertielle
34 Compartiment de l'avionique
35 Carénage de protection de l'avionique
36 Vitrage arrière de l'habitacle
37 Moulinet de la génératrice auxiliaire
38 Génératrice de secours
39 Panneau d'accès au compartiment de l'avionique
40 Cadres de fuselage
41 Cloison de pressurisation
42 Réservoir auxiliaire de carburant
43 Tuyauteries d'alimentation en carburant
44 Antenne UHF noyée
45 Feu anticollision
46 Entrée d'air droite
47 Tuyauterie de prélèvement d'air du système de conditionnement
48 Prise de remplissage par gravité des réservoirs
49 Réservoirs principaux de fuselage
50 Prise de remplissage sous pression
51 Carénage d'entrée d'air
52 Lèvre d'entrée d'air dégivrante
53 Entrée d'air gauche
54 Fente d'aspiration de la couche limite
55 Canal d'évacuation de la couche limite
56 Prise d'air auxiliaire
57 Panneau articulé de la prise d'air auxiliaire
58 Feu de navigation
59 Vérin de commande de basculement de bord d'attaque
60 Veine d'entrée d'air
61 Longeron principal de voilure
62 Ferrures de liaison de l'aile et du fuselage
63 Réservoirs latéraux
64 Cadres de liaison voilure-fuselage
65 Passage des câbles de commande
66 Boîtier de jonction électrique
67 Carénage dorsal
68 Pylône intérieur droit
69 Bord d'attaque basculant
70 Missile air-air AIM-7 Sparrow
71 Rail lance-missiles
72 Pylône extérieur droit
73 Ailette de réservoir supplémentaire
74 Fixation du réservoir supplémentaire
75 Réservoir d'extrémité d'aile
76 Bouchons de réservoir
77 Aileron droit
78 Vérins de commande d'aileron
79 Servocommande d'aileron
80 Tuyauteries de raccordement des réservoirs supplémentaires
81 Fente de soufflage de volet
82 Volet soufflé droit
83 Aubes du compresseur
84 Volet d'admission d'air
85 Barre de torsion de commande d'aileron
86 Réservoir de liquide hydraulique
87 Tuyauterie de prélèvement d'air au réacteur
88 Réacteur General Electric J79-GE-19
89 Rail de dépose du réacteur
90 Aérofrein droit
91 Emplanture de bord d'attaque de dérive
92 Servocommande de profondeur
93 Vérin hydraulique de l'empennage horizontal monobloc
94 Bielles de commande
95 Structure de la dérive
96 Saumon de la dérive
97 Levier de commande de profondeur
98 Empennage monobloc
99 Structure de l'empennage monobloc
100 Longeron
101 Pivot central
102 Structure de la partie arrière de la dérive
103 Structure de la gouverne de direction
104 Vérins de commande de direction
105 Servocommande de direction
106 Casquette de tuyère
107 Tuyère à section variable
108 Fixations des longerons de dérive
109 Cadres supports des longerons de dérive
110 Canal de postcombustion
111 Vérins de commande de section de tuyère
112 Structure de l'arrière du fuselage
113 Feux de navigation arrière
114 Cadre d'assemblage de la partie arrière du fuselage
115 Logement du parachute de freinage
116 Aérofrein gauche
117 Mécanisme d'aérofrein
118 Quille latérale
119 Crosse de freinage de secours
120 Vérin d'aérofrein
121 Ouïes d'évacuation d'air
122 Echangeur de chaleur primaire
123 Raccord Karman
124 Vérin hydraulique de commande de volet
125 Fente de soufflage du volet
126 Volet soufflé
127 Servocommande d'aileron
128 Vérins de commande d'aileron
129 Aileron gauche
130 Empennage de réservoir auxiliaire
131 Feu de navigation gauche
132 Réservoir auxiliaire de l'aile gauche
133 Bouchons de réservoir
134 Support du pylône extérieur gauche
135 Structure multilongeron de la voilure
136 Support du pylône intérieur gauche
137 Trappe du train principal
138 Amortisseur
139 Bielle de commande de rotation pour le relevage du train
140 Roue gauche
141 Bec de bord d'attaque
142 Nervures de bord d'attaque
143 Pylône extérieur gauche
144 Rail lance-missiles
145 Missile air-air AIM-7 Sparrow
146 Bombe Mk 82 de 227 kg
147 Bombe Mk 83 de 454 kg
148 Crochets
149 Réservoirs supplémentaires
150 Pylône intérieur gauche
151 Attaches du pylône
152 Lance-roquettes LAU-3A
153 Missile air-air AIM-9 Sidewinder
154 Rail lance-missiles
155 Adaptateur pour charges sous fuselage

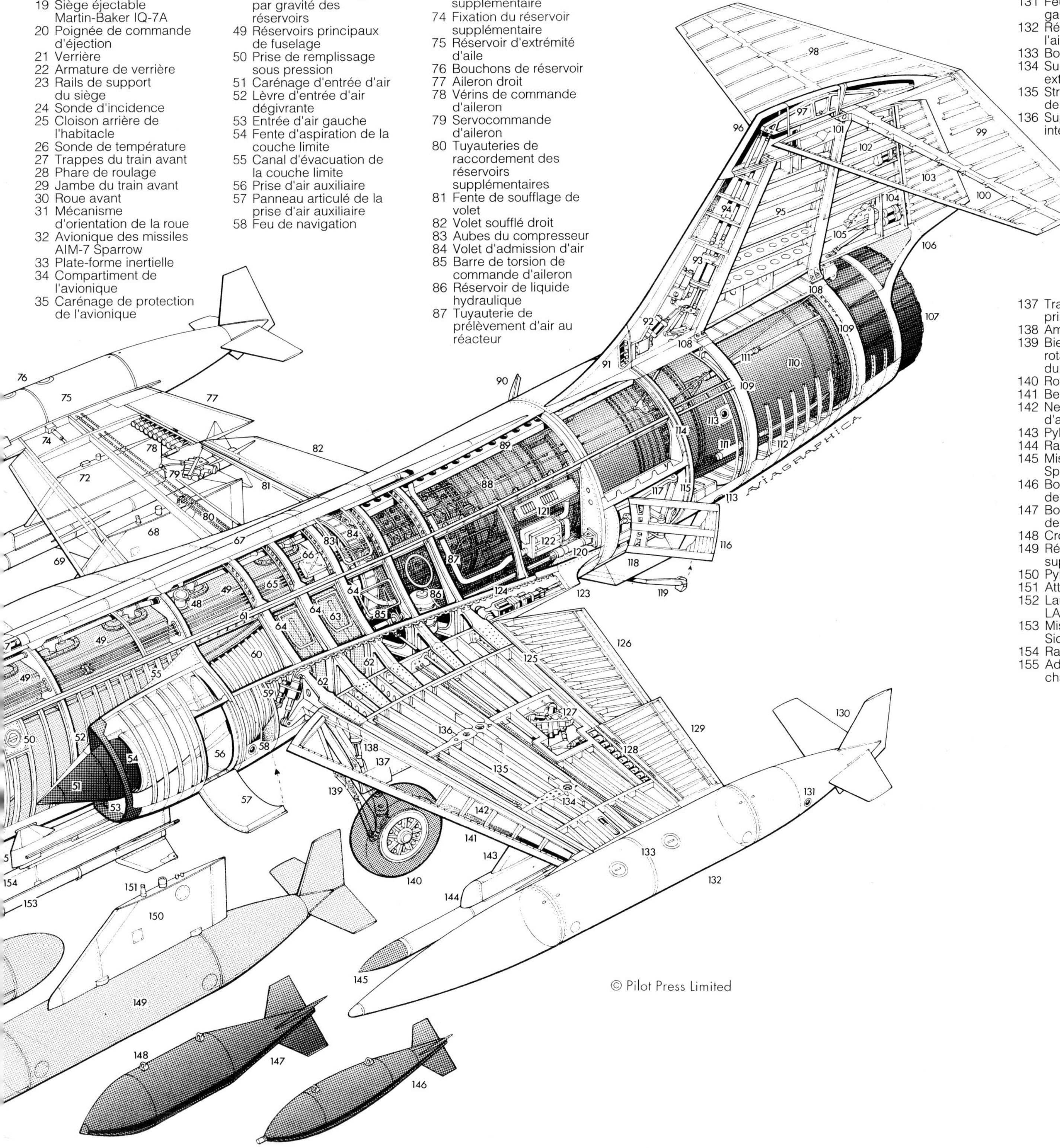

# Charge offensive Lockheed F-104 Starfighter

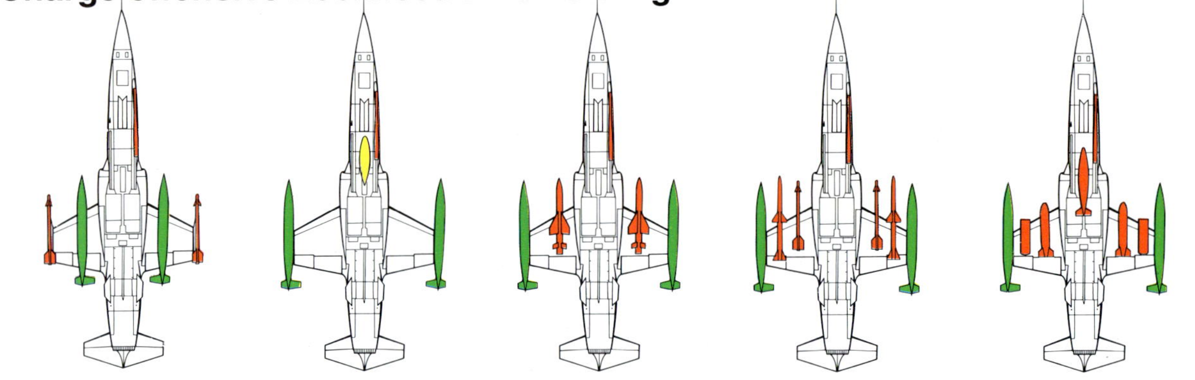

1 canon M61A-1 Vulcan de 20 mm avec 750 obus
2 missiles air-air AIM-9 Sidewinder aux extrémités de la voilure
2 réservoirs de carburant auxiliaires de 740 l sous voilure

### Interception (F-104A)

Le Starfighter était capable d'emporter une charge militaire importante, à laquelle s'ajoutaient des réservoirs supplémentaires qui lui conféraient une plus grande autonomie en mission d'interception.

1 canon M61A-1 Vulcan de 20 mm avec 750 obus
1 nacelle de reconnaissance Vicon (3 caméras Vinten) sous fuselage
2 réservoirs de carburant auxiliaires de 645 l aux extrémités de la voilure

### Reconnaissance (CF-104)

Dans cette configuration, les armements extérieurs cédaient la place à des caméras et à des réservoirs de carburant auxiliaires. Bien qu'il puisse effectuer des missions à moyenne altitude avec des nacelles photographiques appropriées, l'avion opérait surtout, dans ce cas, à basse altitude.

1 canon M61A-1 Vulcan de 20 mm avec 750 obus
2 missiles antinavires Kormoran sous voilure
2 réservoirs de carburant auxiliaires de 645 l aux extrémités de la voilure

### Lutte antinavire (F-104G)

Il s'agissait de la mission essentielle confiée aux Starfighter en service dans le Marineflieger (l'aéronautique navale allemande). Dans cette configuration, l'avion ne pouvait emporter que deux missiles antinavires Kormoran qu'il tirait à basse ou moyenne altitude. L'autodéfense était assurée par le canon de 20 mm.

1 canon M61A-1 Vulcan de 20 mm avec 750 obus
2 missiles air-air à courte portée AIM-9 Sidewinder sous voilure
2 missiles air-air à moyenne portée Selenia Aspide sous voilure
2 réservoirs de carburant auxiliaires de 645 l aux extrémités de la voilure

### Défense aérienne (F-104S)

Les F-104S de la force aérienne italienne chargés des missions d'interception disposent d'un armement puissant et varié.

1 canon M61A-1 Vulcan de 20 mm avec 750 obus
1 bombe Mk 83 de 454 kg sous fuselage
2 bombes CBU à fragmentation sous voilure
2 paniers à roquettes LAU-3A de 69 mm (19 projectiles chacun) sous voilure
2 réservoirs de carburant auxiliaires de 645 l aux extrémités de la voilure

### Appui rapproché (F-104S)

Comme dans les missions de défense aérienne, le F-104S peut emporter des charges variées pour effectuer les missions d'appui rapproché qui lui sont confiées.

## Caractéristiques

**Ailes**

| | |
|---|---|
| Envergure (sans les réservoirs d'extrémités) | 6,68 m |
| Surface | 18,22 m² |

**Fuselage et empennages**

| | |
|---|---|
| Equipage | 1 pilote |
| Longueur | 16,69 m |
| Hauteur | 4,11 m |
| Envergure des stabilisateurs horizontaux | 3,63 m |

**Train d'atterrissage**

| | |
|---|---|
| Atterrisseur tricycle escamotable avec 1 roue sur chaque jambe | |
| Empattement | 4,59 m |
| Voie | 2,74 m |

**Masse**

| | |
|---|---|
| A vide | 6 760 kg |
| Maximale au décollage | 14 060 kg |
| Charge offensive extérieure maximale | 3 400 kg |
| Charge intérieure maximale | 2 640 kg |

**Moteur**

1 turboréacteur à postcombustion General Electric J79-GE-19
Poussée statique avec postcombustion 8 120 kg

## Eléments d'identification du Lockheed F-104

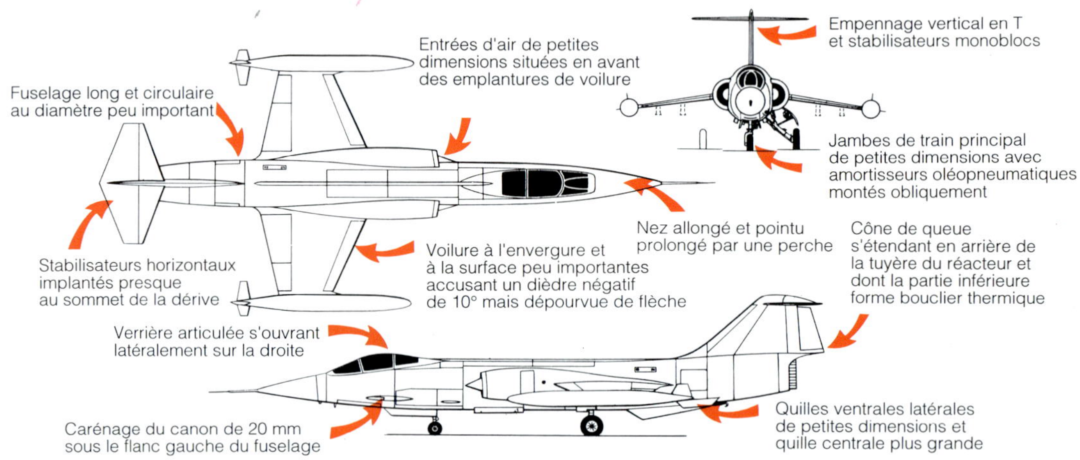


## Performances

| | |
|---|---|
| Vitesse maximale à 11 000 m | Mach 2,2 (2 340 km/h) |
| Vitesse au niveau de la mer | Mach 1,2 (1 470 km/h) |
| Plafond pratique | 18 000 m |
| Distance franchissable en convoyage avec capacité maximale en carburant interne et externe | 2 900 km |
| Rayon d'action avec capacité maximale en carburant interne | 1 245 km |
| Temps de montée à 10 500 m | 1 mn 20 s |
| Facteur de charge limite supérieure à + 6 G | |
| Course de décollage avec 2 Sparrow | 825 m |

### Plafond pratique

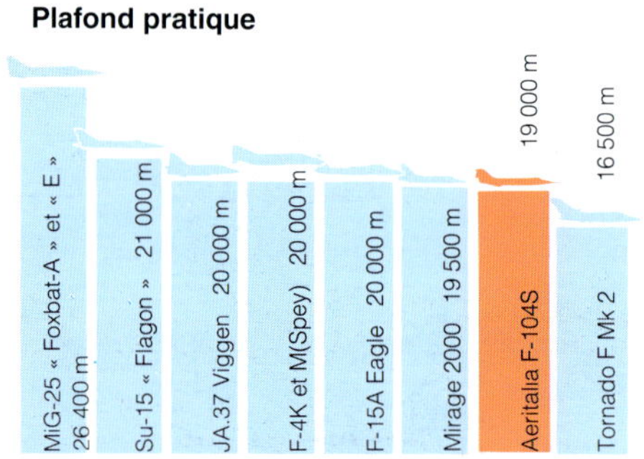


### Vitesse ascensionnelle maximale

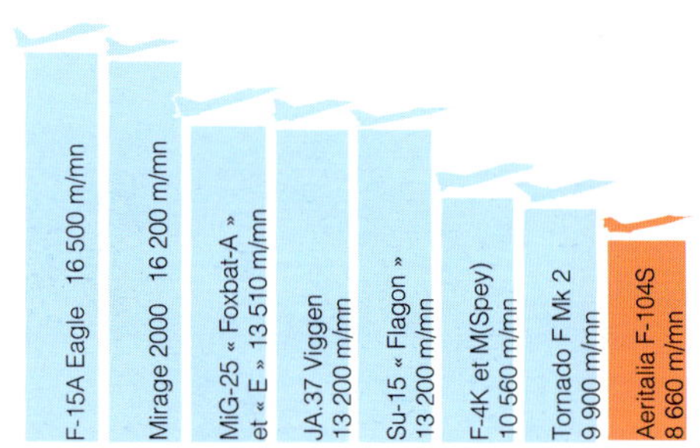


### Vitesse à haute altitude

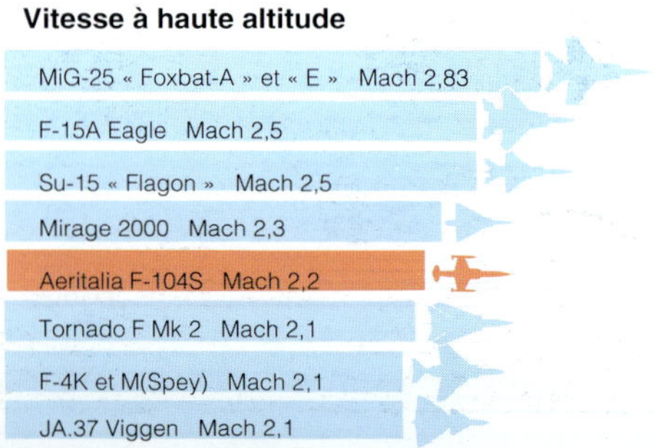


### Distance franchissable opérationnelle

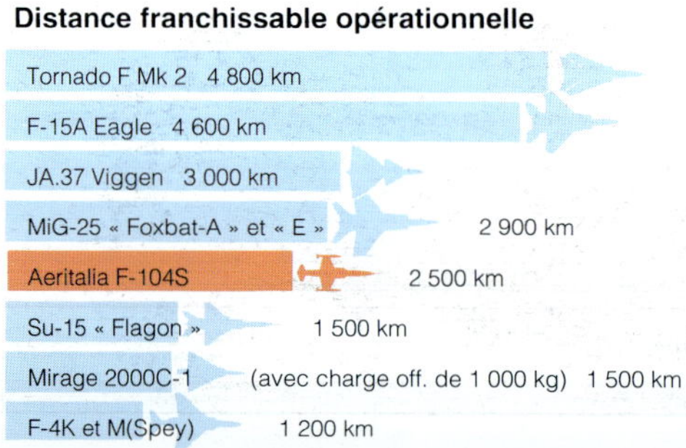


### Course de décollage

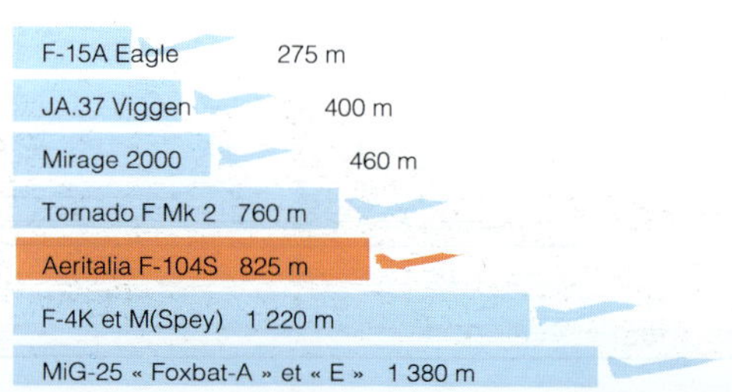

# X-15 : à la frontière de l'espace

*Vingt-cinq ans après son ultime vol, le X-15 demeure le plus rapide de tous les avions, et celui qui est monté le plus haut. Le fait qu'un seul accident mortel se soit produit au cours de ses essais est tout à fait remarquable. De juin 1959 à octobre 1968, en cent quatre-vingt-dix-neuf vols, cet appareil a apporté une moisson considérable de renseignements scientifiques, dans divers domaines.*

Au cours de la Seconde Guerre mondiale, il arriva que des chasseurs effectuant un piqué prolongé atteignent des vitesses proches de celle du son, rencontrant alors les redoutables phénomènes de compressibilité. Les premiers turboréacteurs et les moteurs-fusées laissant prévoir des progrès dans le domaine de la vitesse, il importait de résoudre ce problème, auquel les chercheurs s'attelèrent dans plusieurs pays.

Aux Etats-Unis, le NACA (National Advisory Committee for Aeronautics, précurseur de l'actuelle NASA) joua un rôle de tout premier plan dans cette recherche. Dès le 18 décembre 1943, son directeur, William F. Durand, suggéra que son institut, l'US Army et l'US Navy définissent en liaison avec l'industrie les caractéristiques d'un avion expérimental destiné à explorer le domaine des vitesses transsoniques et le début du domaine supersonique. La rivalité qui existait alors entre l'aviation et la marine fit avorter ce projet, si bien que l'USAAF finança les programmes des Bell X-1 et X-2 tandis que l'US Navy recherchait les mêmes buts avec les Douglas D-558-1 et D-558-2. Toutefois, le NACA contribua à la réalisation de ces divers projets.

Le Bell X-1 de l'USAAF fut prêt le premier ; largué à 8 230 m d'altitude par un Boeing B-29 à la verticale de Pinecastle Field, en Floride, il effectua un premier vol plané le 19 janvier 1946. Le moteur-fusée XLR-11-RM-3 fut allumé pour la première fois lors du douzième vol, le 11 avril 1947. Trois jours plus tard, le Douglas D-558-1 de l'US Navy, propulsé par un turboréacteur, décollait à son tour. Il ne devait jamais obtenir d'aussi brillants résultats que le X-1, qui, lors de son trente et unième vol, le 14 octobre 1947, piloté par le Captain Charles E. Yeager, atteignit Mach 1,06 au-dessus de Muroc Field.

Apparut ensuite le D-558-2, qui prit l'air tout d'abord équipé d'un turboréacteur seul, en février 1948, puis avec l'appoint d'un moteur-fusée à partir du mois d'octobre de l'année suivante, et finalement propulsé uniquement par un moteur-fusée d'un modèle plus puissant dès le mois de septembre 1950. Il fut suivi par les Bell X-1D en juillet 1951, X-2 en juin 1952, X-1A en février 1953, X-1B en septembre 1954, et enfin X-1E en décembre 1955. Grâce à ces machines sans cesse plus performantes, les pilotes du NACA purent atteindre des vitesses de plus en plus élevées : Mach 1,45 sur le X-1 le 26 mars 1948, Mach 1,88 le 7 août 1951, Mach 2,005 sur le D-558-2 le 20 novembre 1953, Mach 2,44 sur le X-1A le 12 décembre 1953, et même Mach 2,87 sur le X-2 le 23 juillet 1956 ; enfin, sur le X-2 le 27 septembre 1956, le Captain Milburn Apt dépassait pour la première fois Mach 3, son machmètre montant à 3,196. Dans le domaine de l'altitude, les progrès furent presque aussi spectaculaires et, le 7 septembre 1956, le Bell X-2 atteignit 38 376 m. Mais le tribut était lourd : Apt et deux autres pilotes d'essai avaient trouvé la mort, et six des quatorze appareils expérimentaux (six X-1, deux X-2 et six D-558) avaient été détruits.

En juin 1952, dix mois après avoir pris possession du second prototype – modifié – du D-558-2 (celui-ci était le plus rapide et allait franchir la barrière de Mach 2 dix-sept mois plus tard), les responsables du NACA émirent le souhait de voir le programme prendre une ampleur nouvelle, afin que des expériences puissent être menées jusqu'à Mach 4 et à des altitudes de 20 000 à 80 000 m. Ce plan exceptionnellement ambitieux dépassant les moyens financiers du seul NACA, des représentants de l'US Air Force et de l'US Navy se réunirent le 9 juillet 1954 pour examiner l'intérêt d'un appareil expérimental hypersonique et la possibi-

**Un X-15 photographié de son NB-52 porteur quelques instants avant le largage. La procédure de lancement avait fait l'objet d'études détaillées dans les souffleries du NACA. Le pilote disposait d'un siège éjectable, utilisable jusqu'à Mach 4, qui ne servit jamais.**

***Les différents X-15 produits furent testés depuis la base d'Edwards, en Californie. L'appareil photographié ici, troisième et dernier X-15, se désintégra en vol au mois de novembre 1967.***

lité de partager l'effort de construction et de mise en œuvre. D'autres réunions eurent lieu, et, à la fin de l'année, les experts du NACA, de l'USAF et de l'US Navy furent prêts à soumettre un appel d'offres à l'industrie. Ce fut, pour le X-15, le début de la période de gestation.

Quatre sociétés soumirent des projets : Bell proposa son D-171, Douglas son Model 684 D-558-3, North American le NA-240, Republic, qui n'avait encore aucune expérience des avions à moteur-fusée et dont les chances de remporter la compétition étaient de ce fait très réduites, présenta son Model AP-76. D'emblée, les représentants de l'US Air Force penchèrent pour la proposition de North American, tandis que leurs homologues de l'US Navy, satisfaits des résultats obtenus avec le D-558-2, préféraient le Douglas Model 684. La commission mixte finit par conclure, le 30 septembre 1955, que le NA-240 offrait les perspectives les plus avantageuses ; North American Aviation reçut de l'US Air Force, en juin 1956, le contrat AF-(600)-31693, couvrant la réalisation de trois appareils expérimentaux X-15.

Dès que l'accord fut signé, le projet NA-240 évolua. Le tronçon monobloc d'empennage vertical subit une modification visant à améliorer la stabilité longitudinale aux très grandes vitesses, et les aérofreins prévus sur son bord de fuite firent place à de grandes surfaces implantées à la base des dérives supérieure et inférieure. Le train d'atterrissage, qui devait à l'origine se composer de deux roues jumelées à l'avant et de deux patins métalliques escamotables sous la partie centrale du fuselage, eut finalement les patins montés à l'arrière. La capsule séparable du poste de pilotage fut remplacée par un siège éjectable de type classique, quoique de conception avancée et utilisable jusqu'à Mach 4.

Pour permettre à la cellule de résister aux températures de l'ordre de 650 °C provoquées par l'échauffement cinétique, le bureau d'études, dirigé par Harrison Storms et Charles Feltz, décida dès l'origine d'employer le titane et l'acier inoxydable pour la majeure partie de la structure interne, les revêtements externes étant construits en tôles composées d'un alliage de nickel, l'Inconel-X. Les ailes, de forme trapézoïdale et de surface réduite, avaient une épaisseur relative de 5 %, soit une épaisseur absolue de 51 mm à l'emplanture et de 9,5 mm à l'extrémité. Le contrôle en roulis était assuré par braquage différentiel de l'empennage horizontal, et la cabine était équipée de trois manches à balai : un manche de type conventionnel devait permettre de piloter l'avion, en tangage et en roulis, aux basses vitesses : un autre, monté sur le côté, était prévu pour la phase d'accélération et la rentrée dans les couches moyennes de l'atmosphère ; le troisième commandait, aux très hautes altitudes, l'éjection de jets gazeux. L'habitacle, construit en Inconel-X et doté d'un pare-brise en V conçu pour résister à l'échauffement cinétique, était pressurisé et réfrigéré. En outre, le pilote devait être vêtu d'une combinaison pressurisée MC-2.

## Ecorché du North American X-15A-2

1 Capteur de flux hypersonique
2 Cône avant
3 Amplificateur de puissance
4 Orifices d'éjection de gaz (contrôle en profondeur)
5 Orifices d'éjection de gaz (contrôle en direction)
6 Compartiments à équipements
7 Revêtement en Inconel-X
8 Revêtement interne de protection thermique
9 Logement du train avant
10 Axe d'articulation de la jambe de train
11 Jambe de train avant
12 Train avant (sort par gravité)
13 Roues jumelées
14 Trappe de train avant
15 Porte dans la trappe de train
16 Tube de Pitot
17 Auvent du tableau de bord
18 Instruments du tableau de bord
19 Pédales de palonnier
20 Antenne
21 Manette de réglage du régime moteur
22 Manche à balai utilisé sur trajectoire balistique
23 Siège du pilote
24 Manche à balai utilisé en vol aérodynamique
25 Arête du pare-brise
26 Hublots en silice
27 Console latérale
28 Harnais de sécurité
29 Console latérale
30 Mât télescopique du déflecteur utilisé en cas d'éjection
31 Stabilisateurs de la capsule repliés
32 Appui-tête
33 Couvercle de l'habitacle en position ouverte
34 Siège éjectable, propulsé par fusée
35 Plate-forme inertielle
36 Système de refroidissement de l'azote liquide
37 Antenne
38 Revêtement de protection thermique de la cabine
39 Articulation du couvercle de l'habitacle
40 Point d'amarrage au pylône du NB-52 porteur
41 Trappes à ressorts
42 Plate-forme des appareils de photographie astronomique
43 Appareils de photographie astronomique à axe oblique (2)
44 Appareils de photographie astronomique à axe vertical (2)
45 Support orientable
46 Compartiment à accessoires
47 Timoneries de commandes
48 APU General Electric (2)
49 Echappements des réacteurs de l'APU
50 Orifice du système de réfrigération
51 Deux réacteurs de l'APU
52 Réservoir extérieur (contient 2 274 kg d'ammoniac anhydre)
53 Carénage latéral
54 Orifice d'éjection de l'oxygène liquide
55 Réservoir d'oxygène liquide
56 Réservoir d'azote liquide du système de refroidissement des équipements
57 Réservoir du système de contrôle par jets gazeux
58 Carénage avant du réservoir extérieur
59 Fixation avant du réservoir extérieur
60 Parachute de récupération
61 Bras commandant l'ouverture du parachute
62 Réservoir d'hélium pour pressurisation du réservoir d'oxygène liquide
63 Tuyauterie à l'intérieur du carénage latéral

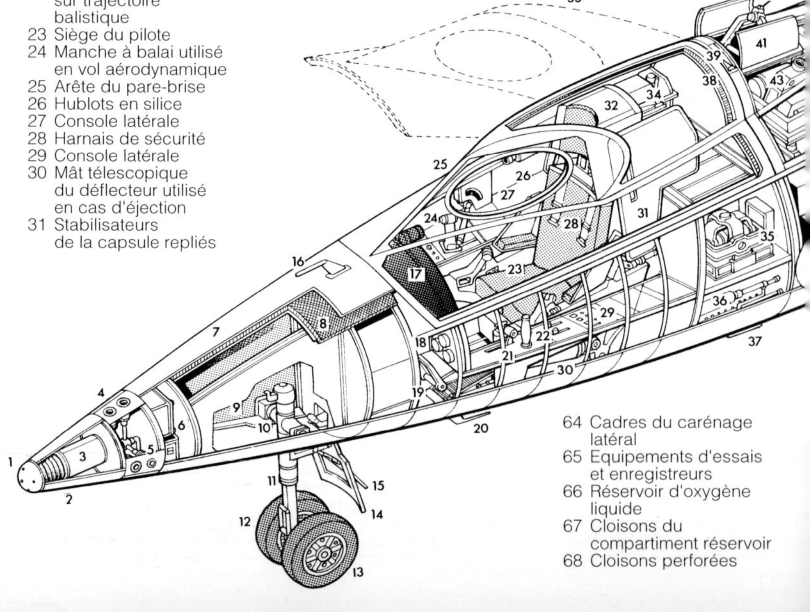

64 Cadres du carénage latéral
65 Equipements d'essais et enregistreurs
66 Réservoir d'oxygène liquide
67 Cloisons du compartiment réservoir
68 Cloisons perforées

69 Revêtement soudé du réservoir en Inconel-X
70 Raidisseurs internes
71 Bouchon du réservoir d'oxygène liquide
72 Raidisseurs soudés au réservoir
73 Tuyauterie d'arrivée de l'oxygène liquide au moteur
74 Cloison de pressurisation du réservoir arrière
75 Tuyauterie du système de contrôle en roulis par jets gazeux
76 Réservoir d'hydrogène liquide du statoréacteur
77 Portes de visite
78 Aile
79 Orifices d'éjection des buses du système de contrôle en roulis par jets gazeux
80 Saumon d'aile interchangeable
81 Instruments de mesure montés sur le saumon

87 Cadres renforcés portant les attaches de la voilure
88 Arbre de rotation des volets
89 Bouchon du réservoir d'ammoniac
90 Canalisation de carburant
91 Tuyauterie d'arrivée d'ammoniac au moteur

97 Partie fixe du stabilisateur vertical
98 Elément du stabilisateur horizontal monobloc
99 Sondes dans le bord d'attaque
100 Partie supérieure orientable de la partie mobile
101 Axe de rotation de la partie mobile

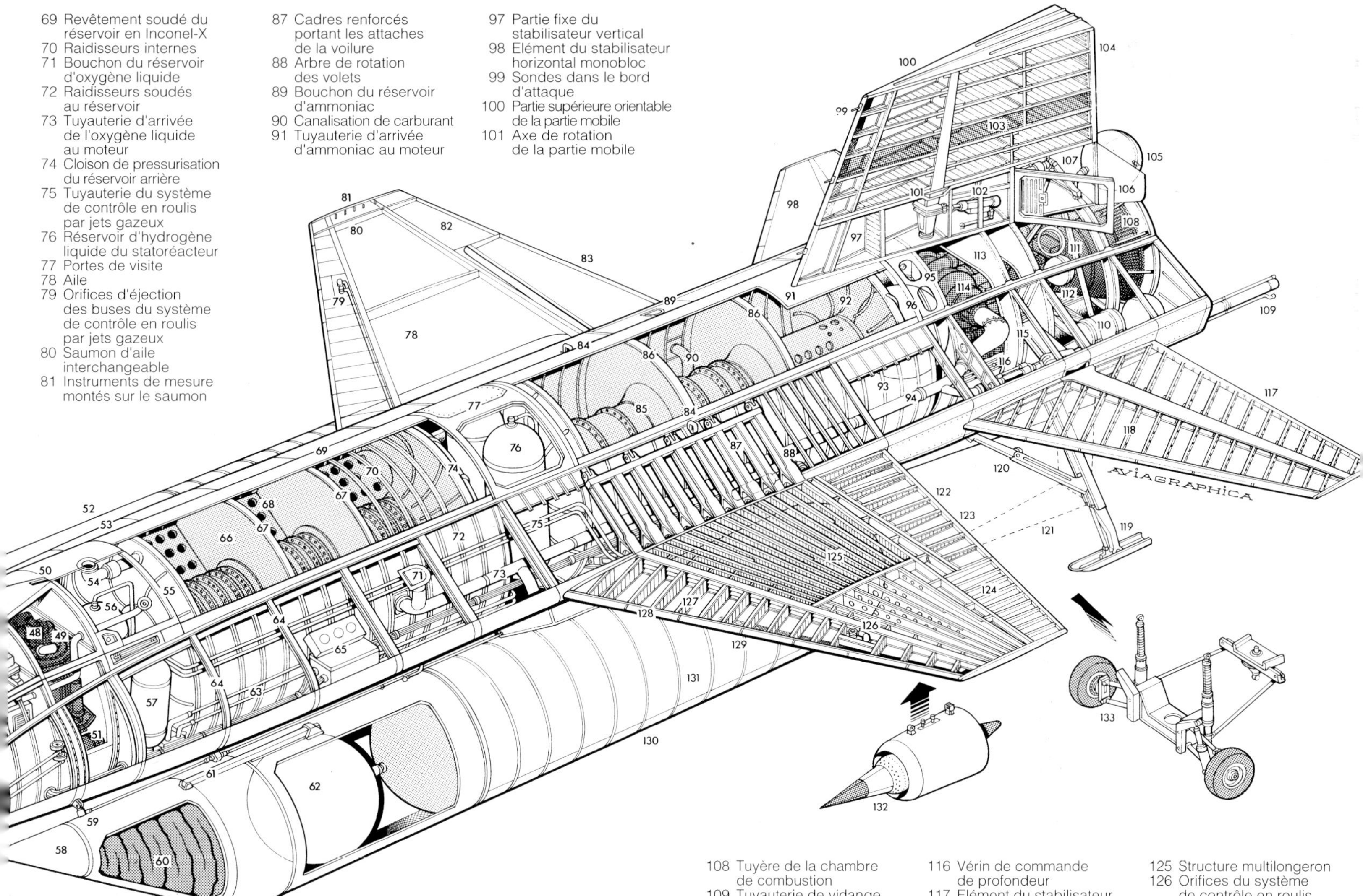


© Pilot Press Limited

82 Partie fixe du bord de fuite
83 Volet de courbure
84 Point d'amarrage arrière au pylône du NB-52 porteur
85 Réservoir principal d'ammoniac anhydre
86 Cloison de séparation des réservoirs

92 Cloison de pressurisation du réservoir arrière d'ammoniac
93 Raidisseurs soudés au réservoir
94 Tuyauterie d'alimentation en oxygène liquide
95 Portes de visite
96 Réservoirs de carburant de la turbopompe (242 l)

102 Vérin de commande de direction
103 Antenne de télécommunications
104 Gouverne de direction à bord de fuite épais
105 Réservoirs d'hélium
106 Aérofrein
107 Vérin de commande de l'aérofrein

108 Tuyère de la chambre de combustion
109 Tuyauterie de vidange du réservoir d'oxygène liquide
110 Réservoir de lubrifiant de la turbopompe
111 Fixations du moteur
112 Moteur-fusée Thiokol XLR99
113 Cadres du fuselage
114 Turbopompes du moteur-fusée
115 Axe de rotation du stabilisateur horizontal

116 Vérin de commande de profondeur
117 Elément du stabilisateur monobloc
118 Structure du stabilisateur
119 Patin d'atterrissage
120 Vérin hydraulique de descente du patin
121 Emplacement de la dérive inférieure largable
122 Volet de courbure
123 Bord de fuite à section carrée
124 Partie fixe du bord de fuite

125 Structure multilongeron
126 Orifices du système de contrôle en roulis
127 Structure du bord d'attaque
128 Bouclier thermique du bord d'attaque
129 Joints de dilatation du bord d'attaque
130 Réservoir externe d'oxygène liquide
131 Revêtement intermédiaire en Mylar
132 Statoréacteur auxiliaire
133 Chariot de manœuvre

*Gravement endommagé à l'atterrissage le 9 novembre 1962, le deuxième X-15, entièrement reconstruit, devint X-15A-2 en 1964. Muni d'un fuselage rallongé et de réservoirs extérieurs largables portant la capacité en carburant à 6 130 kg et le temps de fonctionnement du moteur à 145 s, l'appareil pouvait désormais atteindre Mach 6,5. Piloté par William J. Knight, il parvint même à Mach 6,7 le 3 octobre 1967, après 141,4 s de combustion. Aucun avion n'a égalé cette performance depuis.*

**Caractéristiques**
**North American X-15 (seconde version)**
**Type :** monoplace expérimental
**Moteur :** 1 moteur-fusée Thiokol (Reaction Motors) XLR99-RM-2 à chambre unique, à carburants liquides, de poussée réglable atteignant 25 855 kgp à 13 700 m d'altitude
**Performances :** vitesse maximale, 6 605 km/h ; plafond pratique, 107 960 m
**Masse :** à vide, 6 800 kg ; maximale au largage, 15 100 kg
**Dimensions :** envergure, 6,81 m ; longueur, 15,47 m ; hauteur, 3,96 m ; surface alaire, 18,58 $m^2$

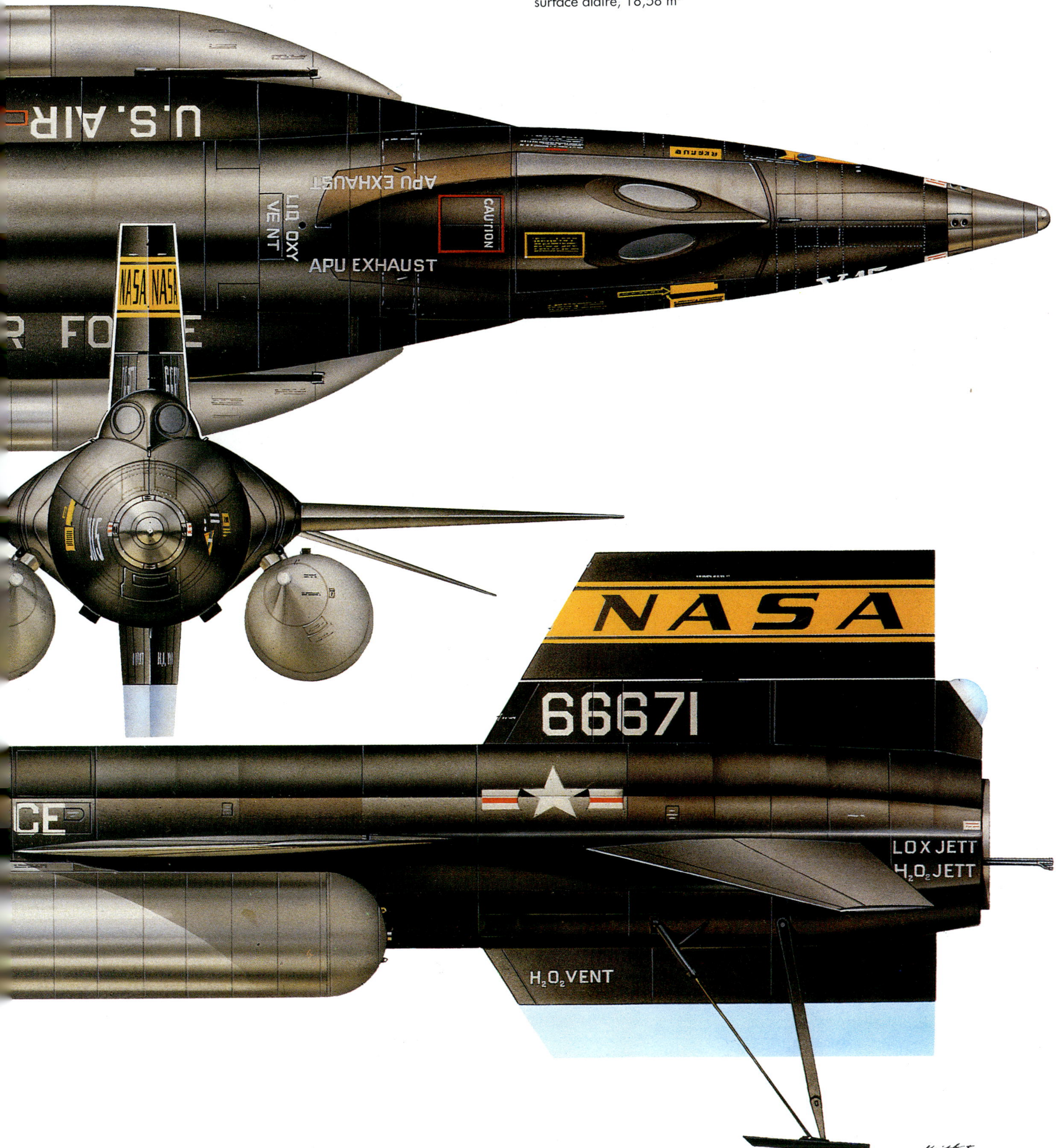

***Ce X-15 a été photographié au moment de l'atterrissage, au-dessus du lac Rogers, après un vol expérimental conduit en 1961. Le programme d'essai du X-15 s'acheva en 1968, après le 199e vol.***

Comme les modèles expérimentaux précédents, le X-15 devait être propulsé par un moteur-fusée et largué par un avion porteur. Sa taille et sa masse interdisant l'usage du B-29 ou du B-50, les ingénieurs durent, après avoir envisagé l'emploi d'un Convair B-36, recourir au Boeing B-52 pour porter l'appareil à son altitude de lancement. North American reçut en conséquence un B-52A et un B-52B (52-003 et 008) en vue de leur transformation en NB-52A et NB-52B par montage d'un pylône spécial sous l'aile droite, de réservoirs pour le carburant du moteur-fusée et de postes d'observation dans le fuselage, ainsi que par l'installation d'un matériel d'enregistrement.

Selon le projet NA-240, dans la forme qu'il présentait en 1955, le moteur devait être un Thiokol XLR30-RM-2 ; on décida d'y substituer, lors de l'étude approfondie, un XLR99-RM-1 plus puissant. Fonctionnant grâce à 3 790 l d'oxygène liquide et 5 470 l de gaz ammoniac liquéfié, le XLR99 devait fournir une poussée statique de 25 860 kg, son régime pouvant être réglé de 40 à 100 %. Le développement de ce moteur demanda cependant plus de temps que celui de la cellule. Afin de ne pas retarder le déroulement de l'ensemble du programme, North American proposa d'entreprendre les essais en vol à l'aide de deux Thiokol Reaction Motors XLR11 (version améliorée du moteur installé dès 1946 sur le Bell X-1). Bien que la poussée totale des deux XLR11 ne dépasse pas 7 260 kg, soit 28 % seulement de celle du XLR99, cela suffisait pour qu'on pût espérer atteindre Mach 3. Cette performance représentant un progrès sensible par rapport à la vitesse de Mach 2,44 atteinte, dans des conditions quelque peu acrobatiques, le 12 décembre 1953 par le Bell X-2, le NACA, l'USAF et l'US Navy acceptèrent la proposition du constructeur.

Pour contrôler la trajectoire des avions expérimentaux de la première génération, il avait suffi d'utiliser une variante du radar SCR-584 de contrôle des tirs d'artillerie. Il fallut, pour le X-15, mettre sur pied un dispositif nouveau de contrôle de trajectoire et dégager pour les essais un polygone long de 780 km et large de 80, allant de la base de Wendover, près du lac salé de Bonneville, à celle d'Edwards. Les stations de repérage d'Ely et de Beatty, dans le Nevada, se trouvaient à l'intérieur de ce corridor, qui comportait également de nombreux lacs asséchés fournissant autant de pistes naturelles pour les éventuels atterrissages d'urgence.

## Premiers essais

C'est en septembre 1956 que débuta la fabrication d'éléments du premier X-15, auquel avait été affecté le numéro de série 56-6670 par l'USAF, qui était le contractant principal du programme, c'est-à-dire en quelque sorte le maître d'œuvre. L'appareil sortit de l'usine 25 d'Inglewood, à Los Angeles, au mois d'octobre 1958, un an après le lancement par les Russes du Spoutnik I, lancement qui avait suscité aux Etats-Unis une crainte très vive tant il pouvait paraître difficile de combler le retard pris par l'Amérique dans la course à l'espace. Revêtu des marques de l'US Air Force, le prototype fut convoyé par camion vers la base

***Le puissant moteur-fusée du X-15 était alimenté par un mélange d'ammoniac et d'oxygène liquides. Ces produits devaient être chargés dans les réservoirs de l'avion dans des conditions de température et de pression drastiques.***

*La mise au point du XLR99-RM-1 n'étant pas achevée, le premier X-15 fut muni, afin de ne pas trop retarder le déroulement du programme, de deux XLR11, fournissant chacun une poussée de 3 630 kg seulement. L'appareil atteignit aisément Mach 2,11 lors de son premier vol propulsé, le 17 septembre 1959.*

*Le X-15A-2 sur le point d'être largué par le NB-52B pour ce qui fut son dernier vol, le 3 octobre 1967. Noter le revêtement protecteur, de couleur claire, et les deux volumineux réservoirs externes. Cet appareil devait être gravement endommagé à l'atterrissage, et il fut ensuite cédé à l'Air Force Museum.*

d'Edwards, où commença la mise au point au sol. North American s'était attaché les services, au titre de conseiller de projet, de Scott A. Crossfield, ancien pilote du NACA qui s'était illustré sur X-1 et qui, déçu par le déroulement du programme X-2, manifestait un vif désir d'aller de l'avant. C'est lui aussi qui, le 20 novembre 1953, avait, le premier au monde, dépassé Mach 2 à bord d'un D-558-2.

Le 10 mars 1959, le X-15 s'envola pour la première fois ; il resta accroché sous l'aile du B-52, et le premier largage n'eut lieu que le 8 juin. Scott Crossfield n'alluma pas le moteur-fusée et nota une sensibilité excessive des commandes. Il fallut apporter les modifications nécessaires avant d'entreprendre les vols propulsés. Le premier se déroula le 17 septembre 1959, Scott Crossfield atteignant Mach 2,11 à l'altitude de 15 950 m. L'avion était le deuxième exemplaire (56-6671, numéro constructeur 240-2). Un essai pratiquement identique fut mené un mois plus tard sans aucun problème : mais, lors du quatrième vol, le 5 novembre, un début d'incendie se déclara dans le moteur, et Scott Crossfield dut poser l'avion de toute urgence sur le lac asséché de Rosamond. Le fuselage se cassa en deux, mais le pilote sortit sain et sauf de la machine. Le 56-6671, rapidement réparé, vola à nouveau le 11 février 1960 ; c'était le sixième vol du programme. Le NACA ayant donné naissance à la NASA en 1958, c'est pour le compte de cette dernière que Joe Walker effectua le neuvième vol, le 25 mars 1960. Le 12 mai, il atteignit Mach 3,19 à bord du premier prototype, toujours équipé de ses deux XLR11. Bientôt, des pilotes de l'USAF et de l'US Navy commencèrent à prendre part au programme d'essai. Le 13 avril 1960, le Captain Robert White effectua le premier vol pour le compte de l'USAF, et, le 23 septembre, le Commander Forrest Peterson fut le premier marin à passer aux commandes d'un X-15. Au total, vingt-neuf vols furent réalisés avec les moteurs XLR11, et c'est au cours du dernier, le 7 février 1961, que le Captain White atteignit Mach 3,5 (3 660 km/h).

*Le X-15 paraît bien petit sous l'aile de son avion porteur NB-52B. Ce cliché a été pris lors du premier vol, le X-15 emportant non pas les carburants du moteur mais de l'eau oxygénée assurant le fonctionnement des systèmes. Le pilote, malgré quelques difficultés, parvint à poser le prototype sur la base d'Edwards.*

Le 8 juin 1960, lors d'un essai au sol, le moteur-fusée XLR99 monté sur le troisième X-15 (56-6672) explosa, heureusement sans faire de victime, en raison d'une défaillance d'un régulateur de pression du réservoir d'ammoniac. L'arrière et la partie centrale du fuselage furent détruits, et le X-15 dut retourner en usine, où il allait falloir plus d'un an pour le remettre en état.

Entre-temps, le deuxième exemplaire avait reçu son nouveau moteur XLR99, et Scott Crossfield avait accompli les trois premiers vols. Le 7 mars 1961, l'avion atteignit Mach 4,43 ; il vola ensuite de plus en plus vite jusqu'au 9 septembre 1961, lorsque, piloté par le Captain White, il parvint à Mach 6,04. Le 5 décembre 1963, le Major Robert Rushworth fit légèrement mieux encore, à bord du premier X-15, avec Mach 6,06 (6 466 km/h). C'est à bord du même appareil, à un nombre de Mach un peu inférieur (5,92) mais à une altitude correspondant à une plus grande vitesse vraie, que Joe Walker établit le 27 juin 1962 un record non officiel de vitesse, avec 6 605 km/h. Le 11 octobre de l'année précédente, un X-15 avait dépassé l'altitude de 60 860 m ; le 30 avril 1962, sur le 56-6670, Joe Walker monta à 75 190 m, et c'est lui toujours, mais cette fois sur le troisième appareil, qui, le 22 août 1963, atteignait l'altitude plus étonnante encore de 107 960 m.

***Le premier X-15, bondissant vers les très hautes couches de l'atmosphère. Le couloir réservé aux essais, large de 80 km, était aménagé sur les territoires de la Californie et du Nevada. L'appareil avait quitté les chaînes de montage de l'usine d'Inglewood au cours du mois d'octobre 1958.***

Le 9 novembre 1962, le pilote Jack McKay, aux commandes du 56-6671, s'aperçut que le moteur refusait de fournir sa pleine puissance. Il décida alors de vidanger ses réservoirs et de se poser. Pendant la phase d'approche, les volets restèrent bloqués en position haute, et c'est à une vitesse de l'ordre de 467 km/h que le deuxième X-15 toucha la surface de Mud Lake. Il rebondit lorsque le train avant heurta le sol, et le patin gauche cassa. McKay sortit de l'appareil, qui s'était retourné, blessé à la colonne vertébrale. Les responsables du programme décidèrent, plutôt que de remettre simplement l'appareil en état, de profiter de la nécessaire période d'immobilisation du deuxième X-15 pour lui apporter des modifications lui permettant d'atteindre des vitesses plus élevées encore. Les essais précédents avaient montré que l'opération était réalisable, à peu de frais, et qu'elle ne comportait pas de risques majeurs.

Il s'agissait d'augmenter la masse des comburants contenus dans les réservoirs afin de porter le temps de combustion de 86 à 145 s, de modifier le pare-brise pour augmenter sa résistance à l'échauffement cinétique et de recouvrir l'appareil d'une couche externe sublimable le protégeant de la chaleur. On prévoyait en effet qu'en certains points du revêtement la température atteindrait 1 650 °C. La première modification fut réalisée par montage de deux volumineux réservoirs externes, celui de gauche contenant de l'oxygène liquide et l'autre de l'ammoniac anhydre. Quant aux deux vitrages du pare-brise, précédemment de forme trapézoïdale et composés de deux glaces superposées, ils devinrent elliptiques et reçurent une troisième vitre. Enfin, le vernis protecteur M-256, formé d'une résine, d'un catalyseur et de poudre de fibre de verre, était pulvérisé sur l'avion avant chaque essai à grande vitesse car il se sublimait en vol. En outre, le fuselage fut rallongé de 73,66 cm par insertion, au voisinage du centre de gravité, d'un tronçon supplémentaire contenant un réservoir d'hydrogène liquide en prévision des essais qui devaient être menés avec un statoréacteur monté extérieurement.

Désormais désigné X-15A-2, le 56-6671 reprit ses essais le 25 juin 1964, sans le revêtement protecteur et sans les réservoirs externes. Le premier essai de ces réservoirs vides se déroula avec succès le 3 novembre 1965. Le 1er juillet de l'année suivante, le premier vol effectué avec ces réservoirs remplis dut être écourté, mais, le 18 novembre, le Major William J. Knight, de l'USAF, atteignit sur l'appareil encore dépourvu de son revêtement externe Mach 6,33 (6 838 km/h) à 30 140 m d'altitude. Le même pilote atteignit, le 3 octobre 1967, la prodigieuse vitesse de Mach 6,7 (7 274 km/h), l'avion étant cette fois pourvu de revêtement protecteur et portant les réservoirs externes.

Mais un incident se produisit, et ce vol remarquable entre tous fut bien près de s'achever de manière catastrophique. Une maquette inerte du statoréacteur avait été accrochée sous la dérive inférieure ; le pylône qui la portait devint le siège d'un échauffement intense, et la température du bord d'attaque dépassa le point de fusion de l'Inconel (1 540 °C). Le métal fondit sur une importante surface. Par conduction, la chaleur se propagea vers l'arrière du fuselage, provoquant une panne du système de vidange de carburant. Knight dut se hâter de poser la machine, à une masse trop élevée (elle excédait de 680 kg la masse normale à l'atterrissage). Le X-15A-2 fut si gravement endommagé que les responsables décidèrent de ne pas le faire réparer et l'offrirent par la suite à l'Air Force Museum de Dayton (Ohio).

## Un X-15 se désintègre en vol

Le troisième X-15, doté d'un système de commandes de vol entièrement différent de celui des deux premières machines (Honeywell MH-96), totalisait soixante-quatre vols au début du mois de novembre 1967. Le 15 novembre, le Major Michael Adams effectua à son bord son septième vol en X-15, qui allait se terminer tragiquement. L'appareil dévia de la trajectoire prévue, devint totalement instable en direction et s'engagea en vrille à Mach 5, à 70 000 d'altitude. Il se rétablit en piqué aux environs de 38 000 m, mais devint de plus en plus instable en tangage. Les facteurs de charge subis par la cellule ne tardèrent pas à atteindre 15 G, alors que les limites étaient de + 7,33 G et – 8 G. Le troisième X-15 se désintégra vers 19 000 m d'altitude, et ses débris s'écrasèrent au nord-est de la ville de Johannesburg. Mike Adams était mort.

En 1968, le 56-6670 effectua encore huit vols, le dernier ayant lieu le 24 octobre. C'était le cent quatre-vingt-dix-neuvième du programme, et les conditions atmosphériques empêchèrent la réalisation des cinq autres vols qui étaient prévus. L'appareil fut cédé au National Air and Space Museum de Washington (DC).

***Reconnaissable à ses volumineux réservoirs externes, le X-15A-2, reconstruit à partir du deuxième X-15. L'appareil va être hissé sous le pylône porté par l'aile droite du NB-52 porteur. Cet appareil était revêtu d'une matière protectrice afin de résister à l'échauffement cinétique.***

# Su-17M et Su-22M : la seconde génération

*Sous tous les aspects, le Su-17M-4 est un avion impressionnant. Capable de prendre l'air à une masse maximale de 19 430 kg, le « Fitter-K », comme l'OTAN l'appelle, est un chasseur-bombardier puissant dont une des caractéristiques les plus voyantes est le tube de Pitot allongé installé au-dessus de l'entrée d'air de nez. Propulsé par un réacteur Lyulka AL-21F-3S, il dispose d'excellentes performances de vol. Stable, bien équipé, lourdement armé et d'un pilotage assez facile, le « Fitter-K » constitue un avion d'attaque très efficace.*

Bien que le Su-17M-4 – qui porte la désignation de bureau d'études de S-54 – ait pris l'air à une époque assez récente, en 1979, il s'inspire très largement du chasseur à ailes fixes S-2, dont le premier vol intervint le 8 septembre 1955 et qui entra en service dans la force aérienne soviétique sous l'appellation de Su-7. Robuste et fiable, le Su-7 se présentait comme une excellente plate-forme de tir et un avion agile, alors qu'il avait été réalisé en vue d'entreprendre des missions d'attaque au sol. Mais il n'en était pas moins limité par certaines insuffisances, notamment dans le domaine du rayon d'action et de l'impossibilité dans laquelle il se trouvait d'opérer depuis des pistes sommairement aménagées. Une sous-version désignée Su-7BKL fut tout spécialement réalisée à cette dernière fin, mais sa course d'atterrissage et sa course de décollage demeuraient encore importantes, et sa grande vitesse d'atterrissage fut à l'origine de nombreux accidents. Au milieu des années soixante, l'avion servait en grandes quantités dans l'aviation du Front soviétique et dans les forces aériennes du pacte de Varsovie. Mais les responsables aériens du bloc communiste ne cessaient de réclamer un chasseur-bombardier plus évolué.

La légende veut que la naissance du Su-17 fut le fruit de la chance et résulta des essais entrepris avec un Su-7 à ailes à flèche variable dans le cadre du programme du Su-24 « Fencer ». L'avion révéla des performances si remarquables que les chefs de l'aviation du Front, impressionnés, en réclamèrent la production en série immédiate. En fait, au milieu des années soixante, l'OKB Sukhoi avait déjà reçu pour instruction d'étudier un chasseur-bombardier équivalant au Su-7, mais ne présentant pas les défauts de l'avion original. La réponse de Sukhoi vint sous la forme du biréacteur T-6

**Les seuls Su-22 pris en compte par la Volksmarine est-allemande étaient des Su-22M-4 « Fitter-K », qui équipent aujourd'hui le MFG-38, basé à Laage, près de Rostock. Ils avaient été livrés à l'Allemagne de l'Est en 1985, en vue d'effectuer des missions d'attaque maritime au-dessus de la Baltique.**

*La Pologne a été un des utilisateurs du « Fitter » dès les débuts du Su-7. Aujourd'hui, elle a un nombre important de « Fitter-K », ainsi que quelques Su-20 « Fitter-C » qu'elle a reçus en 1974. Ressemblant au Su-17, certains sont dotés d'une nacelle de reconnaissance avec des fusées éclairantes en lieu et place du système de balayage à infrarouge plus moderne équipant les avions russes du même type.*

*Ci-dessous : trente-six Su-20 ont été livrés à la force aérienne polonaise. La plupart n'arborent aucun camouflage, mais certains portent, depuis quelque temps, une livrée en deux tons.*

(plus tard Su-24) et du S-221 (Su-7IG Izmienaïa Geometria, ou avion à géométrie variable). Le S-221, qui effectua son premier vol le 2 août 1966, ne présentait qu'assez peu de modifications par rapport au Su-7, hormis ses panneaux extérieurs de voilure à flèche variable, ses panneaux intérieurs d'ailes à la flèche très accusée, ses pylônes d'emport de charge et ses canons d'emplantures d'ailes. Les pivots des ailes étaient situés presque au niveau des points d'attache des ailes extérieures, conférant à l'appareil une charge aérodynamique inférieure à celle qu'auraient provoqué des pivots montés dans les panneaux d'ailes intérieurs. Le nouvel avion était quelque peu handicapé par le poids du mécanisme permettant de faire varier la flèche des ailes et bénéficiait d'une capacité en carburant moindre, mais la course au décollage et la course à l'atterrissage avaient pu être réduites de façon conséquente, la charge offensive avait plus que doublé et la distance franchissable s'était trouvée accrue de près de 30 %. La vitesse d'approche, quant à elle, avait pu être abaissée d'environ 95 km/h. L'avion entra en production sous l'appellation militaire de Su-17 et la désignation OKB de S-32, l'OTAN lui attribuant le nom de code de « Fitter-C ».

## Maladies de jeunesse

Les débuts du développement et de la carrière opérationnelle du Su-17 ne furent pas exempts de problèmes. Le nouveau siège KM-1 développé par Zvezda en vue d'équiper tous les chasseurs tactiques soviétiques ne convenait pas à cet appareil. Aussi fallut-il en concevoir un autre, qui reçut l'appellation de KS4S. Plus important encore était que les pilotes ne cessaient de se plaindre de l'insuffisance de puissance du réacteur d'origine AL-7, mais aussi de son manque de fiabilité. Pour ces raisons, le Su-17 fut doté du Lyulka AL-21-F et d'un système de variation automatique de la flèche, donnant naissance à la sous-version Su-17M (S-32M). Celle-ci se caractérisait par son empennage trilongeron élargi, un logement de parachute de freinage moins volumineux (avec un nouveau parachute cruciforme) et la supression des canalisations disgracieuses que le Su-17 d'origine comportait sur les flancs du fuselage, canalisations dans lesquelles passaient les câbles des commandes. Le Su-17M reçut également un second tube de Pitot sur le dessus du nez, ainsi que des cloisons d'extrados de voilure. Il fut, comme le Su-17, exporté en Pologne, sous la désignation de Su-17MK, et en Egypte, en tant que Su-20. Lorsqu'ils emportaient une nacelle de reconnaissance KKR, les appareils de ce type étaient désignés Su-17R ou Su-20R, mais la désignation que l'OTAN leur affecta demeura « Fitter-C ».

## Succès à l'exportation

Le développement continu que subit le « Fitter-C » donna naissance au Su-17M-2D (S-32M-2) doté d'un carénage monté en dessous du nez pour son Doppler et d'un radar télémétrique en lieu et place de l'appareillage d'origine, dans le cône d'entrée d'air de nez ; l'avant du fuselage avait été quelque peu rallongé et incliné. Toutes ces transformations amenèrent l'OTAN à appliquer à cette version l'appellation de « Fitter-D ». Celui-ci fut exporté au Pérou, en Angola et en Libye, sans son radar télémétrique, mais avec un réacteur Toumansky R-29BS-300 plus puissant. Sous cette forme, l'appareil, dont la seule modification extérieure se rapportait à une arête dorsale agrandie, devint Su-22M-2K (S-32M-2K) et reçut le nom de code OTAN de « Fitter-F ».

La première version biplace du Su-17 fut extrapolée du Su-17M-2 et du Su-22M-2, après que les Soviétiques se furent rendu compte que le biplace Su-7 « Moujik » utilisé jusque-là par les pilotes de « Fitter » à flèche variable était inadapté à cette tâche. Cette version bi-place, connue en tant que « Fitter-E » par l'OTAN, n'avait plus de canon d'aile gauche, mais elle n'en restait pas moins en mesure d'être engagée au combat en cas de nécessité. Sur cette variante, le bossage de l'antenne de radar Doppler sous le nez ne figure pas toujours, et quelques exemplaires disposent de la même dérive que le Su-22M-2D. Les biplaces à réacteur Lyulka sont désignés Su-17UM-2 et Su-17UM-2D, tandis que ceux destinés à l'exportation sont appelés Su-22UM-2K, qu'ils emportent ou non un Doppler.

Le Su-17M-3 (S-52), désigné « Fitter-H » par l'OTAN, est une machine beaucoup plus évoluée, avec un avant de fuselage encore plus incliné, un fuselage de section plus large, et emporte un Doppler à l'intérieur du fuselage. Elle a aussi un siège éjectable Zvezda K-36M développé pour les avions de nouvelle génération comme le MiG-29 et le Su-27. L'empennage vertical a une surface accrue et présente une forme plus anguleuse, tandis qu'une quille ventrale a été ajoutée. La version d'exportation Su-22M-3, équipée d'un réacteur Toumansky et appelée « Fitter-J » par l'OTAN, a été vendue en Angola, en Hongrie, en Libye, au Pérou, en Syrie et au Yémen.

Les « Fitter-H » et « Fitter-J » plus tardifs ont été dotés de pylônes d'emport de charge auxiliaires pouvant recevoir des missiles air-air ; ils peuvent aussi être pourvus de lance-leurres placés sur chaque flanc de l'empennage vertical. Les dérivés biplaces du « Fitter-G » ont été désignés Su-17UM-3 (S-53) et Su-22UM-3K (S-53K) et sont propulsés par un Toumansky R-29BS-300. A l'instar de tous les autres biplaces de la même lignée, ces avions ont un périscope monté au-dessus du poste de pilotage arrière permettant d'améliorer le faible champ visuel dont dispose l'instructeur qui peut actionner un système sophistiqué de simulation de pannes à l'intention de l'élève.

## Le dernier des Su-17

La dernière version du Su-17 est le Su-17M-4 (désignation OKB de S-54) ou « Fitter-K », qui ressemble extérieurement au « Fitter-H » et ne s'en différencie que par l'entrée d'air de l'échangeur de chaleur, placé à la base de la dérive. Mais, intérieurement, il s'agit d'un appareil très différent. Optimisé pour les missions à basse altitude et à grande vitesse, le Su-17M-4 a un cône de nez fixe qui lui confère une vitesse moins élevée à haute altitude (Mach 1,7 contre Mach 2,1 au Su-17UM-3),

mais qui diminue le poids et réduit quelque peu la complexité de l'avion. Le cône de nez ainsi modifié abrite un système de désignation et de télémétrie à laser de nouvelle génération, le Klen 54, identique à celui des versions les plus récentes du MiG-27. Le Su-17M-4 comporte également un calculateur multifonction CVM-20-22 plus évolué et un système de navigation PrNK-54 fonctionnant avec le RSDN, équivalent russe du Loran-C. Le pilote se trouve ainsi en mesure de programmer un plan de vol comportant plus de quatre objectifs et six points tournants, ce qui réduit considérablement sa charge de travail. Il n'existe pas de dérivé biplace du Su-17M-4, et aucune version biplace antérieure n'a été dotée du nouveau système de navigation et d'attaque. Cette variante n'a pas non plus donné naissance à des versions d'exportation équipées de réacteur Toumansky.

Ne disposant pas de blindages comparables à ceux du Su-25 « Frogfoot » ni d'un cockpit protégé comme celui du MiG-27, le Su-17M-2 n'en est pas moins un avion très robuste, équipé de systèmes redondants et qui peut subir de lourds dommages au combat sans conséquences graves, comme l'a montrée l'expérience d'Afghanistan.

## Systèmes d'autodéfense

Aussi robuste soit-il, un chasseur-bombardier doit pouvoir éviter le feu de l'ennemi plutôt que compter uniquement sur sa capacité à encaisser des dommages. En tout état de cause, très peu d'avions sont en mesure de résister à des tirs de missiles, si bien que les systèmes défensifs ont une très grande importance. Pour toutes ces raisons, le « Fitter-K » est doté de lance-leurres thermiques et de lance-cartouches de paillettes. Les douze lance-

***L'avion leader de cette formation appartenant à l'aviation du Front est un Su-22M-1 « Fitter-H », tandis que l'ailier est un Su-22M « Fitter-G ». De nombreux biplaces d'entraînement de ce genre servent dans la force aérienne russe aujourd'hui.***

***Avec la scission de la force aérienne tchécoslovaque en deux éléments séparés, due à la partition du pays, des « Fitter-K » portent désormais les marques de la force aérienne slovaque, la croix de Lorraine sur les cocardes tchécoslovaques.***

*Ci-contre : outre des « Fitter-F », la Libye dispose de « Fitter-J ». Plusieurs de ces appareils ont été perdus au combat, notamment au Tchad et dans les affrontements ayant opposé les Libyens aux Américains au-dessus du golfe de Syrte, au début des années quatre-vingt. Deux d'entre eux ont notamment été abattus par des F-14 Tomcat du Squadron VF-41 le 19 août 1981. L'appareil représenté ici est destiné aux missions de défense aérienne et armé de missiles air-air AA-2 « Atoll ».*

*Ci-dessous : le Su-22M-4 « Fitter-K » a été livré à l'aviation du Front soviétique et à divers pays du pacte de Varsovie comme l'Allemagne de l'Est, la Tchécoslovaquie et la Pologne. Des Su-22 servent dans les régiments de la force aérienne polonaise basés à Pila, Miroslawicz, Smardzko, Babimost et Powdiz.*

cartouches SPP156 de 23 mm dont l'appareil est équipé se trouvent sur le flanc droit de l'arête dorsale, sur deux rangées. Un peu en arrière, toujours sur l'arête dorsale et de chaque côté de l'empennage vertical, ont été installés les lance-leurres thermiques ASO, approvisionnés chacun avec trente-deux cartouches. Au total, le « Fitter-K » dispose de deux cent soixante-huit cartouches de paillettes ou leurres thermiques. Plutôt que de tromper électroniquement les missiles ennemis après qu'ils aient été tirés, la meilleure solution consiste à empêcher l'adversaire de le faire. Aussi, le « Fitter-K » emporte-t-il un détecteur d'alerte radar SPO-15LE Sirena et peut-il recevoir des nacelles de brouillage. Si, par malheur pour lui, son avion est atteint par un missile sol-air ou air-air, le pilote n'a plus qu'à actionner son siège K-36DM, version la plus récente de cet équipement, conçue par Zvezda. Les pilotes des premières sous-versions du Su-17M-4 portaient des harnais séparés, qu'ils fixaient à leur siège, alors qu'à présent ces harnais sont intégrés au siège.

Le Su-17M-4 n'est pas qu'un chasseur-bombardier, il peut aussi remplir des missions de reconnaissance avec une nacelle KKR de fuselage de grandes dimensions. Celle-ci abrite trois caméras optiques (une orientée vers l'avant, une verticale et une installée obliquement vers la droite), ainsi qu'un système d'espionnage électronique et un système de balayage infrarouge. Les nacelles de brouillage SPS disposent d'une fonction passive d'espionnage électronique, et le « Fitter-K » peut être également employé comme avion antiradar, avec des missiles AS-11 « Kilter » et AS-12 « Kegler ». Lorsqu'il emporte des « Kilter », l'appareil est équipé d'un système de guidage BA-58 Vyuga placé dans un carénage profilé en dessous du fuselage. Cet équipement, en analysant les données fournies par le détecteur d'alerte radar ainsi que celles provenant de la tête chercheuse du missile, indiquent au pilote les possibilités de tir. Il a été utilisé par des avions appartenant à la force aérienne d'Allemagne de l'Est, ainsi que par des « Fitter-K » polonais ou tchèques.

## Des armements impressionnants

Le « Fitter-K » emporte des armes d'une grande précision, parmi lesquelles des missiles comme le Kh-25ML (AS-10 « Karen »), le Kh-29L (AS-14 « Kedge ») et, sur les Su-17M-4 plus évolués, le Kh-29T à guidage télévision. Dans ce dernier cas, l'avion est équipé d'un écran vidéo monté à droite du tableau de bord. Le Kh-25MR (AS-10 « Karen ») est un missile radioguidé qui nécessite l'utilisation d'une nacelle de guidage Delta NM. Les autres armes dont dispose le « Fitter-K » incluent la bombe en grappe KMGU et le canon en nacelle SPPU-22-01, dont le tube peut être abaissé afin de permettre l'attaque d'objectifs au sol. L'avion peut être également armé de roquettes de 32, 57, 80 et 240 mm ou de bombes de 100 à 500 kg. Une configuration possible consiste à armer l'appareil d'une nacelle SPPU-22-01 orientée vers l'avant et d'une autre dirigée vers l'arrière, ce qui permet au pilote d'entretenir un feu dévastateur sur un objectif qu'il survole et dont il s'éloigne. Lorsque cette configuration est adoptée, l'angle de tir des canons est contrôlé par le système de navigation PrNK. La nacelle SPPU-22-01 contient un canon GSh-23L de 23 mm à un seul tube, approvisionné à raison de deux

*La Tchécoslovaquie disposait de deux régiments de Su-22M, un de reconnaissance et un d'attaque. Les avions de ce type en service dans la nouvelle force aérienne tchèque ont reçu un nouveau système de code dérivé du nom de la base d'où ils opèrent. Ici, un avion basé à Namest (code NA).*

***Avec l'unification de l'Allemagne, le JBG-77 et le MFG-28 disparurent, et la Luftwaffe hérita de cinquante-quatre Su-22 est-allemands. Trente furent ferraillés, onze donnés à des musées et le reste réparti entre l'Allemagne, le Royaume-Uni, les Etats-Unis, la Pologne et l'Espagne.***

cent soixante obus. S'y ajoutent les deux armes de bord fixe qu'emporte habituellement le Su-17M-4, c'est-à-dire deux canons NR-30 de 30 mm avec quatre-vingts obus chacun.

Les ventes à l'exportation du « Fitter-K » ont été limitées. La clientèle intéressée s'est vue offrir la version « Fitter-J », extérieurement identique mais beaucoup moins performante. Le « Fitter-J » a été extrapolé du Su-17M-3 « Fitter-H », utilisé par l'ex-force aérienne soviétique, dont la propulsion est assurée par un Toumansky R-29B, également employé sur les « Flogger » destinés à l'exportation. Hormis la Russie et les membres de l'ex-pacte de Varsovie, comme la République tchèque, la Slovaquie et la Pologne, seuls l'Afghanistan, l'Irak et le Viêt-nam ont reçu le « Fitter-K ». Avec la désintégration de l'empire soviétique, la réunification de l'Allemagne, la scission de la Tchécoslovaquie et la disparition du pacte de Varsovie, d'autres nouveaux utilisateurs de cette version sont apparus, notamment les forces aériennes des anciennes républiques de l'URSS et la Luftwaffe. La Royal Air Force en a même reçu un, tandis que le Pakistan a récupéré un avion de ce type provenant d'Afghanistan, à la suite de la défection d'un pilote. Plusieurs Su-22M-4 irakiens ont trouvé par ailleurs refuge en Iran lors de la guerre du Golfe et, n'ayant jamais été rétrocédés à leur propriétaire légitime, ont été intégrés à la force aérienne iranienne.

Un des derniers régiments de la force aérienne russe à quitter l'Allemagne, au milieu de l'année 1994, a été celui qui mettait en ligne des Sukhoi Su-17M-4 « Fitter-K ». L'avion pourrait apparaître comme dépassé, mais il est significatif que la 16$^{e}$ armée aérienne russe ait décidé de conserver en première ligne un de ses trois régiments de Su-17, alors qu'elle a rapatrié en Russie depuis longtemps ses quatre régiments de MiG-27 « Flogger ». Pour des raisons économiques, les autorités russes ont annoncé qu'elles se débarrasseraient à terme de ses Su-17 et de ses MIG-27 pour bâtir sa force aérienne autour du MiG-29, du Su-27 et du Su-24. Les premiers de ces appareils laisseront sans doute un grand vide, mais il est certain qu'ils trouveront de larges débouchés à l'exportation.

***Le Su-22M-4 « Fitter-K » figurait parmi les avions les plus importants en service dans la 16$^{e}$ armée aérienne soviétique, avec trois régiments jusqu'en 1990. Quelques-uns de ces avions demeurent en service, même après le retrait russe d'Allemagne.***

# Mirage IV : vecteur stratégique

Le Mirage IVP n° 1 procède au tir d'un missile ASMP. Cet engin est propulsé par un statoréacteur à carburant liquide et par un moteur-fusée. Il bénéficie d'une portée de 100 km à basse altitude à une vitesse de Mach 2, et de 300 km à haute altitude à Mach 3.

*Les Mirage IV qui équipaient les unités de bombardement stratégique de l'armée de l'Air jusqu'en juillet 1996 constituent une part importante des capacités de dissuasion françaises. Les remises à neuf que ces avions ont subies assez récemment leur ont permis d'opérer quelques années de plus.*

L'UNE des caractéristiques les plus remarquables des bombardiers stratégiques conçus au cours des années quarante et cinquante est sans aucun doute leur longévité peu commune. Lorsque ces appareils furent mis au point, les ingénieurs qui les réalisèrent pensèrent que leur carrière n'excéderait pas une dizaine d'années et qu'ils seraient à coup sûr remplacés par des machines plus modernes. Seules les nations les plus puissantes furent en mesure d'assurer une succession aux bombardiers stratégiques de première génération dont elles s'étaient pourvues, les autres durent se contenter de rénover les avions en service.

Pendant la décennie 1960-1970, du fait de l'apparition de systèmes de défense aérienne beaucoup plus efficaces, les appareils conçus pour opérer à haute altitude furent affectés à des missions de pénétration à basse altitude, les bombes nucléaires qu'ils emportaient étant remplacées par des missiles utilisables à distance de sécurité. Quelques-uns de ces avions, tels que le Victor et le Valiant britanniques ou le M-4 « Bison » soviétique, se virent assigner d'autres tâches. Par contre, le Boeing B-52 continue à être employé pour l'attaque stratégique au sein de l'US Air Force et sera utilisé à cette fin pendant de longues années. Tel est aussi le cas du Dassault Mirage IV.

Contrairement aux trois pays (Etats-Unis, Union soviétique et Royaume-Uni) qui la précédèrent dans le cercle très fermé des puissances nucléaires, la France ne se dota que d'un seul type de bombardier stratégique. Portant le nom générique d'une lignée d'appareils célèbres, le Mirage IV a constitué l'un des éléments essentiels de la dissuasion française au cours des vingt dernières années. Cet avion se trouve aujourd'hui à l'aube d'une nouvelle carrière, et il se pourrait qu'il demeure en service pendant encore une décennie. Il s'agit là d'une véritable performance, concernant une machine conçue pour servir une dizaine d'années seulement.

Sa dénomination et sa configuration sont là pour prouver que le Mirage IV s'apparente à la lignée issue du chasseur Dassault Mirage III. En avril 1957, quand commença le développement du futur bombardier stratégique français, Dassault fut en mesure de satisfaire les exigences officielles en proposant un avion aux dimensions supérieures d'environ 50 % à celles du Mirage III et à la surface alaire doublée. Le nouvel appareil, qui n'était considéré que comme une machine de transition, en attendant la réalisation d'un avion aux plus grandes capacités, était équipé de deux réacteurs ; il devait bénéficier d'un rayon d'action assez important, pour attaquer des objectifs situés en

**Après avoir équipé les Mirage IVP pris en compte par les Forces aériennes stratégiques, le missile ASMP dont la puissance est de 300 kilotonnes, est également utilisé par les escadrons dotés de Mirage 2000N et par des flotilles de l'Aéronavale alignant des Super-Etendard.**

*Les Mirage IVA emportaient une bombe nucléaire freinée AN-22 sous le fuselage. Une unité équipée d'AN-22, l'escadron de bombardement 2/92 Marne, basé à Saint-Dizier, demeura en service quelque temps aux côtés de formations dotées d'ASMP, le Gascogne et le Bretagne.*

Union soviétique à partir de bases françaises et se poser sur les aérodromes de l'OTAN les plus proches. La France devait ensuite s'équiper d'un bombardier trois fois plus volumineux, qu'elle ne mit jamais au point en raison des contraintes financières que supposait ce programme. Elle fit l'acquisition d'une douzaine de Boeing C-135F de ravitaillement en vol auprès des Etats-Unis afin d'accroître l'autonomie de ses Mirage IV.

## Anatomie du Mirage IV

Cette décision permit de donner aux missions confiées au bombardier stratégique – que certains qualifiaient de demi-suicides – un caractère moins aléatoire. Contrairement aux avions de certains alliés de l'OTAN, qui pouvaient pénétrer en territoire soviétique par les flancs, notamment par la Baltique, les Mirage IV devraient emprunter des routes passant par l'Europe centrale, où les défenses antiaériennes de l'adversaire étaient relativement denses et efficaces. Pour cette raison, l'armée de l'Air avait réclamé un avion aux capacités supersoniques, pouvant franchir les réseaux de missiles sol-air à haute vitesse subsonique puis étant en mesure de grimper et d'accélérer jusqu'à Mach 2 avant d'effectuer son attaque finale.

Montée en position surbaissée, la voilure en delta du Mirage IV accuse une flèche de 60° au bord d'attaque, ce qui confère à cet avion une très nette ressemblance avec le Mirage III. Les dimensions du bombardier stratégique étant très supérieures à celles du Mirage III, les ingénieurs ont pu donner à ses ailes une configuration mieux adaptée au vol supersonique. Les alliages robustes qui composent la structure de l'appareil ont permis l'adoption de réservoirs de carburant structuraux de voilure. Pour accroître l'autonomie de l'avion, la dérive a été également pourvue d'un réservoir, les ailes ayant été équipées, comme sur le Mirage III, d'élevons et d'aérofreins.

Les entrées d'air des réacteurs, placées sur chaque flanc du fuselage, possèdent des demi-cônes mobiles portant le nom de souris. La propulsion est assurée par deux turboréacteurs à postcombustion Atar 09K fournissant une poussée de 4 700 kg à sec et de 6 700 kg avec réchauffe. Pour les décollages à la masse maximale, l'avion peut être doté de fusées JATO montées sous les ailes. Le pilote est assis bien en avant des entrées d'air des réacteurs, dans un cockpit équipé de l'air conditionné et protégé des effets de l'échauffement cinétique, consécutif aux vitesses que peut atteindre l'appareil en vol supersonique.

Installé dans un cockpit qui ne comporte que deux petites fenêtres, le navigateur est chargé de la manipulation et de la surveillance d'un certain nombre de systèmes, dont le radar cartographique CSF placé sous le ventre de l'appareil. En arrière du radôme circulaire abritant le radar se trouvait le logement de l'arme nucléaire AN-22. La bombe à chute libre d'origine a été remplacée dès 1967 par un engin freiné par parachute, mieux adapté aux missions d'attaque à basse altitude. Cette arme qui n'est plus utilisée, d'une masse de 750 kg, représentait la moitié de celle de la première version de l'AN-22. Le navigateur dispose d'un détecteur d'alerte radar Thomson-CSF type BF et d'équipements de brouillage dont les caractéristiques n'ont pas été dévoilées. La protection contre les missiles à autodirecteur à infrarouge est assurée par des éjecteurs de leurres thermiques Philips-Matra Phimat montés sur les pylônes extérieurs de voilure. Les pylônes intérieurs emportent des réservoirs de carburant auxiliaires de 2 500 l.

Pourvu d'un empennage vertical anguleux et de grandes dimensions, le prototype du Mirage IV prit l'air le 17 juin 1959, propulsé par deux Atar 09C. L'avion n° 02, qui vola pour la première fois le 12 octobre 1961, présentait une configuration proche de celle des machines de série et fut redésigné Mirage IVA. Entre les vols de ces deux appareils, la France avait fait exploser sa première bombe A. Il y eut deux autres avions de présérie : le n° 03, doté d'une perche de ravitaillement en vol dans la pointe avant en vue d'effectuer des essais, ainsi que d'un Doppler Marconi, d'un calculateur Dassault, d'un système de contre-mesures et d'un pilote automatique SFENA ; et le n° 04, qui reçut des réacteurs Atar 09K et une avionique complète.

## Force de frappe

Les cinquante premiers Mirage IVA, commandés en 1960, furent suivis par un lot de douze avions produits entre le mois de décembre 1963 et le mois de novembre 1966. Le 1er janvier 1964 fut formé le Commandement des Forces aériennes stratégiques (CoFAS) : sa mission était d'administrer la force de frappe pilotée dont la France entendait s'équiper dans un premier temps. Le premier escadron de Mirage IVA fut déclaré opérationnel le 1er octobre 1964, et le 1er février 1966 neuf formations avaient été mises sur pied avec, chacune, quatre avions. Quelques semaines plus tard, la France annonçait qu'elle quittait l'organisation militaire intégrée de l'OTAN et qu'elle assumerait désormais seule la responsabilité de sa propre défense. La réalisation de ce processus, voulu par le général de Gaulle, avait été en grande partie rendue possible par l'entrée en service du Mirage IVA.

*Quatre Mirage IV ont été équipés de la nacelle de reconnaissance CT.52, identique en ce qui concerne sa forme à la bombe AN-22. Cette nacelle abrite plusieurs caméras obliques et verticales ainsi qu'un système de balayage à infrarouge.*

## Performances

| | |
|---|---|
| Vitesse maximale à 15 000 m | Mach 2,2 (2 335 km/h) |
| Vitesse de pénétration normale | Mach 1,8 |
| Plafond pratique | 20 000 m |
| Rayon d'action avec un ASMP et ravitaillement en vol | 4 000 km |
| Temps de montée à 11 000 m | 4 mn 15 s |
| Course de décollage | Non dévoilée |

### Charge offensive

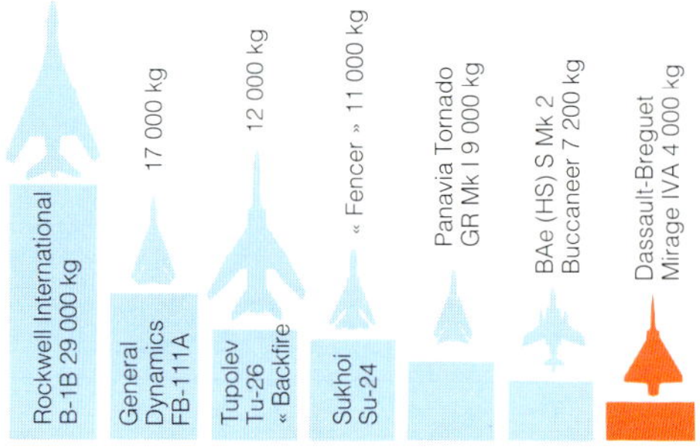


### Plafond pratique

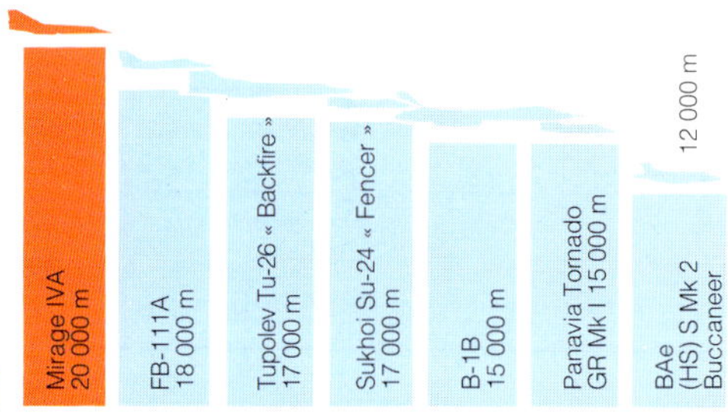


### Vitesse maximale à haute altitude

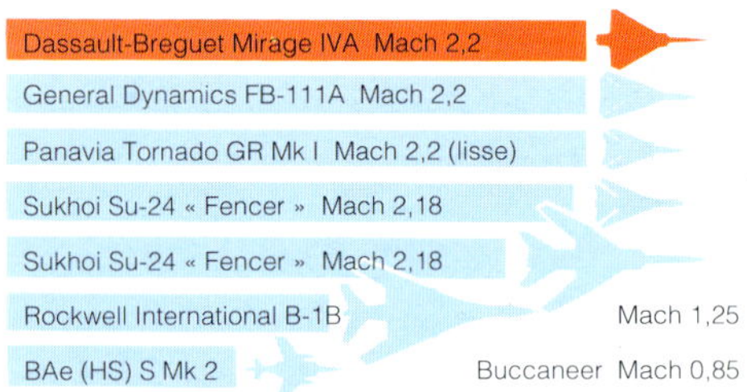


### Vitesse maximale à basse altitude

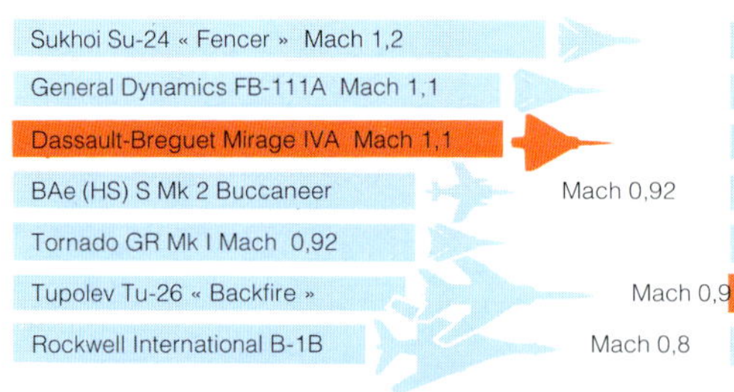


### Distance franchissable

## Versions du Mirage IV

**Mirage IV :** 1 prototype propulsé par 2 turboréacteurs Atar 09B de 6 000 kgp ; envergure, 11,35 m ; record du monde en circuit fermé de 100 km battu le 15 septembre 1960 à 1 820 km/h
**Mirage IVA :** 3 exemplaires de présérie et 62 exemplaires de série ; 2 premiers avions dotés d'Atar 09C et les suivants d'Atar 09K ; dérive plus petite, avec parachute de freinage à la base, et habitacle modifié ; envergure, 11,85 m ; arme nucléaire AN-22 montée sous le fuselage ; version de reconnaissance stratégique avec nacelle CT.52
**Mirage IVN :** version améliorée redésignée Mirage IVP par la suite
**Mirage IVP :** version équipée de l'ASMP, avec avionique améliorée, dont le radar cartographique Thomson-CSF ARCANA ; 2 prototypes et 18 exemplaires modifiés à partir de Mirage IVA
**Mirage IV :** version proposée à la RAF après l'arrêt du programme du TSR-2 en 1965 ; projet de production sous licence par la firme BAC ; propulsion devant être assurée par des réacteurs à double flux Rolls-Royce Spey 25R

***Le Mirage IV présente des similitudes avec le Mirage III et le Mirage 5, appareils de plus petites dimensions cependant. Noter les aérofreins braqués sur et sous les ailes. L'appareil photographié ici est un exemplaire de fin de série.***

## Ecorché du Dassault Mirage IVP

1 Perche fixe de ravitaillement en vol
2 Canalisation de ravitaillement en carburant
3 Convertisseur d'oxygène liquide
4 Caméra verticale OMERA
5 Tube de Pitot
6 Compartiment à avionique de nez
7 Projecteur escamotable
8 Perche de température
9 Trappe d'accès à la soute à avionique
10 Equipements de communication
11 Phare d'atterrissage et de roulage escamotable
12 Antenne VHF
13 Cloison de pressurisation avant
14 Pédales de palonnier
15 Manche à balai
16 Tableau de bord
17 Carénage du tableau de bord
18 Pare-brise
19 Verrière
20 Poignée du siège éjectable
21 Siège éjectable Martin-Baker Mk BM-4
22 Console latérale droite
23 Poignée d'ouverture extérieure
24 Manettes de poussée
25 Plancher du cockpit
26 Carénage du périscope
27 Console latérale gauche
28 Périscope du navigateur
29 Tableau de bord du navigateur
30 Ecran de navigation tactique
31 Verrière
32 Vérin d'ouverture de verrière
33 Vitres latérales
34 Siège éjectable du navigateur
35 Poignée d'ouverture extérieure
36 Tableau de commande de l'armement
37 Montant du pivot de la jambe avant
38 Jambe de la roulette de nez
39 Diabolo de la roulette de nez
40 Vérins d'escamotage
41 Porte de la roulette de nez
42 Compas de la roulette de nez
43 Cloison de pressurisation arrière
44 Poignée d'ouverture d'urgence de la verrière
45 Batterie
46 Unité de sensation musculaire sur l'élevon
47 Entrée d'air du système de conditionnement d'air
48 Cône d'entrée d'air
49 Porte de la roulette de nez
50 Entrée d'air de réacteur
51 Structure d'entrée d'air
52 Structure de section centrale d'entrée d'air
53 Entrée d'air du compresseur et d'échangeur de chaleur
54 Systèmes de conditionnement d'air
55 Echappement d'échangeur de chaleur
56 Soute à avionique
57 Porte d'accès à la soute à avionique
58 Entrée d'air de réacteur
59 Soute à équipements de navigation et d'armement
60 Réservoirs de carburant
61 Canal d'aspiration de la couche limite
62 Vérin de section centrale d'entrée d'air
63 Moteur électrique de vérin
64 Plaques d'aspiration de la couche limite
65 Radôme ventral
66 Réservoirs de carburant
67 Canalisations de carburant
68 Canal d'entrée d'air
69 Réservoirs de carburant
70 Panneaux d'accès aux canalisations de carburant
71 Antenne IFF
72 Réservoir de carburant auxiliaire
73 Réservoir de carburant de bord d'attaque
74 Aérofrein droit
75 Montant de pivot de jambe de l'atterrisseur principal
76 Bielles de commande d'élevon
77 Attache de pylône
78 Nacelle de leurres thermiques et de paillettes
79 Fente de bord d'attaque
80 Bielle de commande d'élevon
81 Feu de navigation
82 Antenne de détecteur d'alerte radar
83 Elevon extérieur droit
84 Carénages d'articulation d'élevon
85 Commande hydraulique d'élevon extérieur
86 Elevon intérieur droit
87 Vérin d'élevon intérieur
88 Réservoir structural de voilure
89 Panneaux d'accès de fuselage
90 Accumulateurs de carburant pour vol inversé
91 Double cadre de fuselage
92 Carénage de démarreur
93 Entrée d'air de compresseur
94 Arbre de transmission de réducteur
95 Boîtiers d'accessoires
96 Equipements de système de carburant de réacteur
97 Turboréacteur SNECMA Atar 09K
98 Réservoir d'huile de réacteur
99 Réservoir hydraulique
100 Cloison pare-feu de réacteur
101 Installation du réacteur

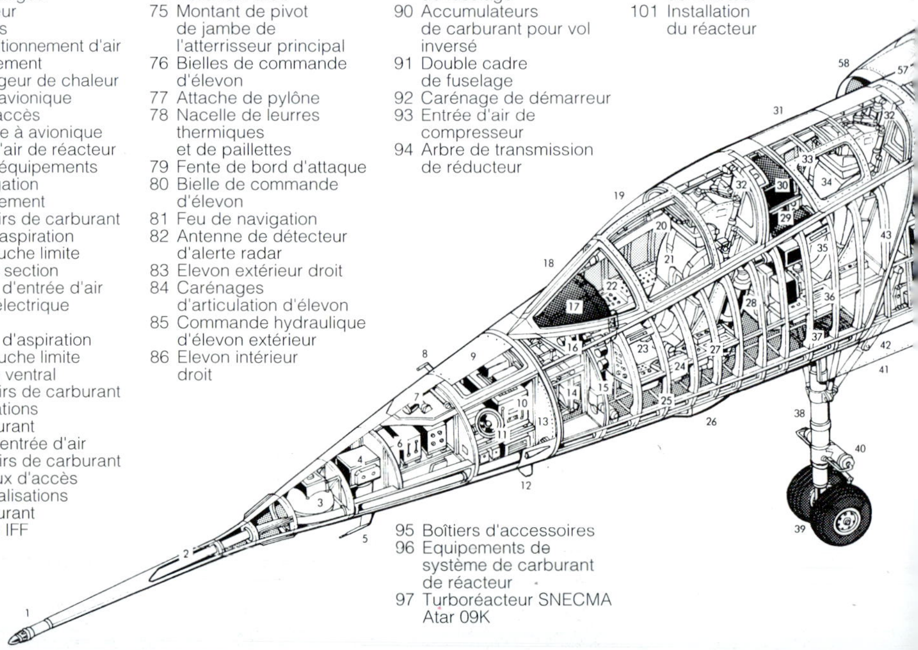

# Caractéristiques Dassault Mirage IVP

## Ailes

| | |
|---|---|
| Envergure | 11,85 m |
| Surface | 78 $m^2$ |
| Flèche au bord d'attaque | 60° |

## Fuselage et empennages

| | |
|---|---|
| Equipage | 1 pilote et 1 opérateur des systèmes électroniques assis en tandem |
| Longueur | 23,50 m |
| Hauteur | 5,65 m |

## Train d'atterrissage

Atterrisseur tricycle escamotable avec 4 roues sur chaque jambe principale et 2 roues sur la jambe de nez

## Masse

| | |
|---|---|
| A vide | 14 500 kg |
| Maximale au décollage | 31 600 kg |
| Charge extérieure normale | 900 kg |
| Capacité interne en carburant | 14 000 l |

## Moteurs

2 turboréacteurs à postcombustion SNECMA Atar 09K
Poussée statique unitaire avec réchauffe 7 000 kg

# Eléments d'identification du Mirage IV

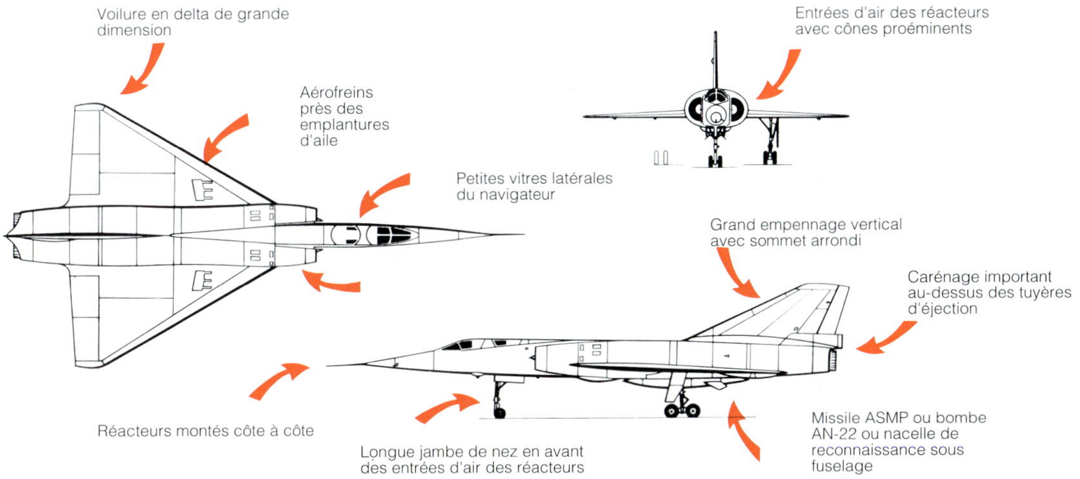


102 Arête dorsale
103 Antenne UHF
104 Réservoir structural de dérive
105 Double cadre de montant de réacteur
106 Attache de réacteur
107 Structure de logement de réacteur
108 Joint d'emplanture de dérive
109 Structure de dérive
110 Nervures de bord d'attaque de dérive
111 Capteur du système de sensation musculaire
112 Carénage de sommet de dérive
113 Antenne VHF
114 Gouverne de direction
115 Feu anticollision
116 Nervures de gouverne de direction
117 Articulation de commande de gouverne de direction
118 Commande de la gouverne de direction
120 Commande d'ouverture du parachute de freinage
121 Logement du parachute de freinage
122 Feu de navigation
123 Trappes du logement du parachute de freinage
124 Tuyère à section variable
125 Vérins de commande de tuyère
130 Canal de postcombustion
131 Rail de démontage de réacteur
132 Carénage de raccordement de bord de fuite d'aile
133 Joint d'attache de longeron arrière
134 Réservoir de carburant
135 Réservoir structural de voilure
136 Commande d'élevon
142 Commande hydraulique d'élevon
143 Nervures de saumon
144 Antenne du détecteur d'alerte radar arrière
145 Feu de navigation
146 Nervures de bord d'attaque
147 Attache de pylône
148 Fente de bord d'attaque
149 Pylône d'emport de charge extérieur
150 Nacelle de CME Thomson-CSF
151 Nacelle de leurres
162 Bogies du train principal
163 Porte du train principal
164 Vérin d'escamotage du train principal
165 Contrefiche du train d'atterrissage principal
166 Joint de longeron principal
167 Puits de roues du train principal
168 Vérin hydraulique de porte du train principal
169 Vérin hydraulique d'aérofrein
170 Aérofrein
171 Joint d'attache de longeron auxiliaire
172 Réservoir structural de voilure

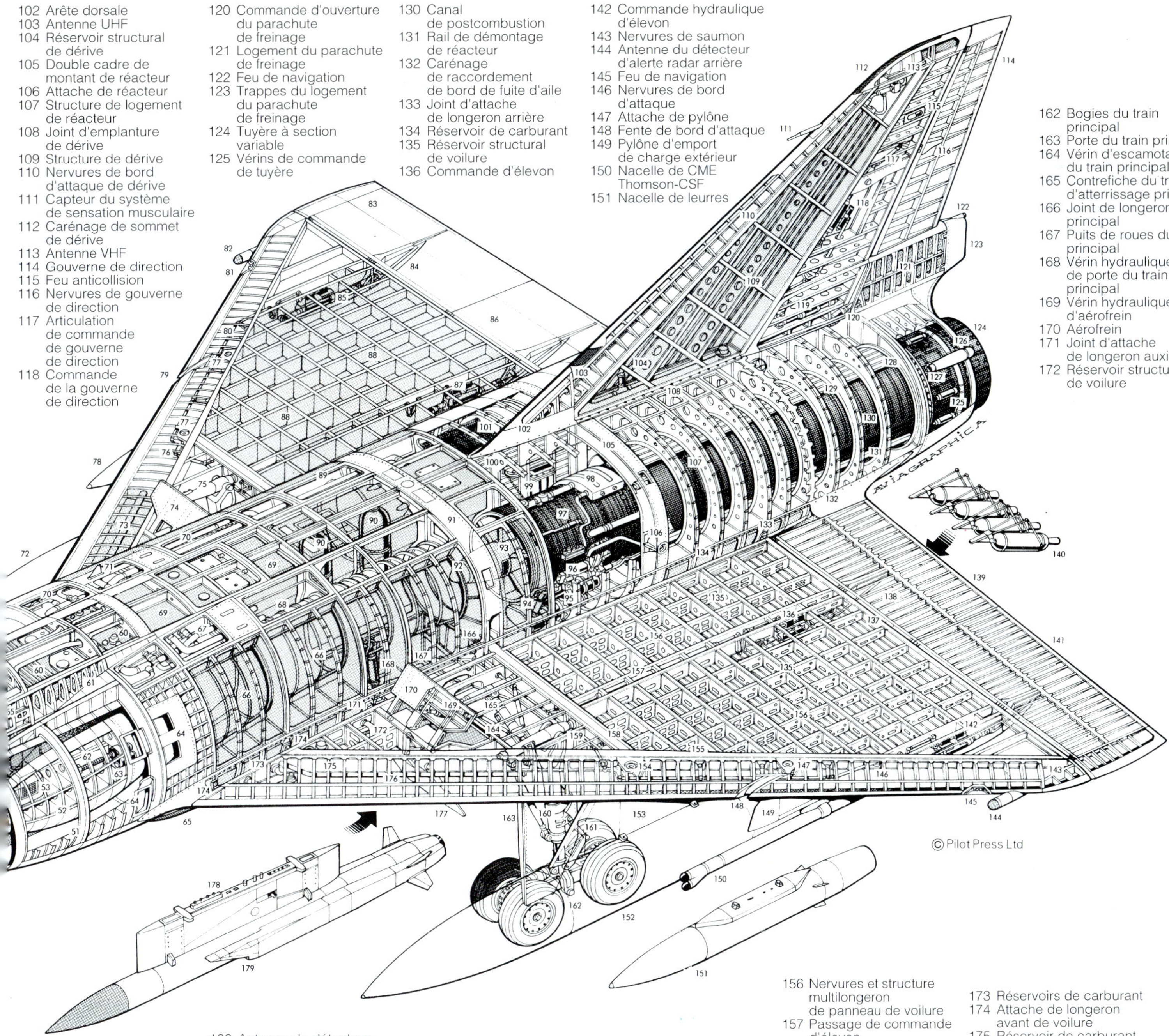


119 Système de sensation musculaire en direction
126 Antenne du détecteur d'alerte radar arrière
127 Ouïes d'aération de postcombustion
128 Cadre de démontage d'arrière de fuselage
129 Bouclier thermique
137 Longeron arrière
138 Nervures d'élevon
139 Elevon intérieur
140 Fusées d'appoint au décollage (JATO)
141 Elevon extérieur
152 Réservoir de carburant auxiliaire
153 Pylône d'emport de charge intérieur
154 Attache de pylône
155 Longeron avant
156 Nervures et structure multilongeron de panneau de voilure
157 Passage de commande d'élevon
158 Longeron principal
159 Montant de pivot de jambe du train principal
160 Jambe du train principal
161 Compas de jambe du train principal
173 Réservoirs de carburant
174 Attache de longeron avant de voilure
175 Réservoir de carburant
176 Canalisations de carburant
177 Aérofrein
178 Pylône de fuselage
179 Missile ASMP (air-sol moyenne portée)

*Comme de nombreuses forces aériennes européennes, l'armée de l'Air a équipé ses aérodromes d'abris durcis. Les Mirage IVP étaient entreposés dans des abris de ce type, où ils sont moins vulnérables.*

La France n'ayant pas la possibilité de maintenir en l'air en permanence un certain nombre de ses bombardiers stratégiques afin de répondre à toute agression nucléaire, un compromis fut adopté, et chaque escadron dut être en mesure de faire décoller un avion quinze minutes après le début d'une alerte. Des missiles sol-air balistiques étant adjoints à la force de dissuasion française, le nombre d'escadrons de Mirage IVA fut réduit à six en juin 1976, puis à quatre en octobre 1983. Le Centre d'instruction des Forces aériennes stratégiques (CIFAS) fut chargé de l'emploi d'un détachement de quatre Mirage IVA affectés à des missions de reconnaissance stratégique. Ces avions ont été pourvus d'une nacelle de capteurs CT.52 d'une taille et d'une configuration identiques à celles de la bombe AN-22. Cette nacelle se compose de caméras obliques, verticales ou orientées vers l'avant, telles que des Omera 35 et 36, ainsi que d'une caméra cartographique Wildt. Elle peut également être pourvue d'un système de balayage à infrarouge SAT Super Cyclone en lieu et place des Omera 36.

Le retrait de la version de bombardement étant prévu pour 1985, les Mirage IV de reconnaissance auraient dû être les seuls à demeurer en service. Les premiers indices d'une prolongation de la vie opérationnelle de ces appareils survinrent en 1979, lorsque les autorités annoncèrent que quinze Mirage IV (le nombre fut porté à dix-huit par la suite) allaient être modifiés afin de pouvoir emporter le missile Aérospatiale ASMP, dont le contrat de développement avait été signé en avril 1978. Il s'agit d'un engin de 5,38 m de longueur, capable d'atteindre Mach 3, propulsé par un statoréacteur à kérosène et dont le lancement est assuré par un moteur-fusée à carburant solide. Sa portée est de 75 à 100 km, et son guidage vers l'objectif, à très peu de distance du sol, revient à une plate-forme inertielle SAGEM.

Pour permettre à l'ASMP d'atteindre son objectif, le navigateur devait alimenter la plate-forme inertielle du missile avec des données provenant du Mirage IVP. Plusieurs modifications ont été nécessaires pour adapter un avion conçu au cours des années cinquante à un missile réalisé pendant les années soixante-dix. Le radôme ventral du Mirage IV abritait l'antenne du Doppler à impulsion Thomson-CSF ARCANA (Appareil de recalage et de cartographie pour navigation aveugle), dérivé de l'Iguane et du Varan montés respectivement sur les Dassault-Breguet Guardian et Atlantique 2. Le système Doppler à impulsions permettait de recueillir des images radar à très haute résolution par tous les temps, en vue d'alimenter en données précises la plate-forme inertielle du Mirage IV.

Bien qu'il arme deux autres avions sortis des usines Dassault-Breguet, le Super-Etendard et le Mirage 2000N, le missile a été conçu au départ pour être adapté au Mirage IVP, qui fut employé pour les essais initiaux de cette arme. Dans un premier temps, la cellule du troisième prototype du Mirage IV fut utilisée pour les tests statiques du pylône sur lequel l'ASMP devait être monté. Puis, en 1981, le Mirage IVA n° 8 mena les premiers tirs d'une maquette en vraie grandeur d'ASMP, et les lancements véritables commencèrent en juin 1983.

## P pour pénétration

Dans l'intervalle, en 1982, le Mirage IVA n° 8 avait été transformé en prototype de la version porteuse de l'ASMP. Pendant quelque temps, l'appareil porta la désignation de Mirage IVN (N pour nucléaire), puis celle-ci fut transformée en Mirage IVP (P pour pénétration). Dans cette configuration, le Mirage IV devait non plus survoler l'objectif pour y larguer sa bombe, mais effectuer des missions hi-lo-hi sur une distance de 4 000 km avec ravitaillement en vol. Ces modifications dans les tâches attribuées au Mirage IV entraînèrent la remotorisation de la flotte de C-135F avec le réacteur à double flux CFM56.

Terminé en octobre 1982, le Mirage IVP n° 01 fut testé par Dassault-Breguet avant d'être expédié au Centre d'expériences aériennes militaires (CEAM), à Mont-de-Marsan, le 1er juillet 1983. Le Mirage IVP étant doté d'une avionique nouvelle, l'équipe d'évaluation du CEAM présentait une composition inhabituelle : son commandement était assuré par un navigateur, contrairement à la tradition, qui voulait qu'il revînt à un pilote. Le Mirage IVP n° 2 (ex-Mirage IVA n° 28) fut employé essentiellement par Dassault à des fins d'essais. De son côté, le Mirage IV n° 01 servit au programme de tir de l'ASMP.

Les dix-huit Mirage IVP qui équipaient l'armée de l'Air ont été modifiés à l'Atelier industriel de l'Air (AIA) de Clermont-Ferrand-Aulnat. Le premier appareil, arrivé sur place au mois d'octobre 1983, fut pris en compte par le CEAM en février 1985. Des opérations de transformation plus importantes pouvaient être nécessaires, certains avions ayant dépassé 5 000 heures de vol. Le changement des longerons principaux s'impose sur les machines qui arrivent à 6 500 heures.

Réduite dans d'importantes proportions par la dissolution de trois escadrons en 1976, par la disparition de trois autres entre 1983 et 1986 et par celle du Marne, la flotte de Mirage IV de l'armée de l'Air demeura en service jusqu'en juillet 1996.

*Ce Mirage IVP emporte un missile ASMP sous le fuselage et des réservoirs de carburant auxiliaires sous la voilure. L'insigne que cet appareil porte sur la dérive est celui du CEAM.*

## Charge offensive du Mirage IV

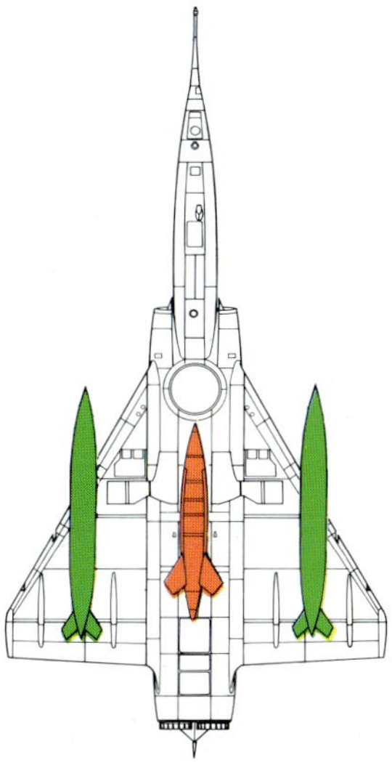

1 arme nucléaire AN-22 de 60 kilotonnes

2 réservoirs de carburant de 2 500 l

### Bombardement stratégique

Entré en service en 1964, le Mirage IVA était un bombardier stratégique doté d'une arme nucléaire qui devait être larguée au-dessus de l'objectif à basse ou à moyenne altitude, à la vitesse de Mach 2. Une méthode de bombardement à basse altitude fut adoptée en 1967, lorsqu'une bombe freinée par parachute fit son apparition. En 1973, une nouvelle version de l'arme nucléaire AN-22, deux fois moins lourde que la bombe d'origine, fut mise en service. Bien qu'il emportât d'importants réservoirs de carburant sous voilure, le Mirage IVA était ravitaillable en vol.

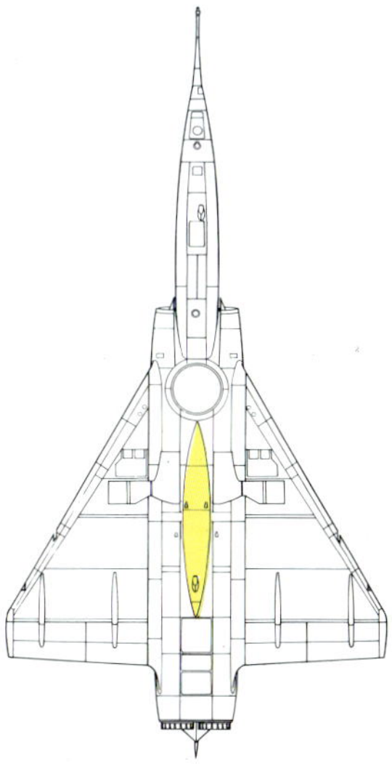

1 nacelle de capteurs CT.52

### Reconnaissance stratégique

Un détachement de quatre appareils, affecté au Centre d'instruction des Forces aériennes stratégiques (CIFAS) de Bordeaux, était chargé des missions de reconnaissance stratégique. En 1977 apparut la nacelle CT.52, conçue pour être fixée à l'endroit où se trouvait auparavant la bombe AN-22. Cette nacelle comporte habituellement six caméras à haute ou à basse altitude, une caméra cartographique et un système de balayage à infrarouge SAT Super Cyclope pour la reconnaissance à basse altitude.

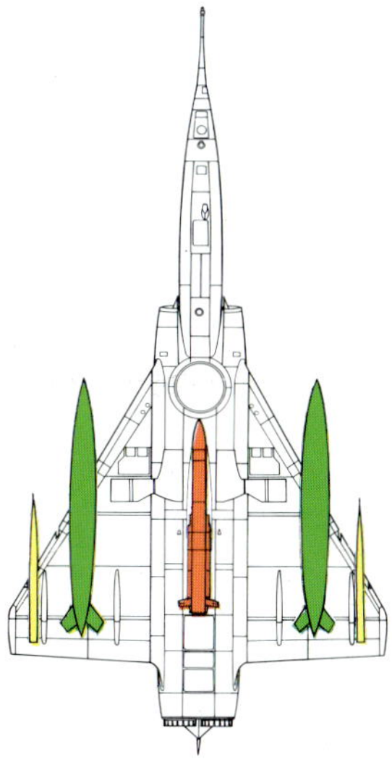

1 missile Aérospatiale ASMP de 150 kilotonnes

2 réservoirs de carburant de 2 500 l

1 éjecteur de leurres Philips-Matra Phimat

### Frappe nucléaire à distance de sécurité

En 1986, le MIrage IVP entra en service avec un ASMP placé sous le fuselage. L'ASMP est un missile nucléaire capable d'atteindre la vitesse de Mach 3, et dont le système de guidage consiste en un équipement de navigation inertielle. Sa portée est d'environ 100 km, ce qui permettait au Mirage IVP d'attaquer ses objectifs à distance de sécurité. Des nacelles Phimat assuraient la protection de l'appareil contre les missiles à autodirecteur à infrarouge.

## Le Dassault Mirage IV en service

### Armée de l'Air

Les Mirages IVA en service dans les Forces aériennes stratégiques (FAS) formèrent le premier élément de la force de dissuasion mise en place par la France au début des années soixante. Ces appareils continuèrent de jouer un rôle essentiel dans ce domaine, même après la mise en service de Mirage 2000N équipés d'ASMP. Sur les dix unités de Mirage IV formées, deux existaient encore au milieu de 1993. Les escadrons de bombardement (EB) Bourbonnais, Sambre et Beauvaisis ont été dissous en juillet 1976, tandis que les EB Cévennes et Arbois d'une part et Gascogne d'autre part ont disparu respectivement en octobre 1983 et en octobre 1986, et le Marne un peu plus tard. Le Mirage IV n'est plus utilisé que pour la reconnaissance stratégique.

*Ce Mirage IVA non armé n'emporte aucune nacelle de guerre électronique sous les ailes, mais dispose de deux réservoirs de carburant auxiliaires de 2 500 l. Il pourrait s'agir d'un appareil de reconnaissance susceptible de recevoir une nacelle CT.52.*

# Phantom britanniques

Les Squadrons 19 et 92 furent les seules unités de Phantom de la RAF chargées des missions de défense aérienne en Allemagne. Le Squadron 92 stationna à Wildenrath jusqu'en juin 1991.

*A présent retirés du service, les Phantom à moteurs Rolls-Royce Spey de la Royal Air Force assurèrent aussi bien des missions de défense aérienne que des tâches de reconnaissance et d'attaque tactique, après avoir servi au départ au sein de la Royal Navy.*

Au milieu des années soixante, la défense britannique se débattait dans des problèmes inextricables. Le programme du BAC TSR.2 venait d'être supprimé pour être remplacé par l'acquisition de General Dynamics F-111K aux Etats-Unis. Mais la commande passée par la Royal Air Force fut bientôt annulée à son tour, tout comme le projet d'avion à décollage et atterrissage courts ou verticaux Hawker P.1154. C'est l'échec de cette dernière entreprise, dû principalement aux exigences contradictoires de la Royal Air Force et de la Royal Navy, qui conduisit le Royaume-Uni à devenir le premier client étranger du Phantom.

**Ailes repliées, ces F-4K du Squadron 892 ont été photographiés à bord du HMS « Ark Royal », aux côtés des Buccaneer du Squadron 809. Le Squadron 892 était appelé à être la dernière unité dotée d'avions de la Fleet Air Arm.**

La Royal Air Force et la Royal Navy devaient en effet se procurer toutes deux le P.1154, qu'elles devaient employer aussi bien pour l'attaque que pour la reconnaissance dans le cas de la première, et pour les missions de défense de la flotte dans le cas de la seconde.

Officiellement, c'est la Royal Navy qui, la première, se rendit compte que le Hawker P.1154 ne constituait pas un avion viable et qui s'intéressa à une version britannique du Phantom, dès janvier 1964. L'abandon du programme du P.1154RN (Royal Navy) et l'adoption de la solution américaine devinrent officiels le 1er juillet 1964. Peu de temps après, une commande relative à 2 YF-4K de présérie et à 2 F-4K fut passée par la marine britannique. Les plans dressés initialement portaient sur un total de 143 exemplaires du Phantom, mais cette première estimation fut constamment réduite par la Royal Navy, dont la flotte de porte-avions diminuait, et qui limita ses prétentions à 50 appareils, sans parler de 2 machines destinées à la mise au point. Par la suite, la Royal Navy réduisit encore ce chiffre, le faisant passer à 36 exemplaires.

## Des systèmes britanniques

Pour apaiser la campagne favorable à l'achat d'appareils de fabrication britannique, le gouvernement assura que la plupart des équipe-

***Atterrissage à très forte vitesse descensionnelle d'un Phantom de l'OCU 228. Cette unité, équipée de Phantom en août 1968, abandonna les appareils de ce type en janvier 1991.***

ments du F-4K seraient d'origine nationale. De fait, les systèmes provenant de fabricants britanniques comptèrent pour 46 %, mais le plus important concerna l'adoption de moteurs Rolls-Royce Spey, qui allaient faire couler beaucoup d'encre pendant l'ensemble de la carrière du Phantom au Royaume-Uni.

La décision de monter des Spey 202/203 à double flux sur le F-4K répondait à une démarche logique, les réacteurs General Electric d'origine n'étant pas assez puissants pour permettre à l'appareil de décoller des porte-avions de la Royal Navy, qui étaient plus petits.

La mise en place de Spey nécessita le remodelage des logements des réacteurs, le développement d'entrées d'air de plus larges dimensions et la mise en place de tuyères raccourcies. Outre une plus grande poussée au décollage, le Spey offrait au Phantom un rayon d'action plus important, une vitesse ascensionnelle plus élevée, une vitesse d'approche réduite, et plus d'air pour le contrôle de la couche limite. Cependant, la vitesse de pointe tomba à Mach 1,9 et les performances à haute altitude étaient inférieures à celles des Phantom américains.

## Modifications britanniques

Afin de pouvoir opérer depuis les porte-avions de petites dimensions, le F-4K reçut une roulette de nez extensible de 101 cm destinée à augmenter l'incidence des ailes au catapultage, des ailerons basculants, des becs de bord d'attaque agrandis et des stabilisateurs à fente au dièdre négatif diminué. Le radôme et l'antenne du radar se repliaient, si bien que le F-4K pouvait emprunter les ascenseurs des petits porte-avions, et un train d'atterrissage ainsi qu'une crosse d'appontage renforcés furent adoptés afin de permettre les appontages à grande vitesse descensionnelle ou sous forte charge (dans la Fleet Air Arm, les armes qui n'avaient pas été utilisées au combat n'étaient pas larguées, contraignant les pilotes à regagner leur bord avec elles). Parmi les équipements britanniques retenus figurait le système d'arme AN/AWG-11, version de l'AWG-10 produite sous licence au Royaume-Uni, réalisé autour du radar AN/APG-59.

Les deux YF-4K de développement portaient les numéros de série XT595 et XT596. Le premier d'entre eux vola le 27 juin 1966 avant de rejoindre Edwards AFB, où il entreprit ses essais. Le premier F-4K de série vola, quant à lui, le 1er novembre et opéra quelque temps depuis le porte-avions USS *Coral Sea*. Les premiers F-4K furent employés par la suite au sein de divers établissements d'essais de la défense nationale britannique. Les premières machines arrivèrent le 29 avril 1968 à Yeovilton, une base qui allait accueillir la plupart des Phantom britanniques.

## En service dans la Fleet Air Arm

Au sein de la Fleet Air Arm, le F-4K reçut la désignation de Phantom FG Mk 1, qui reflétait son affectation à des missions de défense de la flotte et d'attaque au sol. Le jour même où les Phantom se posèrent à Yeovilton fut formé le Squadron 700P, destiné à évaluer l'appareil en vue de son utilisation navale. En janvier 1967 apparut le Squadron 767, une Operational Conversion Unit formée à partir du Squadron 700P. A la fin de mars 1969, la première unité opérationnelle, le Squadron 892, fut constituée. Un des premiers objectifs poursuivis par la Royal Navy fut de faire participer le Phantom FG Mk 1 à la course Londres-New York en mai 1969. Escorté par un Victor de la RAF, un Phantom du Squadron 892 battit un record de durée en reliant ces deux villes en 4 h 46 mn 57 s. En octobre eurent lieu les premiers essais en mer, sur l'USS *Saratoga*, puis au printemps 1970 vinrent les tests depuis le HMS *Ark Royal*. Le 12 juin 1970, le Squadron 892 embarqua en entier sur ce dernier bâtiment.

***Phantom FGR Mk 2 de l'OCU 228, formée à Coningsby à la fin de 1967.***

## – Phantom britanniques

*McDonnell Douglas F-4K Phantom FG Mk 1 du Squadron 892, embarqué sur le porte-avions HMS « Ark Royal » en 1977. L'appareil représenté ici – XT872 – effectua son premier vol le 17 juin 1968 et, après des essais au Royal Aircraft Establishment de Bedford, il rejoignit le Squadron 892 en avril 1969. Il y servit jusqu'à ce que cette unité soit dissoute, en septembre 1978. Transféré au Squadron 4 de la RAF, à Saint Atham, il y reçut de nouvelles marques.*

04
ROYAL NAVY
XT 872
04
R
ROYAL NAVY
XT 872

Catapultage d'un Phantom FG Mk 1 du Squadron 892 depuis le pont du porte-avions HMS « Ark Royal ». L'avion emporte une lourde charge offensive, constituée de huit bombes de 227 kg.

A cette époque, l'*Ark Royal* était le seul porte-avions de la Royal Navy, la refonte du HMS *Eagle* en vue de lui permettre d'accueillir les Phantom de la Fleet Air Arm ayant été abandonnée. La carrière du F-4K au sein de la Royal Navy connut une fin brutale en 1978, lorsque la décision fut prise de retirer du service les porte-avions classiques. Les Britanniques allaient se rendre compte de leur erreur quatre ans plus tard, lors de la guerre des Malouines. Le 27 novembre 1978 eut lieu le dernier catapultage d'un Phantom FG Mk 1 depuis un porte-avions. Les Phantom encore en état de voler furent tous cédés à la Royal Air Force, qui souhaitait les équiper de canons en nacelles SUU-23.

Lorsque la RAF abandonna officiellement le programme du P.1154, le 2 décembre 1965, elle se lança dans la réalisation de deux projets, celui du Harrier et celui du Jaguar. Le dernier de ces appareils ne devant pas être prêt avant longtemps, un avion de transition devait être adopté en vue de remplir des missions d'attaque, de frappe et de reconnaissance. Le Phantom répondait parfaitement à de telles préoccupations, d'autant qu'il pourrait remplacer le Lightning pour les tâches de défense aérienne quand le Jaguar deviendrait disponible.

McDonnell étudia une version du Phantom destinée à la RAF, le F-4M, et une commande lui parvint le 1er juillet 1965. Le premier marché prévu, portant sur 200 exemplaires, fut réduit quelque temps plus tard à 118, dont 2 YF-4M. Le premier de ces avions vola le 17 février 1967 et, comme dans le cas du F-4K, 2 YF-4M furent conservés aux Etats-Unis afin de subir une évaluation, à Holloman AFB et à Patuxent River NAS, avant d'être livrés aux services compétents britanniques.

La cellule du Phantom FGR Mk 2, dénomination attribuée au F-4M par la RAF, était identique à celle du Phantom FG Mk 1, mais l'appareil ne comportait pas de jambe de nez rallongeable ni de stabilisateurs horizontaux à fentes. Parmi les différences d'équipements figuraient des canons en nacelles SUU-16/A et SUU-23/A, une plate-forme de navigation inertielle Ferranti, un altimètre radar et une radio HF. Quelques Phantom FGR Mk 2 furent dotés d'une double commande pour permettre la transformation opérationnelle des équipages. Le système d'arme intégré sur l'appareil était l'AN/AWG-12, identique à l'AWG-11, mais couplé avec la plate-forme de navigation inertielle et adapté aux missions de frappe et de reconnaissance.

## En service dans la Royal Air Force

Le premier F-4M de série vola le 26 décembre 1967 et fut livré aux Britanniques le 18 juillet 1968. Le lot prévu pour la RAF avait été entièrement réceptionné dès octobre 1969, permettant l'équipement de plusieurs unités. La première des priorités consista à créer une unité de transformation opérationnelle, ce qui fut fait avec l'Operational Conversion Unit 238, sise à Coningsby. Le Squadron 6 fut la première formation opérationnelle mise sur pied, suivi par le Squadron 54 et par le Squadron 41 qui reçut des nacelles de reconnaissance EMI.

Dans le même temps, 14 Phantom FG Mk 1 provenant des surplus de l'US Navy entraient en service au sein du Squadron 43, basé à Leuchars, seule unité de Phantom de la RAF chargée pendant un temps assez prolongé de missions de défense aérienne. Ces avions pouvaient, à l'instar du Phantom FGR Mk 2, emporter des canons en nacelles de fuselage. Vint ensuite le tour de la RAF en Allemagne, dont les Squadrons 17 et 31 reçurent des Phantom FGR Mk 2 en vue de constituer à Brüggen un wing d'attaque. Outre de bombes et de paniers à roquettes, ces appareils pouvaient être armés de bombes nucléaires tactiques B43 et B57, utilisées sous le régime de la double clé avec les Américains.

Les missions de reconnaissance revinrent à deux unités, le Squadron 11, à Laarbruch, et le Squadron 41, à Coningsby, qui pouvaient être également engagés dans des missions d'attaque et de frappe. Pour les sorties de reconnaissance, les Phantom étaient équipés d'une nacelle EMI montée en dessous du fuselage, qui comportait des caméras, un système de balayage à infrarouge et un radar à balayage latéral. Un flash électronique était employé pour les missions de reconnaissance de nuit.

## Missions de défense aérienne

En 1974, le Jaguar entra enfin en service, en l'occurrence au sein du Squadron 54, basé à Coltishall, en avril puis du Squadron 6 dès le mois de septembre de la même année. Les Phantom ainsi libérés furent expédiés à Leuchars, où le Squadron 111 se joignit au Squadron 43 pour les missions de défense aérienne. Pendant les trois années suivantes, les formations de reconnaissance et d'attaque transformées sur Jaguar cédèrent leurs Phantom FGR Mk 2 à la défense aérienne. Au wing de Leuchars s'ajoutèrent d'autres unités, à Wattisham et à Coningsby, équipées de Lightning. En 1976-1977, les Phantom remplacèrent les Lightning dans deux squadrons de la RAF en Allemagne chargés de surveiller l'ADIZ (Air Defence Indentification Zone), le long de la frontière avec l'Allemagne de l'Est. En 1978, l'arrivée des Phantom FG Mk 1 de la Royal Navy permit au Squadron 111 d'être transformé sur cette version, si bien que toutes les unités basées à Leuchars volaient sur Phantom.

Cette orientation vers les missions de défense aérienne amena diverses modifications des Phantom. La plus importante fut l'adoption d'un détecteur d'alerte radar Marconi ARI.18228, placé au sommet de la dérive. En juin 1978, l'appareil reçut un camouflage de supériorité aérienne. Son armement consistait en quatre missiles AIM-7E-2 Sparrow à guidage radar semi-actif, en deux missiles AIM-9 Sidewinder à guidage infrarouge, et en un canon en nacelle SUU-23/A de 20 mm. En 1979, le Sparrow fut remplacé par le Sky Flash, et, au début des années quatre-vingt, apparut l'AIM-9L.

F-4J (UK) du Squadron 74 photographié à l'intérieur de son abri durci sur la base de Wattisham. Cette unité utilisa des avions de ce type de 1984 à 1992.

# Le Phantom en service

## Royal Navy

La Royal Navy s'intéressa d'autant plus au Phantom qu'elle n'avait pas réussi à s'entendre avec la RAF sur des spécifications communes concernant l'avion d'attaque ADAV/C P.1154. La Royal Navy passa donc commande de 143 Phantom FG Mk 1 (F-4K), mais seuls 52 F-4K (dont 2 YF-4K d'essais) furent construits et 14 de ceux-ci livrés à la RAF. Le premier YF-4K vola le 27 juin 1966 et le premier Phantom fut livré à la Royal Navy le 29 avril 1968. Le programme d'essais en vol du Phantom fut mené à bien par le Squadron 700P, les pilotes commençant ensuite leur entraînement au sein du Squadron 767 avant d'intégrer le Squadron 892 opérationnel. Le Squadron 767 fut dissous en raison des faibles effectifs des équipages transformés sur Phantom, l'entraînement étant alors confié à la PPOCU (Phantom Post-Operational Conversion Unit) sous le contrôle de la RAF. Lorsque la Royal Navy décida de retirer du service ses derniers avions de type conventionnel embarqués sur porte-avions, l'*Ark Royal* fut désarmé et ses Phantom reversés à la RAF. Tous les Phantom de la Royal Navy arboraient une livrée de camouflage grise sur les surfaces d'extrados et blanche sur les surfaces d'intrados, avec deux grandes cocardes de type D.

*Le Squadron 43 fut la seule unité de défense aérienne équipée de Phantom de 1969 à 1989. Elle volait sur des F-4K depuis la base de Leuchars.*

### Phantom Post-Operational Conversion Unit
**Base :** RAF Leuchars
**Phantom en service :** du 1er septembre 1972 au 31 mai 1978
**Missions :** unité d'entraînement – placée sous le contrôle de la RAF – des Phantom de la Royal Navy
**Code de dérive :** « LU » ou un code à une seule lettre
**Marques :** la lettre grecque Omega percée par une épée

### Squadron 700P
**Base :** RNAS Yeovilton
**Phantom en service :** du 30 avril 1968 au 31 mars 1969
**Missions :** unité d'évaluation opérationelle
**Code de dérive :** « VL »
**Marques :** un Phantom peint aux couleurs de l'Union Jack britannique sur un diamant rouge

### Squadron 767
**Base :** RNAS Yeovilton
**Phantom en service :** du 14 janvier 1969 au 1er août 1972
**Missions :** unité de transformation
**Code de dérive :** « VL »
**Marques :** un faucon jaune stylisé

### Squadron 892
**Base :** HMS *Ark Royal* et, à terre, RNAS Yeovilton
**Phantom en service :** du 31 mars 1969 au 15 décembre 1978
**Missions :** défense aérienne de la flotte et attaque au sol
**Code de dérive :** « R »
**Marques :** la lettre grecque Omega

### Squadron 19
**Base :** RAF Wildenrath
**Phantom en service :** du 1er janvier 1977 au 9 janvier 1992
**Missions :** défense aérienne
**Marques :** un insigne représentant un dauphin sur la dérive et un damier bleu et blanc

### Squadron 23
**Base :** RAF Coningsby, puis RAF Wattisham à partir du 25 février 1975, Port Stanley (Malouines) à partir du 1er avril 1983, et RAF Mount Pleasant à partir du 20 avril 1984
**Phantom en service :** du 17 novembre 1975 au 1er novembre 1988
**Missions :** défense aérienne
**Marques :** un aigle rouge sur la dérive, des bandes de dérive bleu et vert, puis les armoiries des îles Malouines

### Squadron 29
**Base :** RAF Coningsby (en détachement à Port Stanley, aux Malouines, du 17 octobre 1982 au 1er avril 1983)
**Phantom en service :** du 1er janvier 1975 au 31 mars 1987
**Missions :** défense aérienne
**Marques :** un insigne placé sur le nez représentant un aigle et un busard et, sur la dérive, une bande avec trois X peints en rouge sur des barres blanches ou noires

### Squadron 31
**Base :** RAF Brüggen
**Phantom en service :** du 7 octobre 1971 au 1er juillet 1976
**Missions :** attaque au sol
**Marques :** une étoile jaune sur la dérive, avec un damier vert et jaune

### Squadron 41
**Base :** RAF Coningsby
**Phantom en service :** du 1er avril 1972 au 31 mars 1977
**Missions :** reconnaissance tactique et attaque au sol
**Marques :** une barre noire ainsi qu'une croix à deux branches placées sur le nez, la même croix sur la dérive

### Squadron 43
**Base :** RAF Leuchars
**Phantom en service :** du 1er septembre 1969 au 31 juillet 1989
**Missions :** défense aérienne
**Marques :** des coqs de combat sur la dérive avec un damier blanc et noir

### Squadron 54
**Base :** RAF Coningsby
**Phantom en service :** du 1er septembre 1969 au 23 avril 1974
**Missions :** attaque au sol
**Marques :** un lion cabré flanqué de deux damiers rouge et blanc

### Squadron 56
**Base :** RAF Wattisham
**Phantom en service :** du 8 juillet 1976 au 1er juillet 1992
**Missions :** défense aérienne
**Marques :** un oiseau de feu flanqué de deux damiers rouge et blanc

### Squadron 64 (Reserve) et Squadron 228 Operational Conversion Unit
**Base :** RAF Coningsby, puis RAF Leuchars à partir du 22 avril 1987
**Phantom en service :** du 23 août 1968 au 31 janvier 1991
**Missions :** unité de transformation et d'entraînement
**Marques :** (à partir du 1er juillet 1970) un scarabée flanqué de deux zigzags rouge et bleu

## Royal Air Force

Au total, 118 exemplaires de Phantom FGR Mk 2 (F-4M) furent produits en série pour le compte de la Royal Air Force, dont 2 YF-4M d'essais. Le premier Phantom FGR Mk 2 fut réceptionné par la Royal Air Force le 18 juillet 1968, l'avion arborant au départ une livrée de camouflage vert foncé et gris sur les surfaces d'extrados, gris clair sur les surfaces d'intrados et des cocardes de type D (remplacées par la suite par des cocardes de type B). La Royal Air Force prit également livraison de 14 Phantom FG Mk 1, destinés initialement à la Royal Navy. Ces appareils furent mis en service au sein du Squadron 43 de défense aérienne, alors que les premiers FGR Mk 2 de la Royal Air Force furent affectés à deux squadrons d'attaque et de reconnaissance qui étaient basés en Grande-Bretagne, puis à trois autres squadrons d'attaque et à un squadron de reconnaissance stationnés en Allemagne de l'Ouest, et enfin à un dernier squadron de reconnaissance en Grande-Bretagne. Progressivement, ces unités furent transformées sur Jaguar au cours des années 1974-1976, les Phantom étant réaffectés à des tâches de défense aérienne en Grande-Bretagne et en Allemagne et recevant une nouvelle livrée de camouflage en trois tons de gris. Lorsque la Royal Navy retira du service ses Phantom FG Mk 1 embarqués, la Royal Air Force reprit à son compte ces appareils. Après la guerre des Malouines, en 1982, des Phantom FGR Mk 2 furent stationnés sur ces îles et 15 ex-F-4J de l'US Navy furent également achetés pour venir renforcer le Squadron 74. L'adoption par la Royal Air Force du Tornado F Mk 3 entraîna le retrait du service du Phantom. La dernière unité encore équipée de Phantom, le Squadron 74 qui était basé à Wattisham, fut dissoute le 1er octobre 1992.

### Squadron II (AC)
**Base :** RAF Brüggen puis, à partir du 1er avril 1971, RAF Laarbruch
**Phantom en service :** du 7 décembre 1970 au mois de février 1976
**Missions :** reconnaissance tactique et attaque au sol
**Marques :** un triangle blanc apposé sur la dérive et, sur le fuselage, des triangles blancs flanqués d'un nœud de marine, le tout placé sur fond de barre noire

### Squadron 6
**Base :** RAF Coningsby
**Phantom en service :** du 7 mai 1969 au 30 septembre 1974
**Missions :** attaque au sol
**Marques :** un insigne de mitrailleur de la Royal Artillery (un zigzag rouge sur une bande bleue) sur la dérive et un insigne représentant un « ouvre-boîte volant » placé sur le nez

### Squadron 14
**Base :** RAF Brüggen
**Phantom en service :** du 30 juin 1970 au 1er décembre 1975
**Missions :** attaque au sol
**Marques :** une assiette ailée portant la croix de saint George flanquée de part et d'autre de trois diamants bleus sur une barre blanche

### Squadron 17
**Base :** RAF Wildenrath puis, à partir du 16 septembre 1970, RAF Brüggen
**Phantom en service :** du 1er juillet 1970 au mois de février 1976
**Missions :** attaque au sol
**Marques :** des zigzags noirs sur une pointe de flèche blanche

### Squadron 74
**Base :** RAF Wattisham
**Phantom en service :** du 1er juillet 1984 au 1er octobre 1992
**Missions :** défense aérienne
**Marques :** une tête de tigre sur la dérive, une tête de tigre et deux bandes noir et jaune sur le nez

### Squadron 92
**Base :** RAF Wildenrath
**Phantom en service :** du 1er avril 1977 au 5 juillet 1991
**Missions :** défense aérienne
**Marques :** sur la dérive, un cobra enserrant une branche d'érable et une bande de damiers rouge et jaune

### Squadron 111
**Base :** RAF Coninsgby, puis RAF Leuchars à partir du 3 novembre 1975
**Phantom en service :** du 1er octobre 1974 au 31 janvier 1990
**Missions :** défense aérienne
**Marques :** une barre noire sur la dérive, une croix potencée avec deux épées croisées et trois haches d'abordage sur la dérive et, toujours sur la dérive, un insigne reprenant le même motif sur un éclair noir

### Squadron 1435
**Base :** RAF Mount Pleasant
**Phantom en service :** du 1er novembre 1988 au mois de juillet 1992
**Missions :** défense aérienne
**Marques :** une croix de Malte rouge placée sur la dérive et, sur le nez, les armoiries des îles Malouines (un mouton et un bateau de pêche sur un bouclier bleu)

*Ce Phantom FGR Mk 2 appartenant au Squadron 92, basé à Wildenrath, porte une livrée de camouflage gris et vert. Ce Squadron utilisa des Phantom pour des missions de défense aérienne jusqu'au 5 juillet 1991. Plusieurs de ces appareils furent détachés en Allemagne.*

*La fin d'une époque : le Phantom FG Mk 1 (XV570) du Treble 1 Squadron 111 fut retiré du service en 1989. Ces appareils avaient été conçus au départ pour servir d'avions d'attaque embarqués au sein de la Royal Navy. Sur les porte-avions britanniques, ils furent remplacés par des Sea Harrier.*

Tout au long de leur carrière dans la défense aérienne, les Phantom interceptèrent régulièrement des avions soviétiques au-dessus de l'Atlantique Nord et de la mer du Nord. La plupart des unités de Phantom furent affectées au SACEUR, grand commandement de l'OTAN, et d'autres, comme les Squadrons 29 et 43, au SACLANT, où ils accomplirent des missions de défense aérienne de la flotte. A Leuchars étaient basés les avions en alerte rapide sur la zone nord, tandis que les avions chargés de la même mission en zone sud se trouvaient à Binbrook, à Wattisham et à Coningsby. Le système d'alerte consistait à maintenir deux avions prêts à décoller dans les dix minutes, dans des abris durcis, et un troisième capable de prendre l'air avec un préavis d'une heure.

## Phantom aux Malouines

En 1982, quand l'Argentine envahit les Malouines, des Phantom furent expédiés dans l'île de l'Ascension, dont ils devaient assurer la défense aérienne, mais ils ne prirent aucunement part au conflit. Si les Britanniques n'avaient pas retiré du service quelques années auparavant leurs porte-avions classiques, l'histoire de cette guerre eût été fort différente. Une fois l'affrontement avec l'Argentine achevé, des Phantom furent basés à Port Stanley afin de prévenir toute nouvelle agression de la part de l'Argentine. La piste de l'aéroport de la capitale des Malouines étant trop courte, les chasseurs britanniques devaient utiliser le système d'arrêt qui y avait été aménagé. En avril 1984, une nouvelle base fut ouverte à Mount Pleasant avec une piste beaucoup plus longue. Les Phantom demeurèrent aux Malouines jusqu'au milieu de 1992, époque de leur relève par des Tornado F Mk 3.

## Le F-4J(UK)

L'envoi de 9 Phantom aux Malouines se révéla préjudiciable à l'efficacité de la flotte demeurée au Royaume-Uni, notamment en ce qui concernait la participation à l'OTAN. Pour cette raison, une quinzaine de Phantom appartenant à l'US Navy furent acquis en vue de reconstituer le Squadron 74, à Wattisham. Les avions reconditionnés par les ateliers de North Island étaient dotés de réacteurs J79 et d'une avionique américaine comportant le système d'arme AN/AWG-10, et 9 d'entre eux avaient une livrée différente, due à une erreur dans les spécifications données en ce qui concernait leur peinture.

Au sein de la Royal Air Force, ces appareils reçurent la désignation de F-4J(UK), l'attribution de l'appellation Phantom F Mk 3 pouvant prêter à confusion avec celle du Tornado de défense aérienne. Du fait de leurs excellentes performances, les F-4J(UK) se révélèrent très populaires parmi les pilotes, mais, à l'exception des sièges éjectables et des missiles Sky Flash, tous leurs équipements et tous leurs systèmes étaient américains. Leur maintenance se révéla donc difficile.

A la fin des années quatre-vingt, le Tornado F Mk 3 commença à remplacer le Phantom dans les missions de défense aérienne, mais pendant quelque temps la RAF disposa de trois intercepteurs de types différents en service en même temps : le Phantom, le Tornado et le Lightning. Le Squadron 29 fut le premier à disparaître, en mars 1987, suivi par le Squadron 23, basé à Wattisham. Les unités de Leuchars commencèrent à être rééquipées en 1989-1990, et la RAF en Allemagne perdit ses Phantom en même temps qu'elle cessa de maintenir ses formations en alerte rapide en 1991. Seuls les Squadrons 56 et 74 survécurent jusqu'en 1992. La seconde de ces unités vola brièvement sur Phantom FGR Mk 2 après avoir abandonné ses F-4J(UK) et fut la dernière à disparaître, le 1er octobre 1992.

Tous les Phantom britanniques n'allèrent pas à la ferraille. Quelques-uns furent stockés en attendant le soixante-quinzième anniversaire de la création de la Royal Air Force. Mais un seul d'entre eux, et encore en statique, participa à l'événement. Si un tout petit nombre d'exemplaires demeurent en dépôt de stockage, aucun ne volera jamais. Le Phantom représente un chapitre important de l'histoire de l'aviation militaire britannique. A une époque de compressions budgétaires massives, il permit à la Royal Air Force et à la Fleet Air Arm de conserver des capacités opérationnelles élevées et demeura en service plus d'une vingtaine d'années. Par une ironie de l'histoire, la Royal Air Force ne souhaita jamais vraiment utiliser cet appareil et la Royal Navy ne put jamais l'employer le temps qu'elle l'aurait souhaité.

***Ce Phantom FGR Mk 2 du Squadron 29 est armé d'un canon de 20 mm en nacelle, de quatre AIM-9L Sidewinder et de quatre Skyflash.***

# Valkyrie : le dernier des géants

*Le XB-70 fut réalisé à l'époque de ce que les Américains nommèrent le Bomber Gap et lorsque, s'interrogeant sur l'avance soviétique, ils conçurent un appareil capable de frapper impunément l'ennemi. Les énormes investissements effectués pour permettre le développement du Valkyrie ne servirent plus à rien quand, au début du mois de mai 1960, l'U-2 de Gary Powers fut abattu par un engin sol-air. Menacé par ces derniers, le XB-70 fut abandonné après le désastre qu'il connut en 1966.*

CEUX qui assistèrent à la sortie d'atelier du prototype North American XB-70, à Palmdale, le 11 mai 1964, étaient animés par des sentiments contradictoires. La crainte était l'un d'entre eux. Il est vrai que le nouvel appareil, étincelant sous le soleil du printemps, était le plus grand, le plus lourd, le plus puissant et le plus coûteux qui ait jamais été produit dans toute l'histoire de l'aéronautique. Par ailleurs, à l'exception du X-15, également conçu par North American, c'était aussi le plus rapide. Le Valkyrie avait également un plafond et une distance franchissable des plus impressionnants. Les lignes de l'avion étaient d'une beauté à couper le souffle et les hommes qui avaient travaillé sur lui se sentaient sereins à présent que le processus avait été mené jusqu'à son terme.

Mais l'impression qui dominait sans aucun doute, c'était que le magnifique géant peint en blanc était déjà obsolète. Le monde était entré depuis quelques années dans l'ère des missiles sol-air. L'avion le plus rapide du monde était devenu une machine vulnérable, à la fois aux engins sol-air et aux représentants du Congrès, qui tenaient les cordons de la bourse.

Dix ans auparavant, les choses étaient bien différentes. En 1954, le commandant du Strategic Air Command de l'US Air Force, le général LeMay, s'inquiétait de la réalisation d'un nouveau bombardier stratégique. Personne n'imaginait alors que le Boeing B-52, nouvellement apparu, serait encore en service quatre décennies plus tard. LeMay estimait que le Convair B-58, un avion bisonique, avait des capacités limitées. Aussi souhaitait-il qu'un programme nouveau soit lancé de toute urgence. En 1955, le Strategic Air Command s'intéressait à trois grandes réalisations : le Weapon System 107A, un missile balistique intercontinental ; le WS-110A relatif à un CPB (Chemically Propelled Bomber), ou bombardier à propulsion chimique ; et le NPB (Nuclear Propelled Bomber), ou bombardier à propulsion nucléaire, capable d'évoluer dans les airs pendant des semaines, voire des mois.

Six compagnies travaillaient sur le deuxième de ces projets. Le 11 novembre 1955, North American Aviation bénéficia à ce propos d'un contrat de développement. Cette société avait dessiné un bombardier de très grandes dimensions, d'une configuration delta canard, doté de nacelles de carburant montées en dessous des panneaux d'ailes extérieurs, aussi volumineuses que celles d'un Boeing B-47. Arrivé à proxi-

**Lors de son premier vol, aux mains de Joe Cotton et d'Al White, le XB-70 rallia le Flight Test Center de l'US Air Force, à Edwards AFB. Le train d'atterrissage n'ayant pu être escamoté, l'avion ne put donc atteindre la vitesse prévue au départ. Noter les surfaces canard légèrement abaissées et les élevons relevés.**

***Aux nombres de Mach élevés, les saumons de la voilure du B-70 pouvaient être abaissés de 25 ou de 65°. Le second prototype du Valkyrie était équipé d'un radar monté dans un radôme de nez peint en noir et d'autres éléments d'avionique qui ne figuraient pas sur le premier appareil.***

mité de l'objectif, l'équipage se débarrassait de ces éléments encombrants et l'avion effectuait sa course de bombardement à l'extraordinaire vitesse de Mach 2,3. La masse à l'atterrissage de l'appareil était de 100 tonnes, soit à peine plus que le tiers de celle qu'il affichait au décollage. Le concept imaginé par North American était à la fois original et séduisant, mais il ne plut guère au général LeMay, qui le rejeta.

North American Aviation avait appliqué à son projet les technologies les plus avancées du temps, qu'il s'agisse de la loi des aires, des réacteurs à postcombustion et de la configuration delta canard. Une des solutions possibles pour accroître les performances résidait dans de nouveaux carburants connus sous la désignation de Zip. Ces carburants, qu'ils fassent appel au boron ou aux boranes, avaient un rendement nettement supérieur à celui des kérosènes traditionnels. Le choix était difficile, mais, faute de mieux, l'US Air Force investit des dizaines de millions de dollars de l'époque – des milliards aujourd'hui – afin de construire des usines capables de produire en grandes quantités les carburants Zip. Ceux-ci étaient capables de conférer au Chemical Propulsion Bomber une distance franchissable accrue de 10 % et une vitesse de croisière de Mach 3. Mais, même ainsi, les spécifications émises par l'US Air Force à propos d'un tel appareil – distance franchissable sans ravitaillement de 10 200 km et avec une branche bisonique de 1 600 km – ne pourraient être satisfaites. C'est alors que les ingénieurs de North American Aviation tombèrent sur un document confidentiel rédigé par deux spécialistes du NACA (ancêtre de la NASA), Alfred J. Eggers et Clarence A. Syverston. Ce document traitait d'un avion dont le fuselage aurait été entièrement situé en dessous de la voilure. L'onde de choc produite au niveau du bord d'attaque engendrerait un phénomène de compression sous les ailes : un avion hautement supersonique faisant appel à cette technique pourrait ainsi naviguer sur sa propre onde de choc comme un hors-bord.

## Le projet prend forme

En moins d'une semaine, North American Aviation réalisa une maquette d'appareil faisant appel à cette technique, qui fut testée à Mach 3,5 en soufflerie aérodynamique. Les résultats des essais furent impressionnants. Le rapport entre la traînée et la portance atteignit un sommet de 22 %, et il dépassa 100 % aux fortes incidences. De cette façon, la faisabilité du projet WS-110A, machine capable d'évoluer à Mach 3 (3 220 km/h) était vérifiée. Les dirigeants de North American et les responsables de l'US Air Force étaient ravis, mais il y avait une ombre au tableau. L'US Army possédait en effet des batteries de missiles sol-air Nike, et les successeurs de ces engins promettaient d'être encore plus efficaces. Sans doute pourraient-ils abattre à plus ou moins brève échéance n'importe quel bombardier, même aussi rapide que le WS-110A. Curieusement, personne ne pensa à l'époque à un avion qui aurait volé à très basse altitude, ou bien à des machines indétectables répondant à ce qu'on appelle aujourd'hui la technologie de la furtivité. Au lieu de cela, le débat courut sur la question de savoir si les missiles balistiques intercontinentaux rendraient les bombardiers pilotés obsolètes. Aucun des stratèges engagés dans ce débat n'en avait relevé l'inanité et ne s'était interrogé sur le fait que les engins balistiques ne pourraient être employés contre des objectifs mobiles ou comme plates-formes de reconnaissance.

Parallèlement au WS-110A, North American Aviation avait procédé au développement du missile de croisière SM-64 Navaho, une des armes les plus coûteuses que l'US Air Force eût financée jusqu'à cette époque. Or, monté sur un bombardier trisonique, ce missile aurait parfaitement rempli les mêmes missions que les sol-sol balistiques. Mais, après avoir investi plus de 690 millions de dollars dans le Navaho, l'US Air Force, en juillet 1957, en interrompit brusquement le programme. Le 23 décembre de la même année, elle autorisa le développement du CPB par North American, qui devint XB-70 Valkyrie en 1958. En février de cette année, le docteur Hugh L. Dryden, directeur du NACA, soulignait que quelque chose d'étrange et de merveilleux s'était passé, comme si les pièces d'un puzzle s'étaient soudainement mises en place. Les gigantesques programmes de recherches lancés aux Etats-Unis dans les domaines des structures, des propulseurs et de l'aérodynamique avaient fini par porter

## Ecorché du North American XB-70A Valkyrie

1 Tube de Pitot
2 Perche de nez
3 Emplacement du réceptacle de ravitaillement en vol
4 Structure du cône de nez
5 Radôme
6 Emplacement du radar de bombardement et du radar de navigation
7 Pare-brise repliable à basse vitesse
8 Antennes radiocompas
9 Cloison de pressurisation avant
10 Vérins de commande de pare-brise
11 Pare-brise en position haute vitesse
12 Pare-brise articulé
13 Pare-brise interne
14 Auvent du tableau de bord
15 Pédales de palonnier
16 Perches de la centrale aérodynamique
17 Poignées du volant
18 Siège éjectable du pilote
19 Siège éjectable du copilote
20 Capsule d'éjection
21 Coussin amortisseur de la capsule d'éjection
22 Perches télescopiques stabilisatrices
23 Trappes d'évacuation
24 Porte d'accès
25 Râteliers à équipements électroniques et à équipements de mesure
26 Surface canard
27 Volet de surface canard
28 Trappes d'évacuation
29 Cloison de pressurisation
30 Attache de surface canard
31 Vérin de commande de trim
32 Structure de bord d'attaque en nid d'abeilles
33 Surface canard
34 Structure de volet en acier inoxydable
35 Panneau de bord de fuite en nid d'abeilles
36 Commande de surface canard
37 Canalisations de pressurisation
38 Revêtement de fuselage en titane
39 Réservoir de l'échangeur de chaleur
40 Réservoir d'ammoniaque
41 Cadre de fuselage en titane
42 Antennes de communication
43 Extracteur d'eau du système de pressurisation
44 Système de conditionnement d'air
45 Echappement de l'échangeur de chaleur
46 Cadre de liaison de l'avant au centre du fuselage
47 Porte de visite de réservoir de carburant
48 Revêtement en nid d'abeilles
49 Gaine de câble de commande
50 Réservoirs structuraux de fuselage

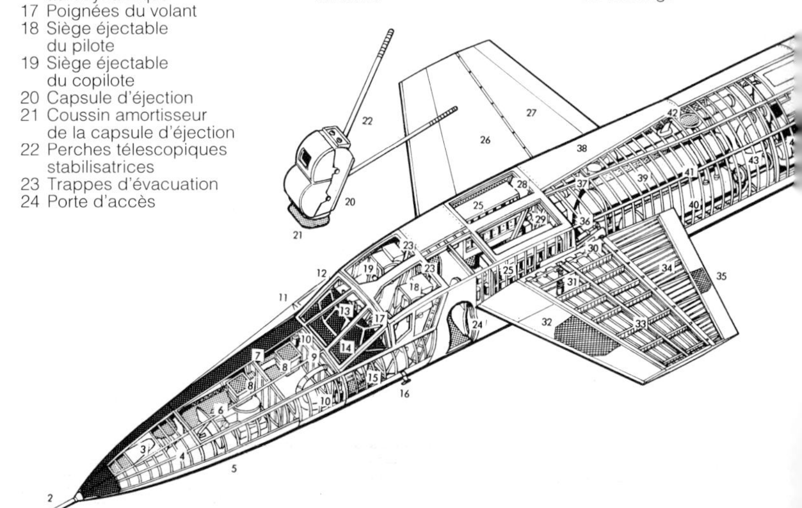

**_Le 8 juin 1963, au-dessus du Nevada, à 7 500 m d'altitude, le Valkyrie 20007 participait à une séance de photographies en compagnie de plusieurs autres appareils. Soudain, à 9 h 26, alors que les prises de vues étaient achevées, un F-104 piloté par Joe Walker se trouva aspiré dans le sillage du bombardier et fut projeté sur la gouverne de direction de droite, qu'il pulvérisa. Le XB-70 s'écrasa peu après._**

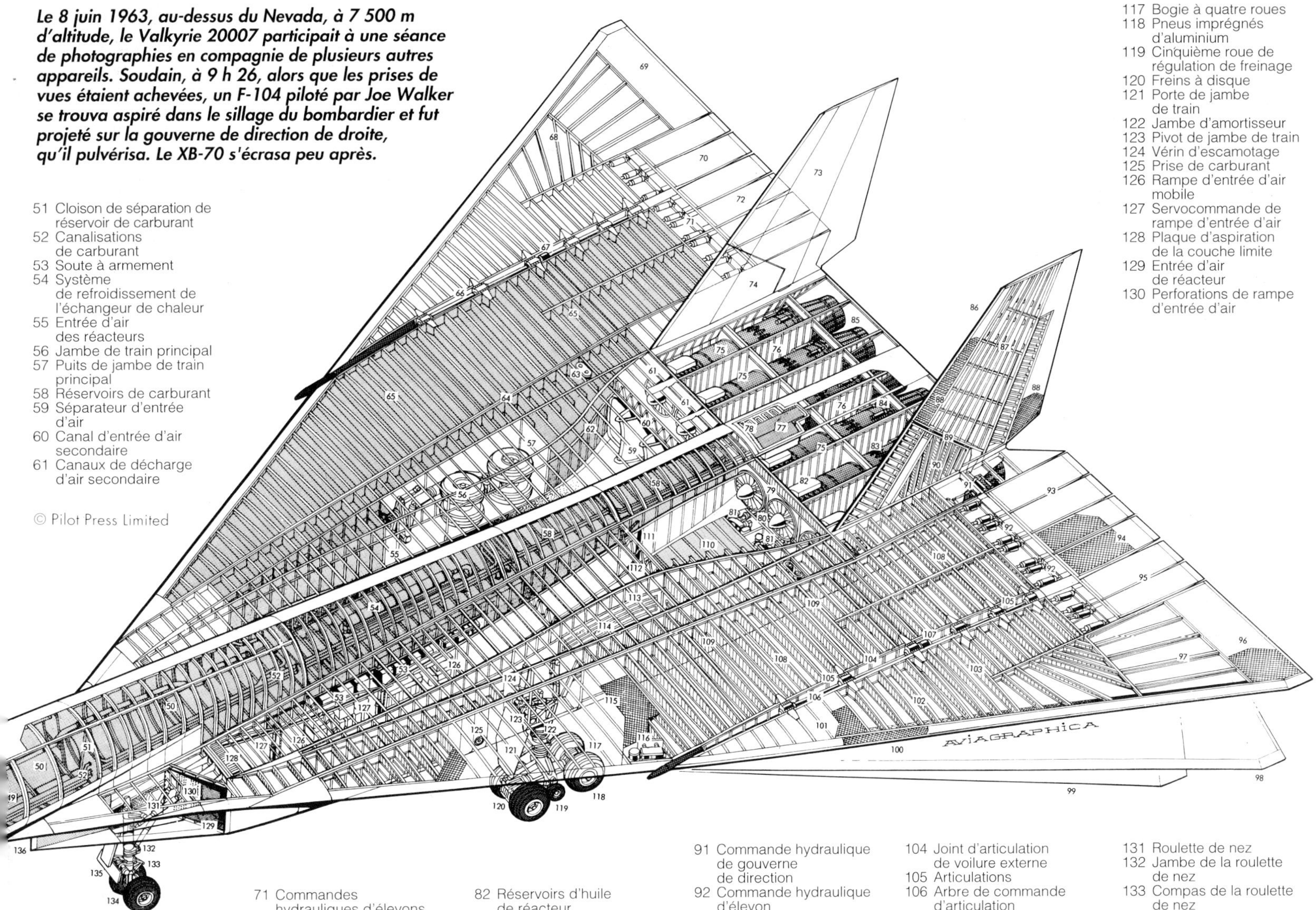


51 Cloison de séparation de réservoir de carburant
52 Canalisations de carburant
53 Soute à armement
54 Système de refroidissement de l'échangeur de chaleur
55 Entrée d'air des réacteurs
56 Jambe de train principal
57 Puits de jambe de train principal
58 Réservoirs de carburant
59 Séparateur d'entrée d'air
60 Canal d'entrée d'air secondaire
61 Canaux de décharge d'air secondaire



62 Réservoir de carburant
63 Pompes à carburant
64 Nervure de liaison de panneau extérieur d'aile
65 Réservoir structural d'aile
66 Joint d'articulation d'aile extérieure
67 Moteur et réducteur d'articulation
68 Partie de voilure mobile
69 Partie fixe de bord de fuite
70 Elevons extérieurs
71 Commandes hydrauliques d'élevons
72 Elevons intérieurs
73 Gouverne de direction
74 Section fixe d'empennage vertical
75 Réacteur General Electric YJ93
76 Cloison pare-feu de réacteur
77 Logement du parachute de freinage
78 Canalisations de refroidissement du logement du parachute
79 Compresseurs des réacteurs
80 Cône de compresseur
81 Entraînement des accessoires réacteurs
82 Réservoirs d'huile de réacteur
83 Canal de tuyère d'éjection
84 Vérins de commande de tuyère à section variable
85 Tuyère d'éjection à section variable
86 Gouverne de direction
87 Structure de gouverne de direction
88 Panneaux de bord d'attaque en acier inoxydable
89 Axe de gouverne de direction
90 Structure de partie fixe de gouverne de direction
91 Commande hydraulique de gouverne de direction
92 Commande hydraulique d'élevon
93 Elevons intérieurs
94 Structure des élevons
95 Elevons extérieurs
96 Panneau de bord de fuite
97 Nervures
98 Partie de voilure inclinée à 25°
99 Partie de voilure inclinée à 65°
100 Bord d'attaque
101 Revêtement
102 Emplacement prévu pour réservoir de carburant
103 Structure multilongeron de la voilure
104 Joint d'articulation de voilure externe
105 Articulations
106 Arbre de commande d'articulation
107 Moteur et réducteur d'articulation
108 Réservoir structural de voilure
109 Structure multilongeron de voilure
110 Réservoir de carburant
111 Volet de dérivation
112 Canal d'aspiration de la couche limite
113 Puits d'atterrisseur principal
114 Canalisation de refroidissement de puits d'atterrisseur
115 Revêtement en nid d'abeilles
116 Pompes à carburant
117 Bogie à quatre roues
118 Pneus imprégnés d'aluminium
119 Cinquième roue de régulation de freinage
120 Freins à disque
121 Porte de jambe de train
122 Jambe d'amortisseur
123 Pivot de jambe de train
124 Vérin d'escamotage
125 Prise de carburant
126 Rampe d'entrée d'air mobile
127 Servocommande de rampe d'entrée d'air
128 Plaque d'aspiration de la couche limite
129 Entrée d'air de réacteur
130 Perforations de rampe d'entrée d'air
131 Roulette de nez
132 Jambe de la roulette de nez
133 Compas de la roulette de nez
134 Diabolo de la roulette de nez
135 Portes de la roulette de nez
136 Plaque d'aspiration de la couche limite

USAF
U.S. AIR FORCE

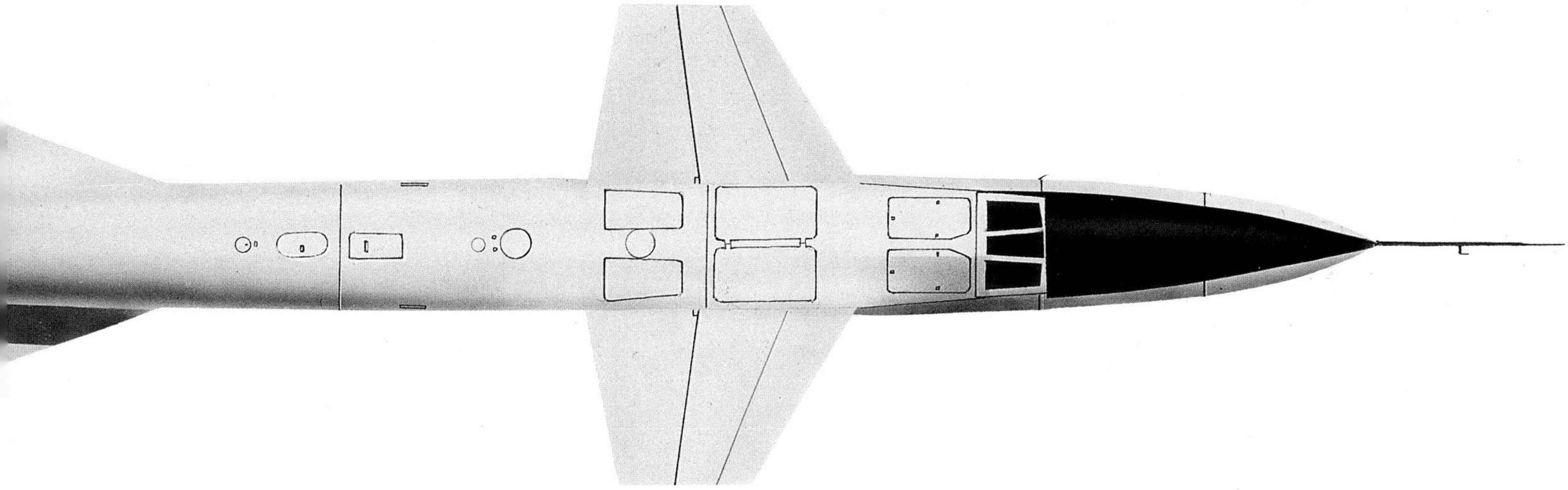

**Caractéristiques**
**North American XB-70 Valkyrie**
**Type :** bombardier stratégique quadriplace
**Moteurs :** 6 turboréacteurs General Electric J93-3 de 12 350 kgp avec réchauffe
**Performances :** vitesse maximale de croisière, 3 275 km/h ou Mach 3,08 ; plafond pratique, 23 000 m ; distance franchissable sans ravitaillement en vol, 8 000 km
**Masse :** à vide, 93 000 kg ; maximale au décollage, 249 500 kg
**Dimensions :** envergure (bouts d'ailes déployés), 32 m ; longueur, 59,89 m ; hauteur, 9,22 m ; surface alaire, 585 m$^2$
**Armement :** pas d'armes défensives (à l'exception de systèmes de contremesures électroniques) ; 14 bombes nucléaires ou thermonucléaires, des bombes conventionnelles ou (en projet seulement), des missiles lançables à distance de sécurité et montés sur des points d'attache extérieurs

## Versions du North American XB-70 Valkyrie

**XB-70A-NA (62-0001) :** premier prototype propulsé par 6 turboréacteurs 7393-G-3 de 14 070 kgp ; transféré ensuite à la NASA pour servir d'avion supersonique de recherche et de développement ; exposé maintenant à l'US Air Force Museum

**XB-70A-NA (62-0007) :** second prototype du Valkyrie équipé d'un radar et d'une avionique de série ; détruit dans une collision aérienne le 8 juin 1966

**XB-70B-NA :** version projetée d'un XB-70A-NA ; serial attribué 62-0008 mais le projet a été annulé et le XB-70B n'a pas été construit

***Le premier prototype du B-70 Valkyrie est exposé à l'heure actuelle à l'US Air Force Museum, à Wright-Patterson AFB, où il constitue le témoignage d'une technologie largement en avance sur son époque.***

*Le Valkyrie, ici le 20001, fut le plus grand, le plus lourd et le plus puissant avion de son temps, mais aussi un des plus rapides. Aujourd'hui encore, cet appareil n'a pas d'équivalent. Quand le Valkyrie fut présenté pour la première fois au public, à Palmdale, un de ses réservoirs de carburant était encore inutilisable.*

leurs fruits, rendant possible le lancement du projet Valkyrie. Une technologie identique à celle de ce dernier allait être employée pour la réalisation de l'intercepteur à long rayon d'action North American F-108, caractérisé par deux réacteurs similaires à ceux du B-70, mais dont la réalisation fut arrêtée en 1959.

Quand toutes les pièces du puzzle eurent été rassemblées, North American put entamer le développement du projet B-70, qui reçut cinq désignations de constructeur différentes avant de se voir attribuer celle de NA-278. Trois prototypes furent commandés le 4 octobre 1961, mais le dernier d'entre eux fut annulé en mai 1964, si bien que le programme se déroula avec deux appareils portant les numéros de série USAF 62-001 et 62-607.

Environ 70 % de la structure du Valkyrie était réalisée en acier inoxydable, le PH 15-7 Mo. La partie du fuselage située en avant de l'immense voilure ressemblait au cou d'un dinosaure et était principalement fabriquée en titane. En dessous des ailes, conçue de façon à engendrer une portance due à la compression, se trouvait une imposante nacelle dans laquelle avaient été installés les six réacteurs General Electric qui propulsaient le géant des airs. Avec le carburant Zip, ces moteurs étaient les plus bruyants qui eussent jamais été utilisés auparavant. Heureusement, les problèmes techniques et politiques auxquels se heurta la mise au point de ce carburant furent tels que le programme fut arrêté en août 1959, quelques jours avant le lancement de la production à une échelle industrielle. La nacelle contenant les moteurs avait une profondeur de 2,13 m, une largeur de 11,30 m et une longueur de 33,50 m, cette dernière dimension correspondant à celle de la corde de la voilure. Les entrées d'air qui alimentaient les réacteurs étaient à géométrie variable.

## Gouvernes de vol

Chaque réacteur actionnait un alternateur de 60 kVA et la puissance hydraulique totale de l'appareil se comptait en milliers de ch. Un nouveau fluide hydraulique portant la désignation d'Oronite 70 permettait d'actionner quatre-vingt commandes linéaires et quarante-quatre servo-commandes. Les plus puissantes de ces dernières actionnaient les panneaux d'ailes extérieurs, qu'elles abaissaient de 25 ou de 65° afin d'obtenir la portance due à la compression de l'air. Les gouvernes de vol comprenaient des élevons courant sur tout le bord de fuite, des surfaces canard mobiles et des empennages verticaux monoblocs utilisés comme gouvernes de direction. Presque deux fois plus lourd que l'avaient prévu les projets initiaux, le XB-70 reposait sur huit roues principales. Une cinquième roue montée sur chaque bogie servait à la mise en œuvre du système antipatinage, et la roulette de nez à diabolo s'escamotait entre les entrées d'air des réacteurs. La plupart des sous-ensembles de l'appareil avaient été sous-traités à différentes compagnies américaines. Celles qui avaient bénéficié des marchés les plus importants étaient North American Aviation, pour le système de navigation astronomique et inertiel, IBM, pour le système de navigation et de bombardement, General Electric pour un radar présenté comme imbrouillable, et Westinghouse, pour les systèmes de contre-mesures électroniques défensifs.

Les quatre membres d'équipage prenaient place sur des sièges éjectables qui étaient installés dans une capsule pressurisée située entre les surfaces canard et le radar. Les bombes nucléaires à gravitation qu'emportait le Valkyrie étaient entreposées dans une soute aménagée entre les canaux d'entrée d'air des moteurs et les réacteurs eux-mêmes. Cette soute était fermée par des portes coulissantes qui s'ouvraient automatiquement juste avant le largage. Des études relatives à l'utilisation de missiles balistiques montés sur des points d'attache extérieurs furent entreprises, mais elles n'aboutirent à rien, l'US Air Force n'ayant exprimé aucun besoin dans ce domaine.

Auparavant, en 1957, le Royaume-Uni avait proclamé que les missiles primaient désormais et que tout développement d'un chasseur ou d'un bombardier nouveaux était inutile. Bien qu'ils n'aient pas adhéré à cette doctrine, d'ailleurs quelque peu corrigée en 1958, les Américains ne s'en posèrent pas moins des questions sur les programmes importants qu'ils avaient entrepris. En 1960, le président Kennedy, nouvellement élu, nomma à la tête du secrétariat d'Etat à la Défense Robert McNamara, connu pour son hostilité au projet du B-70. En janvier 1962, cet homme politique déclara devant le Congrès : « En comparant le plafond et la vitesse du B-70 et les capacités accrues des missiles sol-air, ce bombardier ne nous procurera pas d'avantage véritable. L'avion n'a pas été conçu pour emporter des missiles air-surface comme le Hound Dog ou le Skybolt. Par ailleurs, il ne pourrait évoluer autrement qu'à des vitesses subsoniques en mission à basse altitude. Enfin, l'intérêt du B-70, dans un contexte où les deux adversaires en présence disposent d'un nombre considérable de missiles balistiques intercontinentaux, n'est pas certain. Ce bombardier sera beaucoup plus vulnérable sur ses bases que des missiles en silo, et il n'a pas été conçu pour une alerte en vol permanente. » Une grande partie de ces critiques était exagérée, mais le B-70 était en fait l'objet d'une sévère bataille politique.

Par la suite, en 1962, l'US Air Force fit connaître son intention de modifier sa commande de 200 B-70 pour un 150 RS-70 de reconnaissance. C'était une erreur. Les adversaires du B-70 en profitèrent pour contre-attaquer dès que le président Johnson eut annoncé l'existence du Lockheed SR-71. En février 1964, le Congrès condamna virtuellement le programme du Valkyrie, autorisant seulement la construction de deux prototypes afin de permettre les essais des systèmes. Le premier de ces appareils fut achevé en 1963, mais il fallut une année complète pour résoudre les problèmes de fuites de carburant auxquels il fut confronté. Ces fuites étaient dues à des déformations des réservoirs résultant de l'élévation de la température (290 °C) aux vitesses élevées. Ce ne fut pas une mince affaire et, lorsque le 20001 quitta l'atelier d'assemblage, son réservoir de carburant n° 5, placé à la jonction de l'aile et du fuselage, était inutilisable et devait le rester.

## Rendez-vous avec la mort

Le pilote de marque de l'US Air Force, le colonel Joe Cotton et le chef pilote d'essais de North American Aviation, Al White, firent prendre l'air pour la première fois au XB-70 Valkyrie le 21 septembre 1964. Ralenti par trois parachutes de freinage, l'appareil se posa peu après à Edwards AFB. Les jambes principales du train d'atterrissage ne s'étant pas escamotées, l'équipage dut voler à vitesse réduite. Par ailleurs, à la suite d'un problème du circuit de freinage, deux pneus du train principal explosèrent à l'atterrissage. Les essais en vol se révélèrent cependant encourageants et les performances presque conformes aux prédictions. La vitesse de Mach 3 fut atteinte lors de la dix-septième sortie, et Cotton devait déclarer par la suite que l'avion était impressionnant. Une des principales difficultés qui guettaient les pilotes d'essais était de toucher la piste à l'endroit où il le fallait, les jambes de l'atterrisseur principal se trouvant à trente-quatre mètres en arrière du poste de pilotage et douze mètres plus bas. Au cinquième vol, les panneaux d'ailes extérieurs furent abaissés à 65°, puis remis à l'horizontale au moment d'atterrir. La surface portante de l'appareil étant considérable, l'effet de sol était important lors de l'atterrissage, si bien qu'il était difficile de savoir quand les roues avaient touché le sol. La charge de travail de l'équipage était élevée, mais les pilotes tombèrent tous d'accord pour reconnaître que le Valkyrie était un grand avion.

Le 17 juillet 1965, le prototype 20207 se joignit au programme d'essais, et lors de son trente-neuvième vol, qui intervint le 19 mars 1966, il démontra pour quelle sorte de mission opérationnelle le Valkyrie avait été développé. Après avoir grimpé à son altitude de croisière, l'avion évoluait à la vitesse de Mach 3,08, à laquelle il se tenait pendant trente-trois minutes, parcourant de cette façon la distance de 4 350 km, au-dessus de huit Etats de l'Ouest. La plus grande partie des essais à cette époque portèrent sur des vols supersoniques au-dessus de sites désertiques de la Californie et du Nevada. Le phase de développement revenant à North American Aviation prit fin le 15 juin 1966. L'US Air Force et la NASA prirent la suite, employant les deux appareils pour des recherches sur les SST, c'est-à-dire les avions de transport commercial supersoniques.

Le 8 juin 1966, le 20207 devait être employé pour une mission au terme de laquelle il devait accomplir un vol supersonique. La société General Electric avait obtenu de faire accompagner le prototype du Valkyrie de plusieurs appareils propulsés par des réacteurs fabriqués par elle, afin de prendre des photographies publicitaires. La charge de travail revenant à l'équipage n'étant guère importante, le colonel Cotton laissa les commandes au major Carl S. Cross, qui effectuait son premier vol sur B-70 en tant que copilote. La sortie commença à 7 h 15 et, à 9 heures, un McDonnell F-4, un Northrop F-5, un Lockheed F-104 et un Norhrop T-38 se placèrent en formation autour du grand bombardier. A 9 h 25, le LearJet chargé des prises de vues photographiques avait achevé son travail. C'est alors que le F-104, à bord duquel se trouvait Joe Walker, pilote d'essais du X-15 et sans doute un des aviateurs les plus familiarisés au monde avec le vol supersonique, s'approcha très près de l'extrémité de l'aile droite du Valkyrie. Soudain, pour une raison inconnue, l'empennage vertical du chasseur toucha le bout d'aile du B-70. Le F-104 tournoya, passa par-dessus la voilure du bombardier, emporta ses gouvernes de direction, explosa dans une grosse boule de feu s'étalant à l'arrière du bombardier. La formation se dispersa et tout le monde n'eut d'yeux que pour le B-70. Au bout d'une minute qui sembla interminable, celui-ci se mit à osciller, à tanguer et à rouler, jusqu'à ce que l'équipage en perde le contrôle. Cotton parvint à s'en sortir, mais Cross n'actionna pas la poignée de son siège éjectable. Son corps devait être retrouvé dans les débris du Valkyrie.

Cette catastrophe eut des conséquences à très long terme. Elle fit naître chez l'US Air Force une méfiance profonde à l'égard des journalistes souhaitant effectuer des séances de photographie en vol, méfiance toujours présente aujourd'hui. Pendant longtemps, le Pentagone lui-même fut très remonté contre les médias en général.

Le 20001 continua d'être employé pour des missions expérimentales, notamment pour le compte de la NASA, au cours desquelles des milliers d'informations utiles purent être rassemblées. L'avion, piloté par Cotton, le lieutenant-colonel Fitz Fulton et le lieutenant-colonel Shepard, vola autant que les crédits qui lui étaient affectés le permettaient. Il prit l'air pour la dernière fois le 4 février 1969, aux mains de Fulton et du lieutenant-colonel Ted Sturmthal, qui le posèrent sur la piste de Wright-Patterson AFB, dans l'Ohio. Il fut ensuite remorqué jusqu'à l'Air Force Museum, situé sur cette base, où il constitue, avec le B-36, une des plus belles attractions pour les visiteurs. Les Américains eurent sans doute raison de lancer le programme du Valkyrie, tout comme ils eurent raison de l'interrompre. Même l'adversaire le plus véhément des bombardiers au début des années soixante était contraint de reconnaître que le B-70 était un appareil extraordinaire.

Ce que personne ne savait aux Etats-Unis, c'est l'impact que le programme du Valkyrie avait eu en Union soviétique. D'une part, Sukhoi fut invité à réaliser un bombardier de moins grandes dimensions, destiné à répondre à la menace du B-70 ; d'autre part, le bureau d'études Mikoyan-Gourevitch se lança dans le développement d'un intercepteur capable d'affronter le géant américain, le MiG-25 « Foxbat ». Le développement de cet impressionnant chasseur se poursuivit, même après l'arrêt de celui du Valkyrie.

***Quatre avions entouraient le B-70 20207 lors de sa dernière sortie, un F-4B de l'US Navy, un F-5A, un T-38A et un F-104N de la NASA. Le F-104 de Joe Walker, qui fut à l'origine du drame, peut être aperçu ici alors qu'il commence à s'approcher de l'extrémité de l'aile droite du Valkyrie. Aspiré dans les remous produits par ce dernier, le Starfighter fut déséquilibré et brisa la gouverne de direction de droite. Le bombardier géant s'abattit à quelques kilomètres de Barstow.***

# Hercules, le polyvalent

*Le C-130 Hercules peut transporter des troupes ou du fret, effectuer des missions de ravitaillement en vol ou larguer de lourdes charges à basse altitude en soutien des forces terrestres. Cheville ouvrière de nombreuses forces aériennes, cet appareil sert aussi bien dans les forces armées américaines que dans celles de petits Etats du tiers-monde.*

**Avec sa voilure implantée très haut sur le fuselage, son habitacle abondamment vitré et son nez massif, le Hercules est un avion caractéristique. L'équipage bénéficie d'une excellente visibilité.**

DANS la courte mais dense histoire de l'aviation, peu d'avions se sont révélés aussi réussis que le Lockheed 82, plus connu sous la désignation de C-130. Lorsqu'il fit son apparition, cet appareil prouva qu'il était supérieur à tous ses rivaux, tandis que la plupart des avions de transport en service se trouvèrent rapidement démodés. S'il est aujourd'hui dépassé à son tour par d'autres machines, le Hercules n'en a pas moins marqué profondément la conception des avions de transport.

Au moment de l'entrée en service du Hercules, l'appareil de transport standard de la Royal Air Force était le Hastings. Equipé de moteurs à pistons, d'un fuselage non pressurisé et de section restreinte, d'un train d'atterrissage à roulette de queue mal adapté aux pistes sommairement aménagées, d'un plancher de cabine très incliné et d'une porte de chargement latérale située très haut par rapport au sol, ce dernier ne disposait pas de radar et il ne pouvait emporter de véhicule que fixé sous le fuselage.

En 1951, le Tactical Air Command de l'US Air Force estima qu'il était temps pour l'industrie aéronautique américaine de concevoir et de produire un avion de transport militaire digne de ce nom. Les autorités militaires émirent la spécification SS-400L, par laquelle elles réclamaient une machine nouvelle capable de recevoir des charges sur palette et comportant divers autres éléments modernes. Ayant remporté la compétition officielle, Lockheed bénéficia d'une commande de deux prototypes désignés YC-130 en septembre 1952. Cet appareil allait recevoir le nom très imagé de Hercules.

Doté de quatre turbopropulseurs qui lui conféraient un surcroît de puissance par rapport aux appareils précédents et ne consommaient pas de carburant à très haut indice d'octane, le nouvel avion bénéficiait d'un fuselage pressurisé, ainsi que d'une vitesse et d'une manœuvrabilité dignes d'un chasseur de la Seconde Guerre mondiale. Capable de couvrir de longues distance à l'altitude de 9 000 m, il disposait d'une structure réalisée en alliages très résistants et de panneaux de voilure de grande taille pourvus de raidisseurs structuraux. La cabine, avec une section carrée de 2,77 m de hauteur et de 3,12 m de largeur, offrait la possibilité de transporter des véhicules volumineux, et son plancher était assez bas pour permettre le chargement ou le déchargement du fret à partir de camions.

Le train d'atterrissage tricycle était bien adapté aux pistes sommairement aménagées, et la puissance des moteurs, qui actionnaient des hélices d'importantes dimensions, était assez élevée pour décoller avec des chargements impressionnants depuis des endroits réputés impraticables. Pour décoller de pistes courtes, huit fusées d'appoint pouvaient être installées en arrière des carénages de l'atterrisseur principal. L'appareil était équipé de nombreux dispositifs conçus pour les opérations tout temps, notamment d'un radar, et de dégivreurs thermiques. Enfin, la vaste rampe de chargement arrière pouvait être abaissée en vol afin de faciliter le largage des charges.

L'YC-130 effectua son premier vol entre les mains du pilote d'essai Stan Betz le 23 août 1954, à partir de Burbank (Californie). A cette date, la responsabilité du programme avait été confiée à Lockheed-Georgia Co., dont les vastes usines de Marietta allaient produire environ mille sept cents Hercules de plusieurs versions. Dire que le « Herky Bird » (surnom du C-130) est devenu l'avion de transport militaire standard relève du truisme. Les seules

**L'important empennage du Hercules permet un meilleur contrôle de l'avion lors des évolutions à basse altitude et à vitesse réduite. Cette photographie spectaculaire illustre bien la technique de parachutage à basse altitude.**

***Ravitaillement en vol de deux F/A-18 Hornet par un KC-130F selon la méthode dite Probe and Drogue, adoptée par l'US Marine Corps. Cette opération est placée sous la responsabilité de deux des membres de l'équipage de la citerne volante.***

autres machines de la même catégorie sont l'Antonov An-12BP soviétique et le Transall C.160 franco-allemand. Or, les principaux clients à l'exportation du Transall (l'Indonésie et l'Afrique du Sud) ont acquis des C-130, tandis que l'un des utilisateurs les plus importants de l'An-12BP (l'Egypte) a acheté vingt-trois C-130H pour remplacer ses appareils d'origine soviétique. Loin d'être dépassé, le Hercules a subi des modifications successives qui en ont fait un appareil encore très performant.

Mais la principale caractéristique du C-130 est son extraordinaire polyvalence. Pas moins de trente et une sous-versions ont été produites, de même que cinquante et une variantes, dont les machines civiles de la série L-100, au fuselage rallongé.

## Performances améliorées

Le C-130B dispose d'une capacité d'emport de charge et de carburant augmentée, et il est propulsé par des moteurs plus puissants actionnant des hélices quadripales. Un C-130 de longueur standard peut recevoir une charge sur palette de 19 710 kg, ou bien accueillir 92 hommes de troupe équipés ou 64 parachutistes dont le largage s'effectue par deux portes spéciales situées sur les flancs du fuselage, ou encore transporter 74 blessés ou malades couchés avec deux assistants médicaux. Il peut également convoyer des réservoirs de carburant dont la capacité totale atteint 27 825 l, deux cents missiles Sidewinder en caisses, un missile balistique Pershing avec son lanceur de 5 t ou un obusier de 155 mm avec son tracteur et ses servants. Des avions ou des hélicoptères démontés peuvent être installés dans la cabine, et la plupart des véhicules militaires, des radars, des missiles et bien d'autres équipements.

Quant au NC-130B, il s'agissait d'un avion expérimental à décollage et atterrissage ultra-courts auquel on avait ajouté deux réacteurs YT56-A-6, fournissant l'air comprimé nécessaire au soufflage de la voilure.

L'US Navy fit l'acquisition de la version C-130B, qui fut désignée GV-1U (après 1962, l'avion reçut l'appellation de C-130H) ; quant à l'US Marine Corps, il vit dans le Hercules l'occasion de s'équiper d'une machine de transport qu'il recherchait en vain depuis de nombreuses années et d'un appareil de ravitaillement en vol aux performances intéressantes. La première commande relative au GV-1 (devenu KC-130F en 1962) concerna quarante exemplaires pratiquement identiques au C-130B, mais dotés d'un système de ravitaillement en vol sous voilure permettant l'approvisionnement simultané de deux appareils (des hélicoptères Sikorsky CH-53E Super Stallion ou des chasseurs McDonnell Douglas F/A-18 Hornet).

Parmi les principales conversions du C-130B figurent le WC-130B (reconnaissance météorologique), le JC-130 (recueil de satellites) et le VC-130P (transport de personnalités). Le LC-130 est une sous-version de transport dotée d'atterrisseurs à skis et à roues. A bord d'un KC-130F, un pilote de l'US Navy, le Lieutenant James H. Flatley III, accomplit une série d'essais prolongés à partir du porte-avions USS *Forrestal*. Flatley effectua notamment dix-sept appontages et décollages successifs, dont plusieurs sur pont mouillé, sans utilisation de la catapulte ou des brins d'arrêt. Cet avion est, à ce jour, le plus volumineux et le plus lourd qui ait jamais été utilisé depuis un porte-avions.

Principale version du Hercules, le C-130E a été pris en compte à raison de cent vingt-deux exemplaires par le Military Airlift Command (MAC), le Tactical Command de l'US Air Force ayant reçu de son côté deux cent cinquante-cinq appareils. Connu sous la dénomination de Lockheed 382, le C-130E peut décoller à la masse maximale de 79 380 kg. L'appareil était bien adapté aux besoins du Military Air Transport Service (MATS), qui souhaitait disposer d'une machine affichant une distance franchissable plus importante. Lockheed atteignit cet objectif en montant des réservoirs de carburant de 5 150 l entre les nacelles des moteurs de chaque aile.

Une autre des caractéristiques des C-130E livrés au MAC est le Station-Keeping Equipment (SKE), logé dans un radôme situé sous l'avant du fuselage. Il s'agit d'un système qui permet de maintenir les avions d'une même formation à une distance constante les uns des autres. Le SKE a été mis en place sur la quasi-totalité des C-130 en service dans l'US Air Force. Parmi les nombreuses conversions auxquelles cet avion a donné lieu figurent le DC-130VP (transport et guidage de drones), le JC-130 et le NC-130 (missions d'évaluation), et le WC-130 (reconnaissance météorologique).

## Nouveaux moteurs

A partir de 1964, le HC-130H fut produit avec des turbopropulseurs T56-A-15, dont la puissance s'échelonne entre 3 020 et 3 661 kW

***En dehors des missions de transport de fret et de ravitaillement, le Hercules est utilisé de manière régulière pour le largage de troupes aéroportées. Le C-130H peut accueillir quatre-vingt-douze parachutistes équipés.***

## Nihon Koku Jietai
La force aérienne d'autodéfense japonaise a acquis quinze Hercules Ces avions effectuent notamment des missions de ravitaillement pour le compte des îles éloignées de la métropole.

**401 Hikotai**
**Base :** Nagoya-Komaki
**Principaux avions :**
(C-130H) 35-1072
et 45-1073

## Tentara Udara Diraja Malaysia
La force aérienne malaisienne aligne un escadron de transport équipé notamment de quelques C-130 qui portent des cocardes nationales à faible visibilité.

**Squadron 14**
**Base :** Simpang
**Principaux avions :**
(C-130H) M30-01 à M30-06

## Al Quwwat al Jawwiya al Malakiya Marakishaya
Parmi les tâches que remplissent les dix-huit C-130 et KC-130 de la force aérienne marocaine figurent les missions de transport dans le désert et la surveillance du mur défensif que les Marocains ont érigé pour faire obstacle aux attaques du Polisario. Les Hercules marocains portent des numéros de série militaires et des immatriculations civiles.

**Base :** Kenitra
**Principaux avions :**
(C-130H) CN-AOE/4581 ;
(KC-130H) CN-AOR/4907

## Royal New Zealand Air Force
Affectés à l'Operations Group, cinq C-130H servent dans la force aérienne néo-zélandaise.

**Squadron 40**
**Base :** Whenupai
**Principaux avions :**
(C-130H) NZ7001 à NZ7005

## Nigerian Air Force
Cette force aérienne dispose de neuf Hercules, dont six C-130H.

**Base :** Lagos International-Murtala Muhammad
**Principaux avions :**
(C-130H) NAF912 ; (C-130H-30) NAF917

## Fuerza Aérea Mexicana
Elle dispose de neuf C-130A

## Kongelige Norske Luftforsvaret
Les six Hercules qu'aligne la force aérienne norvégienne servent au sein du Luft Kommando Sor-Norge (commandement aérienne sud Norvège).

**Skvadron 335**
**Base :** Gardemoen
**Principaux avions :**
(C-130H) 952 à 957

## Al Quwwat al Jawwiya al Saltanat Oman
La force aérienne du sultanat d'Oman aligne un squadron de Hercules, utilisés dans les opérations de lutte anti-guérilla.

**Squadron 4**
**Base :** Mascate-Seeb
**Principaux avions :**
(C-130H) 501 à 503

## Pakistan Fiza'ya
La force aérienne pakistanaise dispose d'une flotte de transport hétérogène constituée d'avions français, néerlandais et américains. Les C-130 qu'elle aligne opèrent au sein du Transport Wing 35.

**Squadron 6**
**Base :** Chakala

## Fuerza Aérea Peruana
La force aérienne péruvienne aligne treize Hercules qui assurent des missions à caractère militaire et des vols commerciaux. Le Grupo 41 porte également la dénomination de Servicio Aéreo de Transportes Comerciales.

**Escuadron 1 (Grupo de Transporte 41)**
**Base :** Lima-Jorge Chavez
**Principaux avions :**
(C-130H) 383 et 397

## Hukbong Himpapawid ñg Pilippinas
La force aérienne philippine dispose de cinq Hercules qui servent dans trois squadrons de transport regroupés au sein du 220th Heavy Airlift Wing.

**Squadron 222**
**Base :** Mactan
**Principaux avions :**
(C-130H) 4704 et 4726

## Fôrça Aérea Portuguesa
La force aérienne portugaise aligne six Hercules.. Ces avions effectuent des missions de soutien logistique et de transport de personnel.

**Esquadra 501**
**Base :** Montijo
**Principaux avions :**
(C-130H) 6801 à 6805

## Republic of Singapore Air Force
Cette force aérienne aligne dix C-130B, C-130H et C-130H-30 acquis auprès des Etats-Unis et de la Jordanie.

**Squadron 121**
**Base :** Changji
(C-130B) 724 ; (C-130H) 732

## Ejército del Aire
Le commandement du transport aérien de la force aérienne espagnole comprend deux formations de Hercules qui portent un camouflage vert et en deux tons de brun. Ces appareils portent les désignations de T.10 et TK.10.

**Escuadron 301**
**Base :** Saragosse
**Principaux avions :**
(C-130H) T.10-08/301-05

**Escuadron 312**
**Base :** Saragosse
**Principaux avions :**
(C-130H) T.10-10/312-04 ;
(KC-130H) TK.10-5/312-01

## Ecorché du Lockheed Hercules C Mk 3

1 Radôme
2 Antenne du radar météorologique
3 Mécanisme d'entraînement de l'antenne
4 Tubes de Pitot
5 Charnières de basculement du radôme
6 Bâti support du radar
7 Premier cadre de fuselage
8 Panneaux vitrés
9 Tableau de bord
10 Auvent du tableau de bord
11 Pare-brise
12 Tableau d'interrupteurs
13 Siège du copilote
14 Vitrage supérieur du poste de pilotage
15 Siège du pilote
16 Volant
17 Pédales de palonnier
18 Plancher du poste de pilotage
19 Logement de la roulette de nez
20 Prise de l'intercom
21 Diabolo avant
22 Trappe de la roulette de nez
23 Batterie
24 Equipement radio et électronique
25 Bouteille d'oxygène portative
26 Console latérale du pilote
27 Panneau de commandes du système électrique
28 Siège du mécanicien navigant
29 Poste du navigateur
30 Antenne VHF
31 Tableau de bord du navigateur
32 Antenne UHF
33 Compartiment de repos de l'équipage
34 Issue de secours du poste avant
35 Timoneries de commandes
36 Cuisine
37 Extincteur
38 Toilettes
39 Echelle d'accès au poste de pilotage
40 Porte d'accès avant
41 Escalier escamotable
42 Cadre d'assemblage des parties avant et centrale du fuselage
43 Rouleaux de manutention de charges
44 Cadre de fuselage
45 Installation des civières
46 Mât de fixation des civières ou des sièges
47 Porte-bagages
48 Structure de la partie supérieure du fuselage
49 Tronçon avant de fuselage ajouté par rapport aux versions précédentes

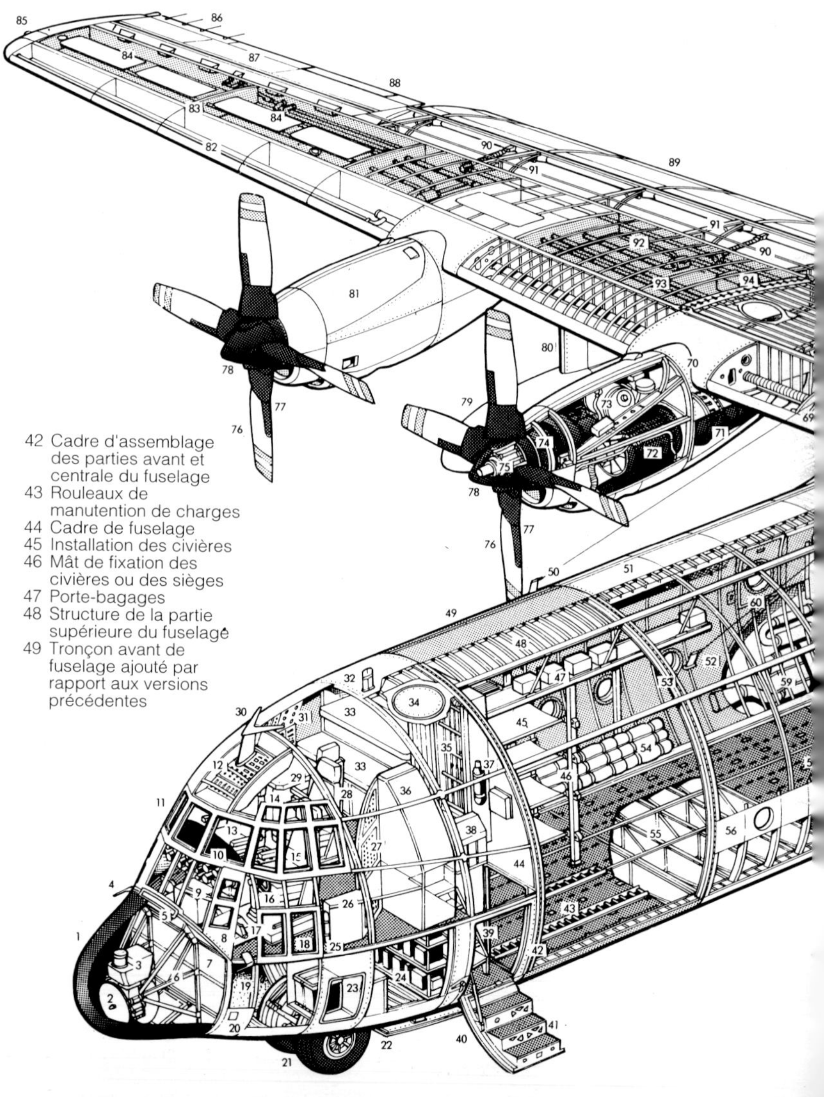

## Al Quwwat al Jawwiya al Sa'oudiya

La force aérienne saoudienne possède une quarantaine de Hercules utilisés principalement pour des missions de transport. Certains de ces appareils assurent le transport de hautes personnalités.

**Squadron 1**
**Base :** Ryad

**Squadron 4**
**Base :** Jeddah
**Principaux avions :**
(C-130H) 462 et 465

**Squadron 16**
**Base :** Ryad
**Principaux avions :**
(C-130E) 1608 ; (C-130H) 1611

## Force aérienne thaïlandaise

Organisée sur le modèle américain, la force aérienne thaïlandaise aligne quelques Hercules, regroupés au sein du 6th Wing.

**Squadron 601**
**Base :** Bangkok-Don Muang
**Principaux avions :**
(C-130H) 60102 ; (C-130H-30) 60104

## Suid-Afrikaanse Lugmag

La force aérienne sud-africaine a acquis, avant l'entrée en vigueur de l'embargo sur les importations d'armes, plusieurs C-130. Ces avions servent au sein du Transport Command.

**Squadron 28**
**Base :** Waterkloof
**Principaux avions :**
(C-130B) 401 à 407

## Svenska Flygvapen

Les Hercules de la force aérienne suédoise, désignés Tp.84, portent de grands codes de couleur jaune sur leur dérive. Les C-130 forment l'élément de transport de la Flottilj 7 de Skaraborgs.

**Flygflottilj 7**
**Base :** Satenäs
**Principaux avions :**
(C-130H) 84003/843 et 84005/845

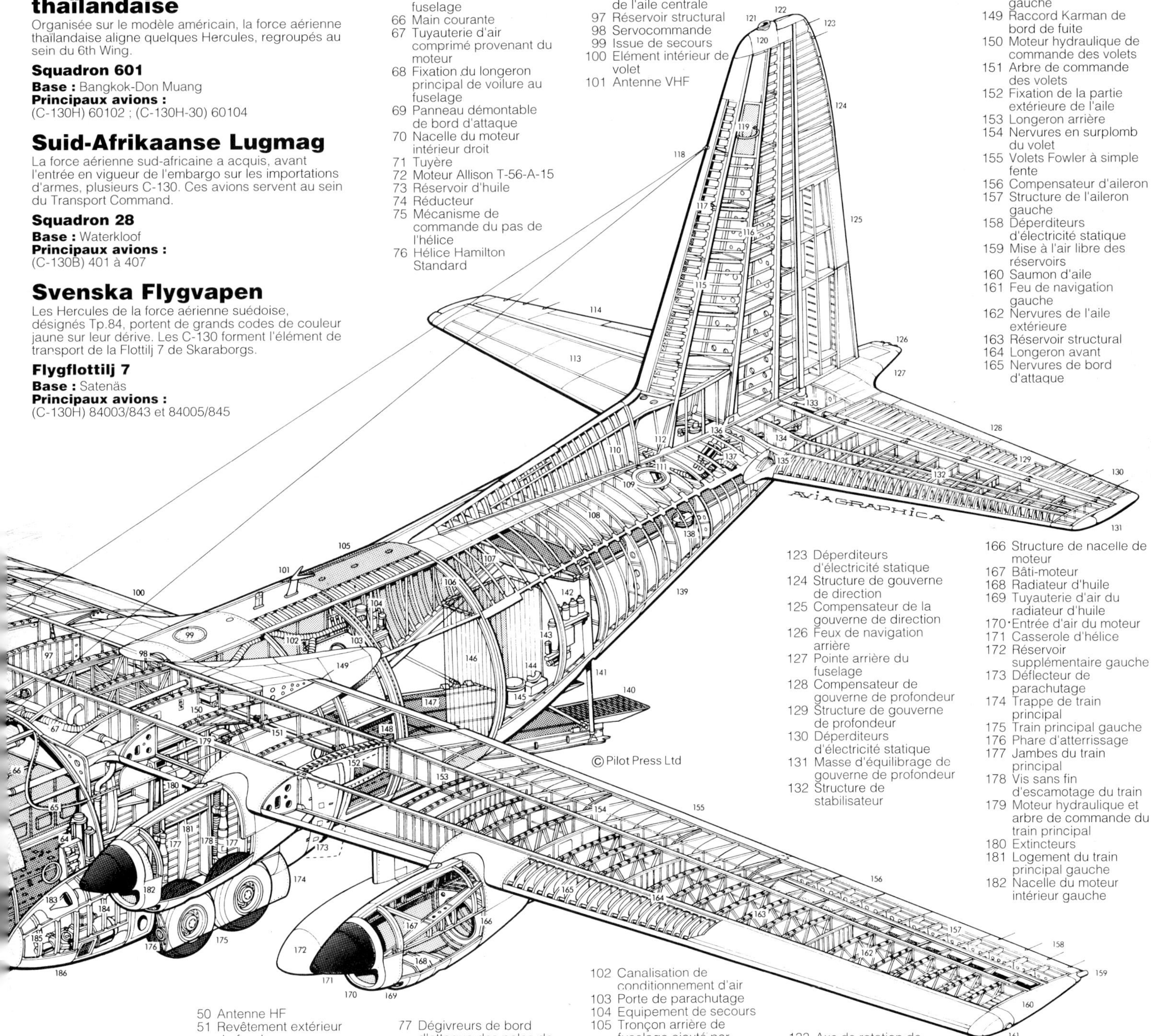


50 Antenne HF
51 Revêtement extérieur de fuselage
52 Capitonnage de la cabine
53 Cadre d'assemblage du tronçon supplémentaire avant et de la partie centrale du fuselage
54 Sièges pour hommes de troupe (repliés)
55 Structure du fuselage sous le plancher
56 Hublots
57 Plancher prévu pour une charge de 23 500 kg
58 Feu d'éclairage de la voilure
59 Dispositif de conditionnement d'air
60 Issue de secours
61 Réservoir de liquide hydraulique
62 Canalisations de conditionnement d'air
63 Revêtement de fuselage renforcé contre les projections de corps étrangers par l'hélice
64 Système hydraulique principal
65 Raccordement du Karman d'aile au fuselage
66 Main courante
67 Tuyauterie d'air comprimé provenant du moteur
68 Fixation du longeron principal de voilure au fuselage
69 Panneau démontable de bord d'attaque
70 Nacelle du moteur intérieur droit
71 Tuyère
72 Moteur Allison T-56-A-15
73 Réservoir d'huile
74 Réducteur
75 Mécanisme de commande du pas de l'hélice
76 Hélice Hamilton Standard
77 Dégivreurs de bord d'attaque des pales de l'hélice
78 Casserole d'hélice
79 Réservoir auxiliaire
80 Pylône d'accrochage du réservoir supplémentaire
81 Capot démontable
82 Tuyauterie de dégivrage de bord d'attaque
83 Réservoir structural
84 Panneaux d'accès au réservoir
85 Feu de navigation droit
86 Déperditeurs d'électricité statique
87 Aileron droit
88 Compensateur d'aileron
89 Volet Fowler à simple fente
90 Vis sans fin de commande de volet
91 Rails de guidage de volet
92 Réservoir central d'aile
93 Tuyauterie du système de carburant
94 Fixation de l'aile extérieure
95 Raidisseurs
96 Structure des nervures de l'aile centrale
97 Réservoir structural
98 Servocommande
99 Issue de secours
100 Elément intérieur de volet
101 Antenne VHF
102 Canalisation de conditionnement d'air
103 Porte de parachutage
104 Equipement de secours
105 Tronçon arrière de fuselage ajouté par rapport aux modèles précédents
106 Cadre d'assemblage
107 Trappe de chargement arrière
108 Structure de l'arrière du fuselage
109 Issue de secours
110 Structure de l'arête dorsale
111 Vérin hydraulique de la trappe de chargement
112 Fixation du longeron avant de dérive au fuselage
113 Stabilisateur droit
114 Gouverne de profondeur droite
115 Longeron avant de la dérive
116 Longeron principal de la dérive
117 Nervures de bord d'attaque
118 Câbles d'antenne VHF
119 Antenne VOR
120 Saumon de la dérive
121 Feu anticollision
122 Masse d'équilibrage de la gouverne de direction
123 Déperditeurs d'électricité statique
124 Structure de gouverne de direction
125 Compensateur de la gouverne de direction
126 Feux de navigation arrière
127 Pointe arrière du fuselage
128 Compensateur de gouverne de profondeur
129 Structure de gouverne de profondeur
130 Déperditeurs d'électricité statique
131 Masse d'équilibrage de gouverne de profondeur
132 Structure de stabilisateur
133 Axe de rotation de gouverne de profondeur
134 Structure de stabilisateur dans la pointe arrière du fuselage
135 Charnière de la trappe de chargement
136 Servocommande hydraulique de la gouverne de direction
137 Double servocommande hydraulique de gouverne de profondeur
138 Tambour d'enroulement du câble de parachutage
139 Longeron intérieur de fuselage
140 Rampe amovible
141 Vérin hydraulique de la rampe de chargement
142 Réserve d'eau potable
143 Système hydraulique de secours
144 Urinoir
145 WC
146 Rideau du compartiment toilette
147 Rampe de chargement
148 Porte de parachutage gauche
149 Raccord Karman de bord de fuite
150 Moteur hydraulique de commande des volets
151 Arbre de commande des volets
152 Fixation de la partie extérieure de l'aile
153 Longeron arrière
154 Nervures en surplomb du volet
155 Volets Fowler à simple fente
156 Compensateur d'aileron
157 Structure de l'aileron gauche
158 Déperditeurs d'électricité statique
159 Mise à l'air libre des réservoirs
160 Saumon d'aile
161 Feu de navigation gauche
162 Nervures de l'aile extérieure
163 Réservoir structural
164 Longeron avant
165 Nervures de bord d'attaque
166 Structure de nacelle de moteur
167 Bâti-moteur
168 Radiateur d'huile
169 Tuyauterie d'air du radiateur d'huile
170 Entrée d'air du moteur
171 Casserole d'hélice
172 Réservoir supplémentaire gauche
173 Déflecteur de parachutage
174 Trappe de train principal
175 Train principal gauche
176 Phare d'atterrissage
177 Jambes du train principal
178 Vis sans fin d'escamotage du train
179 Moteur hydraulique et arbre de commande du train principal
180 Extincteurs
181 Logement du train principal gauche
182 Nacelle du moteur intérieur gauche
183 Entrée d'air de la génératrice auxiliaire
184 Turbine à gaz de la génératrice auxiliaire
185 Réducteur de la génératrice auxiliaire
186 Carénage du train principal et du compartiment à équipements

# Le C-130 en service

## Fuerza Aerea Argentina
Le seul escadron de la force aérienne argentine équipé de C-130 dispose de huit avions, opérant au sein de la Brigada Aérea. Ces appareils assurent des missions de transport au-dessus du territoire national et à l'extérieur du pays. Quelques KC-130H sont utilisés pour le ravitaillement en vol des intercepteurs.

**Escuadron de Transporte 1**
**Base :** El Palomar
**Principaux avions :**
(C-130E) TC-62 ; (C-130H) TC-67 ; (KC-130H) TC-69

## Royal Australian Air Force
Les deux squadrons de la RAAF équipés de C-130 opèrent au sein du Transport Wing 86. Douze C-130H ont été acquis en vue du remplacement des C-130A en service. Ces derniers ont été retirés des unités.

**Squadron 36**
**Base :** Richmond
**Principaux avions :**
(C-130H) A97-001 à A97-012

**Squadron 37**
**Base :** Richmond
**Principaux avions :**
(C-130E) A97-167 et A97-189

## Force aérienne belge
Dotée de deux escadrons, la flotte de Hercules de la Force aérienne belge est intégrée dans la 2nd ATAF de l'OTAN. Ces unités sont basées à Melsbroek. Les avions utilisent des indicatifs allant de « BAF 01 » à « BAF 012 ».

**Smaldeel 20 (Wing 15)**
**Base :** Melsbroek
**Avions représentatifs :**
(C-130H) CH-01 à CH-012

## Fôrça Aérea Brasileira
Cette force aérienne, la plus importante d'Amérique latine, n'aligne qu'assez peu de Hercules au sein du Comando de Transporte Aéreo (COMTA). Des KC-130H assurent le ravitaillement en vol des F-5E chargés des missions d'interception.

**1° Esquadrão (1° Grupo de Transporte)**
**Base :** Campo dos Afonsos
**Principaux avions :**
(C-130E) 2451 et 2454 ; (C-130H) 2464

**2° Esquadrão (1° Grupo de Transporte)**
**Base :** Campo dos Afonsos
**Principaux avions :**
((KC-130H) 2461 et 2462

## Forces armées canadiennes
Trente et un Hercules servent au sein des Forces armées canadiennes. Outre les missions de soutien logistique, ces appareils assurent l'appui des unités de parachutistes engagées en opération.

**Squadron 429**
**Base :** CFB Winnipeg
**Principaux avions :**
(CC-130E) 130307 et 130309

**Squadron 435**
**Base :** CFB Edmonton
**Principaux avions :**
(CC-130H) 130330 et 130333

**Squadron 436**
**Base :** CFB Trenton
**Principaux avions :**
(CC-130E) 130317 et 30326

## Fuerza Aérea de Chile
La force aérienne chilienne dispose de deux Hercules formant, avec d'autres avions de transport lourd, le Comando de Combate.

**Grupo de Transporte 10**
**Base :** Los Cerillos
**Principaux avions :**
(C-130H) 995 et 996

## Fuerza Aérea Colombiana
Elle dispose de trois C-130D et de deux C-130 H-30

## Fuerza Aérea Ecuatoriana
Elle dispose d'un C-130H et d'un L-100-30

## Kongelige Danske Flyvevabnet
La force aérienne danoise aligne trois Hercules au sein d'un commandement du matériel aérien qui assure les missions de soutien logistique, notamment au Groenland.

**Eskadrille 721**
**Base :** Vaerlose

## Al Quwwat al Jawwiya il Misryia
La force aérienne égyptienne dispose, depuis que ce pays s'est tourné vers l'Occident, de vingt et un C-130H Hercules et 2 EC-130H. Ces appareils portent un numéro de série sur la dérive et une immatriculation sur l'avant du fuselage.

**Régiment de transport**
**Base :** Cairo West
**Principaux avions :**
(C-130H) 1277/SU-BAI

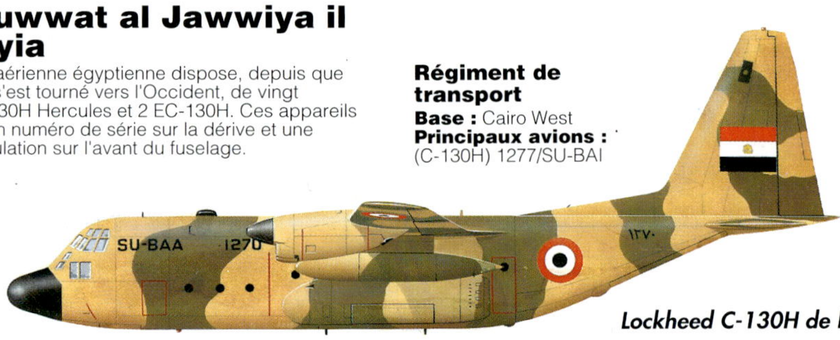


*Lockheed C-130H de la force aérienne égyptienne.*

## France : Armée de l'Air
L'armée de l'Air a commandé douze Hercules aux Etats-Unis. Au début de 1992, elle a reçu trois C-130-H-30.

## Force aérienne gabonaise
D'une taille modeste, cette force aérienne dispose de quatre Hercules qui effectuent des missions de transport, dont des vols réguliers vers la France.

**Escadrille de transport**
**Base :** Libreville
**Principaux avions :**
(C-130H) TR-KKA

## Elliniki Aerporia
La force aérienne grecque, qui est intégrée dans la 6th ATAF de l'OTAN, dispose d'une flotte de transport d'une taille non négligeable. L'escadron de C-130 qu'elle aligne dépend du commandement du matériel aérien.

**Mira 356 Ptérix 112**
**Base :** Elefsis
**Principaux avions :**
(C-130H) 741 à 752

*Lockheed C-130H du Mira 356 de la force aérienne grecque.*

## Tentara National Indonesia — Angkatan Udara
La force aérienne indonésienne dispose de quatre versions de Hercules. Ces appareils effectuent des missions de ravitaillement à partir d'aérodromes classiques ou de pistes de petites dimensions.

**Skwadron Udara 32**
**Base :** Halim
**Principaux avions :**
(C-130B) A-1304 ;
(KC-130B) A-1310 ;
(C-130H) A-1315 ;
(C-130H-30) A-1324

## Aeronautica Militare Italiana
Intégrée dans la 5th ATAF de l'OTAN, cette puissante force aérienne dispose d'une flotte de douze Hercules. Quelques-uns pourraient être transformés en citernes volantes pour assurer le ravitaillement des Tornado.

**46ª Aerobrigata (50° Gruppo)**
**Base :** Pise-San Guisto
**Principaux avions :**
(C-130H) MM61994/46-08

## Al Quwwat al Jawwiya al Malakiya al Urdinya
La force aérienne jordanienne dispose de six Hercules dont un C-130B.

**Squadron 3**
**Base :** Amman-King Abdullah
**Principaux avions :**
(C-130B) 340 ; (C-130H) 346

*Lockheed C-130B de la force aérienne jordanienne.*

## Türk Hava Kuvvetleri

La force aérienne turque aligne neuf C-130B et C-130E, qui assurent l'essentiel de ses missions de transport. Les avions ne portent aucun camouflage et arborent des numéros de série américains.

**Filo 222**
**Base :** Erkilet
**Principaux avions :**
(C-130E) 63-13189 et 71-1468

## Royal Air Force

Principal utilisateur de l'Hercules en Europe, la Royal Air Force aligne une soixantaine d'avions de type. Plusieurs de ces appareils ont été dotés d'une perche de ravitaillement en vol, et d'autres sont utilisés comme citernes volantes, notamment sur la route des Malouines. Trente machines ont été rallongées afin de disposer d'une capacité d'emport plus importante.

**Lyneham Tactical Wing**
**Base :** RAF Lyneham
**Principaux avions :**
(C Mk 1) XV295 ; (C Mk 1K) XV201 ;
(C Mk 1P (XV185 ; (C Mk 3) XV214

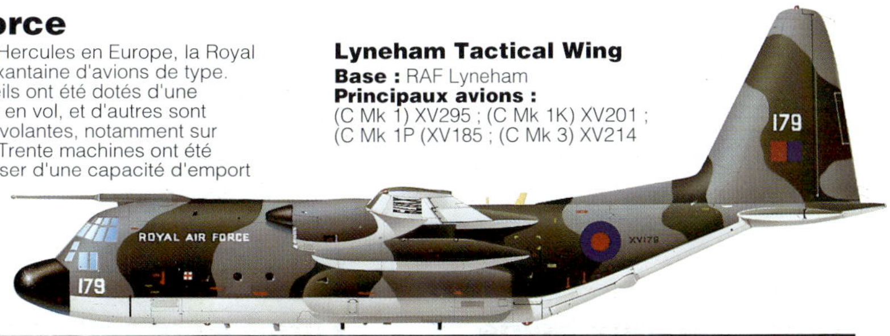


*Lockheed Hercules C Mk 1P équipé pour le ravitaillement en vol.*

## Al Quwwat al Jawwiya al Djoumhouria at'Tunisia

La force aérienne tunisienne aligne, depuis le début de 1985, deux Hercules. Ces avions remplacement les trois Dassault Flamant utilisés auparavant.

**Escadron de transport et de communication**
**Base :** Bizerte
**Principaux avions :**
(C-130H) Z21011 et Z21012

## Fuerza Aérea Venezolana

Sur les sept Hercules pris en compte par cette force aérienne, cinq demeurent en service au sein du commandement du transport aérien militaire. Ces avions ont été livrés dans le cadre du programme d'aide militaire américain.

**Escuadron de Transporte 1**
**Base :** Francisco de Miranda
**Principaux avions :**
(C-130H) 4951 et 5320

## Force aérienne zaïroise

Cette force aérienne aligne deux escadrilles de transport, dont une est équipée de Hercules.

**191ᵉ escadrille**
**Base :** Kinshasa
**Principaux avions :**
(C-130H) 9T-TCB et 9T-TCE

## Algérie

La force aérienne algérienne dispose de dix-sept C-130H, C-130H-30 et L-100-30. Tous ces appareils portent des immatriculations civiles.

## Bolivie

La force aérienne bolivienne dispose de sept C-130H.

## Cameroun

La force aérienne du Cameroun dispose de deux C-130H et d'un C-130H-30.

## Emirats arabes unis

La force aérienne des Emirats arabes unis aligne plusieurs C-130H qui opèrent officiellement sous les couleurs d'Abu Dhabi. Les numéros de série de ces avions vont de 1211 à 1214.

## Honduras

La force aérienne hondurienne dispose de trois C-130A qui opèrent depuis la base aérienne Coronel Armando Escalon Espiñal.

## Iran

La force aérienne iranienne aligne quelques C-130E et C-130H Hercules. Ces avions sont maintenus en état de vol par la cannibalisation d'autres appareils.

## Israël

La force aérienne israélienne aligne une vingtaine de C-130E et C-130H ainsi que de deux KC-130H de ravitaillement en vol.

## Koweït

La force aérienne du Koweït aligne deux L-100-30.

## Libye

La force aérienne libyenne aligne sept C-130H qui portent les numéros de série 111 à 115 et 117 et 118, deux L-100-20 et un L-100-30.

## Niger

La force aérienne nigérienne aligne deux C-130H qui portent les immatriculations 5U-MBD et 5U-MBH.

## Soudan

Quatre C-130H sont en service dans la force aérienne soudanaise.

## T'ai-wan

La force aérienne taïwanaise a reçu une douzaine de C-130H.

## Tchad

L'escadrille tchadienne aligne, deux C-130B, un C-130H et un C-130H H-30, qui ont remplacé des C-130A plus anciens.

## Yémen

La force aérienne du Yémen aligne deux C-130H, qui portent les numéros de série 1150 et 1160.

## Etats-Unis

### US Air Force

L'US Air Force utilise près de 550 C-130 dans le Military Airlift Command, l'Air Force Reserve et l'Air National Guard. Des plans prévoient la modernisation des appareils les plus anciens afin de prolonger leur carrière opérationnelle. Les Hercules seront utilisés par l'USAF jusqu'au début du XXIᵉ siècle.

### US Marine Corps

L'USMC utilise trois sous-versions du KC-130, pour des missions de transport et de ravitaillement en vol.

*Lockheed C-130H de l'US Air Force avec son camouflage tactique « lizard ».*

### US Navy

Quelques Hercules servent au sein de la VIᵉ flotte de l'US Navy, en Méditerranée. Deux unités, les Squadrons VR-24 et VR-26, opèrent depuis la base de Rota, en Espagne. La principale mission assurée par les Hercules dans la Navy est le soutien des opérations menées dans l'Arctique. Les appareils affectés à cette tâche disposent d'atterrisseurs à skis.

## Viêt-nam

La force aérienne vietnamienne aligne quelques C-130 anciens abandonnés au Viêt-nam par les Américains au début des années soixante-dix. Quelques-uns de ces appareils ont été utilisés pour des missions de bombardement lors du conflit qui opposa le Viêt-nam à la Chine populaire en 1979.

## Versions du Lockheed C-130 Hercules

**YC-130A :** 2 prototypes avec des turbopropulseurs T56-A-1 de 2 424 kW (3 250 ch) sur l'arbre ; dérive de grandes dimensions et arrière de fuselage caractéristiques ; nez abritant le radar APS-42

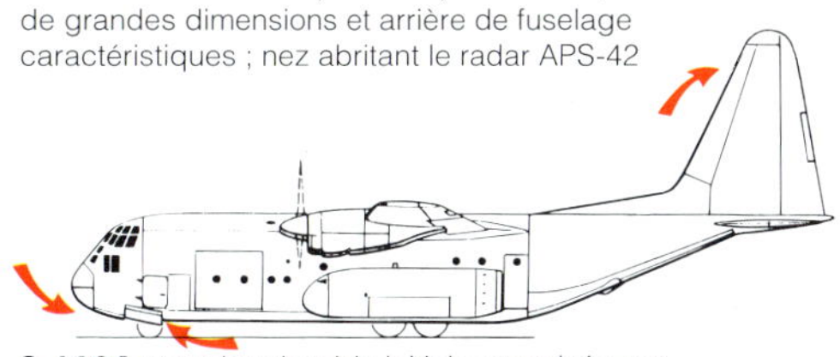

**C-130A :** version de série initiale propulsée par 4 T56A-1A ou 4 T56-A-9 de 2 796 kW (3 750 ch) sur l'arbre ; la plupart des C-130A ont reçu le radar APN-59, installé dans un radôme de nez ; dérive, gouvernail de direction et arrière de fuselage remodelés et renforcés ; feu anticollision au sommet de la dérive (216 exemplaires construits)

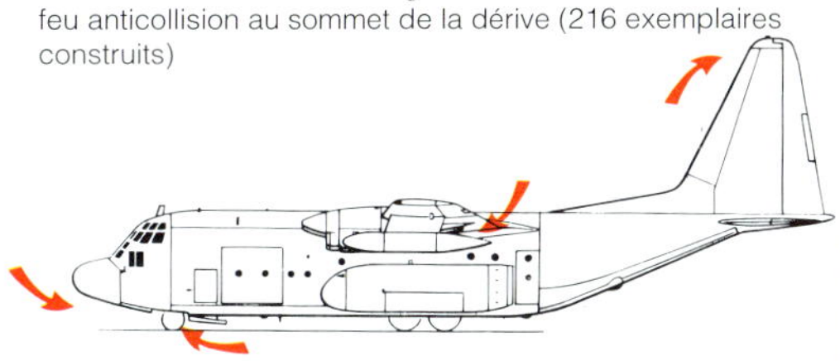

**C-130D :** conversion du C-130A utilisée par l'US Air Force pour les liaisons avec les stations de veille radar situées dans l'Arctique ; skis de 6,22 m de longueur montés sur les atterrisseurs principaux (12 exemplaires produits)

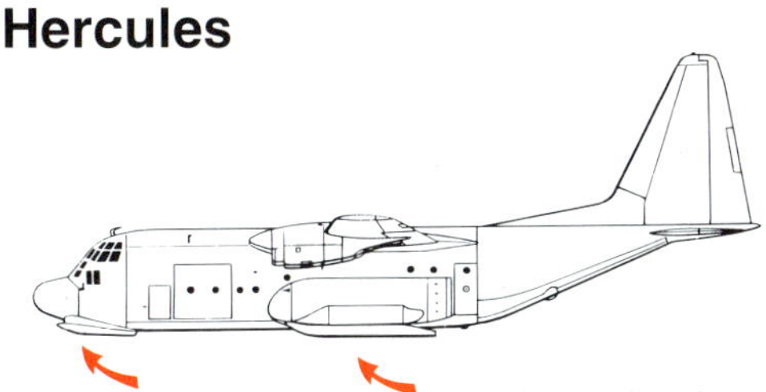

**C-130B :** deuxième version de série produite à raison de 230 exemplaires ; turbopropulseurs T56-A-7 de 3 020 kW (4 050 ch) sur l'arbre actionnant des hélices quadripales Hamilton Standard ; distance franchissable accrue de 470 km par l'emport de 1 réservoir de carburant supplémentaire dans la section centrale de voilure

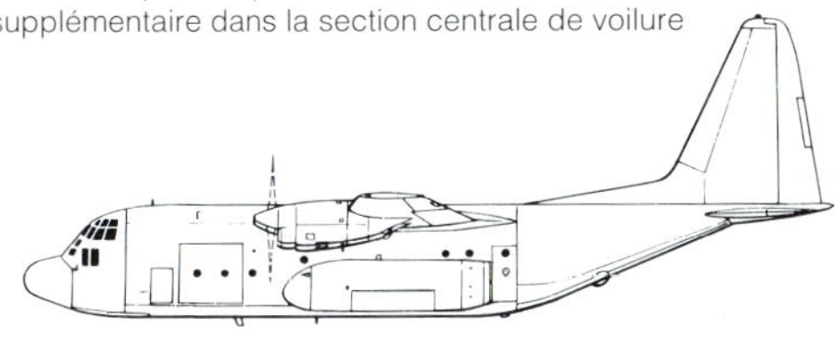

**C-130E :** version améliorée désignée Advanced C-130B ; 2 réservoirs de carburant extérieurs sous voilure permettant d'accroître l'autonomie ; charge utile maximale portée à 20 410 kg ; section centrale de voilure renforcée et freins avec système antipatinage

**KC-130F :** version de ravitaillement en vol dérivée du C-130B et destinée à l'US Marine Corps ; nacelles sous voilure permettant le ravitaillement simultané de 2 avions ; turbopropulseurs T56-A-16 de 3 661 kW

(4 910 ch) sur l'arbre et réservoir supplémentaire de fuselage pour les opérations de ravitaillement ; désignation initiale, GV-1 (46 exemplaires produits)
**JC-130 :** sous-version destinée à la récupération en vol de satellites artificiels

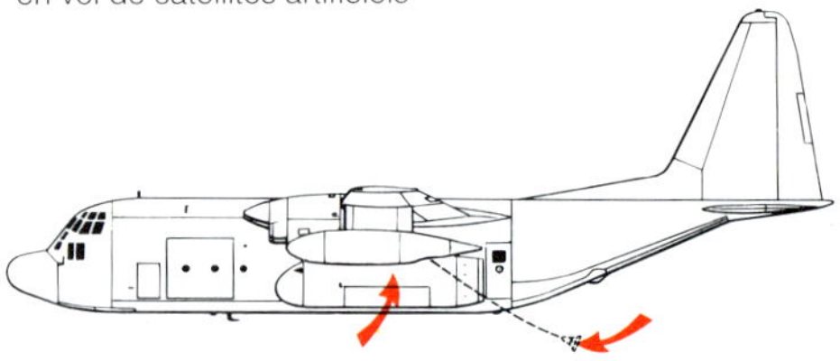

**LC-130F :** version équipée de skis destinée à l'US Navy et dérivée du C-130B ; turbopropulseurs T56-A-16 ; utilisé en soutien des opérations Deep Freeze dans l'Antarctique
**C-130H :** quatrième version de série identique en apparence aux premiers modèles, mais bénéficiant d'une avionique améliorée, d'une voilure renforcée et de turbopropulseurs T-56-A-15 de 3 661 kW (4 910 ch) sur l'arbre
**C-130H-30 :** version au fuselage rallongé de 4,57 m du C-130H ; modèle d'exportation de base
**C-130J :** version récente du C-130 dotée d'un poste de pilotage modernisé et de turbopropulseurs Allison T56 Series IV à hélices à six pales
**C-130K :** version dérivée du C-130H destinée à la Royal Navy ; nombreux éléments et équipements britanniques, notamment attaches sur plancher et avionique ; 66 exemplaires désignés Hercules C Mk 1 ; pour permettre un accroissement de la distance franchissable, la plupart des C Mk 1, rebaptisés Hercules C Mk 1P, ont été équipés d'une perche de ravitaillement en vol au-dessus de l'habitacle ; divers éléments aérodynamiques mis en place autour de la rampe de chargement ; 6 C Mk 1 transformés en Hercules C Mk 1K de ravitaillement en vol par l'adoption d'un équipement spécial relié à des réservoirs supplémentaires de carburant dans l'arrière du fuselage ; 30 exemplaires du C Mk 1 rallongés par la mise en place de 2 tronçons de fuselage en avant et en arrière de la voilure ; fuselage accru de 4,57 m au total ; ces avions ont reçu la désignation de C Mk 3

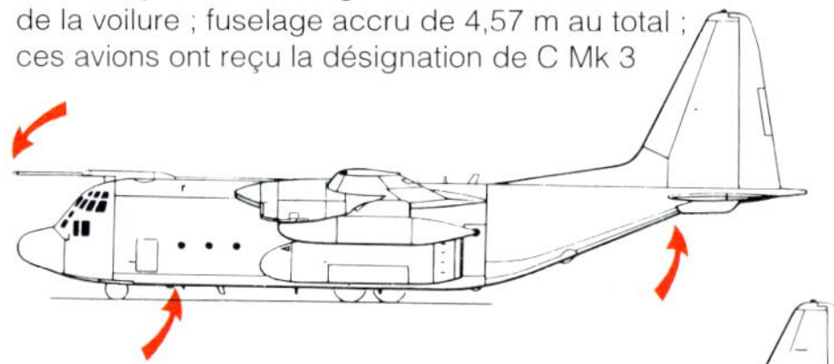

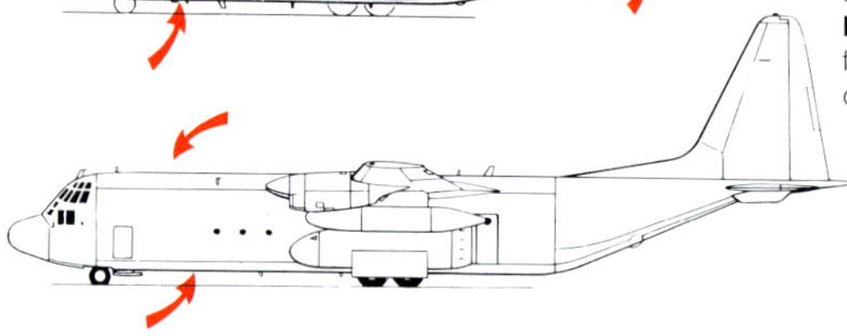

**KC-130R :** version de ravitaillement en vol de l'US Marine Corps fondée sur le C-130H : masse accrue par rapport au KC-130F ; le transfert de carburant s'effectue par des réservoirs montés sous voilure ; réservoir démontable dans le fuselage ; turbopropulseurs de 3 362 kW (4 508 ch) sur l'arbre

**LC-130R :** version équipée de skis dérivée du C-130H et destinée à l'US Navy ; masse maximale de 70 305 kg ; quelques exemplaires opèrent en soutien de l'US Navy et de la National Scientific Foundation dans l'Antarctique
**NC-130B :** version expérimentale à décollage et atterrissage très courts dotée de deux turbopropulseurs T56 supplémentaires dépourvus d'hélices mais fournissant l'air comprimé nécessaire au soufflage à basse vitesse des volets et du gouvernail de direction
**KC-130T :** version de ravitaillement en vol destinée à l'US Marine Corps et équipée d'une avionique améliorée (nouveau pilote automatique et radar de recherche plus moderne) ; cloisons ventrales caractéristiques
**L-100-20 :** le Commercial Hercules sert dans plusieurs forces aériennes ; capacité d'emport améliorée et fuselage rallongé de 2,54 m ; turbopropulseurs Allison 501-D22A de 3 362 kW (4 509 ch) sur l'arbre
**L-100-30 :** identique au L-100-20 mais doté d'un fuselage rallongé de 2,04 m ; portes destinées au largage de parachutistes

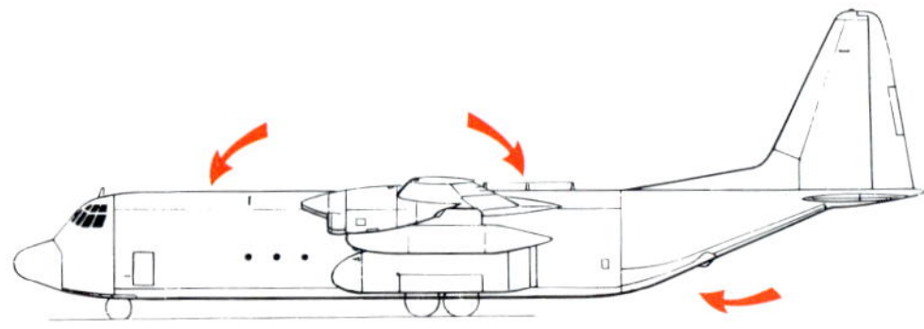

## Caractéristiques

Lockheed C-130H Hercules

**Ailes**

| | |
|---|---|
| Envergure | 40,41 m |
| Surface | 162,11 m² |

**Fuselage et empennages**

| | |
|---|---|
| Longueur | 29,79 m |
| Longueur (C-130H-30 et C Mk 3) | 34,37 m |
| Hauteur | 11,66 m |
| Envergure des stabilisateurs | 16,05 m |

**Train d'atterrissage**

| | |
|---|---|
| Empattement | 9,78 m |
| Voie | 4,34 m |

**Masse**

| | |
|---|---|
| A vide | 34 685 kg |
| A vide (C Mk 3) | 36 400 kg |
| Masse utile maximale | 19 355 kg |
| Masse maximale au décollage | 70 305 kg |
| Masse maximale au décollage en surcharge | 79 380 kg |

## Eléments d'identification du C-130H-30

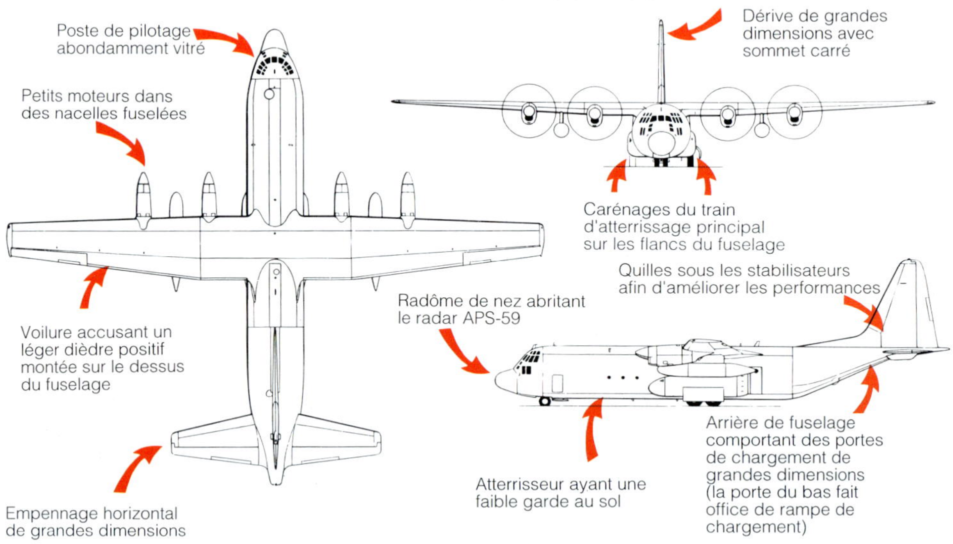


## Performances

| | |
|---|---|
| Vitesse de croisière maximale | 600 km/h |
| Vitesse de croisière économique | 555 km/h |
| Plafond pratique | 10 000 m |
| Distance franchissable maximale avec charge utile de 19 355 kg | 3 800 km |
| Vitesse ascensionnelle maximale au niveau de la mer | 580 m/mn |
| Course de décollage | 1 575 m |

**Charge utile maximale**

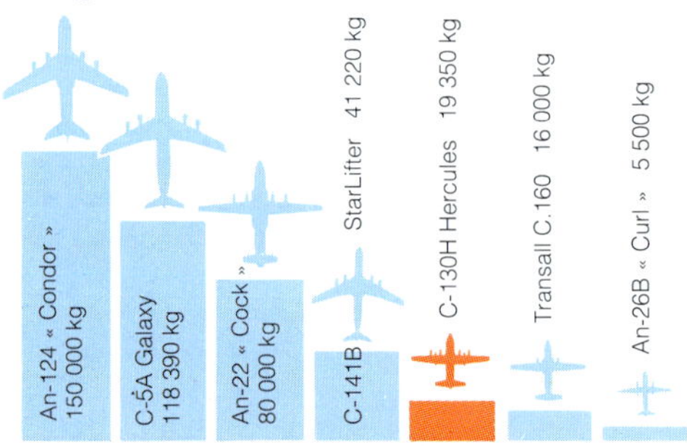


**Plafond pratique**

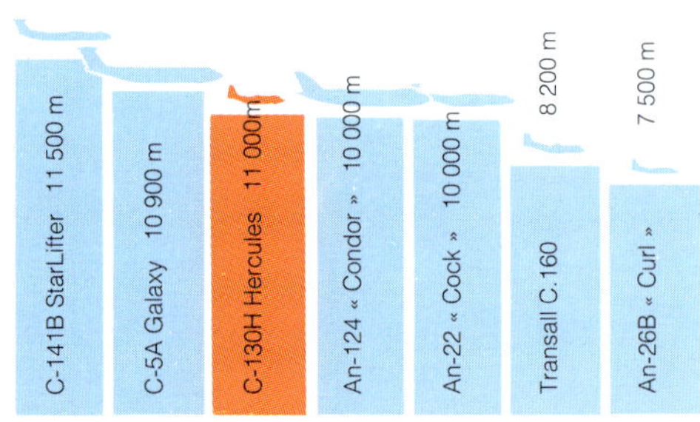


**Vitesse à basse altitude**

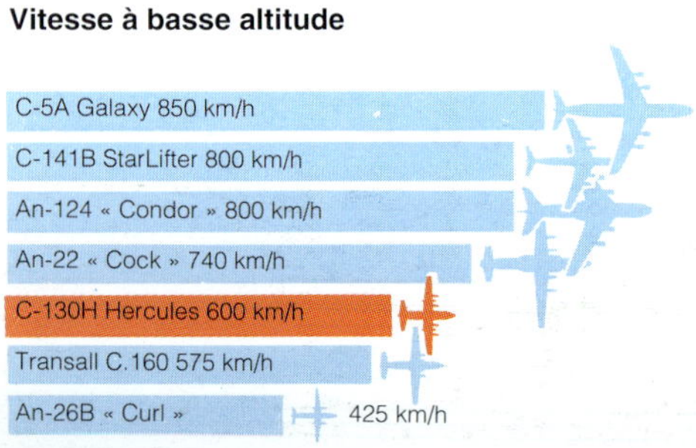


**Distance franchissable en charge maximale**

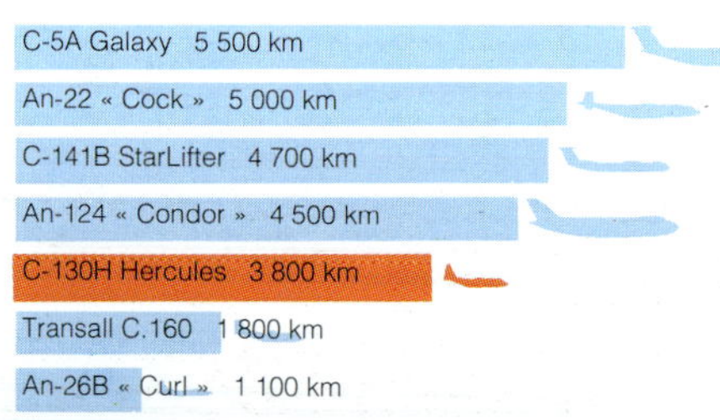


**Course de décollage au niveau de la mer**

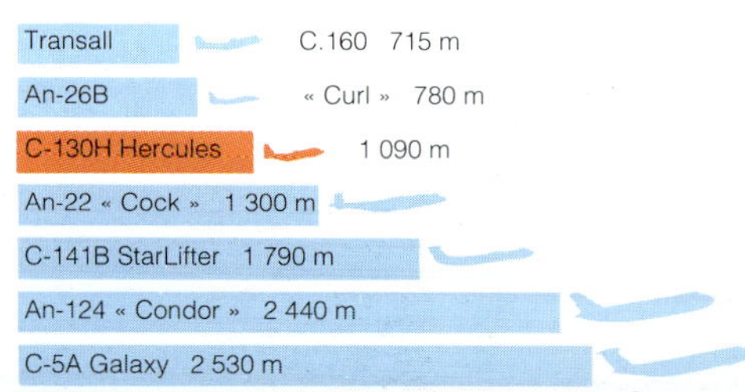

(4 050 et 4 910 ch) sur l'arbre, mais ce n'est qu'en 1973 que l'US Air Force décida d'adopter ces moteurs pour ses Hercules réservés aux missions de transport. Ainsi apparut le C-130H, qui commença à entrer en service en avril 1975 – ce retard est surprenant, car des versions équipées de moteurs plus puissants avaient été réalisées depuis le milieu des années soixante pour le compte de clients extérieurs.

L'une des commandes les plus importantes dont bénéficia Lockheed provint de la Royal Air Force, qui passa un marché de soixante-six C-130K. Dérivé du C-130H, le C-130K comporte plusieurs équipements et éléments d'origine britannique, et certains composants de sa structure ont été fabriqués au Royaume-Uni, notamment par Scottish Aviation (intégrée à présent dans BAe). La firme Marshall, installée à Cambridge, fut chargée de coordonner toutes les opérations de modification que devait subir le C-130K, connu sous la dénomination de Hercules C Mk 1 dans la Royal Air Force.

**Des Hercules équipés de skis sont utilisés dans le cadre des programmes militaires conduits par les Etats-Unis dans l'Arctique et dans l'Antarctique. Les décollages à partir de pistes enneigées s'effectuent avec des fusées d'appoint JATO.**

## Modèles rallongés

Le Hercules est souvent plein avant d'avoir atteint sa charge maximale. Ce problème a été résolu avec la mise au point des L-100-20 et L-100-30 commerciaux, qui possèdent un fuselage rallongé. La Royal Air Force décida d'augmenter la capacité d'emport de ses Hercules en procédant de la même façon. Le premier avion fut modifié par les soins de Lockheed-Georgia, et les vingt-neuf suivants dans les ateliers de Marshall. Ils reçurent l'appellation de Hercules C Mk 3.

Au début de la guerre des Malouines, en avril 1982, la RAF ne disposait pas d'avions de transport capables d'opérer dans l'Atlantique Sud. Un programme d'urgence fut donc lancé pour remédier à cette carence grave. Sur les cinquante Hercules en service, quatorze étaient des C Mk 3. Il ne restait donc plus qu'à entreprendre la modification des C Mk 1 existants. L'Engineering Wing de Lyneham, base sur laquelle sont regroupés les quatre squadrons de Hercules de la RAF, ne mit que cinq jours à concevoir et à installer des réservoirs cylindriques à l'intérieur de la soute à fret. Ces réservoirs, réalisés au départ pour équiper le BAe Andover C Mk 1, ont une capacité unitaire de 3 750 l. Les appareils qui furent dotés de deux réservoirs furent rebaptisés LR2 et bénéficiaient d'une autonomie supplémentaire de quatre heures ; ceux qui reçurent quatre réservoirs furent désignés LR4, mais leur capacité d'emport diminua de près de 75 %.

Le 15 avril 1982, Marshall entama un programme encore plus ambitieux, prévoyant la conception, la construction et l'essai de trois nouvelles modifications, qui devaient concerner une vingtaine d'avions. Celle qui portait le numéro 5308 consistait dans l'installation d'une perche de ravitaillement en vol au-dessus de la cabine de pilotage (la canalisation de carburant courait jusqu'au congé de raccordement de l'aile au fuselage), la perche adoptée pour l'occasion, la Mk 8, provenant du bombardier stratégique Vulcan. Les seize appareils dotés de cet équipement reçurent la dénomination de C Mk 1/PLR2. Quant à la modification 5309, il s'agissait du montage d'une aide radio à la navigation Omega et qu'utilisaient déjà les C-130H de l'US Air Force. Ce dispositif, dont l'antenne se trouve au-dessus du flanc gauche de l'arrière du fuselage, allait se révéler fort utile au-dessus des immenses étendues de l'Atlantique Sud lors de la guerre des Malouines.

La partie la plus importante du programme (5310) consista dans la transformation de quatre LR4 en citernes volantes Hercules C Mk 1K. En quatre-vingt-sept jours, la société Marshall installa un équipement de ravitaillement en vol Mk 17B sur la rampe arrière de chacun de ces appareils, ainsi qu'une turbopompe et un dispositif de refroidissement par air dynamique. Le 21 juin 1982, le premier C Mk 1K effectua un essai de ravitaillement au profit d'un Buccaneer, et le nouvel avion devint opérationnel dans l'Atlantique Sud à la fin du mois suivant.

Entre le milieu d'avril et le 3 juin, la flotte de Hercules engagée dans l'opération Corporate totalisa dix mille heures de vol et mena des missions dans des conditions souvent difficiles. Jusqu'à la mise en place d'une nouvelle base aérienne aux Malouines, les Hercules dotés d'une perche de ravitaillement en vol assurèrent des missions de transport vers les îles reprises à l'Argentine, en utilisant une nouvelle technique de ravitaillement avec les citernes volantes Victor et en mettant au point une procédure de ramassage des sacs de courrier par câble au-dessus de la piste de Port Stanley, impraticable en raison des destructions qu'elle avait subies.

Parmi les acquéreurs récents du Hercules figurent la France, le Mexique et la Colombie.

**Le Hercules a été employé à diverses reprises dans des missions à caractère humanitaire, notamment pour transporter des vivres et des médicaments dans les régions où sévit la famine.**

# Super-Etendard : le corsaire

*Choisi de préférence à la version navalisée du Jaguar franco-britannique, l'Etendard est un avion rapide dont le rayon d'action et la charge offensive se révèlent cependant insuffisants.*

*L'emploi combiné du Super-Etendard et du missile Exocet a permis aux Argentins et aux Irakiens d'obtenir de brillants succès contre leurs adversaires respectifs, les Britanniques et les Iraniens. Cet avion n'en présente pas moins certaines limites en matière de distance franchissable et de capacité d'emport de charge. Il constitue cependant le fer de lance, pour de nombreuses années encore, de l'Aéronavale.*

DEUX actions spectaculaires menées en 1982 pendant la guerre des Malouines ont suffi à porter le Super-Etendard sur le devant de la scène. Arborant les marques de l'aéronautique navale argentine et armé de missiles air-surface Aérospatiale Exocet, des appareils de ce type parvinrent à couler dans les eaux glacées de l'Atlantique Sud deux navires de guerre britanniques. D'autres Super-Etendard, portant ceux-là les insignes de la force aérienne irakienne, envoyèrent par le fond, dans le golfe Persique, plusieurs tankers chargés de pétrole iranien. Comme sa dénomination le laisse entendre, le Super-Etendard trouve ses origines dans l'Etendard des années cinquante. Son principal utilisateur, l'Aéronavale française, continuera à l'employer en première ligne sans doute jusqu'à la fin du siècle.

Tel qu'il fut conçu, l'Etendard d'origine était un appareil basé à terre destiné à répondre à des spécifications de l'armée de l'Air française et de l'OTAN concernant un avion d'attaque léger. Désigné Mystère XXII, le modèle de base était propulsé par deux turboréacteurs Turboméca Gabizo. Quant à la version destinée à l'OTAN, elle reçut la dénomination de Mystère XXVI et fut dotée d'un Bristol-Siddeley Orpheus. A ces machines, devenues respectivement Etendard II et Etendard VI, s'ajouta bientôt un Etendard IV (Mystère XXIV au départ) construit sur les fonds privés de la firme Dassault, dont le premier vol intervint le 24 juillet 1956 avec un turboréacteur SNECMA Atar. L'armée de l'Air s'étant désintéressée de ces appareils et l'OTAN ayant sélectionné en fin de compte le Fiat G.91, l'Etendard IV ne fut sauvé que parce que l'Aéronavale décida d'en faire son prochain avion d'attaque embarqué.

Equipé d'une crosse d'appontage et de crochets de catapultage, l'Etendard IVM se présentait comme un appareil de construction entièrement métallique et de structure semi-monocoque. Le dessin de son fuselage répon-

*Prototype 01 du Super-Etendard catapulté depuis le porte-avions « Clemenceau » de la Marine nationale. L'avion emporte des bombes de 400 kg sous voilure et un réservoir de carburant sous fuselage.*

dait à la loi des aires, et la voilure, réalisée autour d'un caisson bilongeron, comportait des revêtements travaillants dotés de raidisseurs internes. En avant des volets se trouvaient des spoilers perforés, les ailerons, actionnés par des servocommandes, étant munis d'un système de restitution artificielle des efforts exercés sur le manche à balai. Des becs mobiles occupaient toute la longueur du bord d'attaque sur la partie fixe de l'aile. Les deux aérofreins étaient implantés sous la partie centrale du fuselage.

Aux sept machines en développement réalisées dans un premier temps par le constructeur français succédèrent, entre 1961 et 1962, soixante-neuf Etendard IVM (appui aérien) et vingt et un Etendard IVP (reconnaissance). Aujourd'hui, quelques Etendard IVM demeurent en service au sein de l'escadrille de servitude 59S, basée à Hyères, où ils sont employés pour l'entraînement aux opérations conduites depuis des plates-formes terrestres. L'Etendard IVP, qui a pour mission secondaire le ravitaillement en vol avec un dispositif réalisé par Douglas, sert encore dans la flottille embarquée 16F, dont la base d'attache est Landivisiau.

Quand vint le moment d'envisager le remplacement à terme de l'Etendard, le SEPECAT Jaguar franco-britannique apparut comme la solution la plus logique. Mis en compétition avec le McDonnell Douglas A-4 Skyhawk, le LTV A-7 Crusader et une version navale du Dassault Mirage F.1, le Jaguar M (Marine) progressa jusqu'au stade des essais sur porte-avions. Pour des raisons politiques, le gouvernement français décida cependant de ne pas commander cet appareil. Au lieu de cela, il prit la résolution de subventionner le développement d'un Etendard IVM perfectionné, le Super-Etendard. Beaucoup mois coûteux que ces rivaux, celui-ci devait faire appel à l'origine à de nombreux éléments de son prédécesseur et fut choisi comme successeur à l'Etendard IVM en janvier 1973.

## Avion d'attaque embarqué

Les modifications apportées au projet initial furent si importantes que le Super-Etendard en service à l'heure actuelle n'a plus que quelques points communs avec l'Etendard IVM. N'existant qu'en version monoplace, cet appareil est optimisé pour les missions d'attaque air-surface mais peut également mener des combats aériens. L'une des principales caractéristiques du Super-Etendard est sa voilure nouvelle, dotée de volets à double fente et de becs de bord d'attaque basculants. Montée en position médiane, elle accuse une flèche de 45° et son épaisseur relative varie de 6 à 5 % entre l'emplanture et l'extrémité. Elle est formée de deux caissons revêtus de panneaux usinés avec des raidisseurs et se replie vers le haut, permettant une réduction de l'envergure de 1,80 m.

Les ailerons sont actionnés par des commandes hydrauliques mises au point par Dassault, et le bord d'attaque des ailes présente un décrochement intégré dans la partie fixe. Quant aux volets à double fente, ils ont une course plus importante que ceux de l'Etendard IVM. Tous les efforts des ingénieurs français se sont orientés vers la nécessité de conserver au Super-Etendard une maniabilité équivalant à celle de l'Etendard IVM, et ce en dépit de sa masse plus élevée. Quand il est catapulté, le Super-Etendard atteint une masse de près de 12 000 kg, soit 1 100 kg de plus que son prédécesseur. A l'appontage, le surcroît de masse est de 300 kg, soit un total de 8 100 kg. La portance de la voilure est d'un intérêt capital pour les avions embarqués. Le fait que, pour une masse de 7 800 kg, la vitesse d'approche de l'Etendard à l'appontage soit de 250 km/h alors que celle du Super-Etendard à ce moment critique n'est que de 230 km/h, peut donner une idée du chemin parcouru dans ce domaine.

De construction métallique semi-monocoque, le fuselage du Super-Etendard répond à la loi des aires. Le pilote prend place sur un siège éjectable Martin-Baker SEMMB CM4A installé dans un habitacle blindé et pressurisé. Il dispose d'un train d'atterrissage tricycle Messier-Hispano équipé de pneus à basse pression, caractéristique assez inhabituelle pour un avion embarqué. L'atterrisseur est équipé d'amortisseurs à longue course, et le pilote peut utiliser un parachute de freinage abrité par un carénage sur la dérive pour les atterrissages.

**Les Super-Etendard loués à l'Irak ont été rendus à la France après leur remplacement par des Mirage F.1 armés d'Exocet. Ces avions ont été engagés dans des opérations contre les pétroliers naviguant dans le golfe Persique.**

**Développé à partir de l'Etendard IV, un avion des années cinquante, le Super-Etendard bénéficie d'un système d'attaque et de navigation aux plus larges possibilités. Des avions de ce type ont pris part aux frappes sur la Serbie en 1999.**

Ce Super Etendard porte la livrée grise et blanche standard qu'arboraient les appareils de ce type lors de leur entrée en service. Aujourd'hui, ces avions se caractérisent par un camouflage tactique en deux tons à faible visibilité. L'appareil représenté ici est configuré pour la lutte antinavire, avec un missile air-surface Exocet monté sous l'aile droite et un réservoir de carburant placé sous l'aile gauche. L'Exocet et l'ASMP ne peuvent être emportés que sur les pylônes intérieurs de la voilure.

MARINE
MARINE
SUPER
ETENDARD
31
MARINE
Keith Fretwell

## Ecorché du Dassault-Breguet Super-Etendard

1 Radôme
2 Disque de l'antenne
3 Antenne fixe
4 Mécanisme d'entraînement de l'antenne
5 Radar multimode Thomson CSF/AED Agave
6 Logement de la perche de ravitaillement en vol
7 Perche escamotable de ravitaillement en vol
8 Système de navigation et d'attaque
9 Antenne UHF
10 Tube de Pitot
11 Sonde thermométrique
12 Vérin de commande de la perche de ravitaillement en vol
13 Cloison de pressurisation avant
14 Carénage du tableau de bord
15 Montants du pare-brise
16 Collimateur tête haute
17 Manche à balai
18 Pédales de palonnier
19 Cadres de fuselage
20 Plancher pressurisé
21 Console latérale
22 Manette des gaz
23 Manette de sélection des modes radar
24 Axe de rotation de la jambe de train
25 Phares d'appontage
26 Trappe frontale du train
27 Vérins hydrauliques d'orientation de la roue
28 Fourche du train avant
29 Roue avant
30 Jambe de train
31 Contrefiche articulée
32 Vérin hydraulique de relevage du train
33 Entrée d'air gauche du réacteur
34 Plaque d'évacuation de la couche limite
35 Prise d'air dynamique du dispositif de conditionnement d'air
36 Cloison de pressurisation arrière
37 Fente d'évacuation de la couche limite
38 Siège éjectable Martin-Baker SEMMB CM4A
39 Entrée d'air droite du réacteur
40 Appui-tête du siège éjectable
41 Poignée haute de commande d'éjection
42 Verrière
43 Axe de rotation de la verrière
44 Commande extérieure de largage de la verrière
45 Système de climatisation
46 Cadres d'entrée d'air
47 Saillie du canon gauche
48 Tube de canon
49 Bouteilles d'oxygène
50 Avionique
51 Missile air-sol Martin Pescador (avions argentins seulement)
52 Système de guidage du missile Martin Pescador
53 Réservoir supplémentaire
54 Panneaux d'accès aux équipements
55 Accumulateur pour vol inversé du système d'alimentation en carburant
56 Entrée d'air additionnelle
57 Canons DEFA de 30 mm
58 Prise de parc
59 Trappe de visite des canons
60 Magasins à munitions (125 obus par canon)
61 Système de refroidissement de l'avionique
62 Réservoirs avant
63 Panneaux d'accès aux réservoirs
64 Cadres forts
65 Passage des commandes d'accessoires
66 Ouïes d'évacuation de l'air de refroidissement de l'avionique
67 Antenne IFF
68 Réservoir structural de l'aile droite
69 Puits d'ancrage des pylônes
70 Lance-roquettes Matra 155 pour 19 projectiles de 68 mm
71 Décrochement de bord d'attaque
72 Bielle de commande des becs de bord d'attaque
73 Becs de bord d'attaque
74 Servocommande hydraulique d'aileron
75 Vérin hydraulique de relevage de l'extrémité de voilure
76 Extrémité d'aile
77 Feu à éclats d'identification
78 Feu de navigation droit
79 Extrémité de l'aile droite, ici repliée
80 Partie fixe du bord de fuite
81 Aileron droit
82 Guignol de commande de gauchissement
83 Mécanisme de couplage de l'aileron et du spoiler
84 Commande hydraulique du spoiler
85 Spoiler droit
86 Volet Fowler à double fente
87 Réservoirs arrière de fuselage
88 Câbles de commande de direction
89 Démarreur du réacteur
90 Compresseur
91 Cadre d'attache avant du réacteur
92 Arbre du réducteur d'entraînement des accessoires
93 Génératrices entraînées par le réducteur
94 Accessoires du réacteur
95 Turboréacteur SNECMA Atar 8K50
96 Tuyauterie de prélèvement d'air vers le système de climatisation
97 Secteur de transmission de la commande de direction
98 Fixation du longeron avant de dérive
99 Panneaux d'accès à la timonerie de direction
100 Moteur électrique commandant le calage du stabilisateur
101 Décrochement du bord d'attaque du stabilisateur
102 Servocommande hydraulique de profondeur
103 Nervure d'assemblage de la dérive
104 Plaque d'obturation
105 Servocommande hydraulique de direction
106 Structure de la dérive
107 Stabilisateur droit
108 Antenne du détecteur passif
109 Antenne VOR (sur les avions argentins seulement)
110 Antenne VHF
111 Carénage d'antenne dans le saumon de dérive
112 Antenne télémétrique
113 Gouverne de direction
114 Nervures de gouverne
115 Logement du parachute de freinage
116 Cône de sortie du parachute
117 Feu anticollision et de navigation
118 Antenne arrière du détecteur passif
119 Gouverne de profondeur gauche
120 Nervures de la gouverne
121 Amortisseur de tangage
122 Structure du stabilisateur
123 Tuyère du réacteur
124 Canal d'éjection
125 Tuyau de ravitaillement en vol
126 Panier de ravitaillement
127 Crosse d'appontage abaissée
128 Carénage de la crosse d'appontage
129 Cadres et lisses de l'arrière du fuselage
130 Double cadre de démontage de l'arrière du fuselage
131 Cadre de fixation de la dérive
132 Bouclier thermique
133 Turbine
134 Amplificateur de puissance du détecteur passif
135 Cadre fort
136 Attache principale du réacteur
137 Compartiment avionique arrière
138 Volet Fowler à double fente
139 Nervures de volet
140 Nervures en surplomb du bord d'attaque de volet
141 Rail de guidage de volet
142 Logement du train d'atterrissage
143 Axe de rotation de la jambe de train gauche
144 Vérin hydraulique de commande de volet
145 Spoiler gauche
146 Vérin hydraulique de commande de spoiler
147 Rail de guidage de volet
148 Nervures d'ailerons
149 Aileron gauche
150 Extrémité de l'aile gauche
151 Structure d'extrémité d'aile
152 Saumon d'aile
153 Feu de navigation gauche
154 Feu à éclats d'identification
155 Vérin hydraulique de commande de relevage d'aile
156 Charnière de relevage d'extrémité d'aile
157 Bec de bord d'attaque sur extrémité d'aile
158 Missile air-air Matra 550 Magic
159 Rail lance-missiles
160 Lance-roquettes Matra 155 pour 19 projectiles de 68 mm
161 Servocommande hydraulique d'aileron
162 Puits d'ancrage du pylône extérieur
163 Pylône extérieur
164 Décrochement du bord d'attaque
165 Panneau de revêtement d'intrados
166 Structure de nervures d'aile
167 Puits d'ancrage du pylône intérieur gauche
168 Pylône intérieur gauche
169 Réservoir supplémentaire de 1 100 l
170 Roue gauche
171 Frein hydraulique à disque
172 Compas d'amortisseur
173 Jambe de train
174 Vérin hydraulique de relevage du train
175 Logement des réservoirs structuraux

## Charge offensive du Dassault-Breguet Super-Etendard

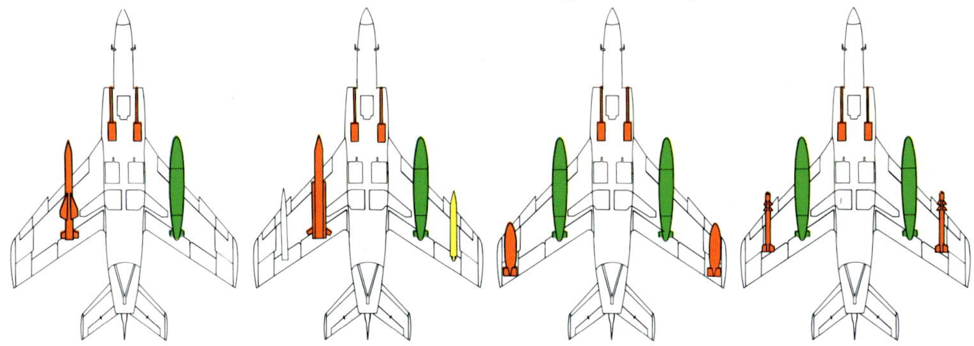

**Mission antinavire**

2 canons DEFA 552A de 30 mm dans le nez avec 125 obus chacun
1 missile antinavire AM 39 Exocet sur le pylône intérieur droit de voilure
1 réservoir de carburant de 1 100 l sur le pylône intérieur gauche de voilure

Handicapé par son autonomie insuffisante, le Super-Etendard ne peut emporter dans ce cas qu'un seul missile Exocet. Cette combinaison d'armement et de carburant a été utilisée par les Super-Etendard argentins engagés contre le navire britannique *Sheffield*.

**Frappe nucléaire**

2 canons DEFA 552A de 30 mm dans le nez avec 125 obus chacun
1 missile de croisière ASMP sur le pylône intérieur droit de voilure
1 réservoir de carburant de 1 100 l sur le pylône intérieur gauche de voilure
1 nacelle CME Matra Sycomor sur le pylône extérieur droit de voilure

Le Super-Etendard peut emporter le missile de croisière ASMP et la bombe nucléaire tactique AN-52. Les objectifs sont avant tout tactiques, ceux qui revêtent un caractère stratégique relevant d'une intervention à l'aide des Mirage IV.

**Attaque légère**

2 canons DEFA 552A de 30 mm dans le nez avec 125 obus chacun
2 bombes de 400 kg sur les pylônes extérieurs de voilure
2 réservoirs de carburant de 1 100 l sur les pylônes intérieurs de voilure

Dans les missions d'attaque, le Super-Etendard peut emporter quatre bombes de 400 kg sous voilure, ce qui l'empêche cependant d'utiliser les deux réservoirs de 1 100 l qui permettent d'accroître son rayon d'action. Il peut être doté de nacelles CME.

**Défense aérienne**

2 canons DEFA 552A de 30 mm avec 125 obus chacun
2 missiles air-air Matra 550 Magic sous voilure
2 réservoirs de carburant de 1 100 l sur les pylônes intérieurs de voilure

Le Super-Etendard est plus lent et moins manœuvrable que le Vought F-8 Crusader, utilisé auparavant par l'Aéronavale pour les missions de défense aérienne. Cet appareil est cependant pourvu de radars travaillant en mode air-air et de collimateurs adaptés.

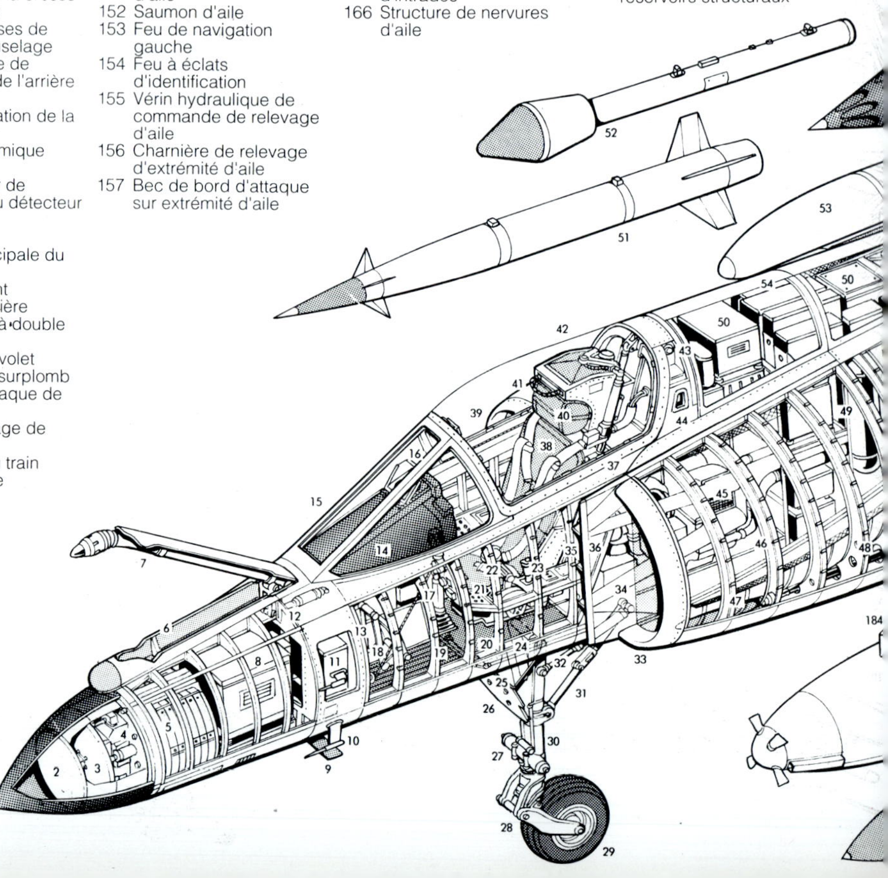

## Caractéristiques

**Ailes**
Envergure 9,60 m
Envergure (ailes repliées) 7,80 m
Surface alaire 28,40 m²
Flèche 45° au quart de la corde

**Fuselage et empennages**
Aménagement pour 1 pilote
Longueur totale 14,31 m
Hauteur totale 3,86 m

**Train d'atterrissage**
Atterrisseur tricycle escamotable
Voie 3,50 m

**Masse**
A vide 6 500 kg
Maximale au décollage 12 000 kg
Carburant maximal avec 2 réservoirs de 1 100 l 4 800 kg

**Moteur**
Turboréacteur SNECMA Atar 8K50 de 5 000 kgp

## Eléments d'identification du Super-Etendard

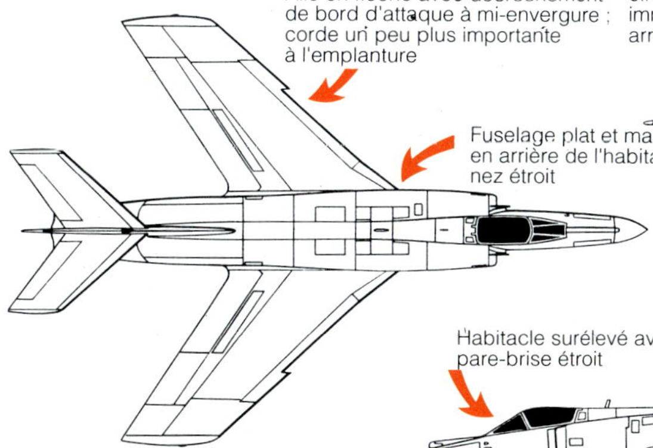


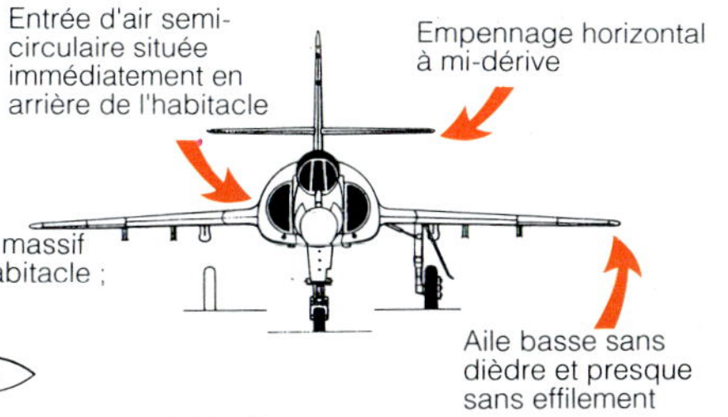
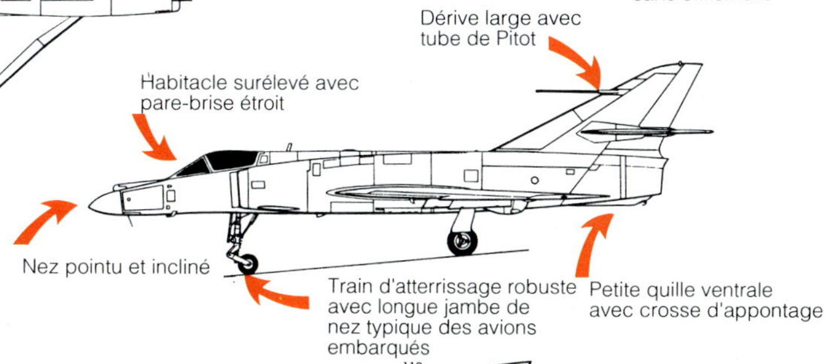


Le Super-Etendard présente une certaine ressemblance avec l'Etendard IVM et avec le Super-Mystère. Sous certains angles, cet avion peut être confondu avec le Hunter ou le Fiat G.91

176 Bec de bord d'attaque
177 Nervures de bec de bord d'attaque
178 Crochets de catapultage
179 Attache d'emplanture boulonnée
180 Vérin hydraulique de commande de bec de bord d'attaque
181 Raccord d'emplanture
182 Vérin hydraulique de commande d'aérofrein
183 Aérofreins
184 Pylône central
185 Nacelle de ravitaillement en vol
186 Missile air-surface Aérospatiale AM.39 Exocet

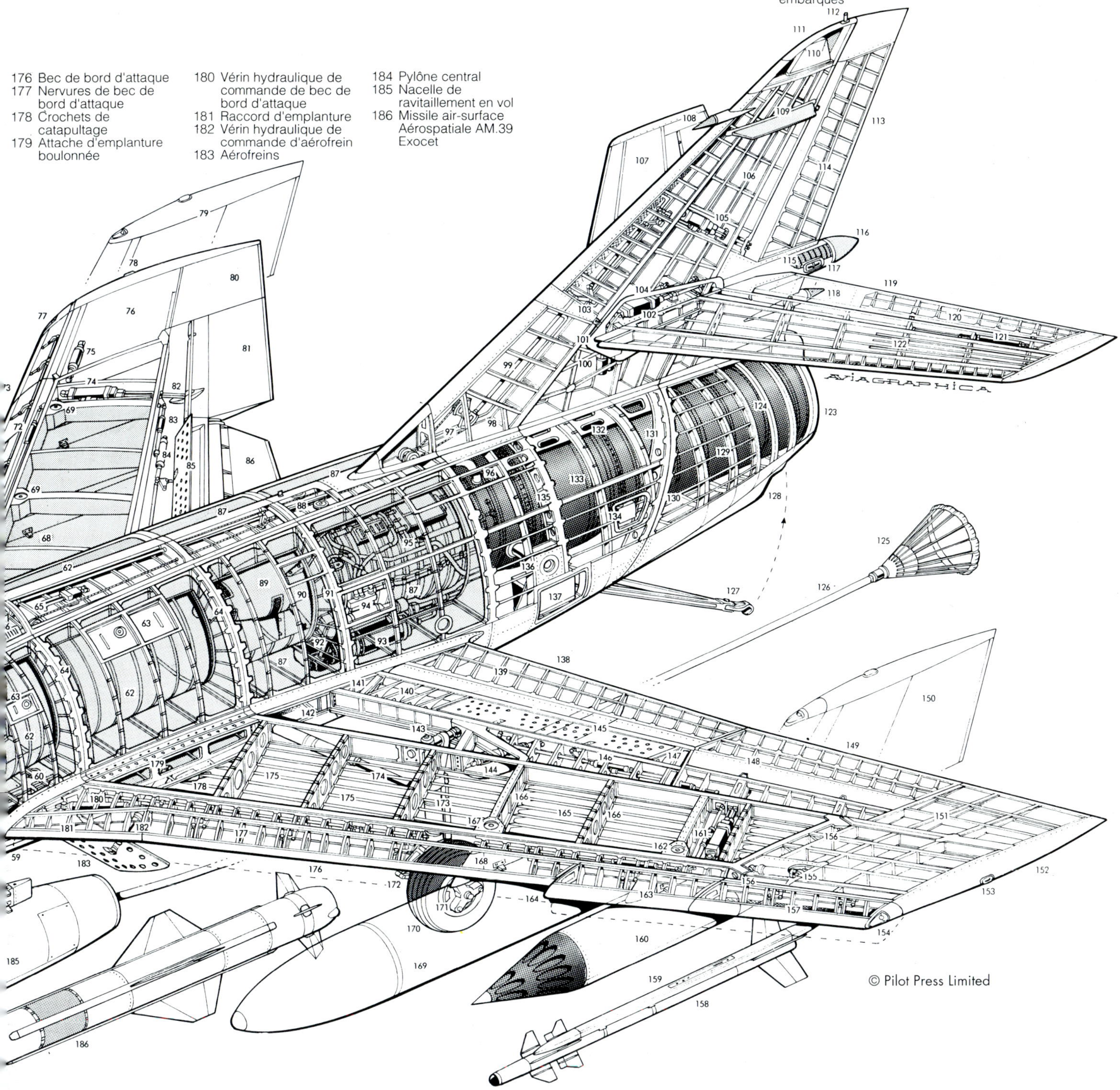

Les bonnes performances du Super-Etendard reviennent en partie aux 500 kg de poussée supplémentaires que lui confère, par rapport à l'Etendard, son turboréacteur SNECMA Atar 8K50. Il s'agit en fait d'un moteur comparable au 9K50 monté sur le Mirage F.1, mais protégé contre la corrosion et doté d'une tuyère augmentée et non d'un canal de post-combustion. Moins gourmand en carburant que le propulseur de l'Etendard IVM, l'Atar 8K50 offre au Super-Etendard une distance franchissable supérieure à celle de son prédécesseur.

***Super-Etendard de la flottille 17F photographié au moment de son catapultage depuis le porte-avions « Foch ». L'Aéronavale aligne trois flottilles équipées de cet appareil : la 17F, basée à Hyères, ainsi que la 11F et la 14F, à Landivisiau.***

## Armement

Les Super-Etendard de l'Aéronavale française peuvent emporter une bombe nucléaire tactique AN-52 de 15 kilotonnes, l'armement classique se composant de deux canons DEFA 552 installés sous les entrées d'air et alimentés à raison de 125 coups chacun. Les quatre pylônes de voilure et le pylône de fuselage peuvent recevoir des charges très variées. Pour une mission d'attaque, le Super-Etendard peut être équipé de quatre lance-roquettes LR 150 avec dix-huit roquettes de 68 mm chacun, de six bombes de 250 kg ou de quatre bombes de 400 kg. Pour les opérations de défense de la flotte, l'armement emporté se compose de Missiles Matra R.550 Magic à guidage infrarouge sur chaque pylône extérieur de voilure et d'un réservoir de 600 l sous fuselage.

Le Super-Etendard peut désormais emporter le missile nucléaire à guidage inertiel ASMP de 150 kilotonnes. D'une portée de 100 km, cet engin est installé sur le pylône de voilure extérieur droit, l'équilibrage latéral de l'avion étant assuré par un réservoir de carburant de 1 100 l placé sous l'aile gauche. Pour dérouter les défenses de l'adversaire, les Super-Etendard armés d'ASMP sont dotés d'un éjecteur de paillettes Philips-Matra Phimat et d'un éjecteur de leurres thermiques Matra Sycomor. L'appareil peut également disposer d'un réservoir sous fuselage de 600 l qui porte sa distance franchissable en mission hi-lo-hi à 850 km.

## Une longue carrière

Le développement du Super-Etendard se trouva accéléré par la transformation de trois Etendard IVM. Le premier d'entre eux effectua son premier vol, avec sa voilure d'origine, le 28 octobre 1974. Le deuxième, bien qu'identique au précédent, disposait d'un système de navigation et d'attaque complet, et le troisième comportait le fuselage d'un Etendard IVM et les ailes du nouvel avion. Au terme d'essais initiaux, la voilure fut démontée et installée sur le premier prototype du Super-Etendard, qui prit l'air le 3 octobre 1975. Deux ans plus tard, le 24 novembre 1977, le premier des soixante et onze exemplaires de série destinés à l'Aéronavale vola au-dessus de l'usine Dassault de Bordeaux. Les livraisons débutèrent en juin 1978 et la première unité à prendre en compte l'appareil embarqué fut la flottille 11F, le 4 septembre de la même année. Quant à la première croisière en mer, elle survint le 4 décembre suivant. En raison d'un certain accroissement des coûts, le programme de cent avions prévu à l'origine ne put être respecté, si bien que deux autres flottilles seulement purent être formées (14F et 17F). La Marine nationale dut conserver une unité d'Etendard IVP et une de ses deux flottilles (12F) de LTV F-8E(FN) Crusader.

Le Super-Etendard opère régulièrement à partir des porte-avions de 23 700 t *Foch* et *Clemenceau*. Au cours d'un séjour le long du littoral libanais, en soutien de la force d'interposition internationale, quatre avions de ce type attaquèrent avec succès des positions d'artillerie druzes, le 22 septembre 1983. Un tel événement est cependant peu important par rapport aux opérations qu'avait menées un an auparavant, pendant la guerre des Malouines, la 2a Escuadrilla Aeronaval de Caza y Ataque de l'aéronautique navale argentine.

Composante de la 3a Escuadra Aeronaval, basée à Puerto Belgrano, cette formation avait reçu, avant que ne débute le conflit, cinq des quatorze Super-Etendard de sa commande initiale et cinq missiles Exocet. Opérant depuis Rio Grande, ces appareils endommagèrent gravement la frégate britannique HMS *Sheffield* le 4 mai 1982 et le porte-conteneurs MV *Atlantic Conveyor* le 25 du même mois (deux missiles furent tirés en chacune de ces occasions). Le cinquième Exocet fut largué sans résultat cinq jours plus tard, et la 2a Escuadrilla ne prit plus aucune part aux combats. Ce n'est qu'à la fin de 1982 que la France reprit ses livraisons de missiles et d'avions, et la première de ces nouvelles machines effectua un appontage sur le porte-avions *Veinticinco de Mayo* le 18 avril 1983.

Ne disposant d'aucun porte-avions, l'Irak n'en utilisa pas moins des Super-Etendard : en 1983, la Marine française lui livra deux de ces avions avec un important stock de missiles Exocet. Officiellement loués pour deux ans, ces avions arrivèrent sur le territoire irakien en octobre 1983, après que leurs pilotes eurent été entraînés en France. Ils furent principalement employés pour attaquer des pétroliers chargés de brut iranien dans le golfe Persique.

La première intervention de cette sorte que l'Irak reconnaît eut lieu le 27 mars 1984 et causa d'importants dommages à un pétrolier grec. Les Super-Etendard jouèrent ensuite un rôle déterminant dans les cinquante et une attaques lancées contre des pétroliers dans le golfe Persique en 1984. La plupart des navires atteints parvinrent à s'échapper, le pétrole brut qu'ils contenaient ne s'enflammant pas lorsque le missile explosait. Quand les Mirage F.1 furent engagés dans ces missions, en février 1985, les Super-Etendard se préparèrent à regagner la France. Peu d'appareils actuels ont été utilisés au combat autant que le Super-Etendard, qui est un avion de grande qualité.

***Super-Etendard armé d'un missile ASMP (air-sol moyenne portée) venant de se poser sur un porte-avions de la Marine nationale. Le Super-Etendard peut également emporter des missiles Exocet.***

# Le Super Etendard en service

## Aéronavale (France)

### Flottille 11F

**Base :** Landivisiau
**Transformation :** 4 septembre 1978
**Missions :** attaque maritime, attaque et interception
**Avions :** n[os] 6, 10, 33, 37, 38, 39, 55, 61, 63 et 71

*Super-Etendard de la flottille 11F, basée à Landivisiau.*

### Flottille 14F

**Base :** Landivisiau
**Transformation :** 1er juin 1979
**Missions :** attaque maritime, attaque et interception
**Avions :** n[os] 13, 23, 25, 31, 32, 44, 47, 50, 58 et 70

*Ce Super-Etendard armé d'un missile Exocet appartient à la flottille 14F, basée à Landivisiau.*

### Flottille 17F

**Base :** Hyères
**Transformation :** 5 septembre 1980
**Missions :** attaque maritime, attaque et interception
**Avions :** n[os] 3, 4, 17, 24, 29, 30, 51, 52, 59, 64

*La flottille 17F est la troisième unité de l'Aéronavale formée sur Super-Etendard.*

## Comando de Aviacion Naval Argentina

### 2a Escuadrilla Aeronaval de Caza y Ataque

**Base :** Base Aerea Comandante Espora, Puerto Belgrano
**Transformation :** 26 mars 1981 en France
**Missions :** attaque maritime et interception
**Avions :** 0751 « 3-A-201 » à 0764 « 3-A-214 »

*Les Super-Etendard de la force aérienne argentine sont basés à Puerto Belgrano et peuvent également opérer depuis le porte-avions « Veinticinco de Mayo ». Pendant la guerre des Malouines, ces avions furent engagés au combat à partir de Rio Grande.*

## Performances

| | |
|---|---|
| Vitesse maximale en altitude | environ Mach 1 |
| Vitesse maximale à basse altitude | 1 180 km/h |
| Plafond pratique | 13 715 m |
| Rayon d'action de combat avec Exocet et 2 réservoirs de carburant en mission hi-lo-hi | 850 km |

### Charge offensive

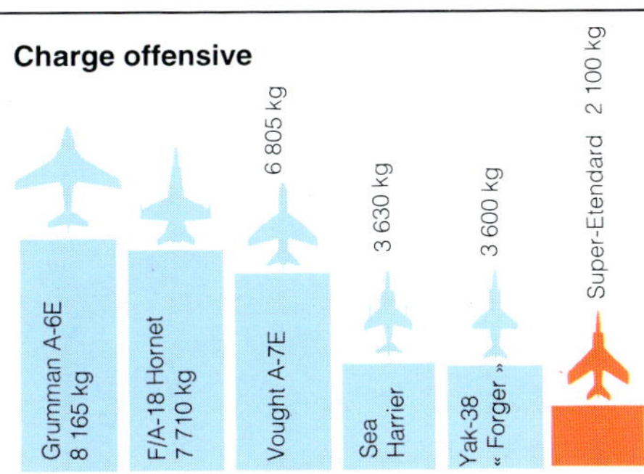


### Plafond pratique

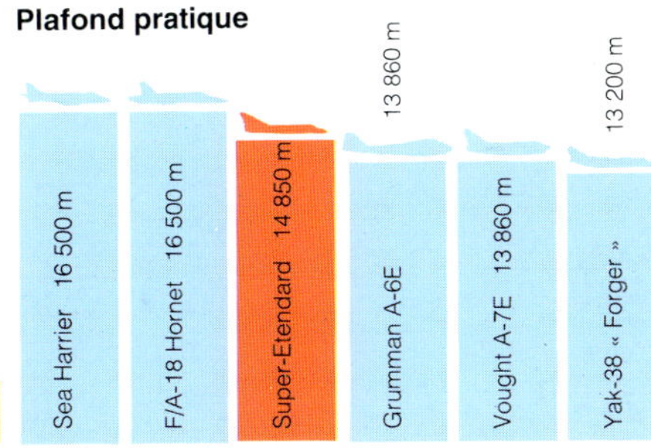


### Vitesse à haute altitude

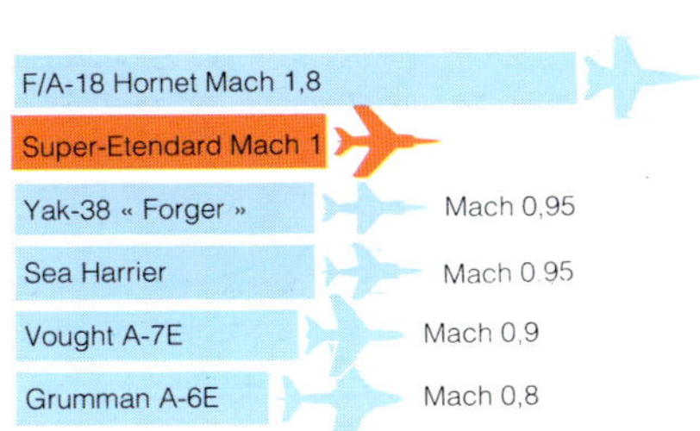


### Vitesse à basse altitude

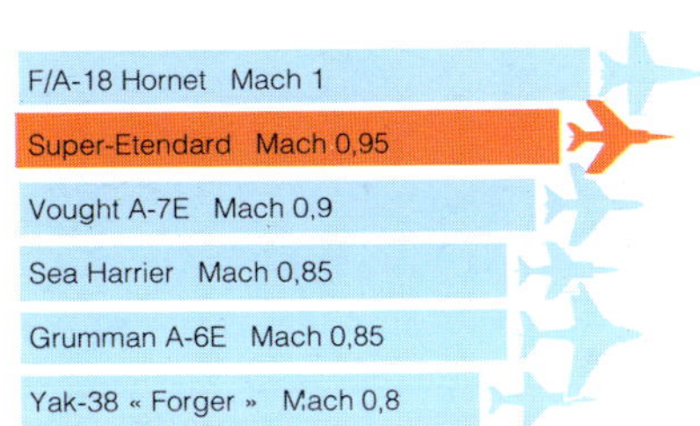


### Distance franchissable avec carburant interne

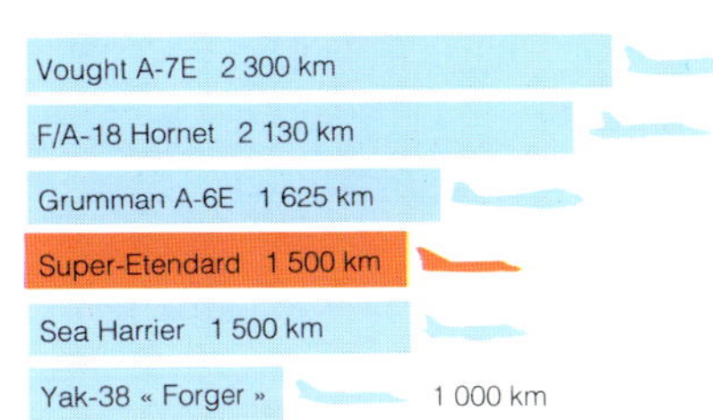

# F-16, le faucon de l'USAF

*Epine dorsale de l'aviation de combat américaine, le F-16 Fighting Falcon est un appareil d'une très grande souplesse d'emploi, capable d'emporter une imposante charge offensive et de surclasser la plupart des machines qui pourraient lui être opposées en combat aérien.*

***La patrouille de présentation de l'US Air Force, les Thunderbirds, vole sur General Dynamics F-16. Pendant les exercices auxquels ils se livrent, les pilotes chevronnés qui la composent savent tirer parti de l'extraordinaire agilité de l'avion.***

BIEN intégré aujourd'hui au sein de l'Air Combat Command de l'US Air Force et dans les forces aériennes de divers autres pays, le General Dynamics F-16 est sans conteste l'un des chasseurs les plus importants à être entré en service au cours des dernières décennies.

Au début de la décennie 1970-1980, les responsables de la défense américaine devaient faire face à une importante inflation et à des compressions budgétaires qui les obligeaient à utiliser au mieux les crédits qui leur étaient alloués. Les coûts des armements ne cessant d'augmenter, ils accueillirent avec empressement un projet de chasseur léger au prix de revient relativement bas. De son côté, l'US Air Force, dont les capacités étaient sérieusement compromises par l'impossibilité dans laquelle elle se trouvait d'acquérir un nombre suffisant de McDonnell Douglas F-15 Eagle, attendait avec impatience les autorisations nécessaires à la réalisation d'un autre appareil.

Le F-16 résulte en effet d'un programme de chasseur léger (Light Weight Fighter, LWF) dont l'origine remonte à 1972 et qui apparaît comme une conséquence de la guerre du Viêtnam. L'US Air Force avait subi de très lourdes pertes au Nord Viêt-nam, principalement en raison du fait qu'aucun des appareils qu'elle alignait n'avait été conçu pour affronter loin de sa base des chasseurs maniables de petite taille comme les MiG. Le Republic F-105 Thunderchief et le General Dynamics F-111 étaient plus spécialement réservés à des attaques nucléaires, tandis que le McDonnell Douglas F-4 Phantom II se présentait à l'origine comme un chasseur de couverture de la flotte équipé

***Postcombustion allumée, un F-16A prend l'air en vue d'effectuer une patrouille. La verrière faite d'une seule pièce de cet appareil offre au pilote un champ visuel important, facteur primordial dans les missions de défense aérienne.***

de missiles à moyenne portée. Pour parer au plus pressé, les Américains équipèrent cette machine de becs basculants et d'un canon, mais le pourcentage de succès du F-4 contre les MiG resta décevant. Les Etats-Unis prirent en conséquence des mesures pour éviter qu'une telle situation ne se reproduise.

Des études montrèrent cependant que, en dépit de l'avance dont il disposait sur le plan technologique, le F-15 ne saurait à lui seul compenser son infériorité numérique face aux MiG soviétiques. C'est la raison pour laquelle l'US Air Force décida de lancer un programme de recherche visant à explorer les technologies nécessaires à la mise au point d'un chasseur léger.

L'appareil qui résulta de ces travaux fut le General Dynamics YF-16, qui effectua son premier vol le 20 janvier 1974 ; celui-ci ne fut cependant pas intentionnel, le pilote qui menait les essais de roulage à grande vitesse ayant dû quitter le sol d'urgence à la suite d'un problème. Cette sortie, qui dura six minutes, s'acheva sans autre difficulté. Le premier vol officiel, quant à lui, se déroula le 2 février de la même année, Oestricher tenant l'air cette fois pendant près de quatre-vingt-dix minutes. Le second YF-16 vola le 9 mai suivant, tandis que son concurrent de chez Northrop, l'YF-17, ne prit l'air qu'un mois plus tard environ.

Le F-16 allait être le premier avion au monde instable en profondeur, ce qui permettait de limiter les efforts portant sur la gouverne et, par conséquent, de réduire la traînée lors des évolutions ainsi que le temps de réponse aux commandes. Le constructeur désigne ce concept par le sigle RSS (Relaxed Static Stability), ce qui veut dire que le centre de gravité de l'appareil se situe en arrière de la plage de centrage normale.

Les évaluations comparatives ayant révélé que l'YF-16 était supérieur à l'YF-17, le chasseur de General Dynamics fut déclaré vainqueur de la compétition officielle au mois de janvier 1975. A cette même époque, le Department of Defense avait annoncé que l'US Air Force recevrait 650 exemplaires d'une version améliorée de l'avion, connue sous l'appellation d'Air Combat Fighter (ACF).

## Avions de développement

Plusieurs avions de développement furent commandés par l'USAF au commencement de l'année 1975 en vue de préparer l'entrée en service opérationnel du F-16, parmi lesquels 11 monoplaces F-16A et 2 biplaces d'entraînement F-16B. Par la suite ce marché allait être réduit à 6 F-16A, le nombre de F-16B demeurant inchangé. Les essais en vol eurent lieu à Edwards AFB à la fin de 1976.

Le F-16A entra tout d'abord en service dans le Tactical Air Command, le premier exemplaire de cet appareil faisant son apparition sur la base de Hill (Utah) le 6 janvier 1979. Pris en compte par le 338th Tactical Fighter Wing, l'avion acheva ses essais opérationnels en octobre 1980 et fut livré en grandes quantités à d'autres formations du TAC ainsi qu'à des unités des Pacific Air Forces (PacAF) et des US Air Forces in Europe (USAFE).

Conçu au départ comme un chasseur léger de supériorité aérienne, le Fighting Falcon a connu par la suite une importante évolution. Les F-16A mis en service en 1979 étaient principalement destinés à des missions air-sol, comme le soutien rapproché et l'appui tactique. Bien que constituant un très bon avion de combat aérien, le F-16 a été handicapé par l'impossibilité dans laquelle il s'est trouvé jusqu'à, une certaine époque d'utiliser des missiles à guidage radar comme l'AIM-7F Sparrow.

***Grâce à ses capacités dans le domaine du combat aérien, le F-16 est un élément de soutien précieux pour les forces américaines déployées à travers le monde. Ici, des Fighting Falcon survolent les pyramides d'Egypte.***

***Ici un F-16A du 8th TWF Wolf Pack. Un siège éjectable incliné vers l'arrière de 30°, permet au pilote d'encaisser des facteurs de charge élevés en virage serré.***

RESCUE

*General Dynamics F-16C Fighting Falcon appartenant au 50th TFW, basé à Hahn, en Allemagne. Sur cette version évoluée du chasseur américain, la verrière a été recouverte d'une pellicule dorée pour réduire la reflexion électromagnétique.*

*Bénéficiant des progrès les plus récents en matière d'avionique et d'armement, le F-16C, version modernisée du Fighting Falcon, est un élément important du Tactical Air Command de l'USAF, et sert dans de nombreuses unités.*

Un programme prévoyant la modification de 270 avions de ce type a été lancé, et les premières de ces machines sont entrés en service en 1989 avec des missiles Sparrow. Bahreïn et l'Egypte seront les premiers clients à l'exportation de l'appareil. Les missiles AIM-9 Sidewinder à autodirecteur infrarouge dont il dispose, fournissent au F-16 de défense aérienne de bonnes capacités d'autodéfense.

## Programme de modernisation

Les variantes produites en quantités importantes pour le compte de l'US Air Force sont le monoplace F-16C et le biplace F-16D, s'inscrivant dans un programme de modernisation MSIP (Multi-National Stage Improvement Program) qui a permis d'accroître les capacités de l'avion dans de notables proportions. Le cœur du système d'arme du Fighting Falcon est son radar APG-68, qui possède une portée plus élevée et un mode cartographique à très haute résolution. L'instrumentation de l'habitacle a été améliorée, le pilote bénéficiant à présent de deux écrans cathodiques, d'un collimateur tête haute à champ visuel élargi et d'un dispositif HOTAS (Hands On Throttle And Stick, ou mains sur manette et manche). L'entrée en service opérationnel du F-16C et du F-16D a eu lieu pendant l'été 1984, les premiers avions étant pris en compte par des unités appartenant au Tactical Air Command et aux Pacific Air Forces. Ces machines ont également être livrées aux US Air Forces in Europe, la première unité concernée étant le 86th TFW, basé à Ramstein, en Allemagne.

## Nouveaux missiles

Parmi les principales modifications apportées au F-16C et au F-16D dans le cadre du MSIP figure l'adoption d'une nouvelle nacelle de navigation et d'attaque LANTIRN, compatible avec la version à autodirecteur infrarouge du missile air-sol AGM-65D, qui n'est montée que sur quelques appareils. Le déploiement de l'AIM-120 sera par contre plus important, et ce missile à guidage radar actif doit augmenter de façon conséquente les capacités du Fighting Falcon, notamment dans les missions d'attaque au sol.

Bien que la production réservée à l'US Air Force se soit orientée vers le F-16C et le F-16D, les versions F-16A et F-16B sont encore disponibles à l'exportation. L'expérience décevante du F-16/79, une variante moins sophistiquée de l'avion, propulsée par un turboréacteur General Electric J79 et optimisée pour la défense aérienne, ne permet guère d'envisager un quelconque succès de cet appareil sur le marché extérieur. La plupart des clients potentiels n'ont pas manqué de souligner que leurs préférences allaient aux modèles plus récents.

Aujourd'hui, le F-16 est devenu l'épine dorsale de l'US Air Force, qui a porté le chiffre de ses commandes à 2 261 exemplaires. Après avoir mis au point le monoplace F-16C et son équivalent biplace F-16D, la société General Dynamics s'est lancée dans la réalisation de nouveaux modèles, dont le F-16XL à aile en double delta.

## Le F-16XL

Malgré l'importance des marchés dont il a fait l'objet, le Fighting Falcon n'a pas connu que des succès. Ainsi, l'US Air Force a préféré le McDonnell Douglas F-15E Strike Eagle au F-16XL lorsqu'elle a décidé de s'équiper de 392 avions d'attaque et d'interdiction. Construits sur les fonds privés de la firme, le F-16XL (que l'USAF a baptisé F-16E) dispose d'une voilure qui permet un important accroissement de ses performances.

## L'intérêt de l'US Navy

Un autre utilisateur du Fighting Falcon est l'US Navy, qui a acquis des versions connues sous les dénominations de F-16N et de TF-16N pour en équiper ses unités d'agresseurs à des fins d'entraînement. Bien qu'il ne dispose d'aucune capacité navale et qu'il ne soit pas prévu de l'employer en première ligne, ce modèle a une importance d'autant plus grande qu'il permet aux pilotes de l'aéronavale américaine d'accroître leur adresse dans le cadre d'exercices très réalistes.

Une des autres versions développées ou en cours de développement du Fighting Falcon est le F/A-16, désignation officieuse d'une variante d'attaque au sol extrapolée du F-16C et destinée à prendre la succession de l'A-10. Par ailleurs, 250 F-16 doivent être mis aux standards RF-16, une version de reconnaissance dotée de nacelles de capteurs semi-conformes pouvant expédier à des stations au sol des images vidéo en temps réel. En 1999, 800 F-16 servent dans l'US Air Force et 678 dans l'Air Force Reserve et l'Air National Guard.

*Si plusieurs variantes du F-16 ont pris l'air, aucune n'a représenté un progrès aussi radical que le F-16XL, qui dispose d'une aile en double delta à l'aspect quelque peu futuriste et d'un fuselage rallongé.*

# Le F-16 Fighting Falcon en service

## Air Combat Command

**56th TTW (code « MC »)**
**Base :** MacDill AFB (Floride)
**Squadrons et avions :**
61st TFTS (F-16A) 80061, 90331 ; (F-16B) 80111
62nd TFTS (F-16A) 80062, 90364 ; (F-16B) 90425
63rd TFTS (F-16A, F-16B)
72nd TFTS (F-16A, F-16B)

**388th TFW (code « HL »)**
**Base :** Hill AFB (Utah)
**Squadrons et avions :**
4th TFS (F-16A) 10762, 10781 ; (F-16B) 21039
34th TFS (F-16A) 20953, 21000 ; (F-16B) 21042
421st TFS (F-16A) 10751, 10763 ; (F-16B) 21044

**58th TTW (code « LF »)**
**Base :** Luke AFB (Arizona)
**Squadrons et avions :**
310th TFTS (F-16C, F-16D)
311th TFTS (F-16A) 80020, 90307 ; (F-16B) 80101
312th TFTS (F-16C) 31118, 31121 ; (F-16D) 31175
314th TFTS (F-16C, F-16D)

**31st TFW (code "HS")**
**Base :** Homestead AFB
**Squadrons et avions :**
308th TFS (F-16A, F-16B)
309th TFS (F-16A, F-16B)

**347th TFW (code « MY »)**
**Base :** Moody AFB
**Squadrons et avions :**
68th TFS (F-16A, F-16B)
69th TFS (F-16A, F-16B)
70th TFS (F-16A, F-16B)

**57th FWW (code « WA »)**
**Base :** Nellis AFB (Nevada)
**Squadrons et avions :**
64th Aggressor Squadron (F-16C)
Thunderbirds Aerial Demonstration Squadron (F-16A, F-16B)

**363rd TWF (code « SW »)**
**Base :** Shaw AFB (Caroline du Sud)
**Squadrons et avions :**
17th TFS (F-16C, F-16D)
19th TFS (F-16C, F-16D)
33rd TFS (F-16C et D)

*En assez peu de temps, le F-16 est devenu un avion de première ligne au sein de l'US Air Force. Le Fighting Falcon vole dans de nombreux wings américains. Le 86th TFW, basé à Ramstein AB, en Allemagne fédérale, prit en compte des F-16C et D. Ce F-16A a été affecté au 31st TFW, où il a remplacé le F-4D Phantom II.*

## United States Air Forces in Europe

**50th TFW (code « HR »)**
**Squadrons et avions :**
10th TFS (F-16C, F-16D)
313th TFS (F-16C, F-16D)
496th TFS (F-16C, F-16D)

**52th TFW (code « SP »)**
**Squadrons et avions :**
23rd TFS (F-16C, F-16D)
81st TFS (F-16C, F-16D)
480th TFS (F-16C, F-16D)

**86th TFW (code « RS »)**
**Squadrons et avions :**
512th TFS (F-16C, F-16D)
526th TFS (F-16C, F-16D)

**401st TFW (code « TJ »)**
**Base :** Torrejon AB (Espagne)
**Squadrons et avions :**
612th TFS (F-16C, F-16D)
613th TFS (F-16C, F-16D)
614th TFS (F-16C, F-16D)

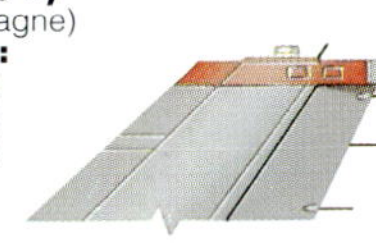

## Pacific Air Forces

**8th TFW (code « WP »)**
**Base :** Kunsan AB (Corée du Sud)
**Squadrons et avions :**
35th TFS et 80 TFS (F-16C et F-16D)

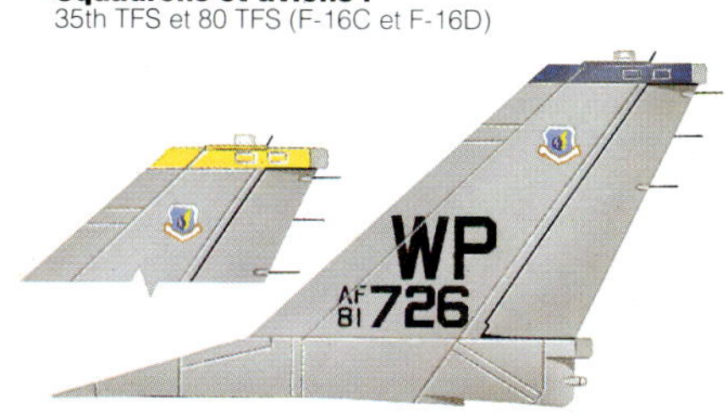


**51st TFW (code "OS")**
**Base :** Osan AB (Corée du Sud)
**Squadrons et avions :**
25th TFS (F-16C, F-16D)
36th TFS (F-16C, F16D)

**432nd TFW (code « MJ »)**
**Base :** Misawa AB (Japon)
Squadrons et avions :
13th TFS (F-16C, F-16D)

# Le F-16 Fighting Falcon en service

## Air Combat Command

56th TTW (code « MC »)
**Base :** MacDill AFB (Floride)
**Squadrons et avions :** 61st TFTS (F-16A) 80061, 90331 ; (F-16B) 80111 ; 62nd TFTS (F-16A) 80062, 90364 ; (F-16B) 90425 ; 63rd TFTS (F-16A, F-16B) ; 72nd TFTS (F-16A, F-16B) ;
58th TTW (code « LF »)
**Base :** Luke AFB (Arizona)
**Squadrons et avions :** 310th TFTS (F-16C, F-16D) ; 311th TFTS (F-16A) 80020, 90307 ; (F-16B) 80101 ; 312th TFTS (F-16C) 31118, 31121 ; (F-16D) 31175 ; 314th TFTS (F-16C, F-16D)
363rd TWF (code « SW »)
**Base :** Shaw AFB (Caroline du Sud)
**Squadrons et avions :** 17th TFS (F-16C, F-16D) ; 19th TFS (F-16C, F-16D) ; 33rd TFS (F-16C et D) ; 388th TFW (code « HL »)
**Base :** Hill AFB (Utah)
**Squadrons et avions :** 4th TFS (F-16A) 10762, 10781 ; (F-16B) 21039 ; 34th TFS (F-16A) 20953, 21000 ; (F-16B) 21042 ; 421st TFS (F-16A) 10751, 10763 ; (F-16B) 21044 ; 31st TFW (code « HS »)
**Base :** Homestead AFB
**Squadrons et avions :** 308th TFS (F-16A, F-16B) ; 309th TFS (F-16A, F-16B) ; 347th TFW (code « MY »)
**Base :** Moody AFB
**Squadrons et avions :** 68th TFS (F-16A, F-16B) ; 69th TFS (F-16A, F-16B) ; 70th TFS (F-16A, F-16B) ; 57th FWW (code « WA »)
**Base :** Nellis AFB (Nevada)
**Squadrons et avions :** 64th Aggressor Squadron (F-16C) ; Thunderbirds Aerial Demonstration Squadron (F-16A, F-16B)

## United States Air Forces in Europe

50th TFW (code « HR »)
**Base :** Hahn AB (Allemagne)
**Squadrons et avions :** 10th TFS (F-16C, F-16D) ; 313th TFS (F-16C, F-16D) ; 496th TFS (F-16C, F-16D) ; 52th TFW (code « SP »)
**Base :** Spangdahlem AB (Allemagne)
**Squadrons et avions :**
23rd TFS (F-16C, F-16D) ; 81st TFS (F-16C, F-16D) ; 480th TFS (F-16C, F-16D) ; 86th TFW (code « RS »)
**Base :** Ramstein AB (Allemagne)
**Squadrons et avions :** 512th TFS (F-16C, F-16D) ; 526th TFS (F-16C, F-16D) ; 401st TFW (code « TJ »)
**Base :** Torrejon AB (Espagne)
**Squadrons et avions :** 612th TFS (F-16C, F-16D) ; 613th TFS (F-16C, F-16D) ; 614th TFS (F-16C, F-16D)

## Pacific Air Forces

8th TFW (code « WP »)
**Base :** Kunsan AB (Corée du Sud)
**Squadrons et avions :** 35th TFS et 80 TFS (F-16C et F-16D) ; 51st TFW (code « OS »)
**Base :** Osan AB (Corée du Sud)
**Squadrons et avions :** 25th TFS (F-16C, F-16D) 36th TFS (F-16C, F16D) ; 432nd TFW (code « MJ »)
**Base :** Misawa AB (Japon)
**Squadrons et avions :** 13th TFS (F-16C, F-16D)

## Air Force Reserve

L'Air Force Reserve dispose de quatre unités équipées de F-16 dont une dotée d'avions neufs.
466th TFS (Code « HI » Hill AFB) : Utah, 419th TFW (F-16A et F-16B) ; 465th TFS (Code « SH » Tinker AFB) : Oklahoma, 507th TFG (F-16A et F-16B) ; 89th TFS (Code « DO » Wright Patterson AFB) : Ohio, 906th TFG (F-16A et F-16B) ; 302nd TFS (Code « LR » Luke AFB) : Arizona, 944th TFG (F-16A et F-16B)

## US Navy

Les 22 F-16N et 4 TF-16N de l'US Navy, utilisés pour l'entraînement au combat aérien, opèrent dans les :
Navy Fighter Weapons School : NAS Miramar (Californie)
VF-126 : NAS Miramar (Californie)
VF-45 : NAS Key West (Floride)

## Air National Guard

L'Air National Guard a reçu un nombre important de F-16 au cours des années récentes. Certaines des unités de l'ANG ont des missions à caractère tactique, tandis que d'autres sont destinées à des tâches de défense aérienne :

# Versions du F-16

**YF-16 :** 2 prototypes utilisés dans le cadre du programme d'essais comparatifs avec le Northrop YF-17 ; ces appareils disposaient au départ d'un petit radôme de nez, ainsi que d'une voilure et d'empennages de faibles dimensions ; à la suite de son succès, l'YF-16 fut testé de manière intensive
**FSD YF-16A :** 6 monoplaces de développement utilisés dans le cadre des essais de l'appareil ; dimensions plus grandes et surface des stabilisateurs horizontaux accrue de 15 % ; radôme de nez plus important ; structure renforcée en vue d'explorer toutes les possibilités de l'avion en matière de manœuvrabilité ; charge extérieure augmentée
**FSD YF-16B :** version d'entraînement biplace à double commande dérivée de l'YF-16 et utilisée dans le cadre du programme de développement de l'avion, y compris les essais d'armement
**F-16A :** première version de série, dont le premier vol intervint le 7 août 1978 ; réacteur à double flux Pratt & Whitney F100 de 10 820 kgp ; entrée en service opérationnel en octobre 1980 ; les avions des lots 15 et 20 ont fait l'objet de transformations dans le cadre du Multi-National Stage Improvment Programm (MSIP 1) ; modifications portant sur les systèmes, les armements et les capteurs emportés ; parachute dans un carénage de dérive

**F-16B :** biplace d'entraînement dérivé du F-16A ; dimensions inchangées mais capacité en carburant interne réduite à 2 620 kg
**F-16/79 :** projet d'exportation à plus faible coût réalisé sur les fonds propres de la firme ; réacteur General Electric J79-GE-17X (plus tard 119) à postcombustion offrant une vitesse de Mach 2,1 ; fuselage rallongé de 45,7 cm et tuyère modifiée ; rampe d'entrée d'air fixe
**F-16/101 :** premier IFSD YF-16A équipé d'un réacteur General Electric F101F (Derivative Fighter Engine) en vue de rechercher la meilleure compatibilité entre la cellule et le moteur de l'avion ; tuyère plus courte ; le F101F est à présent produit en série
**YF-16/CCV :** le premier YF-16 a été doté de commandes électriques en vue d'obtenir la meilleure maniabilité possible dans le cadre d'un programme de recherche concernant le chasseur futur ; l'avion est équipé de surfaces canard accusant un dièdre négatif
**F-16/AFTI :** dans le cadre du programme de recherche concernant un chasseur avancé (Advanced Fighter Technology Integration, AFTI), le septième FSD YF-16A a été équipé des plans canard du F-16/CCV et d'une arête dorsale abritant des équipements de mesures ainsi que de commandes électriques

**F-16C :** version ayant subi des modifications importantes en matière d'avionique et d'armements dans le cadre des programmes MSIP 2 et 3 ; cette dénomination s'applique aux avions des lots 20 et 25 et suivants ; les différences extérieures avec le F-16A se limitent à l'allongement de l'arête dorsale
**F-16D :** version biplace à double commande qui se différencie du F-16B par une arête dorsale identique à celle du F-16C
**F-16XL :** projet réalisé avec une aile en double delta, qui permet de doubler la surface de la voilure par rapport à celle du F-16A ; le fuselage a été rallongé de 1,42 m et l'envergure réduite à 9,88 m ; la capacité en carburant interne a été accrue de 82 %
**F/A-16 :** version du F-16C destinée à l'attaque au sol et conçue pour remplacer l'A-10A dans les missions d'appui rapproché
**F-16N :** version monoplace destinée aux unités d'Aggressors et conçue pour l'entraînement au combat des pilotes de l'US Navy
**TF-16N :** version biplace destinée aux unités d'Aggressors
**RF-16 :** version de reconnaissance dotée de nacelles de capteurs semi-conformes réalisée à partir d'avions transformés
**FS-X :** version dérivée du F-116 développée par la firme Mitsubishi

# Ecorché du General Dynamics F-16

1 Tube de Pitot
2 Radôme en fibre de verre
3 Antenne plate du radar
4 Antenne ILS
5 Moteur d'entraînement de l'antenne
6 Cloison du logement du radar
7 Antenne radiocompas
8 Soute à équipements électroniques avant
9 Radar Westinghouse AN/APG-66 Doppler à impulsions
10 Feu d'identification avant, sur les avions danois et norvégiens seulement
11 Antenne du détecteur de radar
12 Cloison de pressurisation avant
13 Carénage du tableau de bord
14 Système électronique de commande des missiles
15 Pointe de l'apex raccordant l'aile au fuselage
16 Collimateur tête haute Marconi-Elliot à champ visuel étendu
17 Mini-manche latéral
18 Plancher dans l'habitacle
19 Verrière sans arceau
20 Tôle entourant la verrière
21 Siège éjectable zéro-zéro McDonnell Douglas ACES II
22 Harnais de sécurité du pilote
23 Manette des gaz
24 Console latérale
25 Structure de l'habitacle
26 Cloison de pressurisation arrière
27 Appui-tête du siège
28 Levier d'armement du siège
29 Montant étanche de la verrière
30 Articulation de la verrière
31 Rails d'éjection du siège
32 Soute à équipements électroniques arrière
33 Piège à couche limite
34 Entrée d'air fixe
35 Antenne UHF/IFF
36 Roulette de nez s'escamotant vers l'arrière
37 Compas d'amortisseur
38 Bielle d'escamotage
39 Trappe de la roulette de nez
40 Feu de position avant
41 Veine d'admission d'air
42 Ouïes de refroidissement
43 Orifice d'aspiration des gaz du canon
44 Canalisation du système de conditionnement d'air
45 Réservoir de carburant d'avant de fuselage
46 Vitrage arrière
47 Réservoir de carburant extérieur
48 Apex de liaison d'aile au fuselage
49 Feu de position supérieur et rampe lumineuse de ravitaillement en vol
50 Panneau d'accès au réservoir
51 Tubes du canon
52 Structure de l'apex
53 Canon rotatif M61 Vulcan
54 Gouttière d'alimentation en munitions
55 Tambour de munitions
56 Flexible d'entraînement du tambour
57 Moteur hydraulique du canon
58 Arbre de commande de bec de bord d'attaque
59 Soute à équipement hydraulique
60 Réservoir du circuit hydraulique principal
61 Arbre de commande de volet de manœuvre de bord d'attaque
62 Antenne TACAN
63 Réservoir hydraulique n° 2
64 Arbre de commande de bec de bord d'attaque
65 Pylône intérieur
66 Attache de pylône
67 Pylône central de voilure
68 Râtelier à bombes
69 Bombes Mk 82 de 227 kg
70 Nacelle de reconnaissance Oldelft Orpheus
71 Système de balayage à infrarouge
72 Orifices des caméras
73 Adaptateur du pylône d'emport de la nacelle de reconnaissance
74 Ejecteurs de leurres thermiques SUU-25E/A
75 Système de traitement de données de vol AN/ASQ
76 Pylône de voilure extérieur
77 Rail lance-missiles
78 Missile air-air AIM-9J Sidewinder
79 Missile air-air à moyenne portée (AMRAAM)
80 Bec de bord d'attaque en nid d'abeilles
81 Feu de navigation droit
82 Déperditeurs d'électricité statique
83 Section fixe de bord d'attaque
84 Aile multilongeron
85 Réservoir structural de voilure
86 Flaperon droit
87 Canalisations du système de carburant
88 Panneaux d'accès
89 Panneaux d'accès au réservoir central de voilure
90 Canal d'entrée d'air
91 Cadres de liaison avec la voilure
92 Réceptacle de ravitaillement en vol
93 Aubes du compresseur
94 Réacteur à double flux Pratt & Whitney F100-PW-100(3)

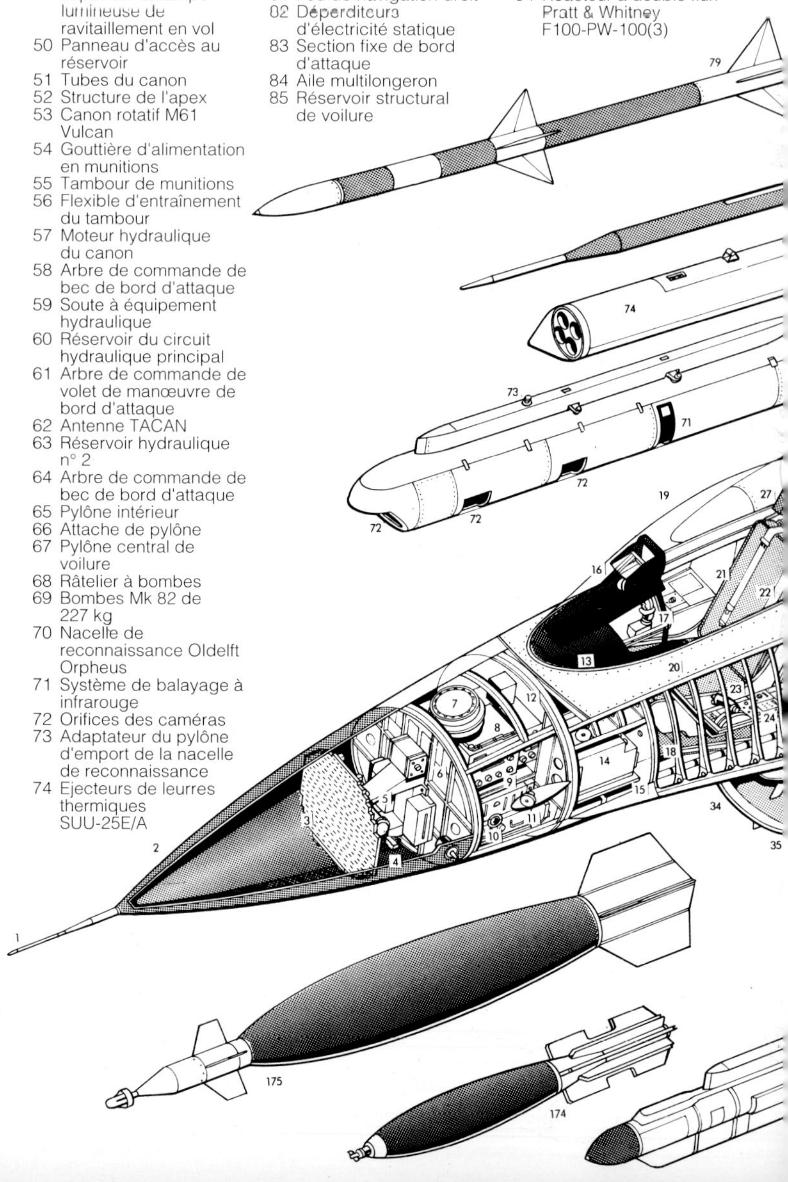

Alabama ANG : Montgomery-Dannelly Field, 187th TFG
Arizona ANG : Tucson International Airport, 162nd TFG
Arkansas ANG : Fort Smith Municipal Airport, 188th TFG
California ANG : Fresno Air Terminal, 144th FIW
DC. ANG : Andrews AFB (Maryland), 113th TFW
Florida ANG : Jacksonville International Airport, 125th FIG
Kansas ANG : McConnell AFB, 184th TFG
Montana ANG : Great Falls International Airpor, 120th FIG
New Jersey ANG : Atlantic City International Airport, 177th FIG
New York ANG : Syracuse Field, 174th TFW
Oregon ANG : Portland International Airport, 142nd FIG
South Carolina ANG : McEntire ANGB, 169th TFG
Texas ANG : Ellington Field ANGB, 147th FIG
Kelly AFB, 149th TFG
Vermont ANG : Burlington International Airport, 158th FIG

**Unités non-opérationnelles**

Plusieurs unités d'essais disposent de F-16 :
3246th Test Wing (code « ET ») : Eglin AFB (Floride)
4485th Test Squadron (code « OT ») : Eglin AFB (Floride)
6512th Test Squadron (code « ED ») : Edwards AFB (Californie)
Ogden Air Logistics Center : Hill AFB (Utah)
Par ailleurs, trois squadrons de l'US Air Force étaient équipés de F-16C et F-16D pour des missions d'entraînement au combat aérien (64th Aggressor Squadron, 26th Aggressor Squadron et 7th Aggressor Squadron). Ces unités ont été dissoutes en 1990.

95 Démarreur
96 Réducteur
97 Arbre de commande du démarreur
98 Orifice de remplissage des réservoirs
99 Servocommande de flaperon
100 Structure de l'arrière du fuselage
101 Réservoir structural du fuselage
102 Fixation du réacteur
103 Antenne UHF/IFF
104 Revêtement du dessus du fuselage
105 Carénage droit
106 Arête de dérive
107 Accumulateurs hydrauliques de commandes de vol
108 Batterie des feux anticollisions
109 Stabilisateur droit
110 Saumon de stabilisateur
111 Revêtement de stabilisateur en graphite époxy
112 Structure de la dérive
113 Panneau de bord d'attaque en nid d'abeilles
114 Bande de bord d'attaque de dérive en acier
115 Antenne VHF
116 Feu anticollision
117 Antenne de détecteur de radar
118 Structure de gouverne de direction en nid d'abeilles
119 Servocommande de gouverne de direction
120 Batterie du détecteur de radar
121 Logement du parachute de freinage
122 Feu de navigation de queue
123 Antennes de contre-mesures électroniques
124 Tuyère à section variable
125 Volets de tuyère
126 Aérofrein
127 Vérins de l'aérofrein
128 Stabilisateur gauche
129 Déperditeurs d'électricité statique
130 Revêtement de stabilisateur en graphite époxy
131 Structure en aluminium ondulé
132 Articulation de stabilisateur
133 Servocommande de stabilisateur
134 Carénage étanche de tuyère
135 Commande hydraulique de tuyère
136 Canal de postcombustion
137 Cloisons d'arrière de fuselage
138 Montants du réacteur
139 Feu de position arrière
140 Carénage latéral gauche
141 Crosse de freinage
142 Logement de la crosse de freinage
143 Flaperon gauche
144 Articulation de flaperon
145 Structure de flaperon en nid d'abeilles
146 Déperditeurs d'électricité statique
147 Section fixe de bord de fuite
148 Missiles air-air AIM-9L Sidewinder
149 Rail lance-missiles
150 Fixation du rail lance-missiles
151 Feu de navigation
152 Nervure de fixation du pylône extérieur
153 Structure multilongeron de la voilure
154 Nervure de fixation du pylône central
155 Pylône central de voilure
156 Bombe Mk 84 de 908 kg
157 Volet de manœuvre de bord d'attaque
158 Commandes de volet de manœuvre
159 Réservoir structural de voilure
160 Pylône intérieur
161 Semelles d'attache de voilure
162 Phare de roulage et d'atterrissage
163 Amortisseur du train principal
164 Jambe du train principal
165 Compas d'escamotage
166 Trappe du train principal
167 Jambe du train principal
168 Réservoir extérieur de voilure
169 Réservoir extérieur de voilure
170 Nacelle optronique
171 Illuminateur à laser
172 Lance-roquettes LAU-3/A de 69,8 mm
173 Nacelle de brouillage Westinghouse AN/ALQ-119-1
174 Bombe à retardement Snakeye de 227 kg
175 Bombe guidée par laser CBU-10C/B

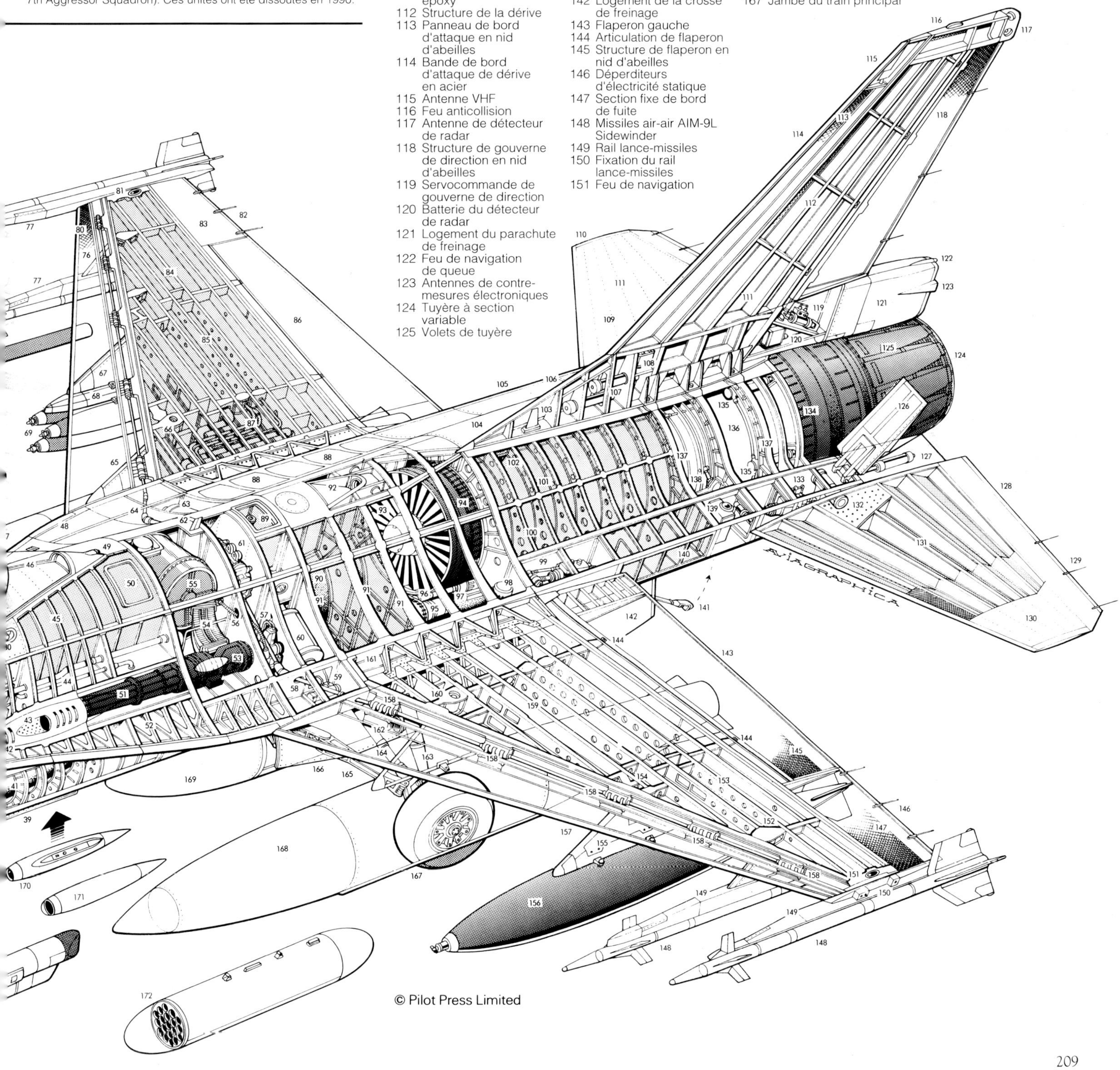

# Charge offensive du F-16

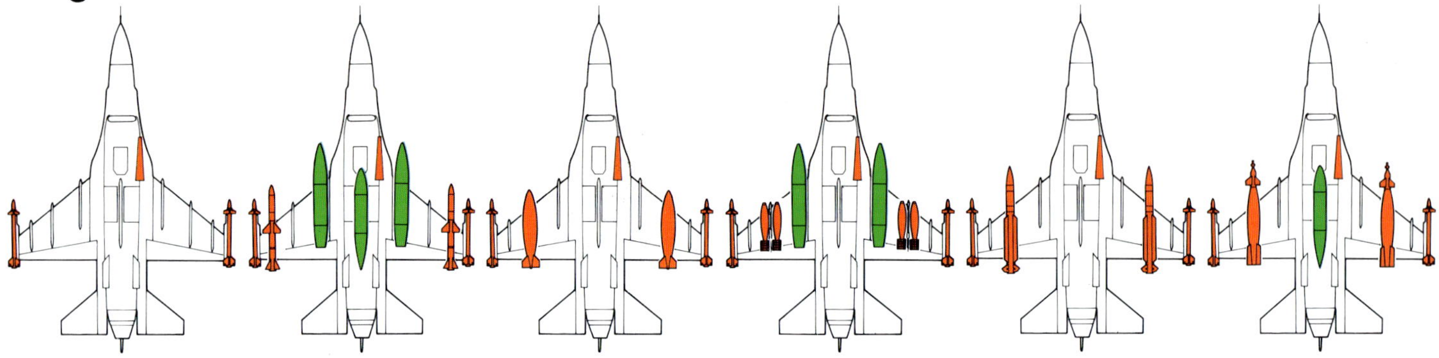

2 missiles air-air à courte portée AIM-9L Sidewinder aux extrémités de voilure
1 canon M61 de 20 mm avec 515 obus

### Combat tournoyant

La plupart des F-16 de l'USAF ne peuvent emporter qu'une charge offensive réduite, dans ce cas, à 2 Sidewinder, montés sur des rails d'extrémités de voilure. L'avion n'en perd pas pour autant son extraordinaire capacité à effectuer des manœuvres prolongées sous un facteur de charge maximal de 9 g. Outre ces missiles, le F-16 dispose d'un canon interne M61 de 20 mm.

2 missiles air-air à courte portée AIM-9L Sidewinder aux extrémités de voilure
1 canon M61 de 20 mm avec 515 obus
2 missiles air-air à moyenne portée AIM-7 Sparrow ou AIM-120A sous voilure
1 réservoir de carburant de 1 135 l sous fuselage
2 réservoirs de carburant Sargent-Fletcher de 1 400 l sous voilure

### Interception à longue distance

Les F-16 de l'USAF ne disposent souvent que de missiles Sidewinder installés aux extrémités de voilure. En mission de combat aérien, ces avions peuvent également emporter des AIM-7 Sparrow.

2 bombes Mk 83 de 907 kg sous voilure (des armes nucléaires peuvent être aussi emportées)
2 missiles air-air à courte portée AIM-9L Sidewinder aux extrémités de voilure
1 canon M61 de 20 mm avec 515 obus

### Attaque

Le F-16 peut emporter une charge offensive considérable. Les F-16 destinés à l'attaque peuvent recevoir une très grande variété d'armements, dont la bombe nucléaire B43.

4 bombes à retardement Mk 82 Snakeye de 227 kg sous voilure
2 missiles air-air à courte portée AIM-9L Sidewinder aux extrémités de voilure
1 canon M61 de 20 mm avec 515 obus
2 réservoirs de carburant Sargent-Fletcher de 1 400 l sous voilure

### Attaque au sol

Le F-16 peut être employé dans des missions d'attaque au sol avec une très grande efficacité, comme l'ont montré opérations auxquelles il a pris part. La bombe à retardement Snakeye est un armement particulièrement efficace dans ce cas.

2 missiles antiradars AGM-78 Standard sous voilure
2 missiles air-air à courte portée AIM-9L Sidewinder aux extrémités de voilure
1 canon M61 de 20 mm avec 515 obus

### Wild Weasel

Armé de missiles antiradars Standard, Shrike ou HARM, le F-16 s'est révélé un bon avion de lutte antiradar, au point que l'USAF a effectué l'acquisition d'une variante spécifique. Le F-16 standard peut emporter 1 ou 2 missiles antiradars et une charge offensive normale.

2 bombes guidées par laser Paveway sous voilure
2 missiles air-air à courte portée AIM-9L Sidewinder aux extrémités de voilure
1 canon M61 de 20 mm avec 515 obus
1 réservoir de carburant de 1 135 l sous fuselage

### Attaque de précision

Le F-16 peut emporter des bombes Paveway, des bombes guidées Hobo, ou des missiles à guidage laser ou télévision AGM-65 Maverick. Ses capacités sont cependant limitées par l'absence d'un système de navigation et d'attaque et d'un radar air-sol spécifique.

# Caractéristiques

**Ailes**

| | |
|---|---|
| Envergure, rails lance-missiles compris | 9,45 m |
| Envergure, missiles compris | 10,01 m |
| Surface | 27,87 m² |

**Fuselage et empennages**

| | |
|---|---|
| Longueur | 15,09 m |
| Hauteur | 5,09 m |
| Envergure de l'empennage horizontal | 5,64 m |

**Train d'atterrissage**

| | |
|---|---|
| Empattement | 4 m |
| Voie | 2,36 m |
| Pression des pneus du train principal | 15,5kg/cm2 |
| Pression des pneus de la roulette de queue | 15,8 kg/cm2 |

**Masse**

| | |
|---|---|
| A vide | 7 070 kg |
| Maximale au décollage sans réservoirs extérieurs | 10 800 kg |
| Maximale au décollage avec charge extérieure | 16 055 kg |

# Eléments d'identification du F-16 Fighting Falcon

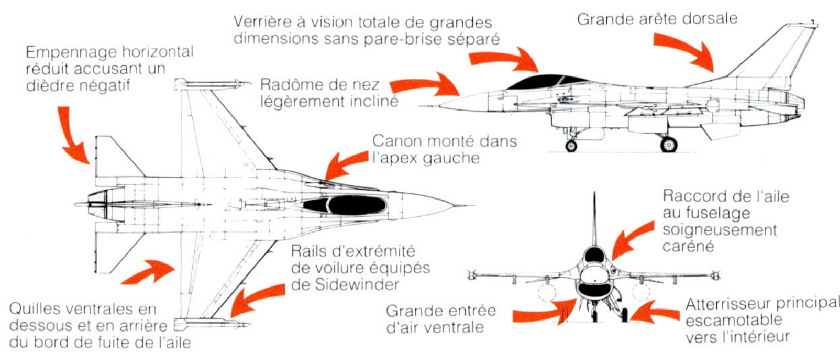


D'une configuration peu habituelle, le F-16 pourrait être confondu, sous certains angles, avec l'IAI Lavi et le nouveau démonstrateur de BAe.

# Performances

| | |
|---|---|
| Vitesse maximale en configuration lisse | 2 125 km/h |
| Plafond pratique | 15 000 m |
| Rayon d'action tactique | 925 km |
| Distance franchissable en convoyage avec réservoirs largables | 3 800 km |

**Charge offensive**

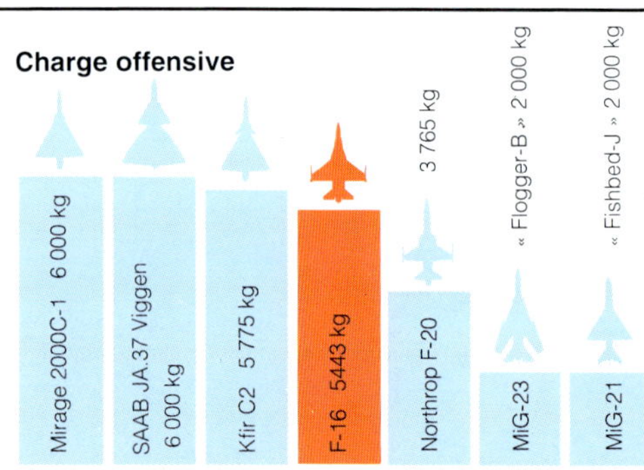


**Plafond pratique**

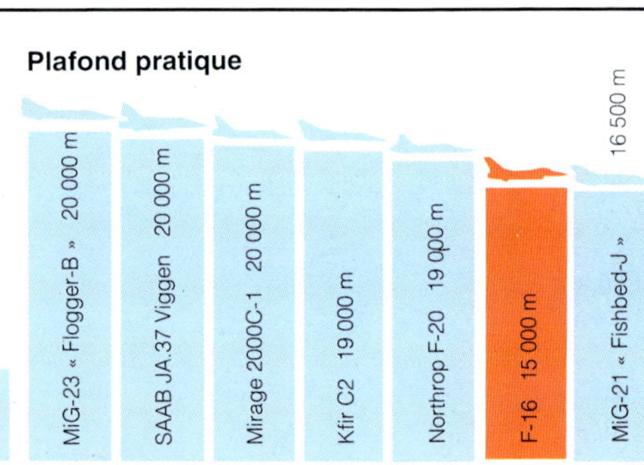


**Vitesse à haute altitude**

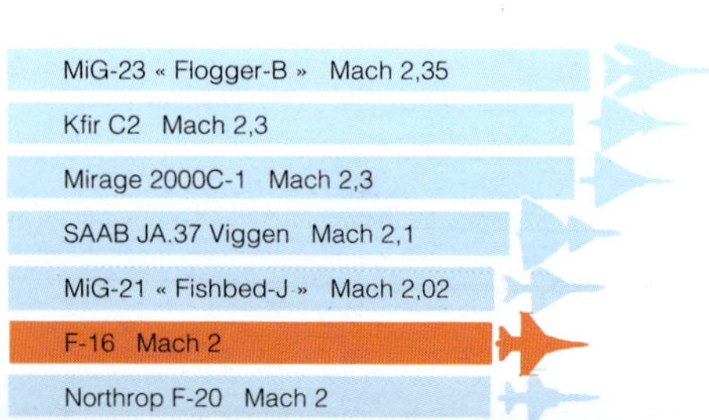


**Vitesse à basse altitude**

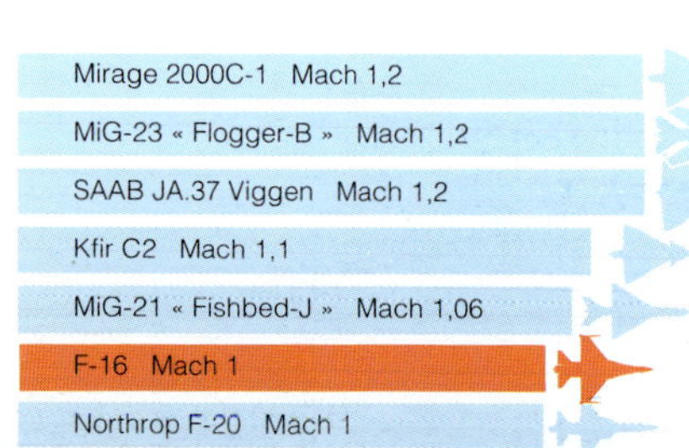


**Course au décollage**

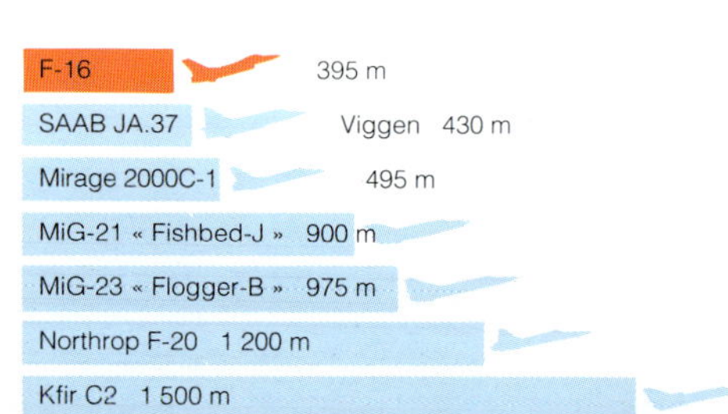

# Le F/A-18 en action

**Engagé dans la catapulte de droite d'un porte-avions, un F/A-18 s'apprête à décoller. Les procédures de catapultage répondent à des règles très précises.**

*Depuis de nombreuses années, les porte-avions forment la cheville ouvrière de l'US Navy et confèrent à cette dernière d'importantes capacités de projection. Ces géants des mers disposent à présent d'un appareil aux imposantes possibilités, le McDonnell Douglas F/A 18 Hornet.*

A BORD d'un porte-avions, le problème essentiel est celui de l'espace disponible. Aussi l'idée de combiner sur un même appareil des capacités de chasse et d'attaque a-t-elle plus intéressé les responsables des marines de guerre que ceux des forces aériennes. Déjà défini avant la Seconde Guerre mondiale, ce concept a été affiné au cours des derniers mois du conflit, lorsque la menace que constituaient les redoutables attaques-suicides lancées par les Japonais obligea les Américains à embarquer à bord des bâtiments de leurs task forces un nombre sans cesse plus important d'intercepteurs. Par ailleurs, les opérations lancées sur Iwo Jima et Okinawa contraignirent les amiraux américains à engager dans la bataille des quantités considérables de bombardiers. Capables d'emporter de lourdes charges offensives (bombes et roquettes), ces appareils (le F4U-1D Corsair et le Grumman F6F-5 Hellcat) furent également les meilleurs chasseurs embarqués de leur temps. Le genre de missions qu'ils menèrent en 1945 est aujourd'hui attribué au McDonnell Douglas F/A-18 Hornet.

## Chasseur naval

Les premiers avions embarqués à réaction n'ayant que de faibles capacités d'emport de charge et qu'un rayon d'action limité, les responsables de la marine américaine durent maintenir la séparation entre les appareils destinés à la chasse et ceux qui étaient chargés des missions d'attaque. L'assignation de ces deux tâches à un même avion demeura une des préoccupations essentielles des amiraux américains, et le besoin de disposer de machines polyvalentes se fit encore plus sentir quand apparurent les armes nucléaires tactiques.

Au milieu des années cinquante, plusieurs squadrons embarqués furent dotés d'avions de chasse tels que le Grumman F9F-8B Cougar et le North American FJ-4B Fury. Le développement de ce qui allait devenir le principal chasseur naval des années soixante et soixante-dix, le McDonnell F4H Phantom, commença par la mise au point de deux prototypes d'une version d'attaque, l'AH-1. Ayant été optimisé par la suite pour les missions de chasse tout temps, dans les variantes F-4B et F-4J, le Phantom II peut aussi emporter une lourde charge offensive afin de permettre les attaques air-sol.

**Une fois la ferrure de catapultage mise en place, le lancement peut être effectué. Dès que l'officier de pont le lui aura ordonné par gestes, le pilote fera prendre l'air à son appareil dans un grand nuage de vapeur.**

Ci-dessus, à gauche : dès que son avion a quitté le pont, le pilote effectue un virage à droite. Ses réacteurs General Electric F404 confèrent au Hornet d'impressionnantes capacités.

Ci-dessus, à droite : les principales armes qu'emporte le Hornet sont les missiles air-air AIM-9 Sidewinder et AIM-7 Sparrow. Ici, le tir d'un missile.

## Chasseur d'attaque

Ces initiatives n'empêchaient pas que la différence entre avion d'attaque et chasseur exista encore. Pendant la guerre du Viêt-nam, l'US Navy (contrairement à l'US Air Force, qui employa ses Phantom dans des missions d'attaque et de chasse) utilisa ses Phantom II exclusivement pour la chasse, les Douglas A-4 et les Vought A-7 étant réservés à l'attaque. La Navy poursuivit cette politique de manière délibérée en publiant la spécification VFAX, qui concernait un chasseur léger baptisé Grumman F-14 Tomcat.

Des plans furent définis en vue de transformer cet appareil en un avion d'attaque capable d'emporter une importante charge offensive et un système de conduite de tir efficace. Ainsi apparut le F-14C, qui devait posséder une avionique évoluée destinée à l'attaque tout temps et à la reconnaissance. Cependant, quand il entra en service, en 1974, le Tomcat se présentait comme un chasseur de défense de la flotte qui disposait de capacités d'attaque très limitées. Les missions de ce type continuèrent alors à être assurées par les A-7E et les A-6 Intruder.

Soutenue par seulement quelques responsables de la Navy, la politique visant à doter les porte-avions d'appareils polyvalents fit l'objet de sévères critiques. L'analyse des opérations conduites au Viêt-nam montrait clairement que la séparation des missions d'attaque et de chasse n'avait d'intérêt que lorsque l'opposition aérienne ennemie était limitée. Il apparaissait que les avions dotés de bombes se trouvaient dans une position dangereuse quand la supériorité aérienne n'était pas solidement établie. Dans le même temps, le Secrétariat à la Défense demanda à la marine d'envisager la définition d'un appareil moins coûteux que le F-14 Tomcat.

Le résultat de tout cela fut que l'US Navy émit, pendant la seconde moitié de l'année 1973, une nouvelle spécification VFAX. Le Congrès refusa de donner son accord à cette nouvelle initiative et somma la marine de choisir son futur avion de combat parmi les projets de chasseurs légers financés par l'US Air Force, le General Dynamics YF-16 et le Northrop YF-17. Le 2 mai 1975 la marine annonça qu'une version agrandie et améliorée de l'YF-17, développée par McDonnell Douglas et Northrop, avait été sélectionnée dans le cadre du projet NACF.

L'appareil en question, le F-18, devait prendre la relève du F-4 en ce qui concernait les missions de chasse, et celle de l'A-7 pour ce qui touchait aux missions d'attaque. Les différences entre les deux versions de l'avion, le F-18 et l'A-18, devaient se limiter à quelques détails : pylônes d'emport de charge et avionique. La mise en place de deux points d'attache sous les entrées d'air permit au constructeur de réaliser une seule et même version de l'appareil qui reçut la désignation de F/A-18. Pour les sorties de chasse, l'avion emporte des missiles air-air Sparrow sur ces pylônes, alors que, pour les missions d'attaque, ces missiles sont remplacés par un système infrarouge AAS-38 (à gauche) et par un désignateur à laser ASQ-173 (à droite).

La version d'entraînement biplace, le TF-18A, dispose de certaines capacités opérationnelles, peut recevoir l'armement de la version de combat, mais bénéficie d'une capacité réduite en carburant. Des variantes améliorées pourvues de missiles AIM-120A, de Maverick IIR, d'un siège éjectable et d'un brouilleur de protection ont été produites sous les désignations de F-18C et de F-18D.

Les performances du F/A-18 Hornet sont en tout point remarquables. L'avion atteint une vitesse maximale à haute altitude de Mach 1,85, soit 1 915 km/h ; sa vitesse ascensionnelle initiale est de 13 715 m/mn, et son rayon d'action de combat en mission de chasse se situe à 740 km. Quant à sa vitesse à basse altitude, elle est de Mach 1, sa distance franchissable atteignant 2 130 km et son plafond pratique 15 240 m. Enfin, sa course de décollage est de 425 m.

## Programme d'entraînement

Dans l'US Navy, le F/A-18 devait prendre la suite de l'A-7E alors que l'US Marine Corps le destinait à remplacer le F-4. Le programme d'entraînement, défini par le VFA-125 Rough Raiders (Hornet Fleet Replacement Squadron), à NAS Lemoore (Californie), prévoyait au départ que les pilotes affectés aux unités de

Le Hornet peut emporter une très large gamme d'armes. Le rayon d'action de l'appareil est amélioré par le recours à trois réservoirs de carburant auxiliaires.

Ci dessus : les unités dans lesquelles sert le Hornet apprécient grandement les capacités de l'appareil, dues essentiellement à son radar Hughes APG-65.

Hornet devaient acquérir une égale expérience des missions de chasse et d'attaque. Les pilotes en question, qui provenaient des VA et des VF de la Navy ainsi que des VMFA du Marine Corps, devaient avoir à leur actif entre mille deux cents et mille cinq cents heures de vol. Le même programme incluait des pilotes fraîchement émoulus des écoles et n'ayant aucune expérience des formations de combat, qui furent choisis parmi les meilleurs élèves du Training Command.

La transformation des pilotes de Hornet, qui s'effectue également au sein du VFA-106 Gladiators (équivalent pour la flotte de l'Atlantique du VFA-125), commence par un entraînement au sol intensif en vue de familiariser les hommes avec l'avion et ses systèmes, notamment l'avionique, qui est complexe, les équipements de navigation et l'armement. Elle se poursuit par de longues heures passées sur des simulateurs de vol et par des sorties sur F-18A et F-18B. Le radar est l'un des éléments remarquables du Hornet. Cet appareillage, qui porte la dénomination d'APG-65, bénéficie d'un certain nombre de modes air-air et de plusieurs fonctions air-sol, notamment la cartographie, qui permet de restituer visuellement le terrain survolé.

Vient ensuite l'initiation à l'attaque, au cours de laquelle les pilotes travaillent les évolutions à basse altitude, la navigation radar, l'utilisation d'armes air-sol et la conduite du tir. Cette dernière activité, qui concerne particulièrement les pilotes débutants, couvre toutes les méthodes de tir, depuis l'attaque en piqué jusqu'à l'assaut à haute, moyenne et basse altitudes.

Elle se rapporte aussi aux bombes guidées par laser, aux bombes à dépression, aux bombes en grappes, aux mines, aux missiles (engins d'exercice imitant les AGM-62 Walleye, AGM-65 Maverick, AGM-84 Harpoon, AGM-68 HARM et AGM-123 Skipper) et aux armes spéciales (bombes nucléaires B57 et B61). Une fois cette étape franchie, les pilotes sont formés au combat aérien, qui inclut des interceptions tout temps, des affrontements singuliers entre chasseurs, des manœuvres face à plusieurs adversaires, des vols en section (deux avions) et du tir air-air au canon. Enfin, les pilotes sont qualifiés pour les opérations sur porte-avions et le ravitaillement en vol.

## Entraînement sur Hornet

S'étendant sur une période de six à huit mois et totalisant entre cent et cent vingt-cinq heures de vol sur Hornet, le programme d'entraînement conçu par le VF-125 permet aux pilotes d'atteindre un niveau où ils pourront être intégrés dans une unité opérationnelle. A ce stade, il est bien évident que les pilotes n'ont pas encore la maîtrise totale de leurs appareils, mais ils sont plus près de l'avoir que s'ils avaient été initiés sur d'autres avions. Un pilote est bien habitué au Hornet après avoir volé à son bord de deux cents à trois cents heures, alors que le même niveau de confiance est atteint au bout de huit cents à neuf cents heures sur d'autres machines de combat.

Dès la fin de leur transformation, les pilotes rejoignent leurs unités de combat et commencent un nouveau cycle sur les bases de Lemoore (Californie) pour la flotte du Pacifique et de Cecil Field (Floride) pour la flotte de l'Atlantique. Après un séjour à bord d'un porte-avions, ils passent six mois à terre, s'entraînant pendant vingt-cinq heures par mois avant d'embarquer de nouveau.

## Service à bord

Au début de ce nouveau cycle, les VFA, comme les autres squadrons de la Navy, font travailler leurs pilotes sur leurs propres bases avant de les faire participer à des manœuvres aériennes comme Red Flag et Green Flag, à Nellis AFB, et Mapple Flag, au Canada. Quand vient le moment du déploiement sur porte-avions, l'entraînement est accéléré, et les pilotes se mesurent à des navigants d'autres squadrons.

Le squadron et l'Air Wing dont il dépend subissent une période de préparation (au large des côtes californiennes pour la flotte du Pacifique et dans les Caraïbes pour la flotte de l'Atlantique) au cours de laquelle ils participent à des missions de soutien, de largage de mines et de supériorité aérienne, et à des exercices en mer. Après un bref séjour à la base de rattachement, le squadron est affecté à un porte-avions en vue d'une campagne en mer de six mois, qui peut avoir lieu dans le Pacifique occidental ou dans l'océan Indien en ce qui concerne la flotte du Pacifique ou bien dans l'océan Atlantique pour la flotte de l'Atlantique.

Ci-dessus : avant d'être embarqués sur porte-avions, les pilotes transformés sur Hornet passent de longues semaines d'entraînement à terre. Le cycle d'entraînement des pilotes de la flotte du Pacifique se déroule à NAS Lemoore, en Californie.

L'US Navy n'a pas été le seul élément des forces armées américaines à acquérir le Hornet. Un des autres utilisateurs de l'appareil est l'US Marine Corps dont la première formation à avoir pris en compte des Hornet est le Marine Air Group Eleven.

**Les volets de bord de fuite et les becs de bord d'attaque dont le Hornet est équipé permettent de réduire la vitesse d'approche à l'appontage à un niveau acceptable. Le train d'atterrissage de l'avion embarqué américain est capable d'absorber de très fortes vitesses verticales.**

Au cours de la première croisière opérationnelle qui ait jamais été entreprise par des unités de Hornet, le VFA-125 First of the Fleet et le VFA-113 Stingers furent embarqués sur le porte-avions *USS Constellation* (CV-64) en tant que composantes de l'Air Wing 14 (CVW-14). S'étendant entre le mois de février et le mois d'août 1985, cette campagne permit d'établir solidement la réputation du Hornet, qui apparut comme un avion fiable, aux capacités remarquables et ne nécessitant que la moitié du temps de maintenance du Tomcat ou de l'A-6E. Après avoir accumulé plus de quatre mille cent heures de vol, les F/A-18 de ces deux formations parvinrent à l'étonnant taux de disponibilité de 87 %.

La croisière suivante concerna les Hornet de l'Air Wing 13, avec quatre squadrons (deux appartenant à la Navy, les VFA-131 Wildcats et VFA-132 Privateers, et deux dépendant du Marine Corps, les VMFA-314 Black Knights et VMFA-323 Death Rattlers). L'*USS Coral Sea* (CV-43) embarqua également un squadron d'A-6E et de KA-6D, de Grumman E-2C et de Sikorsky SH-3H. Le programme initial prévoyait un séjour de routine dans l'Atlantique. Ayant quitté les Etats-Unis le 2 octobre 1984, le CVW 13 effectua un certain nombre d'exercices de routine avec l'Aéronavale française, la Royal Navy, la force aérienne turque et l'US Air Force jusqu'en janvier 1986. Puis le *Coral Sea* s'engagea dans le golfe de Syrte en vue d'effectuer une démonstration de force face à la Libye, comme le président Reagan l'avait ordonné. Le porte-avions avait alors été rejoint par un squadron d'EA-6B et par un Douglas EA-3B de guerre électronique. Travaillant en étroite coopération avec les E-2C du WAM-127 Seabats, les F-18A rencontrèrent fréquemment des MiG-23, des MiG-25, des Sukhoi Su-22 et des Mirage F. 1 de la force aérienne libyenne. Des interceptions, au cours desquelles les avions américains ne furent pas contraints d'abattre des chasseurs ennemis, eurent lieu pendant les raids de représailles conduits les 24 et 25 mars ainsi que le 15 avril. Les Hornet tirèrent des missiles antiradars HARM et effectuèrent des missions de patrouille de combat aérien dans les régions de Tripoli et de Benghazi. Revenus aux Etats-Unis le 19 mai 1986, les quatre squadrons de F/A-18 purent dresser un bilan très positif de leur première croisière. Pour les pilotes de Hornet, baptisés Fags (Fighter Attack Guys), cette campagne en mer était un réel motif de fierté.

## Plus vite qu'une flèche

Les raisons du succès enregistré au cours de cette croisière tenaient à la fois à la qualité de l'entraînement dispensé au sein du VFA-125, aux performances du F/A-18, à la fiabilité du moteur F404 et à la simplicité de maintenance de l'appareil lui-même. Certaines caractéristiques font que cet avion excelle dans les mis-

**Ce Hornet emporte une bombe Mk 83 de 454 kg (1 000 livres) sur l'un des pylônes de voilure. Parmi les autres bombes utilisées par le F/A-18 figurent des engins guidés par laser ou par télévision.**

*Un des prototypes du F/A-18(R), version de reconnaissance du Hornet qui se caractérise par une caméra installée dans le nez et par divers autres capteurs. Grâce à ce nouveau modèle, les capacités opérationnelles du McDonnell Douglas Hornet on été notablement améliorées.*

sions de chasse sans que ses capacités d'attaque soient compromises, et qu'il se comporte comme un très bon chasseur d'attaque sans que ses capacités d'intercepteur en souffrent. Le F/A-18 est considéré par nombre d'aviateurs comme le meilleur chasseur en service à l'heure actuelle aux Etats-Unis. Il combine un très bon radar avec des missiles à moyenne portée de qualité. Ces deux caractéristiques, le F-16, qui est moins volumineux et plus difficile à acquérir visuellement que le Hornet, ne les possède pas. En combat aérien, le F/A- 18 se révèle généralement supérieur au Fighting Falcon. Il peut tirer parti des missiles Sparrow qu'il emporte pour combattre en dehors de la portée des armes du F-16. En combat tournoyant, il est nettement meilleur que ce dernier grâce aux évolutions sous forte incidence auxquelles il est en mesure de se prêter. Le Hornet soutient également la comparaison avec les deux extraordinaires machines de combat aérien que sont le F-14 Tomcat et le F-15 Eagle, mais il est évident que les deux missiles Sparrow dont il est pourvu ne lui confèrent pas une assez grande capacité offensive. Plus petit que le Tomcat ou que l'Eagle, le Hornet est un adversaire dangereux en combat rapproché. Le F-14 est certainement le meilleur chasseur de défense de la flotte, avec ses importantes capacités de détection et la possibilité qu'il a de traiter plusieurs cibles de manière simultanée à très grande distance. Cependant, ses missiles AIM-54 Phoenix manqueraient d'efficacité dans un combat tournoyant où s'affronteraient plusieurs appareils.

*Peu de temps après avoir apponté, ce Hornet fait l'objet de soins attentifs de la part des mécaniciens. Les panneaux d'aile extérieurs peuvent être repliés afin de faciliter l'entreposage de l'appareil.*

## Opérations d'attaque

Les missions d'attaque reposent sur un radar Doppler, un collimateur cathodique tête haute, trois écrans cathodiques Kaiser, un système infrarouge de très grande qualité et un désignateur à laser qui permet d'obtenir d'excellents résultats dans les bombardements. Même en manœuvrant, un pilote de Hornet peut placer ses bombes dans un rayon de moins de dix mètres autour de l'objectif, surpassant de très loin l'A-7E dans ce domaine. Le F/A-18 peut parvenir à ces résultats en n'ayant pas besoin d'une protection aussi poussée que celle que réclament les autres appareils. Il possède un rapport poids/puissance excellent et une cadence angulaire de virage imposante qui lui permettent d'échapper à d'éventuels poursuivant même avec une lourde charge offensive.

Le revers de la médaille est que, pour une charge offensive donnée, le F/A-18 affiche une distance franchissable inférieure de 10 % à celle du Corsair II. Pour pallier cette insuffisance, certains pilotes ont exprimé le souhait de voir la capacité en carburant de l'appareil portée de 1 135 à 1 360 kg. En effet, le Hornet ne pourrait atteindre le rayon d'action de combat prévu (935 km) sans cette capacité. La seule façon de résoudre ce problème serait de monter des réservoirs auxiliaires de carburant dans la partie supérieure du fuselage, mais cela ne pourrait se faire sans entraîner des modifications de la cellule qui entraîneraient la réduction du champ visuel du pilote vers l'arrière et rendraient l'avion moins manœuvrable. Pour toutes ces raisons, le Hornet ne bénéficiera pas d'un rayon d'action supérieur à celui du Corsair II. Les pilotes d'A-7 passés sur F/A-18 n'en sont pas moins conscients de disposer d'une machine de combat aux capacités exceptionnelles.

Bien qu'il possède des ressources en avions importantes et variées, un commandant de CVW pourra se contenter d'utiliser les Hornet qui lui sont affectés, avec un soutien électronique assuré par des EA-6B pour accomplir toute sorte de missions. En emportant des charges suffisamment diversifiées, les Hornet pourront non seulement effectuer des missions d'attaque et d'escorte (missiles Sidewinder et Sparrow, canon interne et missiles air-sol, bombes ou roquettes), mais aussi des tâches de lutte antiradar et de reconnaissance (missiles HARM ou Shrike et caméras d'attaque Perkin-Elmer). L'utilisation de F/A-18 pour les missions de patrouille de combat aérien et de reconnaissance permettra aux F-14 de se consacrer à des tâches de supériorité aérienne et de combat aérien pour lesquelles ils sont incontestablement préparés.

# Su-27 : le chasseur acrobate

*Aujourd'hui, le Su-27 est devenu une sorte de référence dans le domaine des chasseurs, un critère par rapport auquel sont définis tous les autres avions de combat. Si le « Flanker » possède à l'heure actuelle des capacités époustouflantes, tel n'était pas le cas à l'origine. Les premiers appareils de ce type constituèrent en effet un échec, mais les problèmes auxquels s'est heurté le Su-27 ont été résolus de façon spectaculaire.*

Les Russes sont d'excellents créateurs de chasseurs, et le Su-27 et le MiG-29 sont supérieurs à tout ce que nous possédons aujourd'hui. Mais le F-22 disposera d'une plus grande manœuvrabilité que le Su-27, le meilleur avion russe du moment. » Telle est l'opinion que porte le magazine d'entreprise de Lockheed à propos du Su-27, une opinion qui reflète parfaitement le sentiment général des principaux constructeurs de chasseurs occidentaux à l'égard de cet appareil. Le « Flanker » est en effet considéré comme la référence pour le développement des avions de combat destinés à servir au début du prochain millénaire, l'adversaire que tous ces avions doivent surclasser. Les dissidents de l'époque soviétique décrivaient pourtant une machine très différente, à la fois primitive, sous-équipée et possédant une efficacité opérationnelle très limitée. Le Sukhoi Su-27 constitua en quelque sorte une énigme pour l'Ouest.

## L'épine dorsale de l'aviation russe

Le Su-27 et ses dérivés constituent sans aucun doute le noyau autour duquel seront édifiées les forces aériennes russes du prochain millénaire. A l'origine, cet appareil avait été exclusivement conçu en tant qu'intercepteur, et sa mission consistait à défendre le seul espace aérien soviétique. Le champ de ses possibilités s'est largement étendu, puisque cet appareil pourra être aussi employé comme chasseur tactique multirôle, chasseur embarqué et avion d'attaque au sol.

D'autres versions destinées à la reconnaissance et à la guerre électronique sont en cours de développement. Des mesures d'économies visant à réduire le nombre de types d'avions en service et l'influence politique grandissante du bureau d'études Sukhoi, conduit par l'ingénieur Mikhaïl Simonov, ont permis à ce dernier de prendre l'ascendant sur son rival de toujours, Mikoyan-Gourevitch. Il n'en a pas toujours été ainsi. Sukhoi s'était auparavant cantonné dans la conception d'intercepteurs de défense aérienne et de chasseurs bombardiers plus ou moins dépassés. Mais les performances, l'agilité, la polyvalence et les capacités de développement du Su-27 devaient lui permettre d'avoir raison de Mikoyan-Gourevitch.

Lorsque le Su-27 fut conçu, sous l'appellation de T-10 (dixième projet à ailes en delta de Sukhoi), personne n'aurait pu prévoir le succès technologique qu'il allait constituer. En fait, l'histoire initiale de cet appareil se révéla si désastreuse que, à plusieurs reprises, Sukhoi fut sur le point d'abandonner le projet.

Le développement du Su-27 avait débuté en 1969, lorsque le bureau d'études Sukhoi avait remporté un concours relatif à un intercepteur de défense aérienne à long rayon d'action capable de prendre la succession du Su-1[illegible] « Flagon », du Tu-128 « Fiddler » et du Yak-28[illegible] « Firebar » alors en service dans l'IA-PVO, le commandement de la défense aérienne soviétique. Pour faire face à un éventuel échec du programme du Su-27, les responsables de l'IA-PVO sélectionnèrent également le Mikoyan-Gourevitch MiG-31.

Pavel Sukhoi dirigeait toujours le bureau d'études qui portait son nom quand les opérations de développement du « Flanker » débutèrent. Mais le projet lui-même était sous la direction de Yevgeny Ivanov, qui en conserva la direction lorsque Sukhoi mourut. Puis Ivanov fut remplacé par Mikhaïl Simonov en 1975. L'équipe chargée du programme décida de donner à l'appareil une configuration bidérive, et de placer ses deux réacteurs dans de[illegible]

**A l'exception de quelques rencontres au-dessus de la mer Baltique, c'est seulement après la disparition du rideau de fer que les Occidentaux purent avoir une idée plus précise du « Flanker ». Ce Su-27 basé en Pologne est doté d'un système d'acquisition monté sous voilure.**

*Quand il effectua ses premières démonstrations publiques à l'Ouest, en l'occurrence au Bourget en 1989, le Su-27 était aux mains du chef pilote d'essai de Sukhoi, Victor Pougatchev.*

nacelles de grandes dimensions ; en outre, le Su-27 fut doté d'apex de voilure proéminents. Ces caractéristiques valurent à Sukhoi d'être accusé d'avoir copié des avions tels que le F-14, le F-15 et le MiG-29 ; mais en fait la configuration du nouveau chasseur, comme celle de ses contemporains, correspondait à la meilleure façon de résoudre les problèmes techniques de tous ordres qu'il posait. Par ailleurs, le TsAGI, institut de recherches aérodynamiques, avait procédé aux essais de diverses configurations en soufflerie et en avait communiqué les résultats aussi bien à Sukhoi qu'à Mikoyan-Gourevitch. En définitive, ces deux bureaux d'études sélectionnèrent des configurations de base identiques, mais les développèrent différemment.

Les empennages bidérives permettaient d'accroître la maniabilité aux très fortes incidences, et les nacelles des moteurs étaient séparées afin de réduire la traînée, de diminuer la signature radar, d'offrir un espace suffisant pour entreposer des missiles et d'éviter que l'endommagement d'un des réacteurs n'entraîne la destruction de l'autre. Cette façon de procéder permettait enfin de doter les moteurs d'entrées d'air rectilignes plus efficaces et plus simples. Eu égard à ses importantes dimensions, le Sukhoi Su-27 disposait d'une capacité en carburant élevée, accrue grâce aux volumineux raccordements des ailes au fuselage qu'il comportait. Pour lui conférer la manœuvrabilité nécessaire, les ingénieurs du bureau d'études Sukhoi conçurent le « Flanker » comme un avion naturellement instable et l'équipèrent d'un système de commandes de vol électriques, testé auparavant sur le bombardier expérimental T-4.

## Le prototype du Su-27 prend l'air

Le premier prototype du Su-27, connu sous la désignation de bureau d'études T-10-1, effectua son premier vol le 20 mai 1977 aux mains du chef pilote d'essai Vladimir Iliouchine. Repéré peu de temps après par un satellite d'observation américain, l'avion reçut le nom de code OTAN provisoire de « Ram-K ». Le premier et le deuxième prototype du nouveau chasseur furent construits par le bureau d'études Sukhoi, avec des ailes et des empennages provenant de l'usine de Komsomolsk sur Amour, et des moteurs Lyulka AL-21F-3 identiques à ceux du Su-17 et du Su-24. Les T-10-6, T-10-9, T-10-10 et T-10-11 comportaient les mêmes réacteurs, mais ils furent réalisés à Komsomolsk, tandis que les troisième et quatrième prototypes, dotés d'AL-31, furent produits à Moscou.

Ces machines, désignées « Flanker-A » par l'OTAN, furent confrontées à de nombreux problèmes de développement. Elles connurent notamment des phénomènes de flutter et des défaillances structurales, tandis que le circuit de commandes de vol fonctionnait mal. Deux de ces appareils s'écrasèrent au sol, et des insuffisances dans le domaine des performances contraignirent Sukhoi à procéder à une redéfinition complète et profonde du Su-27.

## Le « Flanker-B » entre en scène

Les deux prototypes suivants, le T-10-7 et le T-10-8, furent mis aux nouveaux standards et redésignés T-10S. Les observateurs occidentaux attribuèrent à cette nouvelle version l'appellation de « Flanker-B ». Les » Flanker-A » encore en état de vol furent alors transformés en bancs d'essais de moteurs, d'avionique et d'équipements afin d'accélérer dans toute la mesure du possible le déroulement du programme. La voilure avait été entièrement modifiée, les flaperons intérieurs étant remplacés par des ailerons et des volets conventionnels. Les extrémités des ailes furent dotées de rails lance-missiles faisant également office de masses antiflutter, et les apex furent redessinés afin d'augmenter la portance. Les lignes du fuselage furent améliorées et la verrière modifiée. Les deux dérives verticales furent agrandies et déplacées à l'extérieur des poutres qui supportaient les stabilisateurs horizontaux. Les aérofreins d'origine, combinés avec les portes du train d'atterrissage principal, furent remplacés par un aérofrein dorsal identique à celui du F-15. Enfin, l'arête dorsale fut prolongée vers l'arrière sous la forme d'un cône dans lequel étaient logés le parachute de freinage et un éjecteur de leurres thermiques et de paillettes, et qui contribuait à réduire la traînée.

Le premier T-10S vola pour la première fois le 20 avril 1981, une fois encore aux mains d'Iliouchine. Mais, bien que la plupart des problèmes rencontrés au départ eussent été résolus, le chemin à parcourir était encore long. La

*Lors des décollages depuis des terrains sommairement aménagés, des écrans protecteurs obturent les entrées d'air des réacteurs du Su-27 afin d'éviter l'ingestion de débris.*

703

*Cet avion est un des six prototypes du Su-35 (Su-27M), sans doute le troisième, qui fut le cinquième à prendre l'air. Les Su-35 portent tous le code 70, correspondant à la désignation de bureau d'études T-10S-70. Connu au départ sous l'appellation de Su-27M, le Su-35 a été développé à partir du Su-27 mais possède de meilleures capacités opérationnelles. Bien qu'il ressemble de près au Su-27, cet appareil s'en différencie notablement. Il comporte en effet de nouveaux systèmes et une structure modifiée. Le Su-35 est propulsé par deux réacteurs Saturn (Lyulka) AL-31F et emporte un radar multimode. L'avion représenté ici est armé de deux R-37, de quatre R-77 et de trois missiles anti-AWACS à longue portée. Le Su-35 emploie un système de commandes de vol électriques quadruplexé et dispose d'écrans multifonctions à tube cathodique.*

*La patrouille de voltige de la force aérienne russe utilise des Su-27 et des Su-27B. Elle a adopté des couleurs reprenant celles du régiment de la garde Proskurovsky et celles du bureau d'études Sukhoi. Les avions de cette formation arborent une livrée bleu et gris et des couleurs de meeting très voyantes. Ils ont tous conservé leurs pylônes d'emport de charges.*

mise en service opérationnelle fut retardée en raison des délais de livraison du radar et du remodelage des becs de bord d'attaque. Pour améliorer la stabilité directionnelle, les ingénieurs montèrent des quilles en dessous des dérives. Ces dernières furent redessinées une fois de plus, et leur sommet fut rogné. A l'époque où le T-10S arrivait au stade d'élaboration final, les missions que les responsables soviétiques comptaient confier au Su-27 avaient été étendues. Elles incluaient l'escorte des bombardiers tactiques, les tâches de supériorité aérienne à longue distance ainsi que l'attaque des citernes volantes et des plates-formes de veille aérienne en arrière des lignes adverses. Pour ce faire, le nouveau chasseur soviétique avait notamment reçu un canon GSh-30-1 d'un calibre de 30 mm, monté dans l'emplanture de l'aile droite.

Le travail des ingénieurs avait également porté sur l'amélioration des capacités du « Flanker » à opérer depuis des pistes sommairement aménagées. Ainsi, tant que l'avion n'a pas quitté le sol, des écrans protecteurs obturent les entrées d'air des réacteurs, et ils se déploient à nouveau lorsque les roues touchent terre, empêchant l'ingestion de débris ou de neige même lors des décollages ou des atterrissages en patrouille. Ces écrans sont assez robustes pour résister à des impacts d'oiseaux et ne réduisent la poussée que de 225 daN.

Un des prototypes T-10S contribua fortement à asseoir la réputation du Su-27. Dépourvu de peinture de camouflage et d'armement et délesté de tous les systèmes non essentiels, il battit une série de records mondiaux de vitesse ascensionnelle, dont certains détenus par le F-15 Streak Eagle américain, sous l'appellation de P-42. Les moteurs AL-31F qui propulsaient cet appareil avaient été également allégés et modifiés ; redésignés R-32, ils fournissaient désormais une poussée de 11 335 daN chacun. Un autre Su-27 de début de série, le T-10S-20, fut préparé en vue de battre une série de records de distance, avec des réservoirs de carburant auxiliaires, un cône de queue rallongé et un réservoir de carburant en lieu et place du radar de nez. Les vols prévus ne furent jamais entrepris, et cet appareil se trouve aujourd'hui dans un musée.

## « Le Flanker-C »

Bien que la transformation des pilotes d'avions de combat de la génération précédente sur Su-27 apparût relativement facile eu égard à la similitude de leurs cockpits, les aviateurs soviétiques décidèrent au départ d'en acquérir une version biplace. Tout commandait une telle initiative, aussi bien le domaine de vol étendu du nouvel appareil que ses performances et ses capacités à évoluer sous de très fortes incidences. Le prototype de cette variante, désigné T-10U-1, effectua son premier vol le 7 mai 1985 aux mains de Nicolas Sadovnikov. Tous les biplaces, à l'exception des trois premiers, ont été réalisés à Irkoutsk. L'instructeur prend place dans un habitacle surélevé, derrière l'élève, et les deux postes sont couverts par une seule verrière. Les quilles ventrales ont des dimensions accrues, tandis que l'empennage vertical a été légèrement agrandi. Contrairement au MiG-29UB, le biplace Su-27UB, dont le nom de code OTAN est « Flanker-C », peut être employé au combat. Pour ce faire, il dispose, à l'instar des monoplaces, d'un système de conduite de tir, d'un radar et de points d'attache d'armes. L'augmentation des masses et de la traînée qu'implique la mise en place d'un second cockpit ne pénalise que très peu les performances dans les domaines de la vitesse et de la distance franchissable.

Jusqu'en 1987, le « Flanker » était connu à l'Ouest grâce à un petit document de la télévision soviétique qui en montrait le premier prototype, sans doute au cours de son premier vol, mais aussi grâce aux photographies prises par les satellites d'observation américains. A partir de janvier de cette année, des avions de ce type furent rencontrés de plus en plus souvent au-dessus de la mer du Nord et de la mer Baltique par des chasseurs norvégiens et suédois. Les nombreuses photographies qui en furent prises ne fournirent que fort peu d'indications sur les caractéristiques de l'appareil.

Une des découvertes les plus spectaculaires que firent les spécialistes occidentaux se rapporte à la capacité d'emport de charge de l'avion, qui se compose de dix missiles air-air : quatre AA-11 « Archer » (R-73) à courte portée et à guidage thermique aux extrémités de la voilure et sur les pylônes extérieurs, et six AA-10 « Alamo » (R-27) à moyenne portée entre les canaux d'entrées d'air, au-dessous des entrées d'air des réacteurs et sur les pylônes intérieurs. L'efficacité des missiles à courte portée est encore améliorée par l'existence d'un système de visée monté sur casque. Les avions rencontrés par les pilotes suédois et norvégiens ne possédant pas d'équipement de ravitaillement en vol et se trouvant loin de leurs bases supposées – celles de la péninsule de Kola –, les analystes de l'Ouest en conclurent que le rayon d'action du « Flanker » devait être très important.

Les photographies prises au cours de ces rencontres révélèrent le système optronique monté dans une sphère installée en avant du pare-brise. Cette sphère vitrée contient l'optique asservie à l'équipement de recherche et de poursuite infrarouge et au télémètre à laser, qui offrent une plus grande précision qu'un radar en matière télémétrique et peuvent détecter une cible sans produire aucune émission. Ces capacités confèrent au pilote d'un Su-27 une très grande souplesse tactique, en le libérant de la servitude du radar, et lui permettent de trouver son objectif sans révéler sa présence et sa position.

En 1989, peu de temps après l'apparition du MiG-29 au Salon de Farnborough, le Su-27 fut présenté au Salon du Bourget, où son agilité étonna tous les observateurs occidentaux et conféra une autre dimension à la menace soviétique. A cette occasion, le Su-27 et le Su-27B rééditèrent les glissades sur la queue qu'avait déjà effectuées le MiG-29 et accomplirent une figure spectaculaire connue sous le nom de « cobra de Pougatchev », créée par le chef pilote d'essai du bureau d'études Sukhoi. Cette manœuvre consiste en une décélération dynamique au cours de laquelle le nez se place à la verticale et même au-delà, puis revient à l'horizontale, tandis que l'avion continue d'avancer sur sa trajectoire. Un Su-27 entrant dans une telle figure à la vitesse de 425 km/h subit une décélération de 110 km/h par seconde et se trouve ralenti à 150 km/h environ.

Grâce à cette manœuvre, qui présente cependant l'inconvénient de lui faire perdre une grande partie de son énergie, le pilote d'un « Flanker » est en mesure de tirer des missiles ou une salve d'obus sous des angles inhabituels, ou bien d'échapper aux attaques d'un avion ennemi. Le fait que des manœuvres comme la glissade sur la queue et le cobra de Pougatchev soient effectuées régulièrement dans des meetings publics en dit long sur la confiance que le constructeur accorde aux capacités de l'appareil, même aux extrêmes limites de son domaine de vol.

## Démonstrations et ventes

Bien que très impressionnantes, les manœuvres accomplies par le Su-27 lors de ses démonstrations publiques ne peuvent l'être que par des avions peu chargés. En réalité, elles n'ont jamais été effectuées par des appareils emportant une charge extérieure complète. Aux masses opérationnelles normales, l'agilité du « Flanker » est significativement réduite. Les considérations qu'on pourrait avancer en matière de combat aérien tournoyant sont de peu d'importance quand on sait que le Su-27 est optimisé pour les missions d'interception à longue distance, au cours desquelles il doit s'en prendre à des appareils relativement peu manœuvrables, hors de portée visuelle, le combat tournoyant passant au second plan. De fait, les performances du chasseur russe en matière de distance franchissable et sa capacité d'emport de charge sont plus importantes que son agilité, sa cadence angulaire en roulis ou son rayon de virage.

L'apparition du « Flanker » à l'occasion du Salon du Bourget fut suivie par des démonstrations aux Etats-Unis, au Royaume-Uni, à Singapour et à Dubayy. Mais, bien que l'appareil ait suscité des réactions enthousiastes, il n'obtint aucune commande à l'exportation, sauf de la part de la Chine populaire. Celle-ci a fait l'acquisition de 24 exemplaires qui ont été basés sur l'île de Hainan. L'avion a été proposé à l'Inde, à la Finlande, à l'Iran, à la Malaisie et même à l'Australie. Certaines rumeurs ont fait état de l'intérêt américain pour le « Flanker », en vue de son utilisation dans les unités d'entraînement à la chasse.

Bien qu'il ait été conçu originellement pour accomplir des missions d'interception, le Su-27 a toujours possédé des capacités d'attaque au sol. Son radar et son système de conduite de tir ne lui permettent guère d'accomplir que des tâches limitées dans ce domaine. Mais il peut néanmoins emporter des missiles air-sol guidés par radar, par laser ou au moyen d'un système vidéo, ainsi que des bombes, des roquettes et des réservoirs de napalm. En mission d'interception ou d'attaque au sol, les missiles d'extrémités d'ailes peuvent être remplacés par des nacelles de contre-mesures électroniques. Le Su-27 ne possède pas de capacités nucléaires, alors que le MiG-29 peut recevoir une arme RN-40 de 30 kilotonnes.

Les premiers dérivés du Su-27 furent le Su-27P et le Su-27PU, ce dernier ayant été redésigné depuis Su-30. Il s'agit respectivement d'un monoplace et d'un biplace destinés à l'interception et dotés d'un système de ravitaillement en vol leur permettant d'opérer à longue distance. Le Su-27PU dispose normalement d'un équipage de deux membres, mais il peut être muni d'équipements spéciaux lui permettant d'être employé comme poste de commandement aéroporté et de détection. Sukhoi, agissant en vue de l'exportation, s'est appliqué à donner à l'appareil des capacités d'attaque au

***Le Su-27K est une version navalisée du « Flanker ». Il a été conçu en vue d'opérer depuis le porte-avions « Kouznetsov ». Le premier appontage sur ce bâtiment fut réalisé par le pilote Victor Pougatchev.***

***Le Su-27K se caractérise par des ailes repliables, une crosse d'appontage et de nouvelles gouvernes de bord de fuite, comportant des ailerons basculants et des volets à double fente.***

*Le Su-27K, également connu sous les appellations de Su-27IB et de T-10-42 (désignation du bureau d'études), semble avoir été réalisé en tant que démonstrateur d'une version d'entraînement du Su-27K. Cet appareil fut aperçu pour la première fois à proximité du porte-avions « Kouznetsov ». Mais il n'a pas de crosse d'appontage, ni d'ailes repliables, ni d'équipements navals. Quand il fut présenté aux responsables de la Communauté d'Etats indépendants, à Minsk, en février 1992, l'appareil était désigné en tant que Su-27IB (Istrebietel, ou chasseur bombardier) et emportait une impressionnante charge offensive. Il était cependant dépourvu de radar et de capteurs optroniques.*

sol limitées. Ainsi est né le Su-30M, redésigné Su-30MK à l'exportation. Depuis son entrée en service, le Su-27 a fait l'objet d'un développement continu et permanent. Des avions ont été testés avec des perches et des réceptacles de ravitaillement en vol, et l'un d'eux a même été doté de tuyères à poussée vectorielle. Le T-10-24, résultat d'un programme lancé en 1982 en vue de réaliser un « Flanker » à empennages canard mobiles, a ouvert la voie à de nombreuses sous-versions dérivées. Cet avion, dont le premier vol est intervenu en mai 1985, bénéficie de performances améliorées au décollage et à l'atterrissage.

Depuis le premier vol du T-10S-24, tous les nouveaux dérivés du « Flanker » ont été équipés d'une perche de ravitaillement en vol ou d'empennages canard. Le premier de ces avion, le Su-27K (à présent rédésigné Su-33), effectua son vol inaugural le 17 août 1987. Caractérisé par une protection anticorrosion, des ailes et des empennages repliables et une crosse d'appontage, cet appareil a été conçu pour servir aux côtés du MiG-29K en tant que chasseur multirôle sur les porte-avions de nouvelle génération. Le cône de queue de cette version a été raccourci afin d'éviter son endommagement lors des appontages sous forte incidence.

***Le 159e régiment d'intercepteurs, basé à Kluczewo-Stargard, en Pologne, jusqu'en 1992, fait partie de la division de chasse de la XXIVe armée aérienne stratégique. Une autre unité de « Flanker » stationnait à proximité, sur la base de Chojna.***

## Dispute entre la Russie et l'Ukraine

La disparition de l'Union soviétique a conduit à l'annulation du programme d'un de ces bâtiments et à l'envoi à la ferraille de l'autre. Le troisième des quatre navires prévus a fait l'objet d'un très âpre débat entre la Russie, qui en revendique la propriété, et l'Ukraine, qui le détient. Seul le *Kouznetsov*, connu auparavant en tant que *Tbilissi*, est entré en service. Le Su-27K pourrait être embarqué sur le *Kouznetsov*, alors qu'il ne possède pas de capacités multirôles et que ses dimensions imposantes limitent le nombre d'exemplaires qui pourraient être déployés à bord du porte-avions. Bien qu'il dispose d'empennages canard, le Su-27K comporte toujours le système de commandes de vol électriques de ses prédécesseurs. Il est propulsé par des réacteurs beaucoup plus puissants, des AL-31FM.

Le Su-27M, doté des mêmes moteurs, représente une initiative visant à développer un Su-27 de seconde génération, plus agile et présentant des capacités opérationnelles étendues. L'avion, dont le développement a été freiné par des problèmes de radar et de système de commandes de vol, a été redésigné Su-35. Il se caractérise par des empennages canard et un système de commandes de vol électriques quadruplexé en lieu et place du système analogique triplexé d'origine.

Il comporte aussi un système de conduite de tir N-011, consistant en un nouveau radar, sans doute identique au Phazatron Jouk N-010 du MiG-29. Cet appareillage, fonctionnant sur des modes air-air et air-sol, possède une antenne auxiliaire de queue assurant à l'appareil une couverture à 360°. Il est relié à un système optronique amélioré, composé d'un désignateur vidéo et à laser pour les missiles air-sol, d'un système de balayage à infrarouge et d'un télémètre à laser. Sur le tableau de bord ont été disposés trois écrans couleurs à tube cathodique et un écran de navigation. Le pilote ne dispose pas du système HOTAS (Hands on Throttle and Stick) que possède son rival, le MiG-29. Le premier des six prototypes du Su-27M a volé le 28 juin 1988.

Un des dérivés du Su-27 est le Su-27IB, également connu sous l'appellation de Su-27KU et redésigné Su-32 puis Su-34. C'est un biplace côte à côte doté de surfaces canard et d'une perche de ravitaillement en vol. A l'origine, et bien que n'étant équipé ni d'un système de repliage de la voilure ni d'une crosse d'appontage, le Su-27IB fut considéré par les observateurs spécialisés comme une machine embarquée et désigné Su-27KU. Su-27IB indique qu'il s'agit en fait d'un chasseur bombardier. Le prototype, dépourvu du radar de ses prédécesseurs et d'équipements optroniques, emporte un radar de suivi de terrain et une avionique destinée aux missions de nuit.

Aucun autre avion russe ne semble désormais en mesure de damer le pion au Su-27. Ni les problèmes de radar rencontrés par le Su-35 ni l'absence de souplesse opérationnelle du Su-33 n'ont suscité plus de commandes en faveur des MiG-29K et MiG-29M, pourtant beaucoup plus polyvalents, moins coûteux et plus fiables. L'avion fait l'objet d'une importante promotion à l'exportation, et la Chine populaire en a fait l'acquisition. Pourtant, les problèmes économiques et financiers dans lesquels se débat la Russie à l'heure actuelle constituent une menace tant pour le complexe militaro-industriel que pour le programme du « Flanker ». Le Su-34 ou Su-27IB doit remplacer le Su-24 « Fencer ».

## Versions du Su-27 « Flanker »

**T-10 :** désignation militaire, Su-27 ; 9 prototypes (T-10-1, T-10-2, T-10-3 et T-10-4 construits par le bureau d'études Sukhoi ; T-10-5, T-10-6, T-10-9, T-10-10, T-10-11 produits à Komsomolsk) ; T-10-3 et T-10-4 propulsés par des AL-31F, les autres par des AL-21F-3 ; premier vol, 20 mai 1977

**T-10S :** désignation militaire, Su-27S ; 2 prototypes (T-10-7 et T-10-8 produits par le bureau d'études Sukhoi et redésignés T-10S-1 et T-10S-2) ; extrémités d'ailes carrées avec masses antiflutter ; dérives modifiées et déplacées à l'extérieur des poutres de fuselage ; quilles ventrales ajoutées, roulette de nez déplacée vers l'arrière et s'escamotant vers l'avant, aérofrein monté sur l'arête dorsale de fuselage ; cône de queue abritant des leurres thermiques, des paillettes et un parachute de freinage ; canon GSh-30-1 de 30 mm ; premier vol, 20 avril 1981 ; légères modifications en cours de production, concernant notamment les sommets des dérives ; version d'exportation désignée Su-27K ; avions de ce type tous produits à Komsomolsk

**P-42 :** T-10S modifié, avec sommets des dérives carrés, carénage de nez en métal allégé, cône de queue supprimé et espace entre les nacelles des réacteurs redessiné ; version utilisée dans le cadre de vols de record

**T-10S-20 :** version de records avec réservoir de carburant dans le nez, cône de queue rallongé et réservoirs de carburant supplémentaires ; dérives modifiées et extrémités d'ailes incurvées ; jamais utilisée

**T-10S-24 :** banc d'essai volant destiné à tester les empennages canard ; premier vol, mai 1985

**T-10U :** désignation militaire, Su-27UB ; version biplace en tandem avec dérives agrandies ; premier vol, 7 mai 1985 ; 3 prototypes réalisés à Komsomolsk et production de série à Irkoutsk

**T-10K :** version navalisée du Su-27S, avec ailes repliables, empennages repliables, réacteurs AL-31FM, crosse d'appontage, structure modifiée, roulette de nez à diabolo, train d'atterrissage renforcé, volets de bord de fuite à fente, ailerons basculants et possibilité d'emporter un réservoir de carburant ventral de 1 500 l ; premier vol du T-10K-1, 17 août 1987, avec voilure non repliable et flaperons intérieurs

**Su-27M :** version multirôle avancée, dérivée du Su-27S ; empennages canard, système de commandes de vol électriques quadruplexé, réacteurs AL-31FM, dérives agrandies, nouveau radar N-011, avec antenne auxiliaire arrière, assurant une couverture de 360°, capacités air-sol avec missiles guidés par laser, vidéo et radar ; habitacle équipé d'écrans multifonctions à tube cathodique, système avancé de traitement de données, perche de ravitaillement en vol et possibilité de recevoir des réacteurs à tuyère vectorielle

**Su-27IB :** désigné à l'origine Su-27KU ; version d'entraînement biplace navale, mais ne disposant pas de crosse d'appontage et d'ailes repliables ; désignation Su-27IB se référant à un avion d'attaque au sol ; habitacle biplace côte à côte, avant de fuselage légèrement aplati, écrans multifonctions à tube cathodique, entrées d'air agrandies, pas d'aérofrein dorsal, roulette de nez à diabolo, accès à l'habitacle par le puits de la roulette de nez

**Su-27P :** version monoplace dérivée du Su-27S, avec perche de ravitaillement en vol, système de navigation à longue distance ; variante destinée soit à l'interception lointaine, soit à la voltige

**Su-27PU :** version biplace d'interception, dérivée du Su-27UB, avec perche de ravitaillement en vol et système de navigation à longue distance ; possibilité d'emporter des équipements supplémentaires dans l'habitacle arrière ; équipage normal, 2 membres, soit 1 pilote et 1 contrôleur, en vue d'une utilisation comme poste de commandement aéroporté

**Su-30 :** nouvelle désignation du Su-27PU

**Su-30M :** version du Su-30 possédant des capacités améliorées d'attaque au sol ; désignation d'exportation, Su-30MK

**Su-32 :** nouvelle désignation appliquée au Su-27IB redésigné Su-34.

**Su-33 :** nouvelle désignation appliquée à la version de série du Su-27K

**Su-35 :** redésignation du Su-27M

# Mirage 2000 : retour au delta

*Le remplaçant éventuel du Mirage 2000, le Dassault-Breguet Rafale, a été photographié ici au Salon de Farnborough. Au premier plan, un Mirage 2000C.*

*Avec le Mirage 2000, Dassault est revenu à la formule du delta, qui lui avait permis de remporter d'éclatants succès. Cet appareil, qui s'inscrit dans la lignée des Mirage III, IV et 5, présente des caractéristiques aérodynamiques nouvelles et bénéficie de commandes électriques.*

AYANT réalisé un certain nombre d'avions depuis la Première Guerre mondiale, Marcel Bloch, qui adopta le patronyme de Dassault après la Seconde Guerre mondiale, dirigea les équipes d'ingénieurs qui mirent au point la plupart des avions de première ligne français depuis 1945. L'influence de ce pionnier de l'aviation française, mort en 1986, demeure encore très forte. Elle transparaît bien dans le dernier appareil entré en service au sein de l'armée de l'Air, le Mirage 2000, un chasseur multirôle à voilure en delta doté d'un radar Doppler à impulsions très moderne, d'une avionique sophistiquée et d'éléments aérodynamiques nouveaux.

## Retour à la formule du delta

Si le Mirage 2000 est un avion moderne, voire révolutionnaire sous bien des aspects, il n'en présente pas moins certaines similitudes avec des machines comme les Mirage III et 5, à la voilure en delta et de configuration monoplace et monoréacteur. Les désavantages de la formule des ailes en delta (vitesse d'atterrissage élevée, longues courses de décollage et d'atterrissage, instabilité aux angles d'attaque importants) ont pu en partie être compensés par l'adoption de surfaces canard et d'un système de commandes de vol électriques. Ce retour à la voilure en delta, qui n'a été rendu possible que par le recours à de nouvelles technologies, ne doit rien à la nostalgie. Ce type d'aile présente un certain nombre d'avantages par rapport à des voilures classiques. Une aile en delta affiche une plus grande épaisseur à l'emplanture, ce qui accroît sa robustesse et augmente son volume interne disponible pour les équipements et les réservoirs de carburant. En outre, elle offre la possibilité de réduire la traînée aux vitesses supersoniques et de diminuer la charge alaire, avec pour conséquence une manœuvrabilité accrue.

Une voilure en delta est équipée d'élevons, gouvernes qui courent sur le bord de fuite et qui sont utilisées pour le contrôle en tangage quand elles sont braquées dans le même sens ou en roulis quand elles sont braquées différentiellement. Lorsqu'un avion à aile delta est en cabré, la traînée augmente et la portance diminue, ce qui rend nécessaire l'utilisation de pistes plus longues et accroît les courses de décollage et d'atterrissage. Le recours aux commandes de vol électriques offre la possibilité de faire voler des avions instables et de réduire le débattement des gouvernes pour les mêmes effets. Les commandes de vol électriques ne conviennent pas seulement aux avions à voilure en delta. Les appareils qui sont équipés d'un tel système sont naturellement instables, c'est-à-dire que leur centre de gravité est situé bien en arrière du centre de poussée. Mais, s'ils sont déséquilibrés, leur manœuvrabilité est améliorée de manière impressionnante. Ces commandes de vol sont numériques afin d'empêcher toute perte de contrôle en cas d'erreur de pilotage. Avec le Mirage 2000, l'armée de l'Air allait disposer pour la première fois d'un chasseur doté de commandes électriques.

Plusieurs utilisateurs étrangers de modèles précédents de Mirage ont modernisé leurs avions en les équipant d'une avionique sophistiquée et de surfaces canard. La firme Dassault-Breguet elle-même a monté de telles surfaces sur l'un de ses avions, en l'occurrence le Mirage Milan, vers la fin des années soixante.

Le Milan a certainement inspiré les Israéliens quand ils ont réalisé le Kfir, une version du Mirage 5 améliorée et dotée d'un nouveau moteur. Le Kfir, quant à lui, a poussé les Chiliens et les Suisses à faire monter des surfaces canard sur leurs Mirage. Curieusement, le Mirage 2000 comporte non des surfaces de cette sorte mais de simples moustaches montées sur les entrées d'air.

## Problèmes budgétaires

Le développement du Mirage 2000 commença en 1973, année au cours de laquelle l'armée de l'Air dut abandonner son programme d'avion de combat futur (ACF) en raison de diverses contraintes budgétaires. Le projet du Mirage 2000 était destiné à assurer la succession de divers types d'avions en service au sein de l'armée de l'Air, notamment du Mirage III, du Mirage F.1 et du SEPECAT Jaguar. Le nouvel appareil, qui s'intégrait dans la classe Mach 2,5 à 3, devait pouvoir afficher un plafond opérationnel situé entre 22 700 et 24 400 m. Il devait être équipé d'une avionique moderne incluant un radar bénéficiant de capacités d'éclairage vers le bas, même contre des objectifs évoluant à très basse altitude. L'avion devait être doté de commandes de vol électroniques et d'un réacteur de conception modulaire facilement démontable. Il était prévu pour pouvoir opérer à partir de pistes de 1 200 m de longueur en charge maximale. Le projet fut approuvé le 18 décembre 1975, et une fiche-programme fut rédigée au cours du mois de mars 1976.

Le contrat avec l'armée de l'Air portait sur la mise au point dans un premier temps d'une version d'interception et de supériorité

*Les quatre prototypes du Mirage 2000 étaient dotés d'un empennage vertical de grandes dimensions mais étroit. Ces avions étaient presque identiques aux machines de série.*

aérienne, une commande de cinq prototypes, dont deux modèles biplaces financés par Dassault-Breguet, ayant été passée (lesdits prototypes furent initialement dotés d'un réacteur SNECMA M53-2 de 8 500 kgp). Le premier de ces appareils effectua son vol initial à Istres le 10 mars 1976, entre les mains du pilote d'essai Jean Coureau. Il fut ensuite utilisé pour tester les commandes de vol électriques et pour déterminer les caractéristiques de vol de base. Le deuxième prototype prit l'air à son tour le 18 septembre 1978, piloté par Guy Mitaux-Maurouard, et fut employé pour les tirs au canon et les essais d'armement dans tous les domaines de vol. Il fallut un certain temps pour mener à bien ce programme expérimental, et le Mirage 2000 fit une première apparition spectaculaire au Salon de Farnborough de 1980 (un Dassault Falcon 20 modifié servit également aux essais d'armement). Le troisième prototype quitta le sol le 26 avril 1979, et le quatrième, pourvu d'un nouveau congé de raccordement des ailes au fuselage, effectua son premier vol le 12 mai 1980. De son côté, le premier biplace prit l'air le 11 octobre de la même année, et, peu de temps après, il fut employé dans le cadre d'un programme destiné à définir une version d'exportation du Mirage 2000.

Les tests du réacteur M53 avaient été conduits à partir du 18 juillet 1973 sur un banc d'essai volant Aérospatiale Caravelle, et les expérimentations à vitesse supersonique avaient été menées par un Mirage F.1 doté d'un nouveau moteur, qui avait pris l'air pour la première fois dans cette configuration au cours du mois de décembre 1974. En 1980, les M53-2 montés sur les prototypes furent remplacés par des M53-5, lesquels devaient être adoptés sur les machines de série initiales.

## Problèmes de radar

Si le développement de la cellule et du moteur se déroula dans de bonnes conditions, la mise au point du radar Doppler à impulsions (RDI) qui devait équiper l'appareil n'alla pas sans rencontrer de problèmes. Optimisé pour les interceptions à longue distance, cet appareillage équivaut au Hughes APG-63 du McDonnell Douglas F-15 Eagle. Heureusement pour l'armée de l'Air, une solution de remplacement fut trouvée sous la forme du radar Doppler multimode (RDM), un appareillage moderne travaillant en bandes I et J et dérivé du Cyrano 500, lui-même issu du Cyrano équipant le Mirage F.1. Le RDM, dont la portée est d'une centaine de kilomètres, équivaut au Westinghouse APG-66 des F-16 de début de série ; il s'agit d'un radar efficace et d'une grande souplesse d'emploi, mais qui n'est pas aussi sophistiqué que le RDI. Les essais en vol du RDM furent entrepris à partir du mois de janvier 1980 à bord d'un Vautour ; ils se poursuivirent avec un Falcon 20 jusqu'en juin de la même année. Cinq mois plus tard, en novembre, cet appareillage fut monté sur le troisième prototype du Mirage 2000.

Les difficultés de mise au point du RDI eurent un effet négatif sur l'ensemble du programme et poussèrent l'armée à modifier ses plans de rééquipement. La 10^e^ escadre, basée à Creil et équipée de Mirage IIIC, avait été sélectionnée à l'origine pour être la première unité opérationnelle à prendre en compte le Mirage 2000.

Faute de disposer d'avions dotés du RDM, l'état-major de l'armée de l'Air choisit de faire entrer en service le nouvel appareil au sein de la 2^e^ escadre de chasse, une formation pourvue de Mirage IIIE et chargée de missions de supériorité aérienne et d'attaque au sol. Le RDI fut mis en place sur les machines de série à partir de la fin de l'année 1986, après avoir été expérimenté sur le premier Mirage 2000B de série.

***Alignement de Mirage 2000 de l'escadron de chasse 1/2 Cigognes au roulage sur leur base opérationnelle, après la transformation de cette unité sur le nouvel appareil.***

## Premières livraisons

Un premier lot de vingt-deux Mirage 2000 fut commandé dans le cadre du budget de 1980, et l'avion tête de série effectua son premier vol à Bordeaux-Mérignac le 20 novembre 1982. Les deux premiers appareils furent livrés au centre d'essais en vol de Brétigny-sur-Orge, dans la région parisienne, et le troisième avion fut pris en compte par le Centre d'expérimentations aériennes militaires de Mont-de-Marsan (CEAM) à des fins d'essais et de transformation des équipages. Le 1^er^ juillet 1983, le premier prototype du Mirage 2000 fut doté du troisième type de moteur utilisé sur le nouvel avion, en l'occurrence le M53-P2, réalisé en vue de propulser les derniers appareils de série. Le nouveau propulseur fut mis pour la première fois en place sur des machines de série (destinées à la force aérienne indienne) en juin 1986.

En 1983 et 1984, les pilotes et les mécaniciens de l'escadron 1/2 Cigognes et ceux de

***Le Mirage 2000B d'entraînement conserve la plupart des capacités opérationnelles du Mirage 2000C, mais il ne dispose pas de canons dans le fuselage. Cet appareil de la 2^e^ escadre de chasse emporte des missiles Matra Super R-530 à guidage radar semi-actif et des R-550 Magic à guidage infrarouge.***

l'escadron 2/2 Côte-d'Or séjournèrent au CEAM pour être transformés sur Mirage 2000C et sur Mirage 2000B. Les prototypes du nouvel avion furent connus sous la dénomination de Mirage 2000A, même s'ils ne portèrent jamais officiellement cette appellation, tandis que les prototypes et les exemplaires de série de la version biplace reçurent la désignation de Mirage 2000B. Quant à la version de série monoplace, elle porte celle de Mirage 2000C. Environ cent cinquante Mirage 2000 ont été commandés par l'armée de l'Air, alors que les projets de marchés initiaux portaient sur un total compris entre trois cents et quatre cents exemplaires. Les ailes sont fabriquées à Martignac, les fuselages à Argenteuil, et l'assemblage final ainsi que les essais en vol se déroulent à Mérignac.

## Version d'attaque

Dès le début de 1979, Dassault-Breguet s'était lancé dans le développement d'une version d'attaque du Mirage 2000 destinée à remplacer le Jaguar et le Mirage IIIE dans les missions de frappe à basse altitude : le Mirage 2000N. Cette variante, qui portait au départ la désignation de 2000P (P pour pénétration), fut rebaptisée 2000N (N pour nucléaire). Elle présente de nombreuses similitudes avec le biplace Mirage 2000B, mais bénéficie de certains renforcements afin de pouvoir opérer près du sol et comporte une avionique d'attaque moderne et sophistiquée.

Le Dassault-Breguet Mirage 2000N est équipé d'un radar cartographique Antilope V, d'une double plate-forme de navigation inertielle SAGEM Uliss 52 et d'un nouvel altimètre radar qui permet des suivis de terrain automatiques à des vitesses de l'ordre de 1 110 km/h, à l'altitude de 60 m. Le premier des deux prototypes de l'appareil quitta le sol le 2 février 1983, et les livraisons aux Forces aériennes tactiques, en l'occurrence à l'escadron 1/4 de la 4e escadre, ont été effectuées. La 4e escadre, basée à Luxeuil, et qui volait auparavant sur Mirage IIIE, fut la première à prendre en compte le nouvel avion. Le Mirage 2000N sera doté du missile ASMP (air-sol moyenne portée), un engin de croisière supersonique disposant d'une portée de 100 km et doté d'une ogive nucléaire de 150 kilotonnes.

## Succès à l'exportation

La France s'est taillé une belle réputation de vendeur d'avions militaires sur le marché à l'exportation. Avec le Mirage 2000, Dassault-Breguet a remporté un nouveau succès dans ce domaine, mais, pour des raisons fort diverses, ce succès n'est pas à la mesure de celui qui marqua la carrière des Mirage III, 5 et F.1. Se présentant sans doute comme un appareil d'une très grande souplesse d'emploi et d'une redoutable efficacité, le Mirage 2000 est trop volumineux, trop sophistiqué et trop coûteux pour intéresser un nombre suffisamment important de clients dans un domaine où la compétition est très grande.

Le premier client à l'exportation de l'appareil de Dassault-Breguet a été l'Egypte, qui a commandé seize Mirage 2000EM et quatre Mirage 2000BM au cours du mois de janvier 1982. Certains de ces appareils ont été assemblés par l'industrie aéronautique locale dans les usines d'Hélouân. Les besoins égyptiens sont estimés à quatre-vingts appareils. L'Amérique latine, qui a acheté nombre des autres Mirage conçus par Dassault, a fourni également un client pour le Mirage 2000 : le Pérou a en effet commandé vingt-deux Mirage 2000P et quatre Mirage 2000DP en décembre 1982.

***Ce Dassault-Breguet Mirage 2000C appartient à l'escadron de chasse 3/2 Alsace. L'appareil représenté ici emporte des missiles air-air Matra Super R-530 ainsi que des Matra Magic.***

## Commandes indiennes

Abu Dhabi, dont la force aérienne opérait déjà sur Mirage 5 et Alpha Jet, signa un marché concernant la vente de vingt-deux Mirage 2000EAD et de huit Mirage RAD, ces derniers étant destinés à la reconnaissance. Les dix-huit exemplaires du second lot doivent être pourvus de détecteurs de radars et de brouilleurs d'autoprotection fournis par la firme italienne Elettronica. Le premier client extérieur européen de l'avion est la Grèce, qui a signé une lettre d'intention portant sur l'acquisition de trente-six Mirage 2000EG et de quatre Mirage 2000BG. Un projet d'acquisition d'autres appareils de ce type a été abandonné. En 1999, la force aérienne grecque aligne 36 Mirage 2000.

L'Inde, qui a déjà acquis auprès de la France des Dassault Ouragan et Mystère IV, a commandé trente-six Mirage 2000H et quatre Mirage 2000TH biplaces en octobre 1982 afin de disposer de chasseurs de supériorité aérienne capables de prendre la relève de ses Mikoyan-Gourevitch MiG-21. Le premier Mirage 2000 a pris l'air en septembre 1984, mais le gouvernement de l'Inde a abandonné, en faveur du MiG-29 « Fulcrum », dont le coût est moins élevé, l'idée de fabriquer sous licence une quarantaine d'exemplaires de l'avion français. En 1999, l'Inde dispose de 38 Mirage 2000H et de 7 Mirage 2000TH.

Le Mirage 2000 est un avion aux grandes capacités, robuste, manœuvrable, rapide et bien armé, auquel ses performances et sa souplesse d'emploi ont valu de bons succès à l'exportation. Sous plusieurs aspects, cet appareil est l'un des plus importants réalisés par l'industrie aéronautique française depuis la fin de la Seconde Guerre mondiale. A la fois épée et bouclier de la France, le Mirage 2000 représente un bond technologique essentiel, et il a permis en partie l'élaboration d'une autre réalisation majeure, le Dassault-Breguet Rafale.

En janvier 1998, l'armée de l'Air française a reçu les premiers des 37 Mirage 2000-5F qu'elle a commandés. Cette version a été réalisée à partir de Mirage.

***Les Mirage 2000 de l'escadron de chasse 1/2 Cigognes arborent deux insignes de cigogne différents, issus de la Première Guerre mondiale : ceux de la SPA-3 (cigogne de Guynemer) et de la SPA-103 (cigogne de Fonck).***

*En mission d'attaque au sol, le Mirage 2000 peut emporter diverses armes, dont des missiles AS-30.*

*Ce Mirage 2000C est doté de bombes Belouga et de missiles air-air R-550 Magic.*

*Le SNECMA M53-5, qui propulse les Mirage 2000 de début de série, est remplacé par sa version définitive, le M53-P2.*

*L'habitacle de pilotage du Mirage 2000 est d'une conception assez classique et comporte, à gauche, une console sur laquelle se trouvent la manette des gaz, la commande du parachute de freinage, la commande du train d'atterrissage et les commandes de communication. Les commandes et instruments de vol sont installés sur le tableau de bord principal, qui se caractérise par un important écran multifonctions. Le collimateur cathodique tête haute est réalisé par Thomson-CSF.*

## Ecorché du Dassault-Breguet Mirage

1 Tube de Pitot
2 Radôme
3 Antenne du radar
4 Radar Thomson-CSF RDM
5 Antenne du radar Cassegrain
6 Radar Thomson-CSF RDI
7 Antenne de l'altimètre radar
8 Sonde d'incidence
9 Cloison de pressurisation avant
10 Têtes de Pitot
11 Sonde de température
12 Perche de ravitaillement en vol fixe
13 Pare-brise
14 Carénage de tableau de bord
15 Cadre d'avant de fuselage
16 Pédales de palonniers
17 Bande de vol en formation
18 Antenne VHF
19 Trappe de la roulette de nez
20 Vérin d'escamotage
21 Jambe de la roulette de nez
22 Diabolo de la roulette de nez
23 Système de remorquage
24 Compas de train
25 Phare d'atterrissage et de roulage
26 Vérins d'orientation de la roulette de nez
27 Trappes de la roulette de nez
28 Plancher de l'habitacle
29 Console centrale
30 Manche à balai
31 Collimateur tête haute
32 Montant de la verrière
33 Verrière
34 Entrée d'air droite
35 Appui-tête
36 Harnais
37 Siège éjectable Martin-Baker Mk 10
38 Manettes des gaz
39 Console gauche
40 Puits de la jambe de nez
41 Bouche du canon
42 Soute à équipements électriques
43 Entrée d'air gauche
44 Cônes d'entrée d'air
45 Entrée d'air du système de conditionnement d'air
46 Cloison d'habitacle
47 Poignée d'ouverture de la verrière
48 Vérin de la verrière
49 Articulation de la verrière
50 Surface canard
51 Antenne IFF
52 Soute à équipements radio et électroniques
53 Canal d'aspiration de la couche limite
54 Système de conditionnement d'air
55 Vérin de cône d'entrée d'air
56 Bouche du canon
57 Prise de remplissage

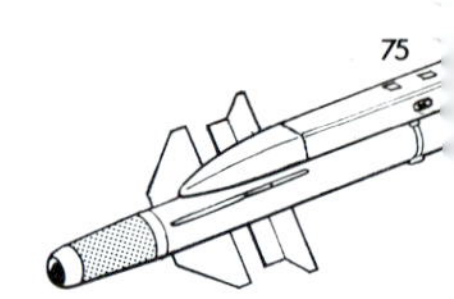


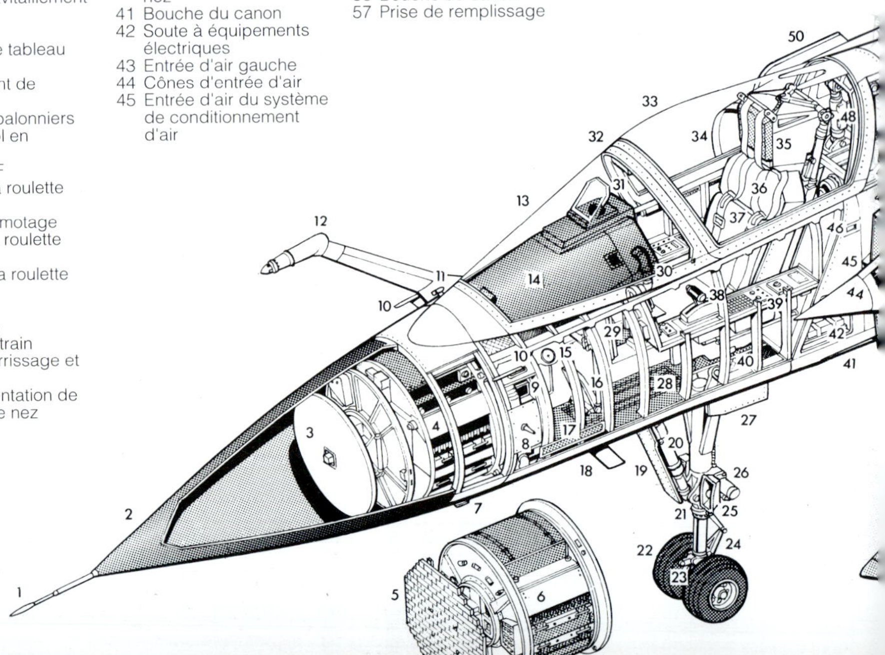

# Versions du Mirage 2000

**Mirage 2000 :** prototype monoplace ; 4 exemplaires
›roduits ; premier vol, 10 mars 1978 ; réacteur M53-2
le 8 500 kgp

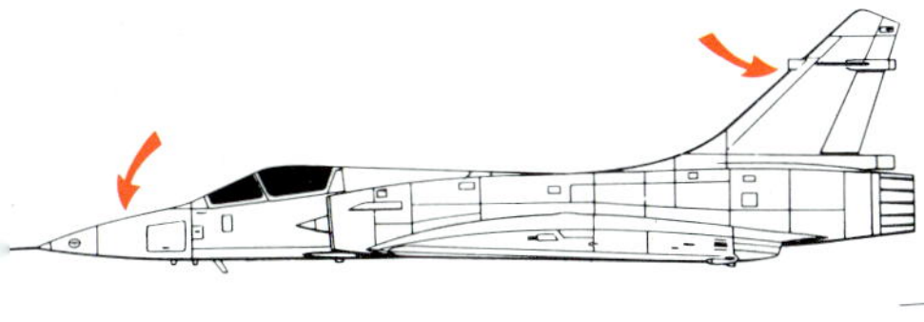

**Mirage 2000B :** version d'entraînement biplace ;
›remier vol, 11 octobre 1980 ; avions de début de série
lotés du réacteur M53-5 de 9 000 kgp ; pas d'armement
nterne

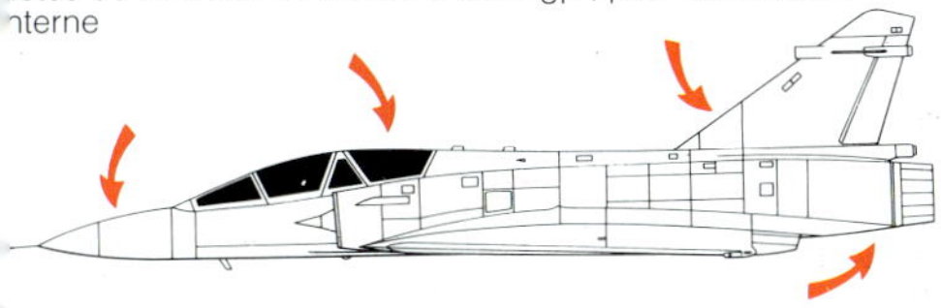

**Mirage 2000BG :** Mirage 2000B destiné
ı la Grèce ; 4 exemplaires
**Mirage 2000BM :** Mirage 2000B destiné
ı l'Egypte ; 4 exemplaires

**Mirage 2000C :** version de série monoplace destinée à l'armée de l'Air ; avions de début de série avec réacteur M53-5 ; appareils suivants dotés du M53-P2 de 9 700 kgp

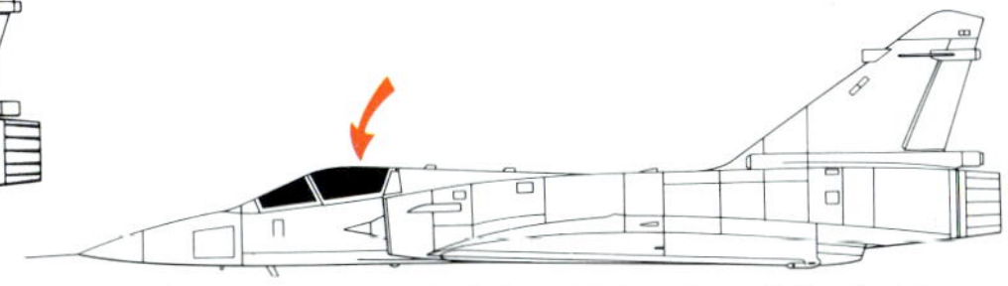

**Mirage 2000D :** à l'origine, désignation attribuée à la version biplace du Mirage 2000E ; s'applique aujourd'hui au Mirage 2000N', variante du Mirage 2000N optimisée pour l'attaque conventionnelle et non armée du missile ASMP ; emporte des armes guidées par laser ; 39 Mirage 2000D commandés par l'armée de l'Air ; premier vol, février 1991
**Mirage 2000DAD :** désignation attribuée aux Mirage 2000B destinés à Abu Dhabi ; 6 exemplaires, dont certains dotés de systèmes de CME Elettronica ; réacteurs M53-P2
**Mirage 2000DJ :** version d'interception du Mirage 2000E destinée à la Jordanie ; 10 exemplaires en cours de livraison
**Mirage 2000DP :** Mirage 2000B destiné au Pérou ; 2 exemplaires ; réacteur M53-P2
**Mirage 2000E :** version d'exportation du Mirage 2000C destinée à Abu Dhabi, à l'Egypte, à la Grèce, à l'Inde, à la Jordanie et au Pérou ; premières livraisons effectuées en septembre 1984
**Mirage 2000EAD :** Mirage 2000C destiné à Abu Dhabi ; 22 exemplaires commandés dont la moitié avec des systèmes CME Elettronica ; réacteur M53-P2
**Mirage 2000EG :** Mirage 2000C destiné à la Grèce ; 36 exemplaires commandés ; réacteur M53-P2
**Mirage 2000EJ :** Mirage 2000E biplace destiné à la Jordanie ; 2 exemplaires commandés
**Mirage 2000EM :** Mirage 2000C destiné à l'Egypte ; 16 exemplaires ; réacteur M53-P2
**Mirage 2000H :** version monoplace destinée à l'Inde ; 36 exemplaires commandés, les 26 premiers avec un réacteur M53-5 ; désignation locale, Vajra
**Mirage 2000N :** version biplace de pénétration à basse altitude ; radar Antilope V, centrale de navigation inertielle améliorée et avionique air-sol ; missile de croisière ASMP ; 2 prototypes et 75 exemplaires commandés ; réacteur M53-P2
**Mirage 2000P :** désignation originelle du Mirage 2000N
**Mirage 2000P :** Mirage 2000C destiné au Pérou ; 13 ex.
**Mirage 2000RAD :** version de reconnaissance du Mirage 2000EAD destinée à Abu Dhabi et équipée de la nacelle Dassault-Breguet COR-2 ou de la nacelle AA-3-38 Harold
**Mirage 2000S :** version biplace d'exportation du Mirage 2000D, équipée d'une perche de ravitaillement en vol en vue d'accroître son rayon d'action
**Mirage 2000TH :** version d'entraînement destinée à l'Inde, avec réacteur M53-5
**Mirage 2000-5 :** version multirôle du Mirage 2000-3, équipée du radar Doppler Thomson-CSF RDY à haute capacité de dénivelée, permettant le tir multicible ; missile air-air Matra Mica ; réacteur M53-P2 ; habitacle de pilotage modifié ; premier vol, octobre 1990

---

Surface canard
Trappes d'air
secondaire
Canon DEFA 554
de 30 mm
Boîtier de munitions
Réservoirs de fuselage
Equipements radio et
électroniques
Equipement du
système de carburant
Feu anticollision
Système de
prérefroidissement
Ouïes d'échappement
d'air
Réservoir de voilure
Pylône de voilure
Bec de bord d'attaque
Vérins de bec
de bord d'attaque
Rails de guidage de
bec
Becs de bord
d'attaque
Missile Matra Magic
Rail lance-missiles

76 Pylône de voilure
77 Antenne de détecteur radar
78 Feu de navigation
79 Elevon
80 Carénage d'articulation d'élevon
81 Panneaux d'accès au système de commandes
82 Vérins d'élevon
83 Canal d'entrée d'air
84 Aubes de compresseur
85 Accumulateur hydraulique
86 Génératrice auxiliaire
87 Puits d'atterrisseur principal
88 Pompe hydraulique
89 Alternateur
90 Réducteur d'accessoires
91 Arbre de transmission du réacteur
92 Cadres de fuselage
93 Réacteur SNECMA M53-5
94 Système d'allumage du réacteur
95 Unité de contrôle du réacteur
96 Canal d'entrée d'air secondaire
97 Structure d'emplanture à la dérive
98 Emplanture de la dérive
99 Nervures de la dérive
100 Revêtement de la dérive
101 Feu de vol en formation
102 Carénage d'antenne CME
103 Antenne VOR
104 Carénage diélectrique
105 Antenne VHF
106 Feu de navigation de queue
107 Antenne de détecteur d'alerte radar
108 Structure du gouvernail de direction
109 Articulation du gouvernail de direction
110 Attache de la dérive
111 Vérin du gouvernail de direction
112 Cadres d'arrière de fuselage
113 Soute à équipements CME
114 Tuyère d'éjection
115 Volets de tuyère
116 Commandes de tuyère
117 Canal de postcombustion
118 Rail de guidage du réacteur
127 Système de commandes de vol
128 Elevon
129 Structure d'élevon
130 Feu de navigation
131 Antenne de détecteur radar
132 Bec de bord d'attaque
133 Pylône de voilure
134 Panneaux de revêtement de voilure
135 Réservoir structural de voilure
136 Nervures d'ailes
137 Réservoir de fuselage
138 Attache de longeron
139 Longerons
140 Vérin d'escamotage d'atterrisseur
141 Montant de pivot de train d'atterrissage
142 Points d'attache de pylône
143 Aérofreins

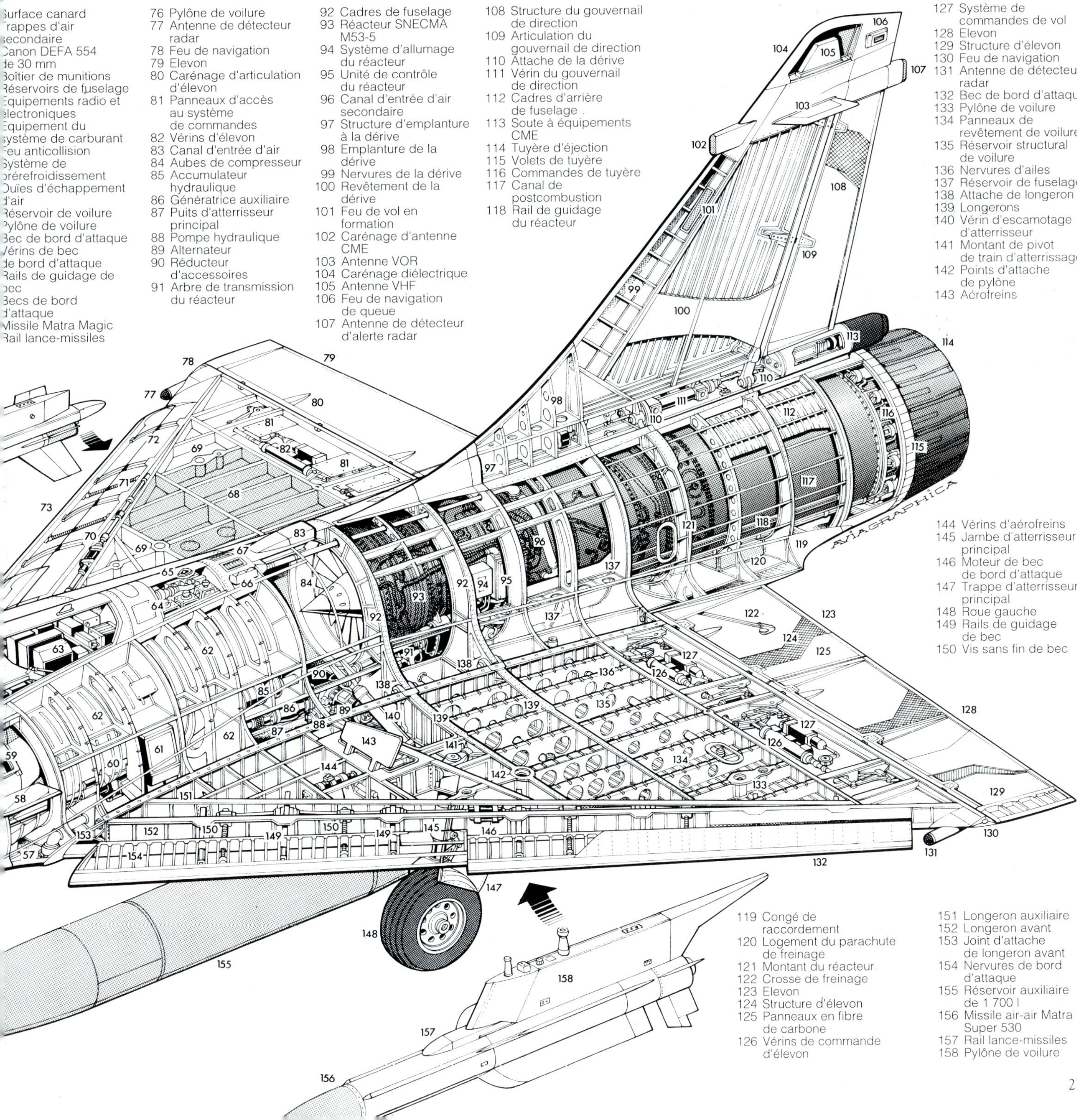


144 Vérins d'aérofreins
145 Jambe d'atterrisseur principal
146 Moteur de bec de bord d'attaque
147 Trappe d'atterrisseur principal
148 Roue gauche
149 Rails de guidage de bec
150 Vis sans fin de bec

119 Congé de raccordement
120 Logement du parachute de freinage
121 Montant du réacteur
122 Crosse de freinage
123 Elevon
124 Structure d'élevon
125 Panneaux en fibre de carbone
126 Vérins de commande d'élevon
151 Longeron auxiliaire
152 Longeron avant
153 Joint d'attache de longeron avant
154 Nervures de bord d'attaque
155 Réservoir auxiliaire de 1 700 l
156 Missile air-air Matra Super 530
157 Rail lance-missiles
158 Pylône de voilure

# Mirage 2000 en service

## France (armée de l'Air)

L'armée de l'Air a pris en compte ses premiers Mirage 2000C en 1983, et le Mirage 2000N a commencé à remplacer le Mirage IIIE en 1987.

*Mirage 2000B de l'escadron de chasse 1/2 Cigognes.*

**5e escadre de chasse** Orange-Caritat
Escadron de chasse 1/5 Vendée : rééquipé sur Mirage 2000C en juillet 1988.
Escadron de chasse 2/5 Ile-de-France : rééquipé sur Mirage 2000C en avril 1990.
Escadron de chasse 3/5 Comtat-Venaissin : rééquipé sur Mirage 2000C.

*Mirage 2000C de l'escadron de chasse Alsace portant l'insigne de cette unité sur la dérive.*

**12e escadre de chasse** Cambrai
Cette unité a effectué sa transformation sur Mirage 2000C à partir de 1991.

**2e escadre de chasse** Dijon-Longvic
Escadron de chasse 1/2 Cigognes : rééquipé sur Mirage 2000C en juillet 1984.
Escadron de chasse 2/2 Côte-d'Or : rééquipé sur Mirage 2000C et Mirage 2000B en juin 1986.
Escadron de chasse 3/2 Alsace : rééquipé sur Mirage 2000C en 1985.

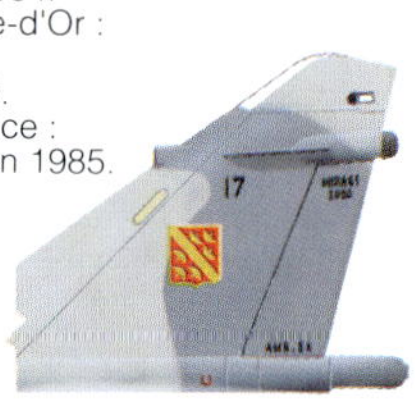

### Combat

**4e escadre de chasse** Luxeuil-Saint-Sauveur
Escadron de chasse 1/4 Dauphiné : rééquipé sur Mirage 2000N en juillet 1988.
Escadron de chasse 2/4 La Fayette : rééquipé sur Mirage 2000N en juillet 1989.
Escadron de chasse 3/4 Limousin : rééquipé sur Mirage 2000N en 1991.

**3e escadre de chasse** Nancy-Ochey
Escadron de chasse 2/3 Champagne

*Ce Mirage 2000C de début de série photographié à Mont-de-Marsan est utilisé par le Centre d'expérimentations aériennes militaires pour des essais ainsi que pour des missions de transformation et d'entraînement.*

## Abu Dhabi

La force aérienne d'Abu Dhabi a commandé 22 Mirage 2000 d'interception, 8 Mirage 2000RAD de reconnaissance tactique et 6 Mirage 2000DAD d'entraînement biplaces, en vue de remplacer ses Mirage 5. Les livraisons ont débuté en 1989.

I Shaheen Squadron : basé à Sharjah.
II Shaheen Squadron : basé à Magatra-al-Dhafra.

## Egypte (Al Qywwat al Jawwiya il Misriya)

La force aérienne égyptienne a commandé 16 Mirage 2000EM d'interception et 4 Mirage 2000BM d'entraînement biplaces en janvier 1982. Ces avions lui ont été livrés entre juin 1986 et septembre 1987 et réunis au sein d'un seul escadron. En 1988, l'Egypte a exprimé son intention d'acquérir d'autres avions de ce type, mais n'a pas donné suite à ce projet.

## Grèce (Helliniki Aeroporia)

La force aérienne grecque a commandé 40 Mirage 2000 en 1984, dont 36 Mirage 2000EG multirôles et 4 Mirage 2000BG d'entraînement biplaces. L'entrée en service des premiers appareils de ce type débuta en mars 1988, mais en octobre 1989, après avoir réceptionné 28 avions, la Grèce annula le reste de sa commande. Ces monoréacteurs sont utilisés pour la défense aérienne mais peuvent être employés dans des missions d'attaque au sol.

**Pterix 114**
Des Mirage 2000 équipent les Mira 331 et 332, basés à Tanagra.

*La force aérienne indienne a pris en compte son premier Mirage 2000H Vajra en juin 1985.*

## Inde (Bharatiya Vayu Sena)

La force aérienne indienne a commandé 40 Mirage 2000H désignés localement Vajra, en vue de remplacer ses MiG-23 et ses MiG-27 dans des missions d'interception. Ces avions, qui servent dans deux unités basées à Gwalior, ont été livrés entre octobre 1984 et la fin de l'année 1987.

Squadron 1 Tagers : formé en 1985.
Squadron 7 Battle Axes : formé en 1985.

*Ce Mirage 2000EM de la force aérienne égyptienne porte une livrée gris-rose caractéristique.*

## Jordanie (Al Quwwat al Jawwiya al Malakiya al Urduniya)

En avril 1988, la force aérienne jordanienne a signé un contrat financé par l'Arabie Saoudite concernant l'acquisition de 10 Mirage 2000EJ d'interception et de 2 Mirage 2000DJ d'entraînement biplaces.

## Pérou (Fuerza Aérea Peruana)

En 1982, la force aérienne péruvienne a négocié l'acquisition de 22 Mirage 2000 d'interception et de 4 Mirage 2000 d'entraînement. Mais, en raison de problèmes budgétaires, cette commande a été réduite respectivement à 10 et 2 appareils. Les premières livraisons ont été effectuées en juin 1986.

**Grupo Aéreo 4**
Escuadron 412 basé à Mariano Melgar-La Joya, équipé de Mirage 2000P et Mirage 2000DP.

## Taiwan

La force aérienne taïwanaise a acquis 60 Mirage 2000-5.

# Charge offensive du Mirage 2000

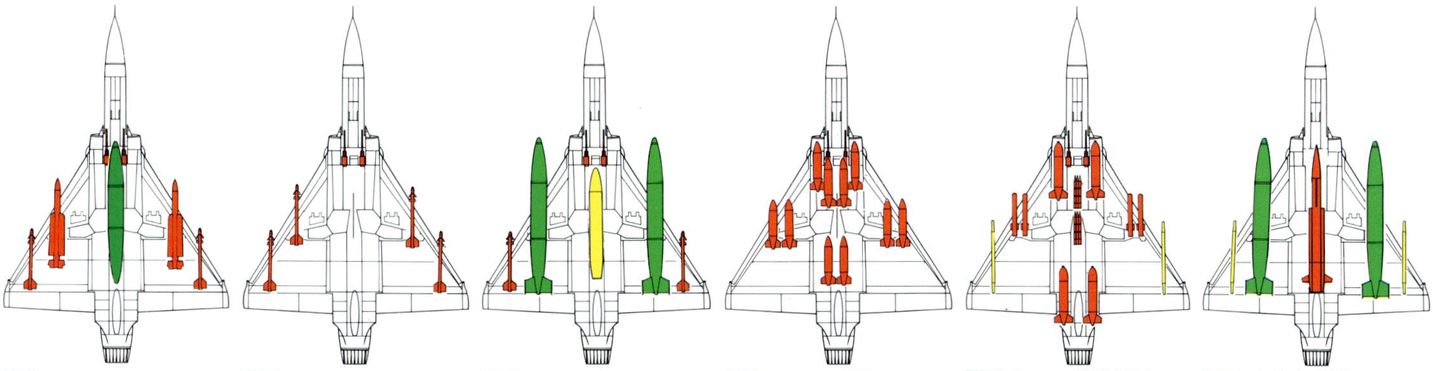

**Interception à longue distance (armée de l'Air)**

- 2 canons DEFA 554 de 30 mm avec 125 obus dans le fuselage
- 2 missiles air-air Matra R-550 Magic 2 sous voilure
- 1 réservoir de carburant de 1 300 l sous fuselage

Pour la plupart des missions de chasse, le Mirage 2000C emporte des missiles à guidage infrarouge R-550 Magic et des Super R-530D. Il dispose également d'un canon interne et de réservoirs de carburant sous voilure.

**Combat aérien rapproché**

- 2 canons DEFA 554 de 30 mm avec 125 obus dans le fuselage
- 4 missiles air-air Matra R-550 Magic 2 sous voilure

En certaines circonstances, le tir des missiles peut être effectué sans identification visuelle positive. Dans ce cas, l'emploi de missiles tels que des Super R-530D est moins intéressant que celui de R-550 Magic. Ces derniers sont également d'un coût moins élevé.

**Reconnaissance tactique (Abu Dhabi)**

- 2 canons DEFA 554 de 30 mm avec 125 obus dans le fuselage
- 2 missiles air-air Matra R-550 Magic 2 sous voilure
- 2 réservoirs de carburant de 1 700 l sous voilure
- 1 nacelle de reconnaissance photographique

Ces Mirage 2000 peuvent emporter une nacelle COR-2 ou une nacelle AA-3-38 Harold sous le fuselage. Ils peuvent aussi recevoir des bombes en grappes ou des paniers de roquettes

**Attaque**

- 2 canons DEFA 554 de 30 mm avec 125 obus dans le fuselage
- 18 bombes de 250 kg sous fuselage et sous voilure

Le Mirage 2000 peut théoriquement emporter une lourde charge de bombes, constituée notamment d'engins de 100 kg. Il peut aussi recevoir des bombes intelligentes ou des missiles air-surface, ce qui lui confère certaines capacités d'attaque d'objectifs au sol ou en mer.

**Attaque antiaérodrome**

- 2 canons DEFA 554 de 30 mm avec 125 obus dans le fuselage
- 18 bombes antipistes BAP 100 sous fuselage
- 4 bombes antipistes Belouga sous fuselage
- 8 bombes antipistes Matra Durandal sous fuselage
- 2 nacelles CME Thomson-CSF DB 3141/3163 sous voilure

Le Mirage 2000C peut emporter une grande variété de missiles guidés ou non guidés, et son canon peut être utilisé pour l'autodéfense ou le tir air-sol.

**Frappe nucléaire**

- 1 missile ASMP sous fuselage
- 2 nacelles CME Thomson-CSF DB 3141/3163 sous voilure
- 2 réservoirs de carburant de 1 700 l sous voilure

L'ASMP, déjà en service avec le Mirage IVP, remplace la bombe nucléaire tactique qu'emportent également le Jaguar et le Mirage IIIE. Ce missile est propulsé par un statoréacteur, et il dispose d'un système de guidage inertiel ainsi que d'une ogive de 150 kilotonnes.

# Caractéristiques Mirage 2000C

**Ailes**

| | |
|---|---|
| Envergure | 9,13 m |
| Flèche | 58° |
| Surface | 41 m² |

**Fuselage**

| | |
|---|---|
| Equipage | 1 pilote sur siège éjectable Martin Baker F10Q |
| Longueur | 14,65 m |
| Hauteur | 5,20 m |

**Train d'atterrissage**

Atterrisseur tricycle escamotable avec 1 roue sur chaque jambe principale et 2 roues sur la jambe de nez

| | |
|---|---|
| Empattement | 5 m |
| Voie | 3,40 m |

**Masse**

| | |
|---|---|
| A vide | 7 500 kg |
| Maximale au décollage | 17 000 kg |
| Charge extérieure maximale | 6 300 kg |
| Capacité en carburant interne | 3 800 l |

**Moteurs**

Réacteur SNECMA M53-P2 à postcombustion

| | |
|---|---|
| Poussée statique | 9 700 kg |

# Eléments d'identification du Mirage 2000

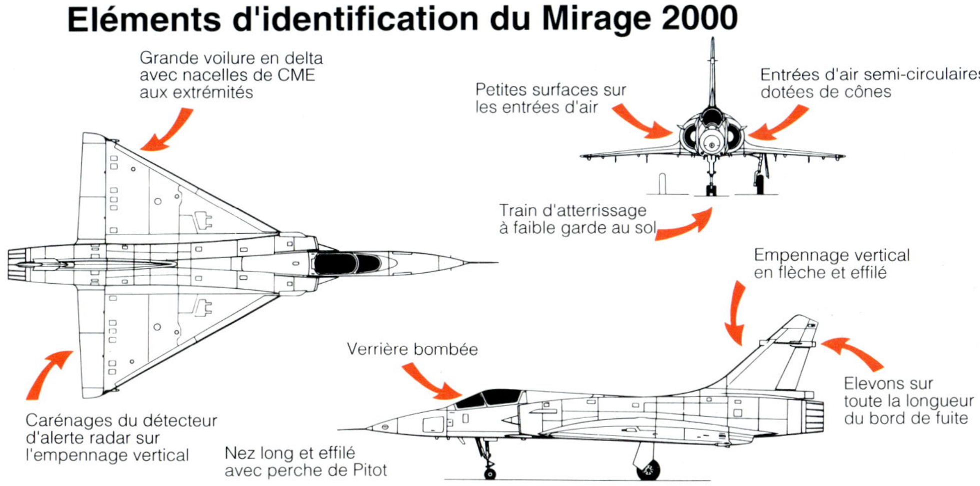

*Le Mirage 2000D est une version d'attaque non nucléaire extrapolée du Mirage 2000N. La désignation d'origine de cet appareil était Mirage 2000N'.*

**Caractéristiques Dassault-Breguet Mirage 2000C**
**Type :** avion d'interception et de supériorité aérienne
**Moteur :** réacteur à double flux SNECMA M53-P2 de 9 700 kgp
**Performances :** vitesse maximale en altitude, 2 340 km/h ; vitesse minimale en vol stabilisé, 185 km/h ; vitesse ascensionnelle initiale, 17 070 m/mn ; plafond pratique, 18 000 m ; distance franchissable avec 1 000 kg de bombes, plus de 1 480 km
**Masses :** à vide, 7 500 kg ; maximale au décollage, 17 000 kg
**Dimensions :** envergure, 9,13 m ; longueur, 14,36 m ; hauteur, 5,20 m ; surface alaire, 41 $m^2$
**Armement :** 2 canons DEFA-554 de 30 mm avec 125 obus chacun et charge offensive extérieure de 6 300 kg (missiles air-air, missiles air-sol, bombes, roquettes, nacelles de contre-mesure électroniques et de reconnaissance)

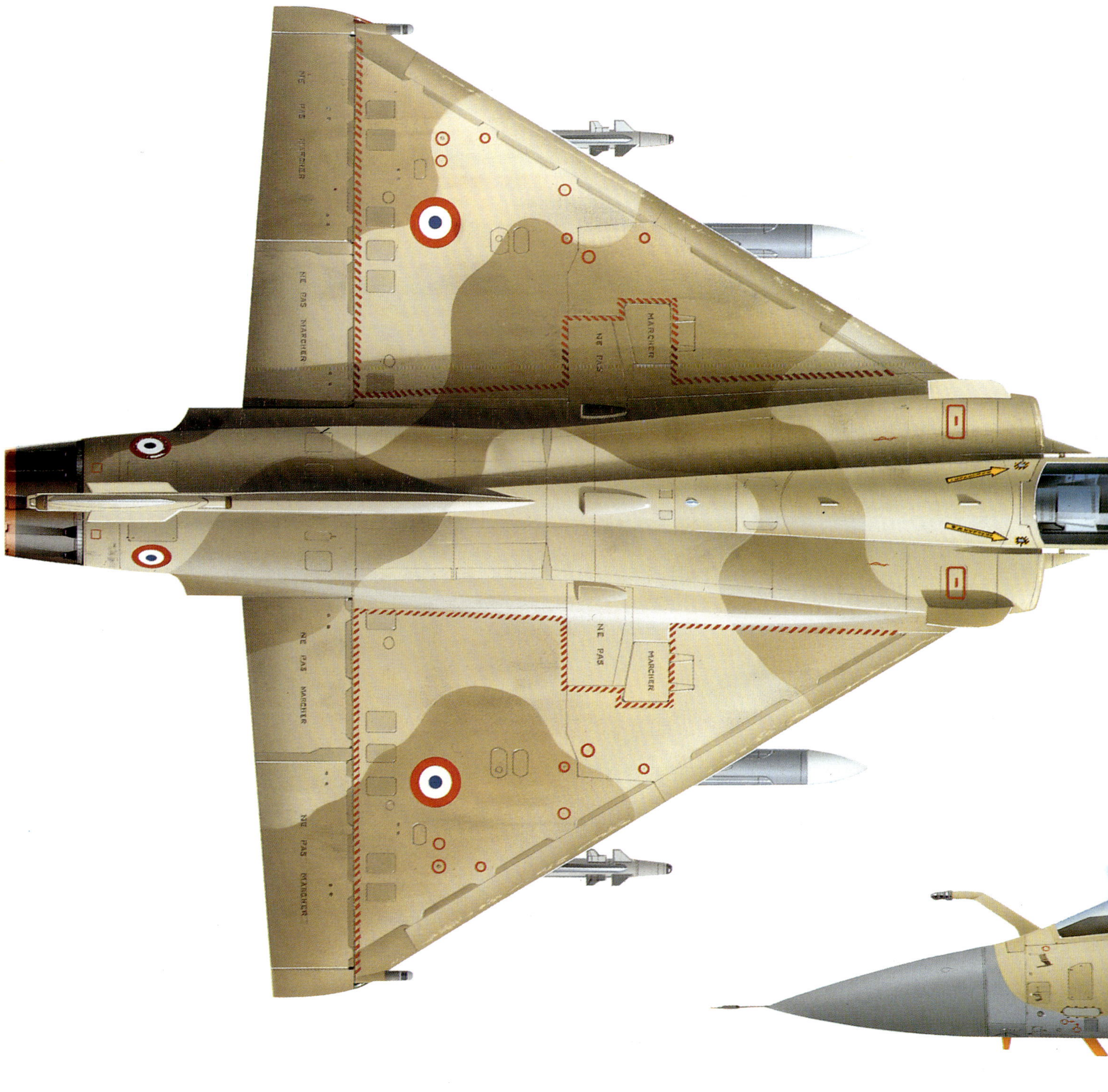

*Le Mirage 2000C est l'avion de combat le plus moderne en service au sein de l'armée de l'Air. Cet avion de chasse capitalise la vaste expérience acquise par Dassault avec ses familles de Mirage III et de Mirage F1. Le Mirage 2000 a été conçu pour assurer la plupart des missions assignées à l'armée de l'Air. Il est capable d'intercepter les plus puissants avions de combat tout en conservant une polyvalence qui est le souci permanent du constructeur Dassault.*
*Le Mirage 2000 présenté ici porte la livrée en usage dans le Golfe. En exercice ou en opération dans cette région, cet appareil a démontré sa grande fiabilité et les excellentes performances de son radar en détection vers le bas.*

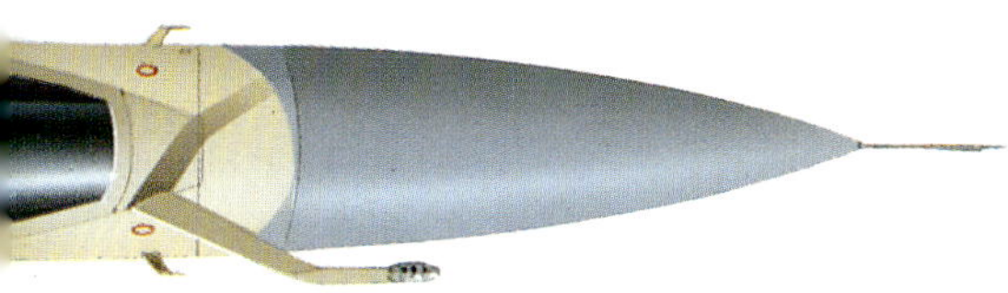

# Lockheed F-117 : l'avion d'assaut furtif

*Vedette incontestée de la guerre du Golfe, le Lockheed F-117 est le premier avion de combat furtif à être entré en service opérationnel. Capable de pénétrer les défenses adverses sans être détecté, cet appareil est en mesure d'emporter une charge offensive conséquente et de la délivrer avec une rare précision. Néanmoins, un de ces avions a été abattu au-dessus de la Serbie en 1999.*

Le F-117 est assurément un des avions de cette fin du XX^e siècle autour desquels le secret a été le mieux maintenu, et aussi un des appareils qui ont fait l'objet du plus grand nombre de commentaires. Entré en service cinq ans avant que son existence ne soit révélée, cet avion est l'aboutissement d'un projet majeur de la division des programmes spéciaux de Lockheed, connue aujourd'hui sous l'appellation de Lockheed Advanced Development Company mais à laquelle les spécialistes des questions aérospatiales ont attribué depuis longtemps le nom de Skunk Works (du nom de cet animal particulièrement furtif).

Les premières rumeurs concernant les recherches auxquelles se livraient les ingénieurs de Lockheed circulèrent en 1976, faisant état de l'existence d'un appareil indétectable par les ondes radar. En fait, un tel projet avait été lancé assez longtemps auparavant, l'efficacité des missiles sol-air guidés par radar au cours du conflit vietnamien et de la guerre du Kippour ayant démontré la nécessité de réaliser des avions furtifs, c'est-à-dire présentant une signature radar ou infrarouge le plus réduite possible.

La technologie avancée liée aux problèmes de la furtivité n'était pas nouvelle ; de nombreux bureaux d'études — dont les Skunk Works — ayant mené des travaux sur la question depuis les années cinquante, notamment sur les matériaux RAM (Radar-Absorbent Material), qui ne réfléchissent pas les ondes radar, et les formes aérodynamiques, qui permettent de réduire la surface réfléchissante.

Cependant, au milieu des années soixante-dix, les ingénieurs des Skunk Works s'étaient intéressés à la technique du facettage, qui consiste à disposer les éléments plats constituant la cellule d'un avion furtif de telle façon que le réfléchissement des ondes radar soit le plus faible possible, voire inexistant. Les extraordinaires progrès accomplis à cette époque dans le domaine de l'informatique, avec l'apparition de logiciels permettant de travailler dans les trois dimensions, facilitèrent le développement de la nouvelle technologie.

Plusieurs autres sociétés s'intéressaient alors à la furtivité, mais Lockheed possédait une avance suffisante pour pousser beaucoup plus loin ses investigations dans ce domaine prometteur. Au début de 1977, la DARPA (Defense Advanced Research Projects Agency) passa commande de deux démonstrateurs, dans le cadre d'un projet baptisé Have Blue, lequel fut pris en compte quelque temps plus tard par l'US Air Force. Les deux prototypes en question reçurent la désignation de XST (Experimental Stealth Tactical) et furent construits dans la plus grande hâte à Burbank (Californie), avant d'être transportés à Groom Dry Lake (Nevada), un centre expérimental sévèrement protégé utilisé auparavant pour les essais de l' U-2 et de l'A 12.

## Premiers essais

Au commencement de 1978, le pilote d'essai de Lockheed Bill Park fit prendre l'air au premier de ces appareils, le second effectuant son vol initial deux mois plus tard. Par la suite, le Lieutenant-Colonel Ken Dyson se joignit à Park en vue de mener à bien le développement des deux avions.

Ces derniers présentaient des dimensions inférieures à celles du futur F-117, et leur propulsion était assurée par deux réacteurs General Electric J85. Les deux machines conçues dans le cadre du programme

***Un étrange avion photographié devant un paysage désolé. Une des principales caractéristiques du F-117A réside dans les grilles extrêmement fines qui recouvrent les entrées d'air des réacteurs. Ces éléments sont usinés en partie en matériaux RAM, spécialement conçus pour ne pas réfléchir les ondes radar.***

Have Blue furent perdues dans des accidents, la première en mai 1978, avec Park aux commandes, la seconde en 1980, pilotée par Dyson. Les deux hommes, ayant échappé à la mort, ne reconnurent la contribution qu'ils avaient apportée au projet de Lockheed qu'après que l'existence du F-117 eut été révélée.

Les essais entrepris au-dessus de Groom Dry Lake ayant démontré d'emblée l'extraordinaire efficacité de la nouvelle technologie, l'US Air Force prit la décision de lancer le développement d'une version de série de l'appareil. Lorsque le programme Senior Trend démarra, en novembre 1978, Lockheed possédait dans ce domaine une expérience telle qu'elle n'avait rien à craindre de la part de ses concurrents.

Contrairement aux programmes dont l'existence était connue du public, le projet Senior Trend, par son caractère pratiquement clandestin, put être poursuivi sans qu'aucune intrigue politique ou complication budgétaire vienne contrarier son développement. Cinq appareils de présérie furent réalisés et testés depuis le site de Groom Dry Lake à partir du 18 juillet 1981, aux mains de Harl Farley, un pilote très expérimenté. Ces avions reçurent la désignation de F-117A, mais, à l'époque, les magazines spécialisés parlaient de F-19.

En prévision de l'entrée en service de l'avion furtif, le 4450th Tactical Group fut constitué à Nellis AFB (Nevada), tout près de Las Vegas, au cours de l'année 1980. Cette unité fut officiellement dotée de Vought A-7D Corsair II, choix qui n'était pas innocent puisque cet appareil possède des performances en régime subsonique, une maniabilité, une manœuvrabilité et un rapport poids/puissance proches de ceux du F-117A. L'A-7D, employé pour l'entraînement de jour, constituait ainsi une excellente couverture.

## La base ultrasecrète de Tonopah

En octobre 1983, le 4450th Tactical Group devint opérationnel, les dix-huit A-7D qu'il mettait en œuvre étant renforcés par une douzaine de F-117A. A l'époque, cette unité avait quitté Groom Dry Lake, située au nord-ouest du vaste complexe de Nellis, pour s'installer au centre d'essais de Tonopah, une des bases les plus jalousement protégées de l'US Air Force.

Edifiée à une soixantaine de kilomètres de la vieille ville minière de Tonopah, la base en question est défendue par deux chaînes montagneuses, celles de Cactus et de Karwich, si bien que les itinéraires empruntés par les F-117A étaient pratiquement invisibles aux véhicules circulant sur les routes avoisinantes. La route qui mène à Tonopah fut étroitement surveillée, mais l'expérience montra qu'un photographe plus hardi que les autres pouvait approcher très près de la base, à condition cependant d'être assez courageux pour affronter une marche de 50 km sous le soleil de plomb du désert.

Jusqu'à ce que son existence soit révélée au grand public, le F-117A opéra, pour des raisons évidentes de sécurité, presque exclusivement de nuit. Des Boeing 727 loués à la compagnie Key Air assuraient, chaque semaine, le convoyage des pilotes et des spécialistes au sol entre Nellis et Tonopah.

## Des exercices dangereux

Les missions de nuit auxquelles ils furent contraints de se plier constituèrent une très lourde servitude pour les personnels. La fatigue et la tension nerveuse qui en résultèrent provoquèrent un certain nombre d'accidents. Le premier tué sur F-117A fut le Major Ross E. Mulhare, qui s'écrasa au sol, près de Bakersfield (Californie), le 11 juillet 1986 ; le second fut le Major Michael C. Stewart, qui trouva la mort le 14 octobre 1987. Autant qu'on le sache, ces deux officiers furent les seuls pilotes qui perdirent la vie sur F-117A.

Dans les premières années de sa carrière opérationnelle, le nouveau chasseur furtif américain faillit être engagé dans des missions réelles en deux occasions, notamment lors des raids de représailles menés sur la Libye en avril 1986. On ne sait pas si ce sont des raisons opérationnelles ou de sécurité qui firent que la participation du F-117A à ces missions fut interdite.

Soit en raison de l'accident du Major Stewart, soit du fait de l'accroissement du nombre de vols d'entraînement, l'US Air Force décida de faire opérer ses avions furtifs uniquement de jour. Aussi, le 10 novembre 1988, l'adjoint au secrétaire d'Etat à la Défense révéla-t-il l'existence du F-117A, dont il présenta une photographie surexposée, d'assez médiocre qualité.

***Le 10 novembre 1988, dans la salle de conférence du Pentagone, l'adjoint au secrétaire d'Etat américain à la Défense pour les affaires publiques mit fin à douze années de spéculations et de rumeurs en annonçant officiellement l'existence du F-117A et en montrant une photographie de l'avion furtif.***

***Un pilote et les membres d'une équipe au sol posent devant un F-117A du 415th Tactical Fighter Squadron, à Nellis AFB, dans le Nevada.***

***Cette photographie d'un F-117A en vol permet d'observer les facettes qui composent le fuselage de l'appareil. Le Nighthawk ne possède aucune surface incurvée. Bien que son rapport poids/poussée ne lui confère pas de très bonnes capacités d'évolution sous facteur de charge élevé, le F-117A n'en possède pas moins une cadence angulaire en roulis intéressante.***

*Les formes anguleuses du F-117A sont connues à présent dans le monde entier, mais les artilleurs antiaériens irakiens ne se rendirent compte de la présence d'appareils de ce type qu'après que ceux-ci eurent largué leurs bombes. Au cours des premières missions qu'ils conduisirent sur l'Irak, les F-117A furent accompagnés par des avions de guerre électronique qui simulaient d'abord une attaque, déclenchant une vive riposte de la DCA avant même l'arrivée des F-117 sur l'objectif. Après l'attaque, les avions leurres remettaient leurs appareils en marche pour couvrir le retour des F-117. Lors de la plupart des raids qu'ils effectuèrent en territoire adverse, les F-117A furent armés de bombes GBU-27 à grand pouvoir de pénétration, dont le guidage était assuré par le désignateur à laser Paveway 3. Ces bombes avaient subi un traitement spécial qui permettait de conserver leur furtivité aux avions sur lesquels elles étaient montées. Encouragée par les succès qu'elle a obtenus dans le Golfe, l'US Air Force souhaiterait pouvoir commander assez de F-117A pour constituer deux autres squadrons sur ce type d'appareil. Ces avions, qui porteraient la désignation de F-117B, auraient une verrière bombée et bénéficieraient de diverses améliorations, parmi lesquelles un radar AN/APG-70 identique à celui qui équipe le F-15E Strike Eagle.*

*Ce F-117A Nighthawk est piloté par le Colonel Anthony J. Tolin, commandant du 37th Tactical Fighter Wing et ancien commandant adjoint du 4450th Tactical Group. Ayant longtemps volé sur F-4 Phantom II, puis sur F-15 et sur F-16, Tolin accomplit quatre-vingt-quinze missions de combat en Asie du Sud-Est, ce qui lui valut la Distinguished Flying Cross, l'Air Medal avec six palmes et la Combat Readiness Medal avec deux palmes. Sous les ordres du Colonel Tolin se trouvent les 415th TFS, 416th TFS et 417th TFTS.*

TR
37 TFW
USAF
828
Chris Davey

*Le F-117A ayant une vitesse d'atterrissage élevée, la nécessité s'est imposée de l'équiper d'un important parachute de freinage. Celui-ci a été installé dans un logement situé entre les deux gouvernails en V.*

Les sorties de jour commencèrent immédiatement ; des observateurs rendirent compte de l'apparition de formations composées d'une dizaine d'appareils au-dessus du désert Mohave et en différents points du sud-ouest des Etats-Unis.

N'ayant plus besoin de sa couverture, le 4450th tactical Group affecta ses A-7D à d'autres missions et les remplaça par six Northrop T-38B Talon destinés à des tâches diverses, dont l'escorte des F-117A lors de leurs sorties. Tous les pilotes qui évoluent sur le nouveau chasseur furtif ont une longue expérience des avions à réaction et sont parfaitement notés. La plupart ont volé sur des machines tactiques, comme l'A-7, l'A-10, le F-4 et le F-111. Le F-117A n'a donné naissance à aucune version d'entraînement, la transformation des pilotes se déroulant d'abord sur simulateur.

Le 4450th Tactical Group comprenait deux unités, les Grim Reapers et les Nightstalkers ; puis, en octobre 1989, un troisième squadron lui fut affecté. Dès lors, il devint le 37th Tactical Fighter Wing, formation ayant volé auparavant sur F-4E et F-4G Phantom II et basée à George AFB (Californie). Ayant adopté pour code de dérive TR (Tonopah Range), le 37th Tactical Fighter Wing rassemble le 415th Tactical Fighter Squadron Nightstalkers, le 416th Tactical Fighter Squadron Ghostriders et le 417th Tactical Fighter Training Squadron Bandits. Le F-117A fut engagé au combat pour la première fois le 19 décembre 1989 au Panama..

## Le F-117A au combat

L'existence du F-117A ayant été révélée, les problèmes de sécurité liés à l'utilisation dans des opérations réelles de l'appareil étaient moins importants. Ainsi, des avions de ce type furent employés pour attaquer des casernements situés à Rio Hato. Des six F-117A partis de Tonopah deux seulement larguèrent des bombes guidées de 907 kg sur leur objectif, les quatre autres ayant dû regagner leur base à mi-parcours. L'intervention des « Black Jet » sema la confusion parmi les troupes panaméennes, facilitant l'attaque aéroportée conduite par les rangers.

Le F-117 aurait du être engagé pour la première fois en opérations sur des objectifs situés en Libye. En 1986, en effet, une extrême tension régnait entre les Etats-Unis et le régime du colonel Khadafi, à la suite d'un attentat terroriste perpétré à Berlin contre des soldats américains. Le colonel Oliver North officier supérieur, impliqué par la suite dans le scandale de l'Irangate, proposa alors d'employer des F-117A pour un raid sur les villes de Bengazi et de Tripoli. Cette idée fut rejetée par le comité des chefs d'état-major combiné, sous le prétexte qu'il ne convenait pas d'utiliser des appareils aussi sophistiqués et secrets pour une telle action. Le fait que ces machines auraient pu entreprendre une attaque à partir de Roita, en, Espagne, jusqu'à Tripoli — environ 2 200 km —, sans être ravitaillés en vol offre une bonne idée de leur remarquable distance franchissable.

## La guerre contre l'Irak

A 23 h 35 GMT, le 16 janvier 1991, les F-117A larguèrent leurs bombes guidées par laser sur des objectifs situés en Irak, effectuant les premières missions de guerre lancées par l'aviation de la coalition sur ce pays. Des installations destinées aux recherches sur les armes chimiques et nucléaires furent gravement touchées par une frappe qui fut véritablement chirurgicale, n'occasionnant qu'un minimum de nuisances pour l'environnement et la population.

La situation évoluant, les chasseurs furtifs américains furent employés dans le cadre de missions d'interdiction et pour l'attaque des abris durcis dans lesquels les Irakiens entreposaient leurs avions de combat. Tout au long du conflit, les F-117A purent opérer au nez et à la barbe de l'ennemi, sans être détectés par ses radars. Cette caractéristique

*F-117A en vol au-dessus de la sierra Nevada. Cette photographie permet de bien observer les tuyères d'éjection caractéristiques qui équipent l'appareil. La signature infrarouge de l'appareil a été atténuée par la mise en place de tuiles en céramique en certains endroits de la cellule.*

*tte vue rapprochée d'un F-117A permet d'apercevoir la tourelle qui abrite le R, un des principaux systèmes de navigation et d'acquisition de l'avion furtif éricain. Un autre dispositif de balayage à infrarouge a été placé sous le nez l'appareil et fonctionne de façon combinée avec un désignateur à laser.*

révélait particulièrement intéressante quand il s'agissait de survoler s objectifs bien dissimulés, notamment à Bagdad, et de les localiser ec la plus grande précision possible avant de les attaquer. L'arme la ıs utilisée pour ces missions fut la bombe guidée par laser de 907 kg, s efficace contre des ouvrages en béton armé. Quand les hostilités rent fin, les chefs militaires de la coalition reconnurent le rôle crucial e le F-117A avait joué dans la guerre aérienne contre l'Irak.

## e cellule originale

r le plan de la construction, le F-117A ne ressemble à aucun autre ion. La cellule est constituée d'un élément fuselage porteur sur lequel nt attachés les ailes et les empennages ; elle possède une structure t complexe, seule capable de maintenir la rigidité de l'ensemble. Les ettes qui composent le revêtement sont recouvertes de matériaux M, livrés au départ sous la forme de feuilles, et appliqués par la suite l'aide d'aérosols. Ces matériaux doivent faire l'objet d'une attention nstante, seule susceptible de conserver leur efficacité.

Si le recours à des formes aérodynamiques étudiées et aux matéux RAM constitue la clef de la signature radar insignifiante du F-7A, une autre caractéristique contribue également à cette particularité.

Le F-117A est doté d'un ensemble de quatre circuits de commandes vol électriques quadruplexés, qui maintiennent artificiellement la staité. Eu égard à sa configuration, le « Black Jet » est un avion naturellent instable, qui ne peut voler qu'en employant un tel système.

La propulsion du chasseur furtif de l'US Air Force est assurée par ux réacteurs General Electric F404 sans postcombustion, dérivés de ıx du F/A-18 Hornet. Ces moteurs fournissent une poussée suffisante ur l'ensemble du domaine de vol, mais ils se révèlent trop peu puisıts pour les manœuvres sous facteur de charge élevé. La principale actéristique des réacteurs du F-117A, outre leurs tuyères d'éjection s particulières, réside dans leurs entrées d'air dotées d'un grillage aux illes inférieures à la longueur d'onde de la plupart des radars afin que aubes des turbines ne laissent pas plus de traces qu'une surface te. Les armes qu'emporte le F-117A sont logées dans des soutes, et vion possède sans doute des capacités nucléaires.

## s missions du F-117A

mme l'ont montré les opérations conduites au Panama et en Irak, la ncipale des missions imparties au F-117A consiste en l'attaque de préion de nuit. certains spécialistes soutinrent, alors que le programme développement était en cours, que l'appareil pouvait être utilisé pour s missions de reconnaissance. Par ailleurs, ceux qui avançaient que le 17A pouvait être transporté par C-5 Galaxy afin d'être déployé n'imrte où dans le monde ont très vraisemblablement tort. A quoi servi-, en effet, le système de ravitaillement en vol dont l'avion a été ıipé ?

*La verrière ouverte de ce F-117A permet d'observer le collimateur tête haute de l'appareil, sur lequel s'affichent des informations nécessaires au pilotage et à la conduite du tir, ainsi que, la nuit, des images infrarouges.*

En fait, le F-117A a été conçu pour être employé sur des objectifs dont l'importance est hors de proportion avec leur taille, c'est-à-dire les ponts, les tunnels, les nœuds ferroviaires et les centres de commandement. Lors d'une mission standard, le Nighthawk pénétrerait dans l'espace aérien hostile en se servant de sa centrale de navigation inertielle extrêmement précise. Faisant appel à son FLIR (Forward Looking Infra-Red, ou système de balayage à infrarouge frontal), qu'il emploierait en mode de balayage large, il rechercherait l'objectif qui lui a été imparti. Celui-ci une fois acquis, le FLIR, utilisé en mode de balayage plus réduit, se verrouillerait sur la cible. L'image thermique de cette dernière serait ensuite intégrée dans le collimateur de pilotage et de tir.

Le FLIR qui équipe le F-117A ayant été installé au-dessus du nez de l'appareil, le moment viendrait où, l'objectif se rapprochant, le capteur en question ne pourrait être utilisé plus longtemps. L'image de la cible serait alors transférée au DLIR (Downward Looking Infra-Red, ou système de balayage à infrarouge orienté vers le bas), passé en mode de verrouillage. Au cas où des munitions guidées par laser seraient utilisées, elles seraient larguées à l'intérieur d'un cône théorique pointé sur l'objectif qui définirait ainsi la trajectoire du missile.

Le DLIR étant combiné à un désignateur à laser, celui-ci illuminerait la cible jusqu'au moment de l'impact. Il resterait verrouillé sur le point visé, même si l'avion effectuait des manœuvres d'évasion après avoir lâché son projectile.

En 1990, Lockheed organisa une cérémonie marquant la livraison du dernier F-117A à l'US Air Force. Une vingtaine d'appareils de ce type avaient été commandés au départ, mais, lorsque la production s'acheva, cinquante-neuf exemplaires avaient quitté les chaînes d'assemblage. En raison des restrictions budgétaires qui frappent de plein fouet les armées américaines et du fait de l'abandon du programme de l'A-12 Avenger II, développé pour le compte de l'US Navy, le F-117A restera sans doute le seul chasseur tactique furtif en service dans l'US Air Force au cours des années à venir.